suhrkamp taschenbuch
wissenschaft 2105

Wie steht es um die Bürgerrechte jener, die körperlich oder geistig behindert sind? Wie lassen sich gerechte und menschenwürdige Bedingungen über nationale Grenzen hinweg durchsetzen? Und: Auf welche Weise müssen wir unseren Umgang mit Tieren in unsere Vorstellungen von sozialer Gerechtigkeit einbeziehen? In sowohl kritischer als auch konstruktiver Absicht lotet Martha Nussbaum die Grenzen klassischer Gerechtigkeitstheorien aus, unterzieht politische Prinzipien einer gründlichen Revision und läßt eingefahrene Konzepte der sozialen Kooperation, der Würde und der transnationalen Gerechtigkeit in neuem Licht glänzen. Mittels ihres berühmten Fähigkeitenansatzes entwirft sie eine veritable Utopie globaler Gerechtigkeit.

Martha C. Nussbaum ist Philosophin und Professorin für Rechtswissenschaft und Ethik an der Universität von Chicago und lehrte an zahlreichen Universitäten in Nordamerika und Europa. Im Suhrkamp Verlag liegen vor: *Gerechtigkeit oder Das gute Leben* (es 1739) und *Politische Emotionen. Warum Liebe für Gerechtigkeit wichtig ist* (2014).

Martha C. Nussbaum

Die Grenzen der Gerechtigkeit

Behinderung, Nationalität und Spezieszugehörigkeit

Aus dem Amerikanischen
von Robin Celikates
und Eva Engels

Suhrkamp

Titel der Originalausgabe:
Frontiers of Justice. Disability, Nationality, Species Membership
Erstmals veröffentlicht 2006.

4. Auflage 2024

Erste Auflage 2014
suhrkamp taschenbuch wissenschaft 2105

Umschlag nach Entwürfen
von Willy Fleckhaus und Rolf Staudt
Druck und Bindung: C. H. Beck, Nördlingen
Printed in Germany
ISBN 978-3-518-29705-6

www.suhrkamp.de

John Rawls zum Gedächtnis

Inhalt

Meiner Meinung nach steht also der Satz fest: *Die Rechtsordnung hat nur in der Selbstsucht und der beschränkten Großmut der Menschen, in Kombination mit der knappen Fürsorge, die die Natur für ihre Bedürfnisse getragen hat, ihren Ursprung.*

David Hume, *Ein Traktat über die menschliche Natur*, III.2.2

Vielleicht ist es auch seltsam, den Glückseligen zu einem Einsamen zu machen. Der Mensch ist nämlich ein Wesen, das auf die staatliche Gemeinschaft angewiesen und von Natur aus auf das Zusammenleben angelegt ist.

Aristoteles, *Nikomachische Ethik*, IX.9

Einleitung

Theorien der sozialen Gerechtigkeit sollten abstrakt sein. Sie sollten eine Allgemeinheit und theoretische Kraft besitzen, die ihnen über die politischen Konflikte ihrer Zeit hinaus Gültigkeit verleihen, selbst wenn sie aus solchen Konflikten heraus entstehen. Auch für politische Rechtfertigung ist diese Art von Abstraktion erforderlich: Um eine politische Theorie zu rechtfertigen, müssen wir zeigen können, daß sie auch längerfristig Stabilität besitzt und von den Bürgerinnen und Bürgern nicht allein aus im engen Sinn auf die Selbsterhaltung ausgerichteten oder instrumentellen Gründen unterstützt wird.[1] Ob eine Theorie diesen Anspruch erheben kann, läßt sich aber nur entscheiden, wenn wir vom unmittelbaren Geschehen Abstand nehmen.

Andererseits müssen Theorien der sozialen Gerechtigkeit auch auf die Gegenwart und ihre drängendsten Probleme eingehen. Sie müssen in ihren Formulierungen und sogar in ihren Strukturen für Veränderungen offenbleiben, wenn diese aufgrund von neuen oder bereits bekannten, bisher aber sträflich vernachlässigten Problemen notwendig werden.

Um ein Beispiel für eine solche sträfliche Vernachlässigung zu nennen: Die meisten Gerechtigkeitstheorien der westlichen Tradition haben weder den von Frauen erhobenen Forderungen nach Gleichheit noch den zahlreichen Hindernissen, die dieser Gleichheit (noch immer) im Wege stehen, die notwendige Beachtung geschenkt. Ihr in mancher Hinsicht zu begrüßender Abstraktionsgrad hat verdeckt, daß sie nicht dazu in der Lage waren, eines der gravierendsten Probleme

1 Vgl. die ausführliche Erläuterung meiner Position zum Problem der politischen Rechtfertigung in Nussbaum (2000a), Kap. 2, und Nussbaum (2004d).

unserer Welt in Angriff zu nehmen. Wenn man dem Problem der Geschlechtergerechtigkeit die ihm angemessene Aufmerksamkeit widmet, zieht das jedoch erhebliche theoretische Konsequenzen nach sich. Unter anderem wird man nämlich anerkennen müssen, daß es sich bei der Familie um eine politische Institution und nicht um einen Teil der gegenüber Gerechtigkeitsforderungen immunen »Privatsphäre« handelt. Dieses Versäumnis der klassischen Theorien kann man demnach nicht einfach korrigieren, indem man sie auf dieses neue Problemfeld anwendet; vielmehr bedarf es einer Revision der theoretischen Struktur selbst.

Heute sind wir mit drei ungelösten Problemen der sozialen Gerechtigkeit konfrontiert, deren Vernachlässigung durch die existierenden Theorien als besonders problematisch erscheint. (Ohne Zweifel werden noch mehr Probleme dieser Art ans Licht kommen, die wir einfach noch nicht erkannt haben.) Als erstes ist das Problem der Gerechtigkeit gegenüber Menschen mit körperlichen und geistigen Behinderungen zu nennen. Niemand spricht diesen Menschen heute ab, zur Menschheit zu gehören, aber in unseren Gesellschaften sind sie noch immer nicht als Bürgerinnen und Bürger anerkannt, für die das Prinzip staatsbürgerlicher Gleichheit gilt. Die Gewährleistung von Erziehung und Ausbildung, Krankenversorgung, politischen Rechten und Freiheiten sowie gleicher Staatsbürgerschaft auf diese Menschen auszudehnen, scheint ein besonders drängendes Problem der Gerechtigkeit zu sein. Um es zu lösen, bedürfen wir einer neuen Auffassung von Bürgerschaft, eines neuen Verständnisses des Zwecks sozialer Kooperation (jenseits einer primären Ausrichtung auf gegenseitige Vorteile) und einer neuen Wertschätzung der Fürsorge (*care*)* als soziales Grundgut. Es geht also nicht einfach nur darum, bereits vorhandene Theorien auf neue Bereiche an-

* »Care« ist ein Begriff, der im Deutschen keine direkte Entsprechung hat und den wir deshalb je nach Kontext mit »Fürsorge«, »Sorgen für andere« und »Versorgung« übersetzen (Anm. d. Übers.).

zuwenden: Eine Revision der theoretischen Struktur selbst scheint unumgänglich.

Das zweite drängende Problem betrifft die Ausweitung der Gerechtigkeit auf alle Bürgerinnen und Bürger dieser Welt. In diesem Kontext muß theoretisch gezeigt werden, wie sich eine Welt einrichten ließe, die als ganze gerecht ist und in der die Kontingenzen der Geburt und der nationalen Herkunft die Lebenschancen der Menschen nicht durchgängig und von Beginn an verzerren. Da alle vorherrschenden westlichen Gerechtigkeitstheorien vom Nationalstaat als grundlegender Einheit ausgehen, werden vermutlich auch hier neue theoretische Strukturen erforderlich sein, wenn wir dieses Problem in angemessener Weise angehen wollen.

Und schließlich müssen wir uns jenen Gerechtigkeitsfragen stellen, die sich aus unserem Umgang mit nichtmenschlichen Tieren ergeben. Obwohl oft zugestanden wird, daß es sich bei der Tatsache, daß Menschen Tieren Leid zufügen und sie ihrer Würde berauben, um ein ethisches Problem handelt, wird dieser Umstand selten als Frage der sozialen Gerechtigkeit betrachtet. Wenn wir anerkennen, daß es sich aber tatsächlich um eine solche handelt (und die Leserinnen und Leser dieses Buches werden selbst beurteilen müssen, ob ich hierfür überzeugende Argumente anführe), wird deutlich, daß auch dieses neue Problem ein Umdenken in der Theorie erfordert. So müssen etwa Konzeptionen der sozialen Kooperation und der Reziprozität, die bei allen beteiligten Parteien Rationalität voraussetzen, überprüft und neue Ansätze auf der Grundlage eines anderen Typs von Kooperation entwikkelt werden.

Die westliche Tradition kennt zahlreiche Herangehensweisen an das Thema der sozialen Gerechtigkeit. Eine der einflußreichsten und beständigsten ist die Idee des Gesellschaftsvertrags, mit dem sich rationale Menschen aus Gründen des gegenseitigen Vorteils zusammenschließen und entscheiden, den Naturzustand hinter sich zu lassen und sich im Medium des Rechts selbst zu regieren. Diese Theorien sind historisch äußerst einflußreich gewesen und wurden in jüngster Zeit im herausragenden Werk von John Rawls auf philosophisch sehr tiefgründige Weise weiterentwickelt. Bei ihnen handelt es sich vermutlich um die überzeugendsten Gerechtigkeitstheorien, über die wir verfügen. Rawls hat jedenfalls plausibel gezeigt, daß sie unsere wohlüberlegten Gerechtigkeitsurteile besser als die verschiedenen Varianten des Utilitarismus artikulieren, überprüfen und systematisieren können.

Eine Theorie kann aber eine große Errungenschaft sein und zugleich in bestimmten Bereichen an ihre Grenzen stoßen. Die klassischen Theorien, denen die Unterscheidung von privat und öffentlich zugrunde liegt, sind in ernsthafte Probleme geraten, als sie der Gleichheit von Frauen Rechnung tragen mußten, und selbst Rawls' sehr scharfsinnige Behandlung dieser Frage hat ihre Schwächen.[2] Wie er selbst eingesteht, stellen die drei erwähnten Probleme seine kontraktualistische Theorie vor eine besondere Herausforderung. Er hielt das zweite Problem für lösbar und widmete ihm gegen Ende seines Lebens einen großen Teil seiner Arbeitszeit; das erste und das dritte hingegen bezeichnete er als Probleme, »an denen die Konzeption der Gerechtigkeit als Fairneß scheitern mag« (PL 88). Ihm zufolge müßten diese Fragestellungen genauer untersucht werden, um herauszufinden, wie schwerwiegend sie sind und wie man sie in den Griff bekommen könnte (ebd.). Auch wenn das vorliegende Buch nicht direkt auf diese selbstkritische Aussage von Rawls zurückgeht, bringt sie meine Absichten doch sehr gut zum Ausdruck.

Meine Überlegungen gründen in der festen Überzeugung, daß es sich bei diesen drei genannten Problemen tatsächlich um gewichtige und bisher ungelöste Fragen der Gerechtigkeit handelt und daß selbst die überzeugendste Theorie in der Tradition des Gesellschaftsvertrags an ihnen scheitern muß.

2 Vgl. Nussbaum (2000a), Kap. 4.

Um das zu zeigen, werde ich mich im folgenden immer wieder mit der Theorie von Rawls auseinandersetzen, in der die klassische Idee des Gesellschaftsvertrags meines Erachtens am überzeugendsten zum Ausdruck kommt und die ihre Überlegenheit gegenüber anderen Theorien am plausibelsten verteidigt. Wenn Rawls' herausragender Theorie in diesen drei Bereichen erhebliche Unzulänglichkeiten nachgewiesen werden können – und genau das werde ich versuchen –, so werden *a fortiori* auch andere, weniger ausgereifte oder überzeugende Varianten der Vertragstheorie mit diesen Problemen konfrontiert sein.[3] Ich hoffe zeigen zu können, daß man der Schwierigkeiten, die hier auftreten, nicht Herr werden kann, indem man einfach die bereits vorhandene theoretische Struktur auf diese neuen Fälle anwendet. Vielmehr sind die Schwierigkeiten mit der theoretischen Struktur derart eng verknüpft, daß wir eine Alternative zu ihr ausarbeiten müssen, auch wenn zentrale Elemente der Rawlsschen Theorie beibehalten werden können, die unsere Überlegungen in die richtige Richtung lenken.

Diese Schwierigkeiten betreffen nicht allein den Bereich der akademischen Philosophie. Vertragstheorien üben einen tiefen und weitreichenden Einfluß auf die Politik aus. Vorstellungen davon, wer wir sind und warum wir uns zusammenschließen, prägen unser Nachdenken darüber, welche politischen Prinzipien wir vorziehen sollten und wer an deren Bestimmung beteiligt sein sollte. Die weitverbreitete Ansicht, daß manche Bürger »für sich selbst aufkommen« und andere nicht, daß manche Menschen parasitär sind und andere »normal leistungsfähig«, ist ein populärer Ausläufer der vertragstheoretischen Vorstellung der Gesellschaft als System der

3 Im ersten Kapitel werde ich die Auffassung vertreten, daß Lockes Theorie tatsächlich einige der Probleme von Rawls' Ansatz vermeidet, aber nur deshalb, weil Locke eine hybride Theorie vertritt, in der vorpolitische natürliche Rechte und die natürliche Pflicht des Wohlwollens eine wichtige Rolle spielen.

Kooperation zum gegenseitigen Vorteil. Es ist zwar durchaus möglich, sich in der politischen Praxis gegen derartige Vorstellungen zur Wehr zu setzen, ohne ihren Ursprung zu identifizieren. Tatsächlich kann es sich aber als äußerst hilfreich erweisen, dem Problem sozusagen auf den Grund zu gehen, da wir so zu einer sehr viel klareren Vorstellung davon gelangen, wie wir in diese Schwierigkeiten geraten sind und was wir tun müssen, um hier weiterzukommen. Obwohl ich mich in diesem Buch ausführlich mit philosophischen Ideen auseinandersetzen und dabei den Komplexitäten und Nuancen der entsprechenden Theorien Rechnung tragen werde, sind meine Überlegungen daher auch als ein Beitrag zur praktischen Philosophie gedacht, der uns zu (alten und neuen) umfassenderen Vorstellungen der sozialen Kooperation zu führen vermag, die diesen Schwierigkeiten nicht ausgesetzt sind. Natürlich kann man sich mit all diesen Fragen auch im Rahmen der politischen Praxis auseinandersetzen, ohne eine derart ausführliche philosophische Untersuchung vorzunehmen, aber ich bin doch der Überzeugung, daß sie hilfreich sein kann, zum einen, weil man damit denjenigen Respekt bezeugt, die man kritisiert, und zum anderen, weil eine genauere Vorstellung davon, wo genau die Probleme einsetzen, es uns ermöglicht, an der richtigen Stelle Veränderungen vorzunehmen. Tatsächlich glaube ich nicht, daß eine weniger detaillierte philosophische Untersuchung bei derart komplexen Fragen und ausgefeilten theoretischen Strukturen überhaupt von großer praktischer Relevanz sein kann. Wenn wir uns zu schnell auf die Frage konzentrieren, welchen konkreten Gewinn unsere Überlegungen abwerfen, verlieren wir gerade jene spezifische Art der Klärung und Einsicht, die die Philosophie uns geben kann. Zweifellos verdanken die großen praxisorientierten Werke der politischen Philosophie ihre Größe nicht dem Verzicht auf detaillierte Ausführungen. John Stuart Mills *Über die Freiheit* ist trotz des frustrierenden Mangels an Details ein bedeutendes Werk, aber es wäre noch großartiger, hätte Mill mehr Mühe auf die grundlegenden Fragen verwandt, etwa auf die Frage, was Schädigung bedeutet und wie das Verhältnis zwischen Freiheit und Präferenzen sowie Freiheit und Rechten beschaffen ist. Die beiden großen Werke von Rawls haben gerade deshalb eine besonders starke praktische Orientierungskraft, weil sie schwierige Grundlagenfragen mit der nötigen Strenge und in erfreulicher Ausführlichkeit behandeln.

Mit dem vorliegenden Buch verfolge ich sowohl kritische als auch konstruktive Absichten. Ich werde zu zeigen versuchen, daß die von mir entwickelte Version des Fähigkeitenansatzes (*capabilities approach*)* in allen drei genannten Problemfeldern zu wertvollen Einsichten führt, die den Lösungsansätzen aus der Tradition des Gesellschaftsvertrags überlegen sind. (Wie wir sehen werden, vertrete ich zudem die Auffassung, daß mein Ansatz in weiten Teilen mit einer alternativen Version des Kontraktualismus konvergiert, die auf rein kantianischen ethischen Überlegungen und nicht auf der Idee gegenseitiger Vorteile beruht.) In *Women and Human Development* habe ich die Grundzüge meiner Theorie skizziert, Fragen der Methode und der Rechtfertigung diskutiert und bin *en detail* auf die Behandlung zweier besonders schwieriger Probleme eingegangen, auf das Problem der Religion und das Problem der Familie. Ebenso habe ich dort ausführlich herausgearbeitet, welche Vorteile mein Ansatz gegenüber dem präferenzbasierten Utilitarismus hat.

Der nächste logische Schritt auf dem Weg, der uns letztendlich vielleicht zu einem »Überlegungsgleichgewicht«[4] führen wird, ist der Vergleich meiner Herangehensweise mit einer weiteren überzeugenden theoretischen Alternative – dem Kontraktualismus –, um zu belegen, daß sie auch diesem An-

* »Capability« übersetzen wir durchgängig mit »Fähigkeit«, »capability approach« mit »Fähigkeitenansatz«. »Functioning«, also die Verwirklichung der Fähigkeit, übersetzen wir mit »Tätigkeit« bzw. »Tätigsein« (Anm. d. Übers.).

4 Vgl. zu meiner eigenen Deutung dieser an Rawls und Aristoteles anschließenden Idee Nussbaum (2000a), Kap. 2, und Nussbaum (2004d).

satz überlegen ist, zumindest in bestimmten Bereichen. Im folgenden werde ich diesen Schritt zumindest in Angriff nehmen, indem ich darlege, inwiefern der Fähigkeitenansatz mit Bezug auf die drei ungelösten Probleme besser abschneidet. Ich beanspruche nicht zu zeigen, daß mein Ansatz insgesamt überlegen ist, da es andere Fragen geben könnte, die die Vertragstheorien vielleicht besser beantworten können. Ich konzentriere mich vor allem deshalb auf die Theorie von Rawls, da diese in den von ihr behandelten Fragen meines Erachtens zu im Grunde richtigen Antworten kommt (auch wenn ich eine in einigen Details abweichende Theorie der Grundgüter vertrete). Daher ist es interessant herauszufinden, warum sie sich, auch in Rawls' eigener Einschätzung, mit diesen drei ungelösten Problemen so schwer tut. Die Frage, ob der Fähigkeitenansatz der Rawlsschen Theorie insgesamt vorzuziehen ist, werde ich hier also nicht angehen; sie bedarf einer weiteren und umfassenderen Untersuchung. Vorerst muß die Entscheidung jeder Leserin und jedem Leser selbst überlassen bleiben (wie das letztlich ja immer der Fall ist).

Die Leserinnen und Leser werden bemerken, daß ich in meiner Darstellung des Fähigkeitenansatzes, wie schon in *Women and Human Development*, einige zentrale Ideen von Rawls übernehme: die Idee des politischen Liberalismus (einer Form des Liberalismus, die nicht in konfliktträchtigen religiösen oder metaphysischen Prinzipien begründet ist) und die Idee eines übergreifenden Konsenses (die besagt, daß Menschen mit unterschiedlichen metaphysischen und religiösen Überzeugungen dennoch den Kern der politischen Konzeption akzeptieren können). Rawls hat insbesondere gegen Ende seines Lebens betont, daß es in seinem *Politischen Liberalismus* nicht so sehr um seine eigene Gerechtigkeitskonzeption, sondern eher um eine Familie liberaler Konzeptionen geht, unter denen seine eigene nur eine unter mehreren möglichen ist. Ich hoffe, es wird deutlich, daß mein Fähigkeitenansatz zu dieser Familie gehört und daß mein Versuch, ihn der Rawlsschen

Konzeption zur Seite zu stellen, Rawls' eigenes Anliegen eher vorantreibt als ersetzt.

Im Rahmen meines Versuchs, zu zeigen, daß der Fähigkeitenansatz die drei genannten Gerechtigkeitsprobleme erfolgreich anzugehen vermag, arbeite ich ihn weiter aus und nehme auch einige Veränderungen vor – am deutlichsten in den Kapiteln V und VI, in denen ich ihn auf die Fragen der internationalen Gerechtigkeit und der Gerechtigkeit im Umgang mit nichtmenschlichen Tieren ausweite. Neben diesen größeren Modifikationen finden sich eine Reihe subtilerer Veränderungen und Weiterentwicklungen, die vielleicht für Leserinnen und Leser von Interesse sind, die sich mit der Entwicklung meiner Theorie befassen:

1. In den Kapiteln I, III und V diskutiere ich den intuitiven Ausgangspunkt meines Ansatzes und wie aus ihm folgt, daß bestimmte Fähigkeiten in die Liste aufzunehmen sind; vgl. insbesondere meine Ausführungen zu Erziehung und Ausbildung in Kapitel V.1.

2. Die in meinem Ansatz verwendete Idee der Menschenwürde wird in Kapitel III.4 und III.9 diskutiert (vgl. auch V.3). Hier setze ich mich mit der Rolle der Speziesnorm innerhalb der Würdediskussion auseinander und argumentiere, daß Würde nicht auf einer tatsächlichen Eigenschaft von Personen basiert, wie etwa der Vernunft oder anderen besonderen Fähigkeiten; in dieser Hinsicht gibt es eine Veränderung im Vergleich mit meinen früheren Überlegungen zu »grundlegenden Fähigkeiten«. Zudem versuche ich zu zeigen, daß Würde kein von den Fähigkeiten unabhängiger Wert ist, sondern daß die Entwicklung der politischen Prinzipien, in denen es um Fähigkeiten geht, (partielle) Artikulationen der Vorstellung eines menschlichen Lebens in Würde sind.

3. Dem Verhältnis zwischen dem Fähigkeitenansatz und dem Utilitarismus wende ich mich (ein weiteres Mal) im ersten Kapitel zu, aber auch in V.2 und VI.3. Meine dortigen Ausführungen sind nicht wirklich überraschend, aber ich füge

einige weitere Argumente hinzu und organisiere die bereits bekannten Argumente neu.

4. Das Verhältnis zwischen Fähigkeiten und Rechten wird in V.3 diskutiert. Hier stelle ich klar, daß der Fähigkeitenansatz eine Version eines menschenrechtszentrierten Ansatzes ist, und präsentiere eine verbesserte Darstellung der Überlegenheit des Vokabulars der Fähigkeiten gegenüber dem (bloßen) Menschenrechtsvokabular.

5. Das Verhältnis zwischen dem Fähigkeitenansatz und Fragen des Pluralismus sowie der kulturellen Diversität wird (ein weiteres Mal, aber vielleicht etwas prägnanter) in V.5 und I.6 diskutiert.

6. Mit der Bedeutung des Begriffs der Gleichheit für den Fähigkeitenansatz befasse ich mich in V.4 und VI.9. Weil es sich hier um neue und äußerst komplexe Argumente handelt, werde ich an dieser Stelle auf eine Zusammenfassung verzichten.

7. In welchem Verhältnis die Rawlssche Idee des »übergreifenden Konsenses« zum Fähigkeitenansatz steht, diskutiere ich in III.4, V.6 und VI.11. Hier wende ich mich zudem der Frage zu, ob es einen übergreifenden Konsens zwischen verschiedenen Nationen mit unterschiedlicher Geschichte und verschiedenen Traditionen geben kann, sowie der noch schwierigeren Frage, ob wir einen übergreifenden Konsens bezüglich der Ausweitung einiger grundlegender Rechte auf Tiere erwarten dürfen.

8. Das Verhältnis zwischen Fähigkeiten als Ansprüchen (Rechten) und den Pflichten, diesen Ansprüchen zu entsprechen, diskutiere ich in V.1.

Das vorliegende Buch rekapituliert also nicht einfach den konstruktiven Vorschlag, den ich in *Women and Human Development* vorgelegt habe, indem es ihn auf die angeführten neuen Problembereiche ausweitet. Ich betrete in einigen Bereichen gänzlich neuen Boden, präzisiere bereits bekannte Unterscheidungen und gehe auf von Lesern und Kritikern aufgeworfene Fragen ein. Da ich meinen Ansatz bisher nur unvollkommen ausgeführt habe und er wesentlich auf die Welt hin ausgerichtet ist, kann ein solches Vorgehen nicht überraschen: Neue Probleme führen zu Veränderungen in der theoretischen Struktur selbst. Aus diesem Grund dürften meine Ausführungen auch für Leserinnen und Leser von Interesse sein, denen die drei Probleme, die im Zentrum des Buches stehen, nicht so wichtig sind – ich kann mir jedoch nur schwer vorstellen, daß sich jemand für Fragen der Gerechtigkeit interessiert, diesen Problemen aber gleichgültig gegenübersteht.

Kapitel I
Die Idee des Gesellschaftsvertrags und drei ungelöste Probleme der Gerechtigkeit

> Da die Menschen, wie schon gesagt wurde, von Natur aus alle frei, gleich und unabhängig sind, kann niemand ohne seine Einwilligung aus diesem Zustand verstoßen und der politischen Gewalt eines anderen unterworfen werden. Die einzige Möglichkeit, mit der jemand diese natürliche Freiheit aufgibt und *die Fesseln der bürgerlichen Gesellschaft anlegt*, liegt in der Übereinkunft mit anderen, sich zusammenzuschließen und in eine Gemeinschaft zu vereinigen, mit dem Ziel eines behaglichen, sicheren und friedlichen Miteinanderlebens, in dem sicheren Genuß ihres Eigentums und in größerer Sicherheit gegenüber allen, die nicht zu dieser Gemeinschaft gehören.
>
> John Locke, *Zweite Abhandlung über die Regierung*

1. *Der Naturzustand*

Stellen wir uns eine Zeit vor ohne Regierung und ohne Souverän, ohne Gesetze, Gerichte, anerkannte Eigentumsrechte oder Verträge. Menschen könnten durchaus unter solchen Bedingungen existieren, aber ihr Leben wäre nicht besonders gut. Thomas Hobbes bringt diesen Gedanken in einer berühmten Passage jenes Werkes zum Ausdruck, das am Anfang der klassischen westlichen Tradition des Gesellschaftsvertrags steht:

> In einer solchen Lage ist für Fleiß kein Raum, da man sich seiner Früchte nicht sicher sein kann; und folglich gibt es keinen Ackerbau, keine Schiffahrt, keine Waren, die auf dem Seeweg eingeführt werden können, keine bequemen Gebäude, keine Geräte, um Dinge, deren Fortbewegung viel Kraft erfordert,

hin- und herzubewegen, keine Kenntnis von der Erdoberfläche, keine Zeitrechnung, keine Künste, keine Literatur, keine gesellschaftlichen Beziehungen, und es herrscht, was das Schlimmste von allem ist, beständige Furcht und Gefahr eines gewaltsamen Todes – das menschliche Leben ist einsam, armselig, ekelhaft, tierisch und kurz.[1]

Vor diesem Hintergrund schließen die Menschen untereinander einen Vertrag, in dem sie sich darauf einigen, auf die private Gewaltanwendung und auf die Möglichkeit, sich das Eigentum anderer einfach zu nehmen, zu verzichten, um auf diese Weise Frieden, Sicherheit und die Erwartung gegenseitiger Vorteile zu ermöglichen. Was für ein Vertrag würde in einer solchen Ausgangssituation von in John Lockes Worten als »frei, gleich und unabhängig«[2] vorgestellten Menschen geschlossen? Der Versuch, diese Frage zu beantworten, verschafft uns Einblick in die Rechtfertigung politischer Prinzipien. Wenn wir uns die Struktur einer politischen Gesellschaft als das Ergebnis eines Vertrags vorstellen, der in einer Ausgangssituation geschlossen wurde, die in entscheidender Hinsicht fair bzw. ausgeglichen ist, dann kann uns das bei der Bestimmung der Forderungen der Gerechtigkeit helfen.[3] So gelangen wir über ein Verfahren, das auf seiten der beteiligten Individuen keinerlei vorgängige Vorteile als gegeben annimmt, zu einer Reihe von Regeln, die die Interessen aller auf angemessene Weise schützen.

1 Hobbes (1651/1984), 96 (Kap. XIII). Hobbes ist vermutlich durch Epikur und Lukrez beeinflußt (vgl. insbesondere Lukrez, *De rerum natura*, 5). Vgl. zur Geschichte des vertragstheoretischen Denkens in der Antike Goldschmidt (1977).

2 Locke (1679-80?/1977), 260 (II.95), vgl. II.4. Das Entstehungsdatum der beiden Abhandlungen ist umstritten, aber Peter Laslett hat überzeugend argumentiert, daß sie viel früher verfaßt worden sind, als lange Zeit angenommen wurde; vgl. Laslett (1960), insb. 66-79.

3 Nicht allen Vertretern dieser Tradition geht es bei ihren Bemühungen explizit um politische Gerechtigkeit. Da ich mich auf Rawls' Version der Vertragstheorie konzentrieren werde, für die dies offensichtlich zutrifft, hoffe ich, daß mir die Leser den Anachronismus verzeihen werden.

Der Vorschlag, sich grundlegende politische Prinzipien als Ergebnis eines Gesellschaftsvertrags vorzustellen, gehört zu den wichtigsten Beiträgen der liberalen politischen Philosophie westlicher Tradition. Wir haben den verschiedenen Varianten dieser Tradition zwei herausragende Errungenschaften zu verdanken: Erstens führen sie den ebenso leicht nachvollziehbaren wie gründlichen Beweis, daß eine politische Gesellschaft, in der alle ihre eigene Macht zugunsten des Rechts und einer rechtmäßig konstituierten Autorität aufgeben, tatsächlich im Interesse der Menschen ist – selbst wenn man von einem künstlich vereinfachten Verständnis dieser Interessen ausgeht. Zweitens zeigen sie – und das ist sogar noch wichtiger –, daß Menschen einem Vertrag eines bestimmten Typs zustimmen würden (der von den verschiedenen Theorien dann in unterschiedlicher Weise ausbuchstabiert wird), wenn wir sie der künstlichen Vorteile berauben, die einige von ihnen in allen tatsächlich existierenden Gesellschaften genießen – Wohlstand, sozialer Rang und Klasse, Erziehung und Bildung und so fort.[4] Ausgehend von einer in diesem Sinne fairen Situation werden die sich aus der Verhandlung ergebenden Prinzipien ebenfalls fair sein. Die vertragstheoretische Tradition vermacht uns demnach ein prozedurales Verständnis der politischen Gesellschaft,[5] zu dessen wesentlichen Annahmen der gleiche Wert der Personen und die Idee der Reziprozität gehören.

Das soeben skizzierte Verständnis der politischen Gesellschaft ist ein zentraler Bestandteil des Angriffs, den der klassische Liberalismus gegen die Traditionen des Feudalismus

4 Was hier unter »und so fort« fällt, ist natürlich eine innerhalb dieser Tradition umstrittene Frage. Wie wir sehen werden, sind für Rawls ethnische Zugehörigkeit und Geschlecht sehr wichtige Bestandteile dieser Liste, nicht aber physische und geistige Behinderungen.

5 Ich werde jedoch zu zeigen versuchen, daß die historischen Vertreter dieser Tradition nicht die Idee einer »reinen Verfahrensgerechtigkeit« in Rawls' Sinne verwenden, sondern statt dessen von einer starken Konzeption natürlicher Rechte oder Ansprüche ausgehen.

und des Monarchismus geführt hat.[6] Aus der Tatsache, daß wir im Naturzustand alle ungefähr gleichgestellt sind, folgt eine fundamentale Kritik jener Regime, die Wohlstand, Rang und Status zur Grundlage einer Ungleichverteilung sozialer und politischer Macht machen. Demnach umfaßt die Vorstellung eines im Naturzustand geschlossenen Vertrags nicht nur eine substantielle Auffassung der politischen Prinzipien, sondern auch einen Maßstab politischer Legitimität. Insofern die Prinzipien einer gesellschaftlichen Ordnung von jenen abweichen, die freie, gleiche und unabhängige Personen in einem Naturzustand festlegen würden, wird deren Legitimität in Frage gestellt.

Da die vertragstheoretische Tradition eine gleichermaßen anschauliche, exakte und erhellende Weise des Nachdenkens über Gerechtigkeit unter Gleichen darstellt, hat sich ihre philosophische Produktivität bis heute erhalten. So kann die überzeugendste und einflußreichste Theorie der Gerechtigkeit des 20. Jahrhunderts, diejenige von John Rawls, ohne Einschränkungen dieser Tradition zugeordnet werden. Rawls hat die Implikationen der Idee des Vertrags vermutlich auf präzisere und umfassendere Weise ausbuchstabiert als jeder andere Denker.

In *Eine Theorie der Gerechtigkeit* betont er von Beginn an, daß er seinen Ansatz in die Tradition des Gesellschaftsvertrags stellt: »Ich möchte eine Gerechtigkeitsvorstellung darlegen, die die bekannte Theorie des Gesellschaftsvertrages etwa von Locke, Rousseau und Kant verallgemeinert und auf eine höhere Abstraktionsebene hebt.«[7] »Der Leitgedanke ist [...], daß [...] die Gerechtigkeitsgrundsätze [...] diejenigen Grundsätze [sind], die freie und vernünftige Menschen in ihrem eigenen

6 Hobbes' eigene Theorie hat natürlich nicht diese Ausrichtung; obwohl er einen großen Einfluß auf die liberale Tradition hatte, war er selbst kein Liberaler; vgl. unten Abs. 4.

7 In einer Fußnote fügt Rawls hinzu, daß Hobbes' Theorie trotz ihrer Bedeutung besondere Probleme aufwirft.

Interesse in einer anfänglichen Situation der Gleichheit [...] annehmen würden.« (TG 27 f.) Um seine Verwendung des Begriffs des Vertrags gegen mögliche Einwände zu verteidigen, fügt Rawls hinzu: »Und schließlich: die Vertragstheorie hat eine lange Tradition. Betont man die Verbindung zu dieser Denkrichtung, so fördert das die Bestimmtheit der Gedanken und entspricht einer natürlichen Pietät.« (TG 34, vgl. 143 f.) (Die seltsame Bemerkung über »natürliche Pietät« ist ein Beispiel für den Respekt, den Rawls den Theorien seiner Vorgänger zeit seines Lebens gezollt und der sowohl seine Lehre als auch sein Schreiben geprägt hat.)

Freilich sind Rawls' historische Bezugnahmen in Wirklichkeit komplexer, als es diese Bemerkung nahelegt. So macht er von David Humes Überlegungen zu den »Anwendungsverhältnissen der Gerechtigkeit« (*circumstances of justice*) Gebrauch, um jene Bestandteile seiner Theorie herauszustellen, die im klassischen Kontraktualismus eine weniger explizite Rolle spielten, obwohl Hume selbst kein Vertragstheoretiker war. Dies macht die Dinge zwar etwas komplizierter, stellt jedoch deshalb kein Problem dar, weil Humes Ansichten in dieser Frage ziemlich genau zu jenen von Locke und Kant passen. Zur Erklärung seiner Bezugnahme auf Hume verweist Rawls darauf, daß dessen Darstellung der »Anwendungsverhältnisse der Gerechtigkeit« »besonders klar« (TG 150) und viel detaillierter sei als die entsprechenden Überlegungen von Locke und Kant.

In zwei zentralen Hinsichten unterscheidet sich Rawls' Theorie allerdings von allen vorangehenden Konzeptionen eines Gesellschaftsvertrags. Erstens will er elementare politische Prinzipien auf äußerst sparsame Annahmen gründen. Da es sich bei seiner Theorie um eine Theorie »reiner Verfahrensgerechtigkeit« handelt, in der das richtige Verfahren die richtigen Ergebnisse festlegt, weicht er von der historischen Tradition insofern ab, als er gerade nicht voraussetzt, daß den Menschen im Naturzustand irgendwelche natürlichen Rechte zukommen. Seine Sichtweise unterscheidet sich demnach auf grundlegendere Weise von den naturrechtlichen Theorien von Grotius und Pufendorf, als dies für die Theorien von Locke und Kant gilt.

Ein zweiter Unterschied betrifft die Rolle moralischer Überlegungen für das kontraktualistische Verfahren. Rawls' Entscheidungssituation umfaßt moralische Annahmen, die Hobbes, Locke und selbst Kant (in seinen politischen Schriften) vermeiden.[8] Der Schleier des Nichtwissens ist ein Instrument zur Sicherung moralischer Unparteilichkeit und eng verwandt mit der Kantischen Vorstellung, daß eine Person nicht bloß als Mittel zu Zwecken anderer benutzt werden darf.

Aus Rawls' doppelter Treue – gegenüber der klassischen Lehre des Gesellschaftsvertrags und gegenüber den Kernideen von Kants Moralphilosophie – ergibt sich sowohl eine Reihe von Einsichten als auch eine grundlegende Spannung in seiner Theorie. Es steht jedoch trotz seiner tiefen Verbundenheit gegenüber den moralischen Ideen der gleichen Achtung und der Reziprozität außer Frage, daß Rawls niemals davon abgerückt ist, sein Projekt als Teil der Tradition des Gesellschaftsvertrags, wie er sie rekonstruiert und interpretiert hat, zu verstehen.[9] Auch dort, wo es scheinbar zu gravierenden Abwei-

8 Es ist bemerkenswert, daß Rawls (in TG 27, Fn. 4) in seiner Aufzählung der Werke, in deren Tradition er sich stellt, neben Lockes *Zweiter Abhandlung* und Rousseaus *Gesellschaftsvertrag* »Kants ethische Schriften von der *Grundlegung zur Metaphysik der Sitten* an«, nicht aber seine politischen Schriften erwähnt.

9 Ein Beleg hierfür: Der Psychologe und Erziehungswissenschaftler Lawrence Kohlberg unterscheidet verschiedene Stufen moralischen Bewußtseins, die im Anschluß an Piaget als Entwicklungsstufen verstanden werden, die Kinder im Reifungsprozeß durchlaufen; die Lehre des Gesellschaftsvertrags repräsentiert die vierte Stufe, der Utilitarismus die fünfte und der Kantianismus die sechste Stufe. In einer Seminardiskussion (um 1976) über diese Unterscheidung vertrat Rawls die Auffassung, es folge aus Kohlbergs Sicht der Moralentwicklung, daß er (Rawls) den Utilitarismus nicht kritisieren könne (was er ja eindeutig getan hatte), da er sich *per definitionem* auf einer niedrigeren Entwicklungsstufe befinde und Kritik Kohlberg zufolge das Durchlaufen der kritisierten Stufe vor-

chungen kommt, weist Rawls seine Leser auf tieferliegende Ähnlichkeiten hin. So setzt er die Leser davon in Kenntnis, daß er die Fiktion des Naturzustands sehr wohl verwendet, auch wenn das zunächst nicht der Fall zu sein scheint: »In der Theorie der Gerechtigkeit als Fairneß spielt die ursprüngliche Situation der Gleichheit dieselbe Rolle wie der Naturzustand in der herkömmlichen Theorie des Gesellschaftsvertrags.« (TG 28) Im allgemeinen läßt sich, wie wir sehen werden, ein Gutteil seiner Ansichten nur dann wirklich verstehen, wenn wir diese Verbindungslinien im Blick behalten. In Gestalt von Rawls' Werk hat die vertragstheoretische Tradition den ausgereiftesten Beitrag zur Diskussion darüber geleistet, was die Gerechtigkeit verlangt, wenn wir von der Vorstellung gleicher Personen, ihres Werts und ihrer Fähigkeiten ausgehen.

Der kritische Teil meiner Argumentation wird sich hauptsächlich auf Rawls und, in einem geringeren Maße, auf andere zeitgenössische Vertreter der Vertragstheorie (wie etwa David Gauthier) beziehen. Stärker kantianische Formen des Kontraktualismus, die sich vollständig von der Tradition des Gesellschaftsvertrags und seiner Ausrichtung an gegenseitigen Vorteilen ablösen, werde ich nicht behandeln – auch wenn ich im zweiten Kapitel die mögliche Konvergenz zwischen meinem Fähigkeitenansatz und diesen kontraktualistischen Theorien (etwa jener von Thomas Scanlon im Bereich der Ethik und jener von Brian Barry im Bereich der Politik) diskutieren werde. In unserer Zeit hat die Tradition des Gesellschaftsvertrags eine spezifische Gestalt angenommen, was zum Teil auf den weitgehenden Einfluß ökonomischer Vorstellungen des Aushandelns auf unsere politische Kultur als ganze zurückzuführen ist. Philosophische Kontraktualisten kritisieren diese Ideen, sind aber zugleich von ihnen beeinflußt, insofern sie die klassische Vorstellung des Gesellschaftsvertrags interpre-

aussetze. Ich erinnere mich daran, Rawls' Selbstverortung auf der vierten statt der sechsten Stufe mit Überraschung zur Kenntnis genommen zu haben.

tieren und neu fassen. Rawls wendet sich gegen den in den Wirtschaftswissenschaften und darüber vermittelt auch in der Politik vorherrschenden Utilitarismus; aber er verwendet die klassische Vorstellung des Gesellschaftsvertrags, um seine Leser (an vorderer Stelle auch seine ökonomisch orientierten Leser) davon zu überzeugen, daß das richtige Nachdenken über politische Prinzipien reichhaltiger und moralischer zu sein hat.

Hinter dem gegenwärtigen Kontraktualismus stehen also vielschichtige Einflüsse. Mit Ausnahme von Rawls werde ich keine detaillierte Auslegung einzelner historischer Vertreter dieser Doktrin vorlegen, aber ich werde versuchen, die wesentlichen Einflußlinien aufzuzeigen, die die wichtigsten Vertreter mit Rawls' Theorie verbinden. Ungeachtet der Feinheiten und Komplexitäten ihrer einzelnen Versionen kann man meines Erachtens jedoch behaupten, daß die vertragstheoretische Tradition uns eine allgemeine Vorstellung von der Gesellschaft vermacht hat, in der diese als Ergebnis eines zum gegenseitigen Vorteil geschlossenen Vertrags unter Menschen erscheint, die »frei, gleich und unabhängig« sind (und die, indem sie kooperieren, etwas erreichen, was sie auf sich allein gestellt nicht erreichen würden). Diese tief in unsere politische Kultur eingelassene Vorstellung ist der Gegenstand meiner kritischen Untersuchung.

2. Drei ungelöste Probleme

(1) *Beeinträchtigung und Behinderung.*[10] Trotz der bedeutenden Beiträge dieser Tradition und ihres bleibenden Werts erweisen sich ihre gegenwärtigen Varianten als ungenügend, wenn es um die drei drängendsten Probleme der Gerechtigkeit in unserer Welt geht. Ihre klassischen Vertreter sind alle davon aus-

10 Zur Verwendungsweise von »Beeinträchtigung«, »Behinderung« und »Handicap« vgl. Kap. II, Fn. 5.

gegangen, daß die Vertragsparteien Männer sind, die in etwa über die gleichen Fähigkeiten verfügen und zu produktiver ökonomischer Tätigkeit in der Lage sind. Dementsprechend wurden Frauen (die nicht als »produktiv« galten), Kinder und alte Menschen nicht als Teilnehmer der Verhandlungssituation verstanden – auch wenn die Vertragsparteien deren Interessen durchaus repräsentieren konnten.[11] Diese auch schon für das 17. und 18. Jahrhundert erstaunlichen Auslassungen sind in gegenwärtigen Vertragstheorien zu einem gewissen Grad korrigiert worden, obwohl die Vorstellung der Familie als Teil einer gegenüber Recht und Vertrag immunen Privatsphäre nicht immer so gründlich kritisiert worden ist, wie es geboten wäre.[12]

Menschen mit starken oder atypischen körperlichen oder geistigen Beeinträchtigungen werden jedoch in keiner Variante des Gesellschaftsvertrags zur Gruppe derjenigen gezählt, die die grundlegenden politischen Prinzipien festlegen. Wie wir wissen, sind diese Menschen in den meisten modernen Gesellschaften bis vor kurzem auch nicht als Teil der Gesellschaft betrachtet worden. Sie wurden ausgeschlossen und stigmatisiert, und es gab keine politische Bewegung, die für ihre Inklusion gekämpft hat. Insbesondere Menschen, die unter schweren geistigen Beeinträchtigungen litten, wurden sogar Erziehung und Bildung vorenthalten. Sie wurden in speziellen Einrichtungen weggesperrt oder dem Tod durch Vernachlässigung überlassen;[13] zu keinem Zeitpunkt wurden sie als

11 Hobbes hat Frauen nicht ausgeschlossen und muß in verschiedenen Hinsichten als überraschende Ausnahme in Fragen des Geschlechterverhältnisses gelten. Bei Kant fallen noch deutlich mehr Menschen heraus, da die von ihm aufgestellte Bedingung der Unabhängigkeit das Verfügen über Eigentum erfordert und zur Unterscheidung zwischen »Aktiv- und Passivbürgern« führt; vgl. unten Abs. 4.

12 Vgl. Nussbaum (2000a), Kap. 4.

13 Wie Michel Foucault am Beispiel der Geisteskrankheit nachweist, ist die Situation im 19. Jahrhundert sehr viel schlimmer geworden. Davor wurden die Betroffenen nicht im selben Maße aus der Gesellschaft ausgeschlossen und viele Menschen mit schweren Behinderungen konnten

Teil der Öffentlichkeit betrachtet.[14] Deshalb kann es kaum überraschen, daß die Vertreter der klassischen Vertragstheorie diese Menschen nicht als an der Wahl der politischen Prinzipien beteiligt sahen und daß sie bereit waren, von fundamentalen Annahmen (etwa der ungefähren Gleichheit in bezug auf Macht sowie auf körperliche und geistige Fähigkeiten) auszugehen, die ihre Beteiligung auf der ersten und grundlegenden Entscheidungsebene unmöglich machten.

Im Fall vieler Menschen mit Beeinträchtigungen oder Behinderungen, die ohne Einschränkungen dazu in der Lage sind, an der politischen Entscheidungsfindung teilzunehmen, erscheint schon dieser Ausschluß aus der grundlegenden Entscheidungssituation als Mangel an Gerechtigkeit. Sie werden im Verhältnis zu anderen Bürgerinnen und Bürgern nicht als im vollen Sinne Gleiche behandelt; ihre Stimmen werden bei der Wahl der grundlegenden Prinzipien nicht gehört. Dieses Problem erscheint noch gravierender, wenn wir zugestehen, daß in vielen Fällen einige der Faktoren, die Menschen mit Beeinträchtigungen von der Teilnahme an politischen Entscheidungen ausschließen, sozial kontingent und keineswegs unvermeidbar sind. So gibt es etwa keinen prinzipiellen Grund, warum diese Menschen nicht Teil einer Entscheidungssituation sein sollten, die keine bestimmte gesellschaft-

im öffentlichen Leben eine wichtige Rolle spielen. Beispiele sind Julius Cäsar, der an Epilepsie litt; der römische Kaiser Claudius, dessen Bewegungsfähigkeit stark eingeschränkt war und der andere, nicht weiter bekannte Behinderungen aufwies; und der Philosoph Seneca, der über seine zahlreichen chronischen und ihn einschränkenden Gebrechen schrieb und dennoch großen politischen Einfluß hatte. Ohne Zweifel ließen sich weitere Beispiele aus anderen Zeiten und Kulturen nennen.

14 Hier wie auch in anderen Fragen gehört Charles Dickens zur kritischen Avantgarde mit seinem vielschichtigen Porträt des Mr. Dick in *David Copperfield*; vgl. Cora Diamond, »Anything but Argument?«, in: Diamond (1995). Wir sollten auch die radikale Position von Wilkie Collins erwähnen, der in *No Name* eine an schweren geistigen Beeinträchtigungen leidende Frau zum moralischen Zentrum der Handlung macht.

liche Institutionenstruktur vorauszusetzen behauptet. Sicher, manche Menschen mit schweren geistigen Beeinträchtigungen können nicht direkt zur Gruppe der die politische Wahl Treffenden gehören, wie wohlwollend wir ihr Potential zu einer solchen Teilnahme auch einschätzen mögen. In diesem Fall erscheint es nicht als Ungerechtigkeit, wenn sie nicht an der Entscheidung teilnehmen, solange es einen anderen Weg gibt, ihre Interessen miteinzubeziehen.

Der Ausschluß von Menschen mit Beeinträchtigungen und Behinderungen aus der Vertragssituation wird noch problematischer, wenn wir uns ein frappierendes Merkmal aller Gesellschaftsvertragstheorien vor Augen führen. Die Tradition des Gesellschaftsvertrags identifiziert zwei Fragen, die prinzipiell zu unterscheiden sind: »*Von wem* werden die grundlegenden Prinzipien einer Gesellschaft formuliert?« und »*Für wen* werden die grundlegenden Prinzipien einer Gesellschaft formuliert?«[15] Die Vertragsparteien werden als identisch mit den Bürgern vorgestellt, die zusammenleben werden und deren Leben durch die gewählten Prinzipien reguliert werden soll. Die zentrale moralische Idee der Tradition ist die des gegenseitigen Vorteils und der Reziprozität unter Menschen, die einen solchen Vertrag zu schließen gezwungen sind. An erster Stelle regeln die gewählten Prinzipien die Beziehungen dieser Menschen untereinander. Andere Interessen und Personen (oder andere Lebewesen) können entweder auf abgeleitete Weise einbezogen werden, etwa dadurch, daß sich die Vertragsparteien selbst dafür zuständig und verpflichtet fühlen, oder zu einem späteren Zeitpunkt, wenn die Prinzipien bereits gewählt sind. Die primären Subjekte der Gerechtigkeit sind jedoch diejenigen, die auch die Prinzipien festlegen. Werden in der Tradition demnach bestimmte Fähigkeiten (Vernunft, Sprache, in etwa gleiche körperliche und geistige Fähigkeiten) als Bedingungen der Teilnahme an jenem Verfahren ange-

15 Für diese Formulierungsweise bin ich Barbara Herman zu Dank verpflichtet.

nommen, in dem die Prinzipien gewählt werden, so haben diese Anforderungen massive Konsequenzen für die Behandlung von Menschen mit Beeinträchtigungen oder Behinderungen und für ihre Stellung als Empfänger oder Subjekte der Gerechtigkeit in der sich daraus ergebenden gesellschaftlichen Ordnung. Die Tatsache, daß sie aus der Gruppe derjenigen, die die Wahl treffen, ausgeschlossen werden, bedeutet, daß sie (außer abgeleitet oder zu einem späteren Zeitpunkt) auch nicht zur Gruppe derjenigen gehören, für die diese Prinzipien gewählt werden.

Rawls' Theorie ist in dieser Hinsicht etwas subtiler, weil er explizit unterscheidet zwischen den Parteien des Urzustands und den Bürgern der Gesellschaft, die letztlich von ersteren eingerichtet werden soll. (Die Bürger unterliegen nicht den Informationsbeschränkungen des Schleiers des Nichtwissens; statt dessen verfügen sie über eine umfassende moralische Bildung, die so angelegt ist, daß sie zu gesellschaftsstabilisierenden Gefühlen führt.) Wenn es um die von uns aufgeworfenen Fragen der Behinderung und der Spezieszugehörigkeit geht, ist dieser Unterschied jedoch ohne Bedeutung. Die Parteien wählen Prinzipien, als würden diese für eine Gesellschaft gelten, in der sie selbst leben und ihre Pläne verfolgen. Die Bürger leben unter den von jenen Parteien im Rahmen des Gedankenexperiments gewählten Prinzipien. Obwohl sie praktische Vorkehrungen zugunsten der Bedürfnisse von Menschen und Tieren treffen können, die nicht zur ursprünglichen vertragsschließenden Gruppe gehören, steht es ihnen nicht frei, die Prinzipien der Gerechtigkeit selbst im Lichte ihrer Kenntnis dieser Probleme umzuformulieren. In *Politischer Liberalismus* gibt Rawls eine etwas andere Darstellung, die seine grundlegende Treue gegenüber der historischen Tradition verdeutlicht: Die Parteien im Urzustand werden nun als »Repräsentanten« oder als Treuhänder der Bürger verstanden. In die Charakterisierung der Bürger, um deren Treuhänder es geht, werden allerdings explizit jene Eigenschaften aufgenommen, die schon in der Darstellung von *Eine Theorie der Gerechtigkeit* mit Bezug auf die Frage der Behinderung in Schwierigkeiten geführt haben: Von ihren geistigen und körperlichen Fähigkeiten heißt es, wie schon für die Parteien aus *Eine Theorie der Gerechtigkeit*, daß diese »im Bereich des Normalen« liegen (PL 384). Letztlich formulieren die Parteien demnach Prinzipien für Bürger, die, wie sie selbst, Menschen ohne schwere geistige oder körperliche Einschränkungen sind.

Die Fragen »von wem?« und »für wen?« müssen jedoch nicht auf diese Weise miteinander verknüpft werden. Man könnte eine Theorie vertreten, der zufolge zahlreiche menschliche und nichtmenschliche Lebewesen als primäre Subjekte der Gerechtigkeit gelten, auch wenn sie nicht dazu in der Lage sind, an dem Verfahren teilzunehmen, in dem die politischen Prinzipen ausgewählt werden. Wenn man von der Überlegung ausgeht, daß vielen verschiedenen Arten von Leben Würde zukommt und Achtung entgegenzubringen ist, könnte es starke Gründe dafür geben, nach einer solchen Theorie zu suchen und die beiden Fragen auseinanderzuhalten. Mit dieser Auffassung geht unmittelbar die Einsicht einher, daß die Fähigkeit, einen Vertrag zu schließen, und der Besitz jener Fähigkeiten, die in der zu gründenden Gesellschaft zu gegenseitigen Vorteilen führen, keine notwendigen Bedingungen dafür sind, ein Bürger zu sein, dem Würde zukommt und dem wir eine respektvolle Behandlung auf der Grundlage seiner Gleichheit mit allen anderen schulden.

Aufgrund der für Vertragstheorien charakteristischen Struktur hat der Ausschluß von Menschen mit Behinderungen von der ursprünglichen Festlegung grundlegender politischer Prinzipien massive Konsequenzen für deren Status als gleiche Bürgerinnen und Bürger. Da die Frage der Gerechtigkeit im Umgang mit Menschen mit Behinderungen heute ganz oben auf der Agenda einer jeden anständigen Gesellschaft steht, erscheint der Ausschluß all dieser Menschen von der Teilnahme an der grundlegenden politischen Entscheidungssituation als äußerst problematisch, wenn man in Rechnung stellt, daß viele, wenn nicht die meisten von ihnen, offensichtlich in der Lage wären, an einer solchen Entscheidung teilzunehmen; und ihr Ausschluß aus jener Gruppe von Personen, *für die* die grundlegenden Prinzipien der Gesellschaft gewählt werden, ist noch problematischer. Selbst wenn ihre Interessen abgeleitet oder zu einem späteren Zeitpunkt Berücksichtigung finden können, fragen wir uns doch verständlicherweise, warum diese Verschiebung notwendig sein sollte und ob sie nicht mit einiger Wahrscheinlichkeit die umfassende Gleichbehandlung der Bürgerinnen und Bürger beeinträchtigt – selbst wenn es sich nicht an und für sich um eine Form der Ungleichbehandlung handelt. Wie wir sehen werden, gibt Rawls zu, daß es hier eine Lücke in seiner Theorie gibt, die ihm Sorgen bereitet. Ich werde zu zeigen versuchen, daß Rawls' Auseinandersetzung mit dem Problem der Behinderung ungenügend und doch nicht einfach zu korrigieren ist. Die umfassende Einbeziehung von Bürgerinnen und Bürgern mit geistigen und körperlichen Beeinträchtigungen wirft Fragen auf, die den Kern der klassischen kontraktualistischen Auffassung von Gerechtigkeit und sozialer Kooperation berühren.

(2) *Nationalität.* Ein zweiter Bereich, in dem die Tradition des Gesellschaftsvertrags in Schwierigkeiten gerät, betrifft den Einfluß der Nationalität bzw. des Geburtsortes auf die grundlegenden Lebenschancen der Menschen. In unserer durch zunehmende Interdependenzen gekennzeichneten Welt müssen wir uns jenen Fragen der Gerechtigkeit zuwenden, die durch die Ungleichheiten zwischen reichen und armen Nationen aufgeworfen werden, denn diese beeinträchtigen die Lebenschancen ihrer Bürgerinnen und Bürger. Das Modell des Gesellschaftsvertrags wird typischerweise verwendet, um eine einzelne Gesellschaft zu konstruieren, die als autark und unabhängig von anderen Gesellschaften vorgestellt wird. Sowohl Kant als auch Rawls erkennen die Bedeutung von Fragen der

Gerechtigkeit zwischen Nationen durchaus an. Die Logik ihrer Theorien führt sie jedoch dazu, diese Fragen nur auf einer zweiten, abgeleiteten Ebene aufzuwerfen. Beide stellen sich vor, daß die Beziehungen zwischen Staaten nach deren Etablierung noch immer dem Naturzustand ähneln; aus diesem Grund bedarf es dann weiterer Prinzipien, um die internationalen Beziehungen zu regulieren.

In diesem zweistufigen Modell werden Staaten demnach als strukturgleich mit den »freien, gleichen und unabhängigen« Personen auf der ersten Stufe der Argumentation vorgestellt. Selbst wenn wir auf dieser zweiten Stufe den Ausgang aus dem Naturzustand kontraktualistisch zu begreifen haben, müssen wir demnach auch hier wieder fragen, wer zur Gruppe der Vertragsparteien gehört und welche Bedingungen der Unabhängigkeit, der Freiheit und der ungefähren Gleichheit als gegeben vorausgesetzt werden müssen, damit das Modell des Gesellschaftsvertrags überhaupt Anwendung finden kann. Nun mag freilich bezweifelt werden, daß die Annahme der Unabhängigkeit und ungefähren Gleichheit der Staaten überhaupt sinnvoll ist in einer Welt, in der ein mächtiger globaler Markt alle ökonomischen Entscheidungen voneinander abhängig macht und arme Nationen häufig Bedingungen unterwirft, die bestehende Ungleichheiten verstärken und vertiefen. Zudem impliziert diese Annahme, daß jene Nationen, die sehr viel weniger Macht haben als die mächtigsten Nationen, vor allem wenn sie sich (zumindest teilweise) auf einer vorindustriellen Entwicklungsstufe befinden, von der den ursprünglichen Vertrag schließenden Gruppe ausgeschlossen werden müssen. Ihre Bedürfnisse müssen an späterer Stelle berücksichtigt werden, nachdem bereits Prinzipien gewählt und festgelegt worden sind, die das Leben ihrer Bevölkerungen tiefgreifend beeinflussen – und diese Bedürfnisse werden aus Wohltätigkeit und nicht als Teil der grundlegenden Forderungen der Gerechtigkeit berücksichtigt. (Die Lage ärmerer Nationen entspricht in dieser Hinsicht derjenigen von Personen mit Beeinträchtigungen auf der ersten Stufe des Gesellschaftsvertrags.)

Bereits im 17. Jahrhundert hat Hugo Grotius eine nuancierte Darstellung der gegenseitigen Abhängigkeiten zwischen den Nationen vorgelegt und die Ansicht vertreten, daß moralische Normen die Aktivitäten aller Nationen und Individuen in der »internationalen Gesellschaft« einschränken. Grotius zufolge rechtfertigen die individuellen Menschenrechte unter bestimmten Umständen Eingriffe in die inneren Angelegenheiten anderer Nationen. Noch bedeutsamer ist jedoch seine Ansicht, daß die Beantwortung der Frage, wem welches Eigentum gehört, von einer genauen Untersuchung der Bedürfnisse und des Überschusses abhängt, wobei die Armen einer Nation in manchen Fällen Eigentumsrechte an dem Überschuß einer anderen Nation haben.[16] Grotius war allerdings kein Gesellschaftsvertragstheoretiker, und er wäre nicht zu diesen Schlußfolgerungen gelangt, wäre er von den Ideen ausgegangen, die später für die Tradition des Gesellschaftsvertrags zur Norm wurden. Die Logik eines um gegenseitiger Vorteile willen geschlossenen Vertrags legt nämlich schon nahe, daß man jene Akteure, deren Beitrag zum gesamtgesellschaftlichen Wohlergehen vermutlich dramatisch geringer ausfallen wird als derjenige der anderen, nicht an erster Stelle miteinbezieht. Wenn es um einen Vertrag zwischen Nationen geht, befinden sich sehr bedürftige Nationen in genau dieser Position: Warum sollten wohlhabende Länder, denen es um gegenseitige Vorteile geht, diese in die Gruppe der Vertragsparteien aufnehmen, wenn sie die Beziehungen mit diesen Nationen auch auf andere Weise regeln können, nachdem die grundlegenden Prinzipien bereits gewählt worden sind? Da zudem die betreffenden Staaten die Eigentumsansprüche bereits festgelegt haben, und zwar lange bevor sie den auf der zweiten Stufe angesiedelten internationalen Vertrag eingehen,

16 Diese Tradition wird in Nussbaum (2007) dargestellt.

und da diese Prinzipien als unveränderbar verstanden werden, wird ein radikaler Vorschlag wie Grotius' Überlegung zu Eigentum und Bedürfnis nicht einmal in Erwägung gezogen werden können.

Die Frage der internationalen Gerechtigkeit ist in der Welt der klassischen Theorien des Gesellschaftsvertrags in gewisser Hinsicht unausweichlich gewesen. Schließlich waren die wichtigsten Theoretiker aufs engste vertraut mit zwischenstaatlichen Kriegen sowie Handel und kolonialer Expansion. Dennoch schien es möglich, mit Bezug auf die internationalen Beziehungen eine »dünne« Herangehensweise zu wählen, die sich auf die Fragen von Krieg und Frieden beschränkte und Fragen der ökonomischen Umverteilung oder des Schutzes grundlegender Menschenrechte einfach ausblendete. (Man beachte jedoch, daß schon Grotius die Ansicht vertrat, daß es einen dauerhaften Frieden nur geben könne, wenn man auch die Notwendigkeit ökonomischer Umverteilung berücksichtigt.) Heute erweist sich diese »dünne« Herangehensweise, die tief in die Praxis der wohlhabenden Nationen und in unser System des Völkerrechts eingelassen ist, zunehmend als unangemessen. Zwischen reichen und armen Nationen bestehen in all jenen Bereichen, die die grundlegenden Lebenschancen am stärksten betreffen – Sterblichkeit, Gesundheit, Bildung usw. –, extreme Unterschiede. Selbst wenn wir die durch das Erbe des Kolonialismus aufgeworfene Frage historischer Gerechtigkeit ausklammern, sind wir mit drängenden zukunftsgerichteten Fragen der Gerechtigkeit konfrontiert, sobald wir kritisch über die Funktionsweise des globalen Wirtschaftssystems nachdenken, das von einer kleinen Anzahl von Nationen kontrolliert wird, aber einen entscheidenden Einfluß auf alle hat. Auch die überzeugendsten Versuche, diese Probleme im Rahmen der Tradition des Kontraktualismus anzugehen – John Rawls' *Das Recht der Völker* sowie verwandte Arbeiten von Thomas Pogge und Charles Beitz –, erweisen sich als unzureichend angesichts der Komplexität der Fragen, mit denen wir es zu tun haben. Der Fähigkeitenansatz, der in verschiedenen Hinsichten die an Grotius anschließende naturrechtliche Tradition wiederbelebt, verschafft uns hier eine bessere Orientierung.

(3) *Spezieszugehörigkeit.* In den Debatten über globale Gerechtigkeit geht es typischerweise um die geographische Ausweitung unserer Gerechtigkeitstheorien, um auf diese Weise einen größeren Teil der auf der Erde lebenden Menschen miteinzubeziehen. Häufig denken wir auch darüber nach, unsere Theorien in zeitlicher Hinsicht auszuweiten, um die Interessen zukünftiger Generationen zu berücksichtigen – auch wenn ich diese Art von Fragen im folgenden aus Gründen, auf die ich zurückkommen werde, nur kurz erwähnen will. Womit wir uns weniger häufig beschäftigen – obwohl wir heute mehr darüber nachdenken, als das in früheren Generationen der Fall gewesen ist –, ist die Notwendigkeit, unsere Theorien der Gerechtigkeit über die Menschheit hinaus auszudehnen und jene Fragen der Gerechtigkeit anzusprechen, die nichtmenschliche Tiere betreffen. In diesem Bereich sind die Mängel der Vertragstheorie offensichtlich. Da ihrer Vorstellung nach ein Vertrag zwischen rationalen erwachsenen Menschen den Ursprung der Gerechtigkeitsprinzipien darstellt, ist hier, zumindest auf der Ebene fundamentaler sozialer Gerechtigkeit, einfach kein Raum für die Interessen nichtmenschlicher Lebewesen (nicht einmal für jene, die in bestimmten Hinsichten rational sind). Ein weiteres Mal führt die Tatsache, daß diese Theorien die Frage »Von wem werden die Prinzipien der Gerechtigkeit formuliert?« mit der Frage »Für wen werden diese Prinzipien formuliert?« verwechseln, dazu, daß sie Tiere nicht zur Gruppe jener Subjekte zählen können, für die die Theorie entworfen wird, da Tiere nicht am Zustandekommen des Vertrags beteiligt sind.

Die sich dieser Tradition zuordnenden Theoretiker gehen typischerweise davon aus, daß wir entweder keine direkten moralischen Pflichten gegenüber Tieren haben (Kant) oder daß diese Pflichten, so sie denn existieren, Pflichten der Wohltätigkeit und des Mitleids sind, nicht aber solche der Gerechtigkeit (Rawls). Diese Haltung erscheint unbefriedigend (auch wenn weitere Ausführungen zur Unterscheidung von Fragen der Gerechtigkeit und solchen der Wohltätigkeit nötig sind sowie dazu, warum das Tieren angetane Unrecht Fragen der Gerechtigkeit aufwirft). Tagtäglich beeinträchtigen wir mit unseren Entscheidungen das Leben nichtmenschlicher Spezies und fügen ihnen auf diese Weise häufig enormes Leid zu. Tiere gehören aber nicht einfach zur Ausstattung der Welt; sie sind aktive Wesen, die ihr eigenes Leben zu leben versuchen und denen wir dabei oft im Weg stehen. Das sieht eher nach einem Problem der Gerechtigkeit als nach einem bloßen Anlaß für Wohltätigkeit aus. Es ist demnach ein weiterer gravierender Nachteil, wenn eine Theorie noch nicht einmal dazu in der Lage ist, das Verhältnis von Menschen und Tieren als jene Art von Verhältnis zu bestimmen, die es zu sein scheint und die diejenigen Probleme aufwirft, die es offensichtlich aufzuwerfen scheint.

Die drei Problembereiche der Gerechtigkeit, um die es mir hier geht, müssen voneinander unterschieden und jeweils separat erörtert werden, da sie die Doktrin des Gesellschaftsvertrags auf unterschiedliche Weisen unter Druck setzen. Allerdings teilen sie ein wichtiges Merkmal: In ihnen geht es um eine problematische Asymmetrie zwischen der Macht und den Fähigkeiten jener Wesen, deren Ansprüche im Mittelpunkt meiner Ausführungen stehen werden, auf der einen und einer herrschenden Gruppe auf der anderen Seite. Diese Asymmetrie spielt in allen drei Fällen eine Rolle, wenn es darum geht zu erklären, warum es der traditionellen vertragstheoretischen Herangehensweise nicht gelingt, diese Fragen befriedigend zu beantworten.

Heute wird allgemein anerkannt, daß die drei Problembereiche wichtig sind, was in früheren Zeiten nicht der Fall war. Unzulänglichkeiten der Gesellschaftsvertragstheorien, die einst als vernachlässigenswert erschienen, werden nun als schwerwiegend erlebt. Sie veranlassen uns dazu, jenseits des Gesellschaftsvertrags nach anderen Möglichkeiten Ausschau zu halten, wie sich die Grundlagen einer wirklich globalen Gerechtigkeit artikulieren lassen.

3. Rawls und die drei ungelösten Probleme

Rawls gibt zu, daß seine Theorie in genau diesen Bereichen auf erhebliche Probleme stößt. In *Politischer Liberalismus* nennt er vier Probleme, die seiner Gerechtigkeitskonzeption Schwierigkeiten bereiten: was wir Menschen mit (temporären wie permanenten, geistigen wie körperlichen) Behinderungen schulden; die Forderungen der Gerechtigkeit jenseits nationaler Grenzen; »was wir den Tieren und dem Rest der Natur schulden« (wie wir sehen werden, bestreitet Rawls, daß es sich hierbei um Gerechtigkeitsfragen handelt); und die Frage des Sparens zum Wohle zukünftiger Generationen. Er kommt zu dem folgenden Ergebnis: »Obwohl ich alle diese Fragen letztlich gerne beantworten würde, hege ich große Zweifel daran, daß dies innerhalb der Konzeption der Gerechtigkeit als Fairneß als einer politischen Konzeption möglich ist.« (PL 88) Seines Erachtens läßt sich über eine Ausweitung der von ihm vertretenen Konzeption eine plausible Antwort auf das Problem der zukünftigen Generationen finden (da ich dieser Einschätzung zustimme, werde ich im folgenden nicht auf diese Frage eingehen). Auch das Problem der internationalen Gerechtigkeit kann er seines Erachtens mit einer entsprechenden Erweiterung in den Griff bekommen; sein letztes Buch, *Das Recht der Völker*, stellt den Versuch dar, diese Behauptung einzulösen. Tatsächlich gelingt es ihm jedoch nicht, eine zufriedenstellende Analyse dieses Bereichs vorzulegen. Zudem räumt Rawls ein, daß es sich bei den beiden verbleibenden Problemen um Fragen handelt, »an denen die Konzeption der Gerechtigkeit als Fairneß scheitern mag«. Er sieht zwei Möglichkeiten, dieses eventuelle Scheitern zu interpretieren: Zum einen kann es sein, »daß die Idee der politischen Gerechtigkeit nicht alles abdeckt und daß wir dies auch nicht erwarten sollten«; zum anderen könnte es sich durchaus um ein Gerechtigkeitsproblem handeln, »für das Gerechtigkeit als Fairneß nicht die richtige Konzeption ist, auch wenn sie sich in anderen Fällen bewährt. Um zu beurteilen, wie schwerwiegend ein solches Scheitern wäre, müssen wir abwarten, bis wir einen konkreten Fall untersuchen können.« (PL 88)[17]

Auch wenn meine Überlegungen nicht wirklich auf diese Bemerkung von Rawls zurückgehen, läßt sich mein Argument doch als Versuch verstehen, die Herausforderung anzunehmen, die Rawls hier sich selbst und anderen stellt. Ich werde dies tun, indem ich die genannten Probleme nacheinander durcharbeite, um zu prüfen, inwiefern eine Theorie, wie Rawls sie vertritt (die sowohl kantianisch als auch kontraktualistisch ist), mit ihnen umzugehen vermag. Dabei werde ich die These vertreten, daß Rawls' Theorie letztlich keine befriedigenden Antworten auf diese drei Probleme zu liefern vermag und daß sie insbesondere nicht dazu in der Lage ist (wie er selbst zugibt), sie als grundlegende Gerechtigkeitsprobleme zu behandeln; eine Version des Fähigkeitenansatzes, wie ich

17 Vgl. auch TG 39, wo Rawls einräumt, daß Vertragstheorien, seine eigene eingeschlossen, sich »nur mit unseren Beziehungen zu anderen Menschen, nicht aber zu Tieren und zur übrigen Natur« befassen. Er fügt hinzu: »Man darf den beschränkten Anwendungsbereich der Gerechtigkeit als Fairneß und des allgemeinen Ansatzes, für den sie ein Beispiel ist, nicht verkennen. Man kann nicht im voraus entscheiden, wie weit sie nach einer Analyse dieser anderen Probleme abgeändert werden müßte.« Vgl. TG 556, wo Rawls dafür plädiert, sich »die Grenzen einer Theorie der Gerechtigkeit ins Gedächtnis zurückzurufen«, zu denen gehört, daß diese Theorie nichts zur Frage nach dem richtigen Verhalten gegenüber Wesen ohne die Fähigkeit zu einem Gerechtigkeitssinn sagt. Dies scheint jedoch nicht nur nichtmenschliche Tiere zu betreffen, auf die sich Rawls an dieser Stelle bezieht, sondern auch Menschen mit schweren geistigen Behinderungen.

ihn in *Women and Human Development*[18] entwickelt habe, ist zur Behandlung dieser Fragen besser geeignet.

Dieses Fazit ist deshalb von besonderem Interesse, weil Rawls' Gerechtigkeitstheorie meines Erachtens die überzeugendste Theorie der Gerechtigkeit ist, über die wir verfügen. In den von ihr behandelten Bereichen führt sie zu außerordentlich plausiblen und anregenden Einsichten. Den beiden von Rawls herausgearbeiteten Gerechtigkeitsprinzipien kommt große Überzeugungskraft zu. Auch wenn ich die Theorie der Grundgüter, auf deren Basis sie ausgearbeitet wurden, in verschiedenen Hinsichten kritisieren werde, halte ich die Prinzipien selbst für durchaus richtig. Meine eigene Theorie beginnt mit anderen Annahmen, kommt aber zu einem ähnlichen Ergebnis. Wir sollten uns jedoch von Anfang an klarmachen, daß Rawls' Theorie bezüglich der drei ungelösten Probleme *überhaupt keine Prinzipien anzubieten hat.* In späteren Beiträgen führt er zwar tatsächlich weitere Prinzipien für den Bereich der internationalen Gerechtigkeit ein, aber aufgrund von bestimmten seiner Theorie zugrundeliegenden Annahmen können die anderen beiden hier angesprochenen Probleme von seinen Gerechtigkeitsprinzipien einfach nicht erfaßt werden. Rawls ermuntert uns zu einer eingehenderen Untersuchung dieser beiden Fälle und legt nahe, daß seine Theorie ergänzt oder neu bewertet werden müßte, wenn sich nach eingehender Prüfung herausstellen sollte, daß es sich tatsächlich um ungelöste Gerechtigkeitsprobleme handelt. Die vorliegende Studie ist der Versuch einer solchen genaueren Überprüfung und Ergänzung.

Gleich zu Beginn von *Eine Theorie der Gerechtigkeit* erwähnt Rawls, daß alle Vertragstheorien zwei Teile haben, die unabhängig voneinander bewertet werden können: zum einen die Schilderung der ursprünglichen Entscheidungssituation und zum anderen die daraus resultierenden Prinzipien.

18 Nussbaum (2000a).

»Man kann jeden der beiden Teile (oder eine Abwandlung davon) ohne den anderen akzeptieren.« (TG 32) Das Ergebnis meiner Überlegungen wird sein, daß es sich bei Rawls' Prinzipien selbst (oder ihnen sehr ähnlichen Prinzipien) um gute Prinzipien handelt – nicht nur für jene Fälle, auf die Rawls sie anwendet, sondern auch für andere Fälle, für die er uns gar keine Prinzipien an die Hand gibt (vgl. Kapitel III.9). Außerdem sind die Ideen der Fairneß und der Reziprozität, die in diesen Prinzipien zum Ausdruck kommen und von ihnen konkretisiert werden, selbst äußerst ansprechende ethische Ideale (trotz der Schwierigkeiten, die aus der spezifisch kantianischen Form entstehen, die Rawls ihnen verleiht). Es wäre gut, wenn wir diese Prinzipien und Ideen auf unsere ungelösten Probleme der Gerechtigkeit anwenden könnten. Die ursprüngliche Entscheidungssituation hingegen erweist sich im Zusammenhang mit den drei Problembereichen, um die es mir im folgenden gehen wird, als ausgesprochen problematisch, auch wenn sie für Rawls' eigene Fragestellung geeignet sein mag. Wenn wir aber auf einem anderen Weg zu Prinzipien gelangen, die denjenigen von Rawls ähneln, und uns dabei auf Konzeptionen der Reziprozität und der Würde stützen, die umfassend genug sind, dann sollte es möglich sein, die so begründeten Prinzipien auch auf jene Fälle anzuwenden, die Rawls zufolge außerhalb der Reichweite seiner Theorie liegen – ich will versuchen, einen solchen Weg aufzuzeigen. Mir geht es also nicht darum, Rawls' Theorie oder irgendeine andere kontraktualistische Theorie einfach zurückzuweisen; vielmehr möchte ich eine alternative Theorie erarbeiten, um unser Verständnis der Gerechtigkeit voranzubringen und so vielleicht eine Erweiterung ebendieser Theorien zu ermöglichen.

4. Frei, gleich und unabhängig

Die Tradition des Gesellschaftsvertrags ist äußerst vielfältig, und einige Theoretiker, die zu ihr gehören, wie etwa Jean-Jacques Rousseau, verstehen den Gesellschaftsvertrag nicht als Vertrag zwischen unabhängigen Individuen. Im folgenden werde ich mich nicht direkt mit jenem Typ der nichtliberalen Theorie befassen, für die *Vom Gesellschaftsvertrag* ein Beispiel ist – Rousseau betont die Wichtigkeit des Gemeinwillens und schenkt den individuellen Freiheiten nur wenig Aufmerksamkeit. Es ist zwar richtig, daß sein Werk Rawls und andere gegenwärtige Vertreter des Kontraktualismus beeinflußt hat, aber die von ihm übernommenen Gedanken finden sich auch in den liberalen Theorien von Locke und Kant. Eine Beschäftigung mit den Besonderheiten der Rousseauschen Konzeption würde uns von einer Auseinandersetzung mit der spezifisch liberalen Tradition wegführen, die historisch gesehen ihrer Substanz nach viel eher auf Locke und in bestimmten Hinsichten auf Kant zurückgeht. Ein weiterer entscheidender Vordenker dieser Tradition ist Thomas Hobbes, dem auch für die gegenwärtige Vertragstheorie noch eine Bedeutung zukommt, insbesondere für den Ansatz David Gauthiers.[19] Hobbes selbst ist jedoch kein Liberaler, und die Diskussion seiner Souveränitätslehre würde uns ebenfalls zu weit von unserem Thema entfernen. Zudem hat sich immer wieder gezeigt, daß es außerordentlich schwierig ist, seine Ansichten wirklich genau zu fassen. Aus diesem Grund werde ich nur insofern auf ihn eingehen, als er eine einfach nachvollziehbare Darstellung einiger Merkmale des Gesellschaftsvertrags gibt, die bei den direkten Vertretern der von mir behandelten Tradition viel Aufmerksamkeit gefunden hat. Obwohl David Hume selbst kein Kontraktualist ist, ist auch er von einer gewissen Bedeutung für mein Unterfangen, da Rawls auf seine Analyse der

19 Gauthier (1986).

Anwendungsverhältnisse der Gerechtigkeit zurückgreift und sie wichtigen Bestandteilen seiner eigenen vertragstheoretischen Konstruktion zugrunde legt.

Dieses Buch ist nicht historisch angelegt, und ich erhebe nicht den Anspruch, eine umfassende oder auch nur detaillierte Interpretation vormoderner Denker vorzulegen. Es geht mir vielmehr um eine Reihe sehr allgemeiner Vorannahmen, die das Nachdenken über Gerechtigkeit in der westlichen Tradition tiefgreifend geprägt haben, nicht nur in der Philosophie, sondern auch in der Politik und in den Debatten über die internationalen Beziehungen. Dennoch thematisiere ich hier eine bestimmte historische Tradition und verweise immer wieder auf die Sichtweisen ihrer wesentlichen Vertreter; und darum scheint es ratsam, zunächst die konstitutiven Bestandteile dieser Art von Theorie auf abstrakte Weise zu identifizieren.

Insbesondere die folgenden Elemente kontraktualistischer Theorien sind zu nennen: eine Vorstellung davon, in welcher Art von Situation es sinnvoll erscheint, politische Prinzipien in einem Vertrag festzulegen, also eine Konzeption der Anwendungsverhältnisse der Gerechtigkeit; eine bestimmte Auffassung davon, welche Eigenschaften die Vertragsparteien auszeichnen; eine Vorstellung davon, was diese Parteien durch das Schließen des Vertrags zu erreichen hoffen, also vom Ziel der sozialen Kooperation; und schließlich ein Verständnis der moralischen Gefühle der Vertragsparteien. Wenn wir diese Bestandteile klarer in den Blick bekommen, kann uns das später helfen, die ihnen entsprechenden Elemente des Fähigkeitenansatzes zu identifizieren und mit der Vertragstheorie zu kontrastieren.

1. *Die Anwendungsverhältnisse der Gerechtigkeit.*[20] Der Ver-

20 Nicht immer wird in Schilderungen des Gesellschaftsvertrags diese Formulierung verwendet, aber die entsprechenden Ideen scheinen für das Denken Lockes und Kants ebenso zentral zu sein wie für Humes ganz anders gelagerte Theorie.

tragstheorie zufolge ist es nur unter bestimmten Umständen notwendig, grundlegende politische Prinzipien auszuarbeiten. Nur wenn Menschen mit einer bestimmten Art von Situation konfrontiert sind, kommen sie zu der Ansicht, daß es sinnvoll ist, sich unter Prinzipien der politischen Gesellschaft zusammenzuschließen. Diese Situation korrekt zu beschreiben, ist von größter Bedeutung für Rawls, der gleich zu Beginn seiner Schilderung des Urzustands auf sie eingeht. In Übereinstimmung mit der kontraktualistischen Tradition meint er, mit diesen Verhältnissen »die gewöhnlichen Bedingungen, unter denen menschliche Zusammenarbeit möglich und notwendig ist«, zu beschreiben (TG 148). Solange sie nicht vorliegen, gibt es »für die Tugend der Gerechtigkeit keinen Anlaß, ganz wie es beim Fehlen drohender Gefahr für Leib und Leben keinen Anlaß für körperlichen Mut gäbe« (TG 150).

Im Anschluß an Rawls (der sich dabei auf Hume bezieht) läßt sich hier zwischen objektiven und subjektiven Bedingungen unterscheiden. Die objektiven Umstände der Vertragsparteien sind im wesentlichen solche, die Kooperation sowohl möglich als auch notwendig machen. Rawls stipuliert, daß die Betroffenen »gleichzeitig in einem bestimmten geographischen Gebiet« leben müssen (TG 149); ihre körperlichen und geistigen Kräften sind in etwa gleich, so daß keine Person die übrigen beherrschen kann; sie sind verletzbar durch feindliche Angriffe, und die vereinte Kraft aller anderen kann die Anstrengungen eines jeden zunichte machen. Außerdem leben sie unter Bedingungen der »mäßigen Knappheit«: Die Menge der vorhandenen Ressourcen macht Kooperation zwar nicht überflüssig, aber die Umstände sind auch nicht »so hart, daß jede Unternehmung fruchtlos bleiben müßte« (ebd.).

Was die subjektiven Bedingungen angeht, so haben die Parteien in etwa dieselben (oder zumindest komplementäre) Bedürfnisse und Interessen, so daß eine Kooperation unter ihnen möglich ist; zugleich haben sie aber unterschiedliche Lebenspläne, zu denen auch verschiedene Religionen und umfassende soziale und ethische Lehren gehören, was zu Konflikten führen kann. Außerdem weisen Wissen und Urteilsvermögen der Parteien gewisse Mängel auf, die, wie Rawls betont, aber »im Bereich des Normalen« (PL 93) liegen.

Gesellschaftsvertragstheoretiker gehen davon aus, daß es sich hierbei um die Beschreibung einer Situation handelt, mit der Menschen typischerweise tatsächlich konfrontiert sind – zumindest wäre das ohne die künstlichen Vorteile von Wohlstand und sozialer Klasse sowie den Einfluß der existierenden politischen Strukturen der Fall. Aus diesem Grund betrachten sie die Fiktion des Naturzustands als wahrheitsgetreue Analyse einiger wesentlicher Merkmale menschlicher Interaktion in der wirklichen Welt, obwohl sie explizit als imaginäre Hypothese und nicht als Darstellung einer weit zurückliegenden historischen Zeit verstanden wird.[21] Aus den so beschriebenen Verhältnissen sind aber all jene Menschen ausgeschlossen, deren geistige und körperliche Kräfte nicht denjenigen »normaler Menschen« entsprechen. Zudem scheinen aus ähnlichen Gründen auch jene Nationen samt ihren Bewohnern herauszufallen, deren Macht und Ressourcen nicht mit denen der herrschenden Nation oder Nationen mithalten können. Schließlich bleiben offensichtlich auch nichtmenschliche Tiere außen vor. Die Vertreter des Kontraktualismus sind sich dessen wohl bewußt, halten diese Ausschlüsse aber nicht für ein schwerwiegendes Problem für ihre Theorien, soweit es um die Festlegung der grundlegenden Prinzipien geht.

2. *»Frei, gleich und unabhängig«*. In Rawls' Analyse der Anwendungsverhältnisse der Gerechtigkeit werden drei Eigenschaften der Vertragsparteien genannt, die für die Tradition von besonderer Bedeutung sind. Selbst in kontraktualistischen

21 Unter den führenden Vertretern dieser Tradition scheint Locke am meisten daran gelegen zu sein, historische Parallelen zu den verschiedenen Elementen des Naturzustands zu finden; er will damit jedoch nicht zeigen, daß die buchstäbliche Wahrheit ein wichtiges Merkmal dieser Herangehensweise darstellt, sondern daß die Annahme nicht unrealistisch ist.

Theorien, in denen, anders als bei Rawls, keine derart systematische Analyse der Anwendungsverhältnisse der Gerechtigkeit vorgelegt wird, spielen sie eine wichtige Rolle. Aus diesem Grund möchte ich ihnen an dieser Stelle besondere Aufmerksamkeit widmen und sie gesondert prüfen. Die Parteien des Gesellschaftsvertrags sind erstens *frei*: Niemand besitzt demnach eine andere Person und niemand ist der Sklave eines anderen. Dieses Postulat der natürlichen Freiheit ist von entscheidender Bedeutung für die scharfe Kritik der kontraktualistischen Tradition an verschiedenen Formen der Hierarchie und der Tyrannei. Wie unter anderem Locke betont, läßt sich hieraus schließen, daß niemand ohne seine Einwilligung der Gewalt eines anderen unterworfen werden darf.[22] Kant, dem wir vielleicht die genaueste Analyse dieser Bedingung verdanken, versteht sie so, daß jeder Mensch das Recht hat, seine eigene Vorstellung der Glückseligkeit zu verfolgen, »wenn er nur der Freiheit Anderer, einem ähnlichen Zwecke nachzustreben, die mit der Freiheit von jedermann nach einem möglichen allgemeinen Gesetze zusammen bestehen kann, (d. i. diesem Rechte des Andern) nicht Abbruch thut«.[23] Mit anderen Worten: Es ist falsch, Menschen zu einem Glück zu zwingen, das der eigenen Konzeption des Glücks entspricht, selbst wenn man es als wohlwollender Despot noch so gut mit ihnen meint. Man kann von Personen nur verlangen, daß sie ihre Freiheit einschränken, um die Freiheit der anderen zu respektieren. Dieses Recht versteht die Tradition als vorpolitisch: »Dieses Recht der Freiheit kommt ihm, dem Gliede des gemeinen Wesens, als Mensch zu, sofern dieser nämlich ein Wesen ist, das überhaupt der Rechte fähig ist.«[24] (Wie wir

22 Locke (1679-80?/1977), 260 (II.95).

23 Kant (1793/1968), 290.

24 Ebd., 291. Dieser Abschnitt trägt den passenden Untertitel »Gegen Hobbes« und erinnert uns damit daran, daß wir Hobbes nicht ohne weiteres zu dieser Tradition zählen können, auch wenn wir ebensowenig vergessen dürfen, daß Hobbes' eigene Ansichten über die Rolle von Rechten im Naturzustand durchaus komplex sind.

sehen werden, lehnt Rawls die Idee vorpolitischer natürlicher Rechte ab und entfernt sich an dieser Stelle damit von der Tradition. Dennoch ist er der Meinung, daß die Gleichheit in natürlichen Fähigkeiten verankert ist, insbesondere in der Fähigkeit zu einem Gerechtigkeitssinn; vgl. TG 547 ff.)

Diese für die Tradition charakteristische Sichtweise erscheint erst einmal unproblematisch und tatsächlich kommt ihr eine große moralische und politische Bedeutung zu. Wenn wir uns aber fragen, welche Fähigkeiten diese natürliche Freiheit voraussetzt, und uns dann das Leben von Bürgerinnen und Bürgern mit schweren geistigen Beeinträchtigungen und den etwas anders gelagerten Fall des Lebens nichtmenschlicher Tiere vor Augen führen, stoßen wir auf Schwierigkeiten. Es scheint hier doch davon ausgegangen zu werden, daß das Recht, nicht der Sklave eines anderen zu sein, bestimmte positive Fähigkeiten voraussetzt, und zwar zumindest die Fähigkeit, vernünftige moralische Entscheidungen zu treffen. Heißt das, daß ein Wesen ohne diese Fähigkeiten versklavt werden kann? Das ist damit noch nicht gesagt, aber im Rahmen der klassischen Versionen der Vertragstheorie läßt sich nicht ohne weiteres begründen, warum Sklaverei auch in einem solchen Fall gegen die natürliche Freiheit verstoßen würde. Auch die Versklavung von Tieren wird von diesen Theorien nicht in Frage gestellt. (Schon zu Kants Lebzeiten hat Bentham einen berühmten Vergleich zwischen dem Umgang mit nichtmenschlichen Tieren und der Sklaverei gezogen.) Wir sollten uns also dessen bewußt sein, daß wir für einen angemessenen Umgang mit diesen Fragen eventuell einer neuen und umfassenderen Konzeption der Freiheit und ihrer Voraussetzungen bedürfen.

Zweitens, und das ist besonders wichtig, gehen die Vertragstheorien davon aus, daß die Vertragsparteien mit ihren Verhandlungen in einer Situation der ungefähren *Gleichheit* beginnen – nicht nur der moralischen Gleichheit, sondern der ungefähren Gleichheit der Macht und der Ressourcen.

In der Vorstellung werden alle Vorteile und Hierarchien, die sich Wohlstand, Geburt, Klasse und ähnlichen Faktoren verdanken, weggelassen, so daß wir sozusagen nur den nackten Menschen vor uns haben. Die Vertreter dieser Tradition erklären immer wieder, daß Menschen sich in ihren grundlegenden Vermögen, Fähigkeiten und Bedürfnissen nicht besonders stark unterscheiden. So finden wir bei Hobbes folgende einflußreiche Beobachtung:

> Die Natur hat die Menschen hinsichtlich ihrer körperlichen und geistigen Fähigkeiten so gleich geschaffen, daß trotz der Tatsache, daß bisweilen der eine einen offensichtlich stärkeren Körper oder gewandteren Geist als der andere besitzt, der Unterschied zwischen den Menschen alles in allem doch nicht so beträchtlich ist, als daß der eine auf Grund dessen einen Vorteil beanspruchen könnte, den ein anderer nicht ebensogut für sich verlangen dürfte. Denn was die Körperstärke betrifft, so ist der Schwächste stark genug, den Stärksten zu töten – entweder durch Hinterlist oder durch ein Bündnis mit anderen, die sich in derselben Gefahr wie er selbst befinden. Und was die geistigen Fähigkeiten betrifft, so finde ich, daß die Gleichheit unter den Menschen noch größer ist als bei der Körperstärke [...]. Was diese Gleichheit vielleicht unglaubwürdig erscheinen läßt, ist nur eine selbstgefällige Eingenommenheit von der eigenen Weisheit, von der fast alle Menschen annehmen, sie besäßen sie in höherem Maße als das gewöhnliche Volk.[25]

Ganz ähnlich insistiert auch Locke, daß im Naturzustand offensichtlich »Geschöpfe von gleicher Gattung und von gleichem Rang, die ohne Unterschied zum Genuß derselben Vorteile der Natur und zum Gebrauch derselben Fähigkeiten geboren sind, ohne Unterordnung und Unterwerfung einander gleichgestellt leben sollen«.[26] Die Überzeugung, daß es sich bei den großen Unterschieden zwischen den Menschen um künstliche Produkte der gegenwärtigen gesellschaftlichen Verhältnisse handelt, ist in der Philosophie des 18. Jahrhunderts allgegenwärtig. So betont etwa Adam Smith, daß sich

25 Hobbes (1651/1984), 94 (Kap. XIII).
26 Locke (1679-80?/1977), 201 f. (II.4).

ein Philosoph und ein Lastenträger primär durch ihre Gewohnheiten und Erziehung unterscheiden, und Rousseau ist der Auffassung, daß eine genaue Beschäftigung mit den typisch menschlichen Schwächen und Verletzlichkeiten uns zur Erkenntnis einer grundsätzlichen Ähnlichkeit unter allen Klassen- und Rangunterschieden führen würde.[27]

Diese ungefähre Gleichheit der Kräfte und Fähigkeiten muß von moralischer Gleichheit unterschieden werden, auch wenn die Vertreter der kontraktualistischen Tradition diese Differenzierung selten in der nötigen Deutlichkeit vornehmen. Man könnte die These von der moralischen Gleichheit bestimmter Wesen vertreten, ohne der Auffassung zu sein, daß sie in etwa über die gleichen Kräfte und Fähigkeiten verfügen, und auch der umgekehrte Fall ist denkbar. Eine Möglichkeit, diese beiden Arten der Gleichheit zu verbinden, wäre die folgende: Wenn Menschen wirklich über in etwa die gleichen Kräfte und Fähigkeiten verfügen, dann erscheint es als ziemlich willkürlich, wenn einigen von ihnen ein viel größeres Maß an Autorität und Möglichkeiten zukommt als anderen. (Insbesondere bei Locke spielt diese Verknüpfung eine wichtige Rolle.) Man kann einer solchen Verknüpfung jedoch zustimmen, ohne zugleich die Auffassung zu vertreten, daß die natürliche Ungleichheit in bezug auf Macht und Fähigkeiten bestimmten Menschen Anspruch auf eine Sonderbehandlung in moralisch relevanten Lebensbereichen verschafft (und sei es im Verhältnis zu anderen empfindenden Wesen). Es ist deshalb ein großes Verdienst von Rawls, zwischen diesen beiden Arten der Gleichheit genau unterschieden zu haben. Wir sollten aber nicht vergessen, daß seine Theorie sie beide voraussetzt.

Die Annahme der Gleichheit (der Vermögen und Fähigkeiten) soll uns eine wichtige Einsicht über die Menschen ermöglichen, die zur Kritik an existierenden Hierarchien

27 Smith (1776/1784/1983), 18 (I.2); Rousseau (1762/2004), 4. Buch.

führt. Ihr kommt aber auch innerhalb der verschiedenen Vertragstheorien eine zentrale Rolle zu, da sie erklären soll, wieso es zu genau jenen politischen Prinzipien kommt, die letztendlich ausgearbeitet werden. Ohne den Bezug auf die ungefähre Gleichheit der Vertragsparteien läßt sich nicht verstehen, auf welche Weise sie den Vertrag aushandeln, warum sie überhaupt einen Vertrag schließen und was sie sich für Vorteile davon erhoffen. Aus diesem Grund ist es wichtig, sich bewußtzumachen, inwiefern diese Annahme der Gleichheit zunächst zur Ausklammerung einiger wichtiger Fragen der Gerechtigkeit führt. Insbesondere ist es nicht möglich, im Rahmen eines so strukturierten Vertrags in überzeugender Weise die Forderungen der Gerechtigkeit im Umgang mit Menschen mit schweren geistigen Beeinträchtigungen und mit nichtmenschlichen Tieren zu berücksichtigen. Wie wir sehen werden, gesteht Rawls dies zu, was zur Folge hat, daß seine Theorie der Gerechtigkeit als Fairneß in diesen Bereichen in Schwierigkeiten gerät.

Daß die klassischen Vertreter der Vertragstheorie diese Probleme absichtlich ausklammern, kann nicht überraschen. Ob diese Fragen ihnen überhaupt etwas bedeutet haben, kann bezweifelt werden. Aber selbst wenn das doch der Fall gewesen wäre, ließe sich die Konzentration auf Menschen, die über in etwa gleiche Vermögen und Ressourcen verfügen, durch die damals so drängende Notwendigkeit erklären und weitgehend rechtfertigen, die Grundlagen des monarchischen und hierarchischen Politikverständnisses anzugreifen. Heute leben wir in einer anderen Welt und haben keine derartige Entschuldigung mehr, diese Probleme in der Ausarbeitung der fundamentalen politischen Prinzipien auszublenden.

Hinsichtlich der ärmeren Nationen könnte man sagen, daß die heute zwischen einzelnen Staaten existierenden Hierarchien des Wohlstands und der Macht in gewisser Weise ebenso künstlich sind wie jene Hierarchien der Geburt und des Eigentums, gegen die sich die Tradition des Gesellschaftsvertrags so entschlossen wandte. In der kontraktualistischen Tradition ist somit eine für das kritische Nachdenken über globale Ungleichheiten außerordentlich entscheidende Einsicht enthalten. Um die Hierarchien zwischen Nationen auf überzeugende Weise zu kritisieren, ist jedoch eine radikale Infragestellung nationaler Grenzen und grundlegender ökonomischer Arrangements notwendig. Daher kann die Vertragstheorie nicht einfach auf einer zweiten Ebene angewandt werden, auf der die Nationen als bereits konstituiert und als virtuelle Personen vorgestellt werden, die mehr oder weniger gleich sind und einen Vertrag schließen, um das bestmöglichste kooperative Ergebnis zu erzielen.

Drittens werden die Vertragsparteien als *unabhängig* vorgestellt, also als Individuen, die nicht von anderen Individuen beherrscht werden oder in einem asymmetrischen Abhängigkeitsverhältnis zu ihnen stehen. In manchen Versionen beinhaltet das die Annahme, die Individuen seien ausschließlich daran interessiert, ihre eigenen Glücksvorstellungen zu fördern und nicht die der anderen, in anderen werden ihnen altruistische Interessen oder gar (wie bei Locke) natürliche Pflichten der Wohltätigkeit zugeschrieben. Der springende Punkt ist jedoch, daß jedes Individuum als in ähnlichem Maße unabhängig wie alle anderen vorgestellt wird und eine eigenständige Quelle von Ansprüchen und Vorhaben ist. Locke nennt seinen Kritikern auch Beispiele von Menschen, die auf diese Weise gelebt haben, etwa die amerikanischen Ureinwohner. Außerdem sind die Individuen jeweils unabhängige Ausgangspunkte der sozialen Kooperation oder, wie Rawls es formuliert, »ein Leben lang voll kooperierende Gesellschaftsmitglieder«. Rawls adaptiert diese traditionelle Annahme, indem er davon ausgeht, daß die Parteien im Urzustand kein Interesse an den Interessen der jeweils anderen haben. Sie sind zwar nicht notwendigerweise Egoisten, aber sie streben danach, ihre eigenen Konzeptionen des Guten zu befördern, nicht die der anderen (TG 30).

Zunächst einmal fällt hier auf, daß Kinder und ältere Menschen in der von diesen Theorien vorgelegten Schilderung der Sphäre der Politik nicht vorkommen – selbst erwachsene Frauen, die von den meisten dieser Denker als auf Männer angewiesen verstanden wurden (zu Hause verrichtete Arbeit wurde nämlich nicht als produktive Arbeit gezählt), sind hier ausgeschlossen. Auch wenn wir diese Ausschließungen nicht als ernsthaftes Problem ansehen würden, müssen wir feststellen, daß die besagten Theorien auch jene Menschen nicht miteinbeziehen, die für einen Großteil ihres Lebens oder gar ihr gesamtes Leben deutlich weniger produktive Beiträge leisten oder in einem asymmetrischen Abhängigkeitsverhältnis zu anderen stehen. Diese Menschen sind eindeutig nicht Teil der vertragsschließenden Gruppe – und weil, wie erwähnt, diese beiden eigentlich zu trennenden Fragen nicht unterschieden werden, gehören sie *ipso facto* dann auch nicht zur Gruppe der Bürgerinnen und Bürger, für die die Gerechtigkeitsprinzipien entworfen werden. Vielleicht werden ihre Interessen auf einer späteren Stufe berücksichtigt, aber ihre Bedürfnisse haben keinen Einfluß auf die von den Vertragsparteien getroffene Wahl der grundlegenden politischen Prinzipien oder auch nur auf deren Konzeption der Grundgüter des menschlichen Lebens, weil der Vertrag ja um der gegenseitigen Vorteile von untereinander in etwa gleichgestellten Parteien willen geschlossen wird. Themen, die aus der Perspektive der sozialen Gerechtigkeit als äußerst bedeutsam erscheinen – Fragen der Allokation von Fürsorge und Pflege, der damit verbundenen Arbeit und der sozialen Kosten einer Förderung der stärkeren Einbeziehung von Bürgerinnen und Bürgern mit Behinderungen –, kommen also überhaupt nicht in den Blick oder werden explizit auf später verschoben. (Rawls läßt zwar zu, daß seine Parteien fortlaufende Generationslinien repräsentieren, um die Frage des Sparens für zukünftige Generationen adressieren zu können. *Im Urzustand* verzichtet er jedoch auf jede weitere Einschränkung der Annahme einer gegenseitigen Gleichgültigkeit.)

Ebensowenig wie die Annahme der Gleichheit läßt sich die Annahme der Unabhängigkeit ohne weiteres korrigieren, ohne die gesamte Konzeption des Gesellschaftsvertrags und seines Zwecks in Frage zu stellen: Eigentlich wird nämlich davon ausgegangen, daß es sich bei allen Vertragsparteien um produktive Individuen handelt, die bereit sind, bestimmte Vorrechte aufzugeben, um die Gewinne der Kooperation einstreichen zu können.

3. *Gegenseitige Vorteile als Zweck der sozialen Kooperation.* Der gängigen Darstellung zufolge kooperieren die Vertragsparteien miteinander, um allseitige Vorteile sicherzustellen, die sie ohne soziale Kooperation nicht erlangen könnten. Rawls verzichtet gänzlich darauf, den Vertragsparteien Altruismus oder Wohlwollen zu unterstellen – aber er baut diese Ideen auf andere Weise in die umfassendere Struktur seiner Lehre ein. Seine Verwendung der Idee des gegenseitigen Vorteils ist deshalb nicht ganz einfach zu greifen, und darum werde ich erst im sechsten Abschnitt genauer auf sie eingehen. Bei anderen gegenwärtigen Vertretern des Kontraktualismus, wie etwa Gauthier, spielt der Altruismus überhaupt keine Rolle. Selbst Locke, der dem Wohlwollen einige Aufmerksamkeit schenkt, geht davon aus, daß die Parteien mit dem Gesellschaftsvertrag das »Ziel eines behaglichen, sicheren und friedlichen Miteinanderlebens, in dem sicheren Genuß ihres Eigentums und in größerer Sicherheit gegenüber allen, die nicht zu dieser Gemeinschaft gehören«, verfolgen.[28] In dieser Frage – wenn auch nicht in anderen – stimmt er mit Hobbes überein, dem zufolge eine Person nur um eines erhofften Vorteils für das eigene Wohlergehen willen bereit wäre, auf einen anderen Vorteil zu verzichten, den sie im Naturzustand genießt.[29] Weder eine Neigung zur Gerechtigkeit um ihrer selbst willen noch eine intrinsisch motivierte, nichtinstrumentelle Sorge um das Wohlergehen anderer wird verlangt.

28 Locke (1679-80?/1977), 260 (II.95).
29 Hobbes (1651/1984), Kap. XIV.

4. *Die Motivationen der Parteien.* Zu diesem Punkt habe ich den vorangegangenen Ausführungen nicht viel hinzuzufügen. Es wird davon ausgegangen, daß die am sozialen Aushandlungsprozeß beteiligten Parteien über Motive verfügen, die gut zu ihrem Streben nach eigenen Vorteilen passen: Sie wollen ihre eigenen Ziele und Vorhaben verfolgen, wie immer diese geartet sind. Die Annahme eines solchen Strebens nach dem, was man selbst für vorteilhaft hält, bedeutet nicht, daß diese Philosophen dem Egoismus unter den moralischen Gefühlen einen Vorrang einräumen würden, auch wenn das für Hobbes sicherlich zutrifft. Die Parteien können sehr unterschiedliche Auffassungen darüber haben, was in ihrem eigenen Vorteil liegt, und in manchen Fällen (insbesondere bei Locke) kann hierzu ein ausgeprägtes Interesse am Wohlergehen anderer gehören. Zudem ist in manchen Fällen (etwa bei Gauthier) die Beschränkung auf eigenzielorientierte Motive und Gefühle in der Verhandlungssituation ein Mittel, um aus äußerst sparsamen Ausgangsbedingungen Ergebnisse abzuleiten, die eine Berücksichtigung anderer Menschen beinhalten. Aus einem ähnlichen Grund verzichtet auch Rawls auf die Annahme altruistischer Motive. Hier stellt sich jedoch eine Reihe von Fragen. So ist es alles andere als klar, daß derart sparsame Ausgangsbedingungen tatsächlich zu ähnlich gelagerten Ergebnissen führen wie Ausgangsbedingungen, in denen das Mitgefühl und ähnliche auf andere bezogene Einstellungen eine größere Rolle spielen. Das Streben nach gegenseitigen Vorteilen und dem Erfolg der eigenen Vorhaben ist als Vorannahme nicht weniger anspruchsvoll als ein leidenschaftliches Engagement für das Wohlergehen aller Menschen. Es handelt sich einfach um eine andere Vorannahme, die auch in eine ziemlich andere Richtung weist – wenn man nicht einfach davon ausgeht, daß alle Vertragsparteien das Wohlergehen aller anderen als Teil ihres Strebens nach ihrem eigenen Wohlergehen begreifen. Locke vertritt eine in diese Richtung gehende Auffassung, aber er kommt dadurch zu

Ergebnissen, die Zweifel an der Konsistenz seiner Theorie im ganzen wecken. Rawls ist hingegen wie die meisten anderen Vertragstheoretiker auch der Ansicht, daß starke Annahmen über altruistische Einstellungen zu vermeiden sind und politische Prinzipien aus weniger anspruchsvollen und klarer bestimmten Ausgangsbedingungen abgeleitet werden sollten.

5. *Grotius, Hobbes, Locke, Hume, Kant*

Nach diesem schematischen Überblick über jene Merkmale der Tradition des Gesellschaftsvertrags, die im Mittelpunkt meiner Überlegungen in den folgenden Kapiteln stehen werden, scheint es mir sinnvoll, an dieser Stelle etwas ausführlicher auf die Beiträge der wichtigsten Vertreter dieser Tradition einzugehen, da diese historische Perspektive später keine große Rolle mehr spielen wird. Ich werde mich hier auf den Aspekt der jeweiligen Sichtweise dieser Philosophen konzentrieren, der für meine Auseinandersetzung mit der Vertragstheorie, wie sie heute verstanden wird, besonders relevant erscheint, und dabei in chronologischer Reihenfolge vorgehen.

Ich beginne mit Hugo Grotius, da mein Ansatz seine naturrechtlichen Ausführungen zu den grundlegenden Prinzipien der internationalen Beziehungen aufgreift. Seine Herangehensweise läßt sich aber auch als allgemeines Schema für das Nachdenken über einzelne Gesellschaften verwenden, auch wenn er selbst das nicht tut. In *De jure belli ac pacis* (1625) präsentiert Grotius seine Theorie der grundlegenden Prinzipien der internationalen Beziehungen, die er auf die griechische und römische Stoa (insbesondere auf Seneca und Cicero) zurückführt. Einfach ausgedrückt, muß das Nachdenken über grundlegende Prinzipien diesem Ansatz zufolge von einer Vorstellung des Menschen als Wesen ausgehen, dem Würde oder moralischer Wert zukommen und das durch Geselligkeit charakterisiert ist, durch den »geselligen Trieb zu einer ruhigen und nach dem Maß seiner Einsicht geordneten Gemeinschaft mit seinesgleichen«. Grotius hält diese Eigenschaften für tief in der Natur des Menschen verankert und verknüpft sie mit einer metaphysischen Theorie der menschlichen Natur. Man kann diese Sichtweise aber auch (mit Cicero, der in metaphysischen Angelegenheiten agnostisch war) als freistehende ethische Auffassung betrachten und zur Grundlage einer politischen Konzeption der Person machen, die für Menschen mit unterschiedlichen metaphysischen und religiösen Ansichten annehmbar ist.

Der allgemeinen Idee hinter Grotius' Naturrechtslehre zufolge läßt sich aus diesen beiden Eigenschaften der menschlichen Natur und ihrem ethischen Wert ableiten, auf welche Behandlung jeder Mensch einen Anspruch hat. Die politische Theorie beginnt demnach mit einer abstrakten Vorstellung elementarer Ansprüche, die in den zusammengehörigen Ideen der Würde (der Mensch als Zweck) und der Geselligkeit verankert sind. Die spezifischen Ansprüche ergeben sich dann aus diesen Ideen als notwendige Bedingungen eines menschlichen Lebens in Würde.

Grotius stellt sich nicht die Frage, wie sich diese Einsichten auf das Problem der Gerechtigkeit einzelstaatlicher Strukturen anwenden lassen. Statt dessen stellt er die Beziehungen zwischen Staaten in den Mittelpunkt. Seines Erachtens kennt der zwischenstaatliche Raum zwar keinen Souverän, ist aber dennoch eine moralisch geordnete Sphäre, in der sich menschliche Interaktionen an einer Reihe sehr spezifischer Prinzipien orientieren. (Grotius wendet sich energisch gegen die protohobbesianische Vorstellung, daß der zwischenstaatliche Raum allein durch Macht und Gewalt regiert werde, so daß sich alle Nationen legitimerweise ihre eigene nationale Sicherheit zum obersten Ziel machen.) Hierauf aufbauend gelangt Grotius zu seiner berühmten neociceronischen Auffassung des *ius ad bellum* und des *ius in bello*.[30] Krieg läßt sich nur als Antwort auf eine rechtswidrige Aggression rechtfertigen; jede Form des Präventivkriegs ist verboten, da sie Menschen zu Werkzeugen der Durchsetzung der eigenen Interessen macht. Dieselben Überlegungen führen zudem zu strikten Einschränkungen, denen das Verhalten im Krieg unterliegt: keine unverhältnismäßigen und brutalen Strafen, möglichst geringe Beschädigung von Eigentum, unverzügliche Restitution von Eigentum und Souveränität nach Ende des Krieges, keine Tötung von Zivilisten. (Bei Cicero finden wir zudem ein Verbot der Täuschung, da auch sie eine Verletzung der Menschenwürde durch die Verwendung anderer als Mittel darstellt; Grotius geht hier nicht so weit.)

Besonders wichtig erscheint mir an Grotius' Theorie, daß sie mit einem substantiellen Ergebnis beginnt, nämlich mit einer Vorstellung grundlegender Ansprüche von Menschen, deren Achtung eine Forderung der Gerechtigkeit ist; wenn diese Ansprüche respektiert werden, kann die entsprechende Gesellschaft (hier die »internationale Gesellschaft«) als in einem minimalen Sinne gerecht betrachtet werden. Die Rechtfertigung dieses Katalogs von Ansprüchen ist nicht prozedural, sondern bezieht sich auf einen intuitiven Begriff von Menschenwürde und die Ableitung bestimmter Ansprüche aus diesem. Grotius wendet sich explizit *gegen* den Versuch, unsere grundlegenden Prinzipien allein aus der Idee gegenseitiger Vorteile abzuleiten. Daß der eigene Vorteil nicht den einzigen Beweggrund für ein Verhalten im Sinne der Gerechtigkeit darstellt, folge bereits aus der Geselligkeit des Menschen. Eine Gesellschaft, die auf Geselligkeit und Achtung statt auf gegenseitigem Vorteil basiert, kann Grotius zufolge also auf Dauer stabil sein.

Ich werde Grotius' Theorie nicht in all ihren Aspekten übernehmen. Insbesondere seine politische Konzeption der Person

30 Vgl. zu Ciceros Sichtweise Nussbaum (1999).

ist äußerst rationalistisch und beruht, wie auch die der Stoiker, auf einer übermäßig starken Unterscheidung zwischen Menschen und Tieren. Diese Vorstellung werde ich an späterer Stelle noch ausführlicher kritisieren. Die Grundstruktur seiner Theorie ist jedoch der von mir verteidigten Sichtweise sehr ähnlich.

Es sollte betont werden, daß für Grotius die moralische Gleichheit der Personen entscheidend ist, aus der eine Gleichheit der Achtung und der Ansprüche folgt. In seiner Argumentation spielt die Gleichheit der Vermögen keine besondere Rolle. Eine Person, deren körperliche Fähigkeiten sich stark von denen eines »normalen« Menschen unterscheiden, wird auf die exakt gleiche Weise behandelt wie jeder andere Mensch. (Weil seine Theorie ausgesprochen rationalistisch ist, mag es sich im Fall der Ungleichheit geistiger Fähigkeiten anders verhalten. Grotius beschäftigt sich nicht mit dieser Frage. Wir wissen demnach nicht, ob in seiner Theorie die gleiche Würde von empirischen Bedingungen abhängt oder ob er, wie ich, der Auffassung ist, daß jedes Kind menschlicher Eltern die jedem Menschen zukommende gleiche Würde in vollem Umfang besitzt.) In Grotius' Theorie findet sich keine Entsprechung zu Humes Anwendungsverhältnissen der Gerechtigkeit oder zu ähnlichen Annahmen in den Theorien von Hobbes, Locke und Kant. Wo auch immer Menschen leben, sind unter ihnen die Anwendungsverhältnisse der Gerechtigkeit bereits dadurch gegeben, daß sie menschlich und gesellig sind.

Grotius' Ansatz war ebenso wie die ihm verwandte Naturrechtslehre von Samuel Pufendorf außerordentlich einflußreich.[31] Ich werde Pufendorfs Theorie hier nicht diskutieren, da ihre wichtigsten Merkmale sich bereits in Grotius' Ansatz finden und letzterer mit seiner engen Anbindung an die Vor-

31 Pufendorfs *Acht Bücher von Natur und Völkerrecht* erschienen 1672, sein Werk *Über die Pflicht des Menschen und des Bürgers nach dem Gesetz der Natur* 1673.

bilder der römischen Stoa eine wichtige Quelle für mein eigenes Denken ist.

In unserer Auseinandersetzung mit den Theorien des Gesellschaftsvertrags sollten wir darauf achten, daß wir sie den Naturrechtslehren nicht grob vereinfachend gegenüberstellen. Auch wenn die heute gängigen Vertragstheorien auf jedwede Annahme natürlicher Rechte oder eines Naturrechts zu verzichten versuchen, spielen in allen klassischen Vertragslehren naturrechtliche Bestandteile eine wichtige Rolle. Ihr Verständnis des Naturzustands beinhaltet bindende moralische Normen und moralisch gerechtfertigte Ansprüche von Personen, auch wenn diese für die Organisation zwischenmenschlicher Beziehungen vielleicht nicht hinreichend sind. Ein Vertrag ist notwendig, weil die Ansprüche nicht gesichert werden können, nicht weil es keine vorpolitischen oder dem Verfahren vorangehenden Ansprüche gibt. Zudem unterscheiden sich die beiden Herangehensweisen nicht besonders stark in ihrer Analyse der Unsicherheit des Menschen in einer rechtlosen Situation. So betont etwa Pufendorf in seiner Beschreibung des Naturzustands die schädlichen Auswirkungen des Konkurrenzkampfs auf eine Weise, die Hobbes' pejorativer Schilderung sehr nahe kommt. Aus der Perspektive der gegenwärtigen Debatte lassen sich in jener Periode jedenfalls bemerkenswerte Überschneidungen zwischen diesen beiden Theorietypen ausmachen.

Man könnte versucht sein, Thomas Hobbes' *Leviathan* (1651) in allen Hinsichten als Gegenmodell zur Sichtweise Grotius' zu sehen, aber das wäre offensichtlich verfehlt. Wenn man die Tradition des Gesellschaftsvertrags aus der Perspektive der naturrechtlichen Tradition in den Blick nimmt, muß es erstaunen, wie weitgehend deren Vertreter mit Grotius und anderen Naturrechtsdenkern übereinstimmen. So gibt es Hobbes zufolge natürliche moralische Gesetze, die uns zu »*Gerechtigkeit, Billigkeit, Bescheidenheit, Dankbarkeit*« mahnen, »kurz, das Gesetz, *andere so zu behandeln, wie wir selbst* *behandelt werden wollen*« (131 [Kap. XVII]).* Seines Erachtens können diese moralischen Gesetze aber niemals zu einer stabilen politischen Ordnung führen, da sie »unseren natürlichen Leidenschaften entgegengesetzt [sind], die uns zu Parteilichkeit, Hochmut, Rachsucht und Ähnlichem verleiten« (ebd.). Bienen und Ameisen verhalten sich vielleicht entsprechend ihrer natürlichen Geselligkeit, aber im Fall des Menschen ist die Geselligkeit ohne Zwang nicht zuverlässig. Weil unsere natürlichen Leidenschaften wesentlich kompetitiv und egoistisch sind und weil der Furcht eine zentrale motivationale Rolle zukommt, ist der Naturzustand – der Zustand der menschlichen Beziehungen in der Abwesenheit eines starken und zwangsbewehrten Souveräns – ein Kriegszustand. Hobbes beschreibt diesen Zustand in einer berühmten Passage als außerordentlich unangenehm.

In diesem Kriegszustand herrscht annähernde Gleichheit, was die Kräfte und Ressourcen der Individuen angeht. Denken wir an körperliche Kraft, so kann auch der Schwächste den Stärksten durch eine List umbringen; denken wir an geistige Fähigkeiten, wird diese annähernde Gleichheit nur von jenen bezweifelt werden, deren »selbstgefällige Eingenommenheit« sie ihre eigene Weisheit überschätzen läßt (94 [Kap. XIII]). (Hobbes diskutiert den Fall von Menschen mit Behinderungen nicht.) Obwohl Hobbes die Ansicht zu vertreten scheint, die Menschen seien auch in moralischer Hinsicht gleich (dies wird jedenfalls durch den naturrechtlichen Teil seiner Theorie nahegelegt), spielt die Gleichheit der Kräfte und Fähigkeiten für sein Argument die entscheidende Rolle. Diese Art der Gleichheit der Fähigkeiten macht den Naturzustand so schlecht, wie er ist, denn sie führt zu einer Gleichheit der Erwartungen, die die Menschen wiederum zu noch mehr Konkurrenz antreiben.

* Die in Klammern angeführten Seiten- und Kapitelangaben beziehen sich im folgenden stets auf die im Literaturverzeichnis aufgeführten Übersetzungen (Anm. d. Übers.).

Auf der Grundlage dieser natürlichen Kräftegleichheit tendieren wir dank unserer Leidenschaften dazu, Frieden miteinander zu schließen, so daß ein jeder sein Leben in erträglicher Sicherheit zu führen vermag. »Die Leidenschaften, die die Menschen friedfertig machen, sind Todesfurcht, das Verlangen nach Dingen, die zu einem angenehmen Leben notwendig sind, und die Hoffnung, sie durch Fleiß erlangen zu können. Und die Vernunft legt die geeigneten Grundsätze des Friedens nahe, auf Grund derer die Menschen zur Übereinstimmung gebracht werden können.« (98 [Kap. XIII])

Hobbes versteht seinen Gesellschaftsvertrag nicht als Quelle von Gerechtigkeitsprinzipien. Seine Ausführungen zur Gerechtigkeit sind schwer miteinander zu vereinbaren, da er an einigen Stellen argumentiert, es gebe keine Gerechtigkeit ohne Zwangsgewalt (Kap. XV), und an anderen natürliche Prinzipien der Gerechtigkeit annimmt, die aufgrund unserer natürlichen Leidenschaften allerdings ohne Wirkung bleiben.[32] Jedenfalls etabliert der Gesellschaftsvertrag aber die grundlegenden Prinzipien der politischen Gesellschaft. Es handelt sich bei ihm um eine gegenseitige Vereinbarung zur Übertragung natürlicher Rechte (Kap. XIV). Das Ziel ist für einen jeden ein »Gut für ihn selbst«, für die Gruppe ein gegenseitiger Vorteil, »das heißt, dem elenden Kriegszustand zu entkommen« (131 [Kap. XVII]). Da er die Grundlage der politischen Gesellschaft gemäß dem Vertragsmodell konzipiert, muß Hobbes jenen entscheidenden Schritt machen, auf den ich bereits mehrfach hingewiesen habe: Er wirft die Gruppe derer, die den Vertrag schließen, mit der Gruppe derjenigen zusammen, für die und über die der Vertrag geschlossen wird. (Im Rahmen dieser Überlegung bemerkt er, daß ein Vertrag mit »wilden Tieren« unmöglich ist; 105 [Kap. XIV].) Die Menschen schließen einen Vertrag, um eine sichere Koexistenz zu ermöglichen.

32 Vgl. für eine hervorragende Analyse dieser Spannungen Green (2003).

Anders als seine liberalen Nachfolger ist Hobbes der Ansicht, daß ein solcher Vertrag plausiblerweise nur eine Form annehmen kann, in der alle Macht einem Souverän übertragen wird und die Untertanen keinerlei Rechte zurückbehalten. Die Rolle des Souveräns besteht darin, die Leidenschaften der Menschen durch die Furcht vor Bestrafung zu kontrollieren und damit die Sicherheit zu garantieren, unter der ein Zusammenleben möglich ist. Wo auch immer ein derart mächtiger Souverän fehlt – wie etwa im zwischenstaatlichen Raum –, herrscht ein Kriegszustand. Im Unterschied zu heutigen Vertretern einer realistischen Sichtweise der internationalen Beziehungen, die sich Hobbes in vielen Hinsichten zum Vorbild nehmen, hält er den Kriegszustand sowohl für unmoralisch als auch für unsicher und unerfreulich. In der Natur gibt es bindende moralische Normen, und diese werden im Kriegszustand verletzt. Seines Erachtens ist die Moral in den zwischenmenschlichen Beziehungen jedoch vollkommen ohnmächtig. Sie kann den politischen Prinzipien einer stabilen und funktionsfähigen politischen Gesellschaft daher nicht als Grundlage dienen.

John Lockes Theorie des Gesellschaftsvertrags ist unter den Ansätzen dieser Tradition sowohl die einflußreichste als auch diejenige, die ihre Leser am meisten frustriert. Sie umfaßt heterogene Bestandteile, die sich nur sehr schwer zu einem einheitlichen Bild zusammenfügen lassen – zum einen, da Lockes Ansichten über Verträge und Rechte sich in Werken aus unterschiedlichen Schaffensperioden finden und nicht klar ist, inwieweit er seine Meinung geändert hat; und zum anderen, weil es auch in der wichtigsten Quelle für seine Vertragstheorie, der *Zweiten Abhandlung über die Regierung*, heterogene Elemente und zahlreiche Interpretationsprobleme gibt. Zudem ist es letztlich unmöglich, Lockes Ansichten vollständig zu verstehen, ohne den polemischen Kontext seines Schreibens sorgfältig zu berücksichtigen. Meine folgenden Ausführungen werden deshalb wenig mehr sein als eine Reihe von Mutmaßungen. Dennoch hoffe ich, jene Aspekte seiner Vertragstheorie herausstellen zu können, die für uns nachfolgend von Bedeutung sein werden.

Lockes zentrale Absicht ist es, den Nachweis zu führen, daß die Menschen im Naturzustand, also in einem hypothetischen Zustand ohne politische Gesellschaft, »frei, gleich und unabhängig« sind: frei, da niemand der natürliche Herrscher über andere ist und jeder von Natur aus das Recht hat, sich selbst zu regieren; gleich, da niemand das Recht hat, über andere zu herrschen, und alle »Rechtsprechung wechselseitig [ist], da niemand mehr besitzt als ein anderer« (201 [II.4]); und unabhängig, da alle als Freie dazu berechtigt sind, ihre persönlichen Projekte zu verfolgen, ohne in einer hierarchischen Beziehung zu anderen zu stehen. Locke ist eindeutig mit Hobbes der Meinung, daß Menschen in etwa über die gleichen körperlichen und geistigen Kräfte verfügen. Anders als Hobbes verbindet er diese Gleichheit aber aufs engste mit moralischen Ansprüchen: »Und da sie alle mit den gleichen Fähigkeiten versehen wurden und alle zur Gemeinschaft der Natur gehören, so kann unter uns auch keine *Rangordnung* angenommen werden, die uns dazu ermächtigt, einander zu zerstören, als wären wir einzig zum Nutzen des anderen geschaffen, so wie die untergeordneten Lebewesen zu unserem Nutzen geschaffen sind.« (203 [II.6]) Locke scheint hier die Ansicht zu vertreten, daß die ähnliche Ausstattung mit Macht hinreichend ist für die Begründung eines gegenseitigen Status als Zweck-an-sich und für die Unrechtmäßigkeit einer Behandlung des anderen als bloßes Mittel. Eine solche Ausstattung mag auch notwendig sein für diesen Status, da Locke zu denken scheint, daß uns unsere (vermeintlich) höherrangigen Fähigkeiten das Recht verschaffen, Tiere als bloße Mittel zu benutzen.

In dem polemischen Kontext, in dem sich Locke bewegte und in dem er gegen Positionen anschrieb, die bestimmten Menschen ein natürliches Herrschaftsrecht zusprachen, ist die von ihm hergestellte Verbindung zwischen der Gleichheit der Macht und der moralischen Gleichheit verständlich; sie stellt uns heute aber vor schwerwiegende und noch ungelöste Probleme. Lockes Behauptung, eine äußerst ungleiche Ausstattung mit Fähigkeiten rechtfertige eine Behandlung als bloßes Mittel, können wir wohl kaum zustimmen, und ob wir zugestehen sollten, daß eine Gleichheit der Vermögen moralische Gleichheit impliziert, ist alles andere als klar. Eine überzeugende Begründung der moralischen Gleichheit ist höchstwahrscheinlich nicht auf die Annahme gleicher Macht angewiesen.

Es kann nicht überraschen, daß Locke den Fall von Menschen mit Behinderungen nicht diskutiert, da ihre Berücksichtigung in dem polemischen Kontext, in dem er schrieb, nur die Konturen seiner Argumentation verwischt hätte.

In Lockes Naturzustand gibt es bindende moralische Pflichten, unter anderem eine Pflicht zur Selbsterhaltung und – auf der Grundlage der natürlichen Gleichheit und Reziprozität – eine Pflicht zur Erhaltung anderer, eine Pflicht, anderen nicht das Leben zu nehmen, und eine Pflicht, nichts zu unternehmen, was andere zerstören würde, indem man etwa ihre Freiheit, ihre Gesundheit oder ihr Eigentum beschädigt. (Diese Pflichten scheinen sich aus dem grundlegenden natürlichen Gesetz abzuleiten, das die Erhaltung der Menschheit gebietet.)[33] Locke argumentiert unter Bezugnahme auf Richard Hookers Ausführungen, daß die Anerkennung der moralischen Gleichheit zudem zu positiven Pflichten des Wohlwollens und der Wohltätigkeit führt. Indem ich erkenne, daß andere mir gleichgestellt sind, erkenne ich, daß ich eine Pflicht habe, sie zu lieben wie mich selbst. Wenn ich demnach einen Wunsch habe, kann ich nicht dessen Befriedigung einfordern, ohne dabei zugleich auch die Befriedigung ähnlicher Wünsche für andere Menschen zu wollen (II.5). In diesem Sinne sind

33 Vgl. Simmons (1992), der Lockes Überlegungen an dieser Stelle als konsequentialistisch einstuft.

die moralische Reziprozität und die ihr zugrundeliegenden Gefühle nicht auf den Gesellschaftsvertrag angewiesen. Sie werden als bereits in der Natur vorhanden vorgestellt. (Lockes Ansichten über die Unterordnung der Frauen sind nur schwer mit der Stoßrichtung seiner Argumentation zu vereinbaren.)

Im Zusammenhang mit diesen Überlegungen zu unseren natürlichen Pflichten steht eine weitere Idee, die eng verwandt ist mit der Tradition des Naturrechts im Anschluß an Grotius. Wir sind Träger einer natürlichen Würde. Von Gott geschaffen, sind wir mit »Würde und Autorität« ausgestattet (101 [I.44]); der Mensch ist ein »sorgfältiges und wunderbares Kunstwerk« (136 [I.86]).[34] Da dies so ist, wollen wir zu Recht ein Leben »das der Würde eines Menschen entspricht« (209 [II.15], Hooker zitierend), ein Leben, »was der Würde und dem hohen Rang eines vernunftbegabten Wesens angemessen ist«.[35] Zugleich jedoch ist jeder von uns auch bedürftig; wir können ein solches Leben dauerhaft nicht auf uns allein gestellt leben. Aus diesem Grund »sind wir von Natur aus geneigt, die Gemeinschaft und die Gesellschaft mit anderen zu suchen [...]. Das war die Ursache, weshalb sich Menschen zum ersten Mal zu politischen Gesellschaften vereinigt haben.« (Ebd., wieder Hooker zitierend) Mit anderen Worten: Unsere Würde ist eine legitime Quelle von Ansprüchen, und diese Ansprüche können nur durch Kooperation realisiert werden; glücklicherweise haben wir auf Kooperation ausgerichtete moralische Gefühle, die ein produktives Zusammenleben ermöglichen, wobei der wesentliche Zweck eines solchen Lebens darin bestehen sollte, sicherzustellen, daß wir alle die Möglichkeit haben, unserer Menschenwürde gemäß zu leben.

Locke sagt nichts darüber, wie die natürlichen Gefühle,

34 Ich vermeide es ganz bewußt, zu den Debatten über die Rolle Gottes in Lockes Überlegungen Stellung zu beziehen; für eine hilfreiche Diskussion vgl. Simmons (1992).

35 Locke (1693/1990), 33 (§ 31).

aufgrund deren Menschen politische Gesellschaften gründen, sich zu den aus der natürlichen Gleichheit abgeleiteten Pflichten der Reziprozität verhalten. Mit den natürlichen Gefühlen sind Bedürfnis und Schwäche verbunden sowie der Wunsch, ein der Menschenwürde entsprechendes Leben zu führen. Die Pflichten hingegen hängen mit den natürlichen Rechten zusammen, die mit der natürlichen Gleichheit verknüpft sind. Da er einige der in diesem Zusammenhang entscheidenden Passagen zum guten Teil aus Hookers Werk übernimmt, macht Locke nie ganz deutlich, wie all diese verschiedenen Begriffe miteinander zusammenhängen. Er scheint jedoch insbesondere in den Fragen, in denen er Hooker am nächsten steht, zahlreiche Elemente einer an Grotius erinnernden Naturrechtslehre über die Ursprünge der politischen Gesellschaft zu übernehmen: So geht er davon aus, daß die Menschen auf der Grundlage positiver Gefühle des Wohlwollens und positiver moralischer Pflichten der Reziprozität, die sich aus der wechselseitigen Anerkennung der Menschenwürde ergeben, zusammenkommen und daß sie der Gesellschaft beitreten, um ein menschenwürdiges Leben zu führen. Wenn diese Einsicht nun tatsächlich den zentralen Fokus der Lockeschen Theorie ausmachen würde, wäre sie dem Ansatz von Grotius und der Position, die ich verteidigen werde, sehr ähnlich.

In seinen Ausführungen zur Idee des Gesellschaftsvertrags schlägt Locke jedoch eine andere Richtung ein. Er ist zwar nicht der Ansicht, daß es sich beim Naturzustand einfach um einen Kriegszustand handelt – Locke hält den Naturzustand für sehr viel komplexer –, aber seines Erachtens kann nur die politische Gesellschaft tatsächlich verhindern, daß es zu einem Kriegszustand kommt. Deshalb stellt seine Darstellung des Vertrags den gegenseitigen Vorteil als das Ziel in den Mittelpunkt, auf dessen Grundlage die Parteien sich darauf einigen, die Autorität der Gesetze und Institutionen anzuerkennen. Sie stimmen einer Begrenzung ihrer Freiheit zu, »mit dem Ziel eines behaglichen, sicheren und friedlichen

Miteinanderlebens, in dem sicheren Genuß ihres Eigentums und in größerer Sicherheit gegenüber allen, die nicht zu dieser Gemeinschaft gehören« (260 [II.95]). »Das große und *hauptsächliche Ziel*, weshalb Menschen sich zu einem Staatswesen zusammenschließen und sich unter eine Regierung stellen, *ist* also *die Erhaltung ihres Eigentums.*« (278 [II.124]) In diesen Passagen ist keine Rede von Wohlwollen und wechselseitiger Unterstützung für ein menschenwürdiges Leben.

Locke ist demnach sowohl für den von mir verteidigten Ansatz als auch für die von mir kritisierte Theorie ein wichtiger Vorläufer. Wenn er seine (und Hookers) Idee einer Verankerung der Gesellschaft im geteilten Wunsch, ein der Menschenwürde gemäßes Leben zu ermöglichen, weiterentwickelt hätte, wäre er vielleicht zu einer anspruchsbasierten Theorie gelangt, für die ein auf der Idee gegenseitiger Vorteile basierender Gesellschaftsvertrag nicht (oder nicht in diesem Ausmaß) notwendig gewesen wäre. Die politischen Prinzipien würden sich dann aus bestimmten in der Menschenwürde verankerten Ansprüchen ergeben und die Fiktion des Vertrags wäre nicht länger nötig. Statt dessen beruht sein bekanntestes Argument darauf, die angestrebten politischen Prinzipien aus der Idee gegenseitiger Vorteile in Verbindung mit der natürlichen Gleichheit und der Unsicherheit des menschlichen Lebens zu gewinnen. Andererseits können wir in der letztendlichen Gestalt der von Locke vorgestellten Gesellschaft, und besonders im entschiedenen Schutz individueller Ansprüche auf Leben, Freiheit, Eigentum und Religionsfreiheit (die Locke zufolge eine vorpolitische Grundlage in natürlichen Rechten haben), ohne Zweifel den Einfluß der anspruchsbasierten Bestandteile seiner Theorie erkennen, zumal er Hobbes' Auffassung des Staats vehement als ebenso unangemessen wie unnötig zurückweist.

Es kann gar nicht genug betont werden, daß die gegenwärtigen Vertreter des Kontraktualismus nur einen Teilaspekt von Lockes Theorie berücksichtigen – nämlich die Fiktion eines

Vertrags, der im Naturzustand um gegenseitiger Vorteile willen geschlossen wird – und dabei sowohl seine Doktrin der natürlichen Rechte als auch die damit in Zusammenhang stehende Betonung des Wohlwollens und der Menschenwürde außer acht lassen.

David Humes *Traktat über die menschliche Natur* (1739-40) und seine *Untersuchung über die Prinzipien der Moral* (erste Auflage 1751; posthume Neuauflage 1777) sind für Rawls außerordentlich wichtige Quellen, denen er die Bedingungen entnimmt, unter denen Gerechtigkeit sowohl möglich als auch notwendig ist (TG 149). Hume ist kein Vertragstheoretiker; seiner Auffassung zufolge beruht die Gerechtigkeit auf Konventionen. Er teilt jedoch gewisse zentrale Überzeugungen mit den Vertretern des Kontraktualismus (insbesondere mit den gegenwärtigen Kontraktualisten, die Lockes Idee der natürlichen Rechte fallengelassen haben). Dies betrifft vor allem seine Überlegungen dazu, wie Gerechtigkeit aus einem Zustand ohne Gerechtigkeit entsteht und worin ihre Anziehungskraft begründet liegt. (Rawls kann Hume mit der Tradition des Gesellschaftsvertrags kombinieren, weil seine eigene Gerechtigkeitstheorie natürlichen Rechten keine Rolle einräumt und insofern Humes Konventionalismus nahesteht.) Wie die Vertreter der Vertragstheorie ist auch Hume der Ansicht, daß dem gegenseitigen Vorteil bei der Entstehung und Aufrechterhaltung der Gerechtigkeit eine Schlüsselrolle zukommt. Die Bedingungen, unter denen gegenseitige Vorteile zu erwarten sind, werden von ihm sodann in vorbildlicher Klarheit dargelegt. Er geht zudem ausdrücklich auf Behinderungen ein. Ich werde hier die *Untersuchung* (III.1) in den Mittelpunkt stellen, in der die relevanten Faktoren besonders deutlich artikuliert werden.

Hume entwirft zunächst ein Bild des klassischen Goldenen Zeitalters, in dem es keine Knappheit, keine Notwendigkeit zu arbeiten und keinen Anlaß zu konkurrieren gab, da jedes Individuum alles hatte, was es brauchte, um selbst noch die

»gierigsten Instinkte« (19) zu befriedigen. In einem solchen Zustand bedürfte es Hume zufolge keiner Gerechtigkeit, da es ja keine Notwendigkeit gäbe, Güter unter verschiedenen Personen zu verteilen: Alles könnte Gemeingut sein, wie das heute mit Wasser und Luft der Fall ist.

Daraufhin führt er uns eine Situation vor Augen, in der zwar die heute existierende Knappheit herrscht, die Menschen jedoch anders sind: Ihre Großzügigkeit ist grenzenlos und ein jeder ist »auf seinen eigenen Vorteil nicht in höherem Grade bedacht [...] als auf den seiner Mitmenschen« (21). Auch solch ein »weitgehendes Wohlwollen« würde die Gerechtigkeit überflüssig machen, da sich alle mit Vergnügen um die Bedürfnisse der jeweils anderen kümmern würden.

Als nächstes wendet sich Hume den beiden spiegelbildlichen Extremsituationen zu. Nehmen wir an, die Lage der Menschen sei derart von Elend und größter Not bestimmt, daß durch Kooperation nichts zu gewinnen wäre. In einer solchen Situation findet die Gerechtigkeit keinen Halt: Jeder wird vernünftigerweise möglichst viel für sich zu ergattern versuchen, um am Leben zu bleiben. Als viertes Szenario stellen wir uns vor, die Menschen seien äußerst bösartig und habgierig und überhaupt nicht in der Lage, ihr Verhalten an moralischen und rechtlichen Regeln auszurichten: Auch hier wird die Gerechtigkeit nichts ausrichten können.

Kurz und gut: Gerechtigkeit kommt nur dann ins Spiel, wenn eine mäßige, aber nicht aussichtslose Knappheit an Gütern herrscht und wenn die Menschen zwar egoistisch sind und miteinander konkurrieren, zugleich aber über eine begrenzte Großzügigkeit verfügen und dazu in der Lage sind, sich in ihrem Handeln einzuschränken. Dies ist Hume zufolge die Situation, in der wir uns tatsächlich befinden (vgl. auch *Traktat*, III.1.2). Er betont, daß die Selbstsucht nicht allmächtig ist; tatsächlich begegne man »selten jemandem [...], dessen wohlwollende Regungen zusammengenommen nicht seine selbstischen Neigungen überwögen«, »wenn man auch selten jemanden finden mag, der eine einzelne fremde Person mehr liebt als sich selbst« (ebd., 230).[36] Aber Wohlwollen ist unbeständig und parteiisch; es wird am stärksten gegenüber der eigenen Familie empfunden und nur sehr sporadisch für uns fernere Menschen. Hieraus folgt, daß der Gerechtigkeit eine nützliche Rolle im menschlichen Zusammenleben zukommt: »Somit beruhen die Gesetze der Billigkeit oder Gerechtigkeit durchaus auf der besonderen Zuständlichkeit und Lage, in die der Mensch versetzt ist, und verdanken ihr Zustandekommen und ihre Geltung dem *Nutzen*, der der Öffentlichkeit aus ihrer pünktlichen und regelmäßigen Beobachtung zufließt.« (*Untersuchung*, 24 f.)

Sind die Regeln der Gerechtigkeit einmal etabliert, werden neue Gefühle mit ihnen verknüpft, da die Menschen sich an der Nützlichkeit dieser Regeln erfreuen und »Kunstgriffe der Politiker« »Achtung vor der Rechtsordnung und Abscheu gegen die Rechtswidrigkeit« hervorrufen (*Traktat*, 244).

Gerechtigkeit ist demnach eine Konvention, deren Nützlichkeit direkt von den vorhandenen physischen und psychologischen Umständen abhängt. Hume betont zudem, daß zu diesen Umständen eine ungefähre Machtgleichheit unter den Menschen gehört. In einer für meine folgenden Ausführungen zentralen Passage bemerkt er:

> Wäre den Menschen eine Gattung von Geschöpfen zugesellt, die zwar Vernunft besäßen, aber körperlich und geistig so geringe Kräfte hätten, daß sie zu jedem Widerstand unfähig wären und auch auf die stärkste Herausforderung hin uns nie die Wirkungen ihres Zornes fühlen lassen könnten, so wäre meines Erachtens die notwendige Folge, daß wir zwar durch die Gesetze der Menschlichkeit verpflichtet sein würden, diese Geschöpfe mit Milde zu behandeln, daß aber für uns streng genommen keine Schranke der Gerechtigkeit gelten würde, sie auch keinerlei von

36 Hume kritisiert im *Traktat* (III.2.2) jene Philosophen, die dieser Eigenschaft ein zu großes Gewicht verleihen, da sie »von der Wahrheit ebenso weit entfernt sind, als die Berichte über Ungeheuer, denen wir in Fabeln und Dichtungen begegnen« (Hume [1739-40/1978], 230).

> so eigenmächtigen Herren unabhängiges Recht oder Eigentum haben könnten. Unser Umgang mit ihnen könnte nicht Gemeinschaft heißen, da diese ja einen gewissen Grad von Gleichheit zur Voraussetzung hat, sondern wäre unbedingtes Befehlen auf der einen, knechtisches Gehorchen auf der anderen Seite. Wonach immer uns verlangt, darauf müssen sie sofort verzichten: unsere Zulassung ist der einzige Rechtstitel, kraft dessen sie ihren Besitz innehaben, unser Mitleid, unsere Freundlichkeit der einzige Zügel, mit dem sie unsern gesetzlosen Willen hemmen. Und da aus der Ausübung einer auf so fester natürlicher Grundlage ruhenden Macht sich nie eine Unzuträglichkeit ergäbe, würde in diesem ungleichen Bund für die Schranken der Gerechtigkeit und des Eigentums niemals Raum sein, da sie gänzlich *nutzlos* wären. (*Untersuchung*, 28)

Im Anschluß hieran bemerkt Hume, daß dies tatsächlich unserem Verhältnis zu Tieren entspricht: Zwar verfügen sie vielleicht über ein gewisses Maß an Intelligenz, sind uns aber deutlich unterlegen. Von manchen, so fährt er fort, sei die Auffassung vertreten worden, dies beschreibe auch das Verhältnis zu den Menschen in den Kolonien. Zumindest implizit scheint Hume dem entgegenzuhalten, daß es sich hier um einen in der Gier wurzelnden Irrtum handelt. Über die Frauen schreibt er, aus ihrer ungleich größeren körperlichen Schwäche scheine zwar eigentlich zu folgen, daß sie keine Subjekte der Gerechtigkeit sind, ihnen gelinge es aber dennoch durch geschickte Verführung, die Männer dazu zu bringen, sie »an allen Rechten und Vergünstigungen der Gesellschaft« teilhaben zu lassen (ebd.).

Da Hume kein Vertragstheoretiker ist, nimmt er nicht an, daß die Personen, von denen die Regeln der Gerechtigkeit ausgearbeitet werden, dieselben sein müssen, für die die Regeln festgelegt werden. Daß er Menschen mit schweren Behinderungen und Frauen (denen *Gerechtigkeit* verwehrt bleibt, wenn sie sich auch bestimmte Vorteile erschmeicheln mögen) ausschließt, ist allein dem Umstand geschuldet, daß die ungefähre Machtgleichheit zu den Anwendungsverhältnissen der Gerechtigkeit gehört. Obwohl Hume die altruistischen Affekte der Menschen betont, ist er der Ansicht, daß der Umgang der viel Stärkeren mit den viel Schwächeren stets noch den elementaren Anstand vermissen läßt: Es herrscht solange ein bloßer Despotismus der überlegenen Gewalt, bis die verführerische Macht der Sexualität interveniert, um den Einsatz der Gewalt zu verhindern. (Natürlich wird sich Hume sehr wohl bewußt gewesen sein, daß die sexuelle Attraktivität von Frauen Männern nicht immer Grund gibt, keine Gewalt gegen sie anzuwenden, sondern die Gewaltanwendung häufig noch anspornt.)

Kurz gesagt sind (sei es in körperlicher oder geistiger Hinsicht) viel Schwächere einfach nicht Teil der politischen Gesellschaft und keine Subjekte der Gerechtigkeit. Auch wenn Frauen bis zu einem gewissen Grad in den Genuß bestimmter Vorteile gelangen, sind sie ebensowenig Mitglieder, die als Gleiche unter dem Schutz der Regeln der Gerechtigkeit stehen, wie Haustiere, die aufgrund ihres angenehmen Aussehens vielleicht ebenfalls gut behandelt werden. Humes Bezugnahme auf eine ungefähre Machtgleichheit hat ausgesprochen gewichtige Konsequenzen für seine Theorie der Gerechtigkeit. Für eine gerechte und anständige Behandlung von Menschen mit Behinderungen fehlt jede Grundlage, und dasselbe gilt für Frauen. Was erstere angeht, scheint aus Humes Theorie sogar eine tyrannische Beherrschung zu folgen. Mit Bezug auf Tiere wird der von uns ausgeübte Despotismus – der zu Humes Zeiten bereits vehement von Bentham und der erstarkenden Bewegung gegen die grausame Behandlung von Tieren angegriffen wurde – einfach als unvermeidbar gerechtfertigt, wenn nicht bestimmte Gefühle der Menschen in konkreten Fällen dazwischentreten. Hume hat jedoch bereits zugestanden, daß diese Gefühle mit großer Wahrscheinlichkeit parteilich, unbeständig und wenig verläßlich sein werden. (Deshalb sagt seine Theorie auch voraus, daß wir unsere Haustiere auch weiterhin einigermaßen gut behandeln, uns aber kaum um die Tiere kümmern werden, die wir essen; es werde niemals zu diese Situation verändernden Konventionen kommen.) Weil die klassischen Vertreter der Vertragstheorie die ungefähre Gleichheit ebenfalls als notwendige Bedingung der Gerechtigkeit zwischen Personen erachten, müssen sie natürlich dieselben Schlußfolgerungen ziehen.

Obwohl Rousseaus Theorie des Gesellschaftsvertrags in vielen Hinsichten kein liberaler Ansatz ist und ich bereits angemerkt habe, daß ich sie aus diesem Grund in meiner Argumentation nur berücksichtigen werde, insofern sie sich mit den Theorien von Locke und Kant überschneidet, lohnt es sich doch festzuhalten, daß Rousseau im *Gesellschaftsvertrag* (1762), der fast aus der gleichen Zeit stammt wie Humes *Untersuchung*, die Annahme der ungefähren Gleichheit akzeptiert, die wir sowohl bei Hume als auch in der Tradition der Vertragstheorie finden. Obwohl der Gesellschaftsvertrag Rousseau zufolge eine »sittliche und rechtliche Gleichheit« an die Stelle dessen setzt, »was die Natur an physischer Ungleichheit unter den Menschen hervorbringen kann« (26 [I.9]), schränkt er diese Aussage doch unmittelbar in einer Fußnote wieder ein, wenn er schreibt, daß »der gesellschaftliche Stand für Menschen nur vorteilhaft ist, soweit sie alle etwas besitzen und niemand zuviel besitzt«. Auch wenn er auf diese Frage nicht weiter eingeht, so vertritt er doch eindeutig die Auffassung, daß Frauen aufgrund ihrer physischen Unterschiede zu Männern keine Bürgerinnen sein sollten.

Kants Theorie des Gesellschaftsvertrags wird am prominentesten in seiner Schrift *Über den Gemeinspruch* (1793) und in der *Metaphysik der Sitten* (1797) behandelt. Das Verhältnis von Kants politischer Philosophie zu seiner Moralphilosophie ist komplex und bis heute umstritten, weswegen ich die für uns relevanten Aspekte seines Ansatzes hier nur grob skizzieren werde. Rawls greift offensichtlich vor allem auf Kants Moralphilosophie und deren zentrale Idee zurück, daß Menschen immer als Zwecke und nicht bloß als Mittel behandelt werden sollten. Die Idee der Unverletzlichkeit des

Menschen ist einer der intuitiven Ausgangspunkte von Rawls' gesamtem theoretischen Vorhaben (vgl. TG 19), auch wenn Rawls betont, daß es politischer Prinzipien bedarf, um dieser Idee einen bestimmten Gehalt zu verleihen. Kants politische Philosophie ist jedoch nicht als bloße Ausarbeitung dieser moralischen Grundüberzeugung für den Bereich der Politik zu verstehen; er legt sich außerdem in aller Entschiedenheit auf die klassische Vertragstheorie fest. Seine politische Theorie ist demnach kein einheitliches Gebilde: Seine Auffassung der natürlichen Freiheit verknüpft sie aufs engste mit der Moralphilosophie, aber andere Elemente seiner Theorie führen in eine etwas andere Richtung. (Eine systematischere Analyse von Kants politischer Philosophie würde wohl ganz ähnliche Spannungen herausarbeiten können, wie ich sie in Rawls' Theorie aufzeigen werde, die eine kantianische Ethik mit der klassischen Vertragstheorie kombiniert.)

Im Grunde ist Kants Vertragstheorie derjenigen Lockes sehr ähnlich – auch wenn sie Gott nicht die entsprechende Rolle zuweist (ein Punkt, den ich in meinen obigen Ausführungen aber ebenfalls ausgeklammert habe). Im Naturzustand zeichnet die Menschen an erster Stelle ihre als gleiche Freiheit verstandene natürliche Freiheit aus. Zum Gesellschaftsvertrag kommt es, wenn die Menschen beschließen, den Naturzustand (der eher an Lockes Vorstellung anschließt als an die von Hobbes und nicht immer ein Kriegszustand ist) zu verlassen, und »in einen rechtlichen Zustand, d. i. den einer austheilenden Gerechtigkeit übergehen« (*Metaphysik der Sitten*, 307). Auch Kants Theorie umfaßt demnach natürliche Ansprüche und ist keine im modernen Sinn rein kontraktualistische oder prozeduralistische Theorie; der Vertrag ist nötig, da die Ansprüche im Naturzustand nicht gesichert werden können.

Kant scheint die Ansicht zu vertreten, daß es für alle Personen nicht nur vorteilhaft, sondern auch moralisch geboten ist, dem Vertrag beizutreten. Einerseits stellen Eingriffe in den Besitz anderer im Naturzustand kein Unrecht dar (307), andererseits erscheint es seines Erachtens falsch, in einem Zustand verbleiben zu wollen, in dem niemand vor Gewalt sicher ist (307 f.). Das hängt damit zusammen, daß für ihn ein willentliches Verharren im Naturzustand darauf hinausläuft, »alles der wilden Gewalt gleichsam gesetzmäßig [zu] überliefern und so das Recht der Menschen überhaupt um[zu]stürzen« (308, Anm.). Gibt es an dieser Stelle einen Unterschied zwischen Kants Vertrag und demjenigen Lockes? Vielleicht, auch wenn Lockes eigene Ansichten über den Vertrag ausgesprochen schwierig zu durchschauen sind. Jedenfalls betonen beide die gegenseitigen Vorteile, die sich aus dem Vertrag ergeben, und diese Vorteile stellen ein hinreichendes Motiv dar, um dem Vertrag beizutreten.

In Kants Vertrag werden die als frei, gleich und unabhängig vorgestellten Vertragsparteien mit der Gruppe derjenigen Bürger identifiziert, für die die politischen Prinzipien gewählt werden. Nichtsdestotrotz räumt Kant, anders als Locke, ein, daß es im Gesellschaftszustand Bürger geben wird, die keine aktiven Vertragsparteien sind und die sich nicht als unabhängig verstehen lassen. Zu ihnen gehören Frauen, Minderjährige und all diejenigen, die nicht in der Lage sind, aus eigener Kraft für sich selbst zu sorgen, was auch alle Angestellten beinhaltet, die für ihr Auskommen auf andere angewiesen sind – etwa Zinsbauern im Unterschied zu Pächtern. All diesen Menschen fehlt es an »bürgerlicher Persönlichkeit«, da sie nicht unabhängig sind. Diese Überlegung führt Kant zur Unterscheidung zwischen »aktiven« und »passiven« Bürgern. Aktive Bürger (die ich als die Gruppe verstehe, die auch den Gesellschaftsvertrag aufsetzt) haben aufgrund ihrer Unabhängigkeit das Wahlrecht. Die Mitglieder der anderen Gruppe behalten zwar bestimmte Rechte, die ihnen als Menschen zukommen; als Menschen sind sie frei und gleich, aber sie sind »blos Handlanger des gemeinen Wesens« (315). Sie haben kein Wahlrecht, können keine politischen Ämter bekleiden und haben noch nicht einmal das Recht »zu organisiren oder zu Einführung gewisser Gesetze mitzuwirken« (ebd.). Kant ist also eindeutig der Auffassung, daß dauerhafte Angewiesenheit auf andere ein Zustand ist, von dem die meisten erwachsenen Männer im Gesellschaftszustand nicht betroffen sind und der einen zu Recht von den meisten politischen Rechten ausschließt. Die Rechte der betroffenen Individuen verdanken sich allein seiner Theorie vorpolitischer Rechte.

Auf diese Weise hält die Annahme einer ungefähren Gleichheit der Vertragsparteien im Naturzustand Einzug in Kants Theorie und führt zur Unterscheidung zweier Formen der Staatsbürgerschaft. Die ungleich verteilte Macht verdammt einige Menschen zu einem passiven Status, da sie nicht aus eigener Anstrengung für sich selbst sorgen können. Diese Kategorie ist nicht einheitlich: Kant betont, daß manche »passiven Staatsbürger« diese Passivität vielleicht mit der Zeit hinter sich lassen können (ebd.). Es ist jedoch offensichtlich, daß dies nicht für Frauen und für Menschen mit Behinderungen[37] gilt. Ihre Bedürfnisse werden zwar unter Umständen auf die eine oder andere Weise berücksichtigt, aber sie sind nicht gleichberechtigt an der Etablierung und Aufrechterhaltung politischer Institutionen beteiligt – und das gilt auch für die Phase nach der ersten Festlegung der Institutionen im ursprünglichen Vertrag.

Wir sind nun am Ende meines Überblicks über die prä-

37 Auch wenn Kant diese Gruppe nicht explizit nennt, meint er an dieser Stelle doch »überhaupt jedermann, der nicht nach eigenem Betrieb, sondern nach der Verfügung Anderer [...] genöthigt ist, seine Existenz (Nahrung und Schutz) zu erhalten« (314). Unter den damaligen Umständen müssen zu dieser Gruppe alle Menschen mit schweren geistigen Einschränkungen und viele mit schweren physischen Einschränkungen zählen. Ist Kants Bemerkung, daß der Staat es allen ermöglichen müsse, sich »aus diesem passiven Zustande zu dem activen empor arbeiten zu können« (315), so zu verstehen, daß es aufwendige staatliche Unterstützungsmaßnahmen für Menschen mit Einschränkungen geben müsse, so daß diese tatsächlich ökonomisch produktiv zu sein vermögen? Moderne Kantianer könnten den Text vielleicht so interpretieren; aber diese Deutung ist offensichtlich weit von Kants eigener Denkweise entfernt.

genden Ideen der historischen Tradition der Vertragstheorie angelangt. Eine derart grobe Skizze kann höchstens dazu dienen, einige Schwierigkeiten dieser Tradition herausstellen: die Gleichsetzung der Gruppe der Vertragsparteien mit jener der Bürger; die Bezugnahme auf die Idee der ungefähren Gleichheit an Macht und Kräften, die manchmal auf merkwürdige Weise mit der Idee der moralischen Gleichheit vermengt wird; die Betonung gegenseitiger Vorteile als Zweck des Vertrags; und die daraus folgende Schwierigkeit im Umgang mit dem Bürgerstatus von Frauen und Menschen mit ungleichen körperlichen und geistigen Fähigkeiten. Die gegenwärtigen Vertreter der Vertragstheorie haben diese Schwierigkeiten geerbt und zugleich einige der überzeugenden und erhellenden Aspekte dieser Tradition fallengelassen. Hier wäre insbesondere die Idee moralischer Ansprüche und Pflichten im Naturzustand zu nennen sowie die Auffassung, daß jeder die Ansprüche anderer Menschen auf ein menschenwürdiges Leben anerkennen und achten sollte. Diese Aspekte werden aus den Ausgangsbedingungen des gegenwärtigen Kontraktualismus herausgelassen, der politische Prinzipien auf rein prozedurale Weise aus der Vertragssituation selbst abzuleiten versucht. (In Gestalt des Schleiers des Nichtwissens greift Rawls allerdings einige dieser moralischen Elemente in prozeduraler Form wieder auf.)

Ein weiteres Merkmal dieser Tradition muß hier erwähnt werden, da es sich in allen zu ihr gehörigen Werken findet: ihr starker Rationalismus. Die Vertragsparteien – und damit die Bürger der entstehenden Gesellschaft – werden als vernünftig und, genauer, als etwa in gleichem Maße vernünftig vorgestellt. Natürlich ist es ohne ein gewisses Maß an Rationalität nicht möglich, einen Vertrag zu schließen, und deshalb hat die Tradition durchaus Grund, den Staatsbürgern Vernunft zuzuschreiben, zumal ja die Staatsbürgerschaft an die Fähigkeit gekoppelt worden ist, einem Vertrag beizutreten. Es gibt aber keinen guten Grund dafür, den Status eines primären, nicht abgeleiteten *Subjekts* der Gerechtigkeit an Rationalität zu binden: Wie ich bereits erwähnt habe, wird diese Position in der Tradition nur deshalb vertreten, weil zwischen den beiden oben genannten Fragen nicht unterschieden wird. Allein Hume kann zumindest die Möglichkeit in Betracht ziehen, daß auch andere Lebewesen, die über Bewußtsein oder Intelligenz verfügen, wie etwa nichtmenschliche Tiere, zu den primären Nutznießern der Gerechtigkeit zählen, weil seine Theorie auf die Idee des Vertrags verzichtet – aber seine Festlegung auf gegenseitige Vorteile führt dazu, daß er sich letztlich gegen diese Möglichkeit entscheidet. Im Rahmen der Diskussion über geistige Behinderung werden wir sehen, daß die Gleichsetzung des Bürgerstatus mit (prudentieller oder moralischer) Rationalität eine Hürde darstellt, die selbst die überzeugendsten gegenwärtigen Theorien nicht überwinden können, ohne die für sie maßgebende Verbindung zur vertragstheoretischen Tradition zu kappen.

6. Drei Formen des gegenwärtigen Kontraktualismus

Wenden wir uns nun den gegenwärtigen Formen der Vertragstheorie bzw. des Kontraktualismus zu, die im Mittelpunkt der Ausführungen dieses Buches stehen werden. In der Philosophie der jüngsten Zeit finden wir unterschiedliche Formen des Kontraktualismus, die sehr unterschiedliche Implikationen für die Probleme haben, um die es mir hier geht.[38] Zunächst lassen sich drei Formen des Kontraktualismus unterscheiden. Die erste Form ist rein egoistisch und in ihr werden moralisch gehaltvolle politische Prinzipien ohne Rückgriff auf moralische Annahmen allein aus gegenseitigen Vorteilen abgeleitet. David Gauthiers politische Theorie ist das einschlägige Beispiel für diese Sichtweise. John Rawls'

38 Vgl. die äußerst hilfreiche Diskussion einiger der im Rahmen dieser Tradition getroffenen Unterscheidungen in Stark (2000).

Theorie ist eine gemischte Theorie, die Bestandteile des klassischen Gesellschaftsvertrags mit Elementen der Kantischen Moralphilosophie kombiniert, in der die zu wählenden politischen Prinzipien wichtigen moralischen Einschränkungen unterliegen. Schließlich gibt es die Variante eines rein kantianischen modernen Kontraktualismus, die allein von der kantianischen Idee der Fairneß und der wechselseitigen Akzeptabilität ausgeht, ohne sich auf die Idee gegenseitiger Vorteile zu beziehen. Solche Theorien werden in der Moralphilosophie von Thomas Scanlon sowie von Brian Barry vertreten, der Scanlons Überlegungen auf den Bereich der politischen Theorie anwendet.

Alle drei Theorietypen sind prozedurale Theorien: Sie beginnen mit einer ursprünglichen Entscheidungssituation, die auf eine bestimmte Weise strukturiert ist und deren Struktur zu Prinzipien führen soll, die *per definitionem* angemessen sind. Diese Prinzipien sollen nicht anhand einer vorgängigen oder unabhängigen Theorie der Rechte oder Ansprüche überprüft werden. (In dieser Hinsicht weichen all diese Theorien deutlich von der historischen Tradition der Vertragstheorie ab.)

In *Morals by Agreement* geht David Gauthier von der Vorstellung aus, daß die Vertragsparteien Stellvertreter wirklicher Menschen sind und daß der Zweck der sozialen Kooperation sowohl für die wirklichen Menschen als auch für die Vertragsparteien in gegenseitigen Vorteilen besteht, wobei er »Vorteile« hier in einem recht engen Sinn mit Bezug auf das eigene Eigentum und die eigene Sicherheit versteht. Diese Art von Kontraktualismus hat einige nicht zu leugnende Stärken, wenn sie denn funktioniert, denn sie geht von äußerst sparsamen Annahmen aus. Wenn sich vernünftige Gerechtigkeitsprinzipien aus Ausgangsbedingungen ableiten lassen, die allein prudentielle und keinerlei moralische Annahmen und Ziele enthalten, dann könnte man daraus schließen, daß sich *a fortiori* ähnliche oder noch stärkere Prinzipien ableiten lassen müssen, wenn wir auch moralische Annahmen zulassen. Die Wahl einer rein prudentiellen, ja egoistischen Auffassung der Ziele der sozialen Kooperation scheint der Theorie der Gerechtigkeit eine solidere Grundlage zu verschaffen als die Wahl anspruchsvollerer und stärker moralisch aufgeladener Ausgangsbedingungen. Das jedenfalls ist die Überzeugung der entsprechenden Theoretiker und insbesondere Gauthiers.

Es ist also falsch, diesen Ansätzen vorzuwerfen, sie gingen unplausiblerweise davon aus, daß Menschen egoistisch oder rein eigeninteressiert sind – zumindest solange wir keine weiteren Belege dafür haben, daß die entsprechenden Theoretiker dieses Menschenbild tatsächlich für zutreffend halten. Es ist durchaus möglich, daß sie einfach prüfen wollen, wie weit sie auf der Grundlage einer geringen Zahl unkontroverser Annahmen kommen. Dennoch ist eine solche Vorgehensweise nicht ungefährlich. Selbst wenn wir zunächst von der Frage absehen, ob ein derart kalkulierter Verzicht überhaupt zum Ziel führen kann – was Rawls und andere Kritiker bestreiten –, verleiht diese Strategie denjenigen politischen Prinzipien eine besondere Stellung innerhalb der Gerechtigkeitstheorie, die mit Bezug auf das rationale Eigeninteresse gerechtfertigt werden *können*. Es ist deshalb nicht wirklich erstaunlich, daß das Problem körperlicher und geistiger Beeinträchtigungen in Gauthiers Einschätzung für die politische Theorie nur schwer zu lösen ist. Schließlich hat er die Ausgangsbedingungen und das Ziel auf eine Weise gestaltet, die eine Lösung tatsächlich schwermacht. Man sollte meinen, daß er hier einfach hätte sagen können: »Natürlich entsprechen wirkliche Menschen dieser Beschreibung nicht, und in realen Gesellschaften gibt es auch Prinzipien, die sich aus anderen Zielsetzungen ergeben.« Dieses Zugeständnis ist für ihn aber nicht so leicht zu machen, da sich die zentralen und strukturierenden Prinzipien seiner Theorie einer Vorstellung der sozialen Kooperation verdanken, die auf gegenseitige Vorteile ausgerichtet ist. Müßte er an dieser Stelle nicht zugestehen, daß in diesem Bereich auch andere Prinzipien zum Tragen kommen, die vielleicht ebenso grundlegend sind? Und würde dies nicht der Zielsetzung der Theorie widersprechen, einen einigermaßen vollständigen Katalog politischer Prinzipien aus unkontroversen Annahmen zu generieren?

Darüber hinaus kann nicht davon ausgegangen werden, daß die Ausgangsbedingung der Eigeninteressiertheit einfach enger gefaßt ist als stärker moralisch aufgeladene Annahmen. Wenn wir aus rein prudentiellen Annahmen die Prinzipien X, Y und Z ableiten können, bedeutet das nicht unbedingt, daß wir aus moralisch anspruchsvolleren Ausgangsbedingungen ebenfalls die Prinzipien X, Y, Z sowie weitere Prinzipien ableiten können. Es ist nämlich durchaus möglich, daß die moralisch anspruchsvolleren Ausgangsbedingungen X oder Y in Frage stellen oder sogar eine gänzlich andere Sichtweise der Gesellschaft nahelegen. Aus diesem Grund sollte man nur dann eine derart dünne Auffassung der sozialen Kooperation zum Ausgangspunkt nehmen, wenn man es auch wirklich ernst damit meint – wenn man also wie Hobbes und vielleicht auch Gauthier der Ansicht ist, daß die Menschen politischen Prinzipien wirklich nur zustimmen werden, wenn sie durch die Kooperation irgendeinen Vorteil für sich selbst erwarten (wobei »Vorteil« hier wieder in einem engen materiellen Sinn verstanden wird).

Aus solchen Überlegungen heraus gestaltet John Rawls seine Ausgangsbedingungen vollkommen anders. Die Parteien in Rawls' Urzustand sind zwar selbst rein prudentiell an ihrem eigenen Vorteil ausgerichtet. Sie streben nicht nach Gerechtigkeit um ihrer selbst willen, sondern wollen nur ihre eigene Konzeption des Guten befördern, und er setzt nicht voraus, daß jene Konzeptionen irgendwelche altruistischen Bestandteile beinhalten müssen. Wie Rawls aber wiederholt betont, handelt es sich bei der Beschreibung der Parteien nur um den einen Teil des zweiteiligen Modells der Person im Urzustand. Den anderen Teil stellt der Schleier des Nichtwissens dar, aufgrund dessen das Wissen der Parteien bestimmten Beschränkungen unterliegt: Sie kennen ihre ethnische Zugehörigkeit, ihre Klasse, ihren Geburtsort, ihr Geschlecht und ihre spezifische Konzeption des Guten nicht. Diese Beschränkungen des Wissens sollen in der Theorie die moralische Unparteilichkeit darstellen, zu der auch wirkliche Menschen mit einiger Anstrengung in der Lage sind. Rawls beendet *Eine Theorie der Gerechtigkeit* mit der Bemerkung, daß alle Menschen zu jedem Zeitpunkt die Perspektive der Parteien hinter dem Schleier des Nichtwissens einnehmen können und daß diese für moralische Reinheit steht: »Reinheit des Herzens, wenn sie jemand erreichen könnte, hieße: von diesem Standpunkt aus klar sehen und mit Anmut und Souveränität handeln.« (TG 638) Er geht also davon aus, daß Bürger der wohlgeordneten Gesellschaft den Prinzipien dieser Gesellschaft aus einer Perspektive zustimmen, zu der sowohl ein Interesse an der eigenen Glückseligkeit als auch ein Sinn für Fairneß gehört, für den eben der Schleier des Nichtwissens steht. Auf diese Weise wird die Unparteilichkeit als Wert an sich Teil seines Bildes vom Gesellschaftsvertrag. Die Parteien wollen ihren eigenen Vorteil sichern, aber der Schleier sorgt dafür, daß sie das nur unter Bedingungen tun, die für alle gleichermaßen fair sind.

Das scheint mir die beste Möglichkeit zu sein, sich die vertragstheoretische Tradition zunutze zu machen, wenn es einem darum geht, Prinzipien der Gerechtigkeit festzulegen. Im vorliegenden Buch stelle ich Rawls' Theorie deshalb so stark in den Mittelpunkt, weil sie meines Erachtens die einflußreichste und überzeugendste Theorie dieser Tradition ist, und das ist vor allem der moralisch gehaltvolleren Charakterisierung der ursprünglichen Entscheidungssituation (und den moralischen Intuitionen, die in dieser Situation zum Ausdruck gebracht werden) geschuldet. Den Versuch, Gerechtigkeit aus Ausgangsbedingungen abzuleiten, die sie nicht in irgendeiner Form bereits enthalten, halte ich für wenig aussichtreich. Rein prudentielle Ausgangsbedingungen werden meines Erachtens einfach in eine andere Richtung führen als ein von Beginn an auf ethische Normen ausgerichteter Ansatz. Dennoch steht Rawls noch immer in der vertragstheoretischen Tradition, und ich werde zu zeigen versuchen, daß seine Analyse sozialer Kooperation in vielen Hinsichten durch seine Bindung an die Idee des Vertrags beeinträchtigt wird.

Rawls' Theorie vereint sehr unterschiedliche Elemente. Auf der einen Seite sind die geteilten moralischen Urteile, die er mit seiner Theorie und insbesondere der Schilderung der ursprünglichen Entscheidungssituation einfangen will, zutiefst kantianisch, insbesondere die zentrale intuitive Vorstellung, jeder Mensch besitze »eine aus der Gerechtigkeit entspringende Unverletzlichkeit, die auch im Namen des Wohles der ganzen Gesellschaft nicht aufgehoben werden kann« (TG 19). Das kommt der Intuition, von der mein Fähigkeitenansatz ausgeht, sehr nahe. Ist der hypothetische Prozeß der Vertragsschließung erst einmal in Gang, schreiben Fairneßerwägungen vor, daß jede Person als gleiche und als Zweck an sich zu achten ist. Auf der anderen Seite spielt Rawls' Treue gegenüber der klassischen vertragstheoretischen Tradition und ihrer Betonung gegenseitiger Vorteile als Ziel der sozialen Kooperation eine wichtige Rolle bei seiner Gestaltung der ursprünglichen Entscheidungssituation und der Entscheidung darüber, wer überhaupt an ihr teilnimmt – darüber also, wer zur Gruppe derjenigen gehört, von denen die Prinzipien festlegt werden, aufgrund der Struktur der Vertragstheorie aber auch darüber, wer zur Gruppe derjenigen gehört, für die diese Prinzipien in erster Linie gedacht sind. In meinen Überlegungen zum Rawlsschen Ansatz werde ich immer wieder die Spannungen herausstellen, die durch die heterogenen Bestandteile seiner Theorie in den von mir diskutierten Bereichen entstehen. Warum sollten Menschen einen Gesellschaftsvertrag miteinander eingehen? Für Rawls ist die Antwort »aus Gerechtigkeitsliebe« nicht ausreichend und kann es auch nicht sein. Eine Wertschätzung der Gerechtigkeit ist in den Grundintuitionen seines Ansatzes zwar durchaus präsent, sie kommt in der Entscheidungssituation aber erst dann zum Tragen, wenn das Verfahren bereits im Gange ist, und prägt oder begrenzt in Gestalt formaler Einschränkung des Wissens der Parteien deren Entscheidungen.[39] Auf die Frage, warum es überhaupt einen Vertrag geben soll, wird aber letztlich noch immer mit dem Verweis auf gegenseitige Vorteile und nicht auf Wohlwollen, Liebe oder Gerechtigkeit geantwortet.[40]

An dieser Stelle müssen wir etwas genauer auf den Text eingehen, weil es sich um eine ausgesprochen komplexe Frage handelt und Rawls' eigene Ausführungen über die soziale Kooperation mit der Zeit subtile Veränderungen durchlaufen hat. In *Eine Theorie der Gerechtigkeit* definiert Rawls Gesellschaft als ein »Unternehmen zur Förderung des gegenseitigen Vorteils« (TG 20, 149). Er führt weiter aus, »daß die gesellschaftliche Zusammenarbeit allen ein besseres Leben ermöglicht, als wenn sie nur auf ihre eigenen Anstrengungen angewiesen wären« (TG 20; vgl. für eine beinahe identische Formulierung TG 149). In einer zentralen Passage schreibt Rawls: »Der Grundgedanke ist: Wenn sich mehrere Menschen nach Regeln zu gegenseitig nutzbringender Zusammenarbeit vereinigen und damit ihre Freiheit zum Vorteil aller beschränken müssen, dann haben diejenigen, die sich diesen Beschränkun-

39 Hier sind neben dem Schleier des Nichtwissens auch die »formalen Bedingungen für den Begriff des Rechten« (§ 23) von Bedeutung.

40 Wahrscheinlich hat Rawls' Beschäftigung mit der neoklassischen Ökonomie diesen Aspekt seiner Theorie geprägt. Ihm war sehr daran gelegen, auch Ökonomen und die von ihnen beeinflußten Leser davon zu überzeugen, daß eine Theorie, in der Fairneß einen hohen Stellenwert hat, auf rigorose und plausible Weise begründet werden kann. Vielleicht erklärt dieser intellektuelle Kontext die Zugeständnisse gegenüber den klassischen Vertragsmodellen, die Rawls in der ursprünglichen Schilderung der Entscheidungssituation macht. Später hat sich die polemische Ausrichtung seiner Schriften verändert und ihm ging es stärker darum, religiöse Menschen davon zu überzeugen, daß eine pluralistische liberale Gesellschaft überzeugend begründet werden kann. Die grundlegenden Elemente seiner Theorie aus TG hat er jedoch zu keinem Zeitpunkt fallengelassen oder wesentlich überarbeitet.

gen unterwerfen, ein Recht darauf, daß dies auch die anderen tun, die Vorteil davon haben.« (TG 133) Auch an anderen Stellen erklärt er, daß es den Vertragsparteien bei ihrer Entscheidung zu kooperieren um gegenseitige Vorteile geht. (So leugnet Rawls etwa in TG 151 vorgängige moralische Bindungen unter den Parteien und bemerkt in TG 141, daß die Chance, das zu bekommen, was man möchte, durch das Vorhandensein anderer Menschen eingeschränkt wird.) Rawls betont zudem die Nähe seines Ansatzes zu der einflußreichen Theorie der rationalen Wahl, hebt aber zugleich hervor, daß für seine Überlegungen die Einbeziehung moralischer Annahmen charakteristisch ist.

In *Politischer Liberalismus* wird die Formulierung »ein Unternehmen zur Förderung des gegenseitigen Vorteils« ersetzt durch die Vorstellung der »Gesellschaft als eines fairen, generationenübergreifenden Systems der Kooperation« (PL 79 f. und öfters), wobei gegenseitige Vorteile nicht erwähnt werden. Tatsächlich bezieht sich Rawls in einer etwas merkwürdigen Passage zurück auf *Eine Theorie der Gerechtigkeit* und bestreitet schlicht, daß der Verweis auf gegenseitige Vorteile seinen früher dargelegten Ansichten entspricht: Es sei deutlich, »daß die Ideen der Reziprozität und des gegenseitigen Vorteils nicht identisch sind« (PL 83, mit Bezug auf eine Kontroverse mit Gibbard und Barry über *Eine Theorie der Gerechtigkeit*). Hier geht es demnach nicht allein um das neuere Werk, sondern auch darum, wie Rawls selbst sein früheres Werk versteht. Die zitierte Passage mutet zunächst deshalb merkwürdig an, weil man erwarten würde, daß er nun entweder die von mir eben aufgeführten prominenten Stellen aus *Eine Theorie der Gerechtigkeit* für unglücklich formuliert halten oder erklären wird, daß er seine Meinung geändert habe, aber tatsächlich beläßt er es bei dieser Aussage, die zu den anderen Stellen im Widerspruch zu stehen scheint.

Meines Erachtens liegt hier in Wahrheit gar kein Widerspruch vor, so daß Rawls auch nicht dafür kritisiert werden kann, daß er das Problem nicht eigens hervorhebt und behandelt. Wir müssen nämlich zwischen zwei unterschiedlichen Fragen unterscheiden. In der Passage aus *Politischer Liberalismus* spricht Rawls über die Einstellungen von Bürgern der wohlgeordneten Gesellschaft: Wenn sie eine faire Kooperationsweise mit unfairen Bedingungen vergleichen, die ebenfalls vorstellbar wären, haben sie nicht die Erwartung, daß erstere jeder einzelnen Person zum Vorteil gereichen würde. (Das liegt daran, daß sie die moralische Erziehung durchlaufen haben, die für eine wohlgeordnete Gesellschaft charakteristisch ist.) Rawls zufolge können wir einer Person nicht versprechen, daß ihr der Wechsel von einer nicht gemäß den Prinzipien der Gerechtigkeit organisierten Gesellschaft in eine wohlgeordnete Gesellschaft Vorteile bringen wird, weil das nicht notwendig der Fall ist. Wir müßten bereits ein Verständnis von Reziprozität voraussetzen, das nicht auf die Idee angewiesen ist, daß jede einzelne Person Vorteile aus dem Wechsel in eine wohlgeordnete Gesellschaft ziehen sollte.

Diese Überlegung unterscheidet sich in erheblichem Maße von der Bezugnahme auf die vertragstheoretische Tradition in *Eine Theorie der Gerechtigkeit*. Dort kommt es Rawls darauf an, daß die Kooperation der *Nichtkooperation* aufgrund der Erwartung gegenseitiger Vorteile vorzuziehen ist. Er vergleicht also das Leben unter gewissen vernünftigen Prinzipien mit einem Zustand ohne jede Prinzipien, und nicht das Leben in einer der existierenden Gesellschaften (wobei die Parteien nicht wissen, aus welcher Gesellschaft sie kommen) mit dem in einer anderen. Um einzusehen, daß Kooperation der Nichtkooperation vorzuziehen ist, bedarf es keiner besonderen moralischen Erziehung. Die Parteien müssen nur wissen, daß die Anwendungsverhältnisse der Gerechtigkeit vorliegen.

In *Politischer Liberalismus* vertritt Rawls die Auffassung, daß die Bürger der wohlgeordneten Gesellschaft *ex post* ein Verständnis der Reziprozität entwickeln und aufrechterhalten, das ihre dauerhafte Bindung an Prinzipien stützt, die für einige von ihnen nicht in gleichem Maße persönlich vorteilhaft sind wie andere vorstellbare und weniger egalitäre Prinzipien. Dies bedeutet jedoch nicht, daß die Gestaltung der ursprünglichen Entscheidungssituation nicht auf die Idee gegenseitiger Vorteile bezogen wäre, insbesondere im Vergleich mit einer Situation der Nichtkooperation. In *Politischer Liberalismus* zeigt Rawls weniger Interesse an der Vertragstheorie als in *Eine Theorie der Gerechtigkeit,* aber er besteht darauf, daß er auf seiner früheren Argumentation aufbaut und sie nur an denjenigen Stellen verändert, an denen er dies explizit erwähnt.

Wie die klassischen Vertreter der Vertragstheorie betonen, ist die Ausrichtung auf den gegenseitigen Vorteil eng mit jener Beschränkung der ursprünglichen Gruppe der Vertragsparteien verknüpft, die Hume so eloquent beschreibt: Wenn eine bestimmte Gruppe über sehr viel weniger Macht und Ressourcen als die Mehrheit verfügt, ist es alles andere als klar, daß eine faire Kooperation *mit diesen Menschen* vorteilhaft ist – wenn man sie mit der Möglichkeit vergleicht, diese Gruppe zu unterwerfen oder sie aus privater Initiative barmherzig zu behandeln. Ich sehe keinen Grund für die Annahme, daß Rawls hier anderer Meinung ist. Er betont wiederholt, daß sich sein Verständnis des Urzustands und der Einschränkungen, die in ihm gelten, von *Eine Theorie der Gerechtigkeit* zu *Politischer Liberalismus* nicht verändert hat. Und um zu erklären, warum Bürger über »normale« Fähigkeiten verfügen müssen, bezieht er sich auch in dem späteren Werk explizit und zustimmend auf die Humeschen Einschränkungen. Daraus schließe ich, daß die Idee des gegenseitigen Vorteils im Sinne der klassischen Vertragstheorie ihren Platz in seiner Theorie nicht eingebüßt hat, auch wenn sich die kantianische Idee der Reziprozität nach der Wahl der Gerechtigkeitsprinzipien in der wohlgeordneten Gesellschaft als dominant erweist.

Bei der ursprünglichen Entscheidungssituation handelt es sich jedoch um eine Fiktion. Die Menschen sind nie wirklich mit der Entscheidung zwischen Kooperation und Nichtkooperation konfrontiert. Was also bedeutet es, daß das Verhältnis der Bürger in der wohlgeordneten Gesellschaft durch Reziprozität charakterisiert ist, wenn zugleich die Humeschen Anwendungsverhältnisse der Gerechtigkeit für die Schilderung des Ursprungs der grundlegenden Prinzipien dieser Gesellschaft in Anschlag gebracht werden? Die Realität, die dieser Fiktion entspricht, ist von Hume treffend beschrieben worden: Wir *müssen* nicht mit Menschen kooperieren, die sehr viel schwächer als der Durchschnitt sind, da wir sie einfach beherrschen können, wie wir heute auch die nichtmenschlichen Tiere beherrschen. Herrschaft bedeutet nicht unbedingt Grausamkeit: Wir können sie sehr wohl freundlich behandeln, wie wir das manchmal ja auch tatsächlich tun. Zudem kann eine solche Theorie sogar die Auffassung vertreten, daß Grausamkeit moralisch falsch ist: Hier kommen andere moralische Tugenden und Prinzipien ins Spiel. Dennoch ist *Gerechtigkeit* unserem Verhältnis zu diesen Wesen angesichts ihrer Schwäche im Vergleich zum »Normalfall« nicht angemessen. Für Rawls wie für Hume bleibt die Idee der Gerechtigkeit an die Vorstellung gebunden, daß wir alle etwas gewinnen müssen, wenn wir uns für Kooperation statt für Herrschaft entscheiden.

Auch im Fall der Bürger der wohlgeordneten Gesellschaft mit ihren zusätzlichen Informationen dürfen wir nicht zu viel von der Bindung an die Idee der Reziprozität erwarten. Sie sollten zwar aus Gründen der Gerechtigkeit eine Situation akzeptieren, die vielleicht weniger vorteilhaft für sie ist als eine Situation, die sie in einer nichtegalitären Gesellschaft finden könnten. Die sogenannten Lasten eingegangener Verpflichtungen werden von ihnen jedoch im Wissen akzeptiert, daß ihre Mitbürger »ein Leben lang voll kooperierende Gesellschaftsmitglieder« sind. Die zusätzliche Belastung, die es bedeuten würde, ihre Verpflichtung auch auf jene Bürger auszudehnen, die nicht auf vergleichbare Weise produktiv sind und die deshalb beherrscht werden könnten (auch wenn andere ethische Tugenden gegen dieses Vorgehen sprechen mögen), wird von ihnen nicht akzeptiert. Demnach sind sie nur im Rahmen der durch die Humeschen Bedingungen markierten Grenzen bereit, jeden im strikten Sinne gerecht zu behandeln.

Dieser Ausgangspunkt macht es Rawls sehr schwer, die Interessen von Menschen mit atypischen körperlichen und geistigen Beeinträchtigungen in der Ausarbeitung der grundlegenden Gerechtigkeitsprinzipien vollständig einzubeziehen. Er ist sich dieser Tatsache sehr wohl bewußt und betont sie sogar, wie wir gesehen haben, wenn er auch nicht der Auffassung ist, daß dieses Problem zu einer Zurückweisung seiner Theorie führen sollte. Auch bei dem Versuch, seine Theorie auf Fragen der transnationalen Gerechtigkeit und unsere Verpflichtungen gegenüber nichtmenschlichen Tieren auszuweiten, entstehen aus seiner Konzeption der sozialen Kooperation Probleme. Rawls behauptet zwar, daß die Parteien im Urzustand aufgrund des Schleiers des Nichtwissens »keinen Anlaß zu Verhandlungen im üblichen Sinne« (TG 163) hätten, leugnet aber keineswegs – und diese Bemerkung scheint das auch nahezulegen –, daß sie tatsächlich verhandeln, nur eben auf eine unübliche Weise. So ist nämlich jeder aufgrund der – unüblichen – Einschränkungen des Wissens »stets gezwungen, für alle Menschen zu entscheiden« (ebd.). Es geht den beteiligten Parteien aber immer noch um den gegenseitigen Vorteil, wenn auch innerhalb der Grenzen der Fairneß.

Trotz all dieser Einschränkungen können uns die Ideen der Reziprozität und der Fairneß, die in Rawls' Charakterisierung der Bürger in der oben zitierten problematischen Passage aus *Politischer Liberalismus* zum Ausdruck kommen, durchaus verstehen helfen, warum *wir* diese Probleme überhaupt angehen und seine Theorie über eine Weiterentwicklung der Ideen der Unverletzlichkeit und der Reziprozität ausweiten sollten. Natürlich sind diese intuitiven Ideen für Rawls nicht unabhängig von den Prinzipien der Gerechtigkeit, und er stellt uns keine derartigen Prinzipien für die drei im vorliegenden Buch behandelten Problembereiche zur Verfügung (abgesehen von seinen Überlegungen zu den internationalen Beziehungen in *Das Recht der Völker*). Unter Beibehaltung der engen Beziehung zwischen den intuitiven Ideen und den Gerechtigkeitsprinzipien können wir aber versuchen, beide weiterzuentwikkeln und zugleich den zweiten (Rawls zufolge unabhängigen) Teil seiner Theorie, also die ursprüngliche Entscheidungssituation, in Frage stellen. Wenn wir mit der schlichten Idee beginnen, daß jeder Person »eine aus der Gerechtigkeit entspringende Unverletzlichkeit« zukommt, »die auch im Namen des Wohles der ganzen Gesellschaft nicht aufgehoben werden kann«, haben wir bereits starke Gründe dafür, Gerechtigkeitsprinzipien auszuarbeiten, die Menschen mit Behinderungen, Bürgerinnen und Bürgern aller Nationen und nichtmenschlichen Tieren (die als Personen in einem erweiterten Sinn verstanden werden können, auch wenn Rawls dies nicht getan hat) Gerechtigkeit und Gleichheit in vollem Umfang zukommen lassen. Die Intuitionen, von denen Rawls ausgeht, und die aus ihnen gewonnenen Prinzipien können uns bei der Lösung dieser bisher noch offenen Probleme anleiten, indem sie deutlich machen, warum letztere trotz der ökonomischen Lasten, die damit für die »normal produktiven« Bürgerinnen und Bürger einhergehen mögen, behoben werden müssen.

Auch was die moralischen Gefühle angeht, erweist sich Rawls' Theorie als scharfsinnig und komplex. Der Schleier des Nichtwissens ist zunächst ein abstraktes Modell des Altruismus. Rawls bringt explizit die Hoffnung zum Ausdruck, daß eine Kombination von Selbstinteresse und Nichtwissen zu ähnlichen Ergebnissen führen wird wie ein wohlinformierter Altruismus (TG 173; hierauf werde ich im zweiten Kapitel ausführlicher zurückkommen). Warum also die altruistische Gesinnung nicht direkt miteinbeziehen? Rawls zufolge würde dies zu weniger klar bestimmten Ergebnissen führen: Indem er statt dessen das Wissen einschränkt, hofft er, zu genauen und spezifischen politischen Prinzipien zu gelangen. Auch wenn die altruistische Gesinnung also nicht zur Charakterisierung der Parteien im Urzustand gehört, so ist sie doch Teil des Modells im ganzen; und die Bürger der wohlgeordneten Gesellschaften sollen über ebendiese Gesinnung verfügen. Tatsächlich gehört jener Abschnitt von *Eine Theorie der Gerechtigkeit,* in dem es um die moralischen Gesinnungen und ihre Prägung in der Erziehung geht, zu den reichhaltigsten und faszinierendsten. Dennoch ist der Grund, aus dem die Parteien überhaupt zusammenkommen, um politische Prinzipien zu bestimmen, nicht ihr Altruismus, der nur ihr Verhalten einschränkt, sobald das Unternehmen läuft.

Für die folgenden Ausführungen müssen wir vier verschiedene Aspekte von Rawls' Darstellung der ursprünglichen Entscheidungssituation in den Blick nehmen, da ich jeden dieser Aspekte als problematisch erweisen will und sie zu einem gewissen Grad unabhängig voneinander sind. Ich bin der Auffassung, daß wir alle vier modifizieren müssen, um Rawls' Prinzipien und die hinter ihnen stehenden Intuitionen auf die neuen Fälle auszuweiten, um die es mir geht. Wenden wir uns zunächst Rawls' Theorie der Grundgüter zu, mit der er sich (nachdem der Vorrang der Freiheit festgeschrieben worden ist) darauf festlegt, relative soziale Positionen anhand von Vermögen und Einkommen zu messen und nicht mit Bezug auf eine Reihe heterogener und pluraler Indizes, wie etwa Fähigkeiten. Diese Festlegung spielt für Rawls eine wichtige Rolle und ist ein wesentlicher Bestandteil seines Arguments für das Differenzprinzip (das Prinzip, wonach Ungleichheiten nur dann akzeptabel sind, wenn sie das Niveau der Schlechtestgestellten anheben), den er vehement gegen Amartya Sens Verweis auf die Wichtigkeit von Fähigkeiten verteidigt. Für eine kantianisch-kontraktualistische Theorie vom Rawlsschen Typ ist eine solche Festlegung jedoch nicht unbedingt notwendig. Deshalb stellen die Probleme, die ich für diesen Teil der Theorie aufzeigen werde, keine ernsthaften Schwierigkeiten für den Kontraktualismus, wohl aber (wie ich zeigen werde) für Rawls selbst dar.

Der zweite Problembereich betrifft Rawls' kantianische politische Konzeption der Person, der eine Schlüsselbedeutung für zahlreiche Aspekte seiner Theorie zukommt – etwa für sein Verständnis von Freiheit und Reziprozität sowie seine Auffassung der Rolle der Grundgüter. Im Rahmen dieser Konzeption erfordert Personalität ein recht hohes Maß an (moralischer und prudentieller) Rationalität, so daß es kaum mehr möglich ist, einen gleichen Bürgerstatus von Menschen mit schweren geistigen Einschränkungen oder Rechte nichtmenschlicher Tiere anzunehmen. Des weiteren werde ich zeigen, daß diese Konzeption auch für ein adäquates Verständnis »normaler« Menschen im Laufe ihres Lebens – also durch die Phasen des Wachstums, des Erwachsenseins und des Älterwerdens hindurch – Probleme birgt.

Auch wenn diese kantianischen Elemente der Rawlsschen Theorie in *Politischer Liberalismus* besonders prominent sind, findet sich die Auffassung, daß bestimmte tatsächliche natürliche Fähigkeiten die Grundlage für die Gleichheit der Bürger sind, schon in *Eine Theorie der Gerechtigkeit*. Im wichtigen Abschnitt mit dem Titel »Die Grundlage der Gleichheit« (TG 547-556) vertritt Rawls die These, daß zahlreiche in der politischen Philosophie vertretene Ansichten über die Grundlage der Gleichheit zwischen den Menschen falschliegen, weil sie davon ausgehen, daß unterschiedliche Grade der Intelligenz oder der moralischen Fähigkeit unterschiedliche politische Ansprüche rechtfertigten. Ohne das Projekt der Verankerung der Gleichheit in natürlichen Fähigkeiten aufzugeben, könne man statt dessen jedoch argumentieren, daß die relevante Eigenschaft eine »Bereichseigenschaft« ist, daß sie also in Graden auftritt und der Besitz eines als wesentlich begriffenen Minimums dieser Fähigkeit für Gleichheit ausreicht: »Man soll hier nicht nach Unterschieden in natürlichen Eigenschaften suchen, die eine zu maximierende Größe beeinflussen und daher verschiedene Grade von Bürgerrechten rechtfertigen können.« (TG 552) Nach einem Minimum dieser Fähigkeit wird aber sehr wohl gesucht, verstanden als Fähigkeit zu einem Gerechtigkeitssinn bzw. als Fähigkeit, »in der Ausgangssituation mitzuwirken und gemäß deren öffentlicher Auffassung zu handeln« (TG 548). Dies ist keine besonders harte Bedingung: »Ich gehe davon aus, daß die Fähigkeit zu einem Gerechtigkeitssinn bei der überwältigenden Mehrheit der Menschen vorhanden ist, und daher wirft diese Frage kein ernsthaftes praktisches Problem auf. [...] Es gibt keine menschliche Rasse oder anerkannte Gruppe, der diese Eigenschaft fehlen würde. Sie fehlt nur einigen wenigen einzelnen oder ist bei ihnen nicht ausgebildet.« (TG 549)

Bei Menschen mit schweren geistigen Beeinträchtigungen handelt es sich jedoch um genau diese »wenigen einzelnen«, die Rawls hier erwähnt. Es ist alles andere als klar, warum die Tatsache, daß es sich um eine relativ kleine Minderheit handelt, bedeuten sollte, daß wir es nicht mit einem ernstzunehmenden Problem zu tun haben. Rawls erklärt hier zwar, daß ein Minimum dieser Fähigkeit für Gleichheit hinreichend ist, und nicht notwendig. In seinen Ausführungen zum Status von Tieren heißt es jedoch: »Ich habe nicht behauptet, die Fähigkeit zu einem Gerechtigkeitssinn sei notwendig dafür, daß diesem Wesen gegenüber Gerechtigkeitspflichten bestehen, aber es scheint doch, als brauchten wir gegenüber Wesen ohne diese Fähigkeit jedenfalls keine strenge Gerechtigkeit zu üben.« (TG 556) An dieser wichtigen Stelle (die er in PL 85 f. rekapituliert) macht Rawls deutlich, daß die Idee der politischen Gerechtigkeit für ihn in einem engen Zusammenhang mit der Fähigkeit steht, Vereinbarungen einzugehen und einzuhalten. Sicher mag es auch in jenen Fällen, wo diese Fähigkeit nicht vorliegt, moralische Pflichten geben, aber eben keine Pflichten der Gerechtigkeit.

Diese Festlegung wie auch die Betonung von Einkommen

und Vermögen ist für Rawls von einiger Bedeutung, wird aber von kontraktualistischen Theorien im allgemeinen nicht zur Bedingung erhoben. Alle kontraktualistischen Theorien müssen bestimmte Annahmen über die Rationalität im Verhandlungsprozeß machen, und alle gehen davon aus, daß die Vertragsparteien mit jenen Bürgern, für die die Prinzipien formuliert werden, identisch sind. Aus diesem Grund kann keine Theorie mit einer derartigen Struktur Menschen mit schweren geistigen Beeinträchtigungen auf eine Weise vollständig einbeziehen, die zum Ausdruck bringt, daß sie zu der Gruppe gehören, für die die Gerechtigkeitsprinzipien in erster Linie ausgearbeitet werden. Dennoch könnte ein Vertreter des Kontraktualismus eine Konzeption der Person entwickeln, bei der die Vernünftigkeit stärker in die Bedürftigkeit und Animalität des Menschen eingebettet ist, als dies etwa bei Kant der Fall ist. Eine solche Konzeption würde zwar nicht all die von mir herausgestellten Probleme lösen, die eine grundlegende Revision des vertragstheoretischen Ansatzes nötig machen. Sie würde aber zumindest in die richtige Richtung führen.

Letztlich liegen der gesamten vertragstheoretischen Tradition aber zwei bestimmte Annahmen zugrunde: die Annahme, daß die Vertragsparteien in etwa über die gleiche Macht und die gleichen Fähigkeiten verfügen, und die damit zusammenhängende Annahme, daß sie mit der Entscheidung für Kooperation anstelle von Nichtkooperation das Ziel gegenseitiger Vorteile verfolgen. Auch wenn Rawls der Theorie moralische Bestandteile hinzufügt und sie damit reichhaltiger und überzeugender macht, gibt er diese vertragstheoretischen Ausgangsbedingungen an keiner Stelle auf. Wie er selbst einräumt, hat er aus diesem Grund auch Schwierigkeiten mit den Problemen, um die es im vorliegenden Buch geht. Meines Erachtens müssen wir uns als erstes von diesen beiden Annahmen trennen, um die Intuitionen, auf denen Rawls' Theorie und die von ihr formulierten Prinzipien fußen, auf die neu eingebrachten Fälle auszuweiten.

Es gibt eine weitere Form des zeitgenössischen Kontraktualismus,[41] die diese problematischen Merkmale nicht aufweist. Ausgehend von der kantianischen Idee, daß Prinzipien, um fair zu sein, für alle Betroffenen vernünftigerweise akzeptierbar sein müssen, wird in diesem Ansatz eine systematische kantianische Theorie der Akzeptabilität moralischer Prinzipien ausgearbeitet. Thomas Scanlons *What We Owe to Each Other* ist das wichtigste jüngere Beispiel für diesen Ansatz.[42] Scanlons Buch behandelt Prinzipien der Ethik und nicht Fragen der politischen Theorie. Aus diesem Grund muß er keine Thesen zu den von der Politik zu verteilenden Gütern entwickeln oder sich mit den Fragen des Pluralismus und der religiösen oder kulturellen Differenz befassen. Würde er diese Fragen diskutieren, müßte seine Theorie auch eine relativ eindeutige Position hinsichtlich der Grundgüter umfassen, wie das bei Rawls der Fall ist; nur dann ließe sie sich wirklich mit der von mir diskutierten Theorie vergleichen.

Die im folgenden entwickelten Argumente beinhalten keine Kritik an Scanlons Theorie – auch wenn die von mir mit Bezug auf die kantianische Konzeption der Person aufgeworfenen Fragen auch seine Theorie, und insbesondere die von ihm vertretene Kritik an der Rolle von Wünschen, betreffen könnten.[43] Scanlon macht keine Annahmen über die Bedingungen, unter denen Menschen zusammenkommen, um politische Prinzipien auszuarbeiten (etwa ungefähre Gleichheit), da er die Festlegung solcher Prinzipien nicht behandelt. Er vertritt auch nicht die Ansicht, daß diejenigen, die solche Prinzipien formulieren, dies für sich selbst tun – tatsächlich wirft er einige bedenkenswerte Fragen bezüglich der Rolle auf, die Vormundschaft im Fall von Menschen mit schweren geistigen Beeinträchtigungen spielen würde, deren Interessen

41 Scanlon (1998) verwendet den Begriff des Kontraktualismus.

42 Es wird behauptet, bei Fichte finde sich eine ähnliche Position; hierüber maße ich mir kein Urteil an.

43 Vgl. auch Nussbaum (2000a), Kap. 2.

unmittelbar und nicht erst auf einer späteren Stufe zu berücksichtigen sind. Schließlich nimmt er nicht an, daß es beim moralischen Vertrag um gegenseitige Vorteile geht, und es wäre auch ziemlich unplausibel, eine solche Auffassung vom Ziel aller moralischen Entscheidungen zu vertreten. Seine für sich genommen ausgesprochen interessante Theorie ist den von mir gegen die vertragstheoretische Tradition und die mit ihr verbundenen Aspekte der Rawlsschen Theorie erhobenen Einwänden demnach nicht ausgesetzt.

Scanlons moralphilosophischer Ansatz ist in *Justice as Impartiality* von Brian Barry zu einer möglichen Grundlage politischer Prinzipien weiterentwickelt worden.[44] Barry kritisiert ausdrücklich die Bezugnahme auf gegenseitige Vorteile in der klassischen vertragstheoretischen Tradition sowie bei Rawls. Im Umgang mit behinderten Menschen sieht er einen Problembereich, an dem sich die Mängel solcher Theorien besonders deutlich zeigen, geht aber nicht ausführlicher auf diese Beobachtung ein. Ich werde gegen Ende des zweiten Kapitels noch einmal auf Barry und Scanlon zurückkommen und argumentieren, daß es sich bei solchen Formen des Kontraktualismus im Prinzip um plausible Quellen politischer Prinzipien handelt und daß sie viel mit meinem Ansatz gemeinsam haben. Diesem geht es aber in erster Linie darum, eine Theorie des Guten (in Form grundlegender Ansprüche) zu formulieren, so daß die rationale Akzeptabilität erst an einem anderen, späteren Punkt ins Spiel kommt. Derartige Überlegungen sind aber schon weit von der klassischen Vertragstheorie und ihren gegenwärtigen Varianten entfernt. Obwohl die von Scanlon und Barry vertretene Form des Kontraktualismus sich auch auf die *moralische* Gleichheit von Personen beruft, die bei jenen klassischen Theorien im Hintergrund stand, teilt sie nicht deren Betonung der ungefähren Gleichheit an Macht und Fähigkeiten im Naturzustand und

44 Barry (1995).

ist deshalb auch nicht mit den daraus entstehenden Problemen konfrontiert.

Vertragstheoretische Modelle der Gerechtigkeit haben zahlreiche Stärken. Ihr Verständnis politischer Prinzipien als Ergebnis eines Vertrags zwischen vernünftigen und unabhängigen Erwachsenen betont zu Recht den Wert eines jeden Menschen und die Irrelevanz künstlicher Vorteile wie Klasse, Vermögen, Status und existierender Machtasymmetrien für (normative) politische Zwecke. Rawls' in moralischer Hinsicht anspruchsvollere Fassung der Ausgangsbedingungen vermeidet einige der Schwächen der dünneren Versionen, indem sie Unparteilichkeit und wechselseitigen Respekt in jene Grundlagen einbaut, aus denen die politischen Prinzipien abgeleitet werden. Hinter meinen Überlegungen steht die Überzeugung, daß die kontraktualistischen Gerechtigkeitstheorien zu den überzeugendsten Theorien der Gerechtigkeit gehören, über die wir heute verfügen. Dennoch werde ich zu zeigen versuchen, daß sie auf die drei drängenden Probleme, um die es in diesem Buch geht, keine adäquaten Antworten geben können. Um sie auf diese Fälle auszuweiten, müssen wir einige ihrer zentralen Annahmen in Frage stellen.

7. Der Fähigkeitenansatz

Natürlich ist es nicht besonders konstruktiv, eine Tradition zu kritisieren, zumal wenn sie noch immer produktiv und wirkmächtig ist, ohne eine Alternative anzubieten. Das zweite, konstruktive Ziel meiner Ausführungen ist es deshalb, eine Herangehensweise an Fragen der elementaren Gerechtigkeit zu entwickeln, die über die Vertragstheorien hinausgeht, insbesondere in den drei Bereichen, von denen dieses Buch handelt. Da dieser alternative Ansatz einige intuitive Überzeugungen mit der Rawlsschen Variante des Kontraktualismus teilt und seine politischen Prinzipien mit den Rawlsschen Gerechtigkeitsprinzipien eng verwandt sind, kann er durchaus als eine auf diese neu eingebrachten Fragen ausgerichtete Erweiterung oder Ergänzung der Rawlsschen Theorie verstanden werden. Ich hoffe zeigen zu können, daß mein alternativer Ansatz eine Reihe entscheidender Stärken besitzt, so daß es sich lohnt, ihn weiter auszuarbeiten und im Zuge dessen ältere Theorien aus der an Grotius anschließenden naturrechtlichen Tradition wieder aufzugreifen – parallel zum Ausbau der vorhandenen orthodoxen kontraktualistischen Theorien. Nichts würde der Absicht meines Vorhabens ferner liegen, als Theorien völlig von der Hand zu weisen, die derart viel zur Diskussion zentraler Probleme der sozialen Gerechtigkeit beigetragen haben. Wenn wir beide Theorietypen weiterentwickeln und in vielen Fragen und Problembereichen zu nicht allzuweit voneinander entfernten Ergebnissen kommen, dann könnte eine solche Übereinstimmung uns darin bestärken, daß wir auf dem richtigen Weg sind – zumindest ist das meine Hoffnung. Ich glaube aber zeigen zu können, daß der Fähigkeitenansatz uns in den drei hier verhandelten Bereichen in rechtlichen und politischen Fragen besser anzuleiten vermag.

Die von mir vorgeschlagene Alternative ist also der »Fähigkeitenansatz«, der von Amartya Sen im Bereich der Ökonomie und von mir auf recht unterschiedliche Weise im Bereich der Philosophie ausgearbeitet worden ist. Sens Ansatz stellt die vergleichende Messung der Lebensqualität in den Mittelpunkt, wenngleich ihn Fragen der sozialen Gerechtigkeit ebenfalls interessieren. Mir hingegen geht es um die philosophischen Grundlagen einer Theorie grundlegender menschlicher Ansprüche, die von allen Regierungen als von der Menschenwürde gefordertes absolutes Minimum geachtet und umgesetzt werden sollten. In *Women and Human Development* und anderen Werken versuche ich zu zeigen, daß diese Idee eines basalen sozialen Minimums am besten von einem Ansatz umgesetzt werden kann, der *menschliche Fähigkeiten* – was die Menschen tatsächlich zu tun und zu sein in der Lage sind – in den Mittelpunkt stellt und der von der intuitiven Idee eines der Menschenwürde gemäßen Lebens ausgeht. In diesem Zusammenhang habe ich eine Liste *wesentlicher menschlicher Fähigkeiten* erarbeitet, die meines Erachtens alle in der Idee eines menschenwürdigen Lebens enthalten sind.

Im nächsten Schritt werden diese Fähigkeiten als Quelle politischer Prinzipien für eine liberale pluralistische Gesellschaft konzipiert. Sie werden im Rahmen eines politischen Liberalismus als spezifisch politische Ziele verstanden, die nicht auf eine besondere metaphysische Begründung angewiesen sind. In dieser Form können die Fähigkeiten meines Erachtens zum Gegenstand eines übergreifenden Konsenses zwischen Menschen werden, die ansonsten sehr unterschiedliche »umfassende Lehren« und Konzeptionen des Guten vertreten.[45]

Ebenfalls auf der Grundlage der intuitiven Idee der Menschenwürde bin ich des weiteren der Ansicht, daß die entsprechenden Fähigkeiten für jede einzelne Person angestrebt werden sollten, um jede als Zweck und keine als bloßes Mittel zu den Zwecken anderer zu behandeln. (Dieser Aspekt der Theorie hat einen offensichtlichen Bezug zum Bereich der Geschlechtergerechtigkeit, denn Frauen sind allzuoft eher als Unterstützerinnen der Zwecke anderer denn als Zwecke eigenen Rechts behandelt worden.) Schließlich umfaßt mein Ansatz die Idee eines *Schwellenwerts einer jeden Fähigkeit*, unterhalb dessen ein wirklich menschliches Tätigsein den Bürgerinnen und Bürgern nicht mehr möglich ist; das gesellschaftliche Ziel sollte deshalb darin bestehen, die Bürgerinnen und Bürger über diesen Schwellenwert zu heben. (Dabei handelt es sich nicht um das einzige gesellschaftliche Ziel; in diesem Sinn schlage ich nur eine partielle und minimale Theorie der sozialen Gerechtigkeit vor.)

Im folgenden werde ich den Fähigkeitenansatz von gegen-

45 Rawls verwendet die Begriffe »politischer Liberalismus«, »übergreifender Konsens« und »umfassende Lehre« in PL.

wärtigen Versionen des Kontraktualismus abgrenzen, insbesondere von der von Rawls vertretenen Variante. Im Grunde handelt sich bei diesen Ansätzen jedoch um enge Verwandte und Verbündete des Fähigkeitenansatzes. Letzterer ist ursprünglich vor allem als Alternative zu ökonomisch-utilitaristischen Theorien entwickelt worden, die in der internationalen Entwicklungspolitik die Diskussionen über Fragen der Lebensqualität beherrscht haben und sie bis zu einem gewissen Grad noch immer dominieren. Dabei ging es insbesondere um Ansätze, die das Ziel der Entwicklung in einseitig ökonomischer Weise verstehen. Wir müssen an dieser Stelle kurz innehalten, um uns diesen Hintergrund zu vergegenwärtigen.

Der in der Entwicklungsökonomie und der internationalen Politik am weitesten verbreitete Ansatz zur Messung der Lebensqualität bestand lange Zeit einfach darin, Staaten nach ihrem Pro-Kopf-Bruttosozialprodukt einzustufen. Inzwischen ist klargeworden, daß ein solches Vorgehen nicht besonders aussagekräftig ist, da es nicht einmal Informationen über die Verteilung von Vermögen und Einkommen liefert, so daß Staaten mit großen Unterschieden in der Verteilung des Besitzes ähnliche Gesamtwerte aufweisen können. So ist etwa trotz massiver Ungleichheiten Südafrika diesem Maßstab zufolge direkt an die Spitze der Entwicklungsländer gerückt. Im Unterschied sowohl zum Fähigkeitenansatz als auch zu kantianischen Formen des Kontraktualismus verstehen jene ökonomisch-utilitaristischen Ansätze nicht jede Person als Zweck an sich, sondern sind durchaus bereit, es zur Beförderung eines gesamtgesellschaftlichen Guts zuzulassen, daß einige Menschen zur Bereicherung anderer instrumentalisiert werden.

Wie das Beispiel Südafrikas außerdem zeigt, geht der am Bruttosozialprodukt ausgerichtete Ansatz noch in einer weiteren Hinsicht fehl. Er vernachlässigt wesentliche Bestandteile des menschlichen Lebens, die nicht immer mit Vermögen und Einkommen korrelieren, aus der Perspektive des Fähigkeitenansatzes aber elementare Ansprüche begründen, selbst wenn man die Verteilung miteinbezieht: Zu nennen wären hier unter anderem die Lebenserwartung, die Kindersterblichkeit, Ausbildungsmöglichkeiten, politische Freiheiten sowie die Qualität der Beziehungen zwischen den ethnischen Gruppen und den Geschlechtern. Oft schneiden Staaten, die mit Bezug auf das Pro-Kopf-Bruttosozialprodukt sehr erfolgreich sind, hinsichtlich eines dieser anderen eigenständigen Güter außerordentlich schlecht ab, wie die *Human Development Reports* des Entwicklungsprogramms der Vereinten Nationen veranschaulichen, in denen eine Vielfalt von Parametern verwendet wird, um die betreffenden Staaten einzuschätzen.

Einige ökonomische Theorien in der Tradition des Utilitarismus stellen statt dessen den Gesamt- oder Durchschnittsnutzen der Bevölkerung, gemessen an ihrer Zufriedenheit, in den Mittelpunkt. Auch hier stoßen wir auf das Problem einer unzureichenden Achtung der Einzelperson – eine Gesamtsumme sagt nämlich nichts darüber aus, wo sich das obere und das untere Ende befinden, und berücksichtigt die einzelnen Personen damit kaum stärker als der primitive Bruttosozialprodukt-Ansatz. Der Durchschnittsnutzen stellt uns einen ziemlich ungenauen Wert zur Verfügung, aus dem wir nicht genügend Informationen über verschiedene Typen von Menschen und deren relative soziale Position ablesen können. Aufgrund dieser Ungenauigkeit handelt es sich um einen für die Festlegung grundlegender politischer Prinzipien, die alle Personen als Zweck behandeln sollen, besonders ungeeigneten Ansatz.

Zudem aggregieren utilitaristische Ökonomen den Nutzen für gewöhnlich nicht nur über verschiedene Leben, sondern auch über verschiedene Komponenten eines Lebens. Der Gesamt- oder Durchschnittsnutzen wird also Informationen über Freiheit, ökonomisches Wohlergehen, Gesundheit und Bildung zusammenfassen. Es handelt sich bei diesen Dingen aber um separate Güter, die bis zu einem gewissen Grad auch unabhängig voneinander variieren.[46] Zudem haben wir Grund zu der Annahme, daß diese Güter alle wichtig sind und daß wir nicht einfach eines davon aufgeben sollten, um sehr viel mehr eines anderen zu erhalten. Mit einer der wichtigsten Einwände, die Rawls gegen den Utilitarismus erhebt, besagt, daß dieser aufgrund seiner Festlegung auf eine Abwägung zwischen verschiedenen Gütern die politischen und religiösen Freiheiten nur unzureichend schützt. Der Utilitarismus befürwortet Abwägungen zwischen den verschiedenen Gütern, um den größtmöglichen gesellschaftlichen Gesamt-(oder Durchschnitts-)Nutzen zu erreichen.[47] Diese Art von Einwand scheint aber auch auf einer allgemeineren Ebene zu greifen: Genausowenig sollten wir Abstriche bei der emotionalen Gesundheit machen, um mehr Arbeitsplätze zu schaffen, oder die Selbstachtung einschränken, um unsere Gesundheit zu verbessern. Auch hier führt die Festlegung des Utilitarismus auf das Modell der Aggregation zu Problemen im Umgang mit marginalisierten oder sozial benachteiligten Menschen, die unter Umständen in besonders akuter Weise jener Chancen bedürfen, die der Utilitarismus aufs Spiel setzt.

Ein weiteres Problem dieser Konzentration auf den Nutzen ist, daß wesentliche Informationen außen vor bleiben. Wir wollen natürlich wissen, wie Individuen das, was ihnen zustößt, erleben: ob sie damit unzufrieden oder zufrieden sind. Wir möchten jedoch ebenfalls wissen, was sie tatsächlich zu tun und zu sein imstande sind. Menschen passen ihre Präferenzen an das an, was sie glauben erreichen zu können, und an das, was die Gesellschaft als angemessen für Menschen wie sie darstellt. Frauen und andere sozial benachteiligte Menschen haben häufig solche »adaptiven Präferenzen«, die unter ungerechten Hintergrundbedingungen ausgebildet werden.

46 Für eine überzeugende Analyse vgl. die regionalen Vergleiche in Drèze/Sen (1995) und Drèze/Sen (1997).

47 Vgl. TG § 27 für eine Diskussion des Durchschnittsnutzens und der damit zusammenhängenden Schwierigkeiten.

Diese Präferenzen tragen für gewöhnlich zur Legitimation des Status quo bei.[48] Zufriedenheit ist sicher wichtig, sie darf aber nicht der einzige Gesichtspunkt sein.

Schließlich vernachlässigt der Utilitarismus aufgrund seiner Konzentration auf den Zustand der Zufriedenheit die Handlungsfähigkeit der Menschen. Zufriedenheit ist nicht das einzige, worauf es im menschlichen Leben ankommt; auch das aktive Streben ist wichtig. Mit Bezug auf dieses Problem hat Robert Nozick das berühmte Beispiel der »Erlebnismaschine« eingeführt: Eine Person wird an eine Maschine angeschlossen, die angenehme Erlebnisse produziert, ohne daß diese Person irgend etwas tut.[49] Die meisten Menschen würden zustimmen, daß an diese Maschine angeschlossen zu sein nicht ausreicht, um von Wohlergehen zu sprechen. Wir würden es vorziehen, in der Welt aktiv tätig zu sein, selbst wenn das zu Enttäuschungen führen kann. Diese Überlegung ist politisch relevant, weil in diesem Bereich Entscheidungen darüber getroffen werden, auf welche Weisen Menschen in einem Staat aktiv tätig sein werden. Manche Regierungsformen fördern die Zufriedenheit, ohne den Menschen viel Raum zu lassen, um Entscheidungen zu treffen und tätig zu werden; andere fördern eigenständige Entscheidungen und Aktivitäten, auch wenn es wahrscheinlich ist, daß die in ihren Entscheidungen freien Menschen Fehler machen und Enttäuschungen erleben. Es scheint, als stehe der Utilitarismus einer adäquaten Wertschätzung demokratischer Entscheidungsfindung und persönlicher Freiheit im Wege.

Diese Überlegungen zu den Mängeln utilitaristischer Ansätze im Bereich der Entwicklungspolitik legen es nahe, als Rahmen für den Vergleich der Lebensqualität in verschiedenen Gesellschaften eine substantielle Konzeption wesentlicher Fähigkeiten und Chancen auszuarbeiten, die insbesondere das Entscheiden und Tätigsein betreffen. Eine solche Konzeption

48 Vgl. Nussbaum (2000a), Kap. 2.
49 Vgl. Nozick (1974/2006), 71-75.

kann zugleich als Bezugspunkt zur Beantwortung der Frage dienen, ob eine Gesellschaft gegenüber ihren Bürgerinnen und Bürgern ein minimales Gerechtigkeitsniveau hält. Vor dem Hintergrund der hier referierten Einwände gegen den Utilitarismus scheint klar, daß eine solche Liste der Fähigkeiten eine Reihe separater Bestandteile enthalten wird, die nicht einfach als unterschiedliche Mengen eines einzigen einheitlichen Gutes verstanden werden können. Zudem kann die Bewertung einer gesellschaftlichen Ordnung nicht auf die Frage reduziert werden, wie sich die Menschen hinsichtlich dieser Güter fühlen. Statt dessen muß auch gefragt werden, was sie tatsächlich zu tun und zu sein in der Lage sind.

Meiner Version des Fähigkeitenansatzes liegt der intuitive Gedanke zugrunde, daß wir von einer bestimmten Konzeption der Würde des Menschen und eines dieser Würde gemäßen Lebens ausgehen sollten – eines Lebens, das die Möglichkeit eines »wahrhaft menschlichen Tätigseins« eröffnet, wie es Karl Marx in den *Ökonomisch-philosophischen Manuskripten* von 1844 beschreibt. (Ich verwende diese Marxsche Idee hier ausschließlich für einen politischen Ansatz und leite daraus keine umfassende Theorie des menschlichen Lebens ab; Marx trifft keine derartige Unterscheidung.) Marx bezeichnet den Menschen als »einer Totalität der menschlichen Lebensäußerung bedürftig«, und diese Idee leitet auch meinen Ansatz, der ebenfalls betont, daß es viele Fähigkeiten gibt (und nicht nur eine), auf die alle Bürgerinnen und Bürger einen Anspruch haben, und daß es sich dabei um Möglichkeiten des Tätigseins handelt, und nicht einfach um Mengen von Ressourcen.[50] Ressourcen stellen keinen angemessen Index des Wohlergehens dar, weil Menschen dieser Ressourcen in unterschiedlichem Maße bedürfen und auch nicht alle gleichermaßen in der Lage sind, sie in Tätigkeiten zu übersetzen. Zwei Menschen mit einer ähnlichen Ressourcenausstattung können sich

50 Marx (1844/1968), 544.

in den für soziale Gerechtigkeit entscheidenden Hinsichten tatsächlich erheblich unterscheiden. Dieses Problem erweist sich als besonders akut, wenn wir die Theorie mit Fällen von Beeinträchtigung und Behinderung konfrontieren.

Auf der Grundlage dieser Überlegung werde ich nun eine Liste von zehn Fähigkeiten vorschlagen und begründen, die den wesentlichen Anforderungen an ein menschenwürdiges Leben entsprechen. Wie im Fall von Rawls' Prinzipien gilt auch hier, daß die politischen Prinzipien der abstrakten Idee der Würde Gestalt und Gehalt verleihen (vgl. TG 636). Bei diesen zehn Fähigkeiten soll es sich um allgemeine Ziele handeln, die von den konkreten Gesellschaften im Rahmen ihrer Auffassung der grundlegenden Ansprüche näher bestimmt werden können. Sie alle gehören – wie auch immer sie konkret gestaltet werden – zu einer minimalen Konzeption der Gerechtigkeit: Selbst wenn ihr Wohlstand noch so hoch ist, kann eine Gesellschaft, die diese Fähigkeiten nicht allen ihren Bürgerinnen und Bürgern auf einem angemessenen Niveau garantiert, nicht als in vollem Maße gerecht gelten. Obwohl wir in der Praxis vorübergehend bestimmte Prioritäten setzen müssen, wird davon ausgegangen, daß die Fähigkeiten sich wechselseitig unterstützen und jede einzelne für die soziale Gerechtigkeit relevant ist. Eine Gesellschaft, die eine Fähigkeit vernachlässigt, um die anderen zu fördern, gibt ihren Bürgerinnen und Bürgern demnach nicht, was ihnen zusteht, und verstößt somit gegen die Forderungen der Gerechtigkeit.

Der Fähigkeitenansatz ist nicht als umfassende Theorie der Gerechtigkeit gedacht. So sagt er beispielsweise nichts darüber aus, was die Gerechtigkeit in bezug auf Ungleichheiten oberhalb des Schwellenwerts fordert. (So gesehen beantwortet er bestimmte Fragen nicht, die Rawls' Theorie behandelt.) Er stellt uns eine Konzeption der minimalen und zentralen sozialen Ansprüche zur Verfügung und ist mit verschiedenen Ansichten darüber vereinbar, wie Fragen der Gerechtigkeit und der Verteilung zu handhaben sind, sobald alle Bürgerinnen und Bürger oberhalb des Schwellenwerts angesiedelt sind. Der Fähigkeitenansatz besteht auch nicht darauf, daß die Liste der Ansprüche eine erschöpfende Theorie der politischen Gerechtigkeit darstellt; es mag weitere wichtige politische Werte geben, die in engem Zusammenhang mit der Gerechtigkeit stehen, von ihr aber nicht abgedeckt werden.[51]

Die Liste selbst ist offen und hat im Laufe der Zeit einige Veränderungen erfahren. Sicher wird sie auch in Zukunft im Lichte überzeugender Einwände weiterentwickelt werden. Hier ist meine aktuelle Version.

Die zentralen menschlichen Fähigkeiten

1. *Leben*: Die Fähigkeit, ein menschliches Leben normaler Dauer bis zum Ende zu leben; nicht frühzeitig zu sterben und nicht zu sterben, bevor dieses Leben so eingeschränkt ist, daß es nicht mehr lebenswert ist.

2. *Körperliche Gesundheit*: Die Fähigkeit, bei guter Gesundheit zu sein, wozu auch die reproduktive Gesundheit, eine angemessene Ernährung und eine angemessene Unterkunft gehören.

3. *Körperliche Integrität*: Die Fähigkeit, sich frei von einem Ort zum anderen zu bewegen; vor gewaltsamen Übergriffen sicher zu sein, sexuelle Übergriffe und häusliche Gewalt eingeschlossen; Gelegenheit zur sexuellen Befriedigung und zur freien Entscheidung im Bereich der Fortpflanzung zu haben.

4. *Sinne, Vorstellungskraft und Denken*: Die Fähigkeit, die Sinne zu benutzen, sich etwas vorzustellen, zu denken und zu schlußfolgern – und dies alles auf jene »wahrhaft menschliche« Weise, die von einer angemessenen Erziehung und Aus-

51 Stabilität ist sicherlich ein solcher politischer Wert, wird aber in der Rechtfertigung der Fähigkeitenliste selbst bereits berücksichtigt, da meines Erachtens eine Konzeption wesentlicher politischer Verpflichtungen nur dann als gerechtfertigt betrachtet werden kann, wenn sie stabil zu sein vermag; vgl. Nussbaum (2000a), Kap. 2.

bildung geprägt und kultiviert wird, die Lese- und Schreibfähigkeit sowie basale mathematische und wissenschaftliche Kenntnisse einschließt, aber keineswegs auf sie beschränkt ist. Die Fähigkeit, im Zusammenhang mit dem Erleben und Herstellen von selbstgewählten religiösen, literarischen, musikalischen etc. Werken und Ereignissen die Vorstellungskraft und das Denkvermögen zu erproben. Die Fähigkeit, sich seines Verstandes auf Weisen zu bedienen, die durch die Garantie der politischen und künstlerischen Meinungsfreiheit und die Freiheit der Religionsausübung geschützt werden. Die Fähigkeit, angenehme Erfahrungen zu machen und unnötigen Schmerz zu vermeiden.

5. *Gefühle*: Die Fähigkeit, Bindungen zu Dingen und Personen außerhalb unserer selbst aufzubauen; die Fähigkeit, auf Liebe und Sorge mit Zuneigung zu reagieren und auf die Abwesenheit dieser Wesen mit Trauer; ganz allgemein zu lieben, zu trauern, Sehnsucht, Dankbarkeit und berechtigten Zorn zu fühlen. Die Fähigkeit, an der eigenen emotionalen Entwicklung nicht durch Furcht und Ängste gehindert zu werden. (Diese Fähigkeit zu unterstützen heißt auch, jene Arten der menschlichen Gemeinschaft zu fördern, die erwiesenermaßen für diese Entwicklung entscheidend sind.)

6. *Praktische Vernunft*: Die Fähigkeit, selbst eine persönliche Auffassung des Guten zu bilden und über die eigene Lebensplanung auf kritische Weise nachzudenken. (Hierzu gehört der Schutz der Gewissens- und Religionsfreiheit.)

7. *Zugehörigkeit*:

A. Die Fähigkeit, mit anderen und für andere zu leben, andere Menschen anzuerkennen und Interesse an ihnen zu zeigen, sich auf verschiedene Formen der sozialen Interaktion einzulassen; sich in die Lage eines anderen hineinzuversetzen. (Der Schutz dieser Fähigkeit erfordert den Schutz jener Institutionen, die diese Formen der Zugehörigkeit konstituieren und fördern, sowie der Versammlungs- und Redefreiheit.)

B. Über die sozialen Grundlagen der Selbstachtung und

der Nichtdemütigung zu verfügen; die Fähigkeit, als Wesen mit Würde behandelt zu werden, dessen Wert dem anderer gleich ist. Hierzu gehören Maßnahmen gegen die Diskriminierung auf der Grundlage von ethnischer Zugehörigkeit, Geschlecht, sexueller Orientierung, Kaste, Religion und nationaler Herkunft.

8. *Andere Spezies*: Die Fähigkeit, in Anteilnahme für und in Beziehung zu Tieren, Pflanzen und zur Welt der Natur zu leben.

9. *Spiel*: Die Fähigkeit zu lachen, zu spielen und erholsame Tätigkeiten zu genießen.

10. *Kontrolle über die eigene Umwelt*:

A. *Politisch*: Die Fähigkeit, wirksam an den politischen Entscheidungen teilzunehmen, die das eigene Leben betreffen; ein Recht auf politische Partizipation, auf Schutz der freien Rede und auf politische Vereinigung zu haben.

B. *Inhaltlich*: Die Fähigkeit, Eigentum (an Land und an beweglichen Gütern) zu besitzen und Eigentumsrechte auf der gleichen Grundlage wie andere zu haben; das Recht zu haben, eine Beschäftigung auf der gleichen Grundlage wie andere zu suchen; vor ungerechtfertigter Durchsuchung und Festnahme geschützt zu sein. Die Fähigkeit, als Mensch zu arbeiten, die praktische Vernunft am Arbeitsplatz ausüben zu können und in sinnvolle Beziehungen der wechselseitigen Anerkennung mit anderen Arbeitern treten zu können.

Der grundlegenden Idee zufolge läßt sich mit Bezug auf jede dieser Fähigkeiten zeigen, daß ein Leben ohne sie kein der Menschenwürde gemäßes Leben wäre.[52] Hierzu stellen wir uns eine bestimmte Lebensform vor, in der diese Fähigkeit fehlt; die Begründung ist somit intuitiv und diskursiv. Dennoch bin ich der Auffassung, daß das Verfahren und die Liste selbst eine breite kulturübergreifende Zustimmung finden

52 In Nussbaum (1995b) liefere ich eine detaillierte Begründung für die Beispiele der praktischen Vernunft und der Zugehörigkeit.

können, ähnlich wie die internationalen Vereinbarungen, die über die grundlegenden Menschenrechte erreicht werden konnten. Tatsächlich handelt es sich beim Fähigkeitenansatz meines Erachtens um eine Variante des Menschenrechtsansatzes, und die Menschenrechte sind häufig auf ähnliche Weise auf die Idee der Menschenwürde bezogen worden.

Der Fähigkeitenansatz ist im vollen Sinne universell. Er besagt, daß die genannten Fähigkeiten für jeden einzelnen Bürger in jedem Staat wichtig sind und daß jede Person als Zweck zu behandeln ist. In dieser Hinsicht ähnelt der Ansatz dem Verständnis internationaler Menschenrechte; und wie gesagt betrachte ich den Fähigkeitenansatz als eine Art von Menschenrechtsansatz.[53] Die Argumentation für eine Reihe kulturübergreifender Normen und gegen kulturrelativistische Positionen ist ebenfalls eine wichtige Dimension dieses Ansatzes.[54] Zugleich muß aber betont werden, daß die Norm der Achtung des Pluralismus eine wichtige Rolle spielt, und das gleich in sechsfacher Hinsicht.[55]

Erstens verstehe ich die Liste als offen und kontinuierlichen Modifikationen und Revisionen unterworfen, und auch die in einer bestimmten Gesellschaft vertretene Konzeption der elementaren Ansprüche muß stets für Zusätze (oder Streichungen) offen sein.

Zweitens betone ich, daß die einzelnen Punkte der Liste gerade deshalb auf recht abstrakte und allgemeine Weise formuliert werden, damit die Bürgerinnen und Bürger, ihre Parlamente und ihre Gerichte ausreichend Raum haben, um sie genauer zu bestimmen und zu diskutieren. Es ist völlig angemessen, daß verschiedene Staaten hier unter Berücksichtigung ihrer Geschichte und ihrer besonderen Umstände zu unterschiedlichen Ergebnissen kommen, wenn diese innerhalb bestimmter Grenzen bleiben. So wird die Redefreiheit in

53 Vgl. Kap. III sowie Nussbaum (2003b).
54 Vgl. etwa Nussbaum (2000a), Kap. 1.
55 Vgl. auch Nussbaum (2003b).

Deutschland, wo es eine relativ starke rechtliche Regulierung von antisemitischen Meinungsäußerungen und politischen Organisationen gibt, ziemlich anders als im US-amerikanischen Fall interpretiert, wo solche Formen der Rede geschützt sind, außer wenn sie eine unmittelbare Gefährdung der öffentlichen Ordnung darstellen. Beide Interpretationen scheinen richtig zu sein, wenn man sich die unterschiedliche Geschichte beider Staaten vor Augen führt.

Drittens halte ich die Liste für eine freistehende »partielle moralische Konzeption«, um Rawls' Formulierung zu verwenden: Sie soll ausdrücklich nur politischen Zwecken dienen und kommt ohne eine Fundierung in metaphysischen Ideen aus, die die Menschen unterschiedlicher Kulturen und Religionen voneinander trennen. Wie Rawls bemerkt, können wir diese Liste als ein »Modul« (PL 78, 232) begreifen, das von Menschen unterstützt werden kann, die ansonsten sehr unterschiedliche Konzeptionen davon haben, worin der Sinn und der letzte Zweck des Lebens besteht; sie können diesen Ansatz auf ganz unterschiedliche Weisen mit ihren religiösen oder säkularen umfassenden Lehren verbinden.

Viertens schützen wir den Pluralismus auch, indem wir betonen, daß die Fähigkeiten und nicht das Tätigsein das politische Ziel darstellen.[56] Viele Menschen sind durchaus bereit, eine bestimmte Fähigkeit als grundlegenden Anspruch zu unterstützen, würden sich aber dagegen wehren, sollte die entsprechende Tätigkeit als grundlegend erachtet werden. So kann etwa das Wahlrecht auch von religiösen Bürgerinnen und Bürgern unterstützt werden, die eine Wahlpflicht aufgrund der Unvereinbarkeit mit ihren religiösen Vorstellungen für einen schweren Eingriff halten würden. (In diese Kategorie gehören etwa die nordamerikanischen Amish: Sie halten es für falsch, sich am politischen Leben zu beteiligen, scheinen aber nichts dagegen zu haben, daß Bürgerinnen und Bürgern das

56 Vgl. meine Diskussion dieser Frage in Nussbaum (2000a), Kap. 1.

Wahlrecht zukommt.) Die freie Religionsausübung kann von Menschen unterstützt werden, die sich gegen jede Festschreibung einer Religion zur Wehr setzen würden, die alle Bürgerinnen und Bürger zu einer bestimmten religiösen Tätigkeit zwingt. Hinsichtlich der Gesundheit sind sich die Vertreter des Fähigkeitenansatzes uneinig, ob das Ziel eher die Fähigkeit oder das Tätigsein sein sollte. Meiner eigenen Sicht zufolge sollte man den Menschen in reichlichem Maße Gelegenheit geben, ein gesundes Leben zu führen, die Entscheidung darüber aber letztlich ihnen überlassen und sie nicht bestrafen, wenn sie gesundheitsschädliche Entscheidungen treffen.[57]

Fünftens sind die für den Schutz des Pluralismus entscheidenden Freiheitsrechte an prominenter Stelle auf der Liste vertreten: Rede- und Meinungsfreiheit, Vereinigungsfreiheit und Gewissensfreiheit. In dieser Plazierung drückt sich die Überzeugung aus, daß sie von wesentlicher Bedeutung und nicht verhandelbar sind.

Sechstens und letztens wird streng zwischen Fragen der Rechtfertigung und der Durchsetzung unterschieden. Ich bin der Ansicht, daß diese Liste überall auf der Welt als geeignete Grundlage für politische Prinzipien rechtfertigbar ist. Das aber bedeutet nicht, daß wir damit Eingriffe in die Angelegenheiten eines Staates rechtfertigen sollten, der sie nicht anerkennt. Die Liste kann als Grundlage für zu leistende Überzeugungsarbeit dienen, aber meines Erachtens sind militärische und wirtschaftliche Sanktionen nur unter sehr gravierenden Umständen gerechtfertigt, zu denen etwa die rechtlich definierten Verbrechen gegen die Menschlichkeit gehören. Es scheint mir daher kaum problematisch, allen eine bestimmte Position anzuraten, wenn zugleich darauf hingewiesen wird, daß die in der Zustimmung der Bürgerinnen und Bürger verankerte staatliche Souveränität einen wichtigen Teil des von dieser Sichtweise propagierten Gesamtpakets darstellt.

57 Vgl. meine Antwort auf Richard Arnesons Verteidigung des Bezugs auf tatsächliches Tätigsein in Nussbaum (2000 f.).

Damit haben wir den Kern des Ansatzes beschrieben. Er steht in einer engen Beziehung zu kontraktualistischen Theorien, insbesondere zu Rawls' Ansatz, mit dessen Kritik des Utilitarismus er im wesentlichen übereinstimmt. Insbesondere die Ideen der Menschenwürde und der Unverletzlichkeit der Person sind zentrale intuitive Überzeugungen in beiden Theorien und führen in beiden zu einer Kritik jener Formen der sozialen Aggregation, die die Unabhängigkeit eines jeden Lebens nicht ausreichend beachten. Zudem stehen beide Ansätze gemeinsam gegen das Streben nach einem verherrlichten Gesamt- oder Durchschnittswert, das die Unterwerfung bestimmter Gruppen und Individuen riskiert: Eine Steigerung des Wohlergehens einer Person kann das Elend einer anderen Person nicht ausgleichen. Schließlich spielen in beiden Ansätzen die Ideen der wechselseitigen Achtung, der Reziprozität und der sozialen Grundlagen der Selbstachtung eine wesentliche Rolle.

In den meisten Gerechtigkeitsfragen sind der Fähigkeitenansatz und der Rawlssche Kontraktualismus Verbündete. Es ist zu begrüßen, daß Theorien, die von recht unterschiedlichen Annahmen ausgehen und unterschiedliche Verfahren einsetzen, zu nahe beieinanderliegenden Resultaten gelangen. Wie ich in *Women and Human Development* argumentiere, sollte uns eine Konvergenz zwischen den überzeugendsten an wohlüberlegten Wünschen ausgerichteten Theorien und dem Fähigkeitenansatz zuversichtlich stimmen, daß wir auf dem richtigen Weg sind. Das gilt auch hier: Wenn zwei Ansätze, die zwar von gemeinsamen tiefgehenden intuitiven Überzeugungen ausgehen, sich in ihrem Verfahren und ihrer Struktur aber beträchtlich unterscheiden, Übereinstimmung in einer Vielzahl von Empfehlungen erreichen, sollte uns das zuversichtlich stimmen. Man könnte auch sagen, daß der Fähigkeitenansatz zu einer Erweiterung der Rawlsschen Theorie auf die in diesem Buch diskutierten Bereiche beitragen kann, bei denen Rawls sich selbst unsicher war, ob sie von seiner Theorie abgedeckt werden könnten. In diesem Geiste können wir nun einige Differenzen zwischen dem Fähigkeitenansatz und dem gegenwärtigen Kontraktualismus etwas genauer betrachten.

8. Fähigkeitenansatz und Kontraktualismus

Der tiefgreifendste Unterschied zwischen dem Fähigkeitenansatz und dem Rawlsschen Kontraktualismus liegt in ihrer theoretischen Grundstruktur. Rawls' Ansatz ist, wie die meisten Theorien des Gesellschaftsvertrags, eine prozeduralistische Gerechtigkeitstheorie. Statt direkt Ergebnisse zu betrachten und ihre moralische Adäquatheit zu prüfen, wird ein Verfahren entworfen, das bestimmte wesentliche Merkmale der Fairneß und der Unparteilichkeit modelliert, und darauf vertraut, daß dieses Verfahren angemessen gerechte Ergebnisse produziert.[58] Wenn der Urzustand auf adäquate Weise gestaltet wird, sind die aus ihm gewonnenen Prinzipien *per definitionem* gerecht. Um dieses Merkmal seiner Konzeption zu illustrieren, führt Rawls das Beispiel eines Kuchens an, der aufgeteilt werden soll (TG 106). Im Rahmen einer ergebnisorientierten Konzeption der Gerechtigkeit würde man ein richtiges Ergebnis identifizieren (etwa ein gleich großes Stück für jeden) und dann im zweiten Schritt ein Verfahren entwickeln, das zu diesem Ergebnis führen wird.[59] Auch die

58 Hier beziehe ich mich nur auf das von Rawls in TG angewendete Verfahren. Tatsächlich hat er an anderer Stelle auch eine deutlich anders gelagerte Konzeption eines Verfahrens vorgeschlagen, durch das, in sokratischer Manier, alle Theorien und die eigenen »wohlüberlegten Urteile« mit dem Ziel eines »Überlegungsgleichgewichts« überprüft werden (TG 65-69). Diese Konzeption ist nicht rein prozedural, sondern ähnelt methodologisch gesehen meiner eigenen Theorie; vgl. Nussbaum (2000a), 2, zur Bezugnahme auf eine rawlsianische Rechtfertigungsmethode im Rahmen des Fähigkeitenansatzes.

59 An dieser Stelle verwende ich die rawlsianische Begrifflichkeit nicht, da ich sie für verwirrend halte. Rawls kontrastiert seinen eigenen Ansatz einer »reinen Verfahrensgerechtigkeit« mit dem einer »vollkommenen

Gestaltung von Strafprozessen könnte man auf diese Weise verstehen. Wir fangen mit dem richtigen Ergebnis an (die Schuldigen, und nur sie, sollen verurteilt werden), und arbeiten dann Verfahrensregeln aus, die so oft wie möglich zu diesem Ergebnis führen. In Rawls' Konzeption gibt es hingegen kein unabhängiges Kriterium zur Bestimmung des richtigen Ergebnisses, sondern »nur ein korrektes oder faires Verfahren, das zu einem ebenso korrekten oder fairen Ergebnis führt, welcher Art es auch sei, sofern das Verfahren ordnungsgemäß angewandt wurde« (TG 107). Die gesamte umstrittene moralische Argumentation ist Teil der Gestaltung der Verfahren selbst. (Wie mein kurzer historischer Überblick gezeigt hat, sind die klassischen Theorien des Gesellschaftsvertrags nur teilweise prozeduralistisch. Insbesondere die von Locke vertretene Variante umfaßt eine anspruchsvolle Konzeption der menschlichen Würde und der natürlichen Rechte, an denen sich das Ergebnis zu Recht messen lassen muß.)

Der Fähigkeitenansatz entspricht dem Modell des Strafprozesses. Er beginnt also mit dem Ergebnis: mit einer bestimmten substantiellen intuitiven Vorstellung, die wesentlich auf ein der Menschenwürde gemäßes Leben bezogen ist. Im nächsten Schritt wird nach politischen Verfahren (einer Verfassung, verschiedenen Machtverteilungen, einer bestimmten Art von Wirtschaftssystem) gesucht, die dieses Ergebnis so gut wie möglich realisieren, obwohl sich diese Verfahren vermutlich im Laufe der Zeit verändern werden und mit den Umständen und der Geschichte unterschiedlicher Nationen variieren mögen.[60] Gerechtigkeit ist das Ergebnis und

Verfahrensgerechtigkeit« (der Aufteilung des Kuchens) und einer »unvollkommenen Verfahrensgerechtigkeit« (dem Strafverfahren). Mir scheint es jedoch irreführend zu sein, in diesen Fällen von prozeduralen Theorien zu sprechen. Ich werde sie daher als ergebnisorientiert bezeichnen, was offensichtlich auch mit Rawls' Absichten zusammenpaßt.

60 In Rawls' Ausführungen findet sich eine weitere Unterscheidung zwischen »vollkommenen« and »unvollkommenen« ergebnisorientierten Theorien der Gerechtigkeit. Die Aufteilung des Kuchens ist ein Beispiel

das Verfahren ist insofern gut, als es dieses Ergebnis befördert.

Anhänger von prozeduralistischen Gerechtigkeitstheorien haben häufig den Eindruck, daß ergebnisorientierte Ansätze nicht komplex genug sind und zu wenig eigenständige Bestandteile besitzen. Deren Verteidiger wiederum sind oft der Ansicht, prozeduralistische Ansätze zäumten das Pferd von hinten auf: Worauf es uns bei der Gerechtigkeit ankommt, muß doch die Lebensqualität der Menschen sein, und wir werden letztlich jedes Verfahren, wie elegant es auch immer sein mag, ablehnen, das nicht zu einem mit unseren Intuitionen über Würde und Fairneß übereinstimmenden Ergebnis führt. (Rawls' Theorie packt zwar derart viel moralischen Gehalt in das Verfahren selbst, daß sein Ansatz dieser Kritik zu einem gewissen Grad entgeht. Dennoch erscheint es immer ein wenig seltsam, daß wir mehr Vertrauen in das Verfahren als in das von ihm hervorgebrachte Ergebnis haben sollen.[61]) Auch wenn manche Anhänger prozeduraler Gerechtigkeit die folgende Analogie für etwas unfair halten mögen, kommt es ergebnisorientierten Theoretikern so vor, als versichere eine Köchin mit einer ausgeklügelten Pastamaschine ihren Gästen, daß die von dieser Maschine produzierte Pasta *per definitionem* gut sein wird, da es die beste auf dem Markt erhältliche Maschine sei. Den ergebnisorientierten Theoretikern zufolge werden die Gäste jedoch mit Sicherheit die Pasta probieren und selbst urteilen wollen. Und sie werden die Qualität der

für erstere, weil wir das richtige Ergebnis auf verläßliche Weise zu erzielen vermögen; der Strafprozeß ist ein Beispiel für letztere. Wahrscheinlich kann der Fähigkeitenansatz schon deshalb nur zu unvollkommener Gerechtigkeit führen, weil sich keine Institutionen vorstellen lassen, die allen Bürgerinnen und Bürgern jederzeit all ihre Rechte garantieren können – obwohl wir vermutlich denjenigen Rechtsmittel einräumen sollten, deren Rechte eingeschränkt werden.

61 Rawls geht auf diese Frage mit seiner übergeordneten Theorie der Rechtfertigung ein, die auf ein Überlegungsgleichgewicht abzielt; denn das Ergebnis (und das Verfahren) werden ebenso wie die alternativen Theorien mit Bezug auf unsere wohlüberlegten Urteile überprüft.

Maschine auf Grundlage der von ihr produzierten Pasta bewerten.[62] Am Ende des zweiten Kapitels werde ich näher auf Scanlons meines Erachtens ziemlich überzeugenden ethischen Kontraktualismus eingehen, aber selbst dort stellt sich für mich noch die Frage, ob die prozeduralistische Idee der rationalen Akzeptabilität auf sich allein gestellt ohne Bezug auf eine ihr vorausgehende und von ihr unabhängige Konzeption des menschlichen Guten wirklich leisten kann, was Scanlon von ihr erwartet.

Dieser Einwand gegen den Kontraktualismus verweist jedoch auf ein Merkmal des Fähigkeitenansatzes, das einige vielleicht als problematisch empfinden: Beruht mein Ansatz nicht in stärkerem Maße auf Intuitionen als die prozeduralistischen Alternativen? Wir probieren die Pasta einfach und schauen, ob wir sie mögen. Ist das wirklich ausreichend oder benötigen wir einen leistungsstarken Mechanismus, auf den wir uns verlassen können, insbesondere angesichts der Tatsache, daß Intuitionen unter nichtidealen Hintergrundbedingungen ausgebildet werden und daher gravierende Verzerrungen aufweisen können? Es stimmt, daß der Fähigkeitenansatz tatsächlich auf Intuitionen beruht – nicht aber auf unkritisierten Präferenzen, wie schon meine Kritik am Utilitarismus verdeutlicht haben sollte. Obwohl einige tiefsitzende moralische Intuitionen und wohlüberlegte Urteile, die sich auf die Menschenwürde beziehen, in meiner Theorie eine grundlegende Rolle übernehmen, sind sie keineswegs gegen Kritik im Lichte anderer Elemente der Theorie gefeit.[63] Außerdem ist offensichtlich, daß sich auch die Vertreter des Kontraktualismus in der Gestaltung des Verfahrens selbst auf Intuitionen und wohlüberlegte Urteile beziehen. Deshalb ist nicht ohne weiteres klar, ob dieser Unterschied überhaupt signifikant ist. (Wir sollten uns auch vor Augen führen, daß Rawls zur Abgleichung von Theorien mit

62 Dies ist offensichtlich nicht ganz zutreffend, weil die Köchin die Pasta etwa zu lange gekocht haben könnte.

63 Vgl. Nussbaum (2000a), Kap. 2.

den jeweils eigenen wohlüberlegten Urteilen eine stark auf Intuitionen bezogene Methode vorschlägt, auch wenn er dabei nicht auf ungeordnete Präferenzen zurückgreift.)

Rawls lehnt den Intuitionismus ab, insofern sich dieser bei der *Abwägung konkurrierender Zwecke* auf Intuitionen bezieht. Politische Prinzipien können jedoch nicht endgültig festgelegt werden, sondern müssen immer Raum für Abwägungen im Lichte unserer Intuitionen lassen. Wenn eine Theorie der Abwägung eine derart wichtige Rolle zuspricht, kann sie Rawls zufolge aber nicht zu Prinzipien führen, die in ausreichendem Maße stabil, präzise oder endgültig sind. (Unter anderem aus diesem Grund legt er so großen Wert darauf, relative soziale Positionen allein mit Bezug auf Einkommen und Vermögen präzise zu erfassen – ein Aspekt seiner Theorie, der in große Schwierigkeiten führt.) Es stimmt natürlich, daß der Fähigkeitenansatz eine Pluralität sich qualitativ unterscheidender Zwecke umfaßt und sogar betont und daß die Organisation des Zusammenlebens alle diese Zwecke fördern muß. Aber macht das die Theorie wirklich auf eine vage und unbestimmte Weise intuitionistisch? Diese Frage wirft ein prinzipielles Problem auf. Von Anfang an haben die Vertreter des Fähigkeitenansatzes betont, daß ein menschenwürdiges Leben verschiedene Elemente umfaßt, und nicht nur ein einziges, und daß es deshalb auch mehrere elementare soziale Ansprüche gibt. Es wäre ein gravierender Fehler, irgendeinen der zehn oben angeführten Ansprüche herauszugreifen und ihm die ganze Last der Bestimmung relativer sozialer Positionen aufzubürden: Sie sind alle minimale Bedingungen eines Lebens in Würde und qualitativ voneinander unterschieden. Tatsächlich trägt die Anerkennung der qualitativen Verschiedenheit zu einer größeren Genauigkeit und Bestimmtheit dessen bei, was eine achtbare Gesellschaft ihren Bürgerinnen und Bürgern schuldet. Eine komplexe Konzeption des Zwecks des Zusammenlebens wird nur dann unbestimmter als eine einfache Konzeption sein, wenn ihre Ziele selbst unbestimmt bleiben oder es sich um die falschen Ziele handelt. Wenn es wirklich eine Pluralität von notwendigen Bedingungen eines Lebens gemäß der Menschenwürde gibt, dann wird es die Präzision verstärken und nicht schwächen, wenn man darauf hinweist.

Führt mein Ansatz also wirklich dazu, daß politische Prinzipien nicht in ausreichendem Maße stabil, eindeutig und endgültig sind? Wir müssen zu einem späteren Zeitpunkt ein weiteres Mal auf diese Frage zurückkommen. Eine vorläufige Antwort folgt jedoch aus einer Deutung der Liste der Fähigkeiten selbst, die betont, daß *alle* genannten Ansprüche als zentrale Gerechtigkeitsansprüche gesichert werden sollten. Die Gerechtigkeit verlangt die gesamte Menge dieser (angemessen interpretierten) Ansprüche und keiner dieser Ansprüche kann einen anderen ersetzen. Kompromisse und Abwägungen werden vom Fähigkeitenansatz nicht unterstützt, sondern ausdrücklich verboten, wenn es um die minimale Erfüllung, also den Schwellenwert dieser Ansprüche geht. (So würde man meinen Ansatz auf verhängnisvolle Weise mißverstehen, wenn man unter Verweis auf ihn versuchte, die Meinungsfreiheit durch Beschränkungen von Arbeitsmöglichkeiten oder der Vereinigungsfreiheit zu vergrößern. Alle drei sind von der Gerechtigkeit gefordert.)

Da wir nun den Fähigkeitenansatz in seinen allgemeinen Umrissen vor uns haben, können wir zu einer ersten Einschätzung seines Verhältnisses zu den kontraktualistischen Ansätzen kommen, deren Grundzüge wir im vierten Abschnitt skizziert haben.

1. *Die Anwendungsverhältnisse der Gerechtigkeit.* Vertragstheorien gehen typischerweise von der Annahme aus, daß die Gerechtigkeit nur dann ins Spiel kommt, wenn die Menschen so positioniert sind, daß es sich für sie lohnt, den Naturzustand zu verlassen und einen gegenseitig vorteilhaften Vertrag zu schließen. Die verschiedenen konkreten Bedingungen, die von Rawls (mit Bezug auf Hume) und der klassischen Ver-

tragstheorie angeführt werden – mäßige Knappheit, relative Gleichheit etc. –, gehen alle auf diese allgemeine Annahme zurück. Im Unterschied dazu geht der Fähigkeitenansatz von einer an Aristoteles und Marx anschließenden Konzeption des Menschen als soziales und politisches Wesen aus, das in Beziehungen mit anderen Erfüllung findet. Während Vertreter des Kontraktualismus die Familie für gewöhnlich als »natürlich« und das Politische als auf entscheidende Weise künstlich verstehen,[64] macht der Fähigkeitenansatz keine derartige Unterscheidung. Auch wenn er, als eine Variante des politischen Liberalismus, die Bezugnahme auf starke metaphysische Annahmen über die menschliche Natur vermeidet, arbeitet er doch mit einer bestimmten für politische Zwecke entwickelten Konzeption der Person, die, so die Hoffnung, Gegenstand eines übergreifenden Konsenses sein kann. Diese politische Konzeption der Person umfaßt die Vorstellung, daß Menschen »von Natur aus« politisch sind, daß sie ihre eigentliche Erfüllung also in politischen Beziehungen finden, insbesondere in solchen Beziehungen, die durch die Tugend der Gerechtigkeit geprägt sind. Wie Aristoteles in der Passage feststellt, die ich diesem Buch als Motto vorangestellt habe, wäre es seltsam, sich den Menschen so vorzustellen, daß er auch außerhalb des durch diese Beziehungen etablierten sozialen Netzes ein gelungenes Leben führen könne; eine solche Vorstellung könnte sogar in sich widersprüchlich sein, da diese Beziehungen wohl ein Aspekt des charakteristisch menschlichen Gedeihens sind. Während sich Kontraktualisten also typischerweise ein Wesen vorstellen, das nach einem im Grunde unpolitischen Guten strebt, aber die vom Recht auferlegten Grenzen respektiert, betont der aristotelische Ansatz, daß das Gute für die Menschen sowohl sozial als auch politisch ist. Diese Vorstellung

64 Obwohl nur Hume das Wort »künstlich« verwendet, scheinen alle klassischen Vertreter der Vertragstheorie der Ansicht zu sein, daß Menschen ein im vollen Sinne als menschlich zu verstehendes Leben auch außerhalb der politischen Gemeinschaft führen können.

kommt auch in Rawls' Grundsatz der Reziprozität zum Ausdruck, obwohl diese von ihm aufgrund des kontraktualistischen Rahmens seiner Theorie nicht auf die schwierigen Fälle ausgedehnt wird, denen mein Interesse in diesem Buch gilt.

Wenn dem aber so ist, dann kommt die Gerechtigkeit überall dort zum Tragen, wo es Menschen gibt. Menschen wollen zusammenleben und sie wollen auf eine positive Weise zusammenleben, wozu ihrem Verständnis nach gehört, im Einklang mit der Gerechtigkeit zu leben. Sie müssen nicht alle ähnlich situiert sein, damit sich entsprechende Fragen stellen, und auch moderate Knappheit ist keine notwendige Bedingung dafür. Es mag sein, daß sich Gerechtigkeit unter aussichtslosen Bedingungen nicht erreichen läßt. Daraus folgt jedoch nicht, daß sie nicht zum Ziel gesetzt werden kann oder daß nicht gefragt werden kann, wie es zu jenen Bedingungen gekommen ist, die der Verwirklichung der Gerechtigkeit entgegenstehen. Auch in einer Situation des Überflusses, wie dem klassischen Goldenen Zeitalter, werden Fragen der Gerechtigkeit vielleicht zunächst einmal weniger drängend erscheinen, aber dennoch letztendlich angegangen werden müssen, denn die Art der Grundgüter verleiht der Frage ihrer Verteilung eine große Bedeutung: So sind etwa Nahrung, Eigentum und politische Rechte niemals bloß Gemeineigentum, wie das unter bestimmten Umständen für Wasser und Luft gelten mag. (Selbst die griechischen Götter bedurften der Gerechtigkeit, da sie sich um Eherechte, Besitztümer, verschiedene Vorrechte und die Macht stritten.) Kurz: Gerechtigkeitsfragen stehen immer auf der Tagesordnung und starke Machtasymmetrien, wie sie etwa zwischen Menschen und anderen Tieren bestehen, können ihnen sogar eine größere Dringlichkeit verleihen, anstatt dafür zu sorgen (wie der Kontraktualismus annimmt), daß sie erst einmal vom Tisch sind.

Diese flexiblere Handhabung von Gerechtigkeitsfragen ist dem Fähigkeitenansatz auch deshalb möglich, weil es sich bei ihm um eine ergebnisorientierte und nicht eine prozedurale

Theorie handelt. Prozedurale Theorien müssen die Vertragssituation auf strikte und ziemlich bestimmte Art und Weise strukturieren, so daß sie zu einer bestimmten Menge an Ergebnissen führt – aus diesem Grund muß die Situation der Parteien genau spezifiziert werden. Der Fähigkeitenansatz wendet sich direkt dem Inhalt des Ergebnisses zu und fragt, ob es mit einem Leben im Einklang mit der Würde des Menschen (oder später auch des Tieres) vereinbar ist. Dank dieser Struktur können wir uns mit einem breiten Spektrum an Problemen und Situationen befassen, die Gerechtigkeitsfragen aufwerfen könnten.

2. *»Frei, gleich und unabhängig«*. Da sich der Fähigkeitenansatz nicht auf die Humesche Theorie der Anwendungsverhältnisse der Gerechtigkeit stützt, muß er auch nicht annehmen, daß die Parteien des Gesellschaftsvertrags »frei, gleich und unabhängig« sind. Aus diesem Grund kann er eine politische Konzeption der Person verwenden, die der Realität näherkommt – und das könnte für den Umgang mit unseren drei ungelösten Problemen von Vorteil sein. Der aristotelischen Sichtweise zufolge ist der Mensch ein »politisches Tier«, also nicht nur ein moralisches und politisches Wesen, sondern ein Wesen mit dem Körper eines Tieres, dessen Menschenwürde seiner tierischen Natur nicht entgegengesetzt, sondern dieser Natur und ihrer zeitlichen Entwicklungsbahn im Gegenteil inhärent ist. Am Anfang ihres Lebens sind Menschen bedürftige Kleinkinder, dann wachsen sie langsam heran und bedürfen in ihrer Entwicklung ständiger Fürsorge. In der Blüte ihres Lebens haben sie die »normalen« Bedürfnisse, die vom Modell des Gesellschaftsvertrags für gewöhnlich berücksichtigt werden, aber sie können sehr wohl auch andere Bedürfnisse haben, die auf Unfälle oder Krankheiten zurückzuführen sind, die sie für kürzere oder längere Zeit in eine Position asymmetrischer Abhängigkeit rücken. Wenn sie bis ins hohe Alter leben, benötigen sie meistens wieder ständige Fürsorge, zumal sie mit einiger Wahrscheinlichkeit an körperlichen

und/oder geistigen Behinderungen leiden. Darüber hinaus sind viele Menschen ihr gesamtes Leben über auf atypische Weise behindert. Auch wenn im Fall einiger Spezies Beeinträchtigungen wie Blindheit, Gehörlosigkeit, Lähmung und schwere kognitive Einschränkungen das betroffene Lebewesen vermutlich zu einem kurzen und elenden Leben verdammen, ist das im Fall der menschlichen Spezies nicht so oder muß zumindest nicht so sein. Aus der beträchtlichen Kontrolle, die wir als Spezies über unsere Umwelt ausüben, ergibt sich unter anderem der Vorteil, daß wir solche Angehörige unserer Spezies zur Teilnahme am sozialen Leben befähigen können.

Zur Konzeption der Person als politisches Tier gehört eine Vorstellung, die mit der kontraktualistischen Idee der »Freiheit« verbunden ist: Der Person wird ein starkes Interesse an Entscheidungsfreiheit zugeschrieben, die auch die Wahl einer bestimmten Lebensweise und der politischen Prinzipien einschließt, die diese Lebensweise organisieren. Dies ist eine der Hinsichten, in denen der Fähigkeitenansatz zur liberalen Tradition gehört. Dennoch wird hier ein Verständnis von Freiheit vorgeschlagen, das sich auf subtile Weise von jenem der kontraktualistischen Tradition unterscheidet: Der Fähigkeitenansatz betont die tierischen und materiellen Grundlagen der menschlichen Freiheit und nimmt außerdem von einer größeren Anzahl von Lebewesen an, daß sie zur Freiheit fähig sind.

Weil er eine heterogene und nicht zeitlose Konzeption der Person vertritt, findet sich im Fähigkeitenansatz keine Entsprechung für die kontraktualistische Auffassung, daß Personen »gleich« an Macht und Fähigkeiten sind. Die Menschen unterscheiden sich beträchtlich in ihren Bedürfnissen nach Ressourcen und nach Fürsorge, und dieselbe Person kann in unterschiedlichen Lebensphasen ausgesprochen unterschiedliche Bedürfnisse haben. Daß der Fähigkeitenansatz in der Lage ist, diese Verschiedenheit anzuerkennen, ist eine seiner Stärken, die ihm von vornherein einen Vorteil gegenüber anderen Ansätzen verschafft. Die Menschen werden auch nicht als voneinander »unabhängig« vorgestellt. Da sie »*politische* Lebewesen« sind, sind ihre Interessen über ihr gesamtes Leben hinweg aufs engste mit den Interessen anderer verbunden und ihre Ziele sind geteilte Ziele. Da sie »politische *Lebewesen*« sind, stehen sie in bestimmten Phasen ihres Lebens in asymmetrischen Abhängigkeitsverhältnissen zu anderen und manche bleiben ein Leben lang in einer Situation asymmetrischer Abhängigkeit.

3. *Der Zweck der sozialen Kooperation.* Wie wir gesehen haben, betonen die Theorien des Gesellschaftsvertrags, daß der ganze Zweck des Zusammenschlusses unter politischen Prinzipien im gegenseitigen Vorteil besteht, wobei dieses Gut auf eine Weise verstanden wird, die es analytisch von jenen Einschränkungen der Gerechtigkeit und der Reziprozität abtrennt, auf deren Einhaltung die Parteien sich einigen. Auch wenn Rawls zufolge die Bürger einer wohlgeordneten Gesellschaft über einen Gerechtigkeitssinn verfügen und die Gerechtigkeit als Teil ihres Wohlergehens begreifen, versteht er diesen Gerechtigkeitssinn noch immer als strikt unterschieden von dem Streben nach persönlichem Wohlergehen und den für dessen Sicherung notwendigen Mitteln. Tatsächlich handelt es sich bei der Liste der Grundgüter gerade um eine Liste solcher auf persönliche Vorhaben bezogener Mittel. Obwohl diese Liste heterogen ist, ist Rawls' Entscheidung, relative soziale Positionen nur auf der Basis von Einkommen und Vermögen zu bewerten, daher nicht überraschend.

In diesem Bereich ist aus der Perspektive des Fähigkeitenansatzes eine besonders nachdrückliche Kritik an der klassischen Vertragstheorie geboten, die Rawls' Ansatz dazu drängt, einige Kernbestandteile dieser Theorie aufzugeben. Zentral ist hier eine Ablehnung der Auffassung, daß Gerechtigkeitsprinzipien gegenseitige Vorteile sichern müssen. Selbst dort, wo Nichtkooperation möglich und vielleicht sogar zur Gewohnheit geworden ist (weil es so einfach ist, andere zu beherrschen), ist die Gerechtigkeit für alle gut. Der Gerechtigkeit geht es um Gerechtigkeit, und Gerechtigkeit ist ein Ziel, das die Menschen wertschätzen und nach dem sie streben. Es ist immer erfreulich, wenn sich zeigen läßt, daß die Forderungen der Gerechtigkeit mit gegenseitigen Vorteilen vereinbar sind, aber die Begründung von Gerechtigkeitsprinzipien sollte nicht auf dieser Hoffnung aufbauen. Wahrscheinlich ist davon auszugehen, daß es überaus kostspielig wird, die Strukturen zu etablieren, die nötig sind, um Entwicklungsländern und schwerbehinderten Menschen in unseren eigenen Gesellschaften Gerechtigkeit widerfahren zu lassen. Diese Maßnahmen werden sich vermutlich nicht als (im engen ökonomischen Sinne) gegenseitig vorteilhaft rechtfertigen lassen. Das ist bedauerlich. Die Gerechtigkeit gehört zu unseren Zielen, und wir schränken unser Streben nach ihr zu stark ein, wenn wir sie nur als Ergebnis eines Vertragsschlusses zum gegenseitigen Vorteil begreifen, wie moralisch konstruiert und eingeschränkt dieser Vertrag auch sein mag. Wir schränken uns auch dann zu sehr ein, wenn wir die Reziprozität so begrenzen, daß sie nur zwischen relativ Gleichen gilt, die einander von Nutzen sein können.

Es scheint, als könne Rawls' Theorie durch die Einbeziehung moralischer Aspekte in die Schilderung der Ausgangssituation diesem Problem entgehen. Tatsächlich bleibt das Problem jedoch bestehen, und zwar in der Entscheidung darüber, wer drin ist und wer draußen bleiben muß, wer als Partei des Vertrags zählt und wessen Interessen demnach in der Folge zu berücksichtigen sind. Rawls ist sich dieser Begrenztheit wohl bewußt. Ich werde zu zeigen versuchen, daß sich diese Probleme angehen lassen, wenn man bereit ist, die ursprüngliche Entscheidungssituation zu verändern.

4. *Die Motivationen der Parteien.* In den klassischen Vertragstheorien finden sich sehr unterschiedliche Annahmen über die einer politischen Gesellschaft zugrundeliegenden moralischen Gefühle. Wie wir gesehen haben, spricht ins-

besondere Locke dem Wohlwollen eine sehr wichtige Rolle zu. Andererseits verlassen sich alle Kontraktualisten zu einem gewissen Grad auf die Idee gegenseitiger Vorteile, um politische Prinzipien zu generieren, und halten Gefühle des Wohlwollens alleine nicht für ausreichend, um der politischen Gesellschaft Stabilität zu verleihen. Bei Hume findet sich diese Überlegung sehr viel ausführlicher und expliziter entwickelt als bei den Vertragstheoretikern. Rawls' Position in dieser Frage ist ausgesprochen vielschichtig und die Unterschiede zwischen seinem Kontraktualismus und dem Fähigkeitenansatz sind hier überschaubar und ziemlich subtil. Der Vertragsschluß wird, wie wir gesehen haben, gewöhnlich als ein Verfahren verstanden, in dem die eigenen Interessen verfolgt werden, und entsprechend werden auch die Gefühle der Vertragsparteien vorgestellt. In Rawls' Beschreibung fehlt es den Parteien an Wohlwollen und einer intrinsischen Gerechtigkeitsliebe, aber dafür werden diese Gefühle vom Schleier des Nichtwissens repräsentiert. In der wohlgeordneten Gesellschaft hingegen entwickeln die Menschen prinzipienbasierte Gefühle und Motive.

Der Fähigkeitenansatz integriert Gefühle des Wohlwollens von Beginn an in seine Konzeption der Beziehung der Menschen zu ihrem Guten. Seine politische Konzeption der Person schließt nämlich die Annahme einer elementaren Geselligkeit ebenso ein wie die Überzeugung, daß auch geteilte Ziele zu den Zielen der Menschen gehören.[65] (Dieses Verständnis der Ziele steht in unmittelbarem Zusammenhang damit, »Unabhängigkeit« als Eigenschaft der Parteien, die an der Entwicklung gesellschaftlicher Prinzipien beteiligt sind, zurückzuweisen.) Unter den moralischen Gefühlen der so verstandenen Akteure wird dem Mitleid eine besondere Rolle zukommen, das in meinem Verständnis das Urteil einschließt, daß das Wohlergehen anderer einen wichtigen Bestandteil

65 Vgl. zu Aristoteles' Verständnis von Freundschaft und geteilten Zielen Sherman (1989).

des eigenen Systems der Ziele und Zwecke darstellt.[66] Wenn andere Menschen an nicht vorhandenen oder schlecht funktionierenden Fähigkeiten leiden, empfinden Bürgerinnen und Bürger meiner Vorstellung zufolge nicht einfach nur die Gefühle, die vom Standpunkt der ihr selbstinteressiertes Streben begrenzenden moralischen Unparteilichkeit aus gefordert sind. Vielmehr werden sie das Mitleid für andere *als Teil ihres eigenen Guten* empfinden. Das scheint zwar nur ein sehr geringer Unterschied zu Rawls' Verständnis des Wohlwollens zu sein, ich denke aber, daß der Unterschied existiert. Derartige Gefühle des Wohlwollens sind im Leben wirklicher Menschen sehr weit verbreitet, wir weiten sie nur einfach nicht auf konsistente und kluge Weise auf andere aus, und das ist das Problem. Eine angemessene Weiterentwicklung dieser Gefühle könnte aber durch entsprechende Programme der öffentlichen moralischen Bildung gefördert werden.[67]

Das ändert natürlich noch nichts an dem von Rawls angesprochenen Problem: Vom Wohlwollen ausgehend kommt man eventuell nur zu unbestimmten Ergebnissen. Aus diesem Grund werden die politischen Prinzipien im Rahmen des Fähigkeitenansatzes durch den unabhängigen rechtfertigenden Bezug auf die Menschenwürde gestützt. Wir versuchen nicht, Prinzipien allein aus dem Wohlwollen zu generieren, sondern sie statt dessen durch die Entwicklung eines an den in unserer Argumentation etablierten politischen Prinzipien ausgerichteten Mitleids zu stützen und zu stabilisieren. Dennoch ist es eine Stärke dieses Ansatzes, daß er die guten Eigenschaften tatsächlicher Menschen nutzen kann – ebenso wie Rawls' Ansatz ihre Fähigkeit zur Reziprozität und ihr Streben nach fairen Kooperationsbedingungen nutzt.

66 Vgl. Nussbaum (2001a), Kap. 6 und 8. In letzterem wird das Verhältnis von Mitleid und Fähigkeitenansatz diskutiert.

67 Vgl. Kap. VII sowie Nussbaum (2003c).

Die drei ungelösten Probleme der Gerechtigkeit, die den Hauptgegenstand des vorliegenden Buches ausmachen, sind allesamt, wenn auch auf unterschiedliche Weise, Probleme der Globalisierung der Theorie der Gerechtigkeit, also der Ausweitung der Gerechtigkeit auf all diejenigen in der Welt, die gerecht behandelt werden sollten. Theorien des Gesellschaftsvertrags leisten bezüglich der traditionellen Fragen der Diskriminierung und des Ausschlusses hervorragende Arbeit. Sie sind gut dazu geeignet, Ungleichheiten der Ressourcen, der Klasse und des Status anzugehen und können relativ einfach auf Formen der Ungleichheiten zwischen ethnischen Gruppierungen und, in bestimmten Hinsichten, den Geschlechtern ausgeweitet werden – auch wenn unser historischer Überblick gezeigt hat, wie schwierig es ist, von einem Ausgangspunkt, der die gleiche Macht in den Mittelpunkt stellt, zur Gleichheit der Geschlechter zu kommen.[68]

Unsere drei ungelösten Probleme erweisen sich jedoch als hartnäckig, denn in ihnen allen geht es, wenn auch auf unterschiedliche Weise, um enorme Asymmetrien seitens der Macht, der Fähigkeiten und, in manchen Fällen, der morali-

68 Ohne eine tiefgreifende Kritik der Familie läßt sich Geschlechtergerechtigkeit nicht adäquat fassen, und kein Vertreter der Tradition ist willens, eine solche Kritik durchzuführen, aus Gründen, die vermutlich nicht rein zufällig mit dem Eintreten für die Vertragstheorie zusammenhängen. Vgl. hierzu Kap. II sowie die detaillierten Ausführungen in Nussbaum (2000a), Kap. 4. Auf sexuelle Orientierungen zurückgehende Ungleichheiten erweisen sich aus zwei sehr unterschiedlichen Gründen als resistent gegen auf Verhandlung aufbauender Theorien: weil eine radikale Kritik der Familie in ihrer gegenwärtigen Form eine Voraussetzung dafür ist, diese Ungleichheiten anzugehen, und weil die soziale Präsenz von Schwulen und Lesben, denen es in den Dimensionen Einkommen und Vermögen gutgeht, die aber mit Bezug auf die sozialen Grundlagen der Selbstachtung am schlechtesten gestellt sind, Rawls' Theorie der Grundgüter und seinen Bezug auf Einkommen und Vermögen zur Identifikation relativer sozialer Positionen unter einen beträchtlichen Rechtfertigungsdruck setzt. Vgl. Kap. II.

schen Rationalität der Betroffenen selbst. Eine zufriedenstellende Theorie der Gerechtigkeit muß Reziprozität und Achtung auf Menschen mit Behinderungen, auch mit schweren geistigen Behinderungen, ausdehnen. Die zahlreichen unterschiedlichen Formen von Beeinträchtigung, Bedürftigkeit und Angewiesenheit auf andere, die »normale« Menschen erfahren, und damit die tatsächliche Kontinuität zwischen »normalen« Leben und solchen von Menschen mit lebenslangen geistigen Behinderungen müssen von jeder überzeugenden Analyse anerkannt werden. Ausgehend von einer Konzeption der Person als soziales Lebewesen, dessen Würde sich nicht vollständig aus einer idealisierten Vernunft ableiten läßt, kann uns der Fähigkeitenansatz dabei behilflich sein, ein adäquates Verständnis umfassender und gleicher Bürgerschaft von Menschen mit geistigen Behinderungen zu entwickeln.

Vertragstheorien gehen vom Nationalstaat als grundlegender Einheit aus. Aus Gründen, die intern mit der Struktur dieser Theorien zusammenhängen, müssen sie von dieser Annahme ausgehen. Damit aber erweisen sie sich als unzureichend angesichts der Probleme der globalen Gerechtigkeit, also der Gerechtigkeit, die die Ungleichheiten zwischen armen und reichen Staaten und zwischen Menschen ganz unabhängig von ihrer Nationalität ins Auge faßt. Um diese Probleme zu lösen, müssen wir die komplexen wechselseitigen Abhängigkeiten zwischen Bürgerinnen und Bürgern unterschiedlicher Nationen ebenso berücksichtigen wie die moralischen Verpflichtungen sowohl von Individuen als auch zwischen Nationen. Zudem muß die Rolle transnationaler Entitäten (Unternehmen, Märkte, Nichtregierungsorganisationen, internationale Abkommen) bei der Sicherung der grundlegenden Möglichkeiten berücksichtigt werden, die ein im vollen Sinne menschliches Leben ausmachen. Eine Variante des Fähigkeitenansatzes kann unser Nachdenken darüber verbessern, was das Ziel der internationalen Politik sein sollte.

Da Vertragstheorien von der vermeintlich zentralen Bedeutung der menschlichen Rationalität ausgehen und sowohl Reziprozität als auch Würde auf dieser Grundlage verstehen, leugnen sie, daß wir gegenüber nichtmenschlichen Tieren Gerechtigkeitspflichten haben, und betrachten eventuelle Verpflichtungen als abgeleitet und nachgeordnet. Eine derartige Sichtweise bedarf in zweierlei Hinsicht der Korrektur: Zum einen müssen wir anerkennen, wie verbreitet die Intelligenz auch unter nichtmenschlichen Tieren ist, zum anderen gilt es, die Vorstellung zurückzuweisen, nur jene, die zur Mitwirkung am Vertragsschluß in der Lage seien, könnten als vollwertige Subjekte einer Theorie der Gerechtigkeit zählen. Der Fähigkeitenansatz mit seiner Betonung einer Kontinuität von Fähigkeiten- und Funktionstypen kann uns im Umgang mit diesen drängenden Fragen der Gerechtigkeit eine Orientierung verschaffen, die sowohl den Vertragstheorien als auch dem Utilitarismus überlegen ist.

Bisher haben wir den Fähigkeitenansatz angewendet, ohne ihn groß zu verändern. Es bedarf nur kleiner Modifikationen an der bereits entwickelten Theorie, um die ersten beiden Themen auf unserer Agenda adäquat zu behandeln. Den Ansprüchen nichtmenschlicher Tiere Gerechtigkeit widerfahren zu lassen, verlangt hingegen eine umfassende Fortentwicklung des Ansatzes. Ich werde jedoch die Auffassung vertreten, daß eine wesentlich aristotelische Herangehensweise uns in diesem Bereich die richtige Richtung weisen wird und daß sie dazu besser in der Lage ist als kantianische oder utilitaristische Ansätze. Diese Herangehensweise speist sich aus dem aristotelischen Gefühl, daß jeder komplexe natürliche Organismus etwas Wundervolles und Ehrfurcht Gebietendes hat – und in diesem Geiste ist sie bereit, Tieren mit Achtung zu begegnen und ihre Würde anzuerkennen.

Auf der Grundlage dieser allgemeinen Überzeugung kann der Fähigkeitenansatz für die Auffassung eintreten, daß die Vorstellung der für ein bestimmtes Wesen charakteristischen Form des Wohlergehens in den Debatten über politische Entscheidungen in diesem schwierigen Bereich Berücksichtigung finden sollte. Das bloße Empfindungsvermögen ist ein zu eindimensionaler Bezugspunkt: Damit würde sowohl die Vielfältigkeit der Fähigkeiten und Aktivitäten von Tieren als auch die entsprechenden Einschränkungen des Wohlergehens, die sich nicht in Schmerzen ausdrücken, vernachlässigt. Hier stellen sich zahlreiche schwierige Fragen; da der Bezug auf eine Speziesnorm im Fall des Menschen von vornherein eine moralische Dimension hat, da es um die Bewertung von Fähigkeiten und nicht um die Bestätigung des bereits existierenden Realisierungsgrades geht, fällt es besonders schwer sich vorzustellen, wie eine entsprechende Bewertung im Fall nichtmenschlicher Tiere durchzuführen ist. Der Fähigkeitenansatz befürwortet keine unkritische Anbetung der Natur; statt dessen geht es ihm um die Bewertung der grundlegenden Vermögen eines natürlichen Wesens und um die Frage, welche dieser Vermögen von zentraler Bedeutung für sein Wohlergehen sind. Das ist ein schwieriges Unterfangen. Zudem sind wir in diesem Bereich unvermeidlich mit Konflikten und Abwägungen konfrontiert, die wir im Fall des Menschen vermeiden zu können scheinen, indem wir die aufeinander abgestimmte Menge aller wesentlichen Fähigkeiten als gesellschaftliches Minimalziel bestimmen. Dennoch können wir die Debatte voranbringen, indem wir diesen neuartigen theoretischen Ansatz weiterverfolgen und herausfinden, zu welchen Ergebnissen er uns führt.

Es muß nochmals betont werden, daß dieses Projekt nicht darauf abzielt, die Theorie des Gesellschaftsvertrags aus der Debatte zu verbannen, schon gar nicht Rawls' großartige Theorie, der ich hier in vielen Hinsichten folge und die ich auszuweiten versuche. Das Ziel besteht darin herauszufinden, was wir tun müssen, um ansonsten überzeugende Gerechtigkeitsprinzipien und intuitive Vorstellungen auf Probleme auszuweiten, von denen Rawls dachte, daß sie von seiner Argumentation berücksichtigt werden können. Mir scheint diese Ausweitung ebenso einen neuen Ausgangspunkt zu verlangen wie die Zurückweisung einiger für die vertragstheoretische Tradition charakteristischer Elemente. Kontraktualistische Theorien sind jedoch insbesondere in ihrer moralisierten kantianischen Form enge Verbündete des Fähigkeitenansatzes. Zudem müssen wir sie berücksichtigen, wenn wir über Fragen sozialer Gerechtigkeit nachdenken, was auch immer letztlich ihre Schwächen sein mögen. Die Vertreter dieser Theorien selbst räumen jedoch ein oder legen zumindest nahe, daß es einige Probleme gibt, die sie nicht oder nur schwer lösen können. In unserer Gegenwart haben diese Probleme bedrohliche Ausmaße angenommen. Es scheint deshalb an der Zeit herauszufinden, was wir aus einer Untersuchung dieser Probleme für die Frage der sozialen Gerechtigkeit lernen können und was eine alternative Theorie zu leisten imstande ist.

Kapitel II
Behinderungen und der Gesellschaftsvertrag

> Das Problem ist hier nicht die Versorgung älterer Menschen, die durch ihre frühere Produktivität für ihre Bezüge gezahlt haben. Lebensverlängernde Behandlungen haben zwar tatsächlich ein bedenkliches Umverteilungspotential. Das Hauptproblem liegt aber in die Versorgung der Behinderten. Wenn man euphemistisch davon spricht, sie zu einem produktiven Leben zu befähigen, wobei die benötigten Hilfsleistungen jedes mögliche Ergebnis übertreffen, verdeckt man damit eine Problematik, die verständlicherweise von allen gerne vermieden wird.
>
> David Gauthier, *Morals by Agreement*

1. Fürsorge als Bedürfnis und Gerechtigkeitsproblem

Die Tochter der Philosophin Eva Kittay und ihres Ehemanns Jeffrey heißt Sesha. Sie ist eine fast dreißigjährige junge Frau, sie ist hübsch und freundlich, und sie liebt Musik und schöne Kleider. Sie freut sich, wenn man ihr mit Zuneigung und Wertschätzung begegnet. Sesha mag es, zu Musik zu tanzen und ihre Eltern zu umarmen, aber sie wird nie laufen, reden oder lesen können. Aufgrund einer angeborenen Kinderlähmung und einer starken Entwicklungsverzögerung wird sie stets in erheblichem Maße auf andere angewiesen sein. Sie muß gewaschen, angezogen, gefüttert und mit dem Rollstuhl in den Central Park geschoben werden. Um auf ihre eigene Weise ein gutes Leben zu haben, braucht sie neben dieser Minimalversorgung zudem auch Gesellschaft und Liebe. Sie muß die Erfahrung machen können, daß ihre Fähigkeit, Zuneigung und Freude zu empfinden, die ihre größte Stärke im Umgang mit anderen ist, bei den anderen gut ankommt. Seshas vielbeschäftigte, berufstätige Eltern stecken selbst täglich viele Stunden in ihre Versorgung und bezahlen außerdem eine Vollzeit-Pflegekraft. Sesha benötigt darüber hinaus oft besondere Unterstützung, wenn sie krank ist oder Anfälle hat und außerstande ist zu sagen, wo genau sie Schmerzen hat.[1]

Mein Neffe Arthur ist ein großgewachsener und gutaussehender zehnjähriger Junge. Er liebt Maschinen aller Art und weiß inzwischen beeindruckend gut über ihre Funktionsweise Bescheid. Wenn ich sie so gut verstünde wie er, könnte ich mich stundenlang mit Arthur über die Relativitätstheorie unterhalten. Immer wenn ich mit ihm telefoniere, sagt er: »Hi, Tante Martha!« und geht dann direkt zu den aktuellen Fragen der Technik, der Wissenschaft oder der Geschichte über, die ihn gerade faszinieren. Arthur war aber nicht in der Lage, erfolgreich eine normale staatliche Schule zu besuchen, und wenn er seine Mutter zum Einkaufen begleitet, kann er keine Minute allein gelassen werden. Er ist nicht besonders sozialkompetent und scheint dies auch nicht lernen zu können. Zu Hause ist er freundlich und offen, aber wenn ein Fremder ihn berührt, gerät er in Panik. Er ist ungewöhnlich groß für sein Alter und sehr ungelenk, wodurch er Probleme mit Spielen hat, die die meisten jüngeren Kinder beherrschen. Zudem neigt er zu ruckartigen Bewegungen und Zuckungen, die schwer zu ignorieren sind, und macht seltsame Geräusche.

Arthur hat sowohl das Asperger-Syndrom, wobei es sich wahrscheinlich um eine Art des High-functioning-Autismus handelt, als auch das Tourette-Syndrom.[2] Seine Eltern sind beide voll berufstätig und können sich nicht viel professionelle Unterstützung leisten. Glücklicherweise kann seine Mutter, die Kirchen-Organistin ist, zu Hause üben, und die

1 Vgl. Kittay (1999). Ich beziehe mich in meiner Beschreibung Seshas auf die Zeit, über die Kittay hier schreibt.

2 Arthur hat auch zahlreiche körperliche Behinderungen. Dazu gehört vor allem eine Reihe äußerst schwerer Nahrungsmittelallergien.

Menschen in ihrer Gemeinde stört es nicht, wenn sie ihren Sohn mit zur Arbeit bringt. Noch wichtiger ist, daß der Bundesstaat, in dem sie leben, nach einigen Auseinandersetzungen zugestimmt hat, für Arthurs Ausbildung an einer privaten Schule aufzukommen, die darauf eingestellt ist, mit der ihm eigenen Kombination aus Talenten und Behinderungen umzugehen. Niemand weiß, ob Arthur später einmal in der Lage sein wird, allein zu leben.[3]

Jamie Bérubé liebt B. B. King, Bob Marley und die Beatles. Er kann einen Kellner nachmachen, der all seine Lieblingsgerichte bringt, und er hat einen ziemlich frechen Sinn für Humor. Jamie wurde mit Down-Syndrom geboren und seit seiner Geburt von einer Reihe verschiedener Ärzte und Therapeuten betreut. Außerdem wurde er immer direkt von seinen Eltern versorgt, den Literaturwissenschaftlern Michael Bérubé und Janet Lyon. In den ersten Tagen seines Lebens mußte Jamie mittels eines durch seine Nase eingeführten Schlauchs ernährt werden. Seine Sauerstoffwerte wurden mit einem Blutgas-Gerät gemessen. Über sein drittes Lebensjahr lesen wir bei seinem Vater,[4] ein Sprachtherapeut helfe Jamie, die Muskeln in seiner Zunge auszubilden; ein anderer bringe ihm die amerikanische Zeichensprache bei; ein Massagetherapeut dehne die verkürzten Muskeln in seinem Hals, so daß sein Kopf gerader aufsitzt; und Bewegungstherapeuten befaßten sich mit den unterentwickelten Muskeln, die bei Kindern mit Down-Syndrom das Haupthindernis für die Beherrschung von Bewegung und Sprache darstellen. Genauso zentral sei, daß er an einer guten örtlichen Vorschule in Champaign, Illinois, am regulären Unterricht teilnehme, wodurch sein Lerneifer angeregt werde und er an Selbstsicherheit im Umgang mit anderen Kindern, die auf sein sonniges Wesen positiv reagierten, gewinne. Am wichtigsten ist aber, daß sein Bruder,

3 Meine Beschreibung Arthurs bezieht sich auf das Jahr 2000; wie wir sehen werden, hat sich seitdem viel verändert.

4 Bérubé (1996); mein Portrait Jamies beruht auf dieser Beschreibung.

seine Eltern und seine Freunde eine Gemeinschaft bilden, in der er nicht als »Kind mit Down-Syndrom« und schon gar nicht als »mongoloider Idiot« gesehen wird. Er ist Jamie, ein besonderes Kind. Jamie wird wahrscheinlich in der Lage sein, zu einem gewissen Grad selbständig zu leben und einen Job auszuüben. Seine Eltern wissen jedoch, daß er sie mehr als viele andere Kinder wahrscheinlich sein Leben lang brauchen wird.

Kinder und Erwachsene mit geistigen Beeinträchtigungen sind Bürgerinnen und Bürger.[5] Jede achtbare und anständige Gesellschaft muß ihre Bedürfnisse nach Versorgung, Aus-

5 Eine Bemerkung zur Terminologie: In der Literatur über Behinderungen bezeichnet »Beeinträchtigung« (»impairment«) den Verlust einer normalen Körperfunktion; eine »Behinderung« (»disability«) ist etwas, was man in der Folge in seiner Umgebung nicht tun kann; ein »Handicap« (»handicap«) ist die daraus entstehende Benachteiligung gegenüber anderen Menschen. Ich werde mich bemühen, diese Unterscheidungen einzuhalten, obwohl die Unterscheidung zwischen Beeinträchtigungen und Behinderungen schwer zu ziehen ist, vor allem wenn der soziale Kontext nicht gegeben ist, sondern zur Debatte steht. Meines Erachtens können wir nicht jede Behinderung vermeiden: Selbst in einer gerechten sozialen Umgebung werden manche Beeinträchtigungen das Tätigsein beeinflussen. Daher sollten wir Handicaps bezüglich elementarer Ansprüche verhindern.
Die Literatur unterscheidet typischerweise zwischen »psychischen Störungen«, worunter vor allem affektive Störungen verstanden werden, und »kognitiven Beeinträchtigungen« bzw. »geistigen Behinderungen«, die nur die Vernunft und nicht das Gefühlsleben betreffen. Ich halte das für eine irreführende Unterscheidung, da zentrale Beispiele von Störungen dieser Art, wie etwa Schizophrenie, sowohl kognitive als auch affektive Beeinträchtigungen umfassen und bei »kognitiven Beeinträchtigungen«, wie etwa dem Autismus und dem Asperger-Syndrom, Emotionen eine wichtige Rolle spielen. Wenn man zudem wie ich davon ausgeht, daß Gefühle eine kognitive Dimension haben können, dann scheint eine scharfe Unterscheidung hier nicht angemessen. Aus diesen Gründen werde ich die Formulierungen »geistige Beeinträchtigung« und »geistige Behinderung« verwenden, um sowohl »kognitive« Behinderungen als auch »psychische Störungen« zu bezeichnen, in Entsprechung zur Rede von »körperlicher Beeinträchtigung« und »körperlicher Behinderung« (wobei das natürlich nicht impliziert, daß geistige Beeinträchtigungen keine körperliche Grundlage haben).

bildung, Selbstachtung, Aktivität und Freundschaft berücksichtigen. Theorien des Gesellschaftsvertrags beschreiben die Vertragsparteien, die die Grundstruktur der Gesellschaft festlegen, aber als »frei, gleich und unabhängig«, und die Bürger, die sie repräsentieren, als »lebenslang uneingeschränkt kooperative Gesellschaftsmitglieder«.[6] Außerdem sprechen sie den Parteien oft eine ziemlich idealisierte Vernunft zu. Diese Herangehensweise stößt bereits im Umgang mit schweren körperlichen Beeinträchtigungen und Behinderungen auf Probleme, und schwere geistige Beeinträchtigungen sowie die damit zusammenhängenden Behinderungen können in diesem Rahmen offensichtlich nur als nachträglicher Zusatz behandelt werden, der erst Thema wird, nachdem die grundlegenden gesellschaftlichen Institutionen entworfen wurden. Dementsprechend gehören Menschen mit geistigen Beeinträchtigungen nicht zu der Gruppe, für die und in wechselseitiger Beziehung mit der diese Institutionen aufgebaut werden.

Daß sie an der Aufgabe scheitern, einen angemessenen Umgang mit den Bedürfnissen von Bürgerinnen und Bürgern mit Beeinträchtigungen und Behinderungen zu finden, ist ein schwerwiegendes Manko jener modernen Theorien, für die sich politische Grundprinzipien aus einem zum gegenseitigen Vorteil geschlossenen Vertrag ergeben. Dabei handelt es sich um ein grundlegendes Problem, das auch die Angemessenheit dieser Theorien für unser Verständnis der Gerechtigkeit zwischen Menschen betrifft.[7] Eine befriedigende Konzeption der Gerechtigkeit muß Menschen mit Beeinträchtigungen und auch solche mit geistigen Beeinträchtigungen als gleichberechtigte Bürgerinnen und Bürger anerkennen. Die Arbeit, die ihre Versorgung und Ausbildung mit sich bringt, muß angemessen unterstützt werden, und zwar so, daß die

6 Die erste Formulierung stammt von Locke, die zweite von Rawls (PL 86f., 278 und öfters); vgl. die Erörterung unten Abs. 2 und zu Locke Kap. I.

7 Auch hier spreche ich nur von Theorien, für die der gegenseitige Vorteil der Sinn des Vertrags ist.

damit zusammenhängenden Behinderungen berücksichtigt werden. Dazu gehört auch ein klares Bewußtsein von dem breiten Spektrum von Beeinträchtigungen, Behinderungen, Bedürfnissen und Formen der Angewiesenheit, das »normale« Menschen erleben, und somit von der sehr großen Kontinuität zwischen den »normalen« Leben und den Leben von Menschen mit lebenslangen Beeinträchtigungen. Im dritten Kapitel werde ich zu zeigen versuchen, daß der Fähigkeitenansatz in dieser Hinsicht mehr leisten kann als alternative Herangehensweisen. Weil er von der Idee ausgeht, daß der Mensch ein soziales Wesen ist, dessen Würde nicht von einer idealisierten Vernunft abhängt, ermöglicht er ein angemesseneres Verständnis des vollwertigen und gleichen Bürgerstatus von Menschen mit körperlichen und geistigen Beeinträchtigungen und ebenso jener Personen, die für diese Menschen sorgen.

Ich werde durchgängig sowohl körperliche wie auch geistige Beeinträchtigungen erörtern, mich aber vor allem auf letztere konzentrieren, weil sie die hier diskutierten Alternativen zum Fähigkeitenansatz auf eine grundlegendere Weise in Frage stellen. Aus demselben Grund habe ich auch mit der Beschreibung dreier Fälle geistiger Beeinträchtigung begonnen. Ich werde aber noch darauf zu sprechen kommen, was für Implikationen meine Überlegungen für körperliche Beeinträchtigungen und Behinderungen haben. Weil ich im praktischen Teil meiner Ausführungen das Problem der Schulbildung in den Mittelpunkt stelle, konzentriere ich mich auf Kinder, aber natürlich sind meine Überlegungen allgemeiner gemeint und haben auch praktische Auswirkungen für den Umgang mit Erwachsenen.

Beeinträchtigungen und Behinderungen werfen zwei zu unterscheidende Probleme der sozialen Gerechtigkeit auf, die beide dringend der Klärung bedürfen. Da wäre zum einen die Frage eines fairen Umgangs mit Menschen mit Beeinträchtigungen: Um gesellschaftlich integrierte und produktive Leben zu führen, sind viele von ihnen auf atypische gesellschaftliche Arrangements angewiesen, wozu auch ganz unterschiedliche Arten der Versorgung gehören. In einem anderen Zeitalter wären Sesha und Jamie wahrscheinlich schon als Babys gestorben. Wenn sie ihr Säuglingsalter überlebt hätten, wären sie in eine Anstalt mit minimaler Versorgung gekommen und hätten nie die Gelegenheit gehabt, ihre Fähigkeiten zu entwikkeln, anderen mit Zuneigung zu begegnen, Freude zu empfinden, sowie, in Jamies Fall, erhebliche kognitive Leistungen zu erbringen und wahrscheinlich ein aktiver Bürger zu werden.[8] Noch vor fünfzehn Jahren, bevor das Asperger-Syndrom offiziell als Krankheit anerkannt wurde, hätte man Arthur als ein hochintelligentes Kind gesehen, das von seinen Eltern emotional verdorben wurde. Er wäre wahrscheinlich in einer Anstalt gelandet, in der er keine Lernmöglichkeiten gehabt hätte, während seine Eltern mit unerträglichen Schuldgefühlen hätten leben müssen. Eine gerechte Gesellschaft stigmatisiert diese Kinder hingegen nicht und stellt ihrer Entwicklung keine Hindernisse in den Weg, sondern fördert vielmehr ihre Gesundheit, ihre Ausbildung und ihre volle Teilnahme am gesellschaftlichen und, wenn möglich, am politischen Leben.[9]

Zum anderen würde eine gerechte Gesellschaft vermutlich auch die andere Seite des Problems berücksichtigen, nämlich die Belastung von Menschen, die auf sie angewiesene Personen versorgen. Diese Menschen brauchen eine Reihe von Dingen: die Anerkennung ihrer Leistung als Arbeit; praktische und finanzielle Unterstützung; eine Chance auf einen lohnenswerten Job und die Möglichkeit, am gesellschaftlichen und politischen Leben teilzunehmen. Weil es zumeist Frauen sind, die für auf andere angewiesene Personen sorgen, steht dieses

8 Das war nicht immer der Fall: In den Vereinigten Staaten begann das System der Zwangseinweisung mit dem Bürgerkrieg, in Europa etwas früher.

9 Vgl. als bemerkenswertes Beispiel für politischen Aktivismus durch zwei Männer mit Down-Syndrom Levitz/Kingsley (1994) sowie Levitz (2003).

Problem in enger Verbindung mit Fragen der Geschlechtergerechtigkeit. Darüber hinaus bleibt diese Versorgungsarbeit meist unbezahlt und wird vom Markt nicht als Arbeit anerkannt, obwohl sie erhebliche Folgen für den Rest des Arbeitslebens hat. Meine Schwester kann keinen Beruf ausüben, der es ihr nicht erlaubt, viel Zeit zu Hause zu verbringen. Die Bérubés und auch die Kittays können die Versorgung ihrer Kinder gleichmäßiger aufteilen, als es gewöhnlich unter ambitionierten Berufstätigen geschieht, weil universitäre Lehre und Forschung ausgesprochen flexible Arbeitszeiten erlauben. Zudem können sie sich ein großes Maß an Unterstützung leisten – und wie Kittay mit Unbehagen beobachtet, wird diese Unterstützung meist von Frauen geleistet, die selbst nicht besonders gut bezahlt und von der Gesellschaft nicht in dem Maße geachtet werden, wie es angesichts der Tatsache, daß sie Experten für eine unerläßliche soziale Dienstleistung sind, der Fall sein sollte.[10]

Man kann diese Probleme nicht einfach mit der Begründung, daß nur wenige Menschen betroffen sind, ignorieren oder auf später verschieben. Zumindest wäre das ein sehr schlechter Grund, da es hier um überaus drängende Probleme der Gleichheit geht. Es wäre ebenso falsch, wie akute Fragen ethnischer oder religiöser Diskriminierung zurückzustellen, weil sie nur eine kleine Minderheit betreffen. Wir sollten aber auch bedenken, daß es viele Arten der Behinderung und der Angewiesenheit auf andere gibt. Tatsächlich benötigen nicht nur die zahlreichen Kinder und Erwachsenen mit un-

10 Vgl. zur allgemeinen Frage des Respekts vor der Versorgungsarbeit Ruddick (1989); dort wird eine Studie der US-amerikanischen Regierung aus dem Jahr 1975 zitiert, deren Teilnehmer verschiedene Arten der Arbeit hinsichtlich ihrer »Komplexität« und der für sie notwendigen Fertigkeiten bewerten sollten. Der Beruf des Chirurgen wurde am höchsten bewertet. Unter den am schlechtesten bewerteten Berufen waren die der Pflegemutter und der Kindergärtnerin, in einer Gruppe mit Leuten, die Hühncheninnereien in einen Container entsorgen und Schlammischer bedienen.

terschiedlichsten lebenslangen Beeinträchtigungen erhebliche und zum Teil stündliche Unterstützung. Alle der eben von mir beschriebenen geistigen, körperlichen und sozialen Beeinträchtigungen finden ihr ungefähres Gegenstück im Leben älterer Menschen, und diese sind im allgemeinen noch schwerer zu versorgen als Kinder und junge Erwachsene mit Behinderungen; zudem sind sie oft leichter erregbar, defensiver, verbitterter und auch auf einer rein körperlichen Ebene unangenehmer. Es ist wohl doch weniger belastend, ein Kind mit Down-Syndrom zu waschen als den hilflosen und inkontinenten Körper des eigenen Vaters, der seinen Zustand selbst haßt, vor allem, wenn beide Beteiligten sich an bessere Zeiten erinnern. Wenn wir uns also mit den Bedürfnissen von Kindern und Erwachsenen mit Beeinträchtigungen und Behinderungen befassen, dann geht es nicht um einen besonderen Bereich des menschlichen Lebens, der leicht vom »Normalfall« abgegrenzt werden könnte. Unsere Überlegungen haben vielmehr entscheidende Implikationen dafür, wie »Normale« (Menschen mit durchschnittlichen Fehlern und Begrenzungen)[11] ihre älter werdenden Eltern wahrnehmen – und auch sie selbst werden wahrscheinlich ähnliche Bedürfnisse haben, wenn sie lang genug leben.[12] Mit der immer weiter voranschreitenden Verlängerung des Lebens erweist sich die relative Unabhängigkeit, die Menschen eine Zeitlang genießen, mehr und mehr als ein vorübergehender Zustand, als eine Lebensphase, in die wir allmählich hineinwachsen und die wir nur allzuschnell hinter uns lassen. Selbst in den besten Jahren unseres Lebens erleben viele von uns kürzere oder längere Perioden extremer Angewiesenheit auf andere – etwa nach größeren medizinischen Eingriffen oder schweren Verletzungen,

11 Der Begriff »Normale« stammt von Goffman (1963/1975); vgl. zu seiner Theorie des Stigma Nussbaum (2004a).

12 Dem United States Women's Bureau zufolge wurden im Mai 1989 in etwa 22,4 Millionen Haushalten – das ist fast jeder vierte – über 50 Jahre alte Familienmitglieder oder Freunde versorgt. Vgl. für diese Studie und andere Daten Harrington (1999).

während einer Depression oder anderen akuten seelischen Belastungen.[13] Auch wenn im Rahmen einer theoretischen Analyse der Versuch gemacht werden kann, solche Phasen im Verlauf eines »normalen« Lebens von einer lebenslangen Beeinträchtigung zu unterscheiden, lassen sich solche Unterscheidungen im wirklichen Leben nur schwer (und zunehmend schwerer) aufrechterhalten.[14]

Wenn wir aber die Kontinuität zwischen der Situation von Menschen mit lebenslangen Beeinträchtigungen und den eben angesprochenen Phasen eines »normalen« Lebens anerkennen, dann müssen wir auch einsehen, daß es sich bei der Frage der Achtung und Inklusion von Menschen mit Beeinträchtigungen und bei dem damit zusammenhängenden Problem ihrer Versorgung um ein sehr weites Feld handelt und daß im Grunde jede Familie in jeder Gesellschaft betroffen ist. Bei den Entscheidungen, die wir in dieser Sache fällen, geht es um die Gesundheit, die Teilnahmemöglichkeiten und die Selbstachtung zahlloser Menschen. In einer gerechten Gesellschaft sollte es zu den zentralen Aufgaben gehören, ihren Bedürfnissen auf eine Weise zu entsprechen, die die Würde von auf andere angewiesenen Menschen wahrt.

Tatsächlich wird aber bereits sehr viel Versorgungsleistung erbracht, und das gewöhnlich ohne Lohn und ohne daß diese Leistung im öffentlichen Diskurs als Arbeit anerkannt wird. Die Versorgung der bedürftigen Personen ohne Ausbeutung der Betreuer sicherzustellen, scheint mir in einer gerechten Gesellschaft ebenfalls von größter Bedeutung zu sein.[15] Frü-

13 Die Verlängerung der Lebenszeit bedeutet außerdem, daß eine durchschnittliche Ehe selbst unter Berücksichtigung der Scheidungen heute länger hält als im 19. Jahrhundert, und die zunehmend mit Einschränkungen verbundene Zeit des Alters wird bald länger währen als ein damaliges durchschnittliches Leben.

14 Vgl. zu einer solchen Unterscheidung GaF sowie meine Ausführungen dazu in Abs. 6 unten; Rawls bezieht sich hier auf Daniels (1985).

15 Es handelt sich hierbei um ein zentrales Thema neuerer feministischer Arbeiten: Vgl. v. a. Kittay (1999); Folbre (1999) und Folbre (2001). Zu

her ging man davon aus, daß diese Leistungen alle von Menschen (genauer: von Frauen) erbracht werden, die ohnehin nicht als vollwertige Bürger gesehen wurden und nicht außerhalb des Zuhauses arbeiteten. Die Frauen wurden nicht gefragt, ob sie diese Leistungen erbringen wollten: Es war einfach ihre Aufgabe, und man ging davon aus, daß sie ihr freiwillig nachkommen, und zwar aus Liebe, auch wenn sie für gewöhnlich kaum eine Wahl hatten. Heute denken wir, daß Frauen gleichberechtigte Bürgerinnen sind und daß ihnen das volle Spektrum möglicher Berufe offenstehen sollte. Im allgemeinen sind wir außerdem der Meinung, daß sie ein Recht darauf haben, eine echte Entscheidung darüber zu treffen, ob sie sich ungleich mehr um die Kinder kümmern oder die Belastung auf sich nehmen wollen, einen älter werdenden Elternteil zu versorgen. Die meisten Menschen würden wohl mit Nein antworten, wenn man sie fragen würde, ob die zufällige Geburt eines Kindes mit schweren Beeinträchtigungen beide Eltern oder auch nur einen Elternteil zwingen sollte, alle Aussichten auf ein produktives privates oder soziales Leben aufzugeben. In Ländern, in denen noch immer erwartet wird, daß solche Leistungen ohne Lohn, »aus Liebe«, erbracht werden – und das trifft bis zu einem bestimmten Grad auf alle modernen Staaten zu –, entstehen Frauen jedes ökonomischen Hintergrunds dadurch enorme Belastungen, so daß ihre Produktivität und ihr Beitrag zum zivilgesellschaftlichen und politischen Leben entscheidend verringert wird.[16] Die

früheren einflußreichen Arbeiten in diesem Bereich gehören Fineman (1991) und Fineman (1995); Ruddick (1989); Tronto (1993); Held (1993); West (1997). Vgl. für zwei hervorragende Aufsatzsammlungen aus unterschiedlichen feministischen Perspektiven Held (1995) sowie Kittay/Feder (2002).

16 Vgl. auch United Nations Development Programme (1999), 77-83: Sowohl in Industrie- wie auch in Entwicklungsländern ist diese Art der unbezahlten Arbeit eine zentrale Quelle der Benachteiligung von Frauen; das gilt im Rahmen der neuen Weltwirtschaft in zunehmendem Maße, da nun in vielen Fällen Arbeit zu Hause durch Arbeit außer Haus ersetzt wurde.

tägliche Versorgung der Kinder wird immer noch in unverhältnismäßig hohem Maße von Frauen geleistet, die viel eher bereit sind, Teilzeitjobs zu übernehmen und ihre Karriere zurückzustellen, wenn das notwendig ist. Selbst Väter, die willens sind, sich an der Versorgung eines Kindes zu beteiligen, das nach wenigen Jahren mit dem Schulunterricht beginnt, sind weit seltener bereit, die anstrengende und langfristige Bürde der Versorgung eines schwerstbehinderten Kindes oder eines älter werdenden Elternteils auf sich zu nehmen. In manchen Ländern kann eine Frau, die diese Art von Arbeit übernimmt, auf die Unterstützung einer großen Familie oder auf das Netzwerk einer Gemeinschaft zählen; in anderen kann sie das nicht.

2. *Prudentielle und moralische Versionen des Gesellschaftsvertrags: Öffentlich und privat*

Was sagen Gerechtigkeitstheorien in der Tradition des Gesellschaftsvertrags zu diesen Problemen? Tatsächlich nicht besonders viel, und dieses Manko ist auch nicht so einfach zu beheben, weil die Auslassungen in die Struktur selbst der überzeugendsten Theorien mit eingeschrieben sind.

Einige Versionen des Gesellschaftsvertrags (etwa die von Hobbes und von Gauthier) setzen ausschließlich egoistische Rationalität voraus. Hier entsteht die Moral (sofern es dazu kommt) aus den Einschränkungen, die sich daraus ergeben, daß ich mit anderen, die sich in einer ähnlichen Situation befinden, in Aushandlungsprozesse eintreten muß. In Rawls' Theorie kommt hingegen der Gesichtspunkt der moralischen Unparteilichkeit hinzu, nämlich der Schleier des Nichtwissens, der das Wissen der Parteien um ihre Position in der zukünftigen Gesellschaft einschränkt. Obwohl Rawls' Parteien nur um ihr eigenes Wohlergehen bemüht sind und den Interessen der anderen gegenüber gleichgültig bleiben,[17] sollen diese Parteien somit ausdrücklich nicht als vollständige Menschen verstanden werden, sondern nur als partielle Modellierung tatsächlicher Menschen. Für den anderen, moralischen Gesichtspunkt stehen die Einschränkungen des Wissens ein, die der Schleier bewerkstelligt. Sowohl in der egoistischen wie in der moralischen Version des Gesellschaftsvertrags spielt jedoch die Vorstellung, daß die Parteien in etwa über die gleiche Macht und die gleichen Fähigkeiten verfügen, eine wichtige strukturelle Rolle für die Schilderung der Verhandlungssituation.[18] Wie wir gesehen haben, versteht Rawls unter Humes Anwendungsverhältnissen der Gerechtigkeit »die gewöhnlichen Bedingungen, unter denen menschliche Zusammenarbeit möglich und notwendig ist« (TG 148). Rawls steht konsequent hinter Humes Bedingung, trotz seiner kantianischen Fokussierung auf faire Verhältnisse. In dieser Hinsicht stellt seine Theorie eine Mischform dar,[19] denn sie ist in der Betonung fairer Bedingungen kantianisch angelegt und zugleich klassisch kontraktualistisch in der Bedeutung, die sie der Idee des »Naturzustands« und der Zielsetzung des gegenseitigen Vorteils zuweist.

17 Die Parteien im Urzustand haben die gleiche Konzeption des Wohlergehens, die durch die Grundgüter bestimmt ist. Sie wissen, daß die Menschen, die sie repräsentieren, unterschiedliche Konzeptionen des Guten haben. Es kann natürlich sein, daß einige dieser umfassenden Konzeptionen die Sorge um und die Bindung an andere Menschen beinhalten, aber da die Parteien den Vertrag abschließen, ohne zu wissen, welcher dieser Auffassungen sie anhängen, können dahingehende Interessen dabei keine Rolle spielen.

18 An dieser Stelle bleibt interessanterweise unklar, ob wir uns diese Fähigkeiten kontextunabhängig vorzustellen haben (als Abwesenheit von schweren Beeinträchtigungen) oder vor dem Hintergrund eines verallgemeinerten Kontextes (als Abwesenheit einer schweren Behinderung in einem »normalen« menschlichen Umfeld). Die klassischen Vertragstheoretiker konnten sich nicht vorstellen, in welchem Ausmaß Veränderungen des sozialen Kontextes das Verhältnis zwischen dem, was ich Beeinträchtigung nenne, und dem, was ich als Behinderung bezeichne, beeinflussen können.

19 Dasselbe gilt für Kants Theorie.

Es gibt viele unterschiedliche Weisen, den Parteien annähernd gleich viel Macht und die gleichen Fähigkeiten zuzuschreiben. Wir könnten uns die Vertragsparteien zum Beispiel als Wesen mit ausgeprägten Bedürfnissen vorstellen, die wechselseitig abhängig sind und starke und unauflösbare Bindungen zu anderen unterhalten. Alle einflußreichen Vertragstheoretiker haben sich aber entschieden, sie statt dessen als rationale und geschäftsfähige Erwachsene zu denken, die, wie Locke sagt, im Naturzustand »frei, gleich und unabhängig«[20] sind. Zeitgenössische Vertragstheoretiker gehen explizit von einer ganz ähnlichen Annahme aus. Für David Gauthier sind Menschen mit atypischen Bedürfnissen oder Beeinträchtigungen »keine Teilnehmer der auf der Grundlage der Vertragstheorie etablierten moralischen Beziehungen«.[21] Entsprechend wissen die Parteien in Rawls' Urzustand, daß ihre körperlichen und geistigen Fähigkeiten im »normalen« Bereich liegen, und die Bürger von Rawls' wohlgeordneter Gesellschaft, deren Sachwalter die Parteien im Urzustand sind, werden als »lebenslang uneingeschränkt kooperative Gesellschaftsmitglieder« vorgestellt.

Die Festlegung auf diese Vorannahme ist tief in die Logik der Vertragssituation eingeschrieben. Ihr liegt die Idee zugrunde, daß Menschen nur unter bestimmten Bedingungen mit anderen zusammenkommen und Verträge über politische Grundprinzipien aushandeln, und zwar dann, wenn sie sich davon einen gegenseitigen Vorteil versprechen und alle etwas durch die Kooperation zu gewinnen haben. Es würde der Logik des ganzen Unternehmens zuwiderlaufen, Menschen in die Ausgangssituation einzubeziehen, die ungewöhnlich hohe Kosten verursachen oder mit großer Wahrscheinlichkeit viel

20 Locke (1679-80?/1977), 260 (II.95). Wie wir allerdings gesehen haben, spricht Locke dem Wohlwollen eine wichtige Rolle in seiner Beschreibung der Parteien zu; dadurch entgeht er einigen meiner Einwände.

21 Gauthier (1986), 18; er spricht hier über alle »Personen, die den Durchschnitt [des Wohlergehens in der Gesellschaft] senken«.

weniger als die meisten anderen zum Wohl der Gruppe beitragen werden (das heißt weniger als den von der Idee des »Normalen« bestimmten Beitrag, auf deren Verwendung bei Rawls ich noch näher eingehen werde). Wenn Menschen einen Kooperationszusammenhang tatsächlich zum gegenseitigen Vorteil etablieren, dann werden sie diejenigen als Partner wählen, von deren Mitarbeit sie am meisten zu gewinnen erwarten, und nicht jene, die außergewöhnlicher und kostenintensiver Zuwendung bedürfen, selbst aber nicht allzu viel zum Sozialprodukt beitragen, so daß sie das Wohlergehen der Gesellschaft insgesamt senken. Gauthier gibt offen zu, daß es sich hierbei um einen unsympathischen Zug der Vertragstheorien handelt, der nicht gern thematisiert wird.[22] Schon die Idee eines solchen Vertrags weist also nachdrücklich in Richtung einer Unterscheidung zwischen »normalen« Variationen unter »normal produktiven« Bürgern und einer Art von Variation, die manche Menschen unter die besondere Kategorie der Beeinträchtigung stellt[23] – ein Ergebnis, das Rawls ausdrücklich befürwortet.

An dieser Stelle möchte man natürlich sofort einwenden, daß Menschen mit Beeinträchtigungen und damit zusammenhängenden Behinderungen keineswegs unproduktiv sind. Sie tragen auf vielerlei Weisen zur Gesellschaft bei, wenn die Gesellschaft die für diesen Beitrag notwendigen Bedingungen bereitstellt. Die Vertragstheoretiker liegen hier also einfach falsch, und man könnte denken, daß sie bloß ihre irrige Tatsachenannahme aufgeben müßten, um Menschen mit Beeinträchtigungen und deren besondere Bedürfnisse vollständig integrieren zu können, und so die Behinderungen, die mit diesen Beeinträchtigungen verbunden sind, abzumildern. Der

22 Ebd., Fn. 30; vgl. das diesem Kapitel vorangestellte Zitat.

23 Und was ist mit Behinderungen? Auch hier wird nicht ganz klar, ob wir uns Beeinträchtigungen vor dem Hintergrund der Idee allgemeiner Bedingungen menschlichen Lebens vorzustellen haben, die dann in diesem verallgemeinerten Kontext zu Behinderungen führen.

Versuch, die Theorie des Gesellschaftsvertrags mit Hilfe dieser Argumentation zu retten, ist aber zum Scheitern verurteilt.

Bevor ich mich einer näheren Untersuchung von Rawls' Theorie zuwende, möchte ich ein Thema ansprechen, auf das ich an dieser Stelle nur kurz eingehen werde. Bereits die bloße Idee der Aushandlung eines Vertrags, dessen Prinzipien dann die öffentlichen Angelegenheiten regulieren, scheint mit der Vernachlässigung einiger drängender Fragen der Gerechtigkeit einherzugehen, die die Versorgung von auf andere angewiesenen Personen betreffen, und zwar aus folgendem Grund: Traditionell wird in der Geschichte des westlichen politischen Denkens[24] der vertraglich geregelte Bereich als öffentlich und durch Wechselseitigkeit zwischen annähernd gleichgestellten Parteien geprägt verstanden. Dieser Bereich wird gewöhnlich mit einem anderen Bereich kontrastiert, der sogenannten Privatsphäre oder dem Zuhause, in dem Menschen aus Liebe und Zuneigung statt aus wechselseitigem Respekt handeln, ein Ort, an dem keine Vertragsbeziehungen bestehen und Gleichheit kein zentraler Wert ist. Die Bande der familiären Liebe und die in ihnen begründeten Aktivitäten werden als irgendwie Verträgen vorgängig oder natürlich vorgestellt, und nicht als Teil dessen, was die Parteien selbst gestalten. Selbst Rawls verwendet die gängige Formulierung »natürliche Zuneigung«, um die Gefühle zu beschreiben, die in der Familie walten.

Heute geht man aber weithin davon aus, daß die Familie selbst eine politische Einrichtung darstellt, die auf grundlegende Weise von Gesetzen und gesellschaftlichen Institutionen bestimmt und geformt wird.[25] Tatsächlich ist auch unverkennbar (wie schon der große John Stuart Mill bemerkte), daß die in der Familie existierenden Gefühle alles andere als

24 Dasselbe gilt für die Geschichte des indischen politischen Denkens, die einzige nichtwestliche Tradition, von der ich genug weiß, um mir ein Urteil zu erlauben; vgl. Nussbaum (2002a).

25 Vgl. Nussbaum (2000a), Kap. 4.

natürlich sind: Sie werden in vielerlei Weisen von gesellschaftlichen Hintergrundbedingungen geprägt und von den Erwartungen und Notwendigkeiten, die diese entstehen lassen. In der Tradition des Gesellschaftsvertrags gibt es jedoch tatsächlich keinen Theoretiker, der dieser Einsicht wirklich nahekommt (obwohl sich sowohl bei Hobbes als auch bei Rawls einzelne Aspekte finden). Meines Erachtens könnte das unter anderem daran liegen, daß diese Theoretiker sich bei der Formulierung ihrer politischen Prinzipien von der Metapher des Vertrags leiten lassen, die traditionell mit der althergebrachten Unterscheidung zwischen dem Öffentlichen und dem Privaten verknüpft ist. An der *Idee* des Gesellschaftsvertrags selbst läßt sich nichts finden, das uns daran hindern würde, über die Struktur der Familie und die in ihrem Rahmen geleistete Arbeit nachzudenken. Tatsächlich haben sich Überlegungen zur Familie, die sich auf die Ideen des Vertrags und des Aushandelns beziehen, beim Nachdenken über die Fairneß der Beziehungen zwischen den Familienmitgliedern als hilfreich erwiesen.[26] Es könnte zunächst so scheinen, als bewege sich Rawls tatsächlich in diese Richtung, wenn er einräumt, daß die Familie eine der Institutionen ist, die zur »Grundstruktur« der Gesellschaft gehören, insofern sie die Lebenschancen der Menschen umfassend bestimmt, und zwar von Beginn des Lebens an. Außerdem weist er die Unterscheidung von öffentlich und privat zumindest offiziell zurück. Man könnte also meinen, daß er die interne Funktionsweise der Familie als Frage begreift, die der Gesellschaftsvertrag regeln sollte; aus komplexen Gründen nimmt er jedoch hiervon Abstand.[27] Vor dem Hintergrund einer langen Tradition, die Familie als einen Bereich der privaten Liebe und Zuneigung wertzuschät-

26 Vgl. Sen (1990); Agarwal (1997).

27 Vgl. Okin (1989); vgl. zu Rawls' Wiederaufnahme seiner Position in IöV Nussbaum (2001a), Kap. 4. Die Familie wird von ihm letztendlich als freiwillige Organisation behandelt, analog zu einer Kirche oder einer Universität, die von der politischen Gerechtigkeit nur in ihrem äußeren Verhalten reguliert werden.

zen, der im Gegensatz zum Bereich des Vertrags steht, ist es aber ausgesprochen schwer, die Einsicht auch konsequent umzusetzen, daß die Familie eine politische Institution ist. Keine der hier diskutierten Theorien behandelt die Familie als in diesem Sinne politisch. Folglich können sie uns bei familieninternen Gerechtigkeitsproblemen auch keine verläßliche Orientierung bieten.[28]

3. Rawls' kantianischer Kontraktualismus: Grundgüter, die kantianische Konzeption der Person, ungefähre Gleichheit und gegenseitige Vorteile

Beginnen wir nun mit einer genaueren Auseinandersetzung mit Rawls' kantianischer Theorie des Gesellschaftsvertrags, bei der es sich meines Erachtens um die überzeugendste vorliegende Theorie dieser Art handelt. Besonders überzeugend ist, daß Rawls nicht versucht, Moral irgendwie aus nichtmoralischen Ausgangspunkten zu gewinnen, sondern statt dessen von einem sehr vielversprechenden Modell des moralischen Standpunkts ausgeht. Die Kombination aus Klugheit und durch den Schleier des Nichtwissens bewirkten Einschränkungen des Wissens der Parteien im Urzustand soll als schematische Repräsentation eines moralischen Standpunkts dienen, den wirkliche Menschen jederzeit einnehmen können, wenn es ihnen gelingt, die drängenden Forderungen ihrer eigenen Interessen so weit wie nötig außer acht zu lassen. Wie Rawls im ergreifenden letzten Satz von *Eine Theorie der Gerechtigkeit* schreibt: »Reinheit des Herzens, wenn sie jemand erreichen könnte, hieße: von diesem Standpunkt aus klar sehen und mit Anmut und Souveränität handeln.« (TG 638)[29]

28 Vgl. Nussbaum (2000a), Kap. 4; Nussbaum (2000c).

29 Vgl. auch PL 123 f.: Rawls zufolge wird das Vernünftige im Urzustand nur durch das eingeschränkte Wissen bestimmt und ist von der Auffassung der Rationalität der Parteien klar zu unterscheiden. Diese

Rawls' Theorie ist sicher besser geeignet als Gauthiers, um als Ansatzpunkt für unser Projekt zu dienen, überzeugende Antworten auf die Fragen der Gerechtigkeit im Umgang mit geistig behinderten Menschen zu finden.

Tatsächlich handelt es sich bei Rawls' Theorie aber um eine Hybridtheorie, und zwischen den dem Kantianismus und den der Tradition des klassischen Gesellschaftsvertrags entlehnten Elementen kommt es zuweilen zu Spannungen. Wir müssen diese Momente der Reibung genau lokalisieren und uns bei jedem auftauchenden Problemkomplex fragen, ob hier Bestandteile der einen oder der anderen Tradition ausschlaggebend sind, und welche Aspekte wiederum vielleicht zu einer Lösung des Problems beitragen können. Ich werde mich mit vier Problembereichen befassen: Rawls' problematischer Bezugnahme auf Einkommen und Vermögen, um relative soziale Positionen zu bestimmen; seiner kantianischen Konzeption der Person und der Reziprozität; der Voraussetzung der Humeschen Anwendungsverhältnisse der Gerechtigkeit; sowie der Annahme, daß Kooperation der Nichtkooperation aufgrund gegenseitiger Vorteile vorzuziehen ist.

Noch ein fünftes Problem sollte kurz angesprochen werden: Für Rawls sind methodische Einfachheit und Sparsamkeit von großer Bedeutung. Diese Einstellung ist entscheidend für seine Diskussion der Grundgüter, sie beeinflußt die Gestalt seines Kontraktualismus aber auch in allgemeinerer Weise und hat beispielsweise zur Folge, daß Rawls altruistische Mo-

wiederum ist mit ihrem Interesse daran verbunden, nach ihren eigenen unterschiedlichen Konzeptionen des Guten zu streben. Vgl. auch PL 185-187: Die Bürger der wohlgeordneten Gesellschaft besitzen zwei moralische Vermögen: die Anlage zu einem Gerechtigkeitssinn und die Befähigung zu einer Konzeption des Guten. Die Befähigung, eine Konzeption des Guten zu entwickeln und sich von ihr leiten zu lassen, wird im Urzustand von der Rationalität der Parteien repräsentiert; der Gerechtigkeitssinn dagegen von der ungefähren Symmetrie zwischen den Parteien und von den Informationsbeschränkungen. Demnach scheinen sie sich dem Rationalen und dem Vernünftigen, wie sie an anderer Stelle definiert werden, zuordnen zu lassen.

tivationen aus dem Urzustand ausschließt. Daß er an dieser Stelle nicht Locke folgt, soll gewährleisten, »daß die Grundsätze der Gerechtigkeit nicht von starken Voraussetzungen abhängen. [...] Für die Grundlagen der Theorie möchte man so wenig wie möglich voraussetzen«. (TG 152) Ich werde später im Zusammenhang mit einer Erörterung der Notwendigkeit des Wohlwollens auf diesen Punkt zurückkommen.

Wenden wir uns nun Rawls' expliziten Ausführungen zum Umgang mit Behinderungen zu, und zwar zunächst der Frage, welche Rolle unterschiedliche Aspekte seiner Theorie in der Begründung dafür spielen, daß dieses Problem erst im Rahmen der »Gesetzgebung« angegangen werden sollte, also nachdem die Grundprinzipien der Gesellschaft bereits festgelegt wurden.

4. Kann das Thema »Behinderung« aufgeschoben werden?

Rawls' Vertragsparteien werden durchweg als rationale Erwachsene dargestellt, die annähernd gleiche Bedürfnisse haben und zu »normaler« Kooperation und Produktivität in der Lage sind. In *Politischer Liberalismus* wie auch in *Eine Theorie der Gerechtigkeit* geht Rawls davon aus, daß die Parteien im Urzustand wissen, daß »ihre mannigfachen angeborenen Begabungen wie Kraft und Intelligenz« »im Bereich des Normalen« liegen. (PL 92f.) In *PL* repräsentieren die Parteien darüber hinaus Bürger, die als »lebenslang uneingeschränkt kooperative Gesellschaftsmitglieder« beschrieben werden bzw. als »während ihres gesamten Lebens normale und uneingeschränkt kooperative Gesellschaftsmitglieder« (PL 86, 87, 278 und öfters). Wie Rawls weiter ausführt: »Ich bin durchgängig davon ausgegangen und halte daran fest, daß Bürger, auch wenn ihre Fähigkeiten nicht gleich sind, zumindest über das notwendige Minimum an moralischen, intellektuellen und physischen Fähigkeiten verfügen, das sie in die Lage versetzt, während ihres ganzen Lebens uneingeschränkt kooperative Gesellschaftsmitglieder sein zu können« (PL 277 f.). Für seine Theorie lautet die »grundlegende Frage der Philosophie«, »wie faire Kooperationsbedingungen für so beschriebene Bürger festgelegt werden können« (PL 278). Von normalen Fähigkeiten auszugehen erlaubt uns also »einen klaren und unverstellten Blick auf das, was für uns die grundlegende Frage politischer Gerechtigkeit ist: Welche ist die angemessenste Gerechtigkeitskonzeption, um faire Kooperationsbedingungen für Bürger zu formulieren, die als freie und gleiche und lebenslang uneingeschränkt kooperative Gesellschaftsmitglieder betrachtet werden?« (PL 86)[30]

Aufgrund dieser Konzeption der Person spart Rawls aus der vorgestellten grundlegenden politischen Entscheidungssituation die menschliche Erfahrung schwerer Formen körperlicher oder geistiger sowie zeitweiliger oder dauerhafter Bedürftigkeit und Angewiesensein aus. Das ist kein Versehen, sondern eine bewußte Entscheidung. Wie wir sehen werden, ist sich Rawls des Problems der Inklusion von Bürgerinnen und Bürgern mit atypischen Beeinträchtigungen durchaus bewußt, vertritt aber die Ansicht, daß dieses Problem zu einem späteren Zeitpunkt gelöst werden sollte, nachdem die politischen Grundprinzipien bereits festgelegt wurden.

Diese Aufschiebung hat gewichtige Konsequenzen für seine Theorie der politischen Verteilungsgerechtigkeit. Rawls' Konzeption der Grundgüter, die ja als Konzeption der Bedürfnisse der durch die moralischen Vermögen und die Befähigung zur uneingeschränkten Kooperation charakterisierten Bürger eingeführt wird, läßt keinen Raum für die besonderen gesellschaftlichen Arrangements, die benötigt werden, um Menschen mit körperlichen und geistigen Beeinträchtigun-

30 Daß es sich hierbei um die grundlegende Frage handelt, rechtfertigt Rawls damit, daß diese Frage für die Tradition des liberalen politischen Denkens zentral ist (PL 88 f.). Dieses Argument mag die Bedeutsamkeit der Frage belegen, nicht aber, daß andere Fragen weniger wichtig sind.

gen so vollständig wie möglich zu integrieren. An vorderer Stelle wäre hier die Versorgung von Menschen in Phasen außergewöhnlicher Angewiesenheit auf andere zu nennen.[31] Aber auch andere zentrale Fragen sind mitbetroffen, da Rawls' Theorie Freiheit, Chancen und die sozialen Grundlagen der Selbstachtung alle auf eine Weise definiert, die auf die Bedürfnisse »uneingeschränkt kooperativer« Bürger ausgerichtet ist. Die besonderen Bedürfnisse von Bürgerinnen und Bürgern mit Beeinträchtigungen und damit zusammenhängenden Behinderungen – etwa die benötigte Sonderbehandlung im staatlichen Bildungssektor oder die Umgestaltung öffentlicher Räume (durch Rollstuhlrampen, erleichterte Zugangsmöglichkeiten in Bussen, akustische oder taktile Leitsysteme und vieles mehr) – scheinen auf dieser ersten Ebene der Ausarbeitung der politischen Grundprinzipien nicht berücksichtigt zu werden. Rawls macht deutlich, daß er die Formulierung »uneingeschränkt kooperativ« auf eine Weise versteht, die Menschen mit schweren körperlichen und geistigen Beeinträchtigungen ausschließt. All die besonderen Bedürfnisse von Menschen mit Behinderungen werden also erst bedacht, wenn die Grundstruktur der Gesellschaft bereits festgelegt ist.

Natürlich ist Rawls sich völlig im klaren darüber, daß

31 Wie Eva Kittay in ihrer hervorragenden Studie (Kittay [1999], 88-99; vgl. auch Kittay [1997]) zeigt, wird in Rawls' Theorie an fünf einschlägigen Stellen ignoriert, daß es asymmetrische Bedürfnisse gibt: (1) Rawls' Vorstellung der Anwendungsverhältnisse der Gerechtigkeit gehe von einer ungefähren Gleichheit der Personen aus; (2) seine Idealisierung der Bürger als »uneingeschränkt kooperativ« etc. schließe Behinderungen und Abhängigkeiten aus; (3) seine Auffassung von sozialer Kooperation beruhe auf der Idee der Reziprozität zwischen Gleichen und lasse keinen Raum für Beziehungen extremer Abhängigkeit; (4) seine Auffassung der Grundgüter, die als Konzeption der Bedürfnisse der durch ihre Befähigung zur »uneingeschränkten Kooperation« charakterisierten Bürger eingeführt wird, berücksichtige das Bedürfnis nach Versorgung nicht, das viele wirkliche Menschen haben; (5) seine Auffassung der Freiheit der Bürger, die sich auf deren Status als selbstbeglaubigende Quellen gültiger Ansprüche bezieht (z. B. PL 102), lasse jede Freiheit außen vor, die jemand genießen könnte, der anders ist.

seine Theorie bestimmte Fälle in den Mittelpunkt stellt und andere ausklammert. Er ist aber der Meinung, man könne das Problem der Versorgung von Menschen, die nach seinem Verständnis nicht »voll kooperierend« sind, obwohl es sich hierbei um »eine drängende praktische Aufgabe« handle, durchaus aufschieben, bis die grundlegenden politischen Institutionen festgelegt sind und wir zur Ebene der Gesetzgebung kommen:

> Lassen Sie uns also hinzufügen, daß alle Bürger während ihres gesamten Lebens voll kooperierende Gesellschaftsmitglieder sind. Dies bedeutet, daß jeder über ausreichend Geisteskraft verfügt, um in der Gesellschaft eine normale Rolle zu spielen, und niemand unter ungewöhnlichen Bedürfnissen leidet, die schwer zu befriedigen sind, wie z. B. ungewöhnliche und kostenintensive medizinische Behandlungen. Natürlich ist es eine drängende praktische Aufgabe, sich um diejenigen zu kümmern, die solche Dinge benötigen. Aber zunächst stellt sich das grundlegende Problem sozialer Gerechtigkeit zwischen jenen, die volle, aktive und moralisch bewußte Mitglieder der Gesellschaft und direkt oder indirekt ihr ganzes Leben lang miteinander eng verbunden sind. Daher empfiehlt es sich, bestimmte schwierige Komplikationen außer Betracht zu lassen. Wenn es gelingt, eine Theorie auszuarbeiten, die den grundlegenden Fall abdeckt, dann können wir später versuchen, sie auf andere Fälle auszuweiten. Es ist offenkundig, daß eine Theorie, die für den grundlegenden Fall versagt, von keinerlei Nutzen ist. (KKM 122f.)

Ganz ähnlich heißt es in PL:

> Da wir von der Idee der Gesellschaft als eines fairen Systems der Kooperation ausgehen, nehmen wir an, daß Personen als Bürger all diejenigen Fähigkeiten haben, die notwendig sind, um ein kooperatives Gesellschaftsmitglied zu sein. Diese Annahme erlaubt uns einen klaren und unverstellten Blick auf das, was für uns die grundlegende Frage politischer Gerechtigkeit ist: Welche ist die angemessenste Gerechtigkeitskonzeption, um faire Kooperationsbedingungen für Bürger zu formulieren, die als freie und gleiche und lebenslang uneingeschränkt kooperative Gesellschaftsmitglieder betrachtet werden?
>
> Wenn wir diese Frage als grundlegend betrachten, wollen wir na-

türlich nicht sagen, daß niemand jemals unter Krankheiten oder Unfällen zu leiden hätte; mit solchen Unglücksfällen müssen wir im Laufe eines gewöhnlichen Lebens rechnen und entsprechende Vorsorge treffen. Mit Blick auf unser Ziel klammere ich solche zeitweiligen Einschränkungen von Fähigkeiten jedoch ebenso aus wie dauerhafte Behinderungen und psychische Störungen, die so ernsthaft sind, daß die von ihnen Betroffenen keine kooperativen Gesellschaftsmitglieder im üblichen Sinne sein können. (PL 86f.)

Wenige Zeilen später charakterisiert Rawls Personen ein weiteres Mal als »normale und uneingeschränkt kooperative Gesellschaftsmitglieder« und bezeichnet dann »die Frage, was wir denjenigen schuldig sind, die diese Bedingungen entweder zeitweilig (wegen Krankheiten oder Unfällen) oder dauerhaft nicht erfüllen, was auf eine Vielzahl von Fällen zutrifft« (PL 87f.), als ein Problem, das seine Theorie auf ihrem bisherigen Entwicklungsstand noch nicht zufriedenstellend zu lösen vermag. An späterer Stelle differenziert er scharf zwischen solchen Unterschieden hinsichtlich der Fähigkeiten, bei denen sich die betroffene Person »oberhalb« des »Minimums befindet, das notwendig ist, um ein normal kooperatives Gesellschaftsmitglied zu sein«, und solchen, die darunterliegen (PL 278). Wenn die Fähigkeiten so geartet sind, daß eine Person sich oberhalb dieses »Minimums« befindet, dann kann sie Rawls zufolge von der Theorie in ihrer existierenden Form berücksichtigt werden, vor allem mittels der Ideen der fairen Chancengleichheit und des freien Wettbewerbs; Personen, die unter dem Minimum bleiben, werden erst später berücksichtigt, nämlich auf der Ebene der Gesetzgebung, »wenn die Art und Häufigkeit solcher Unglücksfälle und die Kosten ihrer Behandlung bekannt sind und sie ins Verhältnis zu allen anderen Staatsausgaben gesetzt werden können« (PL 279).

Rawls ist demnach eindeutig der Ansicht, daß wir politische Grundprinzipien in angemessener Weise festlegen können, ohne »anormale« lebenslange oder zeitweilige Beeinträchtigungen körperlicher oder geistiger Natur zu berücksichtigen, ohne sie also bei der Beantwortung der Frage in Betracht zu ziehen, welche Grundgüter auf der Liste der Dinge sein sollten, die jeder über die beiden moralischen Vermögen verfügende Bürger aller Voraussicht nach will. Offenbar setzt er außerdem die Unterscheidung zwischen »normalen« und atypisch beeinträchtigten Personen gleich mit der zwischen uneingeschränkt kooperierenden und nicht zu uneingeschränkter Kooperation fähigen Personen – obwohl dagegen eingewendet werden könnte, daß sich viele Beeinträchtigungen in einem hinreichend veränderten gesellschaftlichen Kontext nicht als funktionale Behinderungen auswirken würden. Es bleiben daher einige begriffliche Unklarheiten, aber man kann wohl davon ausgehen, daß zu den Menschen, deren besondere Bedürfnisse Rawls zu einem späteren Zeitpunkt berücksichtigt sehen möchte, Blinde, Gehörlose, Rollstuhlbenutzer, Menschen mit einer schweren psychischen Störung (wozu auch schwere Depressionen zählen) und solche mit schweren kognitiven sowie anderen Entwicklungsbeeinträchtigungen gehören, wie Arthur, Jamie und Sesha. Darüber hinaus werden auch Personen ausgeschlossen, bei denen eine solche Einschränkung nur zeitweilig vorliegt.

Hieraus ergeben sich zwei Fragen. Erstens, *warum* denkt Rawls, daß wir diese Probleme aufschieben müssen, und welche Rolle spielen die vier problematischen Aspekte seiner Theorie bei dieser Entscheidung? Zweitens, hat er recht mit seiner Annahme, daß eine kantianische Theorie des Gesellschaftsvertrags wie die seine derartige Probleme aufschieben muß?

Obwohl ich mich hier letztendlich in erster Linie mit Menschen mit geistigen Beeinträchtigungen beschäftigen will, die die größte Herausforderung für Rawls' Theorie darstellen, möchte ich mit dem wohl einfacheren Fall körperlicher Beeinträchtigung beginnen: Befassen wir uns zunächst mit lebenslangen Beeinträchtigungen und wenden uns dann den zeitweiligen zu. Es könnte sein, daß Rawls mit der Behauptung, seine Theorie könne solche Fälle nicht miteinbeziehen, einfach unrecht hat. Ein Aktivist für die Rechte von Menschen mit solchen Beeinträchtigungen könnte einwenden: Menschen, die blind oder gehörlos sind oder einen Rollstuhl benötigen, können dennoch über die von Rawls genannten kognitiven und moralischen Vermögen verfügen. Da jeder von uns ein solcher Mensch sein könnte, scheint es willkürlich, daß die Parteien im Urzustand sich zwar einerseits die Kenntnis ihrer eigenen ethnischen und Klassenzugehörigkeit sowie des eigenen Geschlechts vorenthalten, andererseits aber wissen sollen, daß ihre körperlichen Fähigkeiten innerhalb des sogenannten normalen Bereichs liegen. Darüber hinaus gibt es viel mehr Ähnlichkeiten zwischen dem Umstand, daß Bürgerinnen und Bürger gehörlos, blind oder Rollstuhlbenutzer sind, und ihrer ethnischen Zugehörigkeit oder ihrem Geschlecht, als man gemeinhin annimmt. Schließlich können Menschen mit solchen Beeinträchtigungen gewöhnlich im üblichen wirtschaftlichen Sinn höchst produktive Mitglieder der Gesellschaft werden, indem sie hochqualifizierte Arbeiten ausführen, solange die Gesellschaft die für ihre Einbeziehung notwendigen Hintergrundbedingungen bereitstellt. Ihre gegenwärtige verhältnismäßig geringe Produktivität ist nicht »natürlich gegeben«, sondern das Ergebnis diskriminierender gesellschaftlicher Zusammenhänge. Menschen in Rollstühlen können sich gut fortbewegen und ihrer Arbeit nachgehen, solange etwa Gebäude Rampen haben und Busse entsprechend ausgestattet sind. Blinde Menschen können dank der unterschiedlichen Audiotechnologien und der taktilen Leitsysteme, die uns heute zur Verfügung stehen, fast überall arbeiten, wenn ihr Arbeitsumfeld entsprechend eingerichtet ist. Menschen, die gehörlos sind, können anstelle des Telefons auf Email und auf viele andere visuelle Technologien zurückgreifen – natürlich wiederum nur, wenn ihr Arbeitsumfeld so strukturiert ist, daß sie integriert werden. Ebenso wie es diskriminierend gegenüber Frauen ist, ihnen Schwangerschaftsurlaub zu verweigern, obwohl es eine biologische Tatsache darstellt, daß nur Frauen schwanger werden können, werden Menschen mit Beeinträchtigungen benachteiligt, wenn ihre Produktivität nicht auf diese Weise unterstützt wird, obwohl es eine biologische Tatsache ist, daß nur sie diese Unterstützung brauchen werden. Um es noch einmal zusammenzufassen: Dann und nur dann, wenn die Parteien im Urzustand nicht wissen, welche körperliche Beeinträchtigung sie haben oder nicht haben könnten, werden sie Prinzipien festlegen, die Menschen mit solchen Beeinträchtigungen gegenüber wirklich fair sind.

Warum kann Rawls diesen erst einmal vernünftig wirkenden Vorschlag nicht übernehmen? Hierfür scheint es drei Gründe zu geben, die alle aufs engste mit der Struktur seiner Theorie zusammenhängen. Der erste Grund läßt sich auf seine Konzeption der Grundgüter zurückführen. Wenn Rawls Menschen mit körperlichen Beeinträchtigungen und damit zusammenhängenden Behinderungen bei der Festlegung der benötigten Grundgüter berücksichtigen würde, müßte er die von ihm angewandte einfache und unkomplizierte Methode zur Identifikation der Schlechtestgestellten aufgeben. Diese Methode benötigt er jedoch gerade für seine Überlegungen zur Güterverteilung und -umverteilung. Ich rede hier davon, daß Rawls sich nach der Gewährleistung des Vorrangs der Freiheit auf Einkommen und Vermögen als einzige Kriterien festlegt. Wenn nun aber der körperliche Zustand einer Person relativ zu ihrem gesellschaftlichen Umfeld als ein höchst variables Grundgut verstanden wird, dann ist es möglich, daß Person A auf für das Wohlergehen relevante Weise schlechter gestellt ist als Person B, obwohl A und B über genau das gleiche Einkommen und Vermögen verfügen. Sen hat genau diesen Punkt wiederholt im Rahmen seines Vorschlags aufgebracht, sich auf Fähigkeiten statt auf Grundgüter zu konzentrieren: Eine Person, die einen Rollstuhl benutzt, kann das gleiche Einkommen und Vermögen haben wie eine andere Person, die sich »normal« fortbewegen kann, und dennoch viel schlechter gestellt sein, wenn es darum geht, sich tatsächlich fortzubewegen. Etwas später werde ich die von Sen vorgeschlagene Lösung ebenfalls genauer in Augenschein nehmen, da sie mehr als einen Aspekt von Rawls' Theorie betrifft. Hier möchte ich mich nur mit der Beziehung zwischen Sens Vorschlag und der Konzeption der Grundgüter befassen.[32]

Rawls ist sich der Vorteile einer Konzeption der Grundgüter als multivalente Liste von Fähigkeiten durchaus bewußt. Trotz seiner Sympathie für Sens Vorschlag lehnt er ihn letztendlich jedoch ab. Diese Entscheidung hängt unter anderem eindeutig damit zusammen, daß er nach einer einfachen und linearen Möglichkeit sucht, soziale Positionen miteinander zu vergleichen, und die Beschränkung auf Einkommen und Vermögen stellt eine solche Möglichkeit dar. In seiner Argumentation für das Differenzprinzip macht Rawls deutlich, wie wichtig es für ihn ist, besser- und schlechtergestellte Personen eindeutig entlang einer einzigen Skala einordnen zu können. Wären die Meßkriterien pluralistisch und heterogen, bliebe unklar, wer am schlechtesten gestellt ist, und das würde das ganze Differenzprinzip in Frage stellen.

Dieses Problem, nennen wir es das »Problem der Behinderungen und der Grundgüter«, hängt also eng damit zusammen, daß sich Rawls in seiner Verteidigung des Differenzprinzips auf die Grundgüter bezieht, um relative soziale Positionen zu identifizieren. Meines Erachtens handelt er sich bereits mit seiner Entscheidung, gesellschaftliche Positionen linear entlang einer einzigen Skala anzuordnen, beträchtliche Schwierigkeiten ein. Zwar stellt Rawls zufolge die Selbstachtung (oder, genauer, ihre sozialen Grundlagen) »vielleicht das wichtigste« der Grundgüter dar.[33] Wenn es aber um die Identifikation der Schlechtestgestellten geht, ignoriert er dieses Grundgut und legt die soziale Position nur anhand von

32 Vgl. Sen (1980); weitere gute Darstellungen dieses Ansatzes finden sich in Sen (1993), Sen (1995) und Sen (1992), v. a. Kap. 1, 3 und 5.

33 Vgl. TG 479 ff.

Einkommen und Vermögen fest. Bestimmte Grundfreiheiten und Chancen sind an dieser Stelle bereits berücksichtigt worden, aber die Selbstachtung gehört nicht dazu. Es scheint jedoch durchaus möglich, daß es in einer Gesellschaft eine Gruppe von Personen gibt, denen es an diesem wichtigen Gut mangelt, die aber andererseits durchaus über ein ansehnliches Einkommen und Vermögen verfügen. In der Zeit vor *Lawrence v. Texas* (2003), so könnte man zum Beispiel meinen, seien Homosexuelle in den Vereinigten Staaten, deren privates Sexualverhalten strafrechtlicher Verfolgung ausgesetzt war, in einer solchen Situation gewesen; und angesichts des Widerstands gegen die gleichgeschlechtliche Ehe ist das vielleicht noch immer der Fall. Rawls räumt dementsprechend auch ein, daß es Gründe gibt, einer komplexen, verschiedene Werte berücksichtigenden Analyse sozialer Positionen den Vorzug zu geben, obwohl er selbst eine solche Analyse letztendlich ablehnt. Hätte er seine Theorie in diese Richtung entwickelt, wäre er jedoch mit zwei weiteren Problemen konfrontiert gewesen: erstens mit der Frage, wie man ein solches Gut gegen ein anderes abwägt, ohne in jenes »intuitive« Abwägen zurückzufallen, das er so strikt ablehnt; und zweitens mit der Frage, wie sich gesellschaftliche Produktivität auf der Grundlage unterschiedlicher Werte fassen läßt, woraus sich unter Umständen Konsequenzen für den ganzen Aufbau der ursprünglichen Entscheidungssituation ergeben.

Der Bezug auf Grundgüter zur Identifikation sozialer Positionen ist für Rawls' Ansatz zwar wichtig, scheint aber nicht unbedingt ein notwendiger Bestandteil einer kontraktualistischen Theorie wie der seinen zu sein. Man könnte nämlich auch die Ansicht vertreten, daß die Parteien im Urzustand dem Differenzprinzip ein ausreichendes gesellschaftliches Minimum vorziehen würden.[34] In diesem Fall müßten sie

34 Tatsächlich erwägt Rawls in PL die Möglichkeit eines sogar im Verhältnis zu den Grundfreiheiten vorrangigen Grundsatzes, der fordert, daß »die Grundbedürfnisse von Bürgern befriedigt werden, jedenfalls

sich in ihren Abwägungen nicht auf die Grundgüter beziehen und schon gar nicht auf einen Vergleich anhand nur eines Kriteriums. Obwohl sie für den Maßstab der Grundgüter noch immer eine Entsprechung benötigen würden, um zu wissen, was entsprechend den Prinzipien der Gesellschaft verteilt wird, könnten sie sich auf eine multivalente Liste von Ansprüchen beziehen. Dann müßten sie die Grundgüter nicht einmal als leicht quantifizierbar konzipieren, wie es etwa für Einkommen oder Vermögen zutrifft. (Die Fähigkeitenliste, für die ich argumentieren werde, könnte im Rahmen einer solchen Theorie als eine Konzeption der Grundgüter fungieren, wie Sen es vor langer Zeit vorgeschlagen hat.) Bisher haben wir also nichts gefunden, was eine sowohl kontraktualistische als auch kantianische Theorie daran hindern würde zuzugestehen, daß Einkommen und Vermögen keine guten Stellvertreter für wichtige gesellschaftliche Güter wie etwa Mobilität und gesellschaftliche Integration sind. Insofern sich Rawls' Aufschieben der Frage des Umgangs mit Behinderungen auf das »Problem der Grundgüter und der Behinderungen« zurückführen läßt, könnte ein mit meinen

insoweit dies eine Bedingung dafür ist, daß Bürger diese Rechte und Freiheiten verstehen und nutzbringend ausüben können« (PL 7). Er verfolgt diese Frage nicht weiter und geht auch nicht darauf ein, wie dieses Prinzip im Urzustand begründet werden würde. Aber selbst wenn er ein solches Prinzip mit in seine Theorie aufnähme, würde das wohl kaum zu einem »ausreichenden gesellschaftlichen Minimum« führen, wie es von meinem Ansatz oder von modernen Regierungen gefordert wird, die über Fragen der Verteilung nachdenken: Schließlich kann ein Bürger uneingeschränkt in der Lage sein, seine politischen Rechte und Freiheiten zu genießen, und zugleich in den Dimensionen Gesundheit, Ausbildung, Arbeitsrecht und Zugang zu Eigentum ausnehmend schlecht gestellt sein. In Indien wurde die Wahl im Mai 2004 von Angehörigen der Landbevölkerung entschieden, die sich in ebendieser Situation befanden: Sie nahmen aktiv und effektiv an der Demokratie teil und übten ihre Grundfreiheiten mit großem persönlichen Einsatz und auch sehr wirksam aus. Trotzdem kann man nicht behaupten, daß sie über ein »ausreichendes gesellschaftliches Minimum« verfügen: Ebendarin lag ja der Grund ihrer Unzufriedenheit.

Überlegungen einverstandener Vertragstheoretiker ihm demnach widersprechen.

Der zweite Grund, aus dem Rawls den eigentlich vernünftigen Vorschlag ablehnen muß, im Urzustand auch das Wissen der Parteien über ihre körperlichen und geistigen Fähigkeiten sowie Behinderungen einzuschränken, hängt jedoch direkt mit seiner Zugehörigkeit zur Tradition des Gesellschaftsvertrags zusammen. Im Urzustand (wie ihn Rawls konzipiert) haben die Parteien allgemeine Informationen über die Welt und sie wissen somit, daß manche Beeinträchtigungen, wie etwa Rückenprobleme, sehr verbreitet sind, und daß andere, wie etwa Blindheit und Gehörlosigkeit, viel seltener sind. Die Idee der »Normalität«, auf die sich Rawls bezieht, um die Parteien und ihre Fähigkeiten zu definieren, entspricht ebendieser Vorstellung statistischer Häufigkeit. Und natürlich prägen diese statistischen Tatsachen in allen Gesellschaften den öffentlichen und den privaten Raum sowie das alltägliche Leben im allgemeinen. Offensichtlich haben auch »Normale« mit körperlichen Beeinträchtigungen zu kämpfen, etwa mit ihrer Sterblichkeit und den uns von Körpergröße und Armreichweite gesetzten Grenzen, mit den erwähnten Rückenproblemen und dem menschlichen Gehör, das nicht alle existierenden Schallwellen wahrnimmt.[35] Dennoch finden wir in unserem Arbeitsumfeld keine Geräte, deren Töne nur Hunde hören können, Menschen aber nicht; es gibt auch keine Treppen, deren Stufen so hoch sind, daß nur die Riesen aus Brobdingnag sie bewältigen können. Der öffentliche Raum ist so gestaltet, daß er den Beeinträchtigungen des »Normalfalls« entgegenkommt. Blinde und gehörlose Menschen oder Rollstuhlbenutzer unterscheiden sich dadurch von anderen,

35 In der Sprechweise, die in der Literatur über Behinderungen verwendet wird, handelt es sich bei diesen Problemen strenggenommen nicht um Beeinträchtigungen, weil es sich nicht um »den Verlust einer Körperfunktion« handelt. Ich möchte hier nur zeigen, daß wir alle körperliche Grenzen und Schwächen haben, die uns einschränken und unter Umständen Schmerzen bereiten.

daß man ihren Beeinträchtigungen gewöhnlich nicht in dieser Weise entgegenkommt, weil ihre Schwierigkeiten weniger typisch sind. Wenn man ihnen ermöglicht, unter gleichen Bedingungen anzutreten, ändert das die Situation erheblich: So brauchen Rollstuhlfahrer weniger Zeit für einen Marathon als Menschen, die ihre Beine benutzen. Wenn jemand einwendet, daß ein Rollstuhl eine Prothese ist, können wir antworten, daß »Normale« ständig Prothesen verwenden, wie etwa Autos oder Busse, und daß der öffentliche Raum auch darauf ausgerichtet ist, diesen Prothesen entgegenzukommen. Er ist jedoch nicht darauf ausgerichtet, den Prothesen von Menschen mit untypischen Behinderungen Rechnung zu tragen. Wir bauen geteerte Straßen, wir richten Busrouten ein, und dabei versäumen wir es oft, zugleich für Rollstuhlrampen und den entsprechenden Zugang zu den Bussen zu sorgen. Auch von den »Normalen« verlangt niemand einen Nachweis, daß sie alle Tätigkeiten, die für ihre Arbeit erforderlich sind, ohne technische Hilfe ausführen können, um sie als »produktiv« zu betrachten. Der öffentliche Raum ist ein Ergebnis unserer Vorstellungen von Inklusion. Indem wir Straßen in einem bestimmten Zustand erhalten und nicht in einem anderen, schließen wir Personen aus, die ausgesprochen kompetent und »produktiv«, aber eben zufällig blind sind, wie der bedeutende Rechtsgelehrte Jacobus tenBroek in seinem einflußreichen Artikel »The Right to Live in the World. The Disabled in the Law of Torts« ausführt.[36]

Für die Vertragstheoretiker liegt das eigentliche Problem aber in der relativen Seltenheit »anormaler« Beeinträchtigungen (die auch tatsächlich nur durch Verweis auf den Umstand, daß sie relativ selten sind, *als* »anormal« definiert werden); daß sie selten sind bedeutet, daß kosten- und aufwandsintensive Vorkehrungen getroffen werden müssen, um das Arbeitsumfeld und den öffentlichen Raum für die Betroffenen voll

36 TenBroek (1966).

nutzbar zu machen, wenn sie »normal« produktiv sein sollen. Diese Ausgaben sind im allgemeinen ungleich größer als die Steigerung der wirtschaftlichen Produktivität, die durch die Einbeziehung der Menschen mit »anormalen« Beeinträchtigungen möglich wird, weil die sozialen Einrichtungen für alle neu gestaltet werden müssen, um den Bedürfnissen einer sehr kleinen Zahl gerecht zu werden. Aus diesem Grund handelt es sich bei derartigen Umgestaltungen, wie Gauthier betont, nicht um gegenseitige Vorteile in einem wirtschaftlichen Sinn. Maßnahmen gegen die Diskriminierung aufgrund von ethnischer Zugehörigkeit oder Geschlecht stellen aber einen anderen Fall dar, denn hier kann man wenigstens anführen, daß sie ökonomisch effizient sind, weil auf diese Weise der arbeitenden Bevölkerung ganz ohne teure Umgestaltungen[37] eine große Gruppe produktiver Arbeiter hinzugefügt wird, die andernfalls vielleicht ausgeschlossen blieben.[38] Selbst wenn wir dem Vertreter der Interessen von Menschen mit Behinderung zugestehen, daß Arbeiter mit über das »Normale« hinausgehenden Beeinträchtigungen höchst produktiv sein können, ist es demnach ziemlich unwahrscheinlich, daß sich zeigen läßt, daß ihre wirtschaftliche Produktivität im allgemeinen die Kosten ausgleichen würde, die aus ihrer vollständigen Einbeziehung entstünden. Hier müssen wir tatsächlich

37 Schwangerschaftsurlaub ist eine Ausnahme, die aber ohne weiteres als effizient gerechtfertigt werden kann, da es so viele arbeitende Frauen gibt, die äußerst produktiv sind.

38 Vgl. zu diesem Unterschied z. B. Epstein (1992), 480: »Während es gewöhnlich für Transportunternehmen oder öffentliche Einrichtungen wenig oder keinen privaten Grund gibt, Menschen aufgrund von ethnischer oder [...] Geschlechtszugehörigkeit diskriminieren zu *wollen*, kann man dasselbe nicht mit Bezug auf den ADA [Americans with Disabilities Act] sagen, der hohe Ausgaben für Züge, Busse, Flughäfen und alle anderen Arten öffentlicher Einrichtungen erforderlich macht, die aus allgemeinen öffentlichen Einnahmen finanziert werden, anstatt den behinderten Personen aufgebürdet zu werden.« Epstein zufolge sind Antidiskriminierungsgesetze im Fall der ethnischen und der Geschlechtszugehörigkeit unnötig, da der Markt diese Probleme lösen wird.

eine Entscheidung treffen: Kooperation und vollständige Einbeziehung oder Nichtkooperation (mit weitreichenden Fürsorgemaßnahmen zu einem späteren Zeitpunkt). Rawls' ursprüngliche Begründung der Vorzugswürdigkeit der Kooperation beruht auf der Idee gegenseitigen Vorteils, die mit seiner Darstellung »normaler« gesellschaftlicher Kooperation zusammenhängt. Meines Erachtens kann Rawls nicht erklären, warum denjenigen unterhalb des von ihm genannten Minimums Gerechtigkeit anstelle von Fürsorge zusteht, ohne diesen Aspekt seiner Theorie einer grundlegenden Revision zu unterziehen.

Aus der Perspektive der Vertragstheorie läßt sich an dieser Stelle ein dritter Punkt zur Sprache bringen. Obwohl Menschen, die blind, gehörlos oder an einen Rollstuhl gebunden sind, unter ihnen angemessenen Bedingungen produktive Arbeit leisten können, ist die Annahme, daß das im allgemeinen auf alle Menschen mit körperlichen Beeinträchtigungen zutrifft, unplausibel. Manche Beeinträchtigungen stören tatsächlich wichtige Lebensfunktionen und erweisen sich so in den meisten, wenn nicht sogar in allen sozialen Kontexten als Behinderungen. (Tatsächlich bezieht sich die Definition von Behinderung im US-amerikanischen Gesetz zum Umgang mit behinderten Menschen, dem Americans with Disabilities Act, auf dieses Kriterium der Störung einer »wichtigen Lebensfunktion«). Selbst durch zusätzliche Maßnahmen wird man einige dieser Beeinträchtigungen nicht so ausgleichen können, daß die Betroffenen am Arbeitsplatz im herkömmlichen Sinne voll produktiv zu sein vermögen. Auch ein Plädoyer für die Einbeziehung von Arbeitskräften mit Beeinträchtigungen, das auf die zu erwartende wirtschaftliche Produktivität verweist, kann somit nicht alle Fälle körperlicher Beeinträchtigung abdecken.

Hier zeigt sich das wahre Gesicht der Idee des Gesellschaftsvertrags. Selbst wenn wir die Ausgangssituation moralisieren, geht es beim Verlassen des Naturzustands letzten Endes nur darum, aus der wechselseitigen Kooperation Vorteile zu ziehen, und diese Vorteile werden von allen Vertragstheoretikern in wohlbekannte ökonomische Begriffe gefaßt. Ein solches Bild der Kooperation ist aufs engste mit der Idee verknüpft, daß die ursprüngliche Gruppe der Verhandelnden auf jene beschränkt bleiben muß, die über »normale« Produktionsfähigkeiten verfügen. Für den Vertragstheoretiker ist die Frage, wer in dieser anfänglichen Phase dazugehört und wer nicht, keineswegs trivial, da, wie Gauthier betont, unsere Gesellschaft heute über medizinische Technologien verfügt, die einen »stetig zunehmenden Leistungstransfer zugunsten von Menschen ermöglichen, die [das durchschnittliche Wohlergehen] absenken«. Gauthier vertritt daher die durchaus folgerichtige Meinung, daß atypisch behinderte Menschen von Anfang an ausgeschlossen werden müssen: »Wenn man euphemistisch davon spricht, sie zu einem produktiven Leben zu befähigen, wobei die benötigten Hilfsleistungen jedes mögliche Ergebnis übertreffen, verdeckt man damit eine Problematik, die verständlicherweise von allen gerne vermieden wird. [...] Solche Personen sind keine Teilnehmer der auf der Grundlage der Vertragstheorie etablierten moralischen Beziehungen.«[39]

An dieser Stelle kommt es in Rawls' Theorie zu einer starken Spannung zwischen den verschiedenen Elementen. Auf der einen Seite ist es ihm wichtig, Fragen der Gerechtigkeit Vorrang vor Fragen der Effizienz einzuräumen. Die Überzeugung, daß jede Person ein Selbstzweck ist, steht im Zentrum seiner Theorie. Dieser kantianische Kern ist natürlich tief in der Konzeption des Urzustands verankert: Von Beginn an sind die Überlegungen der Parteien im Urzustand so strukturiert, daß sie das allgemeine Wohlergehen nicht auf eine Weise verfolgen dürfen, die irgendeinem Individuum gegenüber unfair ist. Auf der anderen Seite versteht Rawls die Begründung der Vorzugswürdigkeit der Kooperation gegenüber der Nicht-

39 Gauthier (1986), 18 und Fn. 30.

kooperation sowie ihre Zielsetzungen auf eine klassisch vertragstheoretische Weise, bei der die Humeschen Anwendungsverhältnisse der Gerechtigkeit an die Stelle des Naturzustands treten. Das Strukturmerkmal der ungefähren Gleichheit und das Ziel des gegenseitigen Vorteils sind entscheidend dafür, wer zu Beginn einbezogen wird und was sich die Parteien von ihrer Kooperation erhoffen. Wir können die zentrale Idee der Unverletzlichkeit und die verwandte Idee der Reziprozität nicht auf Menschen mit schweren körperlichen und geistigen Beeinträchtigungen ausdehnen, ohne diese Elemente der Theorie in Frage zu stellen und so im Grunde die Verbindung zur klassischen Theorie des Gesellschaftsvertrags zu kappen.

Rawls ist sich dieses Problems sehr wohl bewußt. Aus diesem Grund räumt er ein, eine der von seiner Theorie nur schwer zu beantwortenden Fragen betreffe, »was wir denjenigen schuldig sind«, die seiner Konzeption zufolge nicht als »normale und uneingeschränkt kooperative Gesellschaftsmitglieder« gelten können, da sie die entsprechenden Anforderungen »entweder zeitweilig (wegen Krankheit oder Unfällen) oder dauerhaft nicht erfüllen, was auf eine Vielzahl von Fällen zutrifft« (PL 87f.). Erinnern wir uns an dieser Stelle, daß er zu diesem und den drei weiteren genannten Problemen schreibt: »Obwohl ich alle diese Fragen letztlich gerne beantworten würde, hege ich große Zweifel daran, daß dies innerhalb der Konzeption der Gerechtigkeit als Fairneß als einer politischen Konzeption möglich ist.« (PL 88) Und obwohl er sich hinsichtlich zweier der Probleme (das Recht der Völker und das Problem zukünftiger Generationen) optimistisch zeigt, bleibt er bezüglich der anderen beiden (der Frage der Behinderungen und dem »Problem, was wir den Tieren und dem Rest der Natur schulden« [ebd.]) pessimistisch; er spricht diesbezüglich von Problemen, »an denen die Konzeption der Gerechtigkeit als Fairneß scheitern mag« (ebd.). Rawls sieht hier zwei Möglichkeiten. Die eine »besteht darin, daß die Idee der politischen Gerechtigkeit nicht alles abdeckt und daß wir dies auch nicht erwarten sollten«. Die andere Möglichkeit ist, daß es sich zwar tatsächlich um Probleme der Gerechtigkeit handelt, daß aber für diese Probleme »Gerechtigkeit als Fairneß nicht die richtige Konzeption ist, auch wenn sie sich in anderen Fällen bewährt. Um zu beurteilen, wie schwerwiegend ein solches Scheitern wäre, müssen wir abwarten, bis wir einen konkreten Fall untersuchen können« (ebd.). Mit anderen Worten: Obwohl er eine Lösung für das Problem vorschlägt – nämlich diese Fragen auf die Ebene der Gesetzgebung zu verschieben –, ist sich Rawls nicht sicher, ob es sich dabei um eine gute Lösung handelt. Auf jeden Fall behandelt man das Problem auf diese Weise nicht als eines der elementaren Gerechtigkeit, das im Zuge der Etablierung der Grundprinzipien einer Gesellschaft gelöst werden muß. Meiner Meinung nach ist die zweite der von Rawls genannten Möglichkeiten vielversprechender – Beeinträchtigungen und Behinderungen werfen tatsächlich Fragen der Gerechtigkeit auf –, und ich hoffe, mit meinen Überlegungen hier wenigstens einen Eindruck davon zu vermitteln, wie eine Theorie, die von Rawls' intuitiven Ideen ausgeht, dieses Problem lösen könnte.

Zwei Fragen drängen an dieser Stelle auf Antwort. Erstens: Warum kann Rawls die Vorteile der sozialen Kooperation nicht einfach auf stärker moralische Weise bestimmen, so daß auch die Güter der Inklusion, der Achtung vor der Würde des Menschen und der Gerechtigkeit selbst zu den Vorteilen zählen, um die es den Parteien bei ihrer Kooperation geht? Zweitens: Warum kann er nicht die Idee einer Art Unfallversicherung aufgreifen, da doch jeder Mensch, wie bereits betont, außergewöhnlichen körperlichen Beeinträchtigungen und Behinderungen ausgesetzt sein kann?

Die in der ersten Frage angedeutete Möglichkeit wirkt zunächst vielversprechend und würde gut zu einem Kantianer wie Rawls passen. Wir entscheiden uns, Menschen mit Beeinträchtigungen einzubeziehen, weil Inklusion ein intrinsisches

Gut ist, ob sie nun wirtschaftlich effizient ist oder nicht. Den angestrebten Vorteil sollte man nicht allein in rein ökonomische Begriffe fassen, sondern auch das höhere Gut der Gerechtigkeit selbst berücksichtigen. Daß diese Antwort mit einem wesentlichen Aspekt von Rawls' Denken zusammenstimmt, ergibt sich auch aus seiner oft geäußerten Überzeugung, daß die Idee eines übergreifenden Konsenses und die entsprechende Übereinkunft der Bürger in einer wohlgeordneten Gesellschaft über einen bloßen *modus vivendi* hinausgehen (z. B. PL 307). Es ist aber keineswegs klar, ob Rawls dieser Überlegung in der Gestaltung des Urzustands selbst Rechnung tragen kann, so daß den Parteien, die seiner Konzeption zufolge ja so weit wie möglich ihre eigenen Ziele verfolgen wollen, ein breiteres Spektrum auch moralischer Zwecke zugeschrieben würde. Rawls zufolge erschöpft sich die menschliche Natur nicht darin, nach einer Maximierung der eigenen Interessen zu streben, denn wie bereits erwähnt kommt in den Parteien im Urzustand nur ein Teil realer Personen zum Ausdruck; die moralische Dimension des Urzustands wird durch den Schleier des Nichtwissens hinzugefügt. Im Urzustand wissen die Parteien jedoch nicht, ob ihnen andere Menschen etwas bedeuten. Zu manchen Konzeptionen des Guten gehört die Sorge um andere, zu anderen nicht; die Parteien wissen nicht, welcher Konzeption sie selbst anhängen. Es wird zwar angenommen, daß sie einen Gerechtigkeitssinn besitzen, aber sie wenden nicht einmal eine bestimmte Konzeption der Gerechtigkeit an; die Parteien können nur davon ausgehen, daß sie alle diejenigen Prinzipien, auf die sie sich letztendlich einigen, verstehen und auch beachten werden (TG 168 f.). Sie wissen erst recht nicht, ob sie Zuneigung für andere Menschen empfinden und den Wunsch, diese miteinzubeziehen, ob ihre Interessen und Ziele egoistischer oder altruistischer Natur sind. Diese Dispositionen gehören zu ihrer jeweiligen umfassenden Konzeption des Guten und diese ist ihnen ja unbekannt (TG 151 f.). Rawls legt hierauf großen Wert und betont, daß eine

Gerechtigkeitsvorstellung »keine verbreiteten natürlichen Gefühle zwischen den Menschen voraussetzen« solle (TG 152). Auf der Ebene der Grundlagen der Theorie sollten möglichst wenige und möglichst schwache Voraussetzungen gemacht werden.

Rawls hat einen theoriesystematischen Grund, sich gegen die Einbeziehung eines weitreichenden Wohlwollens in den Urzustand zu wenden, der mit seinem Bestreben zusammenhängt, seine Theorie mit möglichst wenigen Vorannahmen zu belasten. Eine anders gelagerte Vertragstheorie könnte dem Wohlwollen mehr Raum geben, wie das etwa bei Locke der Fall ist. Aber welches Maß an Wohlwollen ist vereinbar mit der vertragstheoretischen Auffassung der Gesellschaft als System gegenseitiger Vorteile? (Im fünften Abschnitt des ersten Kapitels habe ich auf die Spannung hingewiesen, die Lockes Theorie hier aufweist.) Eine vollständige Inklusion von Menschen mit Beeinträchtigungen setzt ein weitreichendes und tiefgehendes Wohlwollen voraus, zu dem die Bereitschaft gehört, nicht nur den eigenen Vorteil zu opfern, sondern auch den Vorteil der Gruppe. Man müßte mit bestimmten Menschen kooperieren, obwohl es sowohl möglich als auch vorteilhaft wäre, diesen Menschen die Kooperation vollständig zu verweigern. Tatsächlich wurde sogar von verschiedenen Seiten in Frage gestellt, ob Rawls' Differenzprinzip, dem zufolge die Parteien bereit sein müssen, den Vorteil der Gruppe zugunsten der Schlechtestgestellten zu schmälern, überhaupt von seiner Argumentation gestützt wird, wenn man den Parteien nicht eine unrealistische Abneigung gegen Risiken unterstellt. Rawls zufolge wissen die Parteien aber zumindest, daß ihre Fähigkeiten innerhalb des normalen Bereichs liegen, so daß sie sich von ihrer Bereitschaft zum Verzicht auf einen Gruppenvorteil selbst einen Vorteil erwarten können. Das für eine vollständige Inklusion von Menschen mit Beeinträchtigungen erforderliche Wohlwollen unterscheidet sich hiervon nicht nur quantitativ, sondern auch qualitativ. Selbst wenn Rawls seinen theoriesystematischen Einwand gegen die Annahme des Wohlwollens zurückziehen würde, könnte er die richtige Art von Wohlwollen also wohl kaum einbeziehen, ohne die These aufzugeben, daß das Ziel von Kooperation (im Gegensatz zu Nichtkooperation) im Urzustand der gegenseitige Vorteil ist.

Kurz gesagt: Rawls übernimmt von der vertragstheoretischen Tradition die Idee, daß Kooperation dem gegenseitigen Vorteil dient, sowie seine Auffassung der Verhältnisse, unter denen eine solche Kooperation sinnvoll ist. Wollte er eine umfassendere Liste moralischer gesellschaftlicher Ziele in Betracht ziehen, würde dies eine andere Auffassung von der Rationalität der Parteien erfordern. Diese müßten dann nämlich wissen, daß ihnen die Interessen anderer Menschen wichtig sind und nicht nur ihre eigenen. Hiergegen wendet Rawls ein, daß eine solche Veränderung die Frage, welche Prinzipien gewählt werden, viel komplizierter gestalten würde, so daß es unter Umständen nicht mehr möglich wäre, sich überhaupt auf etwas festzulegen. Wenn das benötigte Wohlwollen außerdem derart tiefgehend und weitreichend ist, dann müßte sich Rawls' Ansatz so weit von der Idee eines Vertrags zum gegenseitigen Vorteil entfernen, daß die Metapher eines Gesellschaftsvertrags unter Umständen überhaupt keine sinnvolle Verwendung mehr findet. Wird die Verbindung zur Tradition des Gesellschaftsvertrags nicht gekappt, so können die Interessen von den in unserer Gesellschaft ja vorhandenen Menschen mit schweren Beeinträchtigungen später auf der Ebene der Gesetzgebung berücksichtigt werden. Die Parteien müssen aber wissen, und bei Rawls ist das der Fall, daß es sich bei ihnen selbst nicht um solche Menschen handelt. Die Berücksichtigung der Interessen der Betroffenen zu jenem späteren Zeitpunkt geschieht dann letztendlich aus Wohltätigkeit und nicht aus Gründen der elementaren Gerechtigkeit.

Was ist nun mit der in der zweiten der obigen Fragen aufgeworfenen Idee, der einer Art von Versicherung? Sogar

Richard Epstein, der Gesetze zum Schutz von behinderten Menschen nicht unterstützt, räumt ein, daß solche Gesetze in gewisser Hinsicht sinnvoll sein können. Wir wissen nämlich alle, daß auch wir infolge eines Unfalls an einer Behinderung leiden können, und daher haben wir alle ein Motiv für die Wahl einer politischen Regelung, die uns vor den schlimmsten Konsequenzen dieser Möglichkeit schützt.[40] Hier stellt sich zugleich eine weitere, damit im Zusammenhang stehende Frage: Warum schließt Rawls aus dem Bereich der Gerechtigkeit als Fairneß nicht nur lebenslange, sondern auch zeitweilige Beeinträchtigungen aus, die er ebenfalls auf die Ebene der Gesetzgebung verschiebt, nachdem die Grundprinzipien bereits festgelegt wurden? Ohne Zweifel handelt es sich bei derartigen zeitweiligen Beeinträchtigungen und den mit ihnen einhergehenden Behinderungen um einen paradigmatischen Fall für Versicherungen.

Auf diese Frage gibt es zwei Antworten, die eng mit den eben vorgestellten Überlegungen zusammenhängen. Die erste Antwort finden wir in Rawls' Erwiderung auf Amartya Sen. Ihm zufolge gestaltet sich die Bezugnahme auf Grundgüter, vor allem Einkommen und Vermögen, zur Evaluation sozialer Position sehr viel komplizierter (wie Sen ausdrücklich betont), sobald man die Frage der Kompensation in Fällen zeitweiliger Beeinträchtigung berücksichtigt, durch die Menschen »unter das Minimum« geraten. Auf dieses Problem sind wir bereits in der Diskussion über lebenslange Beeinträchtigungen gestoßen, und es taucht im Zusammenhang mit zeitweiligen Beeinträchtigungen wieder auf.[41] Rawls scheint Sen darin zuzustimmen, daß es in solchen Fälle sinnvoll ist, das relative Wohlergehen auf der Grundlage von Fähigkeiten, und nicht nur von Einkommen und Vermögen, einzuschät-

40 Epstein (1992), 481.

41 In seiner Erwiderung auf Sen in PL 277ff. unterscheidet Rawls nicht explizit zwischen diesen beiden Fällen, aber das Argument gilt offensichtlich für beide in ähnlicher Weise.

zen. Selbst wenn es angesichts der allgemeinen Tatsachen des menschlichen Lebens also durchaus plausibel scheint, daß die Parteien im Urzustand ein Versicherungssystem einrichten wollen, wären die theoretischen Kosten einer Einbeziehung dieser Aspekte des menschlichen Lebens in die Gestaltung der politischen Grundprinzipien ausgesprochen hoch. Die durch die Bestimmung der relativen sozialen Positionen mit Bezug auf Einkommen und Vermögen erreichte theoretische Eindeutigkeit würde verlorengehen; statt dessen müßten wir eine viel weniger handliche Liste der Fähigkeiten anlegen, die unvermeidlich zu ganz unterschiedlichen Bewertungen der sozialen Positionen führen würde. Kollektive Entscheidungen würden so zu ebenjenen intuitionsbasierten Abwägungen gezwungen, die Rawls unbedingt vermeiden will. Obwohl er die Bedeutung des von Sen aufgeworfenen Problems zugesteht, glaubt er es auf die Ebene der Gesetzgebung verschieben zu können, ja, zu müssen, so es denn möglich ist. Nur so lasse sich nämlich eine Theorie entwickeln, die jene Eindeutigkeit und Endgültigkeit besitzt, nach der er strebt, und nur so ließe sich seine sorgfältig ausgearbeitete Argumentation für das Differenzprinzip halten.[42]

Hinzu kommt, daß sich zeitweilige Beeinträchtigungen nicht auf plausible Weise als Einzelfall behandeln lassen, in dem Einkommen und Vermögen keine guten Indikatoren für das Wohlergehen darstellen. Wie Sen ebenfalls deutlich herausarbeitet, handelt es sich bei Unterschieden und Asymmetrien der körperlichen Bedürftigkeit einfach nicht um vereinzelte oder leicht zu separierende Fälle, sondern um Tatsachen, die das gesamte menschliche Leben prägen: Schwangere oder stillende Frauen brauchen mehr Nahrung als nichtschwangere Personen, Kinder brauchen mehr Proteine als Erwachsene und sehr junge sowie sehr alte Menschen brauchen in den meisten Lebensbereichen eine intensivere Versorgung als

42 So verstehe ich die eher undurchsichtigen Ausführungen in Erwiderung auf Sen in PL 277 ff.

andere. Demzufolge weist Rawls' Theorie der Grundgüter selbst im genau definierten Bereich der »uneingeschränkt kooperativen« Menschen Schwächen auf, da sie derartige Variationen bei der Ermittlung der Schlechtestgestellten nicht berücksichtigt und statt dessen soziale Positionen allein anhand von Einkommen und Vermögen bestimmt. Das Problem der unterschiedlichen Bedürftigkeit ist allgegenwärtig. Selbst um die körperlichen Bedürfnisse jener (fiktionalen) Bürger zu berücksichtigen, die nie aufgrund einer Beeinträchtigung auch nur zeitweilig unter das »Minimum« fallen, muß Rawls das Wohlergehen also auf eine Weise messen, die sich nicht nur auf Einkommen und Vermögen bezieht, sondern auch auf die Befähigung der Menschen zu ganz unterschiedlichen menschlichen Tätigkeiten.

Wie erwähnt, läßt sich dieser spezifische Grund für das Aufschieben der Frage des Umgangs mit Behinderungen auf einen bestimmten Aspekt von Rawls' Theorie zurückführen, der zwar für ihn wichtig ist, aber für eine Vertragstheorie der von ihm vertretenen Variante nicht entscheidend sein muß.

Das zweite von der Idee der Versicherung aufgeworfene Problem wird von Rawls nicht explizit erwähnt; es taucht aber implizit in seinen zurückhaltenden und wiederholten Hinweisen auf, daß wir es mit Menschen zu tun haben, deren Fähigkeiten sich im »normalen« Bereich befinden. Tatsächlich gibt es jedoch ein Kontinuum, das von Fällen lebenslanger Beeinträchtigung, die Rawls bereits aus vertragstheoretischen Gründen aufgeschoben hat, bis zu Fällen zeitweiliger Beeinträchtigung aufgrund von Krankheit, Unfällen und Alter reicht – und das ist das Problem. Wie Gauthier feststellt, leben wir in einer Zeit, in der die Medizin es zunehmend erlaubt, auch Menschen, die nicht »produktiv« sind, ein gutes Leben zu gewähren. Und obwohl Rawls den Begriff »normal« verwendet und von einem »Minimum« spricht, ist ihm natürlich bewußt, daß das Minimum relativ willkürlich festgelegt wird und daß es mehr Ähnlichkeiten zwischen einer Person mit lebenslanger Beeinträchtigung und einer seit ihrem 20. Lebensjahr gelähmten Person gibt als zwischen dieser zweiten Person und jemandem, der eine Woche lang schwer krank ist und dann wieder über »normale« Fähigkeiten verfügt. Manche Menschen leben länger mit einer »zeitweiligen« Beeinträchtigung, als andere mit einer lebenslangen Beeinträchtigung überhaupt am Leben bleiben. Es scheint daher willkürlich, zeitweilig beeinträchtigte Menschen einzubeziehen und die ganze Kategorie der Menschen mit lebenslangen Beeinträchtigungen auszuschließen. Besonders aufgrund der Tatsache, daß Menschen zunehmend ein hohes Alter erreichen, in dem sie unzähligen und langwierigen Beeinträchtigungen und Behinderungen ausgesetzt sind, wird die Kontinuität zwischen den beiden Gruppen immer größer. Folglich erfordert auch die Einschätzung der gesellschaftlichen Produktivität von Menschen mit zeitweiligen Beeinträchtigungen komplizierte individuelle Rechnereien. Wie Epstein bemerkt, erfordert das Nachdenken über Versicherungen die Berücksichtigung verschiedener Faktoren, wie der Wahrscheinlichkeit, mit der Menschen in ihren Fähigkeiten beeinträchtigt werden, der alternativen Verwendungsmöglichkeiten der eingesetzten Ressourcen, des Umfangs der benötigten Unterstützung und natürlich der Produktivität von Menschen mit verschiedenartigen Beeinträchtigungen, abhängig vom Grad der Unterstützung, den sie erhalten. Ob verschiedene Arten von Versicherungen effizient sind, hängt von diesen empirischen Faktoren ab, die sich mit der Zeit verändern. All das scheint aus Rawls' Sicht dafür zu sprechen, dieses Thema auf die Ebene der Gesetzgebung zu verschieben.

Im Gegensatz zur bereits diskutierten Begründung für die spätere Behandlung unserer Frage ist dieser Grund direkt der Logik von Rawls' Theorie des Gesellschaftsvertrags geschuldet. Wir müssen individualisierte Berechnungen vornehmen, weil wir feststellen müssen, ob und inwieweit Versicherungen sich ökonomisch gesehen lohnen. Tatsächlich müssen wir Effizienzargumente bei der Ausarbeitung der Grundprinzipien der Gerechtigkeit und der Inklusion aber nur deshalb berücksichtigen, weil wir uns die Gesellschaft als System der Kooperation zum gegenseitigen Vorteil vorstellen. Würden sich die Parteien im Urzustand auch auf ein umfassendes Versicherungsprinzip festlegen, würde das diese Zielsetzung in Frage stellen und es wäre unmöglich, *ex ante* festzustellen, ob eine Gesellschaft mit einem derartigen Versicherungssystem dieses Ziel erreichen kann.

Offensichtlich ist der von Rawls favorisierte Aufschub nicht unproblematisch. Die Parteien sollen sich vorstellen, Bürger zu repräsentieren, die tatsächlich »lebenslang uneingeschränkt kooperative Gesellschaftsmitglieder« sind, als hätten sie kein Bedürfnis, in Zeiten äußerster Abhängigkeit versorgt zu werden. Diese Fiktion läßt vieles, was zu einem menschlichen Leben dazugehört, außen vor und ignoriert die Kontinuität zwischen sogenannten »normalen« Menschen und solchen mit lebenslangen Beeinträchtigungen. Sie führt zu einer verzerrten Auswahl von Grundgütern, weil sie verdeckt, daß für wirkliche Menschen die Krankenversorgung und andere Arten der Fürsorge zentrale Güter sind, die das Wohlergehen erst ermöglichen; Einkommen und Vermögen sind aus den von Sen angeführten Gründen keine guten Platzhalter für diese Güter. Allgemeiner gesprochen stellt die Versorgung von Kindern, älteren Menschen und Menschen mit geistigen und körperlichen Behinderungen einen wichtigen Teil der Arbeit dar, die in jeder Gesellschaften geleistet werden muß, und in den meisten Gesellschaft ist dies eine Quelle gravierender Ungerechtigkeiten. Jede Gerechtigkeitstheorie muß dieses Problem von Anfang an berücksichtigen, schon bei der Gestaltung der institutionellen Grundstruktur und besonders in ihrer Theorie der Grundgüter.[43]

43 Vgl. Kittay (1999), 77: »Abhängigkeit muß von jeder egalitären Theorie von Anfang an berücksichtigt werden, wenn diese alle Personen in ihrer Reichweite einschließen soll.« Die konkreten Maßnahmen zur Verbes-

5. *Die kantianische Konzeption der Person*

Die bisher behandelten Probleme der Rawlsschen Theorie sind nicht auf seinen Kantianismus zurückzuführen, sondern auf seine spezifische Verwendung der Idee der Grundgüter sowie auf die Übernahme der zusammengehörigen Ideen der »ungefähren Gleichheit« und des gegenseitigen Vorteils aus der vertragstheoretischen Tradition. Wie ich bereits erwähnt habe, kommt es hier tatsächlich zu Spannungen zwischen den kantianischen Elementen der Theorie und der vertragstheoretischen Lehre. Die kantianische Tradition verlangt, jede Person als einen Endzweck zu behandeln, und verbietet es, Individuen dem allgemeinen Wohlergehen der Gesellschaft unterzuordnen. Zudem halten kantianische Bürger in einer wohlgeordneten Gesellschaft Gerechtigkeit und Respekt eindeutig für intrinsisch gut und haben eine reichhaltige und vielschichtige Vorstellung von den Vorteilen sozialer Kooperation. Kantianische Bürger könnten *ex post* gute Gründe dafür finden, Menschen mit Beeinträchtigungen Achtung und Inklusion zu gewähren; das Problem ist, daß der vertragstheoretische Rahmen *ex ante* im Urzustand ein solches Vorgehen verhindert.

An dieser Stelle müssen wir uns nun der Frage schwerer geistiger Beeinträchtigungen zuwenden. All die Probleme, die der Rawlsschen Theorie im Zusammenhang mit körperlichen Beeinträchtigungen entstehen, gelten ebenso für den Fall geistiger Beeinträchtigungen. Hinzu kommen aber noch weitere Probleme, die unmittelbar auf die kantianischen Elemente der Theorie zurückzuführen sind, obwohl diese in anderen

serung des Umgangs mit Behinderung (Gesetze, die Rollstuhlrampen vorschreiben, oder Gesetze wie der Individuals with Disabilities Education Act), könnten ohne weiteres auf die legislative Ebene verschoben werden; aber der Umstand, daß Bürgerinnen und Bürger derartige Versorgungsbedürfnisse haben, muß von Anfang an anerkannt werden und mit einer Verpflichtung einhergehen, die entsprechenden Fragen auch tatsächlich anzugehen.

Bereichen durchaus Achtung und Inklusion zu fördern scheinen.

Menschen mit schweren geistigen Beeinträchtigungen werfen zunächst einmal akute Probleme für die in der Theorie verwendete Vorstellung eines Gesellschaftsvertrags und des gegenseitigen Vorteils auf. Während die Vorstellung von Bürgern, die produktiv zur Steigerung des Wohlergehens der Gesellschaft beitragen, durch die Einbeziehung von Menschen mit körperlichen Beeinträchtigungen bereits strapaziert wird, bricht sie völlig zusammen, sobald wir sie mit den Leben von Jamie, Sesha und Arthur konfrontieren. Es ist einfach unwahrscheinlich, daß einer dieser drei Menschen auf eine Weise ökonomisch produktiv werden wird, die die Gesellschaft auch nur ansatzweise für die durch ihre Ausbildung entstehenden Ausgaben entschädigt. Jamie wird wahrscheinlich eine Arbeitsstelle annehmen und vielleicht am politischen Leben teilnehmen können; man kann aber nicht davon ausgehen, daß er die ausgesprochen hohen Kosten für seine medizinische Behandlung und seine Ausbildung im ökonomischen Sinn wird »zurückzahlen« können.[44] Wenn seine Ausbildung erfolgreich verläuft, kann Arthur vielleicht eine Arbeit finden, die seiner Intelligenz angemessen ist, und so im ökonomischen Sinn »produktiv« sein; sicher ist diese schöne Zukunft jedoch nicht. In der Zwischenzeit kommt er den Bundesstaat, in dem er lebt, aufgrund seiner privaten Ausbildung und der medizinischen Ausgaben teuer zu stehen. Im Fall von Sesha ist nicht einmal eine so eingeschränkte Rückzahlung der Kosten ihrer Versorgung möglich.

Derartige Beispiele legen sozusagen das wahre Gesicht der Vertragstheorie frei, das oft von den moralischen Elementen verschleiert wird, die in ihren überzeugendsten Varianten zu finden sind. Natürlich muß jedes Sozialleistungssystem seine Grenzen haben. Zur Bestimmung dieser Grenzen muß zum

44 Vgl. Bérubé (1996) für eine ausführliche Aufstellung dieser Ausgaben.

Beispiel gefragt werden, wie viel der Bundesstaat in Arthurs besondere Ausbildung investieren soll. Anders als die Vertragstheorie sollten wir den Sinn einer Kooperation mit Arthur, Jamie oder Sesha, in deren Rahmen sie ausgebildet und ihre Entwicklungsmöglichkeiten mit der angemessenen Sorge unterstützt werden, aber nicht nur in gegenseitigen Vorteilen suchen. Diese Frage zum Ausgangspunkt zu nehmen, scheint bereits ein Fehler zu sein: Es handelt sich um ein falsches Verständnis der wesentlichen Grundlage sozialer Kooperation. Der der Gesellschaft aus der Interaktion mit und der umfassenden Unterstützung von Jamie, Arthur und Sesha erwachsende Nutzen ist vielseitig und schwer zu greifen. John Stuart Mill trifft einen wesentlichen Aspekt, wenn er vom Vorteil spricht, »daß die allgemeinste und einflußreichste der Verbindungen der Menschen untereinander fortan durch Gerechtigkeit statt durch Ungerechtigkeit geregelt würde«[45] – nur daß es in unserem Fall nicht um Ehe und Familie geht, wie bei Mill, sondern um die Beziehungen des Sorgens füreinander, an denen alle Menschen irgendwann auf unterschiedliche Art und Weise und in unterschiedlichem Maße teilhaben. Dieser Gewinn entsteht, wenn wir die Würde von Menschen mit geistigen Behinderungen achten und ihnen bei der Weiterentwicklung ihres menschlichen Potentials helfen, unabhängig davon, ob dieses Potential im engeren Sinn sozial »nützlich« ist oder nicht. Ein weiterer wesentlicher Aspekt ist unser besseres Verständnis der Menschheit und ihrer Vielfalt, das aus einem durch wechselseitige Achtung und Reziprozität geprägten Zusammensein mit geistig behinderten Menschen entsteht. (Bérubé zeigt sehr überzeugend, daß die anderen Kinder, die mit Jamie zur Schule gehen, mindestens so viele Vorteile aus seiner Gegenwart in einem »normalen« Klassenzimmer ziehen wie er selbst.) Ein weiterer Vorteil besteht in einem neuen Blick auf ein Altern in Würde und auf unser

45 Mill/Taylor (1869/1991), 132.

eigenes Älterwerden. Und schließlich geht es auch um den Wert all der genannten Interaktionen und Beziehungen für die Menschen mit geistigen Behinderungen selbst, die ohne besondere soziale Unterstützung isolierte und stigmatisierte Leben führen würden, wie es früher der Fall war. Obwohl der oben angeführte Fürsprecher körperlich behinderter Menschen darauf drängte, auch diese Bürger als »produktiv« zu begreifen, scheint das nicht einmal in ihrem Fall eine gute Lösung des Problems zu sein; im Fall von Personen mit geistigen Behinderungen wird überdeutlich, wie sehr die Idee gegenseitiger Vorteile unseren Blick auf den Nutzen sozialer Kooperation verzerrt.

Wie wir gesehen haben, gibt es in Rawls' Theorie im Fall von Menschen mit körperlichen Behinderungen eine Tendenz in eine andere Richtung, die auf das kantianische Ideal der Reziprozität zurückzuführen ist. Im Fall von Menschen mit geistigen Behinderungen führt aber ebendieses Ideal zu neuen Schwierigkeiten. Es beruht nämlich auf einer kantianischen Konzeption der Person, die den Besitz geistiger und moralischer Vermögen als für Gleichheit und Reziprozität wesentlich erachtet. Aufgrund ihrer kantianischen Dimension legt Rawls' Theorie eine Unterscheidung zwischen moralischer Persönlichkeit und »Tierheit« bzw. Animalität zumindest nahe. Meine kritische Auseinandersetzung mit der Rawlsschen Theorie sollte daher bei den problematischen Aspekten dieser kantianischen Unterscheidung ansetzen, um dann zu sehen, in welchem Maße davon auch Rawls' Theorie betroffen ist.

Kants Begriff der Person steht in einer langen, direkt auf die griechischen und römischen Stoiker zurückgehenden Tradition, in der Personalität mit Vernunft identifiziert wird (zu der ganz zentral die Befähigung zum moralischen Urteilen gehört). Die so verstandene Vernunft wird hier als eine Eigenschaft des Menschen gesehen, durch den dieser ebenso scharf von nichtmenschlichen Tieren wie von der eigenen Animalität abgegrenzt ist. Den Stoikern zufolge liegt nicht nur zwischen den Menschen und den anderen Tieren eine Kluft, sondern auch zwischen dem von der Vernunft geprägten menschlichen Leben und dem menschlichen Leben in anderen Phasen (zu denen auch Kindheit und Jugend zählen).[46] Obwohl die Stoiker auch mit anderen Theorien bekannt waren, die von einer beträchtlichen Kontinuität zwischen menschlichen Fähigkeiten und den Fähigkeiten anderer Tiere ausgehen (zu nennen sind hier platonistische, aristotelische und epikureische Theorien), bestanden sie selbst auf einer scharfen Trennung. Tatsächlich waren sie der Ansicht, das Spezifikum des Menschen bestehe gerade in dem, was ihn über die Tiere erhebt. Abschätzige Bemerkungen über Tiere ersetzen in ihren Ausführungen zur menschlichen Natur und zur Würde des Menschen oft echte Argumente.

In Kants Theorie wird diese Trennung noch weiter getrieben. Die Stoiker waren Kompatibilisten, für die der Bereich der menschlichen Freiheit zugleich zur Natur gehörte und den deterministischen Gesetzen unterstand. Zu Recht oder zu Unrecht waren sie der Auffassung, daß wir die menschliche Freiheit nicht von den Naturgesetzen ausnehmen müssen, um ihr gerecht zu werden. Kant ist natürlich anderer Meinung, und deshalb sieht er den Menschen als ein grundsätzlich geteiltes Wesen, das in zwei Welten existiert: der Welt der natürlichen Notwendigkeit und der Welt der vernünftigen und moralischen Freiheit. Seines Erachtens gehören alle nichtmenschlichen Tiere und die tierische Seite des menschlichen Lebens zum deterministischen Bereich der Natur. Allein kraft unserer Fähigkeit zur moralischen Vernunft stehen wir über diesem Bereich und existieren auch im Reich der Zwecke. Daher sind die Würde des Menschen und die ihr zugrundeliegenden moralischen Fähigkeiten grundsätzlich von der natürlichen Welt abgetrennt. Insofern wir nur im Bereich der Natur existieren,

46 Vgl. Sorabji (1993).

sind wir keine Selbstzwecke und haben keine Würde; den Dingen in diesem Bereich kommt einfach ein ihrer Brauchbarkeit entsprechender Preis zu (wie Kant sagt: ein *pretium usus*). In dem Maße aber, in dem wir dem Reich der Zwecke angehören, haben wir Würde und transzendieren jeden Preis. Sicher kommt der Moral die Aufgabe zu, die Bedürfnisse der Menschen zu berücksichtigen, aber ihr eigentlicher Gegenstand ist die Person, verstanden als der moralische/vernünftige Teil des Menschen. Die Tierheit selbst ist kein Zweck. In Einklang mit dieser Sichtweise ist Kant der Ansicht, daß wir keine Pflichten gegenüber Tieren haben; sie haben keinen absoluten Wert, sondern nur einen »relativen Wert« bezogen auf menschliche Zwecke.[47] Was für Tiere gilt, muß für alle Wesen gelten, denen die Kant zufolge für erwachsene Menschen charakteristischen, ziemlich komplexen Fähigkeiten der moralischen Vernunft und Klugheit fehlen.

Die Kantische Trennung von Personalität und Tierheit ist zutiefst problematisch. Erstens leugnet sie eine Tatsache, die eigentlich jeder erkennen müßte, der über dieses Thema genau nachdenkt, nämlich daß unsere Würde einfach die Würde einer bestimmten Tierart ist. Es handelt sich um eine tierische Art der Würde, und ein Wesen, das nicht sterblich und verletzlich ist, könnte ebendiese Art der Würde nicht besitzen, ebensowenig wie ein Diamant über die Schönheit eines blühenden Kirschbaums verfügen kann. Wenn sich sinnvoll denken läßt, daß Gott und die Engel (die Kant ebenfalls zu den Vernunftwesen zählt) Würde besitzen (Herrlichkeit und Erhabenheit scheinen bessere Attribute zu sein), dann handelt es sich ganz sicher nicht um die gleiche Art der Würde.[48]

47 Eine hilfreiche Erörterung der entsprechenden Passagen findet sich in Regan (1983), 177-185.

48 In Diskussionen über Kant wird dieser Punkt häufig auch so formuliert, daß für ihn die entscheidende Gattung, zu der wir Menschen gehören, die des Vernunftwesens ist: Andere zu dieser Gattung gehörige Wesen sind die Engel sowie weitere Vernunftwesen, deren Existenz uns noch nicht bekannt ist. Innerhalb dieser Gattung gehören wir zur tie-

In weltlicherer Terminologie: Wenn wir uns ein vollkommen moralisches und vernünftiges Wesen vorstellen, dem die Bedürfnisse und Fähigkeiten eines Tieres abgehen (im Bereich der Science-fiction finden sich einige gute Beispiele solcher Wesen), müssen wir meines Erachtens feststellen, daß die Würde dieses Wesens, wie auch immer wir sie verstehen, nicht die gleiche wie die eines Menschen ist, der sein Leben lang durch »das reiche menschliche Bedürfnis« (Marx) gekennzeichnet ist, zu dem an vorderster Stelle das Bedürfnis nach anderen Menschen gehört.

Zweitens leugnet diese Trennung zu Unrecht, daß der Tierheit selbst eine Würde zukommen kann. Dies führt dazu, daß wir Aspekte unseres eigenen Lebens geringschätzen, die tatsächlich aber einen Wert haben, und unser Verhältnis zu anderen Tieren nur verzerrt wahrzunehmen in der Lage sind.

Drittens legt die Kantische Trennung die Vorstellung zumindest nahe, daß unsere Persönlichkeit in ihrem Wesen selbstgenügsam ist, keine Bedürfnisse hat und vollständig aktiv ist, anstatt auch eine passive Seite zu besitzen. Diese Vorstellung führt zu einer verzerrten Sicht auf unsere Moralität und Vernünftigkeit, die selbst durch und durch körperlich und tierisch sind; auf diese Weise lernen wir zu ignorieren, daß Krankheiten, hohes Alter und Unfälle Moralität und Vernünftigkeit ebenso behindern können wie jede andere tierische Lebensfunktion auch.

Viertens führt diese Trennung dazu, daß wir den Kern unseres Wesens für nicht zeitgebunden halten, da das moralische Handlungsvermögen (dem Kantischen Verständnis zufolge) nicht als etwas begriffen wird, das heranwächst, reift oder verfällt, sondern eher als etwas, das in seiner Würde überhaupt nicht an diese Naturprozesse gebunden ist. Wenn wir so den-

rischen Spezies: Wir sind also eher tierische Vernunftwesen als vernünftige Tiere. Dieses Problem wird natürlich noch dadurch verstärkt, daß Kant sich bei der Frage, was den Wert und die Würde des Menschen ausmacht, auf bestimmte Aspekte unseres Menschseins beschränkt.

ken, vergessen wir vielleicht, daß zum menschlichen Lebenszyklus Phasen äußerster Angewiesenheit auf andere gehören, in denen unsere Lebensfunktionen denen von Menschen mit lebenslangen geistigen oder körperlichen Behinderungen entsprechen.

An dieser Stelle sollten wir noch einmal betonen, daß die Trennung in beide Richtungen fehlgeht. Wie gesehen, führt sie uns dazu, unsere Vernunft für von unserer verletzlichen Tierheit unabhängig zu halten und zugleich unserer Tierheit und den nichtmenschlichen Tieren jede Intelligenz abzusprechen, so daß sie bloß viehisch und »stupide« erscheinen. Diese beiden Implikationen der Kantischen Trennung sollten hinterfragt werden: Auf der einen Seite finden wir in der Natur ein komplexes Kontinuum verschiedener Arten der Intelligenz und vielerlei praktische Fähigkeiten; auf der anderen Seite können wir uns selbst nicht angemessen verstehen, ohne uns in dieses Kontinuum einzuordnen.

Obwohl er an anderer Stelle großes Interesse an ihnen bekundet, übernimmt Rawls die metaphysischen Elemente von Kants Sichtweise nicht.[49] Er lehnt die Zwei-Welten-Lehre ab und vertritt einen empirisch verstandenen Kantianismus. Nichtsdestotrotz ist Rawls angesichts der Frage des Umgangs mit geistigen Behinderungen mit einigen derselben Schwierigkeiten konfrontiert, mit denen auch Kants Theorie zu kämpfen hat, da er eine kantianische Konzeption der Person vertritt und die moralischen Fähigkeiten zur Grundlage politischer Gleichheit macht. Tatsächlich scheint es sich bei geistig behinderten Menschen um ebenjene »wenigen einzelnen« (TG 549) zu handeln, die aus dem Bereich der Gleichheit ausgeschlossen bleiben, weil ihre moralischen Fähigkeiten eine Minimalanforderung unterschreiten. Weil sie sich explizit gegen die Möglichkeit von Reziprozität und der Gerechtigkeit unterstehender Beziehungen zwischen Menschen und Tieren

49 Vgl. GdM, insb. 335-379.

aussprechen, müssen Kant und Rawls zudem ebenso davon ausgehen, daß es zwischen »normalen« Menschen und solchen mit schweren geistigen Beeinträchtigungen keine Reziprozität im hier relevanten Sinn gibt. Rawls definiert Reziprozität als eine Beziehung zwischen Bürgern, verstanden auf der Grundlage der kantianischen Konzeption der Person (PL 82 f.).

Betrachten wir jedoch das Leben von Personen mit geistigen Beeinträchtigungen und derjenigen, die mit ihnen zusammenleben, so scheint es offensichtlich, daß es in ihrem Leben komplexe Formen der Reziprozität gibt. Jamie interagiert sowohl mit seiner Familie als auch mit anderen Kindern auf liebevolle, spielerische und großzügige Weise. Sesha umarmt die Menschen, die sie versorgen, fängt an fröhlich zu tanzen, wenn sie Musik spielen, die sie liebt, und macht deutlich, daß sie zu schätzen weiß, wenn man sich um sie kümmert.

Arthurs Behinderung liegt genau im Bereich der Reziprozität und dennoch ist er in seinem direkten Familienzusammenhang ein liebevolles Kind, das seine Zuneigung und seinen Humor mit seinen Eltern, seinem geliebten Hund, seinem eben adoptierten Bruder und den Verwandten, die zu Besuch kommen, teilt. Solange er keine Angst hat und Vertrauen fassen kann, entfaltet sich seine Fähigkeit, liebevolle Wertschätzung zu geben und zu empfangen, völlig ungehindert. Sogar außerhalb des kleinen Kreises seines Vertrauens trägt die besondere Schulbildung sehr dazu bei, seine Fähigkeit zur Reziprozität auszuweiten. Zu Beginn dieses Kapitels habe ich ein typisches Telefongespräch mit dem damals zehnjährigen Arthur beschrieben. Durch zwei Jahre staatlich bezahlter privater Ausbildung hat sich viel getan. Als Arthur gerade zwölf geworden war, telefonierte ich einmal mit ihm und er sagte, ganz aus eigenem Antrieb: »Und wie geht es Dir, Tante Martha? Was tust Du so?« Diese einfache Frage trieb mir Tränen in die Augen, weil sie einen derart großen Fortschritt markierte. Die Party zu seinem zwölften Geburtstag mit sieben anderen Kindern mit Asperger-Syndrom aus seiner Schule fand in einem Videospielsalon statt und war ein großer Erfolg. In diesen Beziehungen innerhalb seiner Gruppe kommt es zu echter, wenn auch etwas ungewöhnlicher Reziprozität.

Vermutlich entspricht keines dieser Phänomene der Reziprozität, wie Rawls sie im Anschluß an Kant versteht. Letztere ist die einzige Form der Reziprozität, die seine Theorie anerkennt und der sie eine politische Bedeutung zuspricht. Meines Erachtens ist das eine große Schwäche dieses Ansatzes. Zudem haben wahrscheinlich weder Kant noch Rawls genauer über diese Frage nachgedacht. Jamie mag nicht in der Lage sein, einen Plan für sein Leben oder eine umfassende Konzeption des Guten zu entwerfen. Als er gefragt wurde, was er werden wolle, wenn er erwachsen ist, antwortete er seinem Vater zufolge einfach: »Groß!«, während andere Kinder von ihren Berufswünschen erzählten. Jamies Antwort ist aussagekräftig, und die anderen Kinder haben tatsächlich etwas aus ihr gelernt, aber es handelt sich nicht um die Art von Antwort, die Jamies Mitgliedschaft in der Kantischen Moralgemeinschaft belegen würde. Vielleicht hat Jamie einen Gerechtigkeitssinn, wie Kant ihn versteht, vielleicht aber auch nicht. Sesha fehlen unverkennbar beide moralischen Vermögen. Da diesen drei Bürgerinnen und Bürgern die moralischen Vermögen ganz oder teilweise fehlen, passen sie zudem auch nicht in Rawls' Bild der gesellschaftlichen Kooperation, das ebenfalls auf der kantianischen Konzeption der Person beruht. Ebensowenig kommen sie für Freiheit im Rawlsschen Sinne in Frage, weil auch die Freiheit in seiner Theorie kantianisch geprägt ist und voraussetzt, daß man »eine selbstbeglaubigende Quelle gültiger Ansprüche« ist (PL 102).[50]

Menschen mit geistigen Beeinträchtigungen und Behinderungen stellen demnach eine doppelte Herausforderung für Rawls' Theorie dar: Aufgrund der Bedeutung, die sie der sozi-

50 Vgl. Kittay (1999), 93.

alen Produktivität und den entsprechenden Kosten beimißt, kann die Vertragslehre den Bedürfnissen nach besonderer gesellschaftlicher Zuwendung von Menschen mit Beeinträchtigungen nicht Rechnung tragen. Die Betroffenen sind aber noch in grundlegenderer Weise von der Bürgerschaft ausgeschlossen, weil sie nicht dem ziemlich idealisierten Bild der moralischen Vernunft entsprechen, das die Bürger der wohlgeordneten Gesellschaft charakterisiert. So wie nichtmenschliche Tiere hält man auch sie für unfähig zu Reziprozität im geforderten Sinne. Und wiederum wie Tiere sollen auch sie »einen gewissen Schutz« genießen, aber nicht den Status eines vollen Bürgers.[51] Auch hier scheint Rawls' eigene Schlußfolgerung zuzutreffen: Entweder behaupten wir, daß es sich hierbei nicht um Fragen der Gerechtigkeit handelt, oder wir gestehen zu, daß Gerechtigkeit als Fairneß keine vollständige Konzeption der sozialen Gerechtigkeit darstellt und daß wir die für eine Verbesserung der Theorie notwendigen Veränderungen identifizieren müssen.

Thomas Scanlon spricht diese Probleme einer kantianischen Vertragstheorie expliziter an als Rawls und macht zwei Vorschläge, die mir bedenkenswert erscheinen. Mit Blick auf die Probleme, die Menschen mit unterschiedlichen Beeinträchtigungen und nichtmenschliche Tiere für eine solche Theorie aufwerfen, kommt Scanlon schließlich zu dem Ergebnis, daß die tatsächliche Möglichkeit extremer Angewiesenheit auf andere im kontraktualistischen Rahmen auf zwei alternative Weisen anerkannt werden kann. Entweder halten wir an der Vertragstheorie fest und behaupten, daß die Vertragsparteien auch als Sachwalter derjenigen fungieren, die an diesem Prozeß nicht teilnehmen können, oder wir räumen ein, daß die Vertragstheorie nur einen Teil der Moral abdeckt und daß wir eine andere Moralkonzeption benötigen, um mit

51 Vgl. TG 548, wo Rawls mit Bezug auf die beiden moralischen Vermögen schreibt: »Tiere sind wohl ausgeschlossen; sie genießen einen gewissen Schutz, haben aber nicht die Stellung von Menschen.«

extremen Formen des Angewiesenseins und ihren Folgen umzugehen.[52]

In der von ihm selbst entworfenen hypothetischen Vertragssituation bezieht sich Scanlon nicht auf die Humeschen Anwendungsverhältnisse der Gerechtigkeit. Und auch seine Version des Gesellschaftsvertrags muß nicht auf den gegenseitigen Vorteil verweisen, um zu erklären, warum die soziale Kooperation für die Vertragsparteien erstrebenswert ist. Scanlon geht es nicht um die Wahl politischer Grundprinzipien, und die Vertragssituation ist in seiner Theorie daher nicht als Urzustand konzipiert, in dem diese Prinzipien festgelegt werden müssen. Sein Vorschlag unterscheidet sich also in verschiedenen Hinsichten von der Lehre des Gesellschaftsvertrags, die ich bisher kritisiert habe. Dennoch stellt sich die Frage, ob die von ihm vorgeschlagene Lösung für das Problem des Umgangs mit geistigen Beeinträchtigungen im Rahmen des Rawlsschen Ansatzes wirklich dazu verwendet werden kann, die problematische Verschiebung all dieser Fragen auf die Ebene der Gesetzgebung zu vermeiden.

Wenden wir die von Scanlon eröffnete Alternative auf das Rawlssche Projekt der Wahl von Gerechtigkeitsprinzipien an, die dann die Grundstruktur der Gesellschaft prägen,[53] läßt sie sich wie folgt reformulieren: Entweder wir verstehen die Parteien im Urzustand als (sich dieser Rolle bewußte) Sachwalter aller auf andere angewiesenen Mitglieder der Gesellschaft (so wie sie bisher Sachwalter aller »normalen« Bürger und zukünftiger Generationen waren), oder wir müssen zugeben, daß der Rawlssche Urzustand nur dann zu politischer Gerechtigkeit führt, wenn er durch andere Lösungsansätze ergänzt wird.

52 Scanlon (1999), 177f. Ich danke Thomas Scanlon für einen brieflichen Austausch, der mir die Komplexität seiner Haltung zu diesen Fällen deutlich gemacht hat.

53 Auch hier sollte betont werden, daß es sich um Rawls' und nicht um Scanlons Position handelt, und daß Scanlon eine derartige Anwendung nicht empfiehlt.

Für Rawls kommt die erste Lösung (einer Sachwalterschaft) nicht in Frage, weil er möglichst wenige Voorannahmen machen und wohlwollende Einstellungen daher nicht in den Urzustand einbeziehen will. Während sein Modell nur ein wenig komplizierter gestaltet werden muß, um die Parteien zu Sachwaltern zukünftiger Generationen (wie auch der »normalen« Bürger) zu machen, da die Sachwalterschaft in diesen Fällen ohne Wissen von der eigenen Konzeption des Guten möglich ist, würde die gegenwartsbezogene Sachwalterschaft ein Wissen davon voraussetzen, ob und in welchem Maße die Parteien wohlwollend sind. Wahrscheinlich ist diese Lösung auch aus vertragstheoretischen Gründen nicht möglich, weil sie die Erwartung, daß der Vertrag im Vergleich zur ebenfalls möglichen Nichtkooperation (die zu einem späteren Zeitpunkt durch Mildtätigkeit ergänzt werden könnte) zum gegenseitigen Vorteil sein wird, in erheblichem Maße aufweichen würde. Schließlich sprechen auch die kantianischen Elemente der Theorie gegen diese erste Möglichkeit, weil Rawls Gerechtigkeit selbst in einer kantianischen Vorstellung von Reziprozität fundiert, so daß er eigentlich bestreiten muß, daß es zwischen Menschen, die die kantianischen moralischen Vermögen besitzen, und solchen, die das nicht tun (oder Tieren), überhaupt Fragen der Gerechtigkeit geben kann.

Wäre eine Sachwalterschaft überhaupt eine zufriedenstellende Lösung? Es ist offensichtlich, daß wir Formen der Vormundschaft und der Mentorenschaft benötigen, um die juridischen Rechte geistig schwerbehinderter Menschen angemessen zu schützen. Hier geht es aber nicht darum, ob Vormundschaft zur Bewältigung praktisch-politischer Probleme notwendig ist, sondern darum, ob die Vertretung durch die Parteien als Sachwalter dem Bürgerstatus von Menschen mit geistigen Behinderungen und Beeinträchtigungen auf angemessene Weise gerecht wird – zumal es um die Wahl der politischen Grundprinzipien geht und *wir bereits davon ausgehen, daß diejenigen, die diese Prinzipien festlegen, auch die primären Subjekte der Gerechtigkeit sind.*[54] Eine Interessenvertretung ist nicht an sich unvereinbar mit der Anerkennung dieser Menschen als vollwertige Bürgerinnen und Bürger und gleichwertige Gerechtigkeitssubjekte. Ob diese Gleichheit im Rahmen einer Vertragstheorie angemessen berücksichtigt werden kann, ist jedoch alles andere als klar. Es ist schlimm genug, daß geistig behinderte Menschen vollständig von der Ausarbeitung der Prinzipien ausgeschlossen sind, obwohl viele von ihnen aktive Bürgerinnen und Bürger sein können. Noch problematischer ist die Tatsache, daß die Gruppe derjenigen, für die die Prinzipien gewählt werden, mit der Gruppe derjenigen zusammenfällt, die diese Prinzipien festlegen. Dahinter steht die Idee, daß »wir« uns dafür entscheiden, auf bestimmte Weise als politische Gesellschaft zusammenzuleben. Der hier diskutierte Vorschlag würde dem hinzufügen: »Wir leben zusammen und versorgen die Menschen, die auf uns angewiesen sind.« Dann aber wären diese Menschen nicht in vollem Umfang Teil des »wir« und des »uns« und damit keine vollwertigen Subjekte der Gerechtigkeit. Sie werden berücksichtigt, weil ihre Interessen zufällig für ein Mitglied des »Wir« Bedeutung haben, und nicht, weil sie Bürgerinnen und Bürger mit gleichen Rechten sind und damit in gleicher Weise als Selbstzweck gelten.

Zudem hält die Lösung der »Sachwalterschaft« an den problematischen Aspekten von Rawls' Auffassung von Reziprozität und gesellschaftlicher Kooperation fest, ja unterstreicht sie sogar noch. Statt die Existenz verschiedener Formen der Reziprozität in dieser Welt anzuerkennen, läßt sie die kantianische Trennung zwischen der rationalen/vernünftigen Person und dem Rest der Natur bestehen; nur Menschen, die die kantianischen Vermögen in vollem Umfang und in ihrer »normalen« Form besitzen, können vollständig miteinbezogen werden und Vertragsparteien sein, obwohl beispielsweise

54 Oder sie sind, wie in PL, Vertreter von Bürgern mit ähnlichen Vermögen und Fähigkeiten.

Menschen mit Down-Syndrom durchaus in der Lage sind, vielfältig aktive Bürgerinnen und Bürger zu sein. Wie vielen anderen geistig behinderten Menschen würde aber auch ihnen nur in abgeleiteter Form Aufmerksamkeit zuteil, nämlich insofern dies im Interesse der Parteien wäre. Außer daß es sich hierbei um eine höchst problematische Sicht auf Kinder und Erwachsene mit Behinderungen und Beeinträchtigungen handelt, kann diese Auffassung auch leicht dazu führen, daß »normale« Menschen ein voreingenommenes Bild ihrer eigenen Würde und des breiten Spektrums ihrer eigenen Fähigkeiten entwickeln. Impliziert diese Sichtweise nicht, daß das breite Spektrum der tierischen und menschlichen Vermögen nur unterstützenswert ist, insofern es für kantianische Vernunftwesen von Interesse und von Bedeutung ist? Und stellt dies nicht eine Beleidigung der Würde und des Werts dar, die wir menschlichen Tiere mit unseren Bedürfnissen sicher auch dann besitzen, wenn wir nicht »uneingeschränkt kooperieren«? Wenn es nicht notwendig ist, eine solche Spaltung anzunehmen, sollten wir sie besser vermeiden.

Selbst wenn Rawls die Lösung der Sachwalterschaft übernehmen könnte – was meines Erachtens nicht der Fall ist –, würde ich aus diesen Gründen trotzdem (auf der Ebene der politischen Prinzipien) Scanlons zweiter Lösung den Vorzug geben. Diese Lösung ähnelt der von Rawls an zentraler Stelle in PL eingeräumten Möglichkeit, daß die Vertragstheorie keine vollständige Theorie darstellt (PL 88). Weil es Scanlon um Fragen der Ethik geht, er sich nicht auf eine hypothetische anfängliche Vertragssituation bezieht und auch keine Vollständigkeit beansprucht, hat er mit dieser Lösung kein Problem. Für eine kontraktualistische politische Theorie wirft sie jedoch erhebliche Probleme auf. Jede Theorie, die auf die Gestaltung der grundlegenden politischen Institutionen abzielt, muß ein gewisses Maß an Vollständigkeit anstreben und die zentralen Ansprüche der Bürgerinnen und Bürger abdecken. Rawls' Ansatz strebt explizit nach Vollständigkeit und Endgültigkeit.[55] Selbst wenn eine Sichtweise (wie etwa mein Fähigkeitenansatz) nicht beansprucht, vollständig zu sein, muß doch gezeigt werden, daß sie keinen der zentralen und grundlegenden Ansprüche der Bürgerinnen und Bürger ignoriert. Schließlich geht es darum, die Grundstruktur der Gesellschaft zu gestalten, zu der Rawls jene Institutionen rechnet, die die Lebenschancen aller Bürgerinnen und Bürger umfassend und von Beginn an beeinflussen. Die von uns gewählten Prinzipien bestimmen die gesamte Form der Gesellschaft, auch die von der Verfassung garantierten Ansprüche und ihre Begründung. Für Rawls (wie auch für Gauthier) ist es sehr wichtig, daß die Prinzipien in einer durch die Anwendungsverhältnisse der Gerechtigkeit charakterisierten Ausgangssituation und im Lichte der ins Auge gefaßten Vorteile der sozialen Kooperation gewählt werden. Vermutlich gibt es, wie Rawls meint, im Rahmen der Vertragssituation tatsächlich keine plausible Lösung für das Problem des Umgangs mit Menschen mit geistigen Behinderungen. Und doch scheint es einer politischen Theorie, die antritt, die grundlegenden Fragen zu klären, unangemessen, dieses Problem aufzuschieben. Schließlich können wir nicht einfach sagen: »Wir haben einen Teil der Aufgabe erledigt, aber natürlich werden später andere Teile hinzukommen, die ebenso grundlegend sind, aber auf ganz anderen Prinzipien beruhen.« Ein solches Vorgehen würde zahlreiche zentrale Fragen der politischen Gerechtigkeit unbeantwortet lassen und müßte für die bereits ausgearbeitete Konzeption der elementaren Gerechtigkeit ein erhebliches Maß an Unbestimmtheit zugestehen.

55 Vgl. etwa TG 157f., wo Rawls Endgültigkeit zu den formalen Bedingungen der politischen Prinzipien zählt; und TG 201-204, wo er im Rahmen der Begründung der beiden Gerechtigkeitsprinzipien betont, daß die Übereinkunft »endgültig« und »für alle Zukunft« besteht und es »keine zweite Möglichkeit mehr« gibt (TG 202). Auch Rawls' Ablehnung der intuitiven Abwägung dreht sich um diese Frage; vgl. etwa TG 54f.

Darüber hinaus ist nicht Unvollständigkeit das Problem, sondern eine gänzlich falsche Orientierung. In der von den Rawlsschen Parteien zusammengestellten Liste der Grundgüter fehlen einige Güter (vor allem das der Versorgung, aber ganz allgemein eine große Bandbreite menschlicher Fähigkeiten), die sowohl für wirkliche Menschen mit »normalen« Fähigkeiten, die aber dennoch auch auf andere angewiesen sind, als auch für geistig oder körperlich behinderte Menschen von größter Wichtigkeit zu sein scheinen. Rawls' Konzeption der sozialen Kooperation und ihrer Vorteile wird demnach sowohl durch die Vertragstheorie als auch durch die kantianische Konzeption der Person auf äußerst problematische Weise eingeschränkt.

6. Behinderung und Versorgung bei Kittay und Sen

Eva Kittay und Amartya Sen schlagen Reformulierungen von Rawls' Theorie vor, die das Problem des Umgangs mit Behinderungen und Beeinträchtigungen lösen sollen. Wie ich mit Bezug auf beide Autoren bereits ausgeführt habe, hat Rawls aus der Perspektive seiner Theorie gute Gründe, sich nicht auf Vorschläge dieser Art einzulassen; auch den Austausch zwischen Rawls und Sen über die Frage der Grundgüter habe ich bereits diskutiert. Ich möchte mich nun aber ein weiteres Mal diesen Vorschlägen zuwenden, weil sie auch andere Bereiche der Rawlsschen Theorie betreffen.

Kittays Vorschlag zufolge sollten wir das Bedürfnis nach Versorgung in Zeiten äußerster und asymmetrischer Angewiesenheit auf andere zu Rawls' Liste der Grundgüter hinzufügen und es damit zu den Grundbedürfnissen der Bürgerinnen und Bürger zählen.[56] Das scheint durchaus vernünftig, wenn es uns bloß um das Erstellen einer Liste der wichtigsten

56 Kittay (1999), 102 f.

Sozialleistungen geht, die jede real existierende Gesellschaft verteilen muß. Kittay ist sicher zuzustimmen, daß eine überzeugende Konzeption politischer Gerechtigkeit der angemessenen Verteilung von Versorgungsleistungen eine wichtige Rolle zusprechen muß.

Wie inzwischen jedoch deutlich geworden sein sollte, kann man die Versorgung nicht so einfach zu Rawls' Liste hinzufügen. Zunächst stoßen wir auf das bereits vertraute Problem der Unterscheidung zwischen einer heterogenen und einer linearen Evaluation: Zwei Menschen können hinsichtlich ihres Einkommens und Vermögens gleich gut gestellt sein und dennoch kann einer der beiden in Hinblick auf die Versorgung schlechter positioniert sein (entweder weil er selbst in dieser Hinsicht enorme Leistungen erbringen muß oder weil seinen Bedürfnissen nicht Rechnung getragen wird). Rawls' Konzeption der Grundgüter macht ihm eine Übernahme von Kittays Vorschlag aus denselben Gründen unmöglich, aus denen er auch Sens Anregung ablehnen muß.

Rawls muß Kittays Vorschlag aber noch aus anders gelagerten Gründen ablehnen (denn ansonsten könnte ihn eine andere Variante des kantianischen Kontraktualismus aufgreifen, die sich nicht so stark auf eine einzige lineare Rangordnung der relativen sozialen Positionen festlegt). Die Liste der Grundgüter ist nämlich eine Liste der Bedürfnisse der Bürgerinnen und Bürger, die durch die beiden moralischen Vermögen charakterisiert sind; schon aus diesem Grund sind geistig schwerbehinderte Menschen und andere, die für lange Phasen ihres Lebens ähnlich beeinträchtigt sind, ausgeschlossen. Wie wir gesehen haben, ist dies Rawls' kantianischem Modell der Person geschuldet. Ohne beträchtliche Modifikationen seiner politischen Konzeption der Person kann Rawls das Bedürfnis nach Versorgung der Bürgerinnen und Bürger mit lebenslangen oder zeitweiligen schweren geistigen Beeinträchtigungen nicht als zu den Grundgütern gehörig betrachten.

Schließlich ist der Ausschluß der Versorgung aus der Liste

der Grundgüter auch auf Rawls' vertragstheoretische Festlegung auf den gegenseitigen Vorteil und die ungefähre Gleichheit zurückzuführen. Die Parteien werden als ungefähr gleich und auf den gegenseitigen Vorteil bedacht vorgestellt. Wie gezeigt, schließen diese Festlegungen sogar eine minimale Anerkennung des Bedürfnisses nach Versorgung in Zeiten der Unproduktivität aus, zumindest im Rahmen der auf die Grundprinzipien der Gesellschaft ausgerichteten Überlegungen der Parteien im Urzustand. Rawls' idealisierte Fiktion der »lebenslang uneingeschränkt kooperativen Gesellschaftsmitglieder« ist kein Fehler, der einfach durch eine Erweiterung der Liste der Grundgüter korrigiert werden kann.

Auf Sens radikaleren Vorschlag, die gesamte Liste der Grundgüter als eine Liste der Fähigkeiten zu verstehen, bin ich bereits kurz eingegangen.[57] Seine Überlegungen setzen mit der Beobachtung ein, daß Rawls' Liste der Grundgüter bereits ausgesprochen heterogen ist. Auf ihr finden sich objektartige Elemente wie etwa Einkommen und Vermögen, ebenso wie Elemente, die menschlichen Fähigkeiten ähneln, auf vielfältige Weise tätig zu sein: Grundfreiheiten, Chancen und Vermögen sowie die gesellschaftlichen Grundlagen der Selbstachtung. Die von Sen vorgeschlagene Änderung würde es uns nicht nur erleichtern, das menschliche Bedürfnis nach unterschiedlichsten Arten der Zuneigung und Sorge als Bestandteil der Liste zu betrachten, sondern auch dem von Sen immer wieder vorgebrachten Einwand Rechnung tragen, daß Einkommen und Vermögen keine guten Indikatoren für Wohlergehen sind. Relative soziale Positionen würden dann nicht nur anhand von Einkommen und Vermögen bestimmt, sondern in Abhängigkeit davon, ob die betreffenden Menschen die auf der Liste zusammengestellten Fähigkeiten besitzen. So ist es etwa durchaus vorstellbar, daß eine Person aufgrund von Einkommen und Vermögen gutgestellt ist, am

57 Auch Kittay steht diesem Vorschlag aufgeschlossen gegenüber.

Arbeitsplatz jedoch nur eingeschränkte Leistungen erbringen kann, weil sie zu Hause durch die Versorgung eines auf andere angewiesenen Menschen stark belastet ist.

Wie wir sehen werden, kann Sens Vorschlag die Bedürfnisse von Bürgerinnen und Bürgern mit Beeinträchtigungen auf überzeugende Weise berücksichtigen. Die von ihm vorgeschlagene Veränderung erfordert (wie auch diejenige Kittays) nicht bloß oberflächliche Änderungen, sondern einen grundlegenden Wandel der Theorie, weil diese ja darauf festgelegt ist, den Nutzen der Kooperation ökonomisch zu verstehen und sich folglich auf Einkommen und Vermögen als Indikatoren für relative soziale Positionen zu verlassen.[58] Deshalb ist es kein Zeichen von Kurzsichtigkeit oder Starrsinn, sondern von Klugheit, daß Rawls Sens Vorschlag zurückweist, wie verdienstvoll er ansonsten auch sein mag. Dasselbe gilt wohl auch für meinen eigenen früheren Vorschlag, der Liste der Grundgüter einige fähigkeitenartige Elemente hinzuzufügen, etwa die gesellschaftlichen Grundlagen der Gesundheit, der Einbildungskraft und des emotionalen Wohlergehens.[59] Rawls hat sich mit seiner Ergänzung der Liste der Grundgüter um die gesellschaftlichen Grundlagen der Selbstachtung bereits genug Schwierigkeiten eingehandelt, weil diese Erweiterung in einer gewissen Spannung zur Vertragslehre steht, auch wenn sie andererseits einige ihrer grundlegenden moralischen Überzeugungen zum Ausdruck bringt. Würde er die von Sen und mir vorgeschlagene, zutiefst heterogene Liste der »Grundgüter« akzeptieren, deren Elemente allesamt für die Bestimmung der sozialen Position relevant sind, wären die Schwierigkeiten noch sehr viel größer. Die von Rawls angestrebte Einfachheit der Bestimmung der relativen sozialen Positionen und des Zwecks der sozialen Kooperation würde auf dem Spiel stehen.

58 Dies war mir in Nussbaum (2000c) noch nicht in dieser Weise bewußt.

59 Vgl. Nussbaum (2000a), Kap. 1, und Nussbaum (2000c).

In *Gerechtigkeit als Fairneß. Ein Neuentwurf* beschäftigt sich Rawls ein letztes Mal mit diesen Fragen und stellt sich den genannten Problemen vielleicht direkter als in allen vorangegangenen Ausführungen.[60] Er macht beträchtliche Zugeständnisse gegenüber Einwänden, wie Sen sie aufgeworfen und ich sie entwickelt habe, und greift die Idee einer Versicherung gegen *zeitweilige* Beeinträchtigungen auf. Zudem gesteht er zu, daß die Parteien sich das menschliche Leben als Abfolge verschiedener Phasen vorzustellen haben, zu denen Kindheit und hohes Alter gehören. Er sei von folgender Voraussetzung ausgegangen: »Was die Arten von Bedürfnissen und Anforderungen betrifft, die im Hinblick auf die politische Gerechtigkeit berücksichtigt werden sollten, sind die Bedürfnisse und Anforderungen der Bürger hinreichend ähnlich, damit ein Katalog der Grundgüter als geeignete und faire Basis für interpersonelle Vergleiche dienen kann.« (GaF 261) Nach wie vor sind Einkommen und Vermögen die hauptsächlichen Indikatoren der relativen sozialen Stellung. Auch hier läßt Rawls »die ziemlich extremen Fälle derjenigen Personen außer acht [...], die so gravierend behindert sind, daß sie nie normal zur sozialen Kooperation beitragen können« (GaF 262) – anscheinend versteht er Kooperation weiterhin als das Erbringen eines ökonomischen Beitrags, und das schließt alle schweren lebenslangen geistigen oder körperlichen Beeinträchtigungen aus. Außerdem übernimmt er aus PL die Konzeption eines »Minimums«, um Personen, deren Fähigkeiten im »normalen« Bereich liegen, von den anderen zu unterscheiden, bei denen dies nicht der Fall ist. All diese Aspekte seiner Theorie bleiben unverändert.

Mit Blick auf Menschen mit zeitweiligen Beeinträchtigungen, deren Fähigkeiten im »normalen« Bereich liegen, ist

60 GaF § 51. Obwohl es sich hier um Rawls' letzte Veröffentlichung handelt, ist nicht ganz klar, ob sie tatsächlich den letzten Stand seiner Überlegungen enthält, da sie in großen Teilen auf Vorlesungsnotizen aus den 1980er Jahren beruht; vgl. Freeman (2004), 2028, Fn. 19.

Rawls nun jedoch der Ansicht, daß der Index der Grundgüter (der weiterhin Einkommen und Vermögen ins Zentrum stellt) am besten als Index der *erwarteten* Grundgüter »im Normalverlauf eines ganzen Lebens« (GaF 265) verstanden werden sollte.[61] So haben Individuen vielleicht *ex ante* die gleichen Aussichten auf Grundgüter, obwohl sie *ex post* tatsächlich unterschiedliche Güter erhalten, weil einige etwa Unfälle haben und an den Folgen leiden. Anders ausgedrückt, wir sollten Grundgüter also analog zu Versicherungen begreifen: Alle Bürger können sich für die gleiche Versicherung entscheiden, obwohl sie aufgrund der Unwägbarkeiten des Lebens unterschiedlich viel Nutzen daraus ziehen werden. Rawls fügt dem Index der Grundgüter nun die »Aussicht auf ein garantiertes (den geschätzten Kosten entsprechend berechnetes) Niveau der Gesundheitsversorgung« (GaF 266) hinzu, hält jedoch an Einkommen und Vermögen als verläßlichen Indikatoren für die Fähigkeiten der Bürger fest. Bei der Gestaltung der Versicherung sind die Parteien explizit angehalten, alle Phasen eines normalen Lebens zu berücksichtigen und sich zu fragen, wie Menschen, die all diese Phasen durchleben, die von ihnen in diesen verschiedenen Phasen erhobenen Ansprüche gegeneinander abwägen würden.

Dieses offene Zugeständnis, daß ein Leben aus verschiedenen Phasen besteht, stellt in mancher Hinsicht einen erheblichen Fortschritt dar, und die von Rawls in Reaktion darauf aufgegriffene Idee einer Versicherung kann sicherlich einige der Probleme in den Griff bekommen, die ich hier angesprochen habe. Ob Rawls wirklich allen Aspekten von Sens Einwand gerecht wird, ist aber keineswegs klar. So ist er nicht ausreichend auf die Frage eingegangen, ob eine rein

61 Diese Ausdrucksweise findet sich tatsächlich von Anfang an in Rawls' Theorie: so werden z.B. in TG § 15 Vergleiche hinsichtlich des Differenzprinzips auf der Grundlage von »Aussichten auf gesellschaftliche Grundgüter« (TG 112) gemacht. Die entsprechende Einsicht wird aber erst in diesem späteren Werk herangezogen, um das Problem zeitweiliger Behinderungen zu lösen.

monetäre Maßeinheit wirklich ein guter Indikator für all die vielfältigen körperlichen und geistigen Fähigkeiten der Bürgerinnen und Bürger in den Bereichen Gesundheit, Mobilität und geistige Gesundheit ist. Gleiches gilt für Sens Hinweis, daß die Vielfältigkeit der Bedürfnisse nach Grundgütern nicht nur gelegentlichen Unfällen geschuldet ist, sondern einen allgegenwärtigen Bestandteil des Lebens darstellt, der das gesellschaftliche Zusammenleben Tag für Tag prägt. Versicherungen mögen geeignet sein, um mit einzelnen Unfällen und den sich aus ihnen ergebenden Ansprüchen auf medizinische Versorgung umzugehen; der Umgang mit den täglichen Ernährungsbedürfnissen von Kindern und Erwachsenen oder von schwangeren und nichtschwangeren Frauen erfordert vermutlich eine anders gelagerte Lösung. Schließlich vernachlässigt Rawls die Kontinuität zwischen dem nur zeitweilig beeinträchtigten »Normalfall« und der Situation von Menschen mit lebenslangen Beeinträchtigungen. Ein älterer »normaler« Mensch kann 30 bis 40 Jahre lang beeinträchtigt sein und damit unter Umständen länger als einige Menschen mit lebenslangen Behinderungen leben. Aus diesem Grund scheint es selbst mit Blick auf die Bedürfnisse »normaler« Menschen höchst problematisch, weiterhin an einem »Minimum« festzuhalten.

Darüber hinaus wirft Rawls' Bekräftigung der Idee eines »Minimums« all jene Probleme von neuem auf, die von Beginn an mit diesem Verständnis der Bürgerschaft von Menschen mit Behinderungen und Beeinträchtigungen verbunden waren. Tatsächlich verstärkt Rawls' neue Bereitwilligkeit, die zeitweiligen medizinischen Bedürfnisse »normaler« Bürger zu berücksichtigen, noch den unangenehmen Eindruck, daß diese anderen ausgeschlossen werden. Zudem zeigt sich in Rawls' Beschreibung der Abwägung der in den verschiedenen Lebensphasen erhobenen Forderungen nach medizinischer Versorgung, in welchem Maße seine Theorie noch immer vom Ziel gegenseitigen ökonomischen Vorteils geprägt ist, das sich nicht besondern gut vereinbaren läßt mit der Bedeutung, die er Fairneß und gleicher Achtung zuschreibt. Menschen, die wieder ins Arbeitsleben zurückkehren und produktiv sein werden, sollen nämlich vorrangig berücksichtigt werden, da ihre Ansprüche eine »hohe Dringlichkeit« (GaF 268) besitzen. Verbindet man die Phasen eines »normalen« Lebens mit den entsprechenden Ansprüchen auf medizinische Versorgung auf diese Weise, wird die Einschätzung der Forderungen derjenigen, die unter dem für Normalität notwendigen »Minimum« bleiben, seitens der Parteien eindeutig vorgeprägt.

Obwohl Rawls diese schwierigen Fragen entschlossen anpackt, bekommt er sie nach wie vor nicht recht in den Griff (wie er selbst als erster einräumt). All die zentralen Probleme seiner Herangehensweise bleiben meines Erachtens ungelöst.

7. Läßt sich der Kontraktualismus retten?

Aus der Auseinandersetzung mit Problemen der Beeinträchtigung und der Behinderung können wir auf einer allgemeineren Ebene nicht nur etwas über die Rawlssche Vertragstheorie lernen, sondern auch über das Unterfangen, Gerechtigkeitsprinzipien in reziproken Beziehungen zwischen ungefähr gleichen Menschen (bzw. Menschen mit vergleichbaren Fähigkeiten) zu begründen, die als zum gegenseitigen Vorteil Kooperierende vorgestellt werden. Trotz der tief in die Struktur von Rawls' Ansatz eingelassenen moralischen Elemente – und in gewisser Hinsicht sogar aufgrund dieser Elemente bzw. ihrer kantianischen Ausprägung – gelingt es ihm nicht, die spezifischen Grenzen der Vertragstheorie zu überwinden. Diese Grenzen sind letztlich auf eine bestimmte Vorstellung davon zurückzuführen, warum Menschen zusammenleben und was sie sich davon erhoffen.

Fassen wir noch einmal zusammen: Viele der Probleme, mit denen Rawls' Theorie angesichts der Frage des Umgangs mit Behinderungen konfrontiert ist, sind seinem Wunsch nach einer einfachen Theoriestruktur geschuldet, der seine Auffassung der Rolle der Grundgüter für die Bestimmung relativer sozialer Positionen prägt. Ich habe zu zeigen versucht, daß sich die Theorie der Grundgüter durchaus im Rahmen der Vertragstheorie revidieren läßt, indem diese die Vorschläge von Kittay und Sen aufgreift. Rawls müßte seine Theorie insbesondere mit Bezug auf die ökonomische Gerechtigkeit jedoch grundlegend umbauen, um sie zu einer derartigen Vertragstheorie zu machen. Das Ergebnis könnte zu einem anderen Verteilungsprinzip als dem Differenzprinzip führen. Zumindest aber müßten neue Argumente für dieses Prinzip gefunden werden.

Weitere Einschränkungen lassen sich auf die kantianischen Elemente der Theorie zurückführen, weil diese die vollständige und gleiche Inklusion von Menschen mit schweren geistigen Beeinträchtigungen vor große Probleme stellt. Diese Einschränkungen stellen für einen Kontraktualisten wie Scanlon kein Problem dar, da es ihm nicht um die Wahl politischer Grundprinzipien geht und er auch den Vertrag nicht so versteht, daß »wir« Prinzipien festlegen, nach denen »wir« dann in einer politischen Gemeinschaft zusammenleben. Im Rahmen seines ethischen Kontraktualismus erscheinen seine Vorschläge (Sachwalterschaft oder eine gemischte ethische Theorie) beide als überzeugend. Mit Blick auf die politische Theorie sind sie allerdings schon problematischer. Die kantianische Konzeption der Grundlage politischer Gleichheit schließt Menschen mit schweren geistigen Beeinträchtigungen von Anfang an aus. Fügt man einen kantianischen Begriff der Person in den klassisch kontraktualistischen Theorierahmen ein, führt das zu einem ganz bestimmten Verständnis der zentralen Ideen der Reziprozität, der Freiheit und der Gründe für soziale Kooperation. In einer Theorie mit einer ganz anderen Struktur – die etwa von den Menschenrechten und ihrer Verwirklichung ausgeht und von dort zu einer Konzeption sozialer Pflichten gelangt – würden die kantianischen Elemente weniger Schaden anrichten, obwohl auch hier darauf zu achten wäre, daß die entscheidende Idee des »Menschen« im Begriff der »Menschenrechte« nicht ausschließlich auf einem kantianischen Verständnis der moralischen Vermögen beruht.[62] Daß jeder Mensch ein Selbstzweck ist und daß man im Streben nach gesamtgesellschaftlichen Vorteilen niemanden verletzen darf, sind kantianische Einsichten von großer Überzeugungskraft, die jede Theorie der Gerechtigkeit für behinderte Menschen in einer angemessen erweiterten Form aufgreifen sollte.

Auch wenn dadurch einige theoretische Kosten entstehen, kann das Problem der Behinderungen und der Grundgüter also gelöst werden. Der Kantianismus muß zwar umgestaltet werden, aber einige Aspekte dieser Tradition können das politische Nachdenken über diese Fragen in die richtige Richtung lenken. Im Zusammenhang mit Behinderungen und Beeinträchtigungen resultieren die größten und am schwersten zu behebenden Probleme aus Rawls' Festlegung auf die Annahme einer »ungefähren Gleichheit« (und damit auf die Humeschen Anwendungsverhältnisse der Gerechtigkeit) sowie auf die Vorstellung der Vorteilhaftigkeit der gesellschaftlichen Kooperation – die zwar zunehmend unter Druck gerät, von Rawls jedoch immer noch sehr ernst genommen wird. Tatsächlich scheinen diese Ideen für jeden politischen Kontraktualismus in der Tradition des klassischen Gesellschaftsvertrags zentral zu sein, obwohl sie in Scanlons rein ethischer Variante fehlen. (Sie sind außerdem eng mit der methodologischen Festlegung auf theoretische Einfachheit verknüpft: Der Ausschluß altruistischer Motivationen geht auf dieses Streben

62 Obwohl sie die strukturellen Probleme der Gesellschaftstheorien vermeiden kann, hat auch Alan Gewirths kantianische Theorie der Menschenrechte Schwierigkeiten im Umgang mit Menschen mit Behinderungen und mit Tieren, weil sie ein sehr kantianisches Menschenbild vertritt, wie ich im fünften Kapitel weiter ausführen werde; vgl. Gewirth (1978) und Gewirth (1996).

nach Einfachheit und auf den Versuch zurück, intuitionistische Abwägungen zu vermeiden.)

Könnten wir eine politische Theorie des Gesellschaftsvertrags entwickeln, die auf diese Humeschen und kontraktuellen Ausgangspunkte ebenso verzichtet wie auf den idealisierten kantianischen Begriff der Vernunft? Könnten wir uns stattdessen allein auf die wesentlichen Ideen der Unparteilichkeit, der Unverletzlichkeit und der Reziprozität stützen (die freilich angepaßt werden müßten, um geistig schwerbehinderte Menschen miteinzubeziehen), um eine größere Variationsbreite der Vermögen und Fähigkeiten der Parteien sowie ein komplexeres Bild von den Zielen der gesellschaftlichen Kooperation zu ermöglichen? Vielleicht gelingt das, wenn wir die Parteien im Anschluß an Locke mit einem Wohlwollen einer gewissen Tiefe und Reichweite ausstatten. Wir müßten dann aber die klassische Vorstellung aufgeben, daß die Menschen den Naturzustand hinter sich lassen, weil Kooperation vorteilhafter ist als Nichtkooperation. Zwar könnte die Idee eines Naturzustands noch immer als Modell moralischer Gleichheit verwendet werden, sie würde aber weniger wichtig werden. Folglich müßten wir neue Gründe für die Entscheidung finden, auch mit jenen Menschen zu kooperieren, die aufgrund ihrer asymmetrischen Schwäche keine Bedrohung darstellen und die wir entweder beherrschen oder zu Empfängern unserer Wohltätigkeit machen könnten.

Warum sollten wir unser Verhältnis zu diesen Menschen als eine Frage der elementaren Gerechtigkeit sehen und nicht als eine Frage, die wir zu einem späteren Zeitpunkt auf der Basis anderer moralischer Prinzipien, wie etwa des Prinzips der Wohltätigkeit, beantworten, da die Bedingung der ungefähren Gleichheit nicht erfüllt ist? Die Vertragstheorie kann uns hier nicht weiterhelfen. Zwar geben uns Kants Ideen der Unverletzlichkeit und der Reziprozität ebenso wie Lockes Ideen der Würde des Menschen, der natürlichen Rechte und der Pflichten des Wohlwollens eine gewisse Orientierung, aber sie sind von der kontraktualistischen Darstellung der Entscheidungssituation begrifflich zu unterscheiden.

Die von Locke vertretene Variante der Vertragstheorie könnte diese Einwände in modifizierter Form vielleicht vermeiden. Ein solcher Ansatz würde die Ideen der Übereinkunft und des Wohlwollens sowie natürliche Rechte und wesentliche Ansprüche ins Zentrum stellen und jene Elemente aus Lockes Theorie weiterentwickeln, die sich auf die Vorstellung eines menschenwürdigen Lebens beziehen. Ohne Zweifel würde sich ein solcher Kontraktualismus stark von seinen sich gegenwärtig im Umlauf befindlichen politischen Varianten unterscheiden, sowohl aufgrund eines alternativen Begriffs des Guten und der Ansprüche der Menschen als auch aufgrund einer auf Mitgefühl und Wohlwollen beruhenden Moralpsychologie. In vielerlei Hinsicht entspräche ein solcher Ansatz der in einer Idee des Guten verankerten Konzeption der Fähigkeiten, die ich vorstellen werde und die, wie wir sehen werden, noch immer Raum für die Idee einer vernünftigen Übereinkunft läßt. Sehr wahrscheinlich würden ihm aber die methodologische Einfachheit und die Beschränkung auf wenige Prinzipien fehlen, die sich zumindest Rawls von seiner Allianz mit der Tradition des Gesellschaftsvertrags erhofft. Wenn wir die Vorstellungen des Naturzustands, des gegenseitigen Vorteils und des Status der Parteien als »frei, gleich und unabhängig« aufgeben, würde ein solcher Ansatz wohl tatsächlich nicht länger zur klassischen Theorie des Gesellschaftsvertrags gerechnet werden können.

Andererseits könnten wir auch versuchen, auf der Grundlage der kantianischen Ideen der Achtung und der vernünftigen Übereinkunft einen politischen Kontraktualismus zu entwickeln, der dem Geiste nach kantianisch ist, auf die problematischen Aspekte der klassischen Theorie des Gesellschaftsvertrags aber verzichtet. Wie Scanlons ethischer Kontraktualismus könnten wir dann von Parteien ausgehen, die nicht in irgendeiner Art Naturzustand situiert sind und deren Deliberationen sich auf die miteinander zusammenhängenden Ideen der Unparteilichkeit, der gleichen Achtung und der Übereinkunft beziehen. Würde er diesen Weg wählen, könnte auch Rawls an den seiner Theorie zugrundeliegenden Intuitionen festhalten und seine Gerechtigkeitsprinzipien auf Menschen ausdehnen, für die sie nach dem jetzigen Stand nicht gelten. Dafür müßte er aber eine weniger kantianische Konzeption der Gleichheit vertreten und dem Wohlwollen eine Rolle in seiner Theorie einräumen, die es gegenwärtig nicht hat. Im von mir entwickelten Ansatz finden sich einige dieser Überlegungen, wenn auch aus einer anderen Perspektive. Schließlich müßte Rawls seine Theorie des Guten revidieren, um Sens Kritik und der Wichtigkeit der Versorgung als Grundgut Rechnung zu tragen.

An dieser Stelle kann uns Rawls' Theorie besser leiten als Scanlons ethischer Kontraktualismus, da sie eine (wenn auch unvollständige) Theorie der Grundgüter umfaßt. Tatsächlich scheint selbst in Scanlons ethischer Theorie eine unabhängige Theorie des Guten zu fehlen. Da Scanlon (wahrscheinlich zu Recht) die Vorstellung zurückweist, der zufolge Wünsche eine Quelle der Güter sind, nach denen die Parteien streben, stellt sich die Frage, worin das Verständnis des Guten begründet und warum es überhaupt von Bedeutung ist. Daß die bloße Idee der Übereinkunft für sich genommen nicht ausreicht, um eine Konzeption des Guten zu entwickeln, ist Scanlon durchaus bewußt, aber dennoch hofft er, daß seine ethische Theorie ohne eine unabhängige Theorie des Guten auskommt, wenn sie einfach jedes Gut, nach dem die Parteien streben, an den Ideen des Kontraktualismus mißt. Hier ergibt sich folgender Einwand: Warum können wir den Wert des Guten nicht direkt bestimmen, wenn es überhaupt von Bedeutung ist? Warum müssen wir den Umweg über die Idee der Übereinkunft nehmen? Oder wie Scanlon selbst diesen Einwand formuliert: »Dennoch könnte jemand zustimmen, daß es von moralischer Bedeutung ist, was diesen Menschen widerfährt, und zugleich verneinen, daß unsere Sorge um sie letztlich auf die Rechtfertigbarkeit unserer Handlungen ihnen gegenüber zurückführbar ist. Warum sollte man nicht einfach behaupten, daß das Leben dieser Menschen einen Wert hat und daß die Anerkennung dieses Werts moralische Personen motiviert?«[63]

Scanlon kommt hier zu einer nicht unplausiblen Antwort: Er zeigt, daß man Personen nicht als Personen wertschätzen, ihren *ganz eigenen* Wert anerkennen kann, ohne sich auf die Idee der Rechtfertigbarkeit zu beziehen. Auf diese Weise lassen sich (in meinen eigenen Worten, nicht seinen) die überaus wichtigen Ideen der Achtung und der Person als Selbstzweck fassen. Dennoch führt diese Antwort meines Erachtens in folgende Schwierigkeit: Während Scanlon überzeugend zeigen kann, daß der Kontraktualismus einen *Teil* dessen, was an Menschen und ihrem Leben wertvoll ist, zu fassen vermag, scheint er mir keine Antwort auf den bescheideneren und näherliegenden Einwand zu haben, daß diese Werte zwar tatsächlich einen *Teil* dessen erfassen, was hier wertvoll ist, aber eben nur einen Teil. Die Abwesenheit von Schmerzen und Krankheit, körperliche Unversehrtheit, Liebe und emotionale Unterstützung – all dies scheint einen Wert zu haben, der sich nicht gänzlich aus der Idee der Rechtfertigbarkeit ableiten läßt. (Dieser Punkt ist eng mit meiner obigen Kritik an Kants Begriff der Person verbunden.) Ich kann Scanlon zugestehen, daß »die Idee der Rechtfertigbarkeit gegenüber anderen eine wichtige Rolle für unser Nachdenken über richtig und falsch zu spielen scheint«,[64] und doch den Eindruck haben, daß dieses Gut und andere Güter einen eigenständigen Wert besit-

63 Scanlon (1999), 168; vgl. auch die Diskussion der Einwände von Frances Kamm und Judith Jarvis Thomson ebd., 391, Fn. 21. Scanlon scheint hier zuzugeben, daß (etwa) Leiden eine unabhängige Bedeutsamkeit besitzt und den Grund darstellt, warum Handlungen, die es verursachen, vernünftigerweise zurückgewiesen werden sollten.

64 Ebd., 170.

zen. Es ist durchaus möglich, daß Scanlon dem nicht widersprechen würde.

Wenn wir aber vom Bereich der Ethik in den Bereich der Politik wechseln, tritt die Notwendigkeit einer unabhängigen Theorie des Guten deutlich hervor. Wie Rawls feststellt, müssen wir wissen, was wir verteilen, und wir müssen wissen, daß diese Dinge gut sind.[65] Eine Theorie des Guten mag eng mit den Ideen der Übereinkunft und der Rechtfertigbarkeit verknüpft sein, aber sie läßt sich vermutlich nicht aus der bloßen Idee einer vernünftigen Übereinkunft ableiten. Vor diesem Hintergrund scheint nur ein partieller Kontraktualismus möglich zu sein, der auf eine unabhängige Konzeption politischer Güter oder Ansprüche angewiesen ist. Scanlon stimmt dieser Überlegung zu.[66]

Wenn wir zudem das Modell des Naturzustands, die Gleichheit (der Fähigkeiten) der Parteien, das Ziel des gegenseitigen Vorteils und die Bestimmung der relativen sozialen Positionen anhand von Einkommen und Vermögen aufgeben – und ich habe zu zeigen versucht, daß wir das tun müssen, um die Frage der Behinderungen angemessen angehen zu können –, bleibt nicht mehr viel von der Idee der Übereinkunft übrig: Tatsächlich ist das theoretische Modell sehr viel weniger gehaltvoll als bei Rawls, und damit steigt die Wahrscheinlichkeit, daß eine unabhängige und multivalente Konzeption des Guten letztlich eine wichtige theoretische Rolle übernehmen wird.[67]

Der bisher überzeugendste Versuch, auf der Basis der Überlegungen Scanlos einen politischen Kontraktualismus zu entwickeln, ist von Brian Barry in *Justice as Impartiality* vorgelegt worden. Barry erhebt einige plausible Einwände gegen

65 Scanlon betont diesen Punkt auch in unserem brieflichen Austausch.

66 In unserem brieflichen Austausch.

67 Es ist daher nicht überraschend, daß Scanlon bezüglich der Ziele internationaler Entwicklung einen Ansatz verteidigt, den er als Theorie des »substantiellen Guten« und einer »substantiellen Liste« bezeichnet; vgl. Scanlon (1993).

die klassische Idee des gegenseitigen Vorteils in der Lehre des Gesellschaftsvertrags.[68] Seine Kritik an Rawls' Theorie ist etwas anders gelagert als meine, kann sie aber ergänzen. Zudem versteht auch Barry, warum die Schwierigkeiten, die Rawls aus der Frage des Umgangs mit Behinderungen entstehen, weder oberflächlich noch leicht zu beheben sind.[69] Wie auch ich ist er der Ansicht, daß Rawls sich zu stark auf die klassisch kontraktualistische Idee der Reziprozität verläßt – obwohl er nicht darauf eingeht, daß Rawls die Humeschen Anwendungsverhältnisse der Gerechtigkeit als Entsprechung für den Naturzustand übernimmt, während ich das für entscheidend halte. Schließlich verweist Barry auf die auch von mir erörterte Spannung zwischen den kantianischen Elementen der Rawlsschen Theorie und ihrer Übernahme vertragstheoretischer Gedanken. Barrys eigener Ansatz soll, wie derjenige Scanlons, allein von kantianischen Überlegungen geleitet sein, diese aber auf den Bereich der Politik übertragen.

Verknüpft man diesen interessanten Ansatz mit Scanlons komplexer ethischer Theorie, so wird deutlich, daß die vertragstheoretischen Ideen der vernünftigen Ablehnung und der vernünftigen Übereinkunft im Bereich der politischen Theorie noch immer eine große Überzeugungskraft haben und ein erhellendes Licht auf die Struktur politischer Prinzipien werfen können. Im Modell des Urzustands kommen Ideen dieser Art zum Ausdruck; losgelöst von seinen Humeschen und vertragstheoretischen Grundlagen, können wir uns mit seiner Hilfe Klarheit über einige zentrale politische Ideen verschaffen. Dennoch ist die generelle Unbestimmtheit von Barrys Theorie ein deutliches Zeichen dafür, wie wichtig in diesem Zusammenhang eine ausgearbeitete Theorie des Guten ist, wenn ein solcher Ansatz auch nur eine partielle politische Konzeption darstellen soll. Auch die Bedenken bezüglich der Einbeziehung von Bürgerinnen und Bürgern mit geistigen

68 Barry (1995), Kap. 2.
69 Ebd., 60, 272, Fn. 28.

Beeinträchtigungen können von Barrys Überlegungen nicht aus dem Weg geräumt werden. Diese Schwierigkeiten lassen sich auf die Idee der vernünftigen Übereinkunft und auf die damit eng verbundene kantianische Konzeption der Person zurückführen. Mir bleibt weiterhin unklar, wie Barrys Idee einer hypothetischen Übereinkunft geistig schwerbehinderte Menschen miteinbeziehen könnte. Über die geistigen Fähigkeiten seiner Vertragsparteien erfahren wir von ihm ebensowenig wie über den Umgang mit dem genannten Problem, obwohl er zu Recht feststellt, daß Rawls' Theorie hier scheitert. Die Vermutung scheint berechtigt, daß es in jeder Theorie, die auf der Idee wechselseitiger Achtung *zwischen Parteien einer hypothetischen Übereinkunft* aufbaut, an dieser Stelle zu einer gewissen Spannung kommt. Aufgrund der in die Struktur dieser Argumentation eingelassenen Verwechselung der Fragen »von wem?« und »für wen?« ist die Ausweitung der Achtung auf Bürgerinnen und Bürger mit schweren geistigen Beeinträchtigungen nur abgeleitet möglich.

Natürlich sollten Ansätze dieser Art weiterverfolgt werden. Dennoch hat sich gezeigt, daß solche Theorien die Probleme des Umgangs mit Behinderungen nur in dem Maße als Probleme der Gerechtigkeit angehen können, in dem sie wesentliche Aspekte der Theorien des Gesellschaftsvertrags über Bord werfen und sich zugleich eine unabhängige Theorie des Guten zu eigen machen (wie es Rawls im Grunde tatsächlich bereits getan hat[70]). Damit nähern sie sich deutlich der von mir vorgeschlagenen Theorie an. Aus den von Sen angeführten Gründen, denen Rawls größtenteils zustimmt, kann eine in einer bloßen Liste von Dingen bestehende Theorie des Guten nicht genügen; statt dessen sollten wir wohl versuchen, eine Liste der menschlichen Fähigkeiten auszuarbeiten. Ein solcher Ansatz könnte zudem nur in Verbindung mit einer komplexeren politischen Psychologie überzeugen, die erläu-

70 »Im Grunde«, weil in PL die Konzeption des Guten eng mit der kantianischen Konzeption der Person verbunden ist.

tert, wie eine Kooperation aufrechterhalten werden kann, die sich nicht allein auf gegenseitige Vorteile bezieht. Schließlich bedarf es einer Konzeption der Person, zu der eine umfassendere Vorstellung davon gehört, was über die kantianische Vernunft hinaus an Personen bewundernswert und würdevoll ist.

Rawls stimmt mit mir also darin überein, daß eine Theorie folgende Teile haben muß: eine politische Psychologie, eine politische Konzeption der Person, eine politische Theorie des Guten und eine Konzeption der Rechtfertigung. Ich habe hinsichtlich einiger seiner Lösungsvorschläge für die hier erörterten Problemfelder Zweifel angemeldet und gezeigt, daß diese Zweifel nur durch die Entwicklung einer Theorie behoben werden können, die sich von der klassischen Lehre des Gesellschaftsvertrags loslöst. Zugleich bin ich jedoch der Überzeugung, daß die von ihm angestrebte *Art* von mehrteiliger Theoriestruktur von entscheidender Bedeutung ist und daß Barrys Theorie, indem sie einige dieser Teile ganz ausläßt oder zumindest nicht ausführt, tatsächlich einen Rückschritt darstellt, wenn sie auch in anderer Hinsicht eine Verbesserung ist.

An dieser Stelle ist es vielleicht hilfreich, die Frage noch einmal aus einem anderen Blickwinkel anzugehen, nämlich aus der Perspektive einer Konzeption wesentlicher politischer Ansprüche oder Güter und einer alternativen, nichtkantianischen politischen Konzeption der Person. Wie wir sehen werden, wendet sich mein Ansatz nicht vollständig vom Kontraktualismus ab. Er übernimmt die Rawlsschen Ideen des politischen Liberalismus und des übergreifenden Konsenses und spricht damit der vernünftigen Übereinkunft eine gewisse Rolle zu. In anderen Hinsichten werden die Bestandteile der Theorie jedoch ganz anders angeordnet und partiell auch anders verstanden. Genauer gesagt, steht der Wert, der darin liegt, daß Menschen die Möglichkeit haben, ein gutes Leben zu führen, im Mittelpunkt, und die Frage der Rechtfertigung ist der Frage, was ein menschenwürdiges Leben möglich macht (die selbst wiederum eng mit einer nichtkantianischen politischen Konzeption der Person und der Würde des Menschen verbunden ist), nachgeordnet. Meine Hoffnung ist, daß mein Ansatz zukünftige Versuche, einen politischen Kontraktualismus auszuarbeiten, ergänzen und inspirieren kann, und daß der Dialog zwischen diesen Herangehensweisen die Debatte über die Struktur politischer Prinzipien bereichern wird.

Kapitel III
Fähigkeiten und Behinderungen

> Denn als Jamie zur Welt kam, stellte er uns eine Frage, die grundlegender war als alle Fragen, mit denen ich mich bisher in diesem Buch und in meinem Leben beschäftigt habe: Selbst wenn wir uns vorstellen könnten, wie eine Gesellschaft organisiert sein müßte, in der Bürger wie James gepflegt, unterstützt und zur Entfaltung ihres vollen menschlichen Potentials ermutigt würden, stünden wir noch immer vor der Frage, warum wir überhaupt danach streben sollten, eine solche Gesellschaft zu verwirklichen.
>
> Michael Bérubé, *Life as We Know It*

1. Der Fähigkeitenansatz: Ein nichtkontraktualistisches Verständnis des Sorgens für andere

Der Fähigkeitenansatz ist keine umfassende moralische Lehre, sondern eine politische Theorie elementarer Ansprüche. Er ist nicht einmal als umfassende politische Lehre gedacht, da er einfach nur einige notwendige Bedingungen für eine annähernd gerechte Gesellschaft ausführt, und zwar in Form einer Liste der grundlegenden Ansprüche aller Bürgerinnen und Bürger. Werden diese Ansprüche nicht gewährleistet, haben wir es mit einer besonders schweren Verletzung der elementaren Gerechtigkeit zu tun, weil sie als in den Ideen der Menschenwürde und des menschenwürdigen Lebens selbst enthalten aufgefaßt werden. Man könnte eine solche Fähigkeitenliste zum Beispiel in einer Liste verfassungsmäßig verbürgter Ansprüche zum Ausdruck bringen, etwa in den Grundrechten der indischen Verfassung oder der (weniger umfassenden) Bill of Rights der US-amerikanischen Verfassung. Die Ansprüche würden dann im Rahmen von Gesetzgebung und Rechtsprechung umgesetzt. Der Liste liegt ausdrücklich eine intuitive Idee zugrunde, nämlich die Idee der Menschenwürde, die bereits als Grundlage der Verfassungsordnung zahlreicher Staaten fungiert – an prominenter Stelle wären hier Indien, Deutschland und Südafrika zu nennen. Da wir mittlerweile auf eine lange Geschichte der juristischen Auslegung dieser Idee zurückblicken können, läßt sich ihr praktisches Potential abschätzen, indem wir uns genauer ansehen, wie sie mit Bezug auf verschiedene Bereiche des Lebens von einer kreativen Rechtsprechung gedeutet wurde.[1]

Wie ich bereits erwähnt habe, gibt es zwischen meinem Ansatz und einem ethischen Kontraktualismus, wie Scanlon ihn ausgearbeitet hat, einige Übereinstimmungen, aber auch eine Reihe von Differenzen, und letzteres gilt noch verstärkt für den politischen Kontraktualismus Rawlsscher Prägung. Wenden wir uns zunächst einer genaueren Untersuchung dieser Differenzen zu.

2. *Die Grundlagen der sozialen Kooperation*

Die Idee des gegenseitigen Nutzens übernimmt in der Tradition des Gesellschaftsvertrags eine zentrale Rolle: Die Erwartung eines gegenseitigen Vorteils motiviert die Parteien, den Naturzustand zu verlassen. Rawls übernimmt diese Idee und mit ihr zugleich die damit eng verbundene Annahme, daß die Parteien über annähernd gleich viel Macht verfügen. Es gibt

1 Dieser Blick auf die Praxis hat aber nur einen begrenzten Nutzen, weil die entsprechenden Verfassungstraditionen die Idee der Menschenwürde nicht weiter erläutern und daher zwischen einer kantianischen rationalistischen Interpretation und meinem umfassenderen Verständnis in der Schwebe bleiben – außer wir verstehen das Urteil des Kerala High Court zur Tierquälerei, das ich im sechsten Kapitel näher erörtere, als maßgebliche Auslegung von Artikel 21 der indischen Verfassung. (Ich halte diese Frage für unentschieden.)

Vertragstheoretiker – etwa Locke –, die diesen Vorteil auf eine Weise verstehen, die eine wohlwollende Sorge um die Interessen anderer mit einschließt, aber Rawls tut das nicht. Seine Parteien streben nach der Verwirklichung ihrer eigenen Konzeption des Guten innerhalb der Einschränkungen der Unparteilichkeit, die ihnen der Urzustand auferlegt. Obwohl die Bürger der wohlgeordneten Gesellschaft, wie ich gezeigt habe, eine Vielfalt moralischer Zwecke verfolgen und *ex post* gute Gründe für eine vollständige Einbeziehung von Menschen mit Beeinträchtigungen finden könnten, verhindert eine so verstandene Vertragssituation also *ex ante* eine angemessene Lösung dieses Problems.

Im Fähigkeitenansatz kommt den Vorteilen und Zielen sozialer Kooperation von Anfang an eine moralische und soziale Dimension zu. Obwohl mein Ansatz keine hypothetische Ausgangssituation stipuliert (da es sich nicht um einen verfahrens-, sondern um einen ergebnisorientierten Ansatz handelt), gehe ich davon aus, daß Menschen aus einer Vielzahl von Motiven heraus kooperieren, zu denen eine Wertschätzung der Gerechtigkeit selbst sowie ganz zentral ein moralisch geprägtes Mitgefühl gehören. Dieses Mitgefühl richtet sich auf Personen, die nicht über alle notwendigen Voraussetzungen für ein achtbares und würdevolles Leben verfügen. Es gibt keinen Grund zu der Annahme, daß eine solche Gesellschaft instabil wäre; wie ich gezeigt habe, kann sie die Bedingungen für anhaltende politische Stabilität tatsächlich gut erfüllen.[2]

Ganz entscheidend ist auch, daß der Fähigkeitenansatz Gerechtigkeit weder explizit noch implizit nur dann für einen relevanten Gesichtpunkt hält, wenn die Humeschen Anwendungsverhältnisse der Gerechtigkeit vorliegen. Der Gedanke, daß Gerechtigkeit nur dann zum Zuge kommt, wenn Menschen über ungefähr gleich viel Macht verfügen und durch ihren gegenseitigen Vorteil dazu motiviert sind, zu

2 Vgl. Nussbaum (2000a), Kap. 2.

einer Übereinkunft zu kommen, wird also zurückgewiesen. Wie wir gesehen haben, stehen die Anwendungsverhältnisse der Gerechtigkeit in einem problematischen Verhältnis zu anderen Elementen der Rawlsschen Theorie. Dennoch hält er an ihnen fest und ist offensichtlich der Meinung, daß sie die Bedingungen, unter denen Gerechtigkeit zwischen Personen sinnvoll gedacht werden kann, adäquat zum Ausdruck bringen.

Humes Menschenbild ist viel zu düster. (Daß gerade Hume zu einer solchen Einschätzung kam, mutet vor dem Hintergrund seines außerordentlich klaren Blicks für die menschliche Fähigkeit zum Mitgefühl und zum Wohlwollen ein wenig seltsam an.) Zahlreiche Bande binden uns Menschen aneinander: Es gibt Bande der Liebe und des Mitgefühls ebenso wie Verbindungen durch das Streben nach Vorteilen; für manche ist Gerechtigkeit ein hochgeschätzter Wert, für andere etwas, auf das sie angewiesen sind.[3] In der realen Welt sind Menschen oft nur auf eine willkürlich ungleiche oder eingeschränkte Weise für die Bedürfnisse anderer empfänglich. Bildung kann aber viel dazu beitragen, diese Bindungen stabiler, umfassender und ausgeglichener zu machen. Rawls stimmt dem zwar zu; aber er übernimmt wie erwähnt die Humesche Auffassung der Anwendungsverhältnisse der Gerechtigkeit und verwandte Aspekte der klassischen Tradition des Gesellschaftsvertrags, und das scheint in diesem Zusammenhang problematisch zu sein. Meines Erachtens spricht die Entwicklung hin zu einer stärkeren Einbeziehung von Menschen mit Beeinträchtigungen, die wir in den letzten Jahren beobachten konnten, sehr dafür, daß die Menschen tatsächlich aus Anstand Gerechtigkeit um ihrer selbst willen anstreben, und zwar in ausreichendem Maße, um politisch einen merklichen Unterschied zu machen. Wenn das sogar in unseren heutigen westlichen Gesellschaften der Fall ist, die typischerweise von wirtschaft-

3 Vgl. Nussbaum (2001a), Kap. 6-8.

lichen Motiven und Erwägungen bestimmt werden, wie viel mehr können wir dann von Menschen in einer Gesellschaft erwarten, die die menschlichen Fähigkeiten aller Bürgerinnen und Bürger wirklich unterstützt und ein Bildungssystem einrichtet, das diese Werte vermittelt.

Rawls lehnt eine Einbeziehung altruistischer Motivationen in den Urzustand nicht deswegen ab, weil er nicht an solche Motivationen glaubt oder ihren Einfluß für gering hält. Ähnlich wie Hume ist er einfach der Ansicht, daß sie unbeständig und parteiisch sind und daher nicht zu exakt bestimmten politischen Prinzipien führen würden. Bis zu einem gewissen Grad lasse ich diesen Einwand gelten und plädiere daher nur für eine partielle Konzeption, die sich auf die Idee eines sozialen Minimums stützt, nicht für eine vollständigere und ehrgeizigere Konzeption, wie Rawls sie anstrebt. Ich denke aber, daß der Vorwurf, die Intuition spiele eine zu große Rolle, zumindest teilweise entkräftet werden kann (vgl. den fünften Abschnitt dieses Kapitels).

Der Fähigkeitenansatz macht also von einer Konzeption der Kooperation Gebrauch, für die Gerechtigkeit und umfassende Einbeziehung von Anfang an inhärent wertvolle Zwecke darstellen und die davon ausgeht, daß die Bindungen zwischen den Menschen sich ebenso dem Altruismus wie dem gegenseitigen Vorteil verdanken. Hinzu kommt im Anschluß an Aristoteles die politische Konzeption der Person als eines politischen und sozialen Lebewesens, das nach einem durch und durch sozialen Guten strebt und mit anderen auf verschiedenen Ebenen komplexe Zielsetzungen teilt. Das Gute der anderen bedeutet für solche Personen nicht einfach eine Einschränkung ihres Strebens nach dem eigenen Guten, sondern ist vielmehr Teil ihres eigenen Guten. Sich für das Gute anderer einzusetzen, ist also nicht mehr nur eine Sache der individuellen Konzeptionen des Guten, wie in Rawls' Theorie, sondern vielmehr von Beginn an Teil einer gemeinsamen *öffentlichen* Konzeption der Person. Die Person verläßt den

Naturzustand (wenn diese Fiktion noch irgendeinen Sinn hat) nicht deshalb, weil es zu ihrem eigenen Vorteil ist, mit anderen zu einer Übereinkunft zu kommen, sondern weil sie sich nicht vorstellen kann, ein gutes Leben zu führen, ohne ihre Zwecke und ihr Leben zu teilen. In durch Gerechtigkeit und Wohlwollen geprägten Beziehungen mit anderen und auf andere hin zu leben, ist Teil einer öffentlich geteilten Konzeption der Person, der aus politischen Gründen alle zustimmen.

Natürlich ist es schwieriger, ein hohes Maß an Wohlwollen und eine Verpflichtung zur Gerechtigkeit in die Grundlagen einer Theorie aufzunehmen, als in diesen Fragen agnostisch zu bleiben. Rawls sieht das ganz richtig. Wenn aber bestimmte Probleme aufgrund der schwächeren Voraussetzungen nicht gelöst werden können, brauchen wir stärkere Voraussetzungen. Zudem bin ich mir nicht sicher, ob theoretische Sparsamkeit in diesen Fragen immer eine gute Idee ist. Rawls hat die etwa von Gauthier erhobene Forderung, aus Gründen der Einfachheit auf moralische Festlegungen in den Ausgangsbedingungen zu verzichten, zu Recht zurückgewiesen. Mein Ansatz geht hier einfach einen Schritt weiter.

3. Würde: Aristotelisch, nicht kantianisch

Eine zweite wesentliche Abweichung vom Kontraktualismus hängt mit der Idee der Würde zusammen und damit auch mit Rawls' kantianischem Begriff der Person. Für diesen Begriff ist die Idee der Würde grundlegend. Kant setzt das Menschliche der Menschen in einen Gegensatz zu ihrer Animalität. Zwar finden sich zu diesem Punkt bei Rawls kaum explizite Äußerungen, aber er legt nahe, daß das Personsein in der (moralischen und prudentiellen) Vernunft begründet ist, und nicht in den Bedürfnissen, die Menschen mit anderen Tieren gemeinsam haben. Für den Fähigkeitenansatz hingegen bilden Vernunft und Animalität eine integrierte Einheit. Im

Anschluß an Aristoteles' Vorstellung vom Menschen als politischem Lebewesen und an Marx' Einsicht, daß der Mensch »der einer Totalität der menschlichen Lebensäußerung *bedürftige* Mensch« ist, stellt für diesen Ansatz das Vernünftige einfach einen Aspekt des menschlichen Tiers dar, und sicher nicht den einzigen, der für die Idee echter menschlicher Tätigkeit relevant ist. Allgemeiner entdeckt der Fähigkeitenansatz in der Welt zahlreiche verschiedene Arten der tierischen Würde, die alle Respekt und sogar Ehrfurcht verdienen. Tatsächlich wird die spezifisch menschliche Würde auch hier durch eine Art Vernunft charakterisiert, aber diese Vernunft wird nicht idealisiert und der Animalität entgegengesetzt; es handelt sich einfach um die ganz gewöhnliche Fähigkeit des praktischen Nachdenkens, die eine Möglichkeit des Tätigseins von Tieren darstellt. Zudem ist Geselligkeit ein ebenso grundlegendes und allgegenwärtiges Merkmal. Und auch körperliche Bedürfnisse wie etwa die Angewiesenheit auf Fürsorge gehören zu unserer Vernunft und unserer Geselligkeit. Dementsprechend sind diese Bedürfnisse Teil der spezifisch menschlichen Würde und stehen nicht im Gegensatz zu ihr.

Der Fähigkeitenansatz erkennt also an, daß wir zeitgebundene Wesen mit Bedürfnissen sind, die ihr Leben als Säuglinge beginnen und bis zu ihrem Lebensende häufig noch andere Formen der Angewiesenheit erleben, und berücksichtigt dies in seiner politischen Konzeption der Person, die als Basis der politischen Grundprinzipien dient. Tatsächlich wird diesen Formen der Verletzlichkeit besondere Aufmerksamkeit gewidmet, schließlich sind Vernunft und Geselligkeit selbst zeitlich, denn sie wachsen, reifen heran und verfallen (gegebenenfalls). Außerdem gehören die von Rawls in den Mittelpunkt gestellten symmetrischen Beziehungen zwar auch dem Fähigkeitenansatz zufolge zur spezifisch menschlichen Geselligkeit, zugleich existieren aber auch mehr oder weniger asymmetrische Beziehungen, in denen Reziprozität und wahres menschliches Tätigsein ebenfalls möglich sind.

Die beiden wesentlichen Abweichungen vom Kontraktualismus lassen sich nun in einer neuen Konzeption der Würde und des Werts des Menschen zusammenführen, die sich von den von Hume und Rawls ins Zentrum gestellten Anwendungsverhältnissen der Gerechtigkeit verabschiedet. Wir müssen uns die Achtung anderer nicht durch Produktivität verdienen. In der Würde unserer menschlichen Bedürftigkeit selbst ist ein Anspruch auf Unterstützung begründet. Die Gesellschaft wird von ganz unterschiedlichen Bindungen und Bestrebungen zusammengehalten, von denen nicht alle die Produktivität betreffen. Obwohl Produktivität notwendig und sogar gut ist, macht sie nicht den Hauptzweck des sozialen Lebens aus.

4. *Der Vorrang des Guten und die Rolle der Übereinkunft*

Im Rahmen meiner Erörterung des dünnen ethischen Kontraktualismus von Thomas Scanlon habe ich die Auffassung vertreten, daß sein Ansatz nur dann als Grundlage für politische Prinzipien zu dienen vermag, wenn er um eine Theorie des Guten ergänzt wird, die sich nicht aus der dünnen Idee gegenseitiger Achtung und Reziprozität ableiten läßt. (Wie bereits erwähnt, stimmt Scanlon dem zu.) Für Rawls ist die Theorie der Grundgüter eng mit einer kantianischen Konzeption der Person verbunden: Grundgüter werden als jene Güter eingeführt, die Personen, die über die beiden moralischen Vermögen verfügen, wollen würden, um ihre Lebenspläne zu verfolgen. In welcher Beziehung steht meine eigene Theorie des Guten zu meiner (nichtkantianischen) Auffassung der menschlichen Würde? Wenn die Fähigkeiten einfach als Mittel zu einem menschenwürdigen Leben anstatt als inhärent wertvoll begriffen werden, dann gibt es letzten Endes doch keinen so großen Unterschied zwischen meiner Theorie und der Vertragstheorie: Zwar tritt ein aristotelisches Verständnis von Würde an die Stelle von Rawls' Konzeption der moralischen Vermögen (oder Scanlons Konzeption der Reziprozität), aber die Idee des Guten wird noch immer als von diesem Verständnis moralischer Vernunft (instrumentell) abhängig verstanden und im Grunde auch auf es zurückgeführt. Der Theorie des Guten käme demnach eine ganz ähnliche Rolle zu wie in der Vertragstheorie und die Differenz zwischen den beiden Ansätzen würde zumindest abgeschwächt. Aber stößt der Fähigkeitenansatz dann nicht auch auf das Problem, mit dem meiner Diagnose zufolge die erwähnte dünne Variante des Kontraktualismus konfrontiert ist, nämlich zu viel aus einer zu dünnen moralischen Idee gewinnen zu wollen?

Natürlich ist es nicht besonders überraschend, daß es an dieser Stelle zu Überschneidungen zwischen dem Fähigkeitenansatz und dem Kontraktualismus kommt, da beide stark von ähnlichen Intuitionen über die moralische Gleichheit der Menschen geprägt sind und davon ausgehen, daß zu den Forderungen der politischen Gleichheit die Unterstützung eines breiten Spektrums an Lebensentwürfen und Aktivitäten gehört. Diese Überschneidungen sind zu begrüßen, weil es sich bei der Vertragstheorie um die meines Erachtens bisher überzeugendste Theorie elementarer sozialer Gerechtigkeit handelt. Dennoch gibt es zwischen den beiden Herangehensweisen einige wichtige und subtile Unterschiede. Die Fähigkeiten werden im Fähigkeitenansatz nicht als Mittel zu einem menschenwürdigen Leben verstanden, sondern als Möglichkeiten, in den verschiedenen Lebensbereichen, mit denen es Menschen typischerweise zu tun haben, ein würdevolles Leben zu führen. Hinter der Ausarbeitung der Liste stand die Idee, im Durchgang durch diese Bereiche, in denen wir leben und handeln, zu fragen, worin jeweils die Möglichkeit zu einem mit den Mindeststandards der menschlichen Würde kompatiblen Leben und Handeln bestehen würde. Die Definition der Würde ist nicht den Fähigkeiten vorangestellt und von ihnen unabhängig, sondern in gewisser Weise aufs engste mit ihnen und ihren Definitionen verbunden. (Natürlich spielen die architektonischen Fähigkeiten der Geselligkeit und der praktischen Vernunft durchweg eine leitende Rolle, wie sie es auch für den frühen Marx tun, und zwar als Indikatoren dafür, wann eine bestimmte Ernährungs-, Fortbewegungs- oder Interaktionsweise mit der Würde des Menschen vereinbar ist.) Die Leitidee ist daher nicht die der Würde selbst – als ob man diese von den Fähigkeiten, ein Leben zu leben, abtrennen könnte –, sondern vielmehr die eines *Lebens* in Würde bzw. eines menschenwürdigen Lebens, wobei dieses Leben zumindest teilweise durch den Besitz der auf der Liste zusammengestellten Fähigkeiten konstituiert wird. In dieser Vorstellung sind das Richtige und das Gute sehr eng miteinander verflochten.

Wie wir gesehen haben, ist das in Scanlons ethischem Kontraktualismus nicht der Fall: Die Idee der Reziprozität hat Vorrang, und Scanlon hofft, allein aus dieser Idee eine vollständige ethische Theorie ableiten zu können, ohne auf eine unabhängig formulierte Idee des Guten zurückzugreifen (daß eine solche Idee des Guten vielleicht zu dem gehört, was den Menschen und ihrem Leben einen Wert verleiht, leugnet er allerdings nicht). Hingegen verwirft Rawls zwar seine zunächst vertretene Konzeption der Grundgüter als Allzweckmittel zu jedweder von den Parteien vertretenen Konzeption des Guten, aber er begreift die Grundgüter weiterhin als instrumental für kantianische Lebenspläne, als Güter, die die durch die kantianischen Vermögen charakterisierten Parteien wollen würden. Zwischen meinem Verständnis der Fähigkeitenliste und diesen beiden Formen des Kontraktualismus bleibt mithin ein gewisser Unterschied bestehen. Auch wenn die Vorstellung eines Vorrangs des Guten irreführend ist, da die Idee der Würde für das Verständnis des Guten selbst eine wichtige Rolle spielt, kommt dem Guten doch ein gewisser Primat zu, da der Fähigkeitenansatz das Richtige und das Gute im Unterschied zu den kantianischen Ansätzen nicht trennt, sondern sich statt dessen auf eine vielschichtigere und moralische Theorie des Guten stützt.

Es gibt aber noch eine weitere Überschneidung zwischen Fähigkeitenansatz und Kontraktualismus. Der Fähigkeitenansatz ist auf der Grundlage der Rawlsschen Idee des *politischen Liberalismus* formuliert. Demnach ist seine Konzeption der elementaren Ansprüche als partielle Theorie des Guten zu politischen Zwecken gedacht, mit der die Bürger verschiedene umfassende Konzeptionen des Guten kombinieren können. Sie bezieht sich, so zumindest die Absicht, allein auf freistehende ethische Ideen, ohne auf metaphysische oder epistemologische Lehren (etwa der Existenz oder Nichtexistenz der Seele oder der religiösen Offenbarung) zurückzugreifen, die die Bürger entlang den Trennungslinien zwischen den religiösen und umfassenden ethischen Lehren entzweien würden. Dieser Umstand gibt uns Anlaß zur Hoffnung, daß unsere Konzeption Gegenstand eines *übergreifenden Konsenses* unter Bürgern sein kann, die ansonsten unterschiedlichen umfassenden Lehren anhängen.

Im Gegensatz zu Rawls und in Übereinstimmung mit den Verfassern der Allgemeinen Erklärung der Menschenrechte halte ich einen solchen internationalen, über Traditions- und Religionsgrenzen hinausreichenden Konsens für durchaus möglich. Unsere Hoffnung auf einen übergreifenden Konsens ist nicht von der zusätzlichen Annahme abhängig, daß sich unsere Argumentation allein aus den Traditionen der westlichen Demokratien zu speisen habe (vgl. Kapitel V.6). Dennoch spielen die Idee des übergreifenden Konsenses und die verwandte Idee der Übereinkunft weiterhin eine Rolle. Sie gehören zur Rechtfertigung der Konzeption, denn ihnen zufolge kann diese Konzeption mit der Zeit gegenüber Menschen gerechtfertigt werden, die unterschiedliche umfassende Konzeptionen des guten Lebens vertreten. Zur Rechtfertigung gehört also eine Idee allgemeiner Akzeptabilität oder doch zumindest der Akzeptabilität für die Anhänger der wichtigsten

Wertordnungen. Akzeptabilität ist für die Rechtfertigung sowohl aus Gründen der Stabilität – eine Konzeption, die für alle annehmbar ist, kann dauerhaft stabil sein – als auch aus Gründen der Achtung relevant.

Damit kommt es ein weiteres Mal zu einer Überschneidung mit dem Kontraktualismus, zumindest mit der von Scanlon vertretenen ethischen Variante. Wenn wir Akzeptabilität zu den Bedingungen der Rechtfertigung zählen, greift das die Idee auf, daß eine Theorie des Guten nicht unabhängig von der Zustimmung der Menschen ist, sondern nur unter Berufung auf die Möglichkeit einer solchen (aus guten Gründen erfolgenden, nicht bloß auf einen *modus vivendi* abzielenden) Zustimmung als die richtige politische Konzeption des Guten gerechtfertigt werden kann. Demnach scheint meine Theorie aus denselben Bestandteilen wie diejenige Scanlons zu bestehen, der sie aber nicht nur eine Theorie des Guten hinzufügt, um sie auf den Bereich der Politik zu übertragen, sondern deren Elemente sie auch auf etwas andere Weise anordnet und mit einer alternativen Konzeption der Person verbindet.

5. Warum Fähigkeiten?

Wie bereits erwähnt, sollte Rawls seine heterogene Liste der Grundgüter, die Ressourcen (Einkommen und Vermögen) als Indikatoren des Wohlergehens eine prominente Rolle zuweist, Sen zufolge durch eine Liste von Fähigkeiten ersetzen, die dann alle zur Messung der Lebensqualität genutzt werden könnten. Zugunsten einer solchen Umstellung führt Sen vor allem an, daß Einkommen und Vermögen als Indikatoren für das Wohlergehen von Menschen mit Behinderungen zu kurz greifen: Eine Person im Rollstuhl kann über dasselbe Einkommen und Vermögen verfügen wie ein Mensch, der »normal« mobil ist, und dennoch nicht die gleiche Fähigkeit haben, sich von Ort zu Ort zu bewegen.[4] Rawls muß diesen Vorschlag ablehnen, weil seine Argumentation für das Differenzprinzip sowie die Struktur seiner Vertragstheorie die Verwendung von Einkommen und Vermögen als Indikatoren der relativen sozialen Position der Betroffenen erfordern.[5] Außerdem läßt seine Ablehnung einer intuitiven Abwägung pluraler Zwecke vermuten, daß er einen multivalenten Index relativer Positionen nicht akzeptieren könnte.

Mein Fähigkeitenansatz schließt sich Sens Vorschlag an, übernimmt seine Argumentation und ergänzt sie. Im Zusammenhang mit seinem Plädoyer für Fähigkeiten verweist Sen auf den individuell unterschiedlichen Bedarf an Ressourcen und auf die individuell unterschiedlichen Möglichkeiten, diese Ressourcen in Tätigkeiten umzusetzen. Wie er betont, sind Unterschiede in der Bedürftigkeit für das menschliche Leben charakteristisch: So benötigen Kinder mehr (kostbares) Protein als Erwachsene und schwangere oder stillende Frauen mehr Nahrung als nichtschwangere Frauen. Die von diesen Unterschieden aufgeworfenen Fragen können also nicht verschoben werden; sie stellen sich fortwährend.

Sen meint, daß wir Fähigkeiten insbesondere dann in den Mittelpunkt stellen müssen, wenn wir uns mit Fällen befassen, in denen Individuen in unterschiedlichen atypischen Weisen von der Struktur der Gesellschaft selbst eingeschränkt

4 Vgl. Sen (1980).

5 Ich möchte auch hier daran erinnern, daß Rawls den lexikalischen Vorrang der Freiheit an dieser Stelle seiner Argumentation bereits eingeführt hat. Das sollte uns aber aus zwei Gründen nicht zufriedenstellen: Erstens ist Freiheit durchgängig von der ökonomischen Verteilung und Umverteilung abhängig, so daß die ganze Strategie, zunächst die Frage der Freiheit zu klären und erst danach zu ökonomischen Fragen überzugehen, problematisch ist; und zweitens gibt es zahlreiche Fähigkeiten, die nicht von Rawls' Liste der Freiheiten abgedeckt werden und für die Einkommen und Vermögen keine guten Indikatoren darstellen: Zu nennen wären hier etwa die von Rawls selbst zu den Grundgütern gezählte Selbstachtung sowie Fähigkeiten in Bereichen wie Gesundheit, Bildung und Mobilität.

werden. Eine Kultur, die Frauen traditionell den Zugang zu Bildung und Ausbildung erschwert, muß mehr Ressourcen für die Alphabetisierung von Frauen als für die von Männern bereitstellen. Obwohl Sen selbst diesen Fall nicht explizit so versteht und dazu tendiert, Behinderungen mit natürlichen Asymmetrien in Verbindung zu setzen, hat sein berühmtes Beispiel einer Person im Rollstuhl eine ähnliche Struktur. Der Umstand, daß diese Person sich weniger gut als eine »normale« Person im öffentlichen Raum fortbewegen kann, ist durchweg gesellschaftlich bedingt: Die Gesellschaft hat den öffentlichen Raum nicht für Rollstühle zugänglich gemacht.

Dieses Argument kann aber noch sehr viel weiter getrieben werden. Sens Kritik an Rawls legt nämlich nahe, daß es sich bei Einkommen und Vermögen tatsächlich um gute Indikatoren für das, was wirklich relevant ist, handeln *würde*, wenn bei der Festlegung der fraglichen Beträge solche Asymmetrien berücksichtigt werden könnten: Wenn wir einem Kind entsprechend mehr Geld für Nahrung als einem Erwachsenen geben würden und einem Menschen im Rollstuhl eine entsprechend größere Summe im Bereich der Mobilität, könnten Einkommen und Vermögen im Prinzip weiterhin angemessene Indikatoren für die relative soziale Position der Betroffenen darstellen. Natürlich könnten wir diese Beträge nur mit Blick auf die Fähigkeiten richtig festlegen, so daß diese noch immer im Vordergrund stehen würden; die Fähigkeiten könnten jedoch zumindest im Kontext gesamtgesellschaftlicher Kalkulationen auf der Grundlage von Einkommen und Vermögen gegeneinander verrechnet werden. Zumindest ist dies eine Lesart von Sens Kritik.

Der Fähigkeitenansatz ermöglicht uns aber eine viel radikalere Kritik dieser Ausrichtung auf Einkommen und Vermögen. Zur Konzentration auf Fähigkeiten gehört ganz wesentlich die Idee, daß es nicht nur ein Grundgut, sondern mehrere von der Gesellschaft zu verteilende Grundgüter gibt und daß diese Grundgüter nicht einfach quantitativ miteinander zu verrechnen sind.

Bevor wir diese Kritik jedoch auf überzeugende Weise ausarbeiten können, müssen wir eine wie auch immer vorläufige und offene Liste jener Fähigkeiten entwerfen, die wir als die zentralen menschlichen Ansprüche verstehen, auf deren Grundlage wiederum elementare soziale Gerechtigkeit definiert wird. Wie ich an anderer Stelle ausgeführt habe, erschwert Sens Zurückhaltung gegenüber einer solchen Liste es ihm, auf der Basis der Fähigkeiten eine Theorie der sozialen Gerechtigkeit auszuarbeiten. Manche Fähigkeiten (etwa die Fähigkeit zu wählen) sind wichtig, andere (die Fähigkeit, ohne Helm Motorrad zu fahren) sind verhältnismäßig trivial; eine gerechte Verfassung schützt die wichtigen, nicht aber die vernachlässigenswerten Fähigkeiten. Einige Fähigkeiten sind sogar schlecht und sollten durch das Recht eingeschränkt werden (etwa die Fähigkeit, aufgrund von ethnischer Zugehörigkeit, Geschlecht oder Behinderung zu diskriminieren, oder die Fähigkeit, die Umwelt zu verschmutzen).[6] Keine Verfassung schützt Fähigkeiten *qua* Fähigkeiten. Dem rechtlichen Schutz muß eine Bewertung vorangehen, in deren Rahmen entschieden wird, welche Fähigkeiten gut und welche schlecht sind, und welche unter den guten am wichtigsten und entscheidend für die Bestimmung der Minimalbedingungen eines menschenwürdigen Lebens sind.

Sobald wir uns auf eine vorläufige Liste dieser zentralen Fähigkeiten zumindest für die Zwecke der Ausarbeitung einer Verfassung und der Gestaltung der Institutionen festgelegt haben, müssen wir uns fragen, ob Einkommen und Vermögen tatsächlich als gute Indikatoren für Fähigkeiten dienen können, wenn wir die besonderen Bedürfnisse von sozial benachteiligten Personen berücksichtigen. Hier stoßen wir auf ein großes Problem. In meiner Verteidigung der Fähig-

6 Vgl. Nussbaum (2003a), wo ich meinen Einwand gegen Sens Vorgehen genauer erörtere.

keiten werden diese jeweils als elementare Ansprüche der Bürgerinnen und Bürger und alle zusammen als notwendige Bedingung für ein achtbares und menschenwürdiges Leben verstanden. Dies ist Teil der Begründung, warum eine bestimmte Fähigkeit überhaupt in die Liste aufgenommen wird. Aus diesen Überlegungen ergibt sich jedoch, daß die Fähigkeiten in einem grundlegenden Sinn nicht gegeneinander verrechnet werden können: Ein Defizit in einem Bereich kann nicht einfach dadurch ausgeglichen werden, daß man den Betroffenen mehr von einer anderen Fähigkeit zusichert. Das schränkt die vertretbaren Möglichkeiten des Abwägens natürlich ein, wodurch die Anwendbarkeit von quantitativen Kosten-Nutzen-Analysen begrenzt wird. Alle Bürgerinnen und Bürger haben einen gerechtigkeitsbasierten Anspruch auf alle Fähigkeiten bis zu einem angemessenen Schwellenwert. Wenn Menschen hinsichtlich auch nur einer der Fähigkeiten unter diesen Schwellenwert fallen, stellt dies ein elementares Gerechtigkeitsdefizit dar, und zwar unabhängig davon, wo sie hinsichtlich der anderen Fähigkeiten stehen.[7] Aus diesem Grund kann der Hinweis auf die Unterschiedlichkeit des Bedarfs an Ressourcen das Problem der Verwendung von Einkommen und Vermögen als Index für soziale Positionen nicht vollständig abdecken: Schon die Vorstellung, Fähigkeiten ließen sich im Rahmen einer einzigen Metrik gegeneinander verrechnen, ist problematisch. Für den Menschen ist in Marx' Worten »das reiche *menschliche* Bedürfnis« charakteristisch, also das Bedürfnis nach einer irreduziblen Pluralität von Gelegenheiten zur Ausübung der für das menschliche Leben wesentlichen Tätigkeiten.

Darüber hinaus verleitet der Rawlssche Fokus auf Einkommen und Vermögen zu der Annahme, daß es sich bei den Ressourcen, um die es geht, um Dinge handelt, die wir an Individuen verteilen können. In Sens Kritik wird dies nicht

7 Vgl. Nussbaum (2000d).

explizit bestritten. Er scheint der Auffassung zu sein, daß wir der Person im Rollstuhl nur genug Geld geben müssen, um sie in die Lage zu versetzen, sich von hier nach dort fortzubewegen; man muß nur den notwendigen Betrag bestimmen. Diese Antwort greift zu kurz. Wir können einem Menschen, der einen Rollstuhl benötigt, sehr viel Geld geben, und doch wird er keinen Zugang zum öffentlichen Raum bekommen, solange dieser nicht umstrukturiert wird. Vielleicht könnte sich ein sehr wohlhabender Mensch einen Vollzeit-Chauffeur und einige Träger leisten, die ihn in Gebäuden ohne Rampen die Treppen hinauftragen. Selbst wenn es ein vernünftiges politisches Ziel wäre, Menschen mit Beeinträchtigungen zu so viel Wohlstand zu verhelfen (was nicht der Fall ist), wären wir trotzdem nicht zur Wurzel des Problems vorgedrungen: Dieser Mensch sollte einfach nicht auf einen Chauffeur oder eine Reihe von Trägern *angewiesen* sein. Es sollte Rollstuhlzugänge zu Bussen und Gehwegen geben, und alle Gebäude sollten Rampen und rollstuhlkompatible Fahrstühle haben. Eine derartige Umgestaltung des öffentlichen Raums ist für die Würde und die Selbstachtung von Menschen mit Beeinträchtigungen wesentlich. Kurz gesagt handelt es sich bei der Aufgabe, Menschen mit Beeinträchtigung zu integrieren, um eine öffentliche Aufgabe, die öffentliche Planung und den Einsatz öffentlicher Ressourcen verlangt. Die entscheidende Frage lautet hier nicht, wieviel Geld Menschen mit Beeinträchtigungen haben sollten, sondern, was sie tatsächlich zu tun und zu sein in der Lage sein sollten. Und wenn wir hier zu einer Antwort gekommen sind, stellt sich die weitere Frage, welche Hindernisse der Realisierung ihrer Fähigkeiten in Tätigkeiten zumindest bis zu einem angemessenen Schwellenwert im Wege stehen.

6. *Das Sorgen für andere und die Liste der Fähigkeiten*

Vor dem Hintergrund dieser Überlegungen fällt es nicht schwer, der Fürsorge eine angemessen zentrale Rolle innerhalb unserer Konzeption der Gerechtigkeit zuzusprechen. Zunächst einmal begreifen wir das Bedürfnis nach Versorgung in Zeiten akuter oder asymmetrischer Angewiesenheit auf andere als eines der Grundbedürfnisse der Bürgerinnen und Bürger, dessen Erfüllung bis zu einem gewissen Grad ein Markenzeichen einer in achtbarer Weise gerechten Gesellschaft ist. Wie kann diese Einsicht in der Fähigkeitenliste zum Ausdruck gebracht werden? Ich möchte diese Frage erst einmal allgemeiner angehen und mich dann mit dem besonderen Fall geistig behinderter Menschen befassen. Meines Erachtens handelt es sich bei der Fürsorge nicht um ein einheitliches Phänomen und entsprechend sollte und muß sie nicht als separate zusätzliche Fähigkeit zu den anderen hinzugefügt werden.[8] Die richtige Art, über Fürsorge nachzudenken, muß ein breites Spektrum von Fähigkeiten sowohl der versorgten wie auch der versorgenden Menschen im Blick haben. Gute Fürsorge für Menschen, die auf andere angewiesen sind, ob nun Kinder, ältere, kranke oder behinderte Menschen, stellt die Förderung der Fähigkeiten in den Bereichen des Lebens, der Gesundheit und der körperlichen Unversehrtheit in den Mittelpunkt. Sie sorgt außerdem dafür, daß die Sinne, die Einbildungskraft und die kognitiven Fähigkeiten stimuliert werden. Emotionale Bindungen werden unterstützt und »überwältigende Angst und Sorge« abgebaut. Tatsächlich handelt es sich bei guter Fürsorge um eine wertvolle Art der Bindung. Gefördert wird außerdem die Befähigung der versorgten Menschen zur praktischen Vernunft und Entscheidungsfindung; vielerlei Arten der Zugehörigkeit, wie etwa soziale und politische Zu-

8 Natürlich können die Fähigkeiten auf verschiedene Weisen individuiert werden; solange die Liste in ihrem Gehalt erhalten bleibt, sollten wir hinsichtlich ihrer genauen Form nicht zu dogmatisch sein.

gehörigkeiten, werden, wo dies angemessen ist, unterstützt. Das elementare Gut der Selbstachtung wird geschützt und die Fähigkeit zu spielen sowie das Leben zu genießen ermutigt. Gute Fürsorge unterstützt die Kontrolle über die eigene materielle und politische Umwelt: Menschen mit Behinderungen und Beeinträchtigungen dürfen nicht als bloßes Eigentum anderer gesehen werden, sondern sind Bürgerinnen und Bürger mit Würde, die einen eigenen Anspruch auf Besitz, einen Arbeitsplatz und ähnliches haben. Bürgerinnen und Bürger mit Beeinträchtigungen haben oft weniger Gelegenheit, die Natur zu genießen; auch hier greift gute Fürsorge unterstützend ein.[9] Kurz gesagt: Angesichts der bis ins Intimste reichenden und grundlegenden Rolle, die Fürsorge im Leben der auf sie angewiesenen Menschen spielt, drängt sich die Einsicht auf, daß sie das gesamte Spektrum der zentralen menschlichen Fähigkeiten betrifft oder zumindest betreffen sollte.

Menschen mit schweren geistigen Beeinträchtigungen haben wie andere Menschen Bedürfnisse in Bereichen, für die alle Fähigkeiten relevant sind. All diese Bedürfnisse müssen von guter Fürsorge berücksichtigt werden. Darüber hinaus gibt es wenig, was man auf dieser allgemeinen Ebene sagen kann. Gute Fürsorge für einen Menschen mit einer geistigen Beeinträchtigung – und gute politische Maßnahmen zur Unterstützung dieser Fürsorge – müssen den besonderen Charakter der jeweiligen Beeinträchtigung verstehen und berücksichtigen. Im Fall von Sesha wird gute Fürsorge vor allem zwischenmenschliche Bindungen, ihre emotionale Ausgeglichenheit und ihre Gesundheit in den Mittelpunkt stellen. Daß sie in so umfassender Weise zu Zuneigung und Freude in der Lage ist, muß in jeder Beziehung zu ihr eine zentrale

9 Als ich einmal durch die waldigen Hügel entlang der norwegischen Küste wanderte, traf ich auf einen Bus voller älterer Menschen mit Behinderungen, die man dort hingefahren hatte, damit sie die Waldwege nutzen können. Ihre Rollstühle wurden ausgeladen, und sie wurden in der frischen Bergluft spazierengefahren.

Rolle spielen. Gute Fürsorge wird außerdem ihr Bedürfnis nach kognitiver Stimulation berücksichtigen – zum Beispiel ihre Liebe zur Musik und zur Bewegung sowie ihr starkes Interesse daran, nicht auf eine bestimmte physische Umgebung beschränkt zu sein.[10] Diese kognitive Stimulation muß aber auf einer Ebene erfolgen, die ihren Fähigkeiten angemessen ist. Eine Arbeitsstelle, politische Partizipation oder eine Entscheidung für einen bestimmten Lebensweg scheinen angesichts ihrer Situation nicht besonders relevant.

Arthur ist da ganz anders: Seine erheblichen kognitiven Fähigkeiten müssen in einer Atmosphäre gefördert werden, in der er nicht durch Schikanen oder seine allgemeine Angst vor Gruppen emotional traumatisiert wird. Auch seine Fähigkeiten, Beziehungen zu unterhalten, müssen fortwährend und gezielt unterstützt werden; in diesem Bereich genügt eine Art der Fürsorge, die für die meisten Kinder völlig ausreichend wäre, für ihn nicht. Beziehungen zu Tieren und allgemeiner zur Natur spielen bei seiner Entwicklung eine sehr wichtige Rolle. Wenn er gut gefördert wird und Glück hat, wird er eines Tages in der Lage sein, einen Job zu haben und an der breiteren sozialen Gemeinschaft teilzunehmen. Tatsächlich hat er schon mit 12 Jahren ein hochentwickeltes Verständnis von Politik, das mit der Rigidität seiner Gefühlswelt eine merkwürdige Verbindung eingeht. So entschied er sich etwa, seinem Abscheu vor der umstrittenen Präsidentschaftswahl im Jahr 2000 dadurch Ausdruck zu verleihen, daß er George W. Bush immer als den »Residenten« statt den Präsidenten bezeichnete. Nachdem er diesen ziemlich anspruchsvollen Witz gemacht hatte, wurde er sehr aufgebracht, wenn irgend jemand, zum Beispiel seine Lehrerin, eine andere Bezeichnung verwendete. Gute Fürsorge für Arthur muß diesem eklatanten Mißverhältnis zwischen seiner kognitiven und seiner emotionalen Entwicklung Rechenschaft tragen.

10 Sesha ist mittlerweile von ihrer Familie weg in ein Wohnheim gezogen; dieser Wechsel war ausgesprochen aufregend für sie.

Gute Fürsorge für eine Person mit einer geistigen Beeinträchtigung (und das gilt auch für ältere Menschen mit Demenz oder Alzheimer) besteht kurz gesagt also in individualisierter Fürsorge. Ich werde im zehnten Abschnitt dieses Kapitels auf dieses Thema zurückkommen und mich mit der Frage befassen, wie politische Maßnahmen und verfassungsrechtliche Regelungen diese notwendig individuelle Ausrichtung berücksichtigen können. Wenden wir uns nun aber zunächst den allgemeinen fähigkeitenbezogenen Bedürfnissen der fürsorgeleistenden Menschen zu.

Auch die Situation derjenigen Personen, die Fürsorge leisten, gestaltet sich komplex. Aufgrund mangelhafter Organisation kommen sie häufig in verschiedenen Hinsichten schlecht weg. Ihre Gesundheit leidet, ihr emotionales Gleichgewicht wird schwer belastet und sie verlieren viele andere Fähigkeiten, die sie andernfalls gehabt hätten. Auch eine achtenswerte Gesellschaft kann nicht sicherstellen, daß alle Menschen, die Fürsorge leisten, tatsächlich ein glückliches Leben führen, sie kann ihnen aber in den entscheidenden Bereichen ein gewisses Minimum der relevanten Fähigkeiten zusichern. Im Bereich der emotionalen Stabilität, die ja besonders schwer zu greifen scheint, könnten etwa gute öffentliche Strukturen und eine anständige öffentliche Kultur dazu beitragen, daß Menschen, die auf sie angewiesene ältere oder behinderte Menschen versorgen, nicht ständig befürchten müssen, diese Arbeit nicht leisten zu können oder nicht über die entsprechenden Ressourcen zu verfügen; damit würden auch die Familienmitglieder von der erdrückenden Last der Schuldgefühle befreit, die aus dem Gefühl herrührt, die notwendige Fürsorge nicht leisten zu können. Auch in diesem Bereich bedarf es zur Förderung der praktischen Vernunft politischer Maßnahmen, die es zu einer echten Entscheidung machen, einen auf Fürsorge angewiesenen Menschen zu pflegen, und nicht zu einer aufgezwungenen Belastung, die der Gleichgültigkeit der Gesellschaft geschuldet ist. Frauen hätten dann eine echte Chance, einen eigenen Lebensplan zu entwerfen und sich zu entscheiden, welche Rolle die Versorgung von auf Fürsorge angewiesenen Menschen in diesem Plan spielt. Und auch sie würden ein bißchen Zeit zu spielen bekommen. Ein weiteres Mal geht es hier nicht um ein isoliertes Phänomen, sondern um eine Weise, über alle Bestandteile der Liste nachzudenken. Ich werde später auf die Implikationen dieser Überlegungen für die praktische Politik zurückkommen.

7. Fähigkeiten oder Tätigkeiten?

Im Kontext von Beeinträchtigungen und Behinderungen stellt sich wie auch in anderen politischen Bereichen die Frage, ob einfach die entsprechende Fähigkeit oder tatsächliches Tätigsein gefördert werden sollte. In *Women and Human Development* zeige ich, wie schwer diese Frage in bestimmten Bereichen des menschlichen Lebens zu beantworten ist. Im Fall der politischen Partizipation, der Ausübung einer Religion oder des Spielens scheint es offensichtlich, daß die Fähigkeit oder Gelegenheit zu solchen Aktivitäten das angemessene gesellschaftliche Ziel darstellt. Es wäre diktatorisch und alles andere als liberal, alle Bürgerinnen und Bürger zu diesen Tätigkeiten zu zwingen. In anderen Bereichen liegen die Dinge aber nicht so einfach. So ist etwa Richard Arneson der Ansicht, daß politische Maßnahmen auf die tatsächliche Gesundheit der Bürgerinnen und Bürger zielen sollten, und nicht nur auf deren Fähigkeit, ein gesundes Leben zu wählen.[11] Ich selber vertrete hier eine eher libertäre Position und lehne politische Maßnahmen ab, die gesundheitsschädliche Aktivitäten wie etwa Boxen, ungeschützten Sex, Fußballspielen oder Rauchen verbieten. Dagegen halte ich es für richtig, über die entsprechenden Risiken zu informieren und die Schädigung ande-

11 Arneson (2000).

rer – etwa das Verschweigen einer HIV-Infektion gegenüber einem Sexualpartner – unter Strafe zu stellen. Auch sollten Patienten vielfältige Rechte bei der Wahl der Behandlungsmethoden haben, und diese Rechte sollten noch ausgeweitet (und der Zugang zu Informationen und Behandlungsoptionen erleichtert) statt eingeschränkt werden. Wenn es um Phänomene wie emotionale Stabilität oder praktische Vernunft geht, ist es begrifflich natürlich sehr schwierig, zwischen Fähigkeiten und Tätigkeiten zu unterscheiden. Auch hier halte ich es prinzipiell für richtig, die Chance, das eigene Leben zu gestalten, und die emotionale Gesundheit zu fördern, aber für falsch, die Bürgerinnen und Bürger daran zu hindern, sich für ein bestimmtes Leben zu entscheiden, nur weil dieses Leben anderen angst macht oder die Unterwerfung unter gewisse Autoritäten erfordert. (So könnte man durchaus die Meinung vertreten, daß eine Entscheidung für eine militärische Karriere den Gebrauch der praktischen Vernunft in bestimmten Fällen verhindern und die emotionale Gesundheit gefährden wird; und dennoch gibt es meines Erachtens keinen Grund, eine solche Entscheidung zu unterbinden, sondern im Gegenteil sehr überzeugende Gründe, sie zu ermöglichen, die unabhängig sind von der offensichtlichen gesellschaftlichen Notwendigkeit einer starken Armee.)

Nur im Bereich der Selbstachtung und der Würde halte ich das tatsächliche Tätigsein für ein angemessenes Ziel der praktischen Politik. Nehmen wir an, ein Staat würde seinen Bürgerinnen und Bürgern das folgende Angebot machen: »Sie haben die Chance, ihrer Würde gemäß behandelt zu werden. Hier haben Sie einen Euro. Wenn Sie ihn zurückgeben, behandeln wir Sie mit Respekt; Sie können ihn aber auch behalten, und dann werden wir Sie demütigen.« Ein solches Vorgehen wäre bizarr und beklagenswert sowie kaum vereinbar mit der elementaren Gerechtigkeit.[12] Wir wollen politische Prin-

12 Vgl. Nussbaum (2000a), Kap. 1.

zipien, die allen Bürgerinnen und Bürgern gegenüber Respekt zum Ausdruck bringen, und in dieser Hinsicht sollten sich die Bürgerinnen und Bürger nicht anders entscheiden können.

Bei Kindern hingegen könnten Tätigkeiten in vielen Bereichen ein angemessenes Ziel darstellen. Aus diesem Grund plädiere ich dafür, den Schulbesuch, das Abschließen einer Krankenversicherung und andere Tätigkeiten gesetzlich vorzuschreiben. (Auch Sex unterhalb eines Mindestalters sollte verboten werden, um die körperliche Integrität von Kindern zu schützen, ob sie das nun wollen oder nicht.) Im Fall von Kindern kann es sowohl aufgrund der fehlenden geistigen Reife als auch aufgrund der Rolle bestimmter Tätigkeiten für die Ermöglichung von Fähigkeiten im Erwachsenenalter gerechtfertigt sein, diese Tätigkeiten gesetzlich vorzuschreiben.

Aus diesen Überlegungen ergibt sich eine Reihe von Implikationen für den Umgang mit Menschen mit schweren geistigen Beeinträchtigungen. Es scheint offensichtlich, daß viele dieser Menschen oft nicht in der Lage sind, die richtigen Entscheidungen bezüglich der Gesundheitsvorsorge zu treffen, ihre Einwilligung zu sexuellen Kontakten zu geben oder die Risiken einer Arbeitsstelle oder Beschäftigung richtig einzuschätzen. Aus diesem Grund gibt es zahlreiche Bereiche, in denen für viele dieser Menschen die entsprechende Tätigkeit und nicht die Fähigkeit das angemessene Ziel ist. Im neunten Abschnitt werde ich mich eingehender mit dieser Frage befassen und allgemeiner fragen, wie die Liste, die Idee eines Schwellenwerts und die Idee eines gesellschaftlichen Ziels angepaßt werden müssen, um den Bedürfnissen von Menschen mit kognitiven Einschränkungen Rechnung zu tragen.

8. Der Vorwurf des Intuitionismus

Rawls' Entscheidung, eine einzelne lineare Metrik zur Messung der Lebensqualität zu verwenden, ist auch methodologisch motiviert: Er lehnt die Abwägung zwischen mehreren unterschiedlichen Prinzipien ab, da sie ihm auf problematische Weise auf Intuitionen angewiesen zu sein scheint (TG 52-60). Man kann sich gut vorstellen, daß er einen entsprechenden Einwand auch gegen den Fähigkeitenansatz ins Feld führen würde: Weil dieser Ansatz eine Vielfalt heterogener, für die Gerechtigkeit gleichermaßen grundlegender Ansprüche anerkennt, macht er die soziale Gerechtigkeit in problematischer Weise von Intuitionen abhängig, so daß ständig abgewogen werden muß und eine definitive Rangordnung der Prinzipien unmöglich wird. Sehen wir uns diesen hypothetischen Einwand jedoch genauer an, so zeigt sich, daß er in allen wesentlichen Hinsichten in die Irre geht.

Der vorgestellte Einwand hat zwei Teile: Zum einen besagt er, daß die Ausarbeitung der politischen Grundprinzipien auf inakzeptable Weise von Intuitionen abhängig gemacht werde, und zum anderen, daß die Heterogenität der Werte, die in der Fähigkeitenliste angeführt werden, dem intuitionsbasierten Abwägen eine Bedeutung einräumt, die endgültige und eindeutig bestimmte Prinzipien ausschließt. Auf den ersten Teil des Einwands würde ich antworten (und diesen Punkt habe ich im ersten Kapitel bereits ausgeführt), daß der Fähigkeitenansatz nicht mehr und nicht weniger auf Intuitionen angewiesen ist als die Konzeption der Gerechtigkeit als Fairneß – der Unterschied ist nur, daß diese Intuitionen an anderer Stelle ins Spiel kommen. In der Konzeption der Gerechtigkeit als Fairneß spielen Intuitionen und wohlüberlegte Urteile bei der Gestaltung des Urzustands eine entscheidende Rolle, im Fähigkeitenansatz hingegen kommen sie bei der Erarbeitung der Liste der Fähigkeiten zum Einsatz. Dieser Unterschied ist absehbar, weil es sich bei der Konzeption der Gerechtigkeit als Fairneß um einen prozeduralen und beim Fähigkeitenansatz um einen ergebnisorientierten Ansatz handelt. Beide Ansätze folgen aber Rawls' allgemeiner Methode, die Theorie mit »wohlüberlegten Urteilen« abzugleichen und dabei nicht einzelne Aspekte für unhinterfragbar zu erklären, sondern statt dessen nach einer größtmöglichen Konsistenz und Passung zwischen der Theorie und der Menge der Urteile zu streben.[13] Tatsächlich sind diese methodologischen Überschneidungen nicht überraschend, da Rawls seine Methode ja ausdrücklich auf Aristoteles zurückführt, der auch ein methodologischer Vorläufer des Fähigkeitenansatzes ist.

Der Eindruck, daß Intuitionen in den beiden Herangehensweisen unterschiedlich wichtig sind, ist meines Erachtens auf einen allgemeinen Unterschied zwischen verfahrens- und ergebnisorientierten Ansätzen zurückzuführen, den ich im ersten Kapitel erörtert habe. Vertreter der eher prozeduralen Ansätze empfinden typischerweise ein gewisses Unbehagen dabei, daß der Fähigkeitenansatz sich unverhohlen auf die Idee der Menschenwürde beruft, während sie kein Problem mit der entsprechenden Rolle der Idee der menschlichen Unverletzlichkeit und der damit verwandten Idee der Achtung der Person in Rawls' Theorie haben – und das liegt einfach daran, daß zwischen diesen grundlegenden Intuitionen und dem letztendlichen Ergebnis so viele Schritte liegen, daß leicht übersehen werden kann, wie stark diese Intuitionen die gesamte Argumentation prägen. Ich will damit nicht sagen, daß Rawls so argumentiert. Ihm zufolge sind politische Prinzipien notwendig, um den Ideen der Würde und der Achtung einen bestimmten Inhalt zu verleihen (TG 636). Obwohl dies plausibel ist, denke ich aber, daß der Fähigkeitenansatz dieses Problem vermeidet, weil die Ansprüche nicht als aus den Ideen der Würde und der Achtung abgeleitet verstanden werden, sondern als Vorschläge zur Konkretisierung dieser Ideen. Wie Charles Larmore zu Recht betont, sind die Ideen der Würde und der Achtung offensichtlich auch für Rawls' Theorie grundlegend.[14] Aus diesem Grund scheint mir der

13 Vgl. TG 68-71 sowie Nussbaum (2000), Kap. 2 zu meiner eigenen Verwendung von Rawls' Methode.

14 Larmore (2003).

zweite Teil des Intuitionismusvorwurfs aussichtsreicher zu sein.

Was also läßt sich auf die Kritik erwidern, daß der Fähigkeitenansatz mit den zehn von ihm identifizierten Zielen zu einem intuitionsbasierten Abwägen der einzelnen Aspekte zwingt und deshalb nur zu hoffnungslos unbestimmten politischen Prinzipien führt? Es mag Theorien geben, auf die dieser Einwand zutrifft, aber der Fähigkeitenansatz gehört nicht dazu. Für ihn ist die folgende Aussage zentral: *Alle zehn dieser heterogenen Ziele sind Minimalbedingungen der Gerechtigkeit*, zumindest bis zu einem bestimmten Schwellenwert. Die Theorie läßt also gerade *keine* Abwägungen oder Tradeoffs zwischen den entsprechenden Fähigkeiten zu. Sobald diese Fähigkeiten in eine Verfassung oder eine entsprechende grundlegende Übereinkunft aufgenommen worden sind, ist es eine verfassungsrechtliche Forderung, daß sie *alle* jedem einzelnen Bürger bis zu einem bestimmten Schwellenwert zugesichert werden. Vielleicht ist es einem Staat in Notsituationen nicht möglich, sie alle in ausreichendem Maße zu gewährleisten; welches Vorgehen in diesem Fall geboten wäre, ist dann aber keine Frage der Gerechtigkeit mehr, sondern einfach von praktischen Gesichtspunkten abhängig. Die Frage der Gerechtigkeit ist bereits geklärt: In einem solchen Fall wäre der Gerechtigkeit nicht genüge getan.[15]

Natürlich spielen Intuitionen auch oft eine Rolle, wenn wir uns überlegen, wo der Schwellenwert einer bestimmten Fähigkeit angesetzt werden sollte. In *Women and Human Development* habe ich vorgeschlagen, die Rechtsprechung als eine Praxis zu betrachten, in der eine solche Entwicklung schrittweise geleistet werden kann. Rawls ist derselben Ansicht: Tatsächlich handelt es sich bei seiner Erörterung der Meinungsfreiheit in *Politischer Liberalismus* um eine recht gängige Interpretation juristischen Argumentierens, in der nicht versucht wird, die

15 Vgl. Nussbaum (2000d).

angemessenen Schwellenwerte aus unfehlbaren ersten Prinzipien abzuleiten. Es stimmt, daß für die Festlegung der Schwellenwerte meines Erachtens auch die Auswirkungen auf andere Fähigkeiten berücksichtigt werden sollten – entsprechend ist es etwa für ein Gericht, das die Grenzen der Religionsfreiheit bestimmen soll, durchaus legitim, das Grundrecht aller Kinder auf Bildung zu berücksichtigen. Hierbei handelt es sich aber keineswegs um eine inakzeptable Art von Tradeoffs, sondern einfach um eine Folge dessen, daß die Fähigkeiten als ein kohärentes Ganzes verstanden werden, und nicht als miteinander im Konflikt stehende Einzelforderungen.[16] Andere Fähigkeiten werden also berücksichtigt, um Tradeoffs gerade zu *vermeiden* und um sicherzustellen, daß die Liste der Fähigkeiten kohärent ist und als ganze gewährleistet werden kann.

Tatsächlich scheint Rawls' Theorie jedoch in einer Hinsicht weniger stark auf Intuitionen bezogen zu sein, und zwar in seiner Beschränkung auf Einkommen und Vermögen zur Bestimmung relativer sozialer Positionen. Natürlich ist diese Meßmethode sehr präzise und viel simpler als der Bezug auf Selbstachtung, politische Inklusion, Bildung, Wohlstand und so weiter. Diese Präzision hat aber ihren Preis: Wie Sen und ich gezeigt haben, hat Rawls hier nämlich einfach eine Menge von Faktoren außen vor gelassen, die für jede realistische Bestimmung von Wohlergehen und relativen sozialen Positionen höchst relevant sind. Einkommen und Vermögen sind keine guten Stellvertreter für diese Faktoren. Im wirklichen Leben können Menschen durchaus bezüglich einiger der Fähigkeiten sehr gut gestellt sein, während es ihnen in anderen Hinsichten eher schlecht geht.

16 Ganz ähnlich bestimmt Aristoteles die Tugenden, indem er ihre jeweiligen Implikationen für das Verständnis der anderen Tugenden aufweist.

9. Der Fähigkeitenansatz und Rawls' Gerechtigkeitsprinzipien

Wie wir gesehen haben, betont Rawls, daß seine Theorie aus zwei unabhängigen Teilen besteht: den Gerechtigkeitsprinzipien (in denen die intuitiven Ideen der Würde, der Unverletzlichkeit und der Reziprozität präzisiert und ausgedrückt werden) und dem Urzustand. Seines Erachtens kann man durchaus einen Teil übernehmen, den anderen aber ablehnen. Ich habe versucht zu zeigen, daß Rawls an seiner Beschreibung des Urzustands erhebliche Korrekturen vornehmen müßte, um die Probleme im Umgang mit Behinderungen als Fragen der Gerechtigkeit fassen zu können. Vor allem müßte er bestimmte Theoriebestandteile aufgeben, die für die klassische Tradition des Gesellschaftsvertrags von entscheidender Bedeutung sind. (Abhängig davon, wie Rawls diese Korrekturen letztendlich vornehmen würde, käme es dann vermutlich zu einer beträchtlichen Annäherung seiner Theorie an den Fähigkeitenansatz; dennoch gäbe es auch weiterhin von mir bereits genannte Gründe dafür, letzteren vorzuziehen: etwa das Fehlen von Wohlwollen in der ursprünglichen Entscheidungssituation, die Begrenztheit einer Theorie des Guten, die sich nur auf die Bedürfnisse rationaler Personen bezieht, und das generellere Problem einer Gleichsetzung der Vertragsparteien mit den primären Subjekten der Gerechtigkeit. Vor einer abschließenden Bewertung müßte man sich freilich die fraglichen Korrekturen genauer ansehen.) Meines Erachtens können uns die intuitiven Ideen der Würde und der Reziprozität hervorragend als Leitsterne dienen, besonders wenn wir uns damit befassen, wie man *jede Person* als Zweck begreifen kann, die keinem größeren gesellschaftlichem Gut geopfert werden darf. Diese Ideen müssen jedoch reformuliert werden, um sie vom kantianischen Rationalismus zu befreien, der ihre Ausdehnung auf Menschen mit schweren geistigen Beeinträchtigungen erheblich erschwert. Meines Erachtens ist dies tatsächlich möglich, ohne daß wir den Kern dieser Intuitionen aufgeben müßten.

Wie steht es nun mit den Prinzipien der Gerechtigkeit? Rawls selbst schlägt für den Umgang mit Menschen mit schweren körperlichen und geistigen Beeinträchtigungen keinerlei Prinzipien vor, ja, er legt sich nicht einmal darauf fest, die hier entstehenden Fragen als Fragen der Gerechtigkeit zu fassen. Fest steht, daß er sie nicht für Fragen der *elementaren* Gerechtigkeit hält, die sich auf die grundlegenden politischen Prinzipien auswirken würden. Die Frage ist also nicht, was wir von den von Rawls für diesen Fall vorgeschlagenen Prinzipien halten, sondern wie man die Prinzipien, die er für den »Normalfall« vorschlägt, auf diesen Fall ausweiten kann, mit dem er sich nicht beschäftigt. Könnten uns seine beiden berühmten Prinzipien – die zunächst den Vorrang des Katalogs der Grundfreiheiten und der Chancengleichheit garantieren und den Umgang mit ökonomischen Ungleichheiten dann auf der Grundlage des Differenzprinzips regeln (dem zufolge Ungleichheiten nur dann zulässig sind, wenn sie die Einkommens- und Vermögensverhältnisse der Schlechtestgestellten verbessern) – hier Orientierung verschaffen?

Obwohl der Fähigkeitenansatz ganz anders ansetzt, führt er uns zu Prinzipien, die den beiden Rawlsschen Prinzipien in vielerlei Hinsicht erstaunlich nahekommen. Da es sich in beiden Fällen um den Versuch handelt, die Idee eines menschenwürdigen Lebens zu fassen und politisch zu konkretisieren, ähneln sich auch die hinter den Theorien stehenden philosophischen Motivlagen. Jenseits dieser Überschneidungen gestaltet sich ein Vergleich schwieriger, weil es in meiner Theorie nur um ein gesellschaftliches Minimum geht und Ungleichheiten oberhalb dieser (recht großzügig festgelegten) Grenze nicht verhandelt werden. Eine derartige Position hätte vermutlich auch Rawls vertreten müssen, wenn er Sens Vorschlag gefolgt wäre, die auf die Bestimmung relativer Positionen über Einkommen und Vermögen ausgerichtete Liste der Grundgüter durch eine Liste heterogener Fähigkeiten zu ersetzen. Die beiden Rawlsschen Prinzipien hängen jedenfalls eng mit der Idee zusammen, daß jeder Bürger Anspruch auf eine gewisse, nicht zu knapp bemessene Versorgung mit diesen unterschiedlichen als Fähigkeiten verstandenen Gütern hat und daß der gesamtgesellschaftliche Vorteil nicht auf eine Weise angestrebt werden darf, die irgendeinen Bürger in dieser Hinsicht benachteiligt.

Das Nachdenken über den Umgang mit Behinderungen rückt die Versorgung als vorrangigen sozialen Anspruch in den Vordergrund. Besondere Bedeutung erhält diese inhaltliche Differenz zu Rawls' Sichtweise dadurch, daß er aufgrund der Vorannahme »uneingeschränkt kooperativer« Bürger überhaupt nicht dazu in der Lage ist, der Versorgung eine angemessen zentrale Stellung zu geben. Tatsächlich handelt es sich hierbei um die größte inhaltliche Differenz zwischen Rawls' (auf diesen neuen Fall ausgeweiteten) Prinzipien und den von mir vertretenen Grundsätzen; abgesehen davon gibt es erhebliche Überschneidungen.

Im nächsten Schritt könnten wir im Rahmen meines Ansatzes vielleicht einen dem – ausgesprochen überzeugenden – Differenzprinzip ähnlichen Grundsatz formulieren und ökonomische Ungleichheit mit Bezug auf den Begriff der Fähigkeit zu verstehen versuchen. Wie sich ein solches Prinzip begründen ließe, wenn wir von einer Pluralität heterogener und als Fähigkeiten verstandener Güter ausgehen, ist jedoch alles andere als klar. Sollten wir das Differenzprinzip auf jede der Fähigkeiten einzeln anwenden? Ein solches Vorgehen erscheint viel zu aufwendig und schwer operationalisierbar. Jeder andere Ansatz würde aber voraussetzen, daß sich die Fähigkeiten aggregieren lassen, obwohl doch der Reiz des Fähigkeitenansatzes gerade darin liegt, daß er von der Heterogenität und Inkommensurabilität der Güter ausgeht. Ich komme zu dem Schluß, daß man den moralischen Kern der Rawlsschen Prinzipien in diesem neuen Theorierahmen zumindest zu einem gewissen Grad zum Ausdruck bringen kann, indem für alle Fähigkeiten ein nicht zu niedrig angelegter Schwellenwert gefordert wird. Zu einem späteren Zeitpunkt können wir dann vielleicht weitere Prinzipien formulieren, um den noch nie dagewesenen Fall abzudecken, daß eine Gesellschaft diesen Ansprüchen Genüge tut.

Obwohl Rawls eine lexikalische Ordnung seiner beiden Prinzipien annimmt, müssen seines Erachtens auch bestimmte elementare ökonomische Bedürfnisse befriedigt sein, bevor das erste Prinzip zur Anwendung kommen kann. Ich habe zwar einige seiner Formulierungen kritisiert, aber es wäre sicher falsch, zu behaupten, daß Rawls die Verflochtenheit von Freiheiten und ökonomischen Ansprüchen nicht bewußt ist. Aus seiner Erörterung einer Reform der Wahlkampffinanzierung in *Politischer Liberalismus* ergibt sich eindeutig, daß er ökonomische Fragen für entscheidend für den fairen Wert politischer Freiheiten hält. Mein Fähigkeitenansatz, der betont, daß alle Fähigkeiten eine materielle Dimension und materielle Voraussetzungen haben, geht hier einfach einen Schritt weiter und lehnt die lexikalische Ordnung ab, weil die Vorstellung, Freiheiten und Chancen ließen sich vor der Thematisierung ökonomischer Fragen festlegen, aufgrund der Interdependenz dieser Bereiche nur in die Irre führen kann. Dennoch greift mein Ansatz die von Rawls vorgeschlagene Unterscheidung in gewisser Weise auf, da einige Ansprüche strikt gleich verteilt werden müssen, während wir bei anderen (die im engeren Sinn ökonomisch sind) nach Angemessenheit streben sollten. Meine Gründe dafür, bezüglich der Religionsfreiheit, der Meinungsfreiheit und der politischen Freiheit auf strikter Gleichheit zu bestehen, sind sozusagen Rawlssche Gründe, die sich auf Achtung und Reziprozität beziehen.

Zusammenfassend könnte man demnach sagen, daß mein Ansatz dem Geist der beiden Prinzipien trotz der großen Unterschiede im Ausgangspunkt und der genauen Formulierung treu bleibt.

Der Fähigkeitenansatz operiert mit einer Liste, die für alle Bürgerinnen und Bürger gilt, sowie mit der Idee eines minimalen Schwellenwerts für jede der Fähigkeiten, unterhalb dessen die Betroffenen kein achtbares und würdevolles Leben führen können. In seiner philosophischen Ausarbeitung bestimmt dieser Ansatz den Schwellenwert nur allgemein und annäherungsweise, weil sich dieser Wert im Lauf der Zeit leicht verschieben kann und weil das angemessene Minimum einer Fähigkeit von unterschiedlichen Gesellschaften innerhalb bestimmter Grenzen unter Berücksichtigung ihrer Geschichte und ihrer spezifischen Umstände unterschiedlich festgesetzt werden kann. So kann eine für Deutschland angemessene Regulierung der Meinungsfreiheit (die ein Verbot antisemitischer Äußerungen und Organisationen ermöglicht) für das gänzlich andere politische Klima der Vereinigten Staaten zu restriktiv sein. Beide Staaten scheinen in diesem Bereich mit Blick auf ihre jeweilige Geschichte passende Entscheidungen getroffen zu haben. Ebenso kann es mit Rücksicht auf die wirtschaftlichen Gegebenheiten und den Arbeitsmarkt in gewissen Grenzen unterschiedliche Antworten auf die Frage geben, bis zu welchem Punkt ein Staat seinen Bürgerinnen und Bürgern eine kostenlose Bildung zur Verfügung stellen sollte, auch wenn diese Unterschiede längst nicht so groß sein sollten, wie sie es tatsächlich sind. Man kann also darüber diskutieren, ob etwa ein Schulabschluß mit 17 oder mit 19 Jahren angestrebt werden sollte; daß 12 hingegen ein unangemessenes Alter ist, steht momentan aufgrund der Struktur des Arbeitsmarkts und der Vorraussetzungen aktiver politischer Partizipation außer Frage. In solchen strittigen Fragen empfiehlt mein Ansatz, angemessene und exakte Bestimmungen am besten schrittweise zu erarbeiten, wobei Legislative, Gerichte und Regierungsbehörden alle eine Rolle spielen sollten, die dem jeweiligen staatlichen

Institutionengefüge und ihrer institutionellen Leistungsfähigkeit entspricht.

Warum bloß eine Fähigkeitenliste und einheitliche Schwellenwerte? Diese Frage drängt sich an dieser Stelle auf, weil sie offensichtlich von entscheidender Bedeutung für unseren Umgang mit Menschen mit geistigen Beeinträchtigungen und ihren Fähigkeiten ist. Der Fähigkeitenansatz geht von einer politischen Konzeption des Menschen und eines menschenwürdigen Lebens aus. Aus diesem Grund greift er auf eine Vorstellung der Spezies und der charakteristischen Aktivitäten dieser Spezies zurück. Wir müssen aber sehr genau bestimmen, was aus der Bezugnahme auf die menschliche Natur folgt und was nicht, weil es im Bereich der Ethik und der Politik alternative Ansätze gibt, die die Idee der Natur des Menschen auf ganz andere Weise verwenden.[17]

Zunächst einmal ist die Idee der menschlichen Natur in meinem Ansatz ausdrücklich und von Anfang an *evaluativ*, genauer *in ethischer Weise evaluativ*: Aus den vielen faktischen Eigenschaften einer charakteristisch menschlichen Lebensform wählen wir einige aus, die derart normativ grundlegend erscheinen, daß ein Leben, in dem wir auch nur eine dieser Eigenschaften auf keine Weise zum Ausdruck bringen können, kein im vollen Sinne menschliches Leben bzw. kein menschenwürdiges Leben darstellen würde, selbst wenn die anderen Eigenschaften vorhanden wären. Wenn hinreichend viele dieser Eigenschaften nicht realisiert werden können (etwa wenn eine Person in einem Wachkoma liegt), dann kommen wir unter Umständen zu dem Ergebnis, daß es sich überhaupt nicht mehr um ein menschliches Leben handelt. Nachdem wir diesen (niedrigsten) Schwellenwert identifiziert haben, beginnen wir mit der Suche nach einem höheren Schwellenwert, oberhalb dessen nicht nur ein menschliches Leben, sondern ein *gutes Leben* möglich wird.

17 Vgl. Nussbaum (1995b).

Mit anderen Worten: Angesichts mancher Zustände, in denen sich menschliche Wesen befinden können, zum Beispiel angesichts eines (vormaligen) Menschen im Wachkoma, können wir zu dem Urteil gelangen, daß es sich hier einfach nicht mehr um ein menschliches Leben handelt, weil die Möglichkeit zu denken, wahrzunehmen, Bindungen einzugehen usw. unwiederbringlich verloren ist. (Wenn nur eine oder mehrere unserer Wahrnehmungsfähigkeiten nicht mehr funktionieren, gelangen wir nicht zu diesem Urteil, sondern nur, wenn eine gewisse Anzahl zentraler menschlicher Fähigkeiten gänzlich und unwiederbringlich verlorengeht. Zwischen diesem Schwellenwert und der medizinischen Definition des Todes gibt es daher eine enge Verbindung. Auch wenn irgendeine zufällig ausgewählte Fähigkeit nicht vorhanden ist, kommen wir nicht zu dem genannten Urteil: Es muß sich um eine ganze Reihe von Fähigkeiten handeln, die wichtig genug ist, um den Tod eines Wesens zu bedeuten, das als zur menschlichen Lebensform gehörig betrachtet werden kann. Eine Person in einem Wachkoma oder ein Kind mit Anenzephalie wären Beispiele hierfür.[18]) Im nächsten Schritt versuchen wir dann, zunächst intuitiv und in groben Zügen, einen höheren Wert festzulegen, oberhalb dessen ein Mensch ein gutes Leben führen kann, und konzentrieren uns dabei auf die sozialen Bedingungen eines solchen Lebens. Unter Umständen gibt es auch natürliche Bedingungen, die hier relevant sind, aber da die biologische Forschung unsere medizinischen Möglichkeiten erweitert, müssen wir immer damit rechnen, daß etwas, das bisher in den Bereich des Zufalls und der Natur fiel, heute vielleicht zum Bereich des Sozialen gehört, also zu dem Bereich, der von der Gerechtigkeit reguliert

18 An dieser Stelle nehme ich einige Änderungen im Vergleich zu meinen Arbeiten aus den 1980er und 1990er Jahren vor, die man unter Umständen so hätte verstehen können, daß es sich nicht länger um ein menschliches Leben handelt, sobald irgendeine der Fähigkeiten verlorengegangen ist.

wird.[19] Die Aufgabe einer achtbaren Gesellschaft ist es, allen Bürgerinnen und Bürgern die (sozialen Bedingungen der) Fähigkeiten zu gewährleisten, zumindest bis zu einem angemessenen Schwellenwert.

Meine Theorie bezieht sich also auf eine evaluative und ethische Vorstellung des Menschen und der zentralen menschlichen Fähigkeiten. Manche Dinge, zu denen Menschen in der Lage sind (etwa Grausamkeit), stehen nicht auf der Liste. Weil die Liste zudem als Grundlage eines übergreifenden Konsenses in einer pluralistischen Gesellschaft dienen soll, ist sie ausdrücklich nichtmetaphysisch. Begriffe, die zu einem bestimmten umfassenden metaphysischen oder epistemologischen Verständnis des Menschen gehören – wie etwa der Begriff der Seele, einer natürlichen Teleologie oder einer offensichtlichen Wahrheit –, werden bewußt vermieden. Zwar umfaßt der Ansatz eine ausgesprochen allgemeine Idee des menschlichen Gedeihens und seiner Möglichkeiten, aber nicht als eine bestimmte Vorstellung von diesem Gedeihen, wie wir sie etwa in der normativen Theorie von Aristoteles finden, sondern eher als Raum für verschiedene Möglichkeiten des Gedeihens. Daß der Ansatz sich auf bloß eine Fähigkeitenliste bezieht, bedeutet also nicht, daß nur eine einzige Art des Gedeihens anerkannt wird. Statt dessen wird so zum

19 Vgl. zum Zusammenhang von Zufall und Gerechtigkeit Buchanan u. a. (2000), zum Verhältnis von Sozialem und Natürlichem die Ausführungen zu Rawls' sozialen und natürlichen Grundgütern in Nussbaum (2000a), Kap. 1. Ebenso wie Rawls Gerechtigkeit mit Bezug auf die »sozialen Grundlagen der Selbstachtung« definiert, die natürlich auch andere Bedingungen haben können, verstehe auch ich die entsprechende Aufgabe in den Bereichen etwa der Gesundheit und der Einbildungskraft: nämlich die sozialen Bedingungen dieser Fähigkeiten zur Verfügung zu stellen. Ich verstehe »sozial« hier aber etwas weiter als Rawls, da ich auch die Struktur der Familie als zur Gesellschaft gehörig einbeziehe. Insofern Fähigkeiten aufgrund eines Aspektes der Familienstruktur eingeschränkt werden und dies durch rechtliche Maßnahmen verhindert werden kann, ist es demnach Aufgabe des Staates, für eine angemessenere Struktur zu sorgen.

Ausdruck gebracht, daß vernünftige Bürgerinnen und Bürger sich auf diese Fähigkeiten als wichtige Voraussetzungen vernünftiger Konzeptionen menschlichen Gedeihens geeinigt haben, und zwar vor dem Hintergrund einer politischen Konzeption des Menschen als politisches Lebewesen mit Bedürfnissen und Würde. Damit handelt es sich um eine gute Grundlage elementarer politischer Ansprüche in einer gerechten Gesellschaft.

Es gibt also nicht deswegen nur eine Liste, weil alle Bürgerinnen und Bürger dieselbe Vorstellung vom menschlichen Gedeihen haben, sondern weil es vernünftig erscheint, daß man sich auf einen einzigen Katalog grundlegender und in der Verfassung verbürgter Ansprüche einigt, die viele verschiedene Lebensweisen ermöglichen und in der Idee der Menschenwürde bereits enthalten zu sein scheinen. Hier müssen wir uns jedoch einer schwierigen Frage stellen: Stellen wir uns einen Bürger vor, der von einer der Fähigkeiten der Liste tatsächlich keinen Gebrauch macht, zum Beispiel einen Angehörigen der Amish, der es für falsch hält, sich am politischen Leben zu beteiligen. Offensichtlich kann eine solche Person dennoch dafür sein, das Wahlrecht auf die Liste zu setzen, weil sie sich entschieden hat, in einer demokratischen Gesellschaft zu leben, und sie kann überzeugt sein, daß die Möglichkeit der Stimmabgabe generell ein wichtiger Aspekt einer demokratischen Gesellschaft ist, obwohl sie selber nicht wählen gehen wird. Auch die Mitglieder von Religionsgemeinschaften, die Zeitungen und andere öffentliche Medien verbieten, können die Idee der Pressefreiheit vermutlich als wichtigen demokratischen Wert unterstützen, obwohl sie nichts mit ihrer spezifischen Lebensführung zu tun hat.[20]

20 Ob man eine solche Einschränkung der Informationsfreiheit im Fall von Kindern zulassen sollte, ist eine sehr schwierige Frage, mit der ich mich in Nussbaum (2000a), Kap. 4 befasse. Hier spreche ich nur von Erwachsenen, die sich vor dem Hintergrund angemessener Bildung und Ausstiegsmöglichkeiten dafür entscheiden, in einer solchen Gemeinschaft zu leben.

In analoger Weise können Atheisten, Agnostiker und sogar Menschen, die die Religion hassen und verachten, die Möglichkeit der freien Religionsausübung befürworten, weil sie aus der Geschichte gelernt haben, daß die Unterdrückung von Religionen in allen Gesellschaften eine große Gefahr darstellt und zahlreiche menschliche Möglichkeiten erheblich einschränkt. Sie werden zu Recht auf einer Auffassung der Religionsfreiheit bestehen, zu der gleiche Rechte für Atheisten und Agnostiker gehören, aber vermutlich werden sie eine so verstandene Fähigkeit einem erzwungenen Atheismus vorziehen, wenn sie die zentralen Ideen der Menschenwürde und des Respekts vor der praktischen Vernunft des jeweils anderen bejahen.

Die Frage ist nun: Welche Rolle spielen Vorstellungen des Menschen und der Menschenwürde in der Übereinkunft, der die Bürgerinnen und Bürger zustimmen sollen? Sollen wir von den Amish verlangen, daß sie ein menschliches Gedeihen und ein menschenwürdiges Leben ohne Wahlrecht nicht für möglich halten? Es kann gut sein, daß sie das nicht so sehen. Verlangen wir von ultraorthodoxen Bürgerinnen und Bürgern, daß sie die Pressefreiheit für eine Voraussetzung des menschlichen Gedeihens und eines menschenwürdigen Lebens halten? Ihre Religion kann sehr wohl etwas anderes behaupten. Soll der Atheist der Ansicht sein müssen, daß Menschen nur gedeihen und ein menschenwürdiges Leben führen können, wenn ihnen erlaubt ist, ihre Religion frei auszuüben? Diese Menschen sind bereit zuzugestehen, daß es gut ist, wenn eine Gesellschaft diese Rechte gewährleistet, weil sie erkennen, daß andere Menschen sie nutzen, und sie ihre Mitbürgerinnen und Mitbürger achten. Unter Umständen wollen sie aber nicht im Namen einer politischen Konzeption gezwungen werden, diese Rechte als in der Idee der Menschenwürde und des menschlichen Gedeihens enthalten zu verstehen. Mein Ansatz scheint deshalb mehr und kontroversere Zugeständnisse von ihnen zu fordern als bisher angenommen, so daß die Vorstellung vom Menschen letztlich doch zum Problem zu werden scheint.

Meine Antwort auf diesen Einwand lautet wie folgt: Diese Menschen haben sich entschieden, in einer pluralistischen Demokratie zu leben und ihre Werte zu respektieren. Gehen wir davon aus, daß sie die Werte der politischen Kultur nicht deshalb einfach hinnehmen, weil sie ihrer Lebensweise ein gewisses Maß an Stabilität und Schutz verleihen, sondern daß sie diese Werte tatsächlich bejahen. In dieser Hinsicht unterscheiden sie sich vielleicht von anderen Mitgliedern ihrer religiösen Gruppe.[21] Letztendlich halten sie diese politischen Werte also für außerordentlich wichtig, auch wenn sie von den mit ihnen verbundenen Tätigkeiten keinen Gebrauch machen werden. Ihres Erachtens ist es also gut, in diesen Angelegenheiten eine Wahl zu haben: die Wahl, zu wählen oder nicht zu wählen, unabhängige Zeitungen zu lesen oder nicht, eine Religion auszuüben oder nicht. Die Wahlmöglichkeiten sind unter anderem aufgrund des Faktums eines vernünftigen Pluralismus etwas Gutes: Andere Mitbürgerinnen und Mitbürger treffen andere Entscheidungen, und sie zu respektieren bedeutet, den Freiraum zu respektieren, in dem sie ihre Entscheidungen treffen. Diese Bürgerinnen und Bürger glauben vielleicht auch, daß eine solche Entscheidungsfreiheit gut *für sie* ist: In einem Staat ohne freie Wahlen nicht zu wählen, bringt keine Werte zum Ausdruck, und das gleiche gilt für Menschen, die in einem Staat, in dem Religionen verfolgt werden, nichtreligiös sind. Wenn wir die Betonung nachdrücklich auf die Fähigkeiten und nicht auf die Tätigkeit legen, dann ist es nicht unplausibel, den Menschen aus unserem Beispiel den Gedanken zu unterstellen, daß ein würdevolles Leben für einen

21 Solche Fälle kann es in einer pluralistischen demokratischen Gesellschaft natürlich auch geben, und auch hier wird die Entscheidungsfreiheit gewahrt; die entsprechenden Ansichten werden aber nicht als vernünftige umfassende Sichtweisen begriffen, weil sie keine Achtung vor den andersgearteten Denkweisen der Mitbürger zum Ausdruck bringen.

Menschen diese *Fähigkeiten* erfordert – und damit natürlich auch das Recht, von ihnen keinen Gebrauch zu machen. Jemand, der bewußt seine Gesundheit ruiniert und nicht auf die verfügbare Gesundheitsvorsorge zurückgreift, kann dennoch ohne Inkonsistenz ein öffentliches Gesundheitssystem als Minimalbedingung für ein menschenwürdiges Leben unterstützen – und ebenso könnten die Menschen aus unserem Beispiel auch in diesem Bereich den Entscheidungsspielraum befürworten, obwohl sie selbst in Übereinstimmung mit ihren Überzeugungen nur zu einer (negativen) Entscheidung kommen können.[22]

Nehmen wir an, wir entgegnen diesen Menschen nun folgendes: »Ihr legt keinen großen Wert auf politische Partizipation (oder die Pressefreiheit), weil die damit zusammenhängende Tätigkeit in eurer umfassenden Werteordnung keinen Platz hat. Warum also sollten wir euch diese Fähigkeiten überhaupt gewährleisten und euch dazu auffordern, sie als Teil der Idee eines achtbaren menschlichen Lebens zu bejahen? Warum stellen wir statt dessen nicht eine andere Fähigkeitenliste für euch zusammen, zu der nur solche Fähigkeiten gehören, die in eurer umfassenden Konzeption des menschlichen Gedeihens tatsächlich eine Rolle spielen?« Was wäre an einer solchen Lösung problematisch, also an der Idee verschiedener Listen für verschiedene Konzeptionen?

Zunächst einmal wäre dies offensichtlich einfach nicht praktikabel. Einer der Gründe hierfür ist selbst von normativer Bedeutung: Unter solchen Bedingungen hätten die Menschen nämlich keine wirklichen Ausstiegsoptionen, um von einer umfassenden Konzeption zu einer anderen zu wechseln. Orthodoxe Juden aus Brooklyn, die aus freier Entscheidung keine säkularen Zeitungen lesen, haben viel weiterreichende Möglichkeiten, ihre Gemeinschaft zu verlassen, als ein Jude in

22 Rawls verwendet in PL 225 und an anderen Stellen eine ähnliche Strategie. Es sei noch einmal betont, daß ich die Grundstruktur seines politischen Liberalismus durchaus überzeugend finde.

einem Staat ohne unabhängige Presse. Noch problematischer ist die Tatsache, daß der obige Vorschlag zu separaten Klassen von Bürgerinnen und Bürgern führen würde, von denen manche bestimmte Grundrechte hätten, die anderen fehlen. An die Stelle von wirklicher Gleichheit träte eine Hierarchie. Vermutlich würden die Amish diese Idee ablehnen, und zwar deshalb, weil sie die gleichen Rechte wie ihre Mitbürgerinnen und Mitbürger haben wollen; das gehört für sie zu den sozialen Grundlagen der Selbstachtung. Auch sie wollen Gleichheit. Aus diesem Grund legen sie Wert darauf, daß sich die Gesellschaftsmitglieder auf der Ebene der Fähigkeiten auf elementare Ansprüche einigen und daß es auf der Ebene der Tätigkeiten genügend Raum für Pluralismus gibt.

Es wäre auch falsch zu sagen, daß sie Gleichheit im Sinne der Einheitlichkeit schätzen. Ihnen geht es nicht einfach um irgendeine Gleichheit bzw. Einheitlichkeit, sondern um genau *diese*. Mit anderen Worten: Die Bürgerinnen und Bürger wären nicht der Ansicht, daß es ihnen unter einer wohlwollenden Diktatur gutgehen würde, die allen das Wahlrecht abspricht. Sie haben sich dazu entschlossen, die politische Kultur nicht nur im Sinne eines praktischen *modus vivendi* zu bejahen, und deshalb ist es letztendlich nicht unplausibel zu sagen, daß sie die Fähigkeiten der Liste für Vorbedingungen eines achtbaren menschlichen Lebens in einer politischen Gemeinschaft halten. Aus diesem Grund kann ein Atheist, der die Religion haßt und hofft, daß sie eines Tages aus dem Leben der Menschen verschwunden sein wird, die Religionsfreiheit trotzdem einem (etwa marxistischen) Staat vorziehen, der den Menschen in dieser Frage keine Wahl läßt. Denn seines Erachtens gehört es zur Achtung der Menschenwürde, daß die Menschen hier eine freie Wahl haben. Obwohl Atheisten die Religion nicht mögen, können sie ihre freie Ausübung also dennoch für eine Vorbedingung eines achtbaren menschlichen Lebens halten. Hier erweist sich die Unterscheidung zwischen Fähigkeiten und Tätigkeiten als entscheidend.

Es gibt also gute Gründe dafür, warum es nur eine Fähigkeitenliste gibt, aber eine Vielzahl von Konzeptionen des menschlichen Gedeihens. Zudem scheint der Verweis auf das spezifisch Menschliche nicht in Konflikt mit jener Art von Pluralismus zu geraten, auf deren Achtung sich unser Ansatz verpflichtet hat. Ohne Bezug auf weitreichende metaphysische Argumente können wir die Idee akzeptieren, daß das menschliche Leben eine charakteristische Gestalt und Form hat und daß bestimmte Fähigkeiten, im Sinn von Entscheidungsspielräumen, allgemein für sehr wichtig für sein Gelingen gehalten werden – selbst wenn wir die entsprechende konkrete Tätigkeit in manchen Fällen aus persönlichen oder religiösen Gründen ablehnen sollten.

Unsere bisherigen Ausführungen laufen auf eine Frage zu, die wir nun erörtern müssen. Sollte die politische Liste der Fähigkeiten dieselbe bleiben, wenn es um das Leben von Bürgerinnen und Bürgern mit geistigen Beeinträchtigungen geht? Und sollte auch der Schwellenwert derselbe sein? Die aristotelische Ausrichtung meiner Theorie an den typischen Tätigkeiten des Menschen scheint an dieser Stelle in Schwierigkeiten zu führen.[23] Sesha wird nie wählen gehen, und zwar nicht deshalb, weil sie eine umfassende Konzeption des Guten hat, die es ihr verbietet, sondern weil ihre kognitiven Möglichkeiten nie den Punkt erreichen werden, an dem man sinnvoll von einer Möglichkeit zu wählen sprechen könnte. Auch die Pressefreiheit bedeutet ihr nichts, und das nicht aus den Gründen, die ultraorthodoxe Gläubige hier anführen könnten, sondern weil ihr kognitiver Entwicklungsstand ihr weder Lesen noch verbale Kommunikation ermöglicht. Keine Anstrengung der Gesellschaft kann sie zu dem Punkt bringen, an dem man ihr sinnvollerweise diese Fähigkeiten zuschreiben könnte. An dieser Stelle muß sich unsere auf die Speziesnorm beziehende Position nun für eine Sichtweise des Menschen

23 Vgl. McMahan (1996).

entscheiden: Entweder sagen wir, daß Sesha einer ganz anderen Lebensform angehört, oder wir sind der Ansicht, daß sie nie ein im vollen Sinne gedeihendes menschliches Leben führen wird, ungeachtet all unserer Bemühungen.[24]

Die erste Antwort scheint für einige extreme Beeinträchtigungen zuzutreffen. Manche kognitiven Defizienzen sind so akut, daß es vernünftig scheint, ein solches Leben nicht als menschliches Leben zu betrachten, sondern als eine andere Lebensform. Nur unsere moralischen Gefühle motivieren uns dazu, eine Person in einem dauerhaften Wachkoma oder ein Kind mit Anenzephalie als Menschen zu bezeichnen.[25] Warum wollen wir Seshas Leben als menschlich bezeichnen und was für einen Unterschied macht das? Natürlich spielt die Tatsache, daß sie einen menschlichen Körper hat und das Kind von menschlichen Eltern ist, hier eine große Rolle und verzerrt unter Umständen unser Denken. Wir sollten die Möglichkeit nicht einfach von der Hand weisen, daß wir ihr Leben als eine andere Art von Leben sehen sollten, das der menschlichen Lebensform nicht nahe genug kommt, um uns eine mehr als nur metaphorische Verwendung des Begriffs »Mensch« zu erlauben. Das wäre in den beiden eben erwähnten Fällen wohl die richtige Antwort, weil hier jede Chance auf Bewußtsein und Kommunikation fehlt. Wenn wir Seshas Leben als menschliches Leben sehen, und meines Erachtens

24 Wie McMahan ganz richtig bemerkt, ist dies die in einigen meiner früheren Schriften zu dieser Frage implizite Sichtweise.

25 Anders als McMahan meint, impliziert meine »Theorie der Speziesnorm« also nicht, daß ein Kind mit Anenzephalie am schlechtesten gestellt ist, weil es am weitesten von der Speziesnorm entfernt ist (vgl. McMahan [1996] 12f.). Es wäre sicher falsch zu sagen, daß es einem solchen Kind weniger gut geht als einem Kind mit Seshas Fähigkeiten. Dennoch bin ich der Meinung, daß der Bezug auf die Speziesnorm zumindest einen gewissen Beitrag leisten kann, ohne uns zu einer solchen Schlußfolgerung zu zwingen. Es scheint mir nämlich offensichtlich, daß wir nur aus dogmatischer Starrheit darauf bestehen, es im ersten Fall mit einem menschlichen Leben zu tun zu haben, während es sich bei Sesha ganz eindeutig um ein solches Leben handelt.

wäre das richtig, dann liegt das wahrscheinlich daran, daß sie zumindest über einige der wichtigsten menschlichen Fähigkeiten verfügt und diese Fähigkeiten sie mit der Gemeinschaft der Menschen verbinden und nicht mit einer anderen: die Fähigkeit zu lieben und zu anderen in eine Beziehung zu treten, die Fähigkeit der Wahrnehmung und die Fähigkeit zu Freude an Bewegung und Spiel. Daß sie das Kind menschlicher Eltern ist, ist hierfür relevant, denn ihr Leben ist in ein Netzwerk menschlicher Beziehungen eingebunden und sie ist in der Lage, an vielen dieser Beziehungen aktiv teilzunehmen, wenn auch nicht an allen.

Dennoch wird ihr vermutlich selbst die beste Versorgung nicht alle Fähigkeiten auf der Liste (bis zu einem sozial angemessenen Schwellenwert) ermöglichen können. Sollten wir für ihren Fall also eine andere Liste als gesellschaftliches Ziel einführen? Und sollten wir für die Fähigkeiten der Liste andere Schwellenwerte als politisches Ziel festlegen?

Am Beispiel von Jamie und Arthur können wir sehen, daß aus einer praktischen Perspektive jedes Herumdoktern an der Liste Gefahren birgt. In modernen Gesellschaften gibt es eine starke Tendenz dazu, die Kompetenz von Menschen mit Beeinträchtigungen und ihren möglichen Beitrag zur Gesellschaft herabzuwürdigen. Unter anderem, weil eine umfassende Unterstützung ihrer Fähigkeiten sehr kostspielig ist, ist es einfacher, die Belege dafür zu ignorieren, daß Menschen mit schweren Beeinträchtigungen in vielen Fällen tatsächlich anspruchsvolle Tätigkeiten ausführen können. Die Rede von der Unvermeidlichkeit und »Natürlichkeit« dieser Beeinträchtigungen verdeckt die Weigerung, ausreichend Geld zur Verfügung zu stellen, um die Lage der Betroffenen im großen Maßstab zu verändern. Noch vor kurzem ist man davon ausgegangen, daß ein Mensch, der blind oder gehörlos ist, einfach nicht in der Lage ist, eine Universität zu besuchen oder am politischen Leben teilzunehmen, und daß ein Mensch, der einen Rollstuhl verwendet, nicht an sportlichen

Wettkämpfen teilnehmen oder ein weites Spektrum an Berufen ausüben kann. Durch und durch soziale Hindernisse wurden als natürlich betrachtet.[26] Aus diesem Grund hielt man es für vertretbar, eine kostspielige Umgestaltung öffentlicher Einrichtungen zugunsten der Betroffenen zu vermeiden.

Oft wurden die entsprechenden Ausgaben mit dem Hinweis abgelehnt, daß Menschen mit Beeinträchtigungen dauerhaft und unvermeidlich auf andere angewiesen sind. So wurde etwa bei der Gestaltung des öffentlichen Raums für sehbehinderte Menschen davon ausgegangen, daß sie von einem sehenden Führer begleitet würden. Auch das Deliktsrecht ist so formuliert, als hätten Menschen, die blind sind, kein Recht, sich im öffentlichen Raum als unabhängige Erwachsene zu bewegen.[27] Angesichts dieser Situation sollten wir in gründliches Nachdenken geraten, wenn es um das Bedürfnis nach Versorgung geht: Wenn von einer Person gesagt wird, daß sie (auf atypische oder asymmetrische Weise) auf Fürsorge angewiesen ist, handelt es sich manchmal nämlich um eine Art Täuschungsmanöver, um die Möglichkeit eines im vollen Sinne unabhängigen Erwachsenseins zu verdecken, die vielen Menschen mit Beeinträchtigungen offenstünde, wenn nur der öffentliche Raum in einer ihren Bedürfnissen entsprechenden Weise umgestaltet würde. Aus diesem Grund muß scharf unterschieden werden zwischen der Bereitstellung von Formen der Fürsorge, die die Betroffenen wollen und brauchen, und Maßnahmen, die sie auch gegen ihren Willen in eine Situation der Abhängigkeit zwingen. Menschen mit körperlichen Behinderungen wollen, wie alle anderen auch, ihren Bedürfnissen entsprechend medizinisch versorgt werden. Sie wollen aber außerdem als gleiche Bürgerinnen und Bürger respektiert werden, denen in ihrem Leben ebenso

26 Hier haben wir es nicht mit einer linearen Chronologie zu tun: In viel früheren Zeiten waren Blindheit und Gehörlosigkeit so weit verbreitet, daß die Betroffenen unter Umständen weniger marginalisiert waren.

27 Vgl. tenBroek (1966).

wie anderen Bürgerinnen und Bürgern ganz unterschiedliche Wahlmöglichkeiten und Tätigkeiten offenstehen. An dieser Stelle müssen wir auch das Problem der adaptiven Präferenzen berücksichtigen: Selbst wenn die Betroffenen sagen, daß sie lieber auf andere angewiesen sind, sollten wir ihnen trotzdem Alternativen anbieten.

Manchmal kann das menschliche Potential aus Gründen der sozialen Organisation nicht zur Entfaltung kommen – und dieses Problem ist im Fall von Menschen mit geistigen Beeinträchtigungen noch akuter. Michael Bérubés Charakterisierung seines Sohnes Jamie zeigt, daß viele der Schwierigkeiten von Kindern mit Down-Syndrom, die als unabänderliche kognitive Grenzen betrachtet wurden, tatsächlich auf behandelbare körperliche Beschränkungen zurückführbar sind: vor allem auf die zu schwache Halsmuskulatur, die in einer entscheidenden Entwicklungsphase die kindliche Erkundung der Umwelt verhindert, und die ebenfalls unterentwickelte Zungenmuskulatur, die die Sprachentwicklung hemmt. Das Vorurteil, diese Kinder seien einfach »dumm« und unfähig zu lernen, verhinderte eine korrekte Einschätzung ihres Potentials. Gerade weil Eltern und andere Förderer dieser Kinder ihrer kognitiven Entwicklung so viel Bedeutung beimaßen und deren Unterstützung immer wieder einforderten, kam es zu diesen neuen Erkenntnissen und dem Versuch ihrer Umsetzung im Rahmen verschiedener Programme. Wie bereits erwähnt, hätte Arthur voreilig auch einfach als ein Kind eingeschätzt werden können, das nicht gut darin ist, zu anderen Kindern in Beziehung zu treten, und das nie ein Mitglied unserer Gesellschaft werden kann. Weil Eltern, Lehrer und letztendlich auch das Recht (wie ich später noch zeigen werde) in den öffentlichen Bildungsprogrammen jedoch ein großes Gewicht auf die Geselligkeit legen, wurde Arthur auf staatliche Kosten in eine Schule mit anderen Kindern mit Asperger-Syndrom geschickt, wo er erhebliche soziale Kompetenzen ausbilden und Freundschaften schließen konnte.

Kurz gesagt: Es birgt zahlreiche praktische Gefahren, für Menschen mit Beeinträchtigungen eine andere Fähigkeitenliste oder auch nur einen anderen Schwellenwert als gesellschaftliches Ziel zu wählen. Dies kann nämlich leicht dazu führen, daß man zuständige Instanzen aus der Verantwortung entläßt, da davon ausgegangen wird, ein bestimmtes Ziel, das nur schwer oder kostspielig zu erreichen ist, könne oder solle überhaupt nicht erreicht werden. Strategisch gesehen scheint es mithin am besten zu sein, immer wieder auf einer einzigen Liste als Katalog nicht verhandelbarer sozialer Ansprüche zu bestehen und unermüdlich daran zu arbeiten, alle Kinder mit Behinderungen über den gleichen Schwellenwert an Fähigkeiten zu heben, den wir auch für andere Bürgerinnen und Bürger fordern. Natürlich sollten Therapien und Programme hier wie auch im Fall anderer Kinder individuell zugeschnitten sein, aber für politische Zwecke ist es im allgemeinen sinnvoll, darauf zu bestehen, daß die zentralen Fähigkeiten für alle Bürgerinnen und Bürger von großer Bedeutung sind und daß daher die Ausgaben zugunsten von Menschen mit atypischen Beeinträchtigungen berechtigt sind. Um diesen Punkt zu betonen, können wir von menschlichem Gedeihen sprechen und feststellen, daß Jamie und Arthur einen Anspruch auf alle Voraussetzungen eines guten Lebens haben und diese durch die richtige Ausbildung und Fürsorge auch erhalten können.

Daß es nur eine Liste gibt, sollten wir aber nicht nur aus strategischen, sondern auch aus normativen Gründen betonen, weil es uns daran erinnert, daß wir Menschen mit geistigen Beeinträchtigungen als vollständig gleichberechtigte Bürgerinnen und Bürger zu respektieren haben, die zur menschlichen Gemeinschaft gehören und dazu in der Lage sind, ein gutes Leben zu führen. Auf diese Weise wird außerdem die Kontinuität zwischen sogenannten »normalen« Menschen und solchen mit Beeinträchtigungen hervorgehoben. Wir alle haben mit Einschränkungen zu kämpfen, die durch Bildung und Ausbildung auf möglichst individuelle Weise angegangen werden müssen; und wir alle können dank der richtigen Fürsorge zu den zentralen Tätigkeiten auf der Liste befähigt werden. Anstatt Menschen mit Beeinträchtigung zu separieren, als ob sie zu einer anderen (und niedrigeren) Art gehören, betont mein Ansatz ihren gleichen Anspruch auf die Voraussetzungen eines guten Lebens.

Tatsächlich zeigt sich, daß die politisch motivierte Entscheidung für nur eine Liste, die zunächst die individuellen Besonderheiten von Menschen mit geistigen Beeinträchtigungen zu ignorieren schien, besonders dazu geeignet ist, die Individualität dieser Menschen zu achten. Sie bringt nämlich zum Ausdruck (und das verweist zurück auf die wichtige Rolle gleicher Achtung in meiner Theorie), daß sie ebensosehr Individuen sind wie alle anderen auch, und nicht *Typen* oder eine niedrigere Art, die wir von der Menschheit unterscheiden. Diese Art der Typisierung stellt eine der verbreitetsten Formen der Stigmatisierung von Menschen mit Behinderungen dar. Erving Goffmans klassische Analyse sozialer Stigmatisierung zeigt an zahlreichen Beispielen, daß sich gerade die Stigmatisierung von Personen mit Beeinträchtigungen und Behinderungen durch die Leugnung ihrer Individualität auszeichnet. Die gesamte Interaktion mit einer solchen Person wird durch die stigmatisierte Eigenschaft geprägt, so daß die stigmatisierte Person überhaupt nicht mehr als Mensch im vollen oder wirklichen Sinne gesehen wird.[28] Vollzieht sie dann ganz gewöhnliche Handlungen, die zum menschlichen Leben gehören, reagieren »Normale« oft mit Erstaunen: »Es ist komisch, sagen sie, in mancher Hinsicht sind Sie genau wie ein menschliches Wesen!«[29] Wenn wir für »Normale« eine Fähigkeitenliste ausarbeiten würden und für »Kinder mit Down-Syndrom« eine andere, so als gehörten sie zu einer anderen Spezies, würde diese beklagenswerte Tendenz noch verstärkt. Wir würden damit nämlich nahelegen, daß zwar »Nor-

28 Vgl. Goffman (1963/1975), Kap. 1.
29 Ebd., S. 25.

male« als Individuen zu betrachten sind (denn wir wissen, daß sie das sind, und niemand würde es bestreiten), Kinder mit Down-Syndrom aber zu einem Typus gehören und ausschließlich über die Eigenschaften dieses Typus zu charakterisieren sind, da ihnen Individualität und Verschiedenartigkeit im relevanten Sinn abgehen.

Die Speziesnorm zugrunde zu legen ist selbst dann sinnvoll, wenn wir es mit einer Frau wie Sesha zu tun haben, die vielleicht nie in der Lage sein wird, alle auf der Liste verzeichneten Fähigkeiten selbst zu besitzen, und die unter Umständen einige dieser Fähigkeiten (etwa die politische Partizipation) nur vermittelt über einen Vormund verwirklichen kann. Der Speziesnorm zufolge ist Seshas Leben in dieser Hinsicht nicht gelungen, und zwar in einer Weise, in der das Leben eines zufriedenen Schimpansen nicht nicht gelungen sein kann. Menschen mit schweren geistigen Beeinträchtigungen werden nur allzuoft mit höherentwickelten Tieren verglichen. Dieser Vergleich kann in mancher Hinsicht erhellend sein, weil er uns an die komplexen kognitiven Fähigkeiten dieser Tiere erinnert. In anderer Hinsicht ist er aber ziemlich irreführend. Er legt nämlich nahe, daß Sesha zu einer Spezies mit einer ihr eigenen normalen Lebensform gehört; daß es andere Angehörige ihrer Spezies mit ähnlichen Fähigkeiten gibt, zu denen sie sexuelle und familiäre Beziehungen unterhalten kann; daß sie von ähnlich befähigten Artgenossen umgeben ist, mit denen sie zusammenleben und spielen kann. Das entspricht aber nicht den Tatsachen: Sesha lebt unter Menschen, die ihre Behinderungen nicht teilen. Ihr fehlt die Art von Unabhängigkeit, die erwachsene Angehörige ihrer Spezies meist besitzen (und die Tiere anderer Spezies gewöhnlich erreichen können). Ihr Leben ist von großen Schmerzen und Krankheit geprägt. Insofern all dies zutrifft, hat sie kaum Aussichten auf ein Leben, in dem ihre Sexualität und das Aufziehen von Kindern ihr spontane Freude bereiten würden, und vielleicht überhaupt keine Chance, selbst politisch aktiv zu werden. All dies unterscheidet sie von einem durchschnittlichen Schimpansen. Darüber hinaus gehört zum Leben eines gesunden Tieres eine gewisse organische Harmonie, und das gilt für Menschen ebenso wie für nichtmenschliche Tiere: Ihre vielfältigen Fähigkeiten interagieren auf eine Weise, die durchaus als harmonisch verstanden werden kann. Im Gegensatz dazu verfügt Sesha über Fähigkeiten zu lieben, zu spielen und Freude zu empfinden, die nicht gut zu ihren kognitiven Möglichkeiten und ihren motorischen Fähigkeiten passen; zudem leidet sie an umfassenden körperlichen Behinderungen, die ihr große Schmerzen bereiten. Meines Erachtens sollten wir deshalb festhalten, daß zwar einige der zentralen Fähigkeiten außerhalb ihrer Reichweite liegen, daß dies aber einfach nicht gut ist und keinesfalls als Zeichen gedeutet werden sollte, daß sie in einer anderen Lebensform gedeiht. Die Gesellschaft sollte ihr zu möglichst vielen Fähigkeiten direkt verhelfen, und wo eine solche direkte Befähigung nicht möglich ist, auf entsprechende Formen der Vormundschaft zurückgreifen. Aber selbst die besten Formen der Vormundschaft (auf die ich noch genauer eingehen werde) sind weniger gut für Sesha als der direkte Besitz der entsprechenden Fähigkeiten. Die Fähigkeiten sind ja deshalb Teil der Liste, weil sie für Menschen von großer Bedeutung sind: Wir haben die Möglichkeit dieser Tätigkeiten einer genauen Bewertung unterzogen und sie für sehr wichtig und gut befunden. Wenn sie für einen Menschen nicht erreichbar sind, dann ist das ungut, und zwar unabhängig davon, ob jemand daran Schuld trägt oder nicht. Sesha kann nur auf eine Weise ein gelungenes Leben führen, und zwar als Mensch.

Das bedeutet nicht, daß man Seshas Leben nicht in vielerlei Hinsicht als gut und erfolgreich betrachten kann. Wenn wir könnten, würden wir ihren Gesundheitszustand aber verbessern und sie über den Schwellenwert der Fähigkeiten heben, weil es für einen Menschen gut und auch sehr wichtig ist, zu den entsprechenden Tätigkeiten in der Lage zu sein. Sollte eine solche Therapie möglich werden, wäre die Gesellschaft verpflichtet, sie zu bezahlen, und könnte sich nicht einfach damit herausreden, daß sie »von Natur aus« auf diese Weise beeinträchtigt ist. Denken wir noch etwas weiter und stellen uns vor, daß wir bereits im Mutterleib durch genetische Eingriffe sicherstellen könnten, daß das Kind nicht mit so schweren Beeinträchtigungen geboren wird – eine achtbare Gesellschaft müßte genau dies tun.[30] An dieser Stelle sollte ich betonen, daß diese Überlegungen weder Jamie noch Arthur betreffen, weil es bei ihnen gerade eine realistische Chance gibt, daß sie die Fähigkeiten erlangen, die wir als für den Menschen wesentlich einschätzen. Aus meinem Ansatz folgt also nicht, daß man das Down-Syndrom, das Asperger-Syndrom, Blindheit und Gehörlosigkeit wegtherapieren sollte, aber zugleich wird ein solches Vorgehen auch nicht ausgeschlossen.

Wenn es um die richtigen politischen Maßnahmen mit Blick auf einen Menschen wie Sesha geht, kommt der Liste vor allem die Funktion zu, die folgende Frage aufzuwerfen: Stellen die politisch generierten Strukturen, in denen sie lebt, ihr die *soziale Grundlage* aller Fähigkeiten der Liste zur Verfügung? Wenn das der Fall ist, dann hat die öffentliche Konzeption ihre Aufgabe erfüllt, selbst wenn ihr aufgrund ihrer eigenen Beeinträchtigungen in manchen Bereichen einige der möglichen Tätigkeiten versperrt sind. Offensichtlich haben zum gegenwärtigen Zeitpunkt ihre Eltern am meisten dazu beigetragen, daß Sesha trotz der Mängel der öffentlichen po-

30 Hier stoßen wir natürlich auf Fragen der personalen Identität, die ich jedoch auf eine andere Gelegenheit verschieben möchte. Ich stimme an dieser Stelle mit McMahans »Theorie individueller Möglichkeiten« überein, der zufolge wir uns in der Frage, ob eine Person Glück oder Pech hatte, daran orientieren, mit was für einem Leben sie im besten Fall »von Natur aus hätte ausgestattet sein können« (McMahan [1996], 14). Er stimmt also der Ansicht zu, daß ein Kind mit einer so schweren Behinderung wie Sesha Pech hatte, während wir das über ein nichtmenschliches Tier mit vergleichbaren kognitiven Fähigkeiten nicht sagen würden.

litischen Konzeption über viele der Fähigkeiten auf der Liste verfügt. (In ihrem Buch konzentriert sich Kittay auf diesen Punkt.) Die öffentliche Kultur ist für die Bedürfnisse von Kindern wie Jamie und Arthur nach und nach empfänglicher geworden, aber Sesha wird noch immer wenig Hilfe von staatlicher Seite zuteil. Dennoch führt sie ein in vieler Hinsicht würdevolles und ergiebiges menschliches Leben, was vor allem an der Arbeit liegt, die ihre Eltern und andere Helfer investieren. Ihr Erfolg beruht zu einem gewissen Maße auf der Tatsache, daß ihre Eltern ausgesprochen gebildet und finanziell sehr gut gestellt sind. In einer gerechten Gesellschaft würden derart entscheidende Fragen nicht auf diese Weise dem Zufall überlassen.

Konkreter gesagt: Insofern die Liste und die Schwellenwerte die praktische Politik zugunsten von jemandem wie Sesha anleiten, sollten wir den übergeordneten Bestandteilen der Liste mehr Gewicht geben als den genauen Details in den Unterabschnitten. Selbst wenn Sesha keine Wählerin werden kann, sollten wir uns also fragen, ob es andere Möglichkeiten geben könnte, sie am politischen Leben teilnehmen zu lassen und ihr eine gewisse politische Aktivität zu ermöglichen (als Zeichen ihrer vollen politischen Gleichheit würden wir ihr zudem vermittelt über ihren Vormund eine Stimme geben.) Wir wissen, daß Bürgerinnen und Bürger mit Down-Syndrom erfolgreich an ihrer politischen Gemeinschaft partizipiert haben,[31] und wir sollten uns fragen, wie wir dafür sorgen können, daß auch Sesha einige dieser Tätigkeiten zur Verfügung stehen. Wie bereits bemerkt, sind viele Bürgerinnen und Bürger mit geistigen Beeinträchtigungen dazu in der Lage, eine Arbeitsstelle zu übernehmen. Auch wenn das Sesha nicht möglich ist, könnte es doch andere Wege geben, ihr eine gewisse Kontrolle über ihre materielle Umgebung zu geben. Sollte sich herausstellen, daß Sesha auch mit einer gewissen Unterstützung nicht in

31 Vgl. Levitz/Kingsley (1995) sowie Levitz (2003).

der Lage wäre, selbst ein Kind aufzuziehen und zu versorgen (und das ist keineswegs eine ausgemachte Sache), dann sind noch immer alternative Beziehungen zu Kindern vorstellbar, die ihr Leben bereichern würden. Die Beschränkung auf nur eine Fähigkeitenliste wirft all diese Fragen auf, die von entscheidender Bedeutung sind, wenn Menschen mit geistigen Beeinträchtigungen und Behinderungen im vollen Sinne gleiche Bürgerinnen und Bürger sein sollen.

11. Praktische Politik: Die Frage der Vormundschaft

Im Rahmen meiner Ausführungen lassen sich höchstens einige der Implikationen skizzieren, die sich aus einer solchen theoretischen Herangehensweise an Fragen des Umgangs mit Menschen mit geistigen Beeinträchtigungen für die praktische Politik ergeben. In diesem Abschnitt werde ich mich der Frage der Vormundschaft zuwenden, im nächsten der Bildung und Ausbildung von Kindern mit geistigen Beeinträchtigungen und schließlich etwas allgemeiner der Frage der Fürsorge und ihrer gesellschaftlichen Anerkennung.

Die meisten Staaten schützen die (oder zumindest einige der) Fähigkeiten von Menschen mit geistigen Beeinträchtigungen durch verschiedene Formen der Vormundschaft. Wir müssen uns die damit etablierte Beziehung nun etwas gründlicher ansehen, und zwar mit Blick auf die vom Fähigkeitenansatz betonten Vermögen der praktischen Vernunft und der Geselligkeit. In den Vereinigten Staaten ist die Vormundschaft von Bundesstaat zu Bundesstaat ein wenig anders geregelt, aber das allgemeine Vorgehen ist doch immer recht unbestimmt geblieben, und die Fragen und Probleme sind oft nicht mit der gleichen Phantasie und Entschlossenheit angegangen worden wie in anderen Ländern. Zum Schutz der Verfahrensrechte von Menschen mit geistigen Beeinträchtigungen wird aus verfassungsrechtlichen Gründen eine eingeschränkte Vormundschaft vorgezogen.[32] Dennoch haben viele dieser Menschen kein Wahlrecht, selbst wenn keine kognitive Beeinträchtigung vorliegt, die ein Ausüben dieses Rechts unrealistisch machen würde. Obwohl einige Bundesstaaten verschiedene Arten der partiellen oder vorübergehenden Vormundschaft anbieten, läßt sich eine allgemeine Unsicherheit angesichts der Frage feststellen, »welche Optionen die Autonomie maximieren«, was »zur Folge haben kann, daß einige behinderte Personen unnötig viel Macht verlieren«.[33] 42 Bundesstaaten und drei Territorien verweigern zumindest manchen Individuen mit kognitiven Behinderungen das Wahlrecht.[34]

Im Gegensatz dazu haben einige andere Länder, unter anderem eine Reihe europäischer Staaten, Israel und Neuseeland, die Vormundschaftsbeziehung noch einmal neu geregelt und dabei kreative Alternativen gefunden, in denen typischerweise die Menschenwürde und die freie Entscheidung im Mittelpunkt stehen.[35] So besagt zum Beispiel das 1999 in Israel verabschiedete Gesetz zur Gleichberechtigung von Personen mit Behinderungen, daß Menschen mit Behinderungen ein Recht auf »gleiche und aktive Partizipation an allen wichtigen Bereichen des Lebens« haben sowie ein Recht darauf, daß die eigenen Bedürfnisse auf eine Weise unterstützt werden, die es »ihm oder ihr ermöglichen, mit einem größtmöglichen Maß an Unabhängigkeit, einer intakten Privatsphäre und in Würde zu leben, und so das eigene Potential voll zu entfalten«. Dem Gesetz zufolge hat eine »Person mit einer Behinderung das

32 Vgl. z. B. *In re Nelda Boyer*, 636 P. 2d 1085, 1091 (Utah 1982): »Obwohl die Autorität, die einem Vormund übertragen werden kann, sehr umfassend ist, kann das Gericht sie an die spezifischen Bedürfnisse des betreuten Menschen anpassen [...]. Das Verfahren sollte den individuellen Besonderheiten Rechnung tragen und auf einer wohlüberlegten Berücksichtigung der besonderen Betreuungsbedürfnisse beruhen.« Ich danke Leslie Francis für diesen Hinweis.

33 Herr (2003), 431.

34 Ebd., 435.

35 Ebd.

Recht, im Sinne ihrer eigenen Wünsche und Präferenzen Entscheidungen zu fällen, die ihr Leben betreffen«. Diese gesetzlichen Bestimmungen gelten für Menschen mit einer großen Bandbreite an Beeinträchtigungen und Behinderungen, unter anderem für solche mit schweren körperlichen, kognitiven und emotionalen Behinderungen.[36]

Eine besonders kreative Regelung der sozialen Dienstleistungen und der rechtlichen Struktur der Vormundschaft findet sich im jüngeren schwedischen Recht.[37] Seit 1994 existiert in Schweden statt einer einzigen eine flexible Pluralität von Vormundschaftsbeziehungen. Die bevorzugte Form der Unterstützung für Menschen mit geistigen Beeinträchtigungen ist die Mentorenschaft (auf schwedisch wird der Mentor »god man« genant, also der gute Mann). Die Mentorenbeziehung berührt nicht die Bürgerrechte des behinderten Menschen. Der *god man* handelt ausschließlich mit dem Einverständnis des betreuten Menschen und seine Rechte und Pflichten ähneln in etwa denen, die aus einer Vollmacht folgen. Wenn ein Gericht einen *god man* ernennt, kann es die Beziehung genau den Bedürfnissen des Individuums anpassen. Sowohl die betroffene Person selbst als auch Verwandte und staatliche Interessenvertreter können einen entsprechenden Antrag stellen. Die Mentoren werden vom Staat bezahlt und vor allem von älteren Menschen in Anspruch genommen.

Wenn eine solche Mentorenbeziehung aufgrund der Schwere der Behinderung unzureichend erscheint, kann eine mit weitergehenden Entscheidungsbefugnissen einhergehende Kontrolle von einem Verwalter oder Vertreter (*forvaltare*) übernommen werden. Falls andere Formen der Hilfe nicht genügen und die behinderte Person in großer Gefahr zu sein scheint, kann ein solcher Vertreter ernannt werden, der dann im Unterschied zum Mentor befugt ist, anstelle des

36 Ebd., 445.

37 Ich stütze mich hier sowie in meiner Beschreibung der gesetzlichen Regelungen in Israel und Deutschland auf Herr/Gostin/Koh (2003).

Betroffenen Entscheidungen zu treffen. Diese Möglichkeit kommt zum Beispiel oft zum Einsatz, um eine Person vor den ökonomischen Auswirkungen unkluger Kaufentscheidungen zu schützen. Auch hier behält die betroffene Person aber ihre Bürgerrechte, wozu auch ihr Wahlrecht gehört.

Und das ist noch nicht das ganze Spektrum von Vormundschafts- und Unterstützungsbeziehungen: Zu den weiteren sozialen Dienstleistungen gehört die vom Staat bezahlte »Kontaktperson« (*kontakt*), die Menschen, die ansonsten ein isoliertes oder untätiges Leben führen würden, Gesellschaft bei verschiedenen Aktivitäten leistet, der »persönliche Assistent«, der von der behinderten Person selbst eingestellt und entlassen wird, und der »Begleiter«, der behinderte Menschen zu kulturellen, sportlichen oder anderen Freizeitaktivitäten begleitet und ebenfalls vom Staat und den Gemeinden bezahlt wird.[38]

Der schwedische Ansatz verhält sich komplementär zu der deutschen Reform der Vormundschafts- und Pflegschaftsregelungen durch das Betreuungsgesetz aus dem Jahr 1992, das eine prozedurale Herangehensweise einführt und allgemeine Prinzipien zum Schutz der Selbstbestimmung von Menschen mit Behinderungen betont. Das »Erforderlichkeitsprinzip« verbietet eine Vormundschaft, wenn die betroffene Person auch mit der Unterstützung anderer sozialer Dienstleistungen zurechtkommen würde. Ein »Flexibilitätsprinzip« schränkt die Reichweite der Autorität der Betreuer ein, und schreibt vor, daß die am wenigsten einschränkende Alternative zu wählen ist: Der Betreuer »hat Wünschen des Betreuten zu entsprechen, soweit dies dessen Wohl nicht zuwiderläuft«. Das Gesetz erkennt zudem an, daß zum Wohl des Betreuten auch die Möglichkeit gehört, »im Rahmen seiner Fähigkeiten sein Leben nach seinen eigenen Wünschen und Vorstellungen

38 Herr (2003), 431-438. Vgl. zu anderen sozialen Dienstleistungen und einer ausführlichen Erörterung der Definition von »Personen mit Behinderungen« ebd., 438 f.

zu gestalten«. Ein »Prinzip der Selbstbestimmung« erlaubt eine dauerhafte Vorsorgevollmacht anstelle einer rechtlichen Betreuung. Das »Prinzip der Wahrung der Rechte« betont die finanzielle Subvention praktischer Unterstützungsleistungen und die »Geltendmachung von Rechten des Betreuten«, so daß die Bestellung eines Betreuers nicht automatisch zu einer Einschränkung der Rechte von Menschen mit geistigen Beeinträchtigungen führt, etwa ihres Rechts zu wählen, zu heiraten und ein Testament aufzusetzen. Des weiteren sieht das Gesetz eine Vielzahl prozeduraler Sicherheitsmechanismen vor, wie persönliche Gespräche, gerichtliche Genehmigungen und zeitliche Begrenzungen der Vormundschaft.[39]

Wenn wir die Vorstellung von Menschenwürde und Gleichheit, die dem israelischen Gesetz zugrunde liegt, mit den allgemeinen Prinzipien des deutschen Gesetzes und der flexiblen Struktur der rechtlichen und sozialen Kategorien der schwedischen Regelung kombinieren, kommen wir den Reformforderungen schon recht nahe, die der Fähigkeitenansatz in diesem Bereich erheben würde. Natürlich ist noch eine Menge praktischer rechtlicher und politischer Arbeit zu leisten, um all dies genauer auszuführen.

Die von Menschen mit geistigen Beeinträchtigungen und Behinderungen sowie ihren Fürsprechern in der wachsenden internationalen Bewegung für volle Gleichberechtigung angestrebten Gesetzesreformen unterstreichen noch, wie wichtig ein Ansatz ist, der Menschen mit Behinderungen als Träger wirklich gleicher Rechte begreift. Als solche haben sie Anspruch auf ein breites Spektrum sozialer Dienstleistungen, die sicherstellen sollen, daß sie ihre Rechte auch ausüben können. Wie Mary Robinson in ihrer Einleitung zu einer aktuellen Untersuchung dieser internationalen Entwicklungen schreibt:

39 Ebd., 441 f.

> Es ist völlig inakzeptabel, daß irgendeinem Mann, einer Frau oder einem Kind aus welchem Grund auch immer Inklusion und Rechte verweigert werden, erst recht, wenn sie mit einem Körper oder einem Geist geboren wurden, für die in unserer globalen Gesellschaft aufgrund ihrer wahrgenommenen Andersheit kein Platz zu sein scheint. Wird die soziale Segregation auf körperliche oder geistige Behinderungen zurückgeführt, anstatt auf »traditionellere« oder sichtbarere Klassifikationen wie ethnische, religiöse oder Geschlechtszugehörigkeit, macht das den Verstoß gegen die Rechte der Betroffenen nicht weniger schwerwiegend. Wirkliche Gleichheit für behinderte Menschen bedeutet mehr als nur Zugang zu Gebäuden und Transportmitteln. Sie erfordert einen Einstellungswandel in der Gesellschaft als ganzer – zu der wir alle gehören –, der sicherstellt, daß sie nicht länger als Problem gesehen werden, sondern als Träger von Rechten, die ebenso dringend verteidigt werden müssen wie die unsrigen. Die Gleichheit steht unserer Neigung entgegen, die »Fehler« im Individuum zu suchen, und lenkt unsere Aufmerksamkeit auf die Mängel der gesellschaftlichen und ökonomischen Strukturen, die keinen Raum für Unterschiede lassen.[40]

Der von Robinson wie von mir befürwortete Ansatz sieht Vormundschaft nicht länger als eine Frage des Umgangs mit der »Inkompetenz« einer Person, sondern als eine Möglichkeit, den Zugang dieser Person zu allen zentralen Fähigkeiten zu erleichtern. Die Norm sollte immer die Person selbst in die Lage versetzen, die relevanten Tätigkeiten zu wählen. Wenn das nicht möglich ist, sollte man sich entweder zeitweilig oder dauerhaft um eine Vormundschaft bemühen, die eng darauf zugeschnitten ist, der Person dort zu helfen, wo sie Hilfe braucht, und zwar auf eine Weise, die es ihr ermöglicht, so weit es geht am Prozeß der Entscheidungsfindung und der letztendlichen Entscheidung beteiligt zu sein.

40 Herr/Gostin/Koh (2003), vi.

In allen modernen Gesellschaften gibt es enorme Ungleichheiten im Umgang mit Kindern mit atypischen geistigen Beeinträchtigungen. Oft erhalten diese Kinder nicht die medizinische Versorgung und Therapie, die sie benötigen. (Tatsächlich wird häufig einfach davon ausgegangen, daß bestimmte kognitive Fähigkeiten nicht vorhanden sind; es wird gar nicht gesehen, daß die Betroffenen bestimmte Formen der Physiotherapie benötigen, die ihr kognitives Potential enorm erhöhen würden. So können zum Beispiel Kinder mit Down-Syndrom durch eine Stärkung der Muskeln in die Lage versetzt werden, ihre Umgebung auf eine Weise zu meistern, die aktives Lernen fördert.) Kinder mit geistigen Beeinträchtigungen sind sogar noch in stärkerem Maße ausgeschlossen und stigmatisiert worden als Menschen mit unterschiedlichsten körperlichen Beeinträchtigungen. Viele von ihnen wurden in Anstalten abgeschoben, die keinerlei Mühe auf die Förderung ihres Potentials verwendeten. Außerdem wurden sie durchweg so behandelt, als hätten sie kein Recht, den öffentlichen Raum zu benutzen. In den Anhörungen im US-amerikanischen Kongreß, die dem Americans With Disabilities Act (ADA) vorausgingen, wurden zahlreiche Beispiele derartiger Exklusionsformen angeführt. In einem Fall wurden Kinder mit Down-Syndrom nicht in einen Zoo gelassen, um die Schimpansen nicht zu irritieren.[41]

Im Bereich der Schulbildung ist die Kluft besonders erschreckend gewesen. Kindern mit geistigen Behinderungen wurde der Zugang zu einer ihnen gemäßen Bildung mit dem stigmatisierenden Argument verwehrt, sie seien gar nicht zur Ausbildung fähig oder die Kosten lohnten sich nicht. Erwachsene meiner Generation können sich noch an Klassenzimmer für »besondere« Kinder erinnern, die typischerweise in den

41 Francis/Silvers (2000), Einleitung, xix.

Kellerräumen von Schulen untergebracht waren, so daß »normalen« Kindern der Anblick dieser Kinder erspart wurde. Außerdem wurde Kindern mit geistigen Beeinträchtigungen in vielen Fällen der Schulbesuch ganz verweigert.

Frühe Gerichtsurteile stützten diese Praxis des Ausschlusses. So bestätigte 1892 der Oberste Gerichtshof von Massachusetts einen Beschluß der staatlichen Schulen von Cambridge, John Watson, der eine angeborene geistige Behinderung hatte, abzuweisen. Im Urteil wird auf die Störung verwiesen, die sein Aussehen und sein ungewöhnliches Verhalten (das weder anderen schadete noch ungehorsam war, wie im Urteil zugegeben wird) für die anderen Kinder bedeute. Ein ähnlicher Fall betraf Merritt Beattie, dessen Lähmung Symptome verursachte, die angeblich »bei den Lehrern und Schulkindern zu Depressionen und Übelkeit führten«.[42]

Der Kampf gegen diese Probleme in den Vereinigten Staaten vermag die in allen modernen Gesellschaften auftauchenden Schwierigkeiten ebenso zu illustrieren wie einige der Strategien, die sich auch darüber hinaus als wirksam erweisen dürften. In den frühen 1970er Jahren begannen Aktivisten für die Rechte geistig behinderter Menschen, systematisch und auf juristischem Wege den Ausschluß dieser Kinder aus dem Schulsystem zu bekämpfen. Dabei konnten sie zwei höchst folgenreiche Siege erringen. Im Fall *Pennsylvania Association for Retarded Children v. Pennsylvania* erließ ein Bundesbezirksgericht eine einstimmige Verordnung, der zufolge die staatlichen Schulen von Pennsylvania Kindern mit geistigen Behinderungen eine »ihnen gemäße kostenlose Schulbildung« zur

42 *Watson v. Cambridge*, 157 Mass. 561 (1893). Im Urteil heißt es, Watson sei »nicht in der Lage, wie es üblich und anständig ist auf seinen Körper achtzugeben«. Vgl. zum zweiten Fall *State ex Rel Beattie v. Board of Education of the City of Antigo*, 169 Wisc. 231 (1919). Der Oberste Gerichtshof von Wisconsin bestätigte Beatties Ausschluß. Anscheinend war Beattie nicht geistig behindert, aber sein Fall entspricht doch der typischen Stigmatisierung, die geistig behinderte Menschen oft erleben müssen.

Verfügung stellen müssen. Die Kläger vertraten die Ansicht, daß das Recht auf Bildung ein Grundrecht sei und das Schulsystem daher ein »zwingendes Interesse des Bundesstaates« nachweisen müsse, um Kinder mit Behinderungen rechtmäßig ausschließen zu können.[43]

Im selben Jahr entschied das Bundesbezirksgericht für den District of Columbia im Fall *Mills v. Board of Education* zugunsten einer Gruppe geistig behinderter Kinder, die gegen ihren Ausschluß aus den dortigen staatlichen Schulen klagten: Zu dieser Gruppe gehörten nicht nur zurückgebliebene Kinder, sondern auch solche mit einem breiten Spektrum an Lernbehinderungen. In einer Urteilsbegründung, die sich auf sehr selbstbewußte Weise auf *Brown v. Board of Education* bezieht – also auf das Urteil, das die »Rassentrennung« in öffentlichen Schulen zu einem Verstoß gegen die Gleichbehandlungsklausel der Verfassung erklärte und damit US-amerikanische Rechtsgeschichte schrieb –, vertritt das Gericht die Ansicht, daß es ebenfalls einen Verstoß gegen die Gleichbehandlungsklausel bedeutet, geistig behinderten Kindern eine angemessene kostenlose staatliche Schulbildung zu verweigern. Zudem kommt das Gericht zu der für unsere Zwecke äußerst wichtigen Einsicht, daß man diesen Verstoß nicht einfach mit der Behauptung wegrationalisieren könne, das System verfüge nicht über genügend Mittel und die Einbeziehung dieser Kinder sei ungewöhnlich kostspielig: »Die Unzulänglichkeiten des staatlichen Schulsystems des District of Columbia dürfen ›besondere‹ oder behinderte Kinder nicht stärker belasten als normale Kinder, ob sie nun auf eine un-

43 343 F. Supp. 279 (1972). Das Gericht machte es den Klägern insofern leicht, als es einen verfassungsmäßig verbürgten Anspruch schon unter dem weniger strengen Kriterium der vernünftigen Begründung für gegeben hielt: Sie mußten also nicht nachweisen, daß es sich bei Bildung um ein Grundrecht handelt, um die Anwendung der Gleichbehandlungsklausel zu fordern. Das Gericht folgte der Argumentation der Kläger, daß der Ausschluß sowohl das Recht auf ein rechtmäßiges Verfahren als auch die Gleichbehandlungsklausel verletze.

zureichende Finanzierung oder eine ineffiziente Verwaltung zurückzuführen sind.«[44] Bezeichnenderweise verweist das Gericht an dieser Stelle auf *Goldberg v. Kelly*, ein Urteil zu Rechten auf wohlfahrtsstaatliche Leistungen, in dem der Oberste Gerichtshof entschieden hatte, daß das staatliche Interesse am Wohlergehen der Bürger »deutlich mehr Gewicht habe« als das konkurrierende Ziel, »jede Erhöhung der finanziellen und administrativen Belastungen zu vermeiden«. Entsprechend müsse das Interesse des District of Columbia an der Bildung dieser ausgeschlossenen Kinder »deutlich mehr Gewicht haben als das Interesse an der Schonung der finanziellen Ressourcen«.[45]

Goldberg v. Kelly und die Wiederaufnahme dieses Urteils in *Mills v. Board of Education* sind für die Zwecke des von mir vertretenen Ansatzes von großer Bedeutung. In ihnen kommt eine Konzeption der sozialen Kooperation und des Sinns politischer Prinzipien zum Ausdruck, die sich in grundlegender Weise gegen den auf den gegenseitigen Vorteil ausgerichteten Kontraktualismus wendet, den ich hier kritisiert habe; statt dessen stützen diese Urteile die Sichtweise des Fähigkeitenansatzes. Im Urteil zu *Goldberg v. Kelly* heißt es in der von William J. Brennan verfaßten Begründung:

> Seit ihrer Gründung ist diese Nation entschlossen darum bemüht, die Würde und das Wohlergehen aller Menschen innerhalb ihrer Grenzen zu fördern. Wir sind zu der Einsicht gekommen, daß Faktoren, die sich der Kontrolle der Armen entziehen, zu ihrer Armut beitragen. […] Wohlfahrtsstaatliche Leistungen können durch eine Versorgung mit dem Überlebensnotwendigen dazu

44 348 F. Supp. 866 (D. C. C. 1972), 876. Aufgrund des besonderen Status des District of Columbia, der kein Bundesstaat ist, besagte das Urteil genaugenommen, daß eine Verletzung des Rechts auf ein ordentliches Verfahren gemäß dem fünften Zusatzartikel zur Verfassung vorliege und daß die Gleichbehandlungsklausel in ihrer Anwendung auf die Schulbildung ein »Bestandteil des den Disctrict bindenden ordentlichen Verfahrens« sei.

45 397 U. S. 254 (1969), 266.

> beitragen, armen Menschen die gleichen Chancen auf eine lohnende Teilnahme am Leben der Gemeinschaft zu geben, die auch anderen zur Verfügung stehen. [...] Bei staatlichen Hilfsleistungen handelt es sich also nicht um bloße Mildtätigkeit, sondern vielmehr um ein Mittel, um »das allgemeine Wohl zu fördern und das Glück der Freiheit uns selbst und unseren Nachkommen zu bewahren«.[46]

Mit anderen Worten: Der Zweck sozialer Kooperation besteht nicht darin, einen Vorteil zu erlangen, sondern die Würde und das Wohlergehen aller Bürgerinnen und Bürger zu fördern.[47] Dieses Ziel wird so verstanden, daß Ausgaben zur Bekämpfung der Armut, auch wenn sie sehr kostspielig sind, von unseren sozialen Verpflichtungen selbst gefordert werden. Für den Fall der Armen würde Rawls dem sicher zustimmen, mit Bezug auf Menschenwürde und soziale Inklusion wirkt sein Ansatz aber etwas halbherzig, weil er nicht bereit ist, in die politischen Grundprinzipien selbst eine staatliche Verpflichtung zur vollen Unterstützung von Menschen mit körperlichen und geistigen Beeinträchtigungen aufzunehmen. Diese Frage wird auf einen späteren Zeitpunkt verschoben, wenn die Prinzipien bereits festgelegt sind. In *Mills v. Board of Education* wird eine solche Diskriminierung für nicht hinnehmbar befunden: Wir müssen diese Bürgerinnen und Bürger in unseren politischen Grundprinzipien und durch sie als Gleiche unterstützen, auch wenn das kostspielig ist. Das folgt aus diesen Grundprinzipien selbst.

Natürlich fordert das Urteil zu *Goldberg v. Kelly* die Menschen nicht auf, etwas Unmögliches zu leisten. So verpflichtet es zum Beispiel den Staat nicht dazu, allen Bürgerinnen und Bürgern eine kostenlose College-Ausbildung zu finan-

46 Ebd., 264f. [Das Zitat im Zitat stammt aus der Präambel der US-amerikanischen Verfassung; Anm. d. Übers.]

47 Dies erinnert an die von mir im ersten Kapitel erwähnte Lockesche Idee der Würde, die mit seiner Theorie der natürlichen Rechte im Zusammenhang steht und in den modernen Versionen des Kontraktualismus fehlt.

zieren, sondern verlangt einfach, daß die Unterstützung auf der Grundlage der Gleichheit geregelt wird, selbst wenn das unter Umständen kostspielige Änderungen notwendig macht. Der Urteilsbegründung in *Mills v. Board of Education* zufolge handelt es sich bei dieser Art von Unterstützung um eine Forderung der Gerechtigkeit, die zudem aus der grundlegenden Gleichbehandlungsklausel folge. Wenn etwas eine Forderung der Gerechtigkeit ist, müssen wir alle Anstrengungen unternehmen, um sicherzustellen, daß sie erfüllt wird, selbst wenn sich dies als sehr kostenintensiv erweist. Außerdem verweist das Gericht auf die mögliche Aufblähung der entsprechenden Kosten durch bürokratische Ineffizienz, die im Fall der Schulbildung von Kindern mit Beeinträchtigungen besonders wahrscheinlich sei, wenn man die generelle Uninformiertheit der Öffentlichkeit und die fehlende Ausbildung von Lehrern bedenke. Dem kann man noch hinzufügen, daß die Preise einer jeden seltenen Ware oft auf eine Weise künstlich nach oben getrieben werden, die ohne großen Qualitätsverlust korrigiert werden kann (wie dies etwa auch für AIDS-Medikamente auf dem afrikanischen Markt gilt). Im Fall der Schulbildung von Kindern mit geistigen Behinderungen ginge es in erster Linie um eine Einstellungsänderung sowie eine Anpassung der Lehrerausbildung, die nicht besonders kostenintensiv wären, sobald sie einmal in den Lehrplan eingebaut und dort fest verankert worden sind.

Die unmißverständliche Artikulation dieser fundamentalen Einsicht in den beiden Gerichtsurteilen hat eine nationale Debatte losgetreten, in der es vor allem um den gleichen Zugang und um dessen Finanzierung ging. 1975 verabschiedete der Kongreß der Vereinigten Staaten den Education for All Handicapped Children Act (EAHCA), durch den das Urteil im Fall *Mills* zu Bundesrecht gemacht wurde. Kinder mit ganz unterschiedlichen geistigen Behinderungen[48] hatten nun

48 Heute werden die Begriffe »Beeinträchtigung« und »Behinderung« gewöhnlich dafür verwendet, um die sozusagen vorgesellschaftliche Situ-

einklagbare Rechte auf eine freie und ihnen gemäße staatliche Schulbildung, und den Bundesstaaten wurden Gelder bereitgestellt, um ihnen dabei zu helfen, dieser Verpflichtung nachzukommen.[49] 1997 wurde dieses Gesetz durch den Individuals with Disabilities Education Act (IDEA) leicht verändert und ausgebaut.

Bevor wir uns diesem neuen Gesetz zuwenden, müssen wir uns zunächst kurz mit einer weiteren Zwischenetappe dieser Entwicklung befassen, die direkt das Problem der Stigmatisierung und der Exklusion betrifft. Im Fall *City of Cleburne v. Cleburne Living Center* ging es um eine Stadt in Texas, die einem Heim für geistig Zurückgebliebene die Lizenz verweigerte und sich dabei auf den verbindlichen städtischen Bebauungsplan berief, der eine besondere Genehmigung für solche Heime vorschreibt. (Für Genesungsheime, Sanatorien und Altersheime war eine solche Genehmigung nicht erforderlich, sondern nur für »Heime für geistig Verwirrte, Alkoholiker und Drogenabhängige«.) Offensichtlich wurde die Genehmigung aufgrund der Angst vor Menschen mit geistigen Behinderungen und anderen negativen Einstellungen der Immobilienbesitzer in der näheren Umgebung abgelehnt. Der Stadt zufolge wäre es für die Bewohner des Heims zudem zu gefährlich gewesen, auf einer »seit 500 Jahren durch Überflutung bedrohten Ebene« zu wohnen, weil sie das Haus im Notfall vielleicht nicht schnell genug verlassen könnten.[50]

Überraschenderweise kam der Supreme Court in seinem Urteil zu dem Schluß, daß die Verweigerung der Genehmigung keine vernünftige Grundlage habe und nur auf »böswillige Diskriminierung«, »irrationale Vorurteile gegenüber geistig zurückgebliebenen Menschen« und »vage, undiffe-

ation solcher Kinder zu beschreiben; »Handicap« hingegen bezieht sich auf ihre benachteiligte Position in der Gesellschaft.

49 Ich danke John Brademas für seine sehr hilfreichen Ausführungen zum Hintergrund und zur Geschichte dieses Gesetzes, an dessen Ausarbeitung er beteiligt war.

50 473 U. S. 432 (1985), 449.

renzierte Ängste«[51] zurückzuführen sei. Dieses Urteil war so überraschend, weil bis dato im Grunde jedem wo auch immer verabschiedeten Gesetz eine vernünftige Grundlage unterstellt worden war. Dieses Kriterium war immer ausgesprochen schwach interpretiert worden.[52] Mit dem Urteil erhielt es plötzlich eine gewisse Schlagkraft: Stigmatisierung und der Wunsch, eine unbeliebte Minderheit auszuschließen, zählen nicht länger als Grund. In seinem Urteil bringt das Gericht die Idee der gleichen Achtung vor der Menschenwürde zum Ausdruck, die auch dem Fähigkeitenansatz zugrunde liegt, und zwar wieder auf eine Weise, die einen wirklichen Bruch mit den Werten des auf gegenseitige Vorteile ausgerichteten Modells des Gesellschaftsvertrags darstellt. Wir müssen nämlich bedenken, daß die Bewohner von Cleburne im kontraktualistischen Sinn sehr wohl gute Gründe dafür hatten, die Genehmigung zu verweigern: Es war zu erwarten, daß der Wert ihres Eigentums geschmälert würde und daß sie zudem emotionalen Belastungen ausgesetzt sein würden. So gesehen

51 Ebd., 446, 449, 450.

52 In einem die Gleichbehandlungsklausel betreffenden Urteil aus dem Vorjahr, *Palmore v. Sidoti*, 466 U. S. 429 (1984), wurde eine ähnliche Frage thematisiert. Es ging um ein Kind aus einer vormaligen Beziehung, für das die Mutter das Sorgerecht hatte. Die Mutter heiratete ein zweites Mal und zwar einen afroamerikanischen Mann. Der Vater des Kindes klagte auf Zuerkennung des Sorgerechts, mit der Begründung, daß das Kind als Teil einer stigmatisierten Familie nun bestimmten Vorurteilen ausgesetzt sei. Weil es in diesem Fall um Rassismus ging, wurde nicht das Kriterium der vernünftigen Grundlage, sondern ein strengerer Rechtfertigungsmaßstab angewendet. Dennoch kam das Gericht zu einem für unsere Überlegungen relevanten Urteil: Das Recht müsse sich weigern, private Vorurteile in systematische öffentliche Nachteile zu übersetzen: »Private Voreingenommenheiten mögen zwar außerhalb der Reichweite des Gesetzes liegen, aber die Rechtsprechung kann ihnen weder direkt noch indirekt Folge leisten.« In *City of Cleburne v. Cleburne Living Center* bezogen sich die Richter auf diese Stelle aus *Palmore v. Sidoti*, als sie urteilten, »die Stadt darf die Vorschriften der Gleichbehandlungsklausel nicht umgehen, indem sie sich nach den Wünschen oder Einwänden eines Teils der politischen Gemeinschaft richtet« (473 U. S. 448).

ist es ökonomisch durchaus sinnvoll, Menschen mit geistigen Behinderungen aus der politischen Gemeinschaft auszuschließen oder ihnen zumindest einen abgeleiteten oder zweitklassigen Bürgerstatus zuzuweisen. Solche Abwägungen müssen in einem auf den gegenseitigen Vorteil ausgerichteten Ansatz großes Gewicht haben, wenn keine davon unabhängigen gerechtigkeits- oder achtungsbasierten Überlegungen dazwischentreten. Das Gericht entschied, daß derartige Gründe im Rahmen öffentlicher Entscheidungen nicht als Gründe zählen können.[53]

Nachdem die Gerichte ein alternatives Verständnis sozialer Kooperation eingeführt oder doch zumindest prominent in die Debatte gebracht hatten, war die Zeit für eine Weiterentwicklung im Bereich der Schulbildung gekommen. Im Jahr 1997 verabschiedete der Kongreß der Vereinigten Staaten den Individuals with Disabilities Education Act (IDEA). Diesem Gesetz liegt eine sehr einfache, aber ausgesprochen wichtige Idee zugrunde, nämlich die der menschlichen Individualität. Wie bereits erwähnt, handelt es sich hierbei um eine der zentralen liberalen Ideen, an der wir trotz unserer Kritik der verhandlungsorientierten Tradition festhalten sollten. Wir werden nun deutlicher sehen, welche Rolle sie in diesem Bereich zu spielen vermag. Anstatt die auf unterschiedliche Weise behinderten Menschen als gesichtslose Personengruppen zu begreifen, geht dieses Gesetz davon aus, daß es sich tatsächlich um Individuen mit unterschiedlichen Bedürfnissen handelt und daß daher jedes Vorgehen, das sich auf eine ganze Gruppe bezieht, unangemessen sein muß. Die Leitidee des Gesetzes kommt im Individualized Education Program

53 Vgl. auch die ähnliche Argumentation in *Romer v. Evans* (2000), einem berühmten Gerichtsurteil, in dem der zweite Zusatz zur Verfassung von Colorado für verfassungswidrig erklärt wurde. Dieser hatte es Kommunen untersagt, Gesetze zum Schutz von Homosexuellen gegen Diskriminierung zu erlassen. Auch dieser gesetzlichen Bestimmung wurde eine vernünftige Grundlage abgesprochen, da sie auf bloßer »Animosität« gegenüber einer unbeliebten Gruppe beruhe.

(IEP) zum Ausdruck, »einer schriftlichen Einschätzung jedes behinderten Kindes, die ausgearbeitet, begutachtet und überarbeitet wird«. Die Bundesstaaten sind verpflichtet, sich aktiv darum zu bemühen, alle Kinder mit Behinderungen ausfindig zu machen, deren Bedürfnisse nicht erfüllt werden. Außerdem müssen die Bezirke umfassende prozedurale Sicherungsmechanismen einrichten, um den Einfluß der Eltern auf Entscheidungen bezüglich der Evaluation und schulischen Unterbringung ihrer Kinder zu gewährleisten und ihnen außerdem Zugang zu den gespeicherten Daten sowie zu rechtmäßigen Verfahren und einer richterlichen Überprüfung zu garantieren. (Weitere Bestimmungen des Gesetzes betreffen einen Interventionsdienst für Kleinkinder bis zum Schuleintritt, die Finanzierung einschlägiger Forschungsprojekte und Fragen der Berufsausbildung.)

Ganz allgemein verpflichtet das Gesetz die Bundesstaaten, Kinder mit Behinderungen in einer »möglichst wenig einschränkenden Umgebung« schulisch auszubilden, die ihren Bedürfnissen gerecht wird. In diesem Sinne fordert es zu einem *mainstreaming* dieser Kinder auf. Eine solche Praxis kann unter Verweis auf die Vorteile verteidigt werden, die sie für die geistig behinderten Kinder hat: Sie schafft für sie mehr Anreize, sich kognitiv weiterzuentwickeln, und vergrößert ihre Chancen, nicht als eine ganz andere Art von Mensch stigmatisiert zu werden. Sie läßt sich aber auch mit Verweis darauf rechtfertigen, daß die »normalen« Kinder ebenfalls profitieren, weil sie etwas über die Menschheit und ihre Vielfältigkeit lernen, wenn sie ihren Unterricht mit einem Kind mit atypischen Beeinträchtigungen teilen. Sie lernen auf eine neue Weise über sich selbst, ihre eigenen Schwächen und die Vielfalt menschlicher Fähigkeiten nachzudenken, wie es Bérubés Beschreibung von Jamies Zeit in einer normalen staatlichen Schule so eloquent vorführt.

Für die Ziele dieses Gesetzes ist die zugrundeliegende Anerkennung der Individualität von besonderer Bedeutung: Wenn ein Kind vom Besuch einer Sonderschule mehr zu profitieren scheint als vom *mainstreaming*, ist der Bundesstaat verpflichtet, ihm dies zu ermöglichen. Unter welchen Bedingungen könnte das der Fall sein? Zum einen kann es vorkommen, daß sich die kognitiven Leistungen eines Kindes so stark von denen der anderen Kinder seines Alters unterscheiden, daß durch eine separate Schulbildung tatsächlich mehr erreicht werden kann. Zum anderen können zu den Problemen des betroffenen Kindes auch Verhaltensschwierigkeiten gehören, die mit großer Wahrscheinlichkeit zu Stigmatisierung und sozialem Ausschluß führen würden. Kinder mit Down-Syndrom sind gewöhnlich sehr freundlich und angenehm im Umgang. Hingegen empfinden andere Kinder Arthurs Asperger-Syndrom in Kombination mit den Zwangssymptomen des Tourette-Syndroms als störend, auch wenn man sie um Verständnis bittet.

Daß in Arthurs Fall die Integration so schwierig ist, liegt auch daran, daß er nicht anders aussieht und daß die Menschen von ihm deshalb auch ein »normales« Verhalten erwarten. Außerdem äußern sich seine sozialen Behinderungen oft in Form von Unhöflichkeiten und Wutanfällen, die bei einem Jungen seines Alters, der ganz normal aussieht, einfach unangemessen wären. Tatsächlich machen es seine hochentwickelten kognitiven Fähigkeiten anderen noch einfacher, ihn für ein unfreundliches Kind zu halten, wenn er etwas scheinbar Rüdes sagt. Um nochmals auf das obige Beispiel zurückzukommen, das illustriert, wie sich Arthurs anspruchsvolle kognitive Leistungen mit außerordentlich rigidem Verhalten verbinden: Nach der Präsidentschaftswahl im Jahr 2000 war Arthur der Auffassung, daß Bush nicht rechtmäßig gewählt wurde und daher als »Resident« anstatt als Präsident zu bezeichnen sei. Nachdem er sich diesen ziemlich subtilen und beeindruckenden Witz ausgedacht hatte, konnte er einfach nicht mehr loslassen: Jedesmal, wenn seine Lehrerin Bush als den Präsidenten bezeichnete, bestand er darauf, sie zu verbessern. Das kam an seiner Schule in einem ziemlich konservativen Bundesstaat natürlich nicht besonders gut an. Sowohl den Kindern als auch den Lehrern fällt es schwer zu glauben, daß jemand, der zu derartigen kognitiven Leistungen in der Lage ist, eine Behinderung hat. Daß das Problem mit einem schlechten Charakter und/oder schlechten Eltern zu tun hat, erscheint ihnen einleuchtender.

Nachdem Arthur die normale staatliche Schule trotz einer besonderen Betreuung einige Jahre erfolglos besucht hatte, entschied der Bundesstaat schließlich, seine Schulbildung in einer besonderen privaten Schule für Kinder mit der gleichen Behinderung zu subventionieren. Er macht nun kognitiv, emotional und in seinem Verhalten rasante Fortschritte. Wie bereits erwähnt, hat er Freunde und lädt zu Partys ein. Er wird schlicht und einfach nicht mehr stigmatisiert. Auch seine kognitiven Begabungen entwickeln sich rasch weiter. Er interessiert sich gegenwärtig sehr für die japanische Kultur und hat angefangen, Japanisch zu lernen. (Sollte er Japan tatsächlich einmal besuchen, wird er allerdings nicht unbedingt mit der entsprechenden Achtung und Einbeziehung rechnen können!)

Kurz gesagt, muß die Achtung vor der Individualität im Zentrum stehen, wenn die vom Fähigkeitenansatz angestrebten Ziele erreicht werden sollen. Zudem handelt es sich bei dieser Achtung für bestimmte Bürgerinnen und Bürger um *gleiche Achtung* in einem sehr starken Sinn: Das Gesetz besagt, daß *niemand* abgelehnt werden kann. In seinem wichtigen Urteil aus dem Jahr 1989 im Fall *Timothy W. v. Rochester New Hampshire School District*[54] betonte das zuständige Berufungsgericht, der First Circuit Court of Appeals, daß der IDEA die Inklusion *aller* Kinder mit Behinderungen vorschreibt, nicht

54 875 F. 2d 954, 960 (1st Cir. 1989), cert. denied 493 U. S. 983 (1989). Ich danke Ladenson (2004) für den Hinweis auf diesen Fall und seine Ausführungen zum politischen Prinzip, niemanden zurückzuweisen. Für eine hilfreiche Erörterung dieser Politik vgl. Minow (2002), 80-86.

nur derjenigen, die von einem Schulbesuch nachweislich profitieren werden: »Die in dem Gesetz als ganzem verwendete Sprache macht deutlich, daß die politische Entscheidung, niemanden abzuweisen, in seinem Zentrum steht.« Einbeziehung, und zwar letztlich auf der Grundlage der Gleichheit der Bürgerinnen und Bürger, ist demnach selbst ein Beispiel für die Art von Achtung, die das Gesetz vorschreibt. In der Praxis werden Kinder mit so schweren Behinderungen wie Timothy W. (der an schweren Beeinträchtigungen der Wahrnehmung, der Motorik und der Kognition litt, die in etwa mit denen von Sesha Kittay vergleichbar sind) nicht immer von ihren Eltern in die Schule geschickt; Sesha konnte dank einer anderen Art der Fürsorge ein gedeihliches Leben führen. Hier kommt es jedoch darauf an, daß man keine festgelegte Kombination von Fähigkeiten und Fertigkeiten aufweisen muß, um wie jeder andere Bürger auch einen Anspruch auf Schulbildung zu haben. Dieser Anspruch ist allein in der Anerkennung der menschlichen Würde der Betroffenen begründet (in dem von mir erläuterten Sinn, in dem Würde nicht von einer spezifischen Kombination von Fertigkeiten abhängt).

Der IDEA ist keineswegs perfekt, weder in der Theorie noch in der Praxis. In der Praxis leidet das Gesetz vor allem an einer ungenügenden Finanzierung: Obwohl es eine Finanzierung durch die Bundesregierung vorsieht, wurde der anvisierte Betrag nie tatsächlich bewilligt.[55] Außerdem ist die fak-

55 Sowohl 1975 als auch 1997 wurde der Bundesregierung erlaubt, von den Bundesstaaten bis zu 40 Prozent der überschüssigen Kosten für die Schulbildung von Kindern mit Behinderungen zu übernehmen; bis 2004 sind nie mehr als 16 Prozent bereitgestellt worden. Als der Senat sich im Frühjahr 2004 mit der erneuten Verabschiedung des Gesetzes befaßte, wurde im überparteilichen »Harkin-Hagel Amendment« eine allmähliche Steigerung der Finanzierung über sechs Jahre bis zu den genannten 40 Prozent vorgeschlagen. Weil der Vorschlag aber keine diesen Zuwachs ausgleichenden Kürzungen umfaßte, verstieß er gegen die Budgetregelung, und die 60 Stimmen, die für eine Ausnahme von dieser Regelung notwendig gewesen wären, kamen nicht zusammen: Das Amendment kam nur auf 56 Stimmen. Statt dessen verabschiedete

tische Umsetzung selten so auf die Individuen zugeschnitten, wie sie es eigentlich sein müßte: Typischerweise werden für die üblicheren Störungen Schemata ausgearbeitet. Für Arthur war es von Vorteil, daß es sich bei dem Asperger-Syndrom um eine Krankheit handelt, die erst seit relativ kurzem als solche anerkannt ist und mit der daher noch nicht allzu viele Erfahrungen gesammelt wurden. In solchen Fällen sind die Lehrer nämlich dazu bereit herauszufinden, welches Vorgehen für das betroffene Kind geeignet zu sein scheint. Außerdem wird die Umsetzung des Gesetzes häufig ungleichmäßig finanziert, so daß Eltern, die sich gut über die Krankheit ihres Kindes informieren und viel Energie darauf verwenden, ihre lokale Schulverwaltung unter Druck zu setzen, stärker profitieren. Es ist daher kein Zufall, daß die Bérubés, die beide als Professoren an einer Universität arbeiten, und meine Schwester, die eine professionelle Musikerin mit Universitätsabschluß ist, das System erfolgreich zu ihrem Vorteil nutzen konnten, während das vielen anderen Eltern nicht gelingt. Das Internet ist für Eltern von Kindern mit Behinderungen eine wertvolle Informationsquelle und ermöglicht einen gewissen Austausch; aus diesem Grund gibt die »digitale Kluft« auch Anlaß zu berechtigten Bedenken hinsichtlich der aus ihr resultierenden Ungleichheiten.

Auch aus einer theoretischen Perspektive ist der IDEA alles andere als unproblematisch. Die gesetzlichen Regelungen beziehen sich nicht nur unterstützend auf die weitreichenden kognitiven Fähigkeiten, die ich hier diskutiert habe, sondern auch auf vielfältige »spezifische Lernbehinderungen«, deren Ursachen und Eigenarten noch nicht wirklich verstanden werden. »Spezifische Lernbehinderungen« unterscheiden sich in erheblichem Maße vom Down-Syndrom und von Autismus, da sie als besondere Hindernisse begriffen werden, die

der Senat mit 95 zu 1 Stimme ein alternatives Amendment, das eine ins Ermessen der Regierung gestellte Steigerung auf bis zu 40 Prozent im Jahr 2011 erlaubt, aber nicht vorschreibt.

typischerweise eigentlich vorhandene Fähigkeiten der Schüler verdecken – so wird etwa eine Lernbehinderung diagnostiziert, wenn es Belege für eine Diskrepanz zwischen der (oft durch einen Intelligenztest festgestellten) »wahren Befähigung« und der schulischen Leistung in einem oder mehreren Bereichen gibt.

Nun scheint es zunächst prinzipiell eine gute Idee, solche Diskrepanzen zu beachten. Ein ähnliches Vorgehen würde vielleicht auch der Fähigkeitenansatz empfehlen. Aber in der Praxis ist es sehr schwer, ein Kind mit einer Lernbehinderung von einem Kind zu unterscheiden, das einfach ein bißchen langsam oder weniger begabt als die anderen ist. Zudem ist die Rede von Lernbehinderungen begrifflich nicht besonders gut abgesichert: Die Theorie legt nahe, daß es für die jeweiligen Hindernisse auch organische Ursachen gibt, obwohl es bei zahlreichen der hier angeführten Hindernisse keineswegs klar ist, daß sie tatsächlich solche Ursachen haben. Dennoch liefern die vom IDEA geschaffenen finanziellen Anreize Schulbezirken einen Grund, bei Kindern Lernbehinderungen zu diagnostizieren, um für staatliche Subventionen in Frage zu kommen. Diese Diagnosen sind für die betroffenen Kinder nicht immer hilfreich: Sie können selbst stigmatisierend wirken und ebnen nicht immer den Weg zu einem effektiven Behandlungsplan. Zudem sind sie oft unfair gegenüber Kindern, die Probleme in der Schule haben, aber nicht sinnvoll als lernbehindert eingestuft werden können. Man sollte doch meinen, daß allen Kindern geholfen werden sollte, ihr volles geistiges Potential zu entfalten, aber in diesem System wird eine Gruppe auf ziemlich willkürliche Weise bevorzugt.[56] In der

56 Vgl. Kelman/Lester (1997). Sie zitieren eine Lehrerin für behinderte Kinder aus Mississippi: »Gibt es Kinder, die durch das Netz fallen? Klar. [...] Ich denke, wir versuchen es dann einfach jedes Jahr aufs neue. Wir evaluieren sie einfach immer wieder neu, um zu sehen, ob wir diese Diskrepanz nicht irgendwo unterbringen können. ›Haben wir den Punkt schon erreicht? Ist er weit genug hinter die Leistungen der anderen zurückgefallen, um für Sonderunterricht in Frage zu kommen? [...] Ich

Praxis wird dieses Manko bis zu einem gewissen Grad durch die Vagheit des Einstufungssystems abgemildert, da Schulbezirke bemüht sind, möglichst viele Kinder in die Gruppe derer einzuordnen, die für Subventionen in Frage kommen.[57]

Auf begrifflicher Ebene könnte das größte Problem dieser gesetzlichen Regelungen darin bestehen, daß sie Kinder mit geistigen Beeinträchtigungen noch immer als eine separate Kategorie herausstellen und speziell für ihren Fall eine individuell angepaßte Ausbildung vorsehen, die auf eine Förderung der menschlichen Fähigkeiten abzielen sollte. Ganz offensichtlich sollte eigentlich jedes gute Schulsystem für jedes Kind genau dieses Ziel anstreben. Man kann deshalb den Ärger von Eltern verstehen, deren Kinder sich mit dem Lernen schwertun, die aber keine eindeutig zu klassifizierende Behinderung haben: Die Schulbildung der als behindert eingestuften Kinder genießt einen gewissen rechtlichen Schutz, während ihren eigenen Kindern unter Umständen zu ihrem Nachteil nicht genug Aufmerksamkeit gewidmet wird. Natürlich müssen Kinder mit geistigen Beeinträchtigungen tatsächlich besonders berücksichtigt werden, weil alle Schulsysteme mit Blick auf das »normale« Kind gestaltet worden sind. In jedem Fall wäre es jedoch ein Fortschritt, anzuerkennen, daß es in Wirklichkeit so etwas wie »das normale Kind« nicht gibt, sondern nur *Kinder*, die unterschiedliche Stärken und Schwächen haben und die in der Ausbildung ihrer Fähigkeiten alle als Individuen berücksichtigt werden müssen.

Zur Verteidigung dieses Gesetzes könnte man darauf hinweisen, daß »normale« Kinder gewöhnlich als Individuen mit

glaube, irgendwann werden wir einfach alle sagen müssen, das hier ist das Kind, um das es geht, unsere Aufgabe ist es, dieses Kind zu unterrichten. Ob es ein normaler Lehrer ist, der es in einem bestimmten Fach in eine Gruppe integriert, Sonderunterricht oder ›Chapter One‹ oder etwas anderes – das ist es, was notwendig ist.« (100)

57 Auf der Basis ihrer ausgiebigen Untersuchungen zur Umsetzung des IDEA im Fall von lernbehinderten Kindern kommen Kelman und Lester zu diesem Ergebnis.

ganz unterschiedlichen Persönlichkeiten behandelt werden, während Kinder mit Beeinträchtigungen nur allzuoft als Angehörige einer gesichtslosen Klasse von nicht im vollen Sinne menschlichen Personen wahrgenommen werden, die keine signifikante Individualität besitzen. Wenn Menschen an das Down-Syndrom denken, dann haben sie für gewöhnlich eine Gruppe von Menschen mit identischen Gesichtszügen und ohne entscheidende menschliche Unterschiede vor Augen. Wenn sie an Autismus denken, dann taucht das Bild einer Person auf, die ihren Kopf gegen eine Wand schlägt, und die bloße Idee rückt in weite Ferne, daß ein solches Kind vielleicht eine eigene Persönlichkeit hat. Wie Goffman betont, führt Stigmatisierung tendenziell dazu, daß die Individualität verdeckt wird: Interaktionen mit den betreffenden Personen sind ausschließlich an der stigmatisierten Eigenschaft ausgerichtet. Vor diesem Hintergrund erscheint es sinnvoll, daß das Recht den Schutz derer, die am dringendsten des Schutzes bedürfen, in den Mittelpunkt stellt, und sich den Ansprüchen stigmatisierter Kinder zuwendet, als Individuen betrachtet und schulisch ausgebildet zu werden.

Trotz all dieser und noch anderer Schwierigkeiten hat sich das Gesetz als große Errungenschaft erwiesen. Heute ist es in Gefahr. Im Frühjahr 2004 stimmten Senat und Repräsentantenhaus beide für eine Weiterführung des IDEA, aber die jeweiligen Gesetzesentwürfe waren sehr unterschiedlich und stellten beide zumindest in gewissen Hinsichten mit Blick auf die Ziele des Gesetzes von 1997 einen Rückschritt dar. Der Senatsentwurf (S. 1248) wurde mit 95 zu 3 Stimmen angenommen und kommt dem Gesetz von 1997 sehr nahe. Leider erreichte ein Zusatz, der die vollständige Finanzierung vorgeschrieben hätte, nicht die notwendigen 60 Stimmen. Einige Bestimmungen der neuen Gesetzesversion sind ziemlich problematisch: So erlaubt es ein von Pennsylvanias Senator Rick Santorum eingebrachter Zusatz, daß bis zu 15 Bundesstaaten freigestellt werden, um »den bürokratischen Aufwand zu reduzieren«, der mit der Verwaltung des IDEA einhergeht; dieser Zusatz könnte die für eine erfolgreiche Umsetzung des Gesetzes notwendige Kontrolle gründlich untergraben. Ein anderer Zusatz gibt Schulbezirken das Recht auf eine Erstattung der Anwaltskosten, wenn ein Elternteil eine sogenannte »schikanöse« Klage gegen die unzureichende Schulversorgung der Tochter oder des Sohnes eingereicht hat. Weil der Begriff »schikanös« sehr vage ist, könnte auch dieser Zusatz die Umsetzung des Gesetzes gefährden. Außerdem fehlt in dem Senatsentwurf (ebenso wie in der entsprechenden Vorlage des Repräsentantenhauses) die gesetzliche Bestimmung aus der Fassung von 1997, der zufolge die Standards für das »benötigte Hilfspersonal« (wozu auch die schulischen Berater gehören) den »höchsten Anforderungen des betreffenden Bundesstaates an den jeweiligen Berufsstand oder das Berufsfeld« genügen müssen. Insgesamt handelt es sich bei der Version des Senats aber um keinen schlechten Gesetzesentwurf. Hingegen würde die Vorlage des Repräsentantenhauses (H.R. 1350), die mit 251 zu 171 Stimmen angenommen wurde, einen erheblichen Rückschritt bedeuten. (Die meisten nationalen Behindertenorganisationen stellten sich gegen den Entwurf in seiner damaligen Formulierung, und er erhielt mehr Gegenstimmen als jeder andere Entwurf zu Bildungsmaßnahmen für behinderte Menschen in der jüngeren Vergangenheit.) Während der Entwurf des Senats eine Evaluation des Verhaltens des Kindes vorschreibt, um zu bestimmen, ob es die Verhaltensvorschriften seiner Schule gebrochen hat, weil es behindert ist oder weil die Schule das IEP nicht richtig umgesetzt hat, enthält der Entwurf des Repräsentantenhauses diesen zusätzlichen Sicherheitsmechanismus nicht. Auch andere derartige Mechanismen zur Kontrolle disziplinarischer Versetzungen in andere Schulen sind nicht aufgenommen worden. Das Fehlen kurzfristigerer Zielvorgaben gibt ebenfalls Anlaß zu Bedenken. Im Dezember 2004 unterzeichnete der Präsident einen als Kompromiß erarbeiteten Gesetzesentwurf, der einige der

Schutzmaßnahmen für Schüler mit Behinderungen aus dem Senatsentwurf übernimmt (vor allem gegen den Schulverweis als Disziplinarmaßnahme) und zudem das Ziel einer vierzigprozentigen Finanzierung aus dem Bundeshaushalt bis 2011 bestätigt. Offensichtlich bleibt der IDEA aber politischen Interessen ausgesetzt und ist weit von einer gesicherten Finanzierung entfernt.

13. Praktische Politik: Das Sorgen für andere als Arbeit

Wir müssen nun zum allgemeinen Problem der Fürsorge für andere Menschen zurückkehren und fragen, welches politische Vorgehen der Fähigkeitenansatz befürwortet. Ich habe versucht zu zeigen, daß die Fürsorge Implikationen für mehr oder weniger alle zentralen Fähigkeiten sowohl der versorgten wie der versorgenden Menschen hat und daß uns die Fähigkeitenliste einen für die Wahl politischer Maßnahmen außerordentlich hilfreichen Katalog von gesellschaftlichen Zielvorgaben bereitstellen kann. Die Frage nach dem politischen Vorgehen hat also zwei Seiten: Es geht zum einen um das Leben der zu versorgenden Menschen (Kinder und Erwachsene mit Behinderungen[58]) und zum anderen um das Leben der Personen, die diese Versorgung leisten (gewöhnlich Erwachsene und meistens Frauen, die Familienmitglieder sein können oder auch nicht, von denen manche bezahlt sind, andere nicht). Außerdem läßt sich diese Frage auf drei Orte beziehen: den öffentlichen Raum, das Schulsystem und den Arbeitsplatz.

Wie bereits erwähnt, lehnt der Fähigkeitenansatz die wohlvertraute liberale Unterscheidung zwischen der Sphäre der

58 Natürlich ist damit nur ein Teil der Kinderversorgung abgedeckt; aber die Pflege älterer Menschen kann größtenteils hierunter gefaßt werden, weil die meisten allein aufgrund einer oder mehrerer Behinderungen Hilfe benötigen.

Öffentlichkeit und der Sphäre des Privaten ab und begreift die Familie als eine soziale und politische Institution, die zur Grundstruktur unserer Gesellschaft gehört.[59] Damit rückt die Verteilung von Ressourcen und Chancen innerhalb der Familie in den Fokus der Aufmerksamkeit. Die Freiheit erwachsener Menschen, zwischenmenschliche Beziehungen einzugehen, erlegt staatlichen Eingriffen in das Familienleben noch immer erhebliche Schranken auf. So kann der Staat nicht einfach vorschreiben, daß Ehemänner und Ehefrauen die Versorgungsarbeit gleichmäßig unter sich aufteilen müssen. Anzuerkennen, daß es sich bei der Familie um eine politische Institution handelt, ist aber ein erster Schritt, weil sich dann die unmittelbare Anschlußfrage stellt, welche Gesetze zu den gegenwärtigen Problemen beitragen und wie das Recht seine Aufgabe besser erfüllen könnte.

Ein offensichtliches Manko der gegenwärtigen Rechtslage besteht darin, daß die Arbeit von Frauen in der Familie nicht als Arbeit anerkannt wird. Eva Kittay zufolge kann man diese Situation am besten ändern, indem man die Familienmitglieder, die die Versorgungsarbeit leisten, einfach direkt bezahlt. Diese Bezahlung darf nicht bedarfsorientiert sein, da sie wie ein (ja auch nicht bedarfsorientiertes) Gehalt behandelt werden und der entsprechenden Arbeit gesellschaftliche Würde und Anerkennung verleihen soll.[60]

Obwohl eine solche Strategie auf den ersten Blick vielleicht unrealistisch erscheint, hat eine Reihe von Ländern tatsächlich ähnliche Maßnahmen ergriffen. Um nur ein paar Beispiele zu nennen: In Finnland und Dänemark schließen die Gemeinden Verträge mit denjenigen ab, die andere (zu Hause) versorgen, und bezahlen sie. In Frankreich, Österreich, Deutschland und den Niederlanden existieren Programme, die zumindest einige Versorgungsleistungen finanziell vergüten.[61] Auch ei-

59 Vgl. Nussbaum (2000a), Kap. 4.
60 Kittay (1999).
61 Vgl. den Anhang zu Nussbaum (2002c).

nige US-amerikanische Bundesstaaten experimentieren mit Programmen dieser Art. Andere Länder kompensieren die Einkommenseinbußen während der Phasen, in denen ein behindertes Familienmitglied versorgt wird; wieder andere gewähren Familienmitgliedern, die aufgrund der Versorgungsarbeit Einkommenseinbußen hinnehmen müssen, eine bedarfsorientierte Unterstützung. (Beispiele hierfür sind die Invalid Care Allowance und die Carer Premium in Großbritannien sowie die Carer Allowance in Irland.)

Die Rede von Barzahlungen und Einkommenssubventionen bringt unmittelbar den öffentlichen Sektor ins Spiel, dem in diesem Feld aber eine ganze Reihe von Rollen zukommt. In Europa sind Programme, die die bezahlte Elternzeit unterstützen, gang und gäbe, und auch in den Vereinigten Staaten gibt es immerhin noch ein sehr eingeschränktes Programm dieser Art, den Families and Medical Leave Act von 1993, auch wenn ein verwandtes Programm, Aid to Families with Dependent Children, bereits eingestellt worden ist. Auch der von Jugendlichen geleistete Sozialdienst stellt einen anderen Bereich dar, der noch sehr viel mehr Aufmerksamkeit verdienen würde. So haben beispielsweise in Deutschland junge Männer die Möglichkeit, entweder Militärdienst oder einen etwas längeren Zivildienst zu leisten. Ein großer Teil der Arbeit im Zivildienst ist Versorgungsarbeit. Meines Erachtens könnten die Vereinigten Staaten (und andere Länder) von einem solchen Programm sehr profitieren, auch über den offensichtlichen Vorteil hinaus, daß ein großer Teil dieser Arbeit von jungen kraftvollen Menschen zu relativ geringen Kosten geleistet wird. Junge Menschen würden diese Art der Arbeit kennenlernen und erfahren, wie wichtig und wie schwierig sie ist; diese Erfahrung würde vermutlich ihre Einstellung in politischen Debatten und im Familienleben prägen. Zudem würden sie andere Teile des Landes kennenlernen, aber auch andere soziale Schichten und einander – nach der Abschaffung der Wehrpflicht ist das eine Erfahrung, die nur wenige Amerikaner machen. Wenn ein solcher Dienst den Militärdienst als Option beinhalten würde, könnte das auch das Militär wieder unter zivile Kontrolle bringen. Es ist ein bedauerliches Vermächtnis der Tradition des Gesellschaftsvertrags, daß die Menschen zwar sofort bereit sind, die Wichtigkeit moralischer und religiöser Werte zu predigen, aber nicht willens, eine solche politische Reform zu unterstützen, die mir das mindeste zu sein scheint, was von diesen Werten gefordert wird. Statt dessen scheint es jungen Menschen und ihren Eltern nur darum zu gehen, »voranzukommen«. Die Vorstellung, eine gewisse Zeit seines Lebens tatsächlich anderen zu widmen, wird als absurd empfunden – obwohl diese Arbeit tagtäglich verrichtet wird, und zwar gewöhnlich von Menschen, die sich den daraus entstehenden Zeit- und Energieaufwand sehr viel schlechter leisten können als die Kinder der Mittelklasse.

Zugleich wäre es sehr wünschenswert, daß in der öffentlichen Bildung die Wichtigkeit der Versorgungsarbeit als Teil des Lebens von Männern und Frauen betont wird, um den instinktiven Widerstand von Männern gegen diese Art der Arbeit aufzulösen zu versuchen. Offensichtlich ist dieser Widerstand nicht angeboren. Er wird Männern über gesellschaftliche Vorstellungen von Männlichkeit und Erfolg beigebracht und ist deswegen auch durch Bildung veränderbar. Wenn wir uns für den Fähigkeitenansatz entscheiden, dann kann und sollte seine politische Konzeption der Person, zu der ganz wesentlich das Bedürfnis nach Fürsorge gehört, Kindern aller Altersstufen beigebracht werden. Im Rahmen eines solchen Unterrichts könnten jene Männlichkeitsvorstellungen auf subtile Weise verändert werden, die bei Männern oft zu einem instinktiven Widerstand gegenüber der Versorgungsarbeit führen und sie sogar davon abhalten, ernsthaft darüber nachzudenken. Mit dieser Veränderung sollte zugleich eine Steigerung des Respekts vor der Arbeit einhergehen, die mit der Versorgung von Menschen verbunden ist, und somit eine größere Bereitschaft der Öffentlichkeit, hierfür Geld auszugeben und das Thema ernsthaft als öffentliche Angelegenheit zu diskutieren. Auf der anderen Seite würde vielleicht auch die Bereitschaft steigen, einen Teil dieser Arbeit im eigenen Haushalt zu übernehmen.

Es bedarf aber einer weiteren Veränderung, wenn derartige Überlegungen eine echte Wirkung entfalten sollen: der Transformation des Arbeitsplatzes. Wie Joan Williams in ihrer Studie zum Zusammenhang von Regelungen der Elternzeit und den Normen der Arbeitswelt herausstellt, werden selbst überzeugende staatliche Vorgaben wenig erreichen, wenn die Struktur der Karrieren den Menschen noch immer signalisiert, daß sie als Arbeitnehmer zweiter Klasse gesehen werden, wenn sie von solchen Regelungen wie Familien- oder Elternzeit Gebrauch machen. Durch einen Datenvergleich zeigt Williams, daß Frauen auch in Ländern mit einem ganzen Spektrum erfolgversprechender staatlicher Maßnahmen (wie etwa in Schweden) noch immer die meiste Arbeit bei der Versorgung von auf andere angewiesenen Menschen leisten.[62] Ihrer überzeugenden Erklärung zufolge liegt das daran, daß Männer ihre Karrieren nicht gefährden oder als randständige Teilzeitarbeitnehmer wahrgenommen werden wollen. Zwar haben sie nichts dagegen, sich an den Verantwortlichkeiten im Haushalt zu beteiligen, aber mit Blick auf ihre Karrieren wollen sie nicht den Preis zahlen, den eine solche Entscheidung ihnen abverlangen würde. Gegenwärtig ist in vielen Arbeitsfeldern die Erwartung verbreitet, daß die Angestellten entweder Vollzeit arbeiten und damit normale berufliche Aufstiegschancen haben oder daß sie halbtags arbeiten und ihre Chancen damit entscheidend verschlechtern. In manchen Bereichen (zum Beispiel in großen US-amerikanischen Anwaltskanzleien) steht es noch schlimmer: Hier findet eine Art Ma-

62 Im Jahr 1986 hatten 46 Prozent der arbeitenden Frauen in Schweden eine Halbtagsstelle, und Frauen nahmen 52mal so viele Tage frei wie Männer. Vgl. Williams (2000), 51 und die dortigen Verweise.

cho-Wettkampf um die längsten Arbeitszeiten statt und wer sich weigert, Überstunden zu machen, wird als randständige Figur wahrgenommen.

Derartige Probleme sind sowohl in Entwicklungsländern als auch in Industrienationen sowie auf allen Prestige- und Gehaltsebenen weit verbreitet. Mit dem zunehmenden Profitdruck und der immer stärkeren Zentralisierung von Arbeit in riesigen und oft globalen Unternehmenskonglomeraten scheint sich die Situation noch zu verschlimmern. Auch wenn ein lokaler Arbeitgeber seinen Arbeitnehmern, die einen Elternteil, ein Kind oder ein behindertes Familienmitglied versorgen, vielleicht mit Anteilnahme begegnet, haben heute viele einfach keine Wahl mehr: Sie müssen den Normen einer ihnen entzogenen Unternehmensstruktur gehorchen.[63] Neue Technologien ermöglichen eine größere Flexibilität hinsichtlich der Arbeitszeit und des Arbeitsplatzes, aber diese Möglichkeiten werden zu selten in humaner Weise genutzt. Daß die Transformation des Arbeitsplatzes durch größere Flexibilität und neue ethische Normen ein entscheidendes Ziel der praktischen Politik sein sollte, ergibt sich aus dem Fähigkeitenansatz. Diese Änderungen ergänzen die Entwicklungen, die ich im Bereich der öffentlichen Bildung befürworte: Wenn junge Arbeitnehmer lernen, das Sorgen für andere als Teil ihres Lebens zu begreifen, dann werden sie weniger bereit sein, Arbeitsplätze mit starren Vorgaben zu akzeptieren, so daß Arbeitgeber, die flexible Arbeitszeiten und Teilzeitoptionen anbieten, die bestqualifizierten Arbeitnehmer anziehen werden. Williams zufolge ist diese Entwicklung bis zu einem gewissen Grad bereits im Gange, sogar in der sehr rigiden Arbeitswelt der Vereinigten Staaten.

63 Vgl. hierzu Ehrenreich (2001).

Ich habe zu zeigen versucht, daß alle auf der Liste aufgeführten Fähigkeiten, auch die praktische Vernunft und die Kontrolle über die eigene politische und materielle Umwelt, wichtige Ziele der menschlichen und politischen Entwicklung sind. Zudem hat die von mir vertretene Version des Fähigkeitenansatzes schon früh das grundlegende Prinzip betont, *daß jede Person ein Zweck ist.*[64] Diesem Prinzip zufolge sind die einzelnen Personen und nicht Gruppen die primären Subjekte der politischen Gerechtigkeit. Deshalb müssen wir politische Maßnahmen ablehnen, die die Situation einer Gruppe zu verbessern versuchen, ohne *jeder einzelnen Person* die zentralen Fähigkeiten zuzusprechen. In dieser Hinsicht steht meine Herangehensweise an die Frage der Fürsorge eindeutig in der liberalen Tradition.

An einigen Varianten dieser Tradition kritisiert der Fähigkeitenansatz, daß sie die materiellen und institutionellen Bedingungen echter Freiheit nicht genügend beachten. Auch eine Fetischisierung der Freiheit zu einem sozialen Allzweckgut lehnt er ab: Manche Freiheiten sind wichtig, andere nicht; manche Freiheiten (etwa die Freiheit der Reichen zu großen Wahlkampfspenden, die Freiheit der Industrie zur Umweltverschmutzung, die Freiheit von Männern zur Belästigung von Frauen am Arbeitsplatz) sind sogar schädlich und sollten gesetzlich reguliert werden.[65] Schließlich verwendet mein Ansatz eine flexible und variable Konzeption der Freiheit, die der Befähigung zur Freiheit von Bürgerinnen und Bürgern mit geistigen Beeinträchtigungen einen großen Wert zuschreibt und politische Konzeptionen der Person zurückweist, die auf einer idealisierten Vernunft beruhen. In dieser Hinsicht ist mein Ansatz neoaristotelisch und weicht von bestimmten Spielarten der liberalen Tradition ab. Obwohl man natürlich

64 Vgl. Nussbaum (2000a), Kap. 1.

65 Vgl. zu meiner Kritik an Sen in diesem Punkt Nussbaum (2003b).

auch eine nichtliberale oder sogar antiliberale Variante des Neoaristotelismus entwickeln könnte, wie es einige Philosophen tatsächlich getan haben,[66] ist meine Version des Fähigkeitenansatzes doch nachdrücklich liberal. Individualität, Freiheit und Wahlmöglichkeiten betrachte ich noch immer als erstrebenswerte Güter, die von großer Wichtigkeit sind.

Im Unterschied dazu vertritt Eva Kittay die Ansicht, daß uns die Auseinandersetzung mit den Themen Behinderungen und Fürsorge dazu bringen sollte, die vorherrschenden liberalen Gerechtigkeitsmodelle in noch radikalerer Weise in Frage zu stellen und diese Tradition letztendlich hinter uns zu lassen. Ihrer Argumentation zufolge muß die westliche politische Theorie auf radikale Weise neu gedacht werden, um die Angewiesenheit auf andere in ihr Zentrum zu stellen. Die Tatsache, daß wir alle »das Kind einer Mutter« sind und in komplexen Abhängigkeitsbeziehungen leben, sollte ihres Erachtens das politische Denken anleiten.[67] Eine solche auf dem Sorgen für andere beruhende Theorie werde sich stark von jeder liberalen Theorie unterscheiden, weil die liberale Tradition zutiefst dem Streben nach Unabhängigkeit und Freiheit verpflichtet ist. Obwohl Kittay die praktische Bedeutung dieses Unterschieds nicht näher ausführt, vermute ich, daß eine auf der Sorge für andere beruhende Gesellschaft ihr zufolge die Art von Politik unterstützen würde, die den Bürgerinnen und Bürgern eine lebenslange und umfassende Hilfestellung bei der Erfüllung ihrer Bedürfnisse leistet, wie es auch bestimmte Ideale des Wohlfahrtsstaats vorsehen – eines Wohlfahrtsstaats allerdings, in dem Freiheit viel weniger wichtig ist als Sicherheit und Wohlergehen.

Kittays Position ist in dieser Hinsicht nicht ganz konsistent. Manchmal verwendet sie selbst klassisch liberale Argumente, etwa wenn sie uns auffordert, nicht zu vergessen, daß die Men-

66 Vgl. Nussbaum (1998).

67 Kittay (1999), Kap. 1. Der dritte Teil (zu politischen Strategien) steht unter der Überschrift »Das Kind einer Mutter«.

schen, die die Versorgung leisten, auch ihr eigenes Leben zu leben haben, und daraus die Konsequenz zieht, daß wir politische Maßnahmen unterstützen sollten, die ihnen mehr Wahlmöglichkeiten geben.[68] Alles in allem steht sie aber auf der theoretischen Ebene Lösungen eher ablehnend gegenüber, die die Freiheit als zentrales politisches Ziel betonen. Die konkreten von ihr befürworteten Maßnahmen scheinen jedoch keine derart weitreichenden antiliberalen Implikationen zu haben. Hierzu zählen die Wiedereinführung und der Ausbau von Aid to Families with Dependent Children; ein Ausbau des Family and Medical Leave Act von 1993; sowie eine Reihe unterschiedlicher Bildungsmaßnahmen zur Förderung der Würde von Menschen mit Beeinträchtigungen und Behinderungen durch eine umsichtige Kombination von *mainstreaming* und Sonderunterricht[69] – all dies sind wohlvertraute liberale Maßnahmen, die mit einer Betonung von Wahlmöglichkeiten und Freiheit als wichtigen gesellschaftlichen Zielen vereinbar sind. Kittays kontroversester Vorschlag – der einer direkten und nichtbedarfsorientierten finanziellen Unterstützung von Menschen, die auf andere angewiesene Familienmitglieder zu Hause versorgen – beruht eindeutig auf einer liberalen Argumentation oder könnte zumindest so begründet werden: Die Maßnahme soll nämlich sicherstellen, daß diese Menschen als aktive Arbeiter mit einer eigenen Würde und nicht als passive Personen gesehen werden, die nichts beizutragen haben.

Ihr theoretischer Vorschlag geht aber dennoch in eine antiliberale Richtung, und zwar auf eine Weise, die konkrete politische Implikationen für den Umgang mit Kindern wie Jamie und Arthur hätte. Vermutlich würde ein Staat, wie Kittay ihn sich wünscht, der Förderung der Unabhängigkeit, der politischen Partizipation und der Fähigkeit, berufliche und die

68 Vgl. für Passagen, die das Bedürfnis des Individuums nach Wahlmöglichkeiten und Unabhängigkeit besonders ins Zentrum stellen, ebd., 34f., 53, 98, 192, Fn. 32.

69 Vgl. ebd., Kap. 5.

eigene Lebensweise betreffende Entscheidungen zu treffen, viel weniger Gewicht beimessen als ein liberaler Staat. Wenn die Beziehung des Staates zu seinen Bürgerinnen und Bürgern sich vor allem nach dem Bild der Versorgung richtet, dann sind Unabhängigkeit und ein breites Spektrum an Optionen aktiven Tätigseins für volle und gleiche Bürgerschaft nicht erforderlich. Nun teile ich zwar die Auffassung, daß Menschen unumgänglich auf andere und einander angewiesen sind und daß Würde auch in Beziehungen der Angewiesenheit möglich ist; Bürgerinnen und Bürger können meines Erachtens aber nur dann vollständige Gleichberechtigung genießen, wenn sie in der Lage sind, sich für die Ausübung einer ganzen Bandbreite von Fähigkeiten zu entscheiden. Manchmal muß dies durch einen Vormund geschehen (vgl. den elften Abschnitt dieses Kapitels), aber das Ziel sollte immer sein, die Person selbst in eine Position zu bringen, in der sie über alle relevanten Fähigkeiten verfügt. Demnach sollte die Gesellschaft es den Menschen ermöglichen, über alle Fähigkeiten auf der Liste zu verfügen – nicht zum Zwecke der sozialen Produktivität, sondern weil es das für den Menschen Gute ist. Alle Menschen sollten die Möglichkeit haben, in dem Maße, wie ihr Zustand es erlaubt, das volle Spektrum der menschlichen Vermögen auszubilden und die ihnen mögliche Art der Freiheit und Unabhängigkeit zu genießen.

Sollten wir dieses Ziel zugunsten von Kittays Vorstellung aufgeben und an die Stelle von Unabhängigkeit als zentralem Ziel der Gesellschaft den Staat als unser aller Mutter treten lassen? Sicher, niemand ist je vollkommen selbstgenügsam; die Unabhängigkeit, die wir erleben, ist immer sowohl vorübergehend als auch unvollständig, und es ist zu begrüßen, wenn uns eine Theorie an diesen Umstand erinnert, die auch betont, wie wichtig Fürsorge in Zeiten der Angewiesenheit ist. Aber taugt die Rede davon, »das Kind einer Mutter zu sein«, wirklich als Beschreibung dessen, was ein Bürger in einer gerechten Gesellschaft ist? (Und: Gibt uns der Verweis auf die

Fürsorge wirklich einen umfassenden Eindruck davon, was es heißt, eine Mutter zu sein?) Meines Erachtens muß hier noch einiges hinzukommen, und zwar Freiheiten und Möglichkeiten. Dazu gehören etwa die Möglichkeiten, einen Lebensplan zu entwerfen, eigenständig zu lernen und die eigene Vorstellungskraft auszuüben, Freundschaften zu schließen und andere selbst gewählte politische Beziehungen einzugehen.

Diese Ziele sind für Menschen mit geistigen Beeinträchtigungen ebenso wichtig wie für andere Menschen, auch wenn sie viel schwerer zu erreichen sind. Obwohl Kittays Tochter Sesha nie allein leben wird (und obwohl Kittay recht damit hat, daß Unabhängigkeit nicht für alle Menschen mit geistigen Behinderungen als notwendige Bedingung von Würde betrachtet werden sollte),[70] hat sogar Sesha in einer neuen Umgebung, außerhalb ihres Zuhauses und unabhängig von der direkten Betreuung durch ihre Eltern angenehme Erfahrungen gemacht.[71] Viele andere Menschen mit geistigen Behinderungen haben tatsächlich die Hoffnung, eine Arbeit zu finden, an Wahlen teilzunehmen und ihre eigene Geschichte zu erzählen. Michael Bérubé beschließt seine eindrucksvolle Beschreibung des Lebens seines Sohnes mit der Hoffnung, daß auch Jamie ein Buch über sich schreiben wird, wie zwei Erwachsene mit Down-Syndrom es erst kürzlich getan haben.[72] Erinnern wir uns, daß Jamie auf die Frage, was er später einmal werden wolle, nicht die üblichen Antworten – Feuerwehrmann, Ballettänzer oder Basketballstar – gegeben hat, sondern einfach sagte: »Groß!« Und wie seine Lehrerin berichtete, konnte man aus dieser sehr direkten Antwort viel über die Frage lernen: Einfach »groß« zu werden, ein Erwachsener in unserer Gesellschaft, ist selbst bereits eine Leistung. Auch Bérubé strebt eine Gesellschaft an, in der sein Sohn einfach »groß« werden kann: Er wünscht sich, daß sein Sohn gesund

70 Vgl. ebd., Kap. 6.
71 Persönliche Mitteilung von Eva Kittay, März 2003.
72 Bérubé (1996), 264; Levitz/Kingsley (1994).

ist, eine angemessene Bildung genießt, ein aktives Leben voller Zuneigung führt und als Person anerkannt wird, die einen eigenen besonderen Beitrag leisten kann, nicht als »zurückgebliebenes Kind«.

Um dies zu ermöglichen, muß Jamies Art des Angewiesenseins verstanden und unterstützt werden. Das gleiche gilt aber auch für sein Bedürfnis, ein einzigartiges Individuum zu sein, und an dieser Stelle bezieht sich Bérubé zustimmend auf die liberale Tradition. Ihm zufolge ist die zentrale Idee der Bildungsreform, die zu Jamies Einbeziehung in eine reguläre staatliche Schulklasse geführt hat, letztendlich eine liberale Idee: die der Wichtigkeit der Individualität und Freiheit aller Bürgerinnen und Bürger. Für Kinder mit geistigen Behinderungen ist jene Unterstützung besonders wichtig, die sie in die Lage versetzt, auf ihre eigene Weise selbstbestimmte Erwachsene zu werden. Wie Bérubé schreibt: »Meine Aufgabe besteht jetzt erst einmal darin, meinen Sohn zu vertreten, seinen Platz an unserem kollektiven Tisch vorzubereiten. Aber ich weiß, daß ich nur mein Bestes tue, damit er eines Tages seinen eigenen Platz einnehmen kann. Denn es gibt für mich keinen schöneren Traum – weder ästhetisch, noch ethisch, noch einfach als Vater – als den, daß Jamie eines Tages für sich selbst eintreten wird, sein eigener Autor sein wird und sein eigener bester Repräsentant.«[73] Aus diesem Grund beginnt Bérubé seinen Bericht vom Leben seines Sohnes mit einer ausführlichen Beschreibung, die zum Ausdruck bringt, wie aktiv und individuell er ist: Jamie gibt vor, ein Kellner zu sein, der seine Lieblingsgerichte bringt, und das in einer Weise, die für ihn als Individuum typisch ist. Meines Erachtens geht Kittay zu weit, wenn sie dafür plädiert, daß wir solche liberalen Vorstellungen in ihrer Bedeutung zugunsten einer Konzeption des Staates herabsetzen, die diesen Staat zum elterlichen Förderer der Bedürfnisse seiner »Kinder« macht. Meines Erachtens handelt

73 Bérubé (1996), 264.

es sich hierbei um ein Mißverständnis dessen, was Gerechtigkeit sowohl für Menschen mit Behinderungen als auch für ältere Menschen bedeuten würde. Sesha wird nie an einer politischen Wahl teilnehmen oder schreiben, aber gehören nicht auch in ihrem Fall eine Art von Freiheit und Individualität zu einem vollständigen menschlichen Leben – ein Raum, in dem Zuneigung ausgetauscht und Licht und Geräusche genossen werden können, frei von Zwängen und Spott?

Meine Ausführungen legen nahe, daß der Liberalismus einige seiner traditionell wichtigsten Annahmen in Frage stellen muß – insbesondere die kantianische Konzeption der Person, die Humeschen Anwendungsverhältnisse der Gerechtigkeit und die kontraktualistische Idee des gegenseitigen Vorteils als Zweck sozialer Kooperation. Die Berufung auf die Idee eines zum gegenseitigen Vorteil abgeschlossenen Vertrags wirft für den Liberalismus ausgesprochen schwierige Probleme auf. Kants Übernahme dieses Modells scheint in verschiedener Hinsicht in einem tiefen Widerspruch zu der zentralen Einsicht seiner Moraltheorie zu stehen, daß jede Person als Zweck und nicht als bloßes Mittel zu den Zwecken anderer zu behandeln ist. Rawls baut in seine politische Theorie einen weit größeren Teil der Kantischen Ethik ein, als Kant selbst das tut: Die Vorstellung der Person als Zweck ist eine der Leitideen des gesamten Rawlsschen Systems. Dennoch kann er an dieser Einsicht im Fall von Menschen mit Behinderungen letztlich nicht festhalten, weil er sich auf die Anwendungsverhältnisse der Gerechtigkeit festlegt und dementsprechend einem verarmten Bild der Ziele und Zwecke sozialer Kooperation anhängt. Zudem scheint Rawls' Bezugnahme auf die kantianische Ethik selbst nicht ganz unproblematisch, wenn wir bedenken, wie sehr die Betonung der doch ziemlich idealisierten Vernunft einen angemessenen Umgang mit den Bedürfnissen und Fähigkeiten von Menschen mit geistigen Beeinträchtigungen erschwert.

Wenn wir aber an den entscheidenden Einsichten des

Liberalismus in den gleichen Wert der Menschen und ihrer Freiheit festhalten, sollten wir zu dem Ergebnis kommen, daß diese Kritik den Liberalismus nicht als solchen widerlegt, sondern statt dessen dafür spricht, einige der gängigen liberalen Strategien im Namen der fundamentalsten und wichtigsten Ziele des Liberalismus aufzugeben. Wir stehen vor der Herausforderung, eine neue Form des Liberalismus auszuarbeiten, die noch entschiedener gegen feudalistische und hierarchische Strukturen vorgeht als der klassische Liberalismus – etwa gegen die Hierarchie zwischen Mann und Frau in der Familie und zwischen sogenannten »normalen« Menschen und atypisch behinderten Menschen in der Gesellschaft. Aus dieser Perspektive beruht die soziale Kooperation auf verschiedenen und sehr komplexen Grundlagen, zu denen die Liebe, die Achtung vor der Menschheit und das leidenschaftliche Streben nach Gerechtigkeit ebenso gehören wie das Streben nach gegenseitigem Vorteil. Der damit verbundenen politischen Konzeption der Person zufolge sind Menschen verletzliche und zeitgebundene Wesen, die Fähigkeiten und Bedürfnisse haben, durch vielfältige Behinderungen eingeschränkt werden und »einer Totalität der menschlichen Lebensäußerung bedürftig« sind.

Ein derart revidierter Liberalismus ist auch für Menschen mit geistigen Beeinträchtigungen und ihre Fürsprecher attraktiv. Die zentralen Ziele des Liberalismus scheinen für Menschen mit geistigen Beeinträchtigungen noch drängender zu sein als für »normale« Menschen, weil ihre Individualität, und nicht die der »Normalen«, immer und immer wieder geleugnet wird; weil ihre Freiheit ganz besonders durch Vorurteile, Bildungsdefizite und mangelnde gesellschaftliche Unterstützung eingeschränkt wird; und weil ihr gleicher Anspruch auf die Voraussetzungen eines gelingenden Lebens vernachlässigt wird, insofern unsere Gesellschaften einem verarmten Verständnis der Vorteile und Belastungen der sozialen Kooperation anhängen.

Das Leben von Bürgerinnen und Bürgern mit geistigen Beeinträchtigungen und der Menschen, die sie versorgen, wird auch weiterhin außergewöhnlich schwierig sein. Wie ich zu zeigen versucht habe, sollten wir anerkennen, daß diese Personen auf dem Weg zu einem gelingenden Leben mit ungewöhnlichen Hindernissen konfrontiert sind, die nicht alle durch kluge soziale Maßnahmen überwunden werden können. Im Leben der Menschen, die solche Kinder oder Erwachsene versorgen, tritt zu den täglichen Belastungen der Versorgung von Menschen mit atypischen Behinderungen unter Umständen eine gewisse Trauer hinzu, die nicht zu behebende Beeinträchtigungen auslösen. Im Fall von älteren Menschen liegt aufgrund der Nähe des Todes eine gewisse Traurigkeit nie ganz fern. Wir können jedoch vermeiden, daß Menschen mit Behinderungen und diejenigen, die sie versorgen, einer Stigmatisierung und Herabwürdigung sowie einer übermäßigen Belastung ausgesetzt sind, die früher allgegenwärtig waren und auch heute noch existieren. Eine achtbare Gesellschaft organisiert den öffentlichen Raum, die öffentliche Bildung und andere relevante und durch politische Maßnahmen gestaltbare Lebensbereiche so, daß diese Menschen unterstützt und vollständig einbezogen werden: Denjenigen, die andere versorgen, sollen alle Fähigkeiten unserer Liste und Menschen mit Behinderungen so viele Fähigkeiten wie möglich in möglichst hohem Maße gewährleistet werden.

Warum sollten Menschen aber überhaupt danach streben, eine solche Gesellschaft zu schaffen? In einer Welt, in der wir, wie Bérubé ganz richtig feststellt, nicht einmal die volle menschliche Entwicklung aller »normalen« Kinder unterstützen, scheint mir seine einleitend zitierte Frage durchaus berechtigt. Ich habe zu zeigen versucht, daß wir eine solche Gesellschaft nicht aus dem Grund anstreben können, daß alle davon profitieren, zumindest nicht in einem engen ökonomischen oder nur durch das Eigeninteresse bestimmten Sinn. Wir können dieses Ziel nur aufgrund unseres Gerechtigkeitsstrebens und unserer Liebe zu anderen erreichen, aufgrund unserer Einsicht, daß unser Leben mit dem der anderen verflochten ist und wir unsere Zwecke mit ihnen teilen. Deshalb führt die Botschaft der vorherrschenden Theorien des Gesellschaftsvertrags hier in die völlig falsche Richtung. Über Jahrhunderte hinweg ist uns eine unvollständige Geschichte darüber erzählt worden, warum Personen sich zusammenschließen, um eine Gesellschaft zu gründen. Weil wir diese Botschaft übernommen und in unser Selbstverständnis integriert haben, fällt es uns nun so schwer, Bérubés Frage zu beantworten. Die Theorien des Gesellschaftsvertrags haben die von ihnen zum Ausdruck gebrachten Überzeugungen und Gefühle durch ihren Erfolg und die ihnen zuteil gewordene Anerkennung massiv verstärkt. Auf diesem Wege hat sich ihre Sichtweise der Gesellschaft auf immer mehr Menschen ausgedehnt. Theorien stellen zwar nur einen der vielen Einflüsse dar, die auf unser Leben einwirken, aber man sollte doch daran erinnern, daß sie einen Einfluß haben. Vorstellungen davon, wer wir sind und warum wir uns zusammengetan haben, wirken sich auf die Gestaltung unserer politischen Projekte aus. Daher müssen wir uns nun der Frage zuwenden, welchen Beitrag ein neues Verständnis der sozialen Kooperation und ihrer Ziele für die Suche nach Gerechtigkeit in einem weiteren komplexen Bereich des menschlichen Lebens zu leisten vermag.

Kapitel IV
Gegenseitige Vorteile und globale Ungleichheit: Der transnationale Gesellschaftsvertrag

> Globale Ungleichheiten in der Einkommensverteilung sind im 20. Jahrhundert in einer Größenordnung gewachsen, die in keinem Verhältnis zur historischen Erfahrung steht. Der Abstand zwischen den Einkommen des reichsten und des ärmsten Landes betrug 1830 etwa 3 zu 1, 1950 35 zu 1, 1973 44 zu 1 und 1992 72 zu 1.
>
> United Nations Development Programme, *Human Development Report 2000*

1. Eine Welt voller Ungleichheiten

Ein Kind, das heute in Schweden geboren wird, hat zum Zeitpunkt seiner Geburt eine Lebenserwartung von 79,9 Jahren. Ein Kind, das in Sierra Leone geboren wird, hat bei seiner Geburt eine Lebenserwartung von 34,5 Jahren.[1] In den Vereinigten Staaten beträgt das Bruttoinlandsprodukt pro Kopf 34320 US-Dollar, in Sierra Leone 470 US-Dollar. 24 der 175

1 Alle Angaben in diesem Absatz stammen aus United Nations Development Programme (2003), 237-240, und beziehen sich auf das Jahr 2001. Selbst vor der Verbreitung von AIDS war die Lebenserwartung in Sierra Leone nie höher als 40 Jahre; im vorangehenden Jahr ist der Wert jedoch vor allem aus diesem Grund gefallen, von 38,9 auf 34,5. Im gewichteten Human Development Index rangieren die Vereinigten Staaten an siebter Stelle, nach Norwegen, Island, Schweden, Australien, den Niederlanden und Belgien. Mit Bezug auf die Lebenserwartung belegen sie den 25. Platz, hinter den meisten der auch sonst hochplazierten Länder sowie hinter Costa Rica, Malta, Singapur und Hongkong. [Die aktuellen Daten des Human Development Report 2009 weisen zwar einige leichte Verschiebungen auf, ändern jedoch nichts an der Argumentation; vgl. ⟨http://hdr.undp.org/en/reports/global/hdr2009/⟩; Anm. d. Übers.]

vom United Nations Development Programme untersuchten Länder haben ein Pro-Kopf-BIP von mehr als 20000 US-Dollar, 16 Länder eines von unter 1000 US-Dollar, 83 Länder eines von unter 5000 US-Dollar und 126 eines von unter 10000 US-Dollar. Unter Erwachsenen beträgt die Alphabetisierungsrate in den 20 höchstplazierten Ländern in etwa 99%. In Sierra Leone liegt sie bei 36%, in 24 Ländern unter 50%.

Die Welt ist voller Ungleichheiten, die moralisch gesehen alarmierend sind, und der Abstand zwischen reichen und armen Ländern vergrößert sich zunehmend. Der Zufall, in einem Land statt in einem anderen geboren zu sein, prägt die Lebenschancen eines jeden Kindes auf umfassende Weise. In einer Welt, in der der Einfluß des globalen Marktes und multinationaler Unternehmen die Macht und die Autonomie der Nationalstaaten in erheblichem Maße untergraben hat, sollte jede Theorie der Gerechtigkeit, die politische Prinzipien zur Bestimmung der grundlegenden Ansprüche von Menschen vorschlägt, diese Ungleichheiten und die von ihnen ausgehende Herausforderung zu konfrontieren in der Lage sein.

Da es sich bei den genannten Angaben um aggregierte Daten handelt, können wir ihnen auch nicht alle benötigten Informationen über die Lage der am stärksten Benachteiligten auf dieser Welt entnehmen. So ist etwa wohlbekannt, daß Frauen in den Bereichen Bildung und Chancen auf dem Arbeitsmarkt, aber auch im Hinblick auf elementare Lebenschancen gegenüber Männern benachteiligt sind.[2] Auch viele andere Ungleichheiten wirken sich auf diese grundlegenden Chancen aus, so etwa Ungleichheiten, die mit der Zugehörigkeit zu einer bestimmten Klasse, Kaste, Religion, ethnischen Gruppe oder der Stadt- oder Landbevölkerung einhergehen. Die auf diese Ungleichheiten zurückführbaren Benachteiligungen sind bis zu einem gewissen Grad von der Armut einer Gesellschaft unabhängig, obwohl eine Steigerung des allge-

2 Vgl. die Diskussion in Nussbaum (2000a), Einl.; zur Frage der Bildung vgl. Nussbaum (2004b).

meinen Wohlstands gewöhnlich auch das Niveau anhebt, auf dem Ansprüche an Bildung, Gesundheitsvorsorge und andere elementare Chancen formuliert werden. Jede Theorie der Gerechtigkeit, die eine Grundlage dafür bieten soll, allen Menschen annehmbare Lebenschancen und Möglichkeiten zur Verfügung zu stellen, muß sowohl die Ungleichheiten innerhalb eines jeden Landes als auch die Ungleichheiten zwischen den Nationalstaaten berücksichtigen und besonders auch im Blick behalten, wie es angesichts der immer stärkeren und zahlreicheren globalen Verbindungen zu komplexen Überschneidungen zwischen beiden Ebenen kommt.

Der globale Markt, multinationale Unternehmen und die Struktur des globalen Wirtschaftssystems wirken sich in umfassender Weise auf die Lebenschancen von Kindern in aller Welt aus. Auch andere globale Akteure spielen hier eine wichtige Rolle: Nichtregierungsorganisationen und multinationale soziale Bewegungen, internationale Verträge und andere Vereinbarungen sowie internationale oder multinationale Behörden und Institutionen. Um der heutigen Zeit angemessen zu sein, muß eine Theorie der Gerechtigkeit die sich verändernden Zentren des Einflusses und der Vormachtstellung berücksichtigen, aufgrund deren sich unsere heutige Welt so sehr vom System der freien Republiken unterscheidet, das Kant in *Zum ewigen Frieden* im Auge hatte.

Insofern nicht der schiere amoralische Realismus herrscht, ist die Vertragstheorie in ihren verschiedenen Ausprägungen die in der gegenwärtigen Debatte über globale Fragen vorherrschende Theorie der Gerechtigkeit. Für sie stellen globale Übereinkünfte das Ergebnis eines Vertrags dar, den Menschen eingehen, um zu ihrem gegenseitigen Vorteil den Naturzustand zu verlassen und sich selbst im Medium des Rechts zu regieren. Seit Kant haben diese Theorien das Nachdenken über globale Gerechtigkeit beeinflußt; in jüngster Zeit ist ihnen dank der einflußreichen Arbeiten von John Rawls erneut große Aufmerksamkeit zuteil geworden. Trotz ihrer unübersehbaren Stärken weisen Vertragstheorien jedoch auch einige strukturelle Mängel auf, die zu ziemlich problematischen Ergebnissen führen, wenn wir sie auf die Welt als ganze anwenden. Zunächst werde ich zwei unterschiedliche Strategien beschreiben, die von den Kontraktualisten eingesetzt werden, um die Frage der internationalen Gerechtigkeit anzugehen: die Strategie des *zweistufigen Vertrags* und die Strategie des *globalen Vertrags*. Unter Bezugnahme auf John Rawls' *Das Recht der Völker* als überzeugendstes Beispiel für die erste Strategie werde ich versuchen zu zeigen, daß auf diesem Weg keine adäquate Theorie der globalen Gerechtigkeit zu erreichen ist. Die Strategie des *globalen Vertrags* erscheint aussichtsreicher, kann eine Umverteilung von reicheren zu ärmeren Ländern aber nicht rechtfertigen, ohne in entscheidenden Hinsichten von der Tradition der Vertragstheorie abzurücken.

Auch wenn sich meine Argumentation gegen kontraktualistische Theorien der globalen Gerechtigkeit richtet, befasse ich mich hier mit ihnen, da sie überzeugender als viele andere sind – insbesondere als Theorien der globalen Entwicklung, wie sie auf gegenwärtigen Varianten des ökonomischen Utilitarismus aufbauen. Die Gegnerschaft gegenüber diesem recht primitiven Ansatz macht den Kontraktualismus, zumindest bis zu einem bestimmten Punkt, zu einem Verbündeten des von mir favorisierten Ansatzes der »menschlichen Entwicklung«. Im folgenden interessiert mich aber die anspruchsvollere Debatte mit einem würdigen Gegner. Dabei werde ich vor allem die These vertreten, daß wir zu keiner überzeugenden Theorie der globalen Gerechtigkeit gelangen werden, solange wir internationale Kooperation nach dem Muster eines Vertrags verstehen, den auf ähnliche Weise situierte Parteien in einem Naturzustand zum gegenseitigen Vorteil schließen. Eine solche Theorie können wir nur dann erfolgreich ausarbeiten, wenn wir das, was alle Menschen benötigen, um ein erfülltes menschliches Leben zu führen, zum Ausgangspunkt nehmen. Wir müssen also von einer Reihe grundlegender Ansprüche ausgehen, die allen Menschen zukommen, und den Zweck der sozialen Kooperation so verstehen, daß nicht allein gegenseitige Vorteile, sondern auch Verbundenheit und Zusammengehörigkeit zum Tragen kommen. Kontraktualistische Denkweisen, insbesondere die Vorstellung, daß wir aus der Kooperation mit anderen Vorteile erwarten sollten, haben einen ungemein großen Einfluß auf die öffentliche Debatte. Mein Ziel besteht darin, zu dieser Debatte zugleich neue und alte Ideen beizutragen, indem ich die vielschichtigeren Vorstellungen menschlicher Verbundenheit und Zusammengehörigkeit wieder neu belebe, die sich bereits bei Grotius und anderen Vertretern der Tradition des Naturrechts finden.

Bevor ich mit meinen Ausführungen beginne, sollten wir uns drei Merkmale der vertragstheoretischen Ansätze vor Augen führen, die für ihre Behandlung globaler Fragen von großer Wichtigkeit sind. (Obwohl ich hier einiges aus den ersten beiden Kapiteln wiederholen werde, müssen diese Themen im Kontext des neuen Problemfeldes nochmals aufgegriffen werden.) Auch Rawls' Herangehensweise ist durchgängig von diesen Merkmalen geprägt – obwohl seine hybride Theorie, wie wir gesehen haben, Elemente einer kantianischen Moral mit der Idee des Gesellschaftsvertrags kombiniert.[3] Erstens ist hier Rawls' Übernahme der Idee zu nennen, daß der Gesellschaftsvertrag von Parteien geschlossen wird, die in relativ gleichem Maß mit Macht und Ressourcen ausgestattet sind, so daß niemand die anderen beherrschen kann – diese Idee müssen wir erneut einer kritischen Prüfung unterziehen. Rawls verbindet diese Vorstellung sowohl mit Humes Analyse der Anwendungsverhältnisse der Gerechtigkeit als auch mit der klassischen Lehre des Gesellschaftsvertrags. Auch wenn wir uns der globalen Ebene zuwenden, müssen wir im Blick behalten, daß diese relative Gleichheit der Parteien in der Rawlsschen Theorie eine Rolle spielt, die der des Natur-

3 Vgl. auch RdV 1: »Diese Auffassung der Gerechtigkeit beruht auf der vertrauten Idee eines Gesellschaftsvertrages.«

zustands im klassischen Kontraktualismus vergleichbar ist (vgl. TG 28).

Zweitens, und eng damit zusammenhängend, wird der Gesellschaftsvertrag als auf gegenseitigen Vorteil ausgerichtet verstanden, wobei »Vorteil« gewöhnlich im gängigen ökonomischen Sinn verstanden wird. Obwohl der Schleier des Nichtwissens der Art und Weise, in der die Parteien ihre eigenen Interessen verfolgen, moralische Einschränkungen auferlegt, herrscht doch die Vorstellung vor, daß die Parteien den Naturzustand vor allem deshalb verlassen, weil dies für die Realisierung ihrer eigenen Lebenspläne von Vorteil ist. Der Schleier begrenzt damit zwar die Rolle des Interesses, aber sobald die Parteien in den Urzustand eintreten, sind die Interessen an der Förderung der je eigenen Konzeption des Guten noch immer von entscheidender Bedeutung für die Beantwortung der Frage, wer auf der ersten Stufe mit dabei ist und wer nicht. Rawls ist der Auffassung, daß ein im gegenseitigen Interesse geschlossener Vertrag nur zwischen relativ Gleichen sinnvoll vorgestellt werden kann. Trotz seines Kantianismus bleibt er in diesen beiden entscheidenden Hinsichten ein Kontraktualist.

Schließlich begreifen Vertragstheorien den Nationalstaat als ihre grundlegende Einheit und gehen davon aus, daß die den Vertrag schließenden Parteien Prinzipien für einen solchen Staat festlegen. Diese Ausrichtung wird bereits durch den Ausgangspunkt vorgegeben: Der Vorstellung gemäß geht es um Menschen, die sich nur dann entscheiden, den Naturzustand zu verlassen, wenn sie Prinzipien gefunden haben, die ein kooperatives Zusammenleben unter der Herrschaft des Rechts regeln. Wie wir sehen werden, führt uns diese Herangehensweise an ernstzunehmende Grenzen, sobald es um transnationale Übereinkünfte geht.

Zwei weitere Merkmale von Rawls' Theorie, denen ich im zweiten Kapitel nachgegangen bin, werden mich hier nicht beschäftigen. Erstens ist sein Bezug auf Einkommen und Besitz zur Identifikation relativer sozialer Positionen zwar wichtig für seine eigene Auffassung gegenseitiger Vorteile; für eine Diskussion seines Umgangs mit globalen Problemen ist er jedoch von geringerer Bedeutung als die allgemeine Idee eines um gegenseitiger Vorteile willen geschlossenen Vertrags. Und zweitens spielt Rawls' vernunftbasierte kantianische Konzeption der Person, die er für politische Zwecke entwirft, keine Rolle in seiner Analyse der internationalen Beziehungen.

Bevor wir beginnen, müssen wir jedoch noch eine weitere Frage klären. Rawls betont ebenso wie Kant die Symmetrie zwischen Verträgen der ersten Stufe und solchen der zweiten Stufe und beide sind eindeutig der Ansicht, daß ein Vertrag zwischen den Nationen wesentliche moralische Grundlagen der internationalen Beziehungen etabliert. Man könnte jedoch einwenden, daß es niemals Rawls' Absicht gewesen ist, über globale Gerechtigkeit im allgemeinen nachzudenken; sein Ziel war es nur, die richtige Außenpolitik achtbarer liberaler Gesellschaften zu beschreiben. Schließlich beschreibt er selbst seine Zielsetzung in TG und RdV auf genau diese Weise. Insofern sollte es uns nicht überraschen, wenn Rawls die nationalstaatlichen Verhältnisse als gegeben behandelt und seine Untersuchung auf die Fragen von Krieg und Frieden konzentriert, denn es geht ihm überhaupt nicht um globale Gerechtigkeit.

Allerdings läßt sich bezweifeln, daß die beiden genannten Merkmale der Theorie wirklich aus dem Vorhaben folgen, die Außenpolitik einer liberalen Gesellschaft zu entwerfen, denn vielleicht sollte die achtbare Außenpolitik einer solchen Gesellschaft das Wohlergehen anderer gerade auf eine inklusive und umfassende Weise berücksichtigen. Allgemeiner noch könnte man bestreiten, daß sich diese beiden Projekte auf die eben behauptete Weise voneinander trennen lassen. Hat man, wie die modernen Vertreter des Kontraktualismus, erst einmal zugestanden, daß die Außenpolitik auf moralischen Prinzipien beruhen muß und nicht allein auf (hobbesianischen) Erwägungen der nationalen Sicherheit und des Machtstrebens, dann lassen sich die nationalstaatlichen Verhältnisse nicht mehr so einfach einer Überprüfung entziehen, wenn sie denn so verfaßt sind, daß sie es Menschen in anderen Ländern unmöglich machen, ein achtbares Leben zu führen. Die Annahme, daß unsere transnationalen Pflichten sich allein auf Fragen von Krieg und Frieden beschränken und Fragen der ökonomischen Gerechtigkeit ausklammern, kann dann sowohl als unzutreffend als auch (vielleicht) als inkohärent kritisiert werden (in dem Sinn, daß entsprechende Bemühungen um einen globalen Frieden auch ökonomische Umverteilungen erfordern). Jedenfalls können wir nicht einfach voraussetzen, daß die gerechte Außenpolitik einer achtbaren liberalen Gesellschaft mit einer derart dünnen Vorstellung von außenpolitischen Fragen auskommt, die innerstaatliche Verhältnisse einer kritischen Prüfung entzieht.

Geht es Rawls in seiner Theorie jedoch wirklich nur um den Entwurf einer liberalen Außenpolitik im eben skizzierten ausgesprochen engen Verständnis? Seine Ausführungen zu diesem Thema in TG mögen diese Lesart nahelegen; ein genauerer Blick zeigt jedoch, daß es vielmehr Rawls' Anliegen ist, seine normative Konzeption der Gerechtigkeit als Fairneß auf die internationale Ebene auszudehnen und nicht nur die staatliche Außenpolitik zu beschreiben (vgl. die Zusammenfassung in PL 87). Rawls betont, daß der Schleier des Nichtwissens die internationalen Beziehungen moralischen Einschränkungen unterstellt, die den Forderungen der Fairneß im Fall von Einzelgesellschaften entsprechen: Der Vertrag auf der zweiten Stufe hat die Aufgabe, »die Zufälligkeiten und Einseitigkeiten des Geschichtsverlaufs aus[zuschalten]« (TG 416). Sobald wir uns der umfassenderen Diskussion des Vertrags der zweiten Stufe in RdV zuwenden, wird vollkommen klar, daß es Rawls um die internationale Gerechtigkeit geht: »[E]ine bestimmte politische Konzeption des Rechten und der Gerechtigkeit, die sich auf die Grundsätze und Normen des internationalen Rechts und internationaler Praktiken bezieht« – das ist Rawls' eigene Definition des »Rechts der Völker« im ersten Satz dieses Buches. Sein Projekt versteht er als Beschreibung einer »realistischen Utopie«, einer Welt, die bestimmten moralischen Ansprüchen genügt. Auch die zentrale Rolle der Menschenrechte in RdV zeigt, daß es ihm um eine Welt geht, die in entscheidenden Hinsichten für alle fair ist. Selbst wenn Rawls sein eigenes Projekt also auch weiterhin als Beschreibung der Außenpolitik einer liberalen Gesellschaft versteht, so ist doch klar, daß dies in einem weiten Sinn gemeint ist und Verhältnisse einschließt, die allen gegenüber fair und sogar als utopisch zu betrachten sind.

2. Eine Theorie der Gerechtigkeit: *Die Einführung des zweistufigen Vertrags*

Die vorkontraktualistische Naturrechtstradition, wie sie in der griechischen und römischen Antike von den Stoikern und in der Frühen Neuzeit von deren Nachfolgern wie Hugo Grotius und Samuel Pufendorf vertreten wird, geht davon aus, daß die Beziehungen zwischen Staaten, wie auch alle anderen menschlichen Angelegenheiten, durch das »Naturrecht« zu regeln seien, also durch bindende moralische Gesetze, aus denen sich normative Einschränkungen staatlichen Handelns ergeben, und zwar unabhängig davon, ob diese Gebote in das System positiven Rechts überführt worden sind oder nicht. Die von Grotius vertretene Variante dieses Ansatzes hat einen enormen Einfluß auf die Geschichte des Nachdenkens über globale Rechtsprinzipien ausgeübt. Für Grotius leiten sich letztlich alle Ansprüche im Bereich der internationalen Gemeinschaft, auch die nationale Souveränität selbst, aus der Würde und der geselligen Natur des Menschen ab. Schlußendlich scheint mir dieser Ansatz am überzeugendsten.

Im Gegensatz dazu versteht die kontraktualistische Tradition die Situation zwischen Staaten als einen Naturzustand und die Prinzipien der Gerechtigkeit so, als seien sie das Ergebnis eines Vertrags zwischen fiktiven Personen. Den Hauptvertretern der Vertragstheorie zufolge sind einige natürliche Rechte und Pflichten Teil des Naturzustands; der Vertrag wird notwendig, da diese Ansprüche anders nicht gesichert werden können. Ihre Überlegungen stehen demnach in verschiedenen Hinsichten in einer Kontinuität mit jenen von Grotius und Pufendorf. Hingegen verzichten die gegenwärtigen Vertreter des Kontraktualismus völlig auf die Idee natürlicher (vorpolitischer) Ansprüche und verstehen die Ansprüche selbst als das Ergebnis der durch den Vertrag etablierten Verfahren. Damit brechen sie viel radikaler mit dem Denken von Grotius und Pufendorf als ihre frühneuzeitlichen Vorgänger. Wenn wir uns nun der Vorstellung eines Vertrags zweiter Stufe zuwenden, sollten wir diesen Unterschied in Erinnerung behalten.

Das offensichtlichste und für Rawls' Ansatz wichtigste Beispiel für einen solchen zweistufigen Ansatz findet sich bei Kant, der in den *Metaphysischen Anfangsgründen der Rechtslehre* (dem ersten Teil der *Metaphysik der Sitten*) schreibt, daß ein Staat wie eine Familie, die neben einer anderen Familie lebt, zu betrachten sei. Unter dem Recht der Staaten, so fährt er fort, ist ein Staat »eine moralische Person, gegen einen anderen im Zustande der natürlichen Freiheit, folglich auch dem des beständigen Krieges«. Aus dieser Situation ergibt sich das Recht, »einander zu nöthigen, aus diesem Kriegszustande herauszugehen, mithin eine den beharrlichen Frieden gründende Verfassung« zu etablieren. Das Postulat des öffentlichen Rechts im Naturzustand besagt: »[D]u sollst im Verhältnisse eines unvermeidlichen Nebeneinanderseins mit allen anderen aus jenem heraus in einen rechtlichen Zustand, d. i. den einer austheilenden Gerechtigkeit übergehen.«[4] Dieses Postulat

4 Kant (1797/1968), 343 (§ 53), 307 (§ 42).

wird in einem ersten Schritt auf Personen angewendet, denen auferlegt wird, den Naturzustand zu verlassen und in einen politisch verfaßten Zustand einzutreten. Daraufhin wird es in einem zweiten Schritt nochmals angewendet, und zwar auf die Staaten selbst,[5] denen auferlegt wird, in eine Art Rechtsverhältnis einzutreten.[6]

Kants Ansichten zu diesem Rechtsverhältnis wandelten sich im Laufe der Zeit. In der *Idee zu einer allgemeinen Geschichte* und in *Über den Gemeinspruch* spricht er sich für ein System zwangsbewehrter Gesetze aus, denen die zu einer Föderation zusammengeschlossenen Staaten der Welt unterworfen sind. In *Zum Ewigen Frieden* bezeichnet er diese Vorstellung zwar noch als vernünftig, schränkt die Reichweite der Analogie zwischen Personen und Staaten aber ein, da »Staaten innerlich schon eine rechtliche Verfassung haben und also dem Zwange anderer, sie nach ihren Rechtsbegriffen unter eine erweiterte gesetzliche Verfassung zu bringen, entwachsen sind«. Kant spricht sich hier für die freiwillige Übereinkunft aus, einem *foedus pacificum*, also einem dem Frieden verpflichteten Bund, beizutreten, der allerdings nicht über die Macht des öffentlichen Rechts oder eine Zwangsgewalt verfügen würde.[7] Nichtsdestotrotz sollen die internationalen Rechtsprinzipien, ob sie nun als bindendes Recht oder als moralische Regeln einer Föderation vorgestellt werden, in erster Linie auf Staaten, und

5 Kant bemerkt zu Recht, daß »Völkerrecht« eine Fehlbezeichnung ist und das eigentlich von »Staatenrecht (*ius publicum civitatum*)« gesprochen werden sollte.

6 Vgl. auch Kant (1784/1968, 26), wo er »die barbarische Freiheit der schon gestifteten Staaten« anspricht; Kant (1793/1968, 312), wo er »ein auf öffentliche mit Macht begleitete Gesetze, denen sich jeder Staat unterwerfen müßte, gegründetes Völkerrecht (nach der Analogie eines bürgerlichen oder Staatsrechts einzelner Menschen)« fordert; sowie Kant (1795/1968, 357), wo er als einzigen Ausweg »aus dem gesetzlosen Zustande, der lauter Krieg enthält« angibt, »daß sie eben so wie einzelne Menschen ihre wilde (gesetzlose) Freiheit aufgeben, sich zu öffentlichen Zwangsgesetzen bequemen«.

7 Ebd., 355f.

nicht unmittelbar auf deren Mitglieder, Anwendung finden. Wenn überhaupt, dann verlassen die Staaten den zwischen ihnen bestehenden Naturzustand durch die Übernahme dieser Prinzipien.

In *Eine Theorie der Gerechtigkeit* führt Rawls diesen kantianischen Ansatz fort. Er geht davon aus, daß die Gerechtigkeitsgrundsätze, die innerhalb einer jeden Gesellschaft Anwendung finden, bereits feststehen: Eine jede hat eine »Grundstruktur«, deren Form durch diese Prinzipien bestimmt ist (TG 415). Die Grundstruktur einer Gesellschaft ist definiert als »die Art, wie die wichtigsten gesellschaftlichen Institutionen Grundrechte und -pflichten und die Früchte der gesellschaftlichen Zusammenarbeit verteilen« (TG 23). Damit sind jene Strukturen gemeint, deren Wirkungen »tiefgreifend und von Anfang an vorhanden« sind und »die anfänglichen Lebenschancen jedes Menschen« beeinflussen (ebd.).

Nun stellen wir uns einen Urzustand auf einer zweiten Stufe vor, dessen Parteien »Abgesandte verschiedener Nationen« sind, »die gemeinsam die ersten Grundsätze für die Regelung gegensätzlicher Ansprüche zwischen Staaten festlegen müssen« (TG 415). (Die Parteien werden auch als »Vertreter von Staaten« bezeichnet.) Sie sind sich dessen bewußt, daß sie Nationen repräsentieren, in denen »jeweils die gewöhnlichen menschlichen Lebensverhältnisse herrschen; doch sie wissen nichts über die besonderen Verhältnisse ihrer eigenen Gesellschaft, ihre Macht im Vergleich zu anderen«. Zugestanden werden ihnen »nur die Kenntnisse [...], die ihnen eine vernünftige Entscheidung im Sinne ihrer Interessen ermöglichen, aber nicht solche, die es den besser Gestellten unter ihnen ermöglichen würden, ihre besondere Situation für sich auszunutzen«. Dieser auf einer zweiten Ebene angesiedelte Vertrag soll die »Zufälligkeiten und Einseitigkeiten des Geschichtsverlaufs aus[schalten]« (TG 415 f.).

Über die in dieser Situation ausgewählten Prinzipien erfahren wir von Rawls nicht besonders viel, aber er deutet an, daß zu ihnen die meisten der bekannten Grundsätze des gegenwärtigen Völkerrechts zählen würden: Verträge sind zu halten; jede Nation hat ein Recht auf Selbstbestimmung und Nichteinmischung; Nationen haben ein Recht, sich selbst zu verteidigen und defensive Bündnisse zu schließen; nur ein Verteidigungskrieg kann als gerechter Krieg zählen; die Kriegsführung ist den überlieferten Normen des Kriegsrechts unterworfen; das Ziel des Krieges muß immer eine gerechter und haltbarer Friede sein (TG 416f.).

Wenden wir uns nun der Analogie zwischen Staaten und »moralischen Personen« (Kant) zu, die Rawls von neuem aufgreift, indem er die Staatenvertreter analog zu den Parteien im Urzustand begreift. Eines der Probleme, vor die uns diese Analogie stellt, besteht darin, daß zahlreiche Nationen über keine Regierung verfügen, die die Interessen des ganzen Volkes vertritt. Selbst wenn ein Land eine nichttyrannische Regierung hat, kann es sein, daß große Teile der Bevölkerung (Frauen, ethnische Minderheiten) vollkommen aus der Staatsführung ausgeschlossen sind. Aus diesem Grund bleibt Rawls' Verweis auf die Repräsentation unbestimmt. In den genannten Fällen wird der Repräsentant, wenn er, wie Rawls eindeutig anzunehmen scheint, den Staat und seine Grundstruktur repräsentiert, gerade aus diesem Grund *nicht* die Interessen eines Großteils des Volkes repräsentieren. Wenn wir statt dessen davon ausgehen, daß er (auf welche Weise auch immer) die wirklichen Interessen des Volkes vertritt, dann haben wir es mit einer Form von Idealismus zu tun, durch die der nötige Kontakt zur Realität verlorengeht. Wir müßten uns dann nämlich vorstellen, daß trotz der ungerechten Grundstruktur des Staates (auf welche Weise auch immer) ein Repräsentant ausgewählt wird, der für die wirklichen Interessen des Volkes einstehen kann.

Ein zweites Problem betrifft die Gegebenheit der Grundstruktur von Einzelgesellschaften. Rawls scheint dem Status quo selbst dann Legitimität zuzusprechen, wenn dieser den

Betroffenen gegenüber nicht wirklich gerechtfertigt ist. Unter Umständen könnten sich die Menschen von der internationalen Ebene ja erhoffen, daß sie beim Sturz eines ungerechten Regimes oder beim Streben nach umfassender Inklusion in ein Regime, das sie bisher ausgeschlossen hat, unterstützt werden. (Um innergesellschaftliche Reformen in Gang zu setzen, wenden sich etwa Frauen deshalb oft an internationale Behörden und Vereinbarungen.) In Rawls' früher Theorie ist hierfür kein Platz.

Das gravierendste Problem der Analogie besteht jedoch in der Annahme der Selbstgenügsamkeit von Staaten. Um die Grundsätze auf der ersten Stufe zu bestimmen, wird davon ausgegangen, daß die Gesellschaft ein »geschlossenes System« ist, »das keine Verbindung mit anderen Gesellschaften hat« (TG 24). (Es ist deshalb kaum erstaunlich, daß die Beziehungen zwischen Staaten sich nur auf einen sehr engen Bereich beschränken, der allein mit dem traditionellen Recht von Krieg und Frieden zu tun hat.)

Dieses Bild der Isolation und der Autarkie ist so weit entfernt von der Welt, in der wir leben, daß es als nicht besonders hilfreich gelten muß. In Rawls' Struktur ist nicht einmal Platz für ein supranationales politisches oder ökonomisches Institutionengefüge wie das der Europäischen Union, ganz zu schweigen von den komplexen Abhängigkeiten, die unsere gegenwärtige Welt als Ganzes prägen. Manche Staaten werden durch »äußere« Ereignisse stärker beeinflußt als andere, und die mächtigsten agieren manchmal, als seien sie nur auf sich selbst angewiesene Cowboys im noch unerschlossenen Niemandsland. Nichtsdestotrotz sind sie alle weit davon entfernt, selbstgenügsam zu sein. Für ärmere Staaten sind die wirtschaftspolitischen Maßnahmen des Internationalen Währungsfonds und der Weltbank, die internationalen Handelsabkommen und die globale Wirtschaftsordnung im allgemeinen von entscheidender Bedeutung für das eigene Wohlergehen. In fast allen Ländern wird das wirtschaftliche und politische Leben von multinationalen Konzernen beeinflußt. Bürgerinnen und Bürger kämpfen in ihren jeweiligen Staaten für ihre Rechte, indem sie sich auf politische und zugleich nichtgouvernementale Entitäten wie die Internationale Arbeitsorganisation, die unterschiedlichen Organisationen, die Teil der internationalen Frauenbewegung sind, und viele andere beziehen. Internationale Gerichtshöfe kümmern sich um Straftaten aus nationalen Konflikten, die ein bestimmtes Ausmaß überschritten haben. Und Umweltprobleme halten sich sowieso nicht an staatliche Grenzen. Aus diesen Gründen hilft es nicht weiter, die Grundstruktur von Einzelstaaten als gegeben und gegenüber äußeren Einflüssen abgeschlossen zu verstehen. Selbst als idealisierende Darstellung entfernt uns dieser Ansatz so weit von der tatsächlichen Wirklichkeit, daß er die Kernprobleme unserer Gegenwart nicht in den Griff zu bekommen vermag.

Auf der Grundlage der vorausgesetzten Gegebenheit und Endgültigkeit von Staaten nimmt der Vertrag auf der zweiten Ebene eine sehr dünne und begrenzte Form an, die ausschließt, daß ökonomische Umverteilung und selbst substantielle Hilfeleistungen zugunsten ärmerer Länder überhaupt erwogen werden.[8] Tatsächlich wischt Rawls mit seiner kontraktualistischen Annahme einer relativen Gleichheit der Parteien dieses Problem gleich zu Beginn vom Tisch: Niemand soll dazu in der Lage sein, andere zu beherrschen. Natürlich ist diese Bedingung in unserer Welt nicht erfüllt: Vermutlich kann ein einziger Staat alle anderen beherrschen. Jedenfalls beherrscht die G8 faktisch alle anderen. Von einer relativen Gleichheit aller Parteien auszugehen, impliziert eine derart verzerrte Sicht auf die Welt, daß die darauf aufbauende Theorie sich als unfähig erweisen muß, die drängendsten Probleme unserer Gegenwart anzugehen.

8 In gewissem Maße wird dieser Fokus durch Rawls' an diese Diskussion über das Völkerrecht anschließende Überlegungen zur Verweigerung aus Gewissensgründen erklärt (meines Erachtens aber nicht gerechtfertigt).

Selbst wenn Rawls nicht von einer relativen Gleichheit der Parteien ausgegangen wäre, würde die Voranname der Gegebenheit und Endgültigkeit einer ernsthaften Prüfung der Verteilung der Grundgüter unter den Staaten im Wege stehen. Innerhalb eines Staates wollen und brauchen die Parteien der Theorie zufolge eine ganze Reihe von Grundgütern, unter anderem Freiheiten, Chancen, Einkommen, Besitz und die sozialen Grundlagen der Selbstachtung. Gegenstand des Vertrags ist die Verteilung dieser großen Bandbreite an Gütern. Es scheint plausibel anzunehmen, daß auch ein Vertrag zwischen den einzelnen Staaten diese Ressourcen thematisieren wird: Da sie nicht wissen, welche Nation sie repräsentieren, würden die Vertreter der Staaten gewiß sicherstellen wollen, daß die Verteilung der Grundgüter unter den Nationen fair ist und daß keine Nation durch Armut gelähmt oder von anderen erniedrigt wird. Zunächst scheint es so, als habe Rawls einfach einen Fehler begangen, indem er den Gegenstand des Vertrags auf die traditionellen Fragen von Krieg und Frieden beschränkt hat. Warum sollte der Vertrag nicht, wie auf der ersten Stufe, die gesamte Bandbreite an Grundgütern abdekken? Stellen wir die Frage aber auf diese Weise, so sehen wir sofort auch die Antwort: weil in diesem Fall der Staat nicht länger als gegebenes und geschlossenes System verstanden werden könnte. Die Umverteilung von Einkommen und Besitz an andere Staaten würde ein Überdenken der einzelgesellschaftlichen Prioritäten erfordern. Und das ist von Rawls bereits ausgeschlossen worden.

Indem er die Gegebenheit von Staaten zu seinem Ausgangspunkt macht, verhindert Rawls auf wirksame Weise, daß über ökonomische Ungleichheiten und Machtasymmetrien zwischen Staaten ernsthaft nachgedacht wird. Er ratifiziert damit philosophisch ein Verhalten, zu dem die mächtigen Staaten dieser Welt, insbesondere die Vereinigten Staaten, sowieso neigen: Sie tun so, als sei ihr System gegeben und endgültig und stellen sich mit aller Gewalt gegen jede Forderung nach einer inneren Veränderung, ob nun in Menschenrechts-, Umwelt- oder wirtschaftspolitischen Fragen, sei es in Reaktion auf die Situation in der restlichen Welt oder ausgehend von internationalen Abkommen und Übereinkünften. Die Forderung nach einer Veränderung der nationalen Prioritäten wird gemeinhin als unerlaubte Einmischung abgetan: Wer seid ihr überhaupt, daß ihr uns auffordert, unsere eigenen Angelegenheiten anders zu regeln? Das ist unsere Sache, und wir haben die Prioritäten bereits festgelegt, bevor wir uns überhaupt auf eine Beziehung oder eine Diskussion mit euch eingelassen haben. In der wirklichen Welt erkennen wir diese Taktik jedoch als das, was sie ist: eine arrogante Haltung, die gravierende Probleme ignoriert und sich damit schuldig macht. Wir sollten dieser Haltung nicht auch noch philosophische Weihen verleihen.

Darüber hinaus verhindert der Ausgang von der Existenz und Endgültigkeit der Staaten, daß wir eine aussagekräftige Antwort auf die Fragen erhalten, warum Staaten überhaupt eine Bedeutung zukommt und warum es wichtig sein könnte sicherzustellen, daß die nationale Souveränität nicht vollkommen unterminiert wird durch die Macht der Globalisierung. Auch hier hat das Problem seine Wurzel in der Analogie zwischen Staaten und Personen. Es gibt gute Gründe, in einer Theorie der Gerechtigkeit Personen zum Ausgangspunkt zu nehmen und ihnen eine prominente Rolle zuzuweisen. Wir werden alle geboren und leben unser Leben als Personen, ein jeder Körper getrennt von jedem anderen Körper in Geburt, Sterben, Ernährung, Schmerz und Lust. Der Utilitarismus ignoriert diese Getrenntheit zu seinem eigenen Schaden und gibt vor, daß individuelle Leben bloße Realisierungsorte für Befriedigungen seien und daß die Gesamtsumme der Befriedigungen innerhalb des Systems die ethisch entscheidende Tatsache sei. Schmerz und Unglück einer Person können demnach kompensiert werden durch das übermäßige Glück einiger anderer. Dadurch wird eine moralische Tatsache von größter Bedeutung – daß eine jede Person ihr eigenes Leben zu leben hat – ausgelöscht.

Vom Staat können wir nicht auf dieselbe Weise behaupten, er sei ein notwendiger moralischer Ausgangspunkt. Es stimmt zwar, daß jede Person zu jedem beliebigen Zeitpunkt innerhalb der Grenzen eines bestimmten Staates lebt; aber die Menschen können von einem Staat in einen anderen ziehen, wie sie es im Fall ihrer Körper weder faktisch tun noch tun können. Wie bereits gezeigt, üben zudem nichtstaatliche Strukturen einen enormen Einfluß auf ihr Leben aus. Dem läßt sich hinzufügen, daß es sich beim modernen Nationalstaat um ein historisch spezifisches Phänomen handelt: Es ist deshalb auch in Rawls' eigenem Argumentationsrahmen alles andere als klar, ob die Parteien im Urzustand, die über kein Wissen über ihre zeitliche Situierung in der Geschichte verfügen, ihr eigenes Denken von Beginn an an der Kategorie des Nationalstaats ausrichten sollten. In jedem Fall bedarf es einer Antwort auf die Frage, warum Staaten wichtig sind und was die ihnen angemessene Rolle ist. Warum sollten die Menschen die Bereitstellung eines Großteils der Grundstruktur für ihr Leben gerade vom Staat und nicht von Unternehmen oder internationalen Organisationen erwarten? Indem er den Staat einfach als gegebenen Ausgangspunkt akzeptiert, versperrt sich Rawls die Möglichkeit einer informativen Antwort auf diese Frage.

Rawls zufolge ist die politische Philosophie »realistisch-utopisch, wenn sie die Grenzen dessen, was wir gewöhnlich für praktisch-politisch möglich halten, ausdehnt« (RdV 4). Die von mir beschriebenen Schwächen legen nahe, daß der zweistufige Kontraktualismus keine aussichtsreiche Ausdehnung unseres praktisch-politischen Nachdenkens für die Welt der Gegenwart darstellt. Um diesen Verdacht zu bestätigen, müssen wir jedoch zunächst Rawls' detaillierte Auseinandersetzung mit Fragen der internationalen Politik in *Das Recht der Völker* untersuchen. Meines Erachtens bringt dieses Buch mit Bezug auf einige dieser Probleme zumindest einen gewissen Fortschritt, mit Bezug auf andere aber keinen; und es wirft selbst neue Probleme auf.

3. Das Recht der Völker: *Die Wiederaufnahme und Modifikation des zweistufigen Vertrags*

Das Recht der Völker ist »eine Ausweitung einer liberalen Gerechtigkeitskonzeption für eine heimische Ordnung auf eine Gesellschaft von Völkern« (RdV 8). Mit diesem Buch verfolgt Rawls die Absicht, »die Grundsätze der Außenpolitik eines annehmbar gerechten liberalen Volkes« auszuarbeiten (ebd.).[9] Es ist zudem vollkommen klar, daß dieses Ziel Rawls zufolge ein anderes, weitergehendes Ziel nicht ausschließt: eine »realistische Utopie« zu beschreiben, eine Welt, in der durch die Ausweitung der Gerechtigkeit als Fairneß eine auf achtbare Weise gerechte internationale Struktur geschaffen wird. Das Buch kann demnach als Antwort auf eine Frage verstanden werden, die Rawls in *Politischer Liberalismus* (87 f.) stellt, ob nämlich die dort ausgearbeitete politische Konzeption so ausgeweitet werden kann, daß sie überzeugende Antworten auf Gerechtigkeitsfragen im Bereich der internationalen Beziehungen zu geben vermag. Selbst wenn man akzeptiert, daß es ihm bis zu einem gewissen Grad um Außenpolitik geht, gibt es keinen Grund zu denken, daß Außenpolitik allein auf die Fragen von Krieg und Frieden beschränkt sein muß. In RdV wird deutlich, daß Rawls selbst ihre Aufgaben nicht derart eng versteht.

Wie schon in *Eine Theorie der Gerechtigkeit* setzt Rawls die

9 Wie wir sehen werden, diskutiert Rawls auch achtbare nichtliberale Völker; er betont jedoch, daß er diese nur berücksichtigt, »um uns selbst zu vergewissern, daß die Ideale und Grundsätze der Außenpolitik eines liberalen Volkes auch von einem achtbaren nichtliberalen Standpunkt aus gesehen vernünftig erscheinen« (RdV 8 f.).

einzelstaatlichen Prinzipien und Politiken liberaler Gesellschaften als gegeben voraus, einschließlich ihrer Wirtschaftspolitik, und begrenzt seine Untersuchung auf ihre Außenpolitik. Die Gegebenheit und die grundlegende Bedeutung der einzelstaatlichen »Grundstruktur« stellen den Ausgangspunkt dar – auch wenn, wie wir sehen werden, Rawls' Unterscheidung zwischen Staaten und Völkern an dieser Stelle zu einer gewissen Mehrdeutigkeit führt. Die herkömmlichen Fragen des Völkerrechts stehen im Zentrum des Buches; die sich verändernden Strukturen der globalen Wirtschaftsordnung, die Rolle multi- und internationaler Vereinbarungen, Institutionen und Behörden sowie die Bedeutung von Nichtregierungsorganisationen, politischen Bewegungen und anderen Akteuren, die auf eine häufig nationalstaatliche Grenzen überschreitende Weise politischen Einfluß ausüben, werden nicht behandelt.

Auf der anderen Seite verwendet Rawls ungewöhnlich viel Mühe darauf, seine Leser des realistischen Charakters seiner Analyse zu versichern. Auf für ihn untypische Weise widmet er einen großen Teil seines Buches Fragen der nichtidealen Theorie. Zudem betont er, daß die utopische oder ideale Theorie unsere gegenwärtige Praxis nur dann auf hilfreiche Weise zu orientieren vermag, wenn es sich um eine »realistische Utopie« handelt. Wann immer die zweistufige Struktur problematisch zu werden scheint, bemüht sich Rawls darum zu zeigen, daß das fragliche Problem tatsächlich zu lösen ist, wenn man sich zunächst der einzelstaatlichen Grundstruktur zuwendet und dann in einem zweiten Schritt Probleme zwischen den Nationalstaaten angeht.

So erwähnt Rawls die Frage der Einwanderung etwa nur, um uns mitzuteilen, daß die Notwendigkeit von Migration »verschwinden« (RdV 7) wird, sobald alle Staaten eine achtbare innere politische Struktur haben. Zu den Ursachen für Immigration zählt er unter anderem die Verfolgung religiöser und ethnischer Minderheiten, politische Unterdrückung,

Hunger (ein Problem, das sich seines Erachtens durch innenpolitische Maßnahmen vermeiden läßt)[10] und Bevölkerungsdruck (auch hier geht Rawls davon aus, daß eine Kontrolle durch innenpolitische Maßnahmen möglich ist). In einer »Gesellschaft liberaler und achtbarer Völker« würden diese Ursachen nicht existieren. Auf Rawls' Liste fehlt jedoch eine der wichtigsten Ursachen für Migration, nämlich ökonomische Ungleichheit – und ebenso fehlen Mängel in der Ernährung, der Gesundheit und der Bildung, wie sie oft mit Armut einhergehen.

Entsprechend rechtfertigt Rawls ein Ausblenden der ökonomischen Ungleichheit zwischen den Staaten in seiner Diskussion »belasteter Gesellschaften«, die aufgrund ihrer Armut nicht an der Gesellschaft der Völker beteiligt werden, damit, daß sich extreme Armut durch vernünftige innenpolitische Maßnahmen abschaffen lasse:

> Ich glaube, dass die Ursachen des Wohlstandes eines Volkes und der verschiedenen Formen dieses Wohlstandes sowohl in seiner politischen Kultur liegen und in den religiösen, philosophischen und moralischen Traditionen, welche die Grundstruktur seiner politischen und sozialen Institutionen stützen, als auch im Fleiß und in der Kooperationsfähigkeit seiner Mitglieder, all dies getragen von seinen politischen Tugenden. Darüber hinaus vermute ich, dass es nirgends auf der Welt eine Gesellschaft gibt – von Grenzfällen einmal abgesehen [in einer Fußnote werden »Eskimos im Polarkreis« genannt] –, deren Ressourcenausstattung so spärlich ist, dass sie auch dann keine Wohlordnung erreichen könnte, wenn sie in vernünftiger oder rationaler Weise organisiert und regiert würde. Historische Beispiele deuten darauf hin,

10 Hier bezieht er sich auf Sen (1981), charakterisiert dessen Schlußfolgerung jedoch auf unzutreffende Weise. Sen vertritt die Auffassung, daß eine freie Presse und demokratische Institutionen für die Vermeidung von Hungersnöten von größter Bedeutung sind, behauptet aber nicht, sie seien in jedem Fall schon hinreichend, um dieses Ziel zu erreichen. Zudem bezieht sich seine Analyse nur auf Hungersnöte und nicht auf Unterernährung, die daraus resultierende schlechte Gesundheit und verwandte Phänomene.

> dass es ressourcenarmen Ländern sehr gut gehen kann (zum Beispiel Japan), während ressourcenreiche Länder ernsthafte Schwierigkeiten haben mögen (zum Beispiel Argentinien). Die entscheidenden Elemente, auf die es ankommt, sind die politische Kultur, die politischen Tugenden und die Zivilgesellschaft eines Landes, die Redlichkeit und der Fleiß seiner Bürger, deren Fähigkeit zu Innovationen und vieles andere mehr. [Rawls nennt noch die Bevölkerungspolitik.] (RdV 134)

Diese Analyse enthält wahre Elemente, ignoriert jedoch zahlreiche auf den Nägeln brennende Fragen. Selbst wenn wir die schädlichen Auswirkungen des Kolonialismus auf die Ressourcen sowie auf die ökonomische und politische Kultur vieler heutiger Staaten ausblenden, müssen wir immer noch die Tatsache anerkennen, daß das internationale Wirtschaftssystem und die Aktivitäten multinationaler Unternehmen ärmere Länder erheblich und unverhältnismäßig belasten und daß diese Länder nicht dazu in der Lage sind, ihre Probleme allein durch kluge innenpolitische Maßnahmen in den Griff zu bekommen. Es ist unwahrscheinlich, daß Rawls sich auf der Ebene der Einzelstaaten angesichts einer auf die Grundstruktur zurückführbaren unfairen Benachteiligung armer Familien mit der Versicherung zufriedengeben würde, daß diese sich durch Sparsamkeit und Tugend über Wasser halten können. Selbst wenn die entsprechenden Hindernisse tatsächlich bis zu einem gewissen Grad auf diese Weise bewältigt werden könnten, wäre durch diese Tatsache die Frage der Gerechtigkeit doch nicht erledigt.

Wenden wir uns nun Rawls' zentralem Argument zu. Wie schon in TG wird die Idee des Urzustands auf zwei Stufen angewendet: zunächst auf der einzelstaatlichen Ebene, also innerhalb der einzelnen liberalen Gesellschaften, und dann auf der Ebene zwischen diesen Gesellschaften. Die Argumentation des neuen Buches ist jedoch wesentlich dadurch gekennzeichnet, daß eine achtbare Gesellschaft der Völker Rawls zufolge auch bestimmte nichtliberale Völker mit »achtbar hierarchischen Gesellschaften« als ordentliche Mitglieder einschließt.

Da sie nichtliberal sind, wenden diese Gesellschaften den Urzustand nicht auf der einzelstaatlichen Ebene an. Ihre politischen Prinzipien legen sie auf andere Weise fest (RdV 86). Demnach wird das Argument des Urzustands dreimal verwendet: einmal auf der einzelstaatlichen Ebene für liberale Völker, dann auf der internationalen Ebene für liberale Völker und schließlich auf der internationalen Ebene für nichtliberale Völker, die sich dafür entscheiden, der Gesellschaft der Völker beizutreten.

Warum gibt es auf der zweiten Ebene zwei separate Anwendungen des Urzustands? Warum schließen nicht alle achtbaren Gesellschaften einen gemeinsamen Vertrag auf der zweiten Ebene? Der Grund hierfür scheint zu sein, daß die Prinzipien als *Ausweitung* des liberalen Vertrags erster Stufe *abgeleitet* und dann von den achtbaren hierarchischen Gesellschaften ratifiziert, aber nicht auf dieselbe Weise abgeleitet werden. Liberale Gesellschaften wissen demnach, daß sie liberale Gesellschaften sind, und achtbare hierarchische Gesellschaften wissen ebenfalls, daß sie nichtliberal und dennoch achtbar sind, auch wenn sie ihre Situation in anderen Hinsichten völlig falsch begreifen. Rawls hält es offensichtlich für unvernünftig anzunehmen, daß sie die zu ratifizierenden Prinzipien aus den einzelstaatlichen liberalen Verfahren ableiten, denn schließlich handelt es sich bei ihnen nicht um liberale Gesellschaften. Ihnen wird mit größerem Respekt begegnet, so scheint Rawls zu denken, wenn man zunächst fordert, daß sie mit anderen ähnlichen Gesellschaften einen Vertrag schließen und dabei einfach jene Prinzipien verwenden, die sie untereinander vorziehen, statt sie direkt mit einer Struktur zu konfrontieren, die sich wesentlich dem Liberalismus verdankt. Vor diesem Hintergrund wird allerdings etwas unklar, warum sich diese Gesellschaften Rawls zufolge tatsächlich auf dasselbe Recht der Völker einigen sollten, für das sich die liberalen Gesellschaften entschieden haben. Dieser ganze Teil der Argumentation bedarf einer weiteren

Ausarbeitung. Auch Rawls scheint dies zuzugestehen, wenn er mit der Beobachtung schließt, daß es auch möglich wäre, »sich liberale und achtbare Völker zusammen in einem Urzustand vorzustellen, wenn sie sich zu irgendeiner Art regionaler Vereinigung oder Föderationen zusammenschließen« (RdV 86).

Wie schon in TG stehen die herkömmlichen Fragen der Außenpolitik im Zentrum beider Verträge auf der zweiten Ebene, wobei die Hoffnung wesentlich auf einen stabilen Frieden gerichtet ist. Entsprechend beziehen sich sechs der acht Grundsätze des Rechts der Völker (RdV 41) auf vertraute Fragen des Völkerrechts wie Unabhängigkeit und Selbstbestimmung, die bindende Kraft von Verträgen, das Aggressionsverbot und das Prinzip der Nichteinmischung, das Recht auf Selbstverteidigung und Einschränkungen der Kriegsführung. Rawls weitet diese Analyse jedoch aus und schließt die Einigung auf bestimmte wesentliche Menschenrechte und eine Pflicht ein, anderen Völkern zu helfen, wenn diese unter ungünstigen Bedingungen leben, »welche verhindern, dass sie eine gerechte oder achtbare politische und soziale Ordnung haben« (ebd.). Das langfristige Ziel der Kooperation ist ein »demokratischer Friede«, wie er auch von Kant angestrebt worden ist, in dem sich demokratische Regierungssysteme nach und nach in allen Gesellschaften durchsetzen und damit der Verfolgung religiöser Minderheiten, Krieg (Rawls betont, daß Demokratien niemals Krieg gegeneinander führen) und den anderen größten Übeln der Moderne ein Ende bereiten. Hier folgt Rawls Kant: Ein ewiger Friede läßt sich als Ergebnis der Etablierung einer Föderation freier republikanischer Staaten ins Auge fassen.

Diese Beschreibung des angestrebten Zustands scheint doch um einiges umfassender zu sein als die Konzeption gegenseitiger Vorteile, die Rawls in TG skizziert hat, auch wenn, wie wir sehen werden, Rawls' Verständnis seiner eigenen Beschreibung durch seine Weigerung eingeschränkt wird, substantielle materielle Umverteilungen über Staatsgrenzen hinweg überhaupt in Betracht zu ziehen. Aber in welchem Maße geht diese Vision wirklich über die kontraktualistische Idee eines fairen Vertrags zum gegenseitigen Vorteil hinaus? Natürlich würde ein demokratischer Friede jeder Gesellschaft große Vorteile bringen. Deshalb läßt sich nicht einfach sagen, inwiefern Rawls dieses Ziel als ein Gut auffaßt, das die Vorteile transzendiert, die einer jeden Partei (unter fairen Bedingungen) daraus erwachsen, und das sie alle in einer neuen globalen Gesellschaft miteinander verbindet. Um diesen Zusammenhang besser verstehen zu können, müssen wir die in RdV vorgenommene Analogisierung von Staat und Person genauer untersuchen und fragen, inwiefern Rawls hier von seiner früheren Auffassung der Grundstruktur abweicht.

Wie bereits in TG behandelt Rawls auch hier die innergesellschaftlichen Gerechtigkeitsprinzipien in liberalen wie auch in nichtliberalen Gesellschaften als gegeben und nicht weiter verhandelbar im auf der zweiten Ebene zu schließenden Vertrag. Deshalb wird der Vertrag zweiter Stufe in keinem Fall dazu führen, daß die Verteilung von Freiheiten und Möglichkeiten oder die ökonomischen Verhältnisse innerhalb der Staaten in irgendeiner Hinsicht in Frage gestellt werden. Kein internationaler Vertrag, der die innergesellschaftlichen Verhältnisse dieser Staaten betrifft, wird, wenn es um Fragen jenseits des recht mageren Katalogs an von ihnen zu respektierenden Menschenrechten geht, die einzelgesellschaftliche Grundstruktur zu verändern befugt sein. Schon heute haben jedoch zahlreiche internationale Vereinbarungen Auswirkungen auf die Verhältnisse innerhalb einzelner Gesellschaften, und zwar auch in Fragen, die deren Grundstruktur betreffen. (So verlangen etwa die Bestimmungen des Übereinkommens zur Beseitigung jeder Form von Diskriminierung der Frau – abgekürzt CEDAW: Convention on the Elimination of All Forms of Discrimination Against Women –, die Vergewaltigung in der Ehe, Fragen der Staatsangehörigkeit sowie

Eheschließung und Scheidung betreffen, in vielen Ländern Änderungen des nationalen Rechts, die, da es in ihnen um die Familie geht, auch die Grundstruktur der jeweiligen Gesellschaft betreffen.) Rawls scheint demnach die Auffassung zu vertreten, daß Staaten solche Verträge weder ratifizieren sollten noch werden. Es ist auffällig, daß er auf die Annahme verzichtet, die Staaten würden innergesellschaftlich bereits den in solchen Verträgen ausbuchstabierten Menschenrechtsnormen genügen. Nur in den wenigen Bereichen, die durch die geringe Anzahl an von Rawls anerkannten Menschenrechtsnormen abgedeckt werden (denen ich mich in Kürze zuwenden werde), haben transnationale Normen die Kraft, auch eine Wirkung auf die innergesellschaftlichen Verhältnisse zu entfalten. Den Prämissen des Ansatzes entsprechend wird jedoch davon ausgegangen, daß die Staaten, um die es geht, diese Menschenrechtsnormen bereits übernommen haben. Jede Ausweitung des Diskurses der Menschenrechte, die Nationalstaaten zu einer Änderung ihrer Strukturen in Antwort auf eine internationale Debatte bringen könnte, wird durch Rawls' Vorannahmen ausgeschlossen.

Wie wir gesehen haben, läuft die Annahme der Gegebenheit und Endgültigkeit in TG darauf hinaus, daß wir nichts Interessantes darüber erfahren, warum Staaten und ihre Grundstruktur von Bedeutung sind. Dieses Problem, das auch in RdV fortbesteht, wird durch die Unterscheidung zwischen Staaten und Völkern noch verschärft, der Rawls nun eine zentrale Rolle in seiner Argumentation einräumt. Es lohnt sich, dieser Unterscheidung etwas mehr Aufmerksamkeit zu schenken, da sie in der Diskussion über Fragen der internationalen Politik immer wieder auftaucht.

Obwohl Rawls zunächst Staaten und deren Grundstruktur als seinen Ausgangspunkt zu wählen scheint, zeigt sich bei genauerem Hinsehen, daß dies gar nicht der Fall ist. Statt dessen betont er, daß die Grundsätze der internationalen Beziehungen in erster Linie zwischen »Völkern« und nicht zwischen

Staaten Anwendung finden. Was ist ein »Volk« und warum trifft Rawls diese Unterscheidung? Wenn ein »Volk« eine Gruppe von Menschen ist, die eine umfassende Konzeption des Guten[11] oder zumindest eine Reihe von Traditionen teilen, die sich einer solchen Konzeption annähern, dann ist das zwar ein verständlicher Begriff, aber wir sollten nicht erwarten, daß die Grenzen zwischen Völkern und diejenigen zwischen Staaten häufig zusammenfallen. Selbst in einer Nation mit einer starken und dominierenden religiösen Tradition wie Italien gibt es religiöse Minderheiten und nichtreligiöse Bürgerinnen und Bürger. Auch innerhalb von Religionen finden sich ernstzunehmende Unterschiede.[12] Zudem kann es in jeder Gruppe sein, daß die weiblichen Mitglieder die umfassenden Ansichten der männlichen Mitglieder nicht in jeder Hinsicht teilen. Was als Tradition oder Lehre einer Gruppe präsentiert wird, ist allzuoft eine männliche Konstruktion, aus der Frauen ausgeschlossen worden waren.

Wenden wir uns von kleinen und relativ homogenen Staaten großen Ländern wie Indien, Peru, der Türkei und den Vereinigten Staaten zu, so finden wir auch in ihrem Inneren sehr ausgeprägte Differenzen zwischen unterschiedlichen umfassenden Lehren, wie es auch für die von Rawls in PL skizzierte Gesellschaft der Fall ist. Rawls' eigener Sichtweise zufolge ist diese Heterogenität kein Zufall, da er mit Charles Larmore der Ansicht ist, daß vernünftige Meinungsunterschiede über umfassende Lehren ein charakteristisches Merkmal moderner Gesellschaften unter Bedingungen der Gedankenfreiheit sind

11 Rawls führt den Terminus der »umfassenden Konzeption« in PL ein, um die politische Konzeption von den allgemeinen religiösen und säkularen Konzeptionen der Bürger zu unterscheiden, die etwa den Sinn des Lebens, die Forderungen der Ethik und so weiter zum Gegenstand haben.

12 Wie Fred Kniss (1997) zeigt, gibt es selbst in der oft als Beispiel für eine kleine und homogene Religion angeführten Glaubensgemeinschaft der Mennoniten zahlreiche und heftige Meinungsverschiedenheiten über basale Elemente ihrer Konzeption des Guten.

(vgl. PL 127-132). In RdV vertritt Rawls die Ansicht, daß in allen beteiligten Gesellschaften zumindest ein gewisses Maß an Gedankenfreiheit verwirklicht ist, so daß hier mit einem vernünftigen Pluralismus an umfassenden Lehren gerechnet werden sollte. Deshalb sollten wir nicht erwarten, daß diese Gesellschaften die Bedingungen dafür erfüllen, ein Volk zu sein, wenn denn eine geteilte umfassende Lehre zu diesen Bedingungen gehören soll.

Rawls deutet jedoch an, daß die Bedingungen dafür, ein Volk zu sein, auch etwas weniger anspruchsvoll gefaßt werden können: Es bedürfe allein »geteilter Zuneigungen«, und diese setzten wiederum keine gemeinsame Kultur mit einer geteilten Sprache und Geschichte voraus, auch wenn eine solche, wie er sagt, bei der Herausbildung eines Volkes sicherlich von Nutzen ist (RdV 27). Sind die von ihm betrachteten Gesellschaften Völker in diesem Sinn? Hier scheint der Begriff zu vage geworden zu sein, um uns irgendeine Orientierung zu bieten. Es ist nicht unwahrscheinlich, daß Frauen rund um die Welt in größerem Ausmaß »geteilte Zuneigungen« mit Frauen in anderen Ländern haben als Frauen mit Männern in durch starke Geschlechterhierarchien geprägten Ländern. Tatsächlich sind Abneigung und das Fehlen »geteilter Zuneigungen« besonders weit verbreitet, wenn Menschen unter Bedingungen der Ungleichheit eng zusammenleben, viel weiter jedenfalls, als wenn Menschen in einiger Entfernung voneinander leben und sich nicht regelmäßig begegnen. Wenn wir dazu tendieren, Menschen in einem Land »geteilte Zuneigungen« zuzuschreiben, liegt das gewöhnlich auch daran, daß es uns gelingt, diese Tatsachen der Unterordnung auszublenden und der herrschenden Gruppe aufs Wort zu glauben. An anderer Stelle zeigt Rawls, daß er sich dieser Tatsachen sehr wohl bewußt ist: In PL beruht sein Begriff des Staates und der Gemeinschaft im Staat auf ebensolchen Tatsachen über Pluralismus und Uneinigkeit. Aus genau diesem Grund betont Rawls wiederholt, daß die individuelle Person das einzig angemessene Subjekt einer Theorie der Gerechtigkeit darstellt.[13]

Lassen wir die »geteilten Zuneigungen« einmal beiseite, so bleibt noch die andere von Rawls als notwendig erachtete Bedingung dafür, ein Volk zu sein: der Wille, unter denselben demokratischen Institutionen zusammenzuleben. Damit aber landen wir wieder beim Staat und bei dem, was Grotius und andere Autoren dieser Tradition als das grundlegende Band zwischen den Bürgern und der Grundstruktur, in der sie leben, bezeichnen würden. Um dieses Band angemessen zu verstehen, bedarf es keines anderen Begriffs, und der Begriff eines »Volkes« führt mit seiner vagen Andeutung sozialer Homogenität zu keiner hilfreichen Klärung. Warum also ist Rawls gegenüber dem Begriff des Staates so skeptisch eingestellt und warum plädiert er dafür, die internationalen Beziehungen primär als Beziehungen zwischen Völkern und nicht als solche zwischen Staaten zu betrachten?

An dieser Stelle nehmen seine Überlegungen eine seltsame Wendung, denn er spricht nicht mehr nur einfach vom Staat, sondern von »Staaten im herkömmlichen Sinne« (RdV 28). Den Staat charakterisiert er nun auf eine Weise, die ihn mit bestimmten Befugnissen ausstattet, die Staaten traditionell zugeschrieben worden sind, wie etwa die Befugnis, Krieg zu führen. Da er die Auffassung zurückweisen möchte, daß Staaten im Rahmen einer gut funktionierenden internationalen Gesellschaft zu Recht über solche Befugnisse verfügen, folgert

13 Vgl. etwa TG 297 f.: »Der Grundgedanke ist der, daß die sozialen Werte, das an sich Gute institutioneller, gesellschaftlicher und gemeinschaftlicher Tätigkeit durch eine Gerechtigkeitsvorstellung erklärt werden soll, deren theoretische Grundlage individualistisch ist. Unter anderem aus Gründen der Klarheit möchten wir uns nicht auf einen undefinierten Begriff der Gemeinschaft stützen oder annehmen, die Gesellschaft sei ein organisches Ganzes mit einem Eigenleben, das verschieden von dem aller ihrer Mitglieder in ihren gegenseitigen Beziehungen und höherwertig als dieses sei. [...] Von dieser Vorstellung her, wie individualistisch sie auch scheinen mag, müssen wir schließlich den Wert der Gemeinschaft erklären.«

er, daß der Staat nicht das Subjekt einer Theorie der internationalen Gerechtigkeit sein kann. Aber warum sollte man statt dessen nicht den Schluß ziehen, daß die traditionelle Konzeption des Staates in Teilen irreführend ist, insofern sie dem Staat bestimmte Befugnisse zuspricht, die ihm dem korrekten Verständnis zufolge in Wirklichkeit gar nicht zukommen? Rawls' eigentlichem Zweck wäre mit solchen Überlegungen besser gedient.

Ein weiteres Mal vertritt Rawls die Auffassung, daß es sich bei Staaten um rationale Akteure handelt, die allein ihr Eigeninteresse im Auge haben (RdV 31); er bezieht sich damit auf die traditionelle realistische Sichtweise der Außenpolitik. Auch hier stellt sich jedoch die Frage, warum man nicht einfach diese Auffassungen des Staates für ebenso verfehlt halten sollte wie eng ökonomistische Konzeptionen der Person: Warum sollten Staaten nicht zugleich eigeninteressiert und moralisch sein? Solche Überlegungen würden viel besser zu Rawls' theoretischem Unterfangen passen. Hätte er die traditionelle Konzeption des Staates kritisiert und eine stärker moralische Auffassung vertreten, wie sie sich auch bei Grotius findet, so hätte er seine Überlegungen nicht auf der Idee der Achtung vermeintlich homogener Völker aufbauen müssen, einer Idee, die ebenso verworren wie verwirrend zu sein scheint.

In gewissen Hinsichten sind die Formulierungen aus RdV also weniger klar und werden der Sache weniger gerecht als diejenigen aus TG. Mit Bezug auf andere schwierige Fragen, die TG offengelassen hat, erweisen sich die Überlegungen aus RdV jedoch als Fortschritt. Erinnern wir uns daran, daß die Analogie zwischen Staaten und Personen suggeriert, Staaten repräsentierten auf irgendeine Weise die Interessen der Menschen, die ihnen angehören. Wie wir gesehen haben, trifft dies in Wirklichkeit für viele Länder nicht zu. Rawls nimmt diese Tatsache nun ausdrücklich zur Kenntnis und verleiht ihr strukturelles Gewicht. Der Urzustand zweiter Ebene schließt nur jene Staaten ein, die die Menschenrechte achten und entweder über eine liberal-demokratische Verfassung oder »achtbare hierarchische« Verhältnisse verfügen, die eine »Gemeinwohlkonzeption der Gerechtigkeit« und »achtbare Konsultationshierarchien« umfassen. Außerhalb der Gesellschaft der Völker finden wir »Schurkenstaaten«, die die Menschenrechte mißachten, sowie »belastete Gesellschaften«, die nicht nur arm, sondern auch politisch schlecht organisiert sind. Rawls zufolge ist es eine der zentralen Aufgaben der Gesellschaft der Völker, die Schurkenstaaten in ihre Grenzen zu weisen. Zumindest auf diese Weise tangieren seine Überlegungen auch die Lebenschancen von Menschen, die in diesen Gesellschaften unterdrückt werden. Alle Mitglieder haben darüber hinaus Hilfspflichten gegenüber den belasteten Gesellschaften. Für Rawls bedeutet das vor allem, daß man ihnen beim Aufbau stabiler demokratischer Institutionen hilft, die er für den wesentlichen Schritt auf dem Weg zu mehr Wohlstand hält. Hierbei handelt es sich zwar um ein ziemlich begrenztes Verständnis dessen, was wir anderen Ländern schulden, aber zumindest finden sich zu diesem Problem überhaupt Ausführungen.[14]

Die wichtigste Weiterentwicklung im Vergleich mit TG besteht darin, daß Rawls nun die transnationale Kraft der Menschenrechte anerkennt. Die Mitgliedschaft in der Gesellschaft der Völker setzt die Achtung einer Liste solcher Rechte voraus, die die staatliche Souveränität einschränken. Um gewaltsame Interventionen durch andere Staaten auszuschließen, ist die Achtung dieser Rechte ausreichend (RdV 97). Die Liste soll nur eine Untergruppe der Rechte umfassen, die

14 Welche Gesellschaften zählen zu den »belasteten Gesellschaften«? Rawls' Mangel an Realismus zeigt sich ein weiteres Mal in der unzureichenden Bestimmung dieses Begriffs. Diesen Gesellschaften »fehlen politische und kulturelle Traditionen, das Humankapital, das Know-how und oft auch die nötigen materiellen und technologischen Ressourcen, um wohlgeordnet zu sein« (RdV 131). Diese Aussage ist überaus vage. Vgl. die äußerst interessanten weiterführenden Bemerkungen über ökonomische Unterstützungsleistungen in Rawls/Van Parijs (2000).

normalerweise innerhalb liberaler Gesellschaften geschützt werden, »eine Klasse besonders dringlicher Rechte [...], zum Beispiel die Freiheit von Sklaverei und Leibeigenschaft, die Freiheit (aber nicht die gleiche Freiheit) des Gewissens und die Sicherheit ethnischer Gruppen vor Massenmord und Genozid« (RdV 96). Obwohl diese Bindung an die Menschenrechte einen eindeutigen Fortschritt gegenüber TG darstellt, müssen wir doch auch festhalten, wie dünn diese Liste der Menschenrechte ist: Sie spart mehr als die Hälfte der Menschenrechte aus, die in der Allgemeinen Erklärung aufgezählt werden, unter anderem die vollständige Gleichheit vor dem Gesetz (da ungleiche Freiheit für zulässig befunden wird), die Gedanken- und Meinungsfreiheit, die Versammlungsfreiheit, die freie Berufswahl, das Recht auf gleichen Lohn für gleiche Arbeit sowie das Recht auf Bildung.[15] Zudem impliziert die Gegebenheit der Grundstruktur, daß keine völkerrechtliche Übereinkunft im Bereich der Menschenrechte, die über diesen dünnen Katalog hinausgeht, die Kraft haben wird, einzelgesellschaftliche Institutionen zu verändern.

Rawls macht also nur kleine Fortschritte hin zu einer umfassenderen Konzeption der internationalen Gesellschaft. Insofern sich von Fortschritt sprechen läßt, können wir nun sehen, daß dieser Fortschritt nicht durch den kontraktualistischen Ansatz selbst ermöglicht wird, sondern durch einige ziemlich radikale Abweichungen von ihm, die in die Richtung einer wie der von mir präferierten Herangehensweise weisen, die eine minimale Konzeption der sozialen Gerechtigkeit mit Bezug auf die Verwirklichung bestimmter positiver Ergebnisse bestimmt, also mit Bezug darauf, was die Menschen tatsächlich zu tun und zu sein in der Lage sind. Die Kriterien,

15 Dies wird noch unterstrichen durch Rawls' eigene Bezugnahme auf die Allgemeine Erklärung und durch seine Bemerkung, daß die von ihm zusammengestellte Liste die Artikel 3 bis 18 abdeckt (auch wenn sie die volle Formulierung des Artikels 7 zur Gleichheit vor dem Gesetz gar nicht wirklich miteinbeziehen kann) und die Rechte aus den folgenden Artikeln der Erklärung ausspart.

die verwendet werden, um zu bestimmen, wer Teil der Gesellschaft der Völker ist und wer nicht, schließen ethische ergebnisorientierte Kriterien mit ein, nämlich die Achtung der Menschenrechte.[16] Erst vor dem Hintergrund der Verwirklichung dieser Menschenrechte kommt der Kontraktualismus zu seinem beschränkten Einsatz. In diesem Sinn kann RdV in entscheidenden Hinsichten nicht mehr als kontraktualistisch betrachtet werden: Einige besonders wichtige Fragen werden auf andere Weise beantwortet, bevor es überhaupt zum Vertragsschluß kommt.

Zudem scheint Rawls das traditionelle Humesche Kriterium der relativen Gleichheit über Bord geworfen zu haben, zumindest insofern darunter ähnliche ökonomische Bedingungen verstanden werden. Denn es ist offensichtlich, daß die Länder, die die Menschenrechte hochhalten und entweder liberale oder »achtbare« Staaten sind, überhaupt nicht als relativ gleich betrachtet werden können. Rawls scheint sich den Vertrag so vorzustellen, daß er unter den Vereinigten Staaten und Kanada sowie den Staaten Europas und Australasiens (auch Japan und Südkorea?) geschlossen wird – diese Länder könnten zumindest theoretisch als relativ gleich gelten. Aber was ist mit Ländern wie Indien, Bangladesch, der Türkei und Südafrika – alles liberale, die Menschenrechte achtende Demokratien, die mit Bezug auf den ökonomischen Entwicklungsstand extrem ungleich sind im Vergleich mit Australien und den anderen genannten Ländern? Das Pro-Kopf-Bruttoinlandsprodukt beträgt in den Vereinigten Staaten, wie bereits bemerkt, 34 320 US-Dollar, in Bangladesch 1610 US-Dollar, in Indien 2840 US-Dollar, in der Türkei 5890 US-Dollar und in Südafrika 11 290 US-Dollar. (Die tatsächlichen Unterschiede sind vermutlich noch größer, als diese Zahlen suggerieren.) Diese Staaten sind also weit davon entfernt, im Verhältnis zu den Staaten Nordamerikas, Europas, Australasiens

16 Diese Annahme begrenzt zudem das Ausmaß des Nichtwissens der Parteien im Urzustand.

und (eines Teils) Ostasiens relativ gleich zu sein, und sie sind auch untereinander nicht relativ gleich.

Das Fazit lautet wie folgt: Entweder muß Rawls zugestehen, daß die Grundsätze und Bedingungen, die Gesellschaften zusammenbringen, um den Vertrag zweiter Stufe zu schließen, sich stark von den Humeschen Anwendungsverhältnissen der Gerechtigkeit unterscheiden, die ein so großes Gewicht auf relative Gleichheit und gegenseitige Vorteile legen, oder er muß an dieser Sichtweise festhalten. Wenn er sich von Hume abwendet und die Bedingung der relativen Gleichheit sowie die damit verbundene Annahme über die Motivation der Parteien (daß sie aus der Kooperation alle einen Gewinn erwarten können) abschwächt, kann er die von mir erwähnten Länder alle miteinbeziehen, obwohl sie untereinander extreme Ungleichheiten aufweisen. Dann aber muß er eine neue Erklärung dafür anbieten, warum sie miteinander kooperieren, da der Vertrag nun nicht länger so verstanden werden kann, daß er zum gegenseitigen Vorteil abgeschlossen wird. Natürlich ist Frieden im Interesse aller Menschen, aber Frieden kann, wie im Fall der »Schurkenstaaten«, von außen gefördert werden und ist nicht unbedingt auf die Einbeziehung der armen Demokratien in den Vertrag selbst angewiesen. Aus diesem Grund benötigen wir ein tieferes Verständnis der Zwecke, die diese sehr unterschiedlichen Nationen gemeinsam verfolgen. Wenn Rawls auf der anderen Seite standhaft auf der Seite Humes und der klassischen Vertragstheorie bleibt, dann sollte er sagen, daß Indien, Bangladesch, die Türkei und Südafrika keine Parteien des Vertrags zweiter Ebene sind, auch wenn seine anderen Kriterien sehr wohl für ihre Einbeziehung sprechen. Sie sind einfach zu arm, als daß die reichen Staaten irgendeinen Gewinn daraus ziehen könnten, sie als relativ Gleiche zu behandeln. In der Folge müssen sie mit den »belasteten Gesellschaften« eine gemeinsame Gruppe bilden – obwohl diese Zuordnung selbst schon auf ein Problem dieser Kategorie aufmerksam machen sollte, da nicht plausibel behauptet werden kann, daß das, was diese Gesellschaften benötigen, Hilfe beim Aufbau demokratischer Institutionen ist.

Schlägt Rawls diesen Weg ein und schließt die armen Länder vom Vertrag zweiter Stufe aus, wird er mit der gegenwärtigen Weltordnung in Einklang stehen, in der die meisten Entscheidungen über wichtige ökonomische Fragen ohne große Beteiligung ärmerer Länder gefällt werden, die, wenn sie überhaupt gehört werden, jedenfalls nicht als Gleiche gehört werden.[17] Rawls' Ausführungen sind hier nicht besonders gut durchdacht; sein Mangel an Klarheit in dieser Frage macht RdV zu einem nicht vollkommen gelungenen Werk.

Zwischen der Situation ärmerer Länder und der Situation von Menschen mit Behinderungen gibt es eine erstaunliche Parallele. In beiden Fällen wird die Menschenwürde von Personen, die im vollen Sinn Menschen sind, auf der entscheidenden Stufe des politischen Vertrags nicht berücksichtigt, auf der die grundlegenden Prinzipien gewählt werden, da sie nicht das Kriterium der »relativen Gleichheit« an Macht und Fähigkeiten unter den Vertragsparteien erfüllen. Aus diesem Grund kann ein Vertrag zum gegenseitigen Vorteil sie nicht als gleiche Mitglieder einbeziehen. Aus Sicht des ganzen Systems sind sie eine Art Bremsklotz, und um mit ihnen klarzukommen, müssen andere Prinzipien gefunden werden. Da der kontraktualistische Ansatz zudem die den Vertrag aufsetzenden Parteien mit den primären Subjekten der Gerechtigkeit verwechselt, können die Menschen, die nicht »relativ gleich« sind, nicht als primäre Subjekte der Gerechtigkeit gelten.

Eine solche Strategie ist im Fall von Ländern ebenso unzulässig wie im Fall von Personen: Diese Länder (oder ihre Bürgerinnen und Bürger) sind Träger der gleichen Menschen-

17 Vgl. Stiglitz (2002), der eine berüchtigte Photographie beschreibt, auf der ein französischer Repräsentant mit verschränkten Armen über einem sitzenden indonesischen Politiker steht und in einer Pose kolonialistischer Herablassung die Weisheit der reichen Länder und ihrer Institutionen verkündet.

würde, und wenn sie mit besonderen Problemen konfrontiert sind, müssen diese Probleme von Beginn an bei der Gestaltung des gesamten Systems der globalen Gerechtigkeit berücksichtigt werden und nicht erst im Rahmen einer nachträglichen Überlegung oder als Problem der Wohltätigkeit. Wollte man sie von vornherein auf umfassende Weise einbeziehen, würde das allerdings ein anderes Verständnis der Zwecke der sozialen Kooperation erfordern. Rawls bewegt sich in die Richtung eines solchen Verständnisses, wenn er die Forderungen der Menschenrechte in seine Konstruktion aufnimmt; aber seine Richtungsänderung ist zögerlich und läuft nicht auf die umfassende Veränderung des kontraktualistischen Rahmens hinaus, die notwendig zu sein scheint.

Es gibt einen weiteren Punkt, in dem RdV zu kurz greift. Wie wir gesehen haben, nimmt Rawls' Gesellschaft der Völker auch »achtbare hierarchische Gesellschaften« auf.[18] Rawls

18 Ein erstes Problem für die Beurteilung von Rawls' Theorie in diesem Bereich ergibt sich aus ihrer historischen Unbestimmtheit. Rawls hat über die real existierenden hierarchischen Gesellschaften unserer Welt nichts zu sagen. (Seine fiktiven Beispiele beziehen sich auf das Osmanische Reich.) Wie schon in früheren Arbeiten präsentiert Rawls seine eigenen liberalen Prinzipien in VR als in einer spezifisch »westlichen« Tradition verankert und charakterisiert den Liberalismus selbst als »westlich«, ja als im »westlichen Individualismus« verankert. In RdV wird die Bezugnahme auf den Westen zugunsten einer schematischen Unterscheidung zwischen liberalen und nichtliberalen Gesellschaften fallengelassen. Rawls scheint jedoch noch immer in erster Linie an westliche Gesellschaften zu denken, nicht an Indien, Bangladesch und ähnliche Länder. Die Auslassung dieser Gesellschaften ist insbesondere im Kontext seiner Diskussion des Prinzips der Toleranz erstaunlich, denn die Tatsache, daß sich viele nichtwestliche Gesellschaften liberale Verfassungen gegeben haben, hätte Rawls' Begründung der unkritischen Haltung gegenüber »achtbaren hierarchischen Gesellschaften« untergraben, wenn er sie denn anerkannt hätte, da diese Begründung mit der Vorstellung verbunden ist, daß diese Gesellschaften andere historische Traditionen aufweisen, so daß man von ihnen eine Übernahme des liberalen Modells nicht vernünftigerweise erwarten kann. (Natürlich ist bereits die Unterscheidung zwischen »westlichen« und »nichtwestlichen« Gesellschaften eine westliche Konstruktion, die nicht besonders hilfreich ist, wenn wir über diese unterschiedlichen Gesellschaften und ihre heterogenen

rechtfertigt dies mit Bezug auf ein Prinzip der Toleranz, das auf äußerst fragwürdige Weise auf der Analogie von Staat und Person beruht. Seine Überlegung lautet wie folgt:

> Natürlich können tyrannische und diktatorische Regime nicht als ordentliche Mitglieder einer vernünftigen Völkergemeinschaft anerkannt werden. Aber ebensowenig kann man vernünftigerweise verlangen, daß alle Regime liberal seien, denn sonst verhielte sich das Völkerrecht selbst intolerant gegenüber anderen vernünftigen Möglichkeiten, die Gesellschaft zu ordnen; außerdem wäre solche Intoleranz kaum förderlich, wenn es darum geht, eine gemeinsame Basis der Übereinstimmung zwischen vernünftigen Völkern zu finden. Gerade so wie der einzelne Bürger in einer liberalen Gesellschaft die religiösen, philosophischen und moralischen Anschauungen anderer Bürger respektieren muß, sofern sie in Übereinstimmung mit einer vernünftigen politischen Konzeption von Gerechtigkeit stehen, muß auch eine liberale Gesellschaft andere, nach abweichenden Anschauungen organisierte Gesellschaften respektieren, sofern deren politische und gesellschaftliche Institutionen bestimmte Voraussetzungen erfüllen, die sicherstellen, daß diese Gesellschaften sich einem vernünftigen Völkerrecht nicht verschließen. (VR 53 f.)

Mit anderen Worten: Ebenso wie US-Amerikaner die umfassenden Lehren gläubiger Katholiken, Buddhisten und Moslems respektieren müssen, sofern sie die vernünftige politische Konzeption der Gerechtigkeit achten, die Rawls in PL verteidigt, so muß auch eine liberale Gesellschaft andere liberale Gesellschaften und achtbare hierarchische Gesellschaften respektieren, sofern diese sich an die Einschränkungen und Standards halten, die im Recht der Völker ausbuchstabiert

Traditionen nachdenken.) Darüber hinaus ist bekannt, daß die Kernideen der Rawlsschen politischen Theorie auch in anderen politischen Traditionen tief verwurzelt sind: So finden sich etwa in Indien schon lange vor den entsprechenden europäischen Entwicklungen weitentwickelte und politisch wirkmächtige Ideen der religiösen Toleranz; vgl. Sen (1997). Insofern Rawls seine nachsichtige Behandlung bestimmter nichtliberaler Gesellschaften mit Bezug auf historische Unterschiede rechtfertigt, erweist sich diese These demnach als nicht begründet und nicht begründbar.

werden. Toleranz soll nicht allein den Verzicht auf militärische, ökonomische oder diplomatische Sanktionen gegen ein Volk erfordern, sondern die Anerkennung von nichtliberalen Gesellschaften als gleichberechtigte Mitglieder der Gesellschaft der Völker.

Prüfen wir nun die Stichhaltigkeit dieser Analogie. Tatsächlich finden wir in Rawls' Argumentation sowohl Analogien als auch Disanalogien. Innerhalb einer liberalen Gesellschaft gibt es zahlreiche hierarchische Konzeptionen des Guten. Diese Konzeptionen werden als vernünftig respektiert, insofern ihre Anhänger die Prinzipien der Gerechtigkeit, die der Grundstruktur ihrer Gesellschaft zugrunde liegen, als konstitutive Bestandteile oder »Module« ihrer umfassenden Lehren achten.[19] Anders gesagt, die religiösen Konzeptionen müssen Rawls' Gerechtigkeitsprinzipien umfassen, auch wenn sie das ursprünglich nicht getan haben. Auch im Fall umfassender Lehren, deren Gebote mit diesen Grundsätzen konfligieren, wird die Redefreiheit ihrer Anhänger jedoch nur unter außergewöhnlichen Umständen eingeschränkt, die von Rawls in seinen Ausführungen zur Freiheit der politischen Rede (für den Fall einer schweren Verfassungskrise) näher bestimmt werden. Dennoch werden solche unvernünftigen umfassenden Lehren in der Verfassungsstruktur der Gesellschaft nicht respektiert, und zwar in dem Sinn, daß es in der Verfassung verankerte Prinzipien gibt, die im Widerspruch zu diesen Lehren stehen; aus diesem Grund werden auf diesen Lehren basierende Vorschläge nicht zur Abstimmung nach dem einfachen Mehrheitsprinzip zugelassen.

Auf der transnationalen Ebene stellt sich die Situation jedoch gänzlich anders dar. Gesellschaften, die bestimmten re-

19 Vgl. zu dieser Beschreibung PL 232: »die politische Konzeption [ist] ein Modul, ein wesentlicher Bestandteil, der sich auf unterschiedliche Weise in verschiedene vernünftige Lehren einfügt, die in einer von ebendieser Konzeption regulierten Gesellschaft Bestand haben, und von ihnen gestützt wird«.

ligiösen oder traditionellen Lehren anhängen, werden in dem Sinn toleriert, daß sie als ordentliche und gleichberechtigte Mitglieder der Gesellschaft der Völker anerkannt werden, sofern bestimmte sehr viel schwächere Bedingungen erfüllt sind. Die Achtung eines dünnen Katalogs von Menschenrechten wird weiterhin vorausgesetzt. Es ist jedoch klar, daß ein Volk auch dann gleiche Achtung in der Gemeinschaft der Völker erlangen kann, wenn etwa Eigentumsrechte,[20] politische Beteiligungsrechte und die Religionsfreiheit unterschiedlichen Gruppen in der Gesellschaft – etwa Männern und Frauen – auf unterschiedliche Weise zugesprochen werden.[21] Die Anforderungen der politischen Demokratie, der gleichen Freiheit und des allgemeinen Wahlrechts[22] werden hier ersetzt durch die schwächere Anforderung einer »vernünftigen Konsultationshierarchie«.[23] Selbst die Freiheit der politischen Rede muß nicht allen Personen zugesprochen werden, solange es »Vereinigungen und Körperschaften« (VR 74) gibt, die es ihnen erlauben, ihren Dissens zum Ausdruck zu bringen, und die ihre Ansichten ernst nehmen. Und auch wenn es um Diskriminierung am Arbeitsplatz geht, kann eine achtbare Gesellschaft unterschiedliche Gruppen ungleich behandeln.[24]

20 In RdV 80 postuliert Rawls, daß das Recht auf Eigentum Teil der Liste der grundlegenden Menschenrechte ist, insistiert aber vorsichtigerweise nicht darauf, daß es um gleiche Eigentumsrechte geht.

21 Vgl. RdV 233, Fn. 2: »diese Gewissensfreiheit [muß] nicht allen Gesellschaftsmitgliedern im gleichen Maße gewährt werden: So mag zum Beispiel eine Religion in der staatlichen Organisation rechtlich vorherrschen, während den Anhängern anderer Religionen das Recht, bestimmte Positionen einzunehmen, verweigert wird.«

22 Vgl. RdV 88: »in einer achtbaren hierarchischen Gesellschaft [werden] weder alle Personen als freie und gleiche Bürger betrachtet noch als verschiedene Individuen, die es verdienen, in gleicher Weise vertreten zu werden (entsprechend der Maxime: Ein Bürger, eine Stimme!)«.

23 Dies ist die Standardformulierung aus VR. In RdV wird sie durch die Bezeichnung »achtbare Konsultationshierarchie« ersetzt.

24 Die in RdV formulierte Bedingung der »formalen Gleichheit [...] (das heißt, dass gleiche Fälle gleichbehandelt werden)« (80) reicht bekanntlich nicht aus, um Nichtdiskriminierung zu gewährleisten, da sich im-

Auf der Ebene der Einzelgesellschaft ist Rawls' Toleranzprinzip ein personenzentriertes Prinzip: Es fordert die Achtung der Person und ihrer Konzeption des Guten. Auf der transnationalen Ebene nimmt das Prinzip jedoch eine grundlegend andere Gestalt an, obwohl Rawls so tut, als wende er dasselbe Prinzip an: Nun fordert es nämlich die Achtung von Gruppen, und nicht von Personen; tatsächlich werden letztere nicht angemessen respektiert, da das Prinzip hier zuläßt, daß die berechtigten Ansprüche der Personen von der lokal herrschenden Gruppe festgelegt werden, ob diese Gruppe deren Unterstützung haben oder nicht. Rawls' hat die Einzelpersonen noch immer im Blick, insofern er auf einem dünnen Katalog vordringlicher Menschenrechte beharrt. Er läßt jedoch zu, daß Gruppen auf der internationalen Ebene eine Macht haben, die ihnen innergesellschaftlich nicht zugesprochen wird.[25]

Diese Asymmetrie ist besonders erstaunlich, wenn man in Rechnung stellt, daß Rawls' zentraler Einwand gegen den Utilitarismus in TG dessen mangelnde Personenzentriertheit ist: Indem er die Gemeinschaft als eine Art Über-Person und alle Zufriedenheitswerte als in dieser einheitlichen Struktur miteinander verrechenbar behandelt, vernachlässigt der Utilitarismus die grundlegende Getrenntheit von Personen und ihrer Leben, als handele es sich bei diesen bloß um »unterschiedliche Linien, entlang derer Rechte und Pflichten zugewiesen werden«.[26] Rawls' Theorie der internationalen Gerech-

mer vermeintlich relevante Unterschiede zwischen Frauen und Männern konstruieren lassen. Vgl. »Difference and Dominance« in MacKinnon (1987). In seiner Beschreibung Kazanistans bemerkt Rawls, daß Minderheiten »keiner willkürlichen Diskriminierung unterworfen« sind, aber schon diese Formulierung eröffnet die Möglichkeit, daß manche Formen der Diskriminierung willkürlich sind, während andere sich mit Bezug auf bestimmte Unterschiede rechtfertigen lassen.

25 Für eine ausführlichere Fassung dieses Arguments vgl. Nussbaum (2002b).

26 Vgl. Rawls (1971), 27 [dieser Satz aus der Originalausgabe fehlt im revidierten Text, der der deutschen Übersetzung zugrunde liegt; Anm. d. Übers.]; vgl. TG 48, 212-216.

tigkeit vernachlässigt die Unverletzlichkeit einer jeden Person, die für seine Theorie auf der einzelgesellschaftlichen Ebene fundamental ist. Personen bleiben jedoch Personen und eine Verletzung bleibt eine Verletzung, wo auch immer sie stattfindet.

Auf der Ebene der Einzelgesellschaft werden zudem alle Zugeständnisse an Gruppen vor dem Hintergrund von Ausstiegsoptionen gemacht: Den Individuen steht es frei, einer Religion den Rücken zu kehren und einer anderen beizutreten oder überhaupt keine Religion zu haben. Rawls ist sich sehr wohl bewußt, daß die Grundstruktur einer Nation keine oder nur wenige Ausstiegsoptionen offenläßt.[27] Aus genau diesem Grund hält er es ja für so wichtig, daß die Institutionen, die Teil der Grundstruktur sind, gerecht sind. Die Grundstruktur prägt die Lebenschancen der Menschen von Beginn an und auf umfassende Weise. Und doch verliert Rawls diese Einsicht auf der transnationalen Ebene aus dem Blick, wenn er lokalen Traditionen zugesteht, daß sie die Lebenschancen der Menschen auf umfassende und von den Gerechtigkeitsprinzipien abweichende Weise prägen, obwohl es keine Ausstiegsoptionen für diejenigen gibt, die nicht den entsprechenden Lehren anhängen. Indem er annimmt, daß es keine Einwanderung geben wird, hat Rawls aus seiner idealen Theorie sogar die wenigen Ausstiegsoptionen entfernt, welche die Wirklichkeit manchmal eröffnet. (Das erinnert uns an eine weitere Ursache von Migration, die in Rawls' Diskussion dieses Themas nicht angemessen berücksichtigt wird.)

Rawls könnte antworten, daß diese Einwände gegen seine Analogie eine spezifisch westliche Fixierung auf das Individuum voraussetzten. So schreibt er etwa in VR: »Viele Gesellschaften besitzen politische Traditionen, die sich vom westlichen Individualismus in seinen zahlreichen Ausprägungen

27 Hält man sich an Rawls' Formulierung: keine, denn die Gesellschaft wird als geschlossen vorgestellt.

unterscheiden.« (VR 81)[28] Nun habe ich bereits die Auffassung vertreten, daß die Idee, der zufolge jeder Person bestimmte grundlegende Rechte zukommen, nichts spezifisch Westliches hat, ebensowenig wie korporatistische oder assoziative Rechtstheorien etwas spezifisch Nichtwestliches haben – dies scheint Rawls in RdV selbst zuzugestehen, wenn er Hegel als ein Beispiel für letztere Sichtweise zitiert. So verhält es sich etwa in Indien häufig genau andersherum: Die Tradition des westlichen Kolonialismus, die stark korporatistisch geprägt ist (und etwa staatlich anerkannten Kirchen politische Macht zuspricht), wird hier zunehmend durch Vorstellungen der Menschenwürde verdrängt, die sich aus einer langen indischen Tradition des Nachdenkens über Personen und ihre Würde herleiten. Diese Vorstellungen mögen einige Ähnlichkeiten mit einigen westlichen Ideen aufweisen, aber in Gerichtsurteilen werden häufig einheimische Quellen zitiert, um die vielfältigen Ursprünge solcher Vorstellungen herauszustellen. In Rawls' Argumentation werden dieselben Traditionen, ob sie nun westlich oder nichtwestlich sind, also einfach aufgrund des Zufalls einer separaten Staatsgründung unterschiedlich behandelt, nicht weil sie in tieferer Hinsicht eine organische Einheit bilden oder einen allgemeinen Konsens ausdrücken. Wenn die korporatistische Tradition in einem anderen Staat zufällig vorherrschend ist, wird sie die Oberhand behalten; wenn sie aber nur ein Element unter anderen in einem liberalen Staat ist, wird sie nicht die Oberhand behalten.

28 Wäre es nicht an der Zeit, ein Moratorium für den Gebrauch des äußerst mehrdeutigen Wortes »Individualismus« zu erklären? Wenn darunter der (psychologische oder ethische) Egoismus oder der Glaube verstanden wird, daß Selbstgenügsamkeit erstrebenswert ist, ist diese Position nur von wenigen westlichen Denkern vertreten worden. Wenn damit gemeint ist, daß jede Person als Zweck behandelt werden sollte, ist diese Position, aus guten Gründen, von zahlreichen westlichen (und nichtwestlichen) Denkern vertreten worden. Es ist unwahrscheinlich, daß »der Gedanke, daß jede Person ein Zweck ist« als eine Art Beschimpfung verwendet wird, als bringe schon seine Äußerung die Argumentation an ein Ende. Vgl. Nussbaum (1999/2002).

Wir können hier jedoch noch einen Schritt weiter gehen: Es ist ziemlich unwahrscheinlich, daß es jemals eine Tradition gegeben hat, deren untergeordnete oder in der Minderheit befindliche Mitglieder die ihnen auferlegte niedrige Stellung im Leben einfach so befürwortet hätten. So werden etwa Frauen häufig eingeschüchtert und isoliert und sind dann nicht in der Lage, wirksamen Widerstand zu leisten. Ihr »alltäglicher Widerstand« ist jedoch rund um die Welt gut dokumentiert.[29] Die Vorstellung, daß Frauen (oder die Angehörigen von Minderheiten) sich *nicht* als individuelle Personen sehen, die ihr eigenes, von dem der Männer (oder der Angehörigen der herrschenden Gruppe), mit denen sie zusammenleben, unterschiedenes Leben zu planen haben, ist eine Vorstellung, die sich nur sehr schwer, ja vermutlich überhaupt nicht belegen läßt.

Daraus läßt sich die Schlußfolgerung ziehen, daß Rawls' Analogie erhebliche Mängel aufweist. Soweit sein Argument trägt, scheint es zumindest kein moralisches Hindernis zu geben, das der Rechtfertigung eines einheitlichen, weit umfassenderen Katalogs von Menschenrechten oder menschlichen Fähigkeiten als grundlegenden Normen für alle Personen entgegensteht.

4. Rechtfertigung und Durchsetzung

Es gibt ein weiteres Problem, das Rawls Sorgen bereitet, und es sollte auch uns beunruhigen. Rawls denkt offensichtlich, daß wir in der einen oder anderen Weise eingreifen werden, ob nun militärisch oder durch ökonomische und politische Sanktionen, wenn wir zu dem Schluß kommen, daß die Normen eines anderen Staates mangelhaft sind. Normalerweise behandelt er die Frage »Hat es diese Nation verdient, als Mit-

29 Vgl. Agarwal (1994).

glied der Gesellschaft der Völker respektiert zu werden?« so, als sei sie gleichbedeutend mit der Frage »Sollten wir bei dieser Nation von einer Intervention absehen, um die Durchsetzung unserer moralischen Standards herbeizuführen?«. Tatsächlich liegt Rawls vor allem deshalb so viel daran, daß wir hierarchische Gesellschaften als ordentliche Mitglieder der Gesellschaft der Völker achten dürfen, weil er aus kantianischen Gründen der Ansicht ist, daß die Intervention in die souveränen Angelegenheiten einer anderen Republik moralisch höchst problematisch ist.

Diese beiden Fragen müssen freilich nicht auf diese Weise miteinander verknüpft werden. Wir können durchaus der Ansicht sein, daß die Standards eines bestimmten Staates mangelhaft sind und daß wir eine umfassendere Liste grundlegender Rechte und Freiheiten als für diesen Staat gültig rechtfertigen können, daß wir also zu einer entsprechenden Kritik berechtigt sind, ohne zu glauben, daß uns das Recht zukommt, in seine inneren Angelegenheiten einzugreifen, sei es militärisch oder durch ökonomische und politische Sanktionen. Eine solche Sichtweise könnte etwa auf eigenständige Gründe dafür verweisen, unter bestimmten Bedingungen von Eingriffen in die Angelegenheiten anderer Staaten abzusehen, auf Gründe also, die nicht davon abhängen, ob wir glauben, den Hierarchien, um die herum diese Gesellschaft organisiert ist, Respekt zollen zu müssen.

Worin könnten diese unabhängigen Gründe bestehen? Ich bin der Auffassung, daß es sich um genau die Gründe handelt, die Kant in *Zum Ewigen Frieden* nennt: eine moralische Abscheu vor kolonialer Herrschaft und die daraus folgende moralische Überzeugung, daß man die Souveränität eines jeden Staates achten sollte, der auf hinreichend verantwortungsvolle Weise organisiert ist, ob seine Institutionen nun vollkommen gerecht sind oder nicht. Die Anerkennung der moralischen Bedeutung des Staates als Ausdruck der menschlichen Autonomie ist bereits ein wichtiges Merkmal von

Grotius' Diskussion der humanitären Intervention in *De jure belli ac pacis*: Indem sie souveräne Staaten gründen und sich selbst Gesetze geben, behaupten die Menschen ihre moralische Autonomie.[30] Wenn man die Bürgerinnen und Bürger eines Staates achtet und der Ansicht ist, daß dieser Staat trotz aller Mängel doch ein Mindestmaß an umfassender Inklusion und Verantwortlichkeit gewährleistet, kann man aus diesem Grund von militärischen Interventionen in seine inneren Angelegenheiten absehen und mit der ordnungsgemäß gewählten und daher legitimen Regierung Verhandlungen aufnehmen. Diese Anerkennung der bedeutsamen Unterscheidung zwischen der Rechtfertigung und der Durchsetzung von Normen ist typisch für die moderne Menschenrechtsbewegung, die in den meisten Fällen auf Überzeugung setzt und nur in einer sehr geringen Anzahl von Fällen auf eine gewaltsame Intervention drängt. Für ihre Akzeptanz der Todesstrafe ernten die Vereinigten Staaten harsche internationale Kritik, aber es gibt keine Kampagne, die deshalb auf breiter Basis eine militärische oder ökonomische Intervention gegen die Vereinigten Staaten anstreben würde. Fälle von Volkermord, Folter und anderen sehr gravierenden Menschenrechtsverletzungen führen hingegen zu Diskussionen über gewaltsame Interventionen oder ökonomische Sanktionen (wie etwa im Fall Südafrikas zu Zeiten der Apartheid).

Wie kann man diese Achtung vor dem Staat begründen, wenn man der Ansicht ist, daß bestimmte moralische Prin-

30 Vgl. meine Ausführungen zu Grotius in Nussbaum (2007). In dieser Formulierung hört sich die von ihm vertretene Sichtweise wie eine umfassende Lehre an, und Grotius unterscheidet tatsächlich nicht zwischen politischer und moralischer Autonomie, wie ich es (mit Rawls) tue. Statt dessen würde meine Version des von Grotius formulierten Arguments behaupten, daß Menschen ihre politische Autonomie zum Ausdruck bringen, indem sie sich selbst das Gesetz geben, und daß diese Autonomie auch von jenen Bürgerinnen und Bürgern für wichtig gehalten werden kann, die mit Bezug auf den Wert umfassender moralischer Autonomie anderer Ansicht sind.

zipien sich als gegenüber allen bindend rechtfertigen lassen? Natürlich kann man starke Klugheitsgründe finden, die dagegen sprechen, die Ausbreitung humanitärer Interventionen zu ermutigen. Solche Interventionen können die Welt destabilisieren; zudem würden die mächtigeren Staaten vermutlich von jeder robusten Praxis moralisch begründeter Intervention Gebrauch machen, um schwächere Staaten zu tyrannisieren. Bereits Kant hat darauf hingewiesen, daß die Kolonialherrschaft seiner Zeit hinter der Maske der moralischen Verbesserung operierte. Grotius' Überlegungen zur nationalen Souveränität verweisen jedoch auf ein substantielleres Argument gegen die Ausweitung von Interventionen, das sich aus der Würde des einzelnen Menschen ableitet. Die Fähigkeit, sich mit anderen zusammenzutun, um sich selbst Gesetze zu geben, ist ein wesentlicher Aspekt menschlicher Freiheit. In diesem Sinn autonom zu sein, ist keine triviale Angelegenheit, sondern ein Bestandteil der Möglichkeit, ein im vollen Sinne menschliches Leben zu führen. Heute wie auch zu Grotius' Zeiten ist der Nationalstaat die grundlegende Einheit, in der Menschen diesen wesentlichen Aspekt menschlicher Freiheit realisieren: Der Nationalstaat ist die größte und grundlegendste Einheit, bei der noch immer die Chance besteht, daß sie auf annehmbare Weise verantwortlich ist gegenüber den Menschen, die dort leben. Internationale Behörden und Institutionen wie die Vereinten Nationen sind einfach nicht (oder noch nicht) auf diese Weise in der Verantwortung; selbst die Europäische Union wirft in ihrer gegenwärtigen Verfassung ernsthafte Fragen der Verantwortlichkeit auf. Auch lokale Formen der Ausübung von Autonomie auf der Ebene der Stadt oder des Dorfes oder auch regionaler Einheiten reichen aus einem von Rawls angeführten Grund nicht aus: Die Grundstruktur des Nationalstaates beeinflußt die Lebenschancen der Menschen von Beginn an auf umfassende Weise. Wie schon Grotius gezeigt hat, ist deshalb der Nationalstaat samt seiner Grundstruktur ein zentraler Ort für die Ausübung der Freiheit der Menschen.

Diese Überlegung betrifft den Staat und die Institutionen, die seine Grundstruktur ausmachen. Sie dreht sich um Gesetze und Institutionen und hat überhaupt nichts mit der unklaren Bezugnahme auf »Völker« und »geteilte Zuneigungen« zu tun, deren Formulierung ich im Kontext der uns hier interessierenden Fragen bereits als nicht besonders hilfreich kritisiert habe. Die von mir vorgebrachte Argumentation läßt sich ebensogut auf eine heterogene und polyglotte Gesellschaft wie Indien wie auf das viel kleinere und zumindest etwas homogenere Bangladesch anwenden.

In der Nachfolge von Grotius und Kant arbeiten wir uns langsam zu etwas vor, das der kontraktualistische Ansatz uns nicht liefern konnte: zu einer *moralisch-politischen* Begründung der Bedeutung nationaler Souveränität. Rawls fängt einfach mit dem Staat an (wenn wir hier seinen Umweg über den Begriff des Volkes beiseite lassen). Unter den heutigen Bedingungen kann man den Staat jedoch nicht mehr einfach als gegeben annehmen (so das je wirklich möglich gewesen ist), da die nationale Souveränität aus verschiedenen Richtungen unter Druck geraten ist, vor allem durch den Einfluß multinationaler Unternehmen und der globalen Wirtschaftsordnung. Von Rawls erhalten wir keine Antwort auf die Frage, warum wir die staatliche Souveränität überhaupt für wichtig halten oder gegen ihre Alternativen verteidigen sollten; unsere an Grotius anschließenden Überlegungen geben uns zumindest den Ansatzpunkt einer solchen Antwort.

Betrachten wir im Lichte dieser Überlegungen etwa den Fall eines Staates, der Frauen gleiche Eigentumsrechte vorenthält. (Indien ist ein Beispiel für einen solchen Staat.)[31]

31 Vgl. ein weiteres Mal Agarwal (1994). Die Gesetze unterscheiden sich von Staat zu Staat und von Religion zu Religion. Das christliche Eigentumsrecht (das Töchtern ein Viertel dessen zuspricht, was Söhnen zusteht) ist mit Bezug auf christliche Frauen in Kerala für nicht anwendbar erklärt worden; in vielen Staaten sorgt das hinduistische Eigentumsrecht noch immer für große Ungleichheiten, indem es Frauen kleinere Anteile zuspricht und Eigentum in manchen Fällen so an gemeinsamen

Solange dieser Staat bezüglich seiner demokratischen Legitimität gewisse Mindeststandards erfüllt, wäre es nicht richtig, mit Zwangsgewalt zu intervenieren, so beklagenswert wir die in seiner Verfassung festgeschriebene Ungleichbehandlung der Frauen auch finden mögen. Dieser Mindeststandard ist weniger anspruchsvoll als die Bedingungen dafür, als vollkommen und gleich gerechte Gesellschaft in der Gesellschaft der Völker anerkannt zu werden. In einer oder mehreren Hinsichten sind die meisten der heute existierenden Staaten ungerecht, und sie sollten in der internationalen Gesellschaft zu Recht als ungerecht kritisiert und an den Standards der vollkommenen Gleichheit und Würde gemessen werden können, deren allgemeine Anwendbarkeit wir befürworten. Es wäre jedoch nicht richtig, ihnen mit ökonomischen Sanktionen, ganz zu schweigen von militärischer Gewalt, zu drohen, solange sie den viel schwächeren Test der Verantwortlichkeit bestehen, den heute sowohl die Vereinigten Staaten als auch Indien bestehen würden, auch wenn beide weit hinter den Standards eines umfassenden Schutzes der Menschenrechte zurückbleiben, die wir rechtfertigen und zu Recht befürworten können. Der Fall Südafrikas zu Zeiten der Apartheid lag anders: Hier war eine große Mehrheit der Bevölkerung vollkommen von der Regierung ausgeschlossen. Nach dem Genozid und den Massenvergewaltigungen in Gujarat im März 2002 und vor der Wahlniederlage der Hindu-Rechten im Mai 2004 hatte Indien einen problematischen Status.[32] Selbst einem sehr engen und traditionalistischen Verständnis von humanitärer Intervention zufolge wäre Gujarat ein einschlägiger Fall gewesen. Gegen eine Intervention wurden in

Besitz in Familienzusammenschlüssen bindet, daß Frauen, die die Familie verlassen, ihren Anteil nicht herauslösen und selbständig kontrollieren können. In weiteren Arbeiten zeigt Agarwal eine hohe Korrelation zwischen Grundeigentum und der Fähigkeit, sich gegen häusliche Gewalt zur Wehr zu setzen. Diese Frage ist demnach für mehr als eine Fähigkeit von Bedeutung.

32 Vgl. Nussbaum (2003c).

diesem Fall vor allem Klugheitsgründe angeführt: Eine Intervention hätte mit Sicherheit weit mehr Probleme geschaffen als gelöst, und im nachhinein können wir erkennen, daß die internen Wahlverfahren sehr gut funktioniert haben. Es läßt sich jedoch noch ein weiteres Argument anführen, das sich auf die Autonomie der Bürgerinnen und Bürger stützt: Solange die demokratischen Verfahren in Indien stabil funktionieren, wie es der Fall war und ist, sollten wir es aus Respekt für diese Verfahren und die in ihnen involvierten Bürgerinnen und Bürger vorziehen, sie ihren Lauf nehmen zu lassen, in der Hoffnung, daß mit der Zeit ordnungsgemäß gewählte Regierungsbeamte und ordnungsgemäß eingesetzte Gerichte die Straftäter zur Rechenschaft ziehen und weitere Mißhandlungen verhindern werden, wie es nach den Wahlen vom Mai 2004 tatsächlich der Fall gewesen zu sein scheint. In einem solchen Fall kann man die Intervention berechtigterweise auf diplomatische Bemühungen und Formen der öffentlichen Überzeugung beschränken – auch wenn es davon mehr hätte geben können, als es tatsächlich der Fall war.

Wo liegen die Mindeststandards der Legitimität? In der Existenz einer vernünftigen Verantwortlichkeit der Regierung vor dem Volk; und hier kann uns Rawls' Konzeption einer »vernünftigen Konsultationshierarchie« weiterhelfen. Wir sollten jedoch beachten, daß die Situation von Frauen in dieser Hinsicht äußerst kompliziert ist. Wenn Südafrika in Zeiten der Apartheid die Kriterien für eine Intervention erfüllt hat, so gilt dasselbe heute in vielen Fällen mit Blick auf die Situation von Frauen. Oft werden ihnen nicht die gleichen politischen Beteiligungsrechte zugesprochen, manchmal gar keine, und auch ihre Eigentumsrechte sind häufig ungleich. Sind derartige Menschenrechtsverletzungen hinreichend, um ökonomische Sanktionen zu rechtfertigen? Moralisch gesehen spricht vieles dafür, und es ist schockierend, daß diese Frage in der internationalen Diskussion weitgehend ignoriert wird.[33] Die brutale und unterdrückerische Diskriminierung aufgrund ethnischer Zugehörigkeit wird von der globalen Gemeinschaft für inakzeptabel befunden; aber die brutale und unterdrückerische Diskriminierung aufgrund von Geschlechtszugehörigkeit wird häufig als legitimer Ausdruck kultureller Differenz hingenommen. Offensichtlich lassen sich dieselben Normen für alle Länder rechtfertigen, aber jeder vollständige oder beinahe vollständige Ausschluß von Frauen aus dem politischen Prozeß stellt einen moralischen Grund dafür dar, ökonomische Sanktionen oder eine andere Form des Zwangs anzuwenden. Die gegen ein solches Vorgehen anführbaren Gründe werden vor allem Klugheitsgründe sein.

An dieser Stelle könnte man die Frage aufwerfen, ob wir einen Staat oder dessen Volk wirklich achten, wenn wir ihn oder es kritisieren und nahelegen, daß wichtige moralische Normen verletzt worden sind, die allen gegenüber gerechtfertigt werden können. Es ist wichtig, daß wir in unserer Antwort auf diese Frage zunächst betonen, daß kein existierender Staat vollkommen gerecht ist. In jedem Staat kommt es zu Verletzungen wichtiger moralischer Prinzipien. Sicherlich ist es nicht als Ausdruck der Achtung anderer Nationen zu verstehen, wenn staatliche Akteure oder beunruhigte Bürgerinnen und Bürger immer nur die anderen kritisieren und sich selbst von jeder Kritik ausnehmen. Wenn etwa die Vereinigten Staaten ständig die Menschenrechtsverletzungen in anderen Staaten thematisieren und ausblenden, daß ihre eigene Haltung zur Todesstrafe für die internationale Gemeinschaft inakzeptabel ist und daß sie mit Blick auf die sozialen und ökonomischen Rechte weit hinter den am weitesten entwickelten Ländern zurückbleiben, dann erscheint dieses Verhalten eher einen Mangel an Respekt auszudrücken. Auf der

33 Catharine MacKinnon hat ähnliche Überlegungen auf sehr überzeugende Weise in »Women's 9/11« entwickelt, einer Dewey Vorlesung, die sie im Oktober 2004 an der University of Chicago Law School gehalten hat.

anderen Seite ist es sehr wohl möglich, Kritik zu üben und zugleich zuzugestehen, daß man selbst den Prinzipien der Gerechtigkeit keineswegs vollkommen entspricht.

Was sollen wir tun, wenn es eine Lücke gibt zwischen dem, was wir moralisch gegenüber allen rechtfertigen können, und dem, was wir moralisch berechtigt sind durchzusetzen? Ein offensichtlich zulässiger und sogar gebotener Schritt wäre, sich um internationale Vereinbarungen zum Schutz jener Menschenrechte zu bemühen, die wir glauben rechtfertigen zu können. Anschließend sollten wir die Staaten der Welt dazu bringen, diese Vereinbarungen zu ratifizieren und umzusetzen. Darüber hinaus sind Staaten meines Erachtens häufig dazu berechtigt, Hilfsleistungen auf eine Weise anzubieten, die von ihnen für wichtig erachtete Zwecke stärkt. So halte ich es etwa für legitim, wenn die Vereinigten Staaten mit ihren Hilfsleistungen an Indien besonders die Bildung und die Gesundheitsvorsorge sowie die Ermächtigung sozial benachteiligter Frauen fördern, wie unter Clinton geschehen. Ebenso legitim ist der Versuch sicherzustellen, daß die Hilfszahlungen tatsächlich für diese Zwecke und nicht für den Bau weiterer Atombomben oder die »Hinduisierung« von Schulbüchern eingesetzt werden.[34] Schließlich können die diplomatischen Beziehungen genutzt werden, um Aufmerksamkeit auf diese Fragen zu lenken, wie es Clinton getan hat, als er die Gelegenheit eines Besuchs in Indien nutzte, um auf die Situation armer Frauen in ländlichen Gebieten aufmerksam zu machen, die um Kredite und Eigentumsrechte kämpfen. Im Fall Indiens ist das ein unbestreitbar legitimes Vorgehen, da das Streben nach der Ermächtigung und Gleichberechtigung von Frauen ein fester Bestandteil der indischen Verfassungstradi-

34 Eine der Stützen der Bildungspolitik der BJP-Regierung war das Umschreiben der nationalen Schulbücher, um sie auf eine Linie mit dem Bild zu bringen, das die Hindu-Rechte von Geschichte und Kultur hat; der Bildungsminister M. M. Joshi war einer der vehementesten Anhänger der suprematistischen Vision einer Hindu-Gesellschaft. Unter der neuen Regierung ist diese unglückselige Politik revidiert worden.

tion selbst ist. Wenn ein Staat derartige Ziele nicht offiziell und in der Verfassung bejaht, sollten wir etwas vorsichtiger vorgehen, wären aber vermutlich noch immer dazu berechtigt, unsere Hilfsleistungen auf Projekte zu konzentrieren, die uns als moralisch gut erscheinen. Und natürlich steht es Individuen immer frei, die von ihnen favorisierten Projekte zu unterstützen.[35]

An dieser Stelle könnte Rawls einwenden, daß ich damit seinen zentralen Punkt zugegeben habe: daß wir Staaten als achtbare und ordentliche Mitglieder der Gesellschaft der Völker behandeln sollten, sobald sie eine sehr viel schwächere Version liberaler Freiheit und Gleichheit umgesetzt haben, als wir es innerhalb liberaler Gesellschaften verlangen würden. Und tatsächlich stimme ich mit Rawls in verschiedenen Hinsichten in einer Reihe praktischer Prinzipien überein. Gestehe ich damit nicht im Grunde zu, daß wir aus Achtung vor anderen Völkern und ihren Traditionen davon Abstand nehmen sollten, ihnen diese Prinzipien aufzuerlegen?

Nein, das gestehe ich keineswegs zu. Zunächst einmal spielt der Begriff des Volkes in meiner Argumentation keine Rolle. Meine Auffassung ist, daß wir den Staat respektieren sollten, also die Institutionen der Grundstruktur einer Gesellschaft, die von einer bestimmten Gruppe von Menschen akzeptiert werden und die ihnen gegenüber verantwortlich sind. Der Staat ist moralisch bedeutsam, weil er Ausdruck menschlicher Entscheidungsfähigkeit und Autonomie ist; und natürlich ist es der Staat, und nicht das »Volk«, der den Willen der Menschen zum Ausdruck bringt, unter selbstgegebenen Gesetzen zusammenzuleben. Für meine Sichtweise ist es ohne Bedeutung, ob die Bewohner eines Staates ein Volk im Rawlsschen Sinne bilden oder nicht, ob sie also eine Tradition teilen oder eine relativ umfassende Konzeption des Guten. Ebensowenig verpflichtet uns meine Argumentation dazu, die

35 Vgl. zu diesen Fragen auch Nussbaum (2001b).

moralischen Urteile abzuschwächen, die wir über die Falschheit von Handlungen in anderen Ländern fällen, wie das bei Rawls' Argumentation eindeutig der Fall ist. Im Unterschied zu Rawls beruhen meine Ausführungen nicht auf der Anerkennung von irgendwelchen Gruppenrechten, und ich halte weiterhin daran fest, daß die Person das grundlegende Subjekt einer Theorie der Gerechtigkeit ist. Meine Argumentation erkennt einfach nur das grundlegende Band zwischen den Bürgerinnen und Bürgern und der Grundstruktur ihres Staates an, und sie respektiert dieses Band, da dies eine Weise ist, Personen zu respektieren. Einfacher ausgedrückt: Meine Argumentation bezieht sich auf die Durchsetzung, nicht auf die Rechtfertigung, und sie betont, daß es einen grundlegenden Unterschied zwischen diesen beiden Fragen gibt.

5. *Eine Beurteilung des zweistufigen Vertrags*

Unsere genaue Untersuchung des von Rawls vorgeschlagenen zweistufigen Vertrags ermöglicht uns nun eine allgemeinere Beurteilung der Vor- und Nachteile der zweistufigen Struktur des Gesellschaftsvertrags. Als Herangehensweise an das Problem globaler Gerechtigkeit gerät dieser Ansatz in große Schwierigkeiten. Da er vom Nationalstaat als grundlegender Einheit ausgeht, gelingt es ihm nicht, die globale Wirtschaftsordnung und die Nachteile, die sie ärmeren Ländern auferlegt, in den Blick zu bekommen. Die einzelnen Länder sollen ihre Probleme dank Sparsamkeit und guter Charaktereigenschaften bewältigen, als gäbe es keine strukturellen Hindernisse auf transnationaler Ebene, die ihr Wohlergehen einschränken. Die Annahme der Gegebenheit und Endgültigkeit der einzelgesellschaftlichen Grundstruktur verhindert eine ernsthafte Auseinandersetzung mit der Frage internationaler ökonomischer Umverteilung und blockiert die transformative Wirkung internationaler Verträge und Übereinkünfte innerhalb der Gesellschaft. Der zweistufige Vertrag kann uns nicht einmal eine überzeugende Antwort auf die Frage geben, warum wir die nationale Souveränität für moralisch relevant halten sollen, da ihre Existenz einfach als Ausgangspunkt angenommen wird.

Rawls' Analogie zwischen Personen und Staaten, die durch sein übergeordnetes Toleranzprinzip gestützt wird, berücksichtigt zudem benachteiligte Gruppen innerhalb der einzelnen Staaten nicht ausreichend. Sein Toleranzargument läßt Systeme als vollkommen und gleich gerecht erscheinen, in denen zahlreiche völkerrechtlich anerkannte Menschenrechte verletzt werden, und es fehlt ein überzeugendes Argument dafür, warum nicht auch ein viel umfassenderer und weiterreichender Normenkatalog gegenüber allen Menschen auf der Welt gerechtfertigt werden könnte, der die Person als grundlegendes Subjekt der Gerechtigkeit versteht.[36] Insofern Menschenrechte bei Rawls überhaupt eine Rolle spielen, stellt diese Rolle eine Abweichung vom kontraktualistischen Ansatz dar, die in die Richtung einer ergebnisorientierten Theorie weist.

Es gibt ein noch grundsätzlicheres Problem: Da der kontraktualistische Ansatz auf der Idee gegenseitigen Vorteils basiert, verlangt er, daß alle Parteien glauben, sie hätten etwas zu gewinnen, wenn sie den Naturzustand verlassen und einen Vertrag abschließen. Sie müssen im Rahmen der Humeschen Anwendungsverhältnisse der Gerechtigkeit relativ gleich situiert sein (wenn wir annehmen, daß Rawls diese Bedingung noch immer akzeptiert): Niemand kann alle anderen beherrschen und niemand ist so behindert, daß er auf das kooperative Unternehmen wie eine Art Bremsklotz wirkt. Dies entspricht keineswegs den realen Verhältnissen. Rawls' Versuch,

36 Rawls bestreitet nicht explizit, daß ein umfassenderer Normenkatalog gerechtfertigt werden könnte. Er legt aber nahe, daß wir uns genau aus diesem Grund nicht auf die gesamte Allgemeine Erklärung, sondern nur auf einige besonders vordringliche Rechte versteifen sollten.

dieses Problem zu berücksichtigen, indem er die »belasteten Gesellschaften« von jenen abspaltet, die den Vertrag schließen, stellt eine weitere Abweichung vom kontraktualistischen Ansatz dar, weil er den Parteien bei der Strukturierung des Vertrags die Möglichkeit einräumt, auf empirische Informationen über globale Ungleichheiten zurückzugreifen. Zudem erweist sich selbst diese Abweichung als unzureichend, denn auch *zwischen* den liberal-demokratischen Staaten gibt es ausgesprochen schwerwiegende Ungleichheiten; das Pro-Kopf-Bruttoinlandsprodukt der einen ist in etwa 34mal so groß wie das mancher anderen. Das Problem hat sich also keineswegs erledigt, außer wir entscheiden einfach willkürlich, daß Südafrika, Bangladesch, Indien und ähnliche Länder keine ordentlichen Mitglieder der Gesellschaft der Völker und damit auch keine Vertragsparteien sind. Aber warum sollten wir dies behaupten? Es gibt keine guten Gründe dafür, sie auszuschließen. Selbst das Zugeständnis, daß es ein Problem mit ihrer Einbeziehung gibt, verrät schon das kontraktualistische Vertrauen darauf, daß gegenseitige Vorteile den Zusammenhalt der den Vertrag schließenden Gruppe zementieren.

6. Der globale Vertrag: Beitz und Pogge

Eine sehr viel attraktivere Variante der kontraktualistischen Herangehensweise finden wir in den Arbeiten von Charles Beitz und Thomas Pogge.[37] Beiden Theoretikern zufolge besteht die richtige Verwendungsweise der Rawlsschen Einsichten in einer Theorie der globalen Gerechtigkeit darin, den Urzustand direkt auf die Welt als Ganzes anzuwenden. Dieser Argumentationsstrategie liegt der Gedanke zugrunde, daß nationale Herkunft der Klassenzugehörigkeit, der ökonomischen Ausstattung der Eltern, der ethnischen Herkunft und

37 Beitz (1979); Pogge (1989) [Nachfolgend beziehen sich die eingeklammerten Seitenzahlen im Text auf diese beiden Werke; Anm. d. Übers.].

der Geschlechtszugehörigkeit ähnelt: Es handelt sich um eine kontingente Tatsache über eine Person, die keinen prägenden Einfluß auf ihr Leben haben sollte.[38] Die grundlegenden Lebenschancen der Menschen sollten nicht durch unfaire Hierarchien verletzt werden, ob diese Hierarchien nun in ethnischer Zugehörigkeit, Geschlecht, Klassenzugehörigkeit oder der Geburt in einem bestimmten Land begründet sind.

Pogge und Beitz argumentieren auf überzeugende Weise, daß wir dem Individuum als Subjekt der Gerechtigkeit innerhalb der Rawlsschen Konzeption nur dann die geforderte Achtung entgegenbringen können, wenn wir das gesamte globale System zur Disposition stellen und wenn die Parteien als Individuen in einen Vertrag eintreten, der eine gerechte globale Struktur zum Ziel hat. Auf unterschiedlichen Wegen kommen beide zu dem Ergebnis, daß die so entstehende Struktur die Situation der Schlechtestgestellten optimieren wird. Für Beitz sollen natürliche Ressourcen nicht länger als Eigentum jenes Staates betrachtet werden, auf dessen Territorium sie gefunden werden. Statt dessen wird ein globales Umverteilungsprinzip etabliert, um die Rechte über diese Bestände zu verteilen. Beitz zufolge ähneln natürliche Ressourcen natürlichen Talenten. In seiner Interpretation ist Rawls der Auffassung, daß den Individuen keine Eigentumsrechte an ihren natürlichen Talenten zukommen (136-142). Pogge weist zu Recht darauf hin, daß Rawls eine etwas andere Sichtweise vertritt: Individuen können ihre natürlichen Talente behalten und auch einsetzen, aber sie haben kein uneingeschränktes Recht auf den Gewinn, den sie aus diesen Talenten ziehen. Dementsprechend soll das übergeordnete System sicherstellen, daß auf diese Talente zurückführbare Vorteile auf eine Weise verwendet werden, die die Position der Schlechtestgestellten optimiert.

Darüber hinaus sieht Pogges Ansatz (den er selbst als »bloß

38 Pogge (1989), 247.

illustrative Spekulation« bezeichnet [273]) eine ursprüngliche globale Einigung über einen Katalog von Menschenrechten vor, der im Laufe der Zeit umfassender und robuster wird und ein System globaler ökonomischer Regelungen einschließt. Pogges Menschenrechtskatalog ist deutlich umfangreicher als die von Rawls verteidigte Variante: Neben der gesamten Allgemeinen Erklärung umfaßt er auch ein durchsetzbares Recht auf Auswanderung (272). Natürliche Ressourcen sind ebenfalls Gegenstand der Umverteilung. Solange die Staaten dafür sorgen, daß die Position der Schlechtestgestellten auf globaler Ebene optimiert wird, verzichtet Pogge auf die Forderung, daß ihre innergesellschaftliche Struktur dem Rawlsschen Differenzprinzip entsprechen muß.

Der von Pogge und Beitz ausgearbeitete Vorschlag stellt eine wesentliche Verbesserung des zweistufigen Vertragsmodells dar. Der globale Schleier des Nichtwissens ist ein überzeugender Versuch, der Idee Ausdruck zu verleihen, daß eine gerechte Weltordnung nicht auf den existierenden hierarchischen Machtbeziehungen fußen, sondern vielmehr allen Menschen mit Fairneß begegnen und sie als moralisch Gleiche begreifen würde. Der Vorschlag enthält auch eine attraktive Vorstellung von menschlicher Freiheit, da er alle Parteien als in der Wahl der zu etablierenden globalen Ordnung gleichberechtigt darstellt.

Ein entscheidendes Problem beider Vorschläge ist jedoch ihr vager und spekulativer Charakter. So erfahren wir keine Details über die Funktionsweise dieses globalen Urzustands. Über welche allgemeinen Informationen sollen die Parteien beispielsweise verfügen? Offensichtlich sollen sie nicht wissen, welcher Nation sie angehören; aber wenn wir wirklich buchstäblich an Rawls' Position festhalten wollen, sollten sie auch nicht wissen, aus welchem Jahrhundert sie stammen, und das würde bedeuten, daß sie nicht wissen, ob es in ihrer Welt entwickelte Technologien, Nationalstaaten, multinationale Unternehmen und globale Handelsabkommen gibt oder nicht.

Das aber ist zu vage. Wenn man nicht weiß, daß multinationale Unternehmen existieren, wird man vermutlich nicht davon ausgehen, daß sie Teil einer idealen Struktur der globalen Gerechtigkeit sein sollten; dann aber wird man kaum etwas dazu zu sagen haben, wie solche Akteure kontrolliert werden sollen, in welchem Verhältnis sie zu den Nationalstaaten stehen sollen und wie man sicherstellen kann, daß sie sich in ihrem Verhalten gegenüber anderen an wichtige moralische Verpflichtungen halten. Wie soll man sich das Internet vorstellen, wenn man nichts darüber weiß? Unter solchen Bedingungen wird man kaum in der Lage sein, die Ungleichheiten anzugehen, die sich aus dem ungleichen Zugang zum Netz ergeben. Es ließen sich hier viele weitere Beispiele anführen.

Kurz, die Welt, in der wir leben, ist durch sich verändernde Machtkonfigurationen auf der Ebene der Grundstruktur selbst geprägt. Vor nur 100 Jahren wäre es uns schwergefallen vorherzusagen, wie diese Strukturen aussehen werden. Diese neuen Strukturen beeinflussen die Lebenschancen der Menschen von Beginn an auf umfassende Weise. Wenn wir im Urzustand ein so umfangreiches Nichtwissen verlangen, wird das Projekt auf schlechte und unrealistische Weise utopisch, und das würde dazu führen, daß drängende Probleme der Gerechtigkeit ignoriert werden. Wenn den Parteien im Urzustand jedoch allgemeine soziale Tatsachen wie die genannten bekannt sein sollen, müssen wir mehr darüber erfahren, was sie wissen und was nicht.

Eine weitere bedauerliche Unbestimmtheit betrifft die Rolle des Nationalstaates. Pogge und Beitz stellen zwar die Endgültigkeit und Geschlossenheit der einzelstaatlichen Strukturen in Frage, sagen uns aber nicht, wie weit sie wirklich zu gehen gewillt sind. Gehen wir so weit auf Distanz zu den gegenwärtigen Gegebenheiten, daß sogar der Begriff des Staates selbst revidiert und gegen alternative Möglichkeiten der Organisation des menschlichen Zusammenlebens abgewogen werden muß? Es dürfte jedoch kaum möglich sein, das menschliche Zusammenleben in einem vollkommenen Vakuum zu organisieren. Wie können wir entscheiden, ob der Staat eine gute Struktur darstellt oder nicht, ohne zunächst sein Verhältnis zu anderen Bereichen des Lebens zu beurteilen, wie etwa zum Handel, zum Informationsfluß sowie zu internationalen Institutionen und Vereinbarungen? Die moralischen Argumente, mit denen der Staat als wichtiger Ausdruck der Autonomie der Menschen ausgezeichnet wird, sind nicht in einem Vakuum entwickelt worden, und es ist unklar, ob sie sich in einem Vakuum aufrechterhalten ließen. Zudem scheint mir eine Rechtfertigung des Staates rein akademisch zu bleiben, solange wir keine Klarheit darüber haben, welche realen Kräfte ihn schwächen oder Alternativen zu ihm darstellen könnten. Ohne dieses Wissen können wir keine guten Entscheidungen treffen. Wenn die Parteien aber über ein derartiges historisches Wissen verfügen sollen, sollte Pogge diese Abweichung von Rawls explizit machen.

Außerdem müssen wir mehr über die Grundgüter wissen, nach denen die Parteien diesen Theorien zufolge streben. Pogge behauptet, Rawls' Theorie eng verbunden zu bleiben, aber er vertritt zugleich die Ansicht, daß seine Parteien sich auf einen umfassenden Katalog von Menschenrechten einigen werden, der über die Rawlssche Liste der Grundgüter ebensoweit hinausgeht wie über den dünnen Katalog von Rechten, die in RdV anerkannt werden. Im Anschluß an die Allgemeine Erklärung und in Abgrenzung sowohl vom Rawls der TG als auch vom Rawls des RdV nimmt Pogge eine enge Verknüpfung zwischen der Sphäre der Freiheit und der ökonomischen Sphäre vor, da die wichtigsten Freiheiten seines Erachtens eine materielle Dimension haben. Und ebenso wie die Allgemeine Erklärung scheint auch Pogge relative soziale Positionen anhand der Verwirklichung von Rechten zu messen und nicht an Einkommen und Besitz. Auch hier sollte Pogge uns darüber aufklären, wie weit er tatsächlich von Rawls' ursprünglichen Vorstellungen abzuweichen bereit ist. Wenn seine Grundgüter Menschenrechte sind, in deren Verständnis Freiheit mit ihren materiellen Grundlagen verschränkt wird, dann nähert sich seine Sichtweise substantiell dem Fähigkeitenansatz an und entfernt sich zugleich von Rawls' Theorie.

Das sind alles Fragen, auf die sich eine Antwort finden ließe, auch wenn eine angemessene Antwort in der Frage des Wissens der Parteien und der Frage der Konzeption der Grundgüter vermutlich einige Abweichungen vom Rawlsschen Theorierahmen erfordern würde. Nun kommen wir aber zu der größten Schwierigkeit des Vorschlags von Pogge und Beitz: Was ist überhaupt der Gegenstand des Vertrags? Der Rawlssche Vertrag wird unter Humeschen Anwendungsverhältnissen der Gerechtigkeit geschlossen und ist ein Vertrag zum gegenseitigen Vorteil. Pogge bezieht sich vor allem auf die Fairneßbedingung, die Teil des Rawlsschen Schleiers des Nichtwissens ist und erwähnt Rawls' Übernahme der Humeschen Anwendungsverhältnisse der Gerechtigkeit als Ausgangspunkt des Vertragsschlusses noch nicht einmal. Wie Rawls betont, entspricht seine Bedingung der Gleichheit unter den Parteien dem Naturzustand in der klassischen Lehre vom Gesellschaftsvertrag, was bedeuten könnte, daß Pogge zugleich den Naturzustand aus seiner Konzeption ausgeschlossen hat. Zumindest wird er von ihm nicht erwähnt. Wenn dieses Element aber gar nicht mehr auftaucht, handelt es sich um eine wesentliche Abkehr von der vertragstheoretischen Tradition. Pogge sagt nicht explizit, daß er sich von dieser Tradition abwendet, sondern macht nur deutlich, daß er etwa Scanlons reinen kantianischen Kontraktualismus und Barrys politische Variante nicht für überzeugend hält. Statt dessen hält er sich an Rawls, lehnt es aber ab, dessen Theorie in Richtung eines reinen kantianischen Kontraktualismus weiterzuentwickeln.[39] Offensichtlich hält Pogge auch an Rawls'

39 Hier stellen sich Fragen der zeitlichen Abfolge, aber Scanlon hat bereits viele Jahre vor der Veröffentlichung seines Buches an der dort präsentierten Theorie gearbeitet und wichtige Teile in der Form von Artikeln

Schleier des Nichtwissens und der damit verbundenen Idee der moralischen Gleichheit fest. Es scheint aber so, als sei er einer Entscheidung in der Frage der relativen Gleichheit und der Humeschen Anwendungsverhältnisse der Gerechtigkeit einfach ausgewichen, obwohl diese Frage doch von entscheidender Bedeutung für die Interpretation seiner Theorie ist.

Wie bereits gezeigt, kann der Vertrag als Vertrag zwischen Staaten nicht länger nach dem aus der Vertragstheorie bekannten Standardmodell verstanden werden, wenn man nicht alle nichtliberalen Staaten und tatsächlich darüber hinaus im Grunde alle Länder außer der G8 ausschließen will. Wenn wir uns den Vertrag als Vertrag zwischen individuellen Personen vorstellen, ändert sich die Situation: denn die einzelnen Personen sind zumindest moralisch gesehen gleich und in manchen Hinsichten lassen sie sich – zumindest alle, die nicht behindert sind – vielleicht tatsächlich als relativ gleich in ihrer ökonomischen Produktivität und ihren Lebenschancen ansehen, bevor sie den Kontingenzen des Lebens ausgesetzt sind. Aber wann ist das der Fall? Sicherlich nicht zu einem Zeitpunkt nach der Geburt, denn jedes Kind wird in eine Welt geboren, die sofort direkten und dramatischen Einfluß auf seine Lebenschancen nimmt, etwa durch Unterschiede in der Ernährung, in der kognitiven Stimulierung und in der Konfrontation mit Zuneigung oder Gewalt. Wie wir gesehen haben, ist die Lebenserwartung zum Zeitpunkt der Geburt in den ärmsten Ländern weniger als halb so hoch wie in den reichsten Ländern; diese aggregierten Daten lassen sich auf verschiedene Unterschiede auf der Ebene des jeweils individuellen Lebens zurückführen.

Haben die Individuen also vor ihrer Geburt gleiche Le-

publiziert. Zudem hätte Pogge sich auch eigenständig in diese Richtung entwickeln können, indem er etwa am kantianischen Element der Rawlsschen Theorie festhält, aber die kontraktualistische Komponente sowie die Humeschen Anwendungsverhältnisse der Gerechtigkeit aufgibt.

benschancen? Mit Sicherheit nicht. Unabhängig davon, wie wir den Status des Fötus genau verstehen, müssen wir einräumen, daß die Lebenschancen des Kindes zum Zeitpunkt der Geburt bereits durch die mütterliche Ernährung, Gesundheitsvorsorge, körperliche Integrität und emotionales Wohlbefinden, von einer eventuellen HIV-Erkrankung ganz zu schweigen, beeinflußt worden sind. Die pränatale HIV-Übertragung betrifft im heutigen Afrika eine ungeheure Anzahl von Menschen. Nicht einmal mit Bezug auf die Chancen, überhaupt geboren zu werden, gibt es heute eine relative Gleichheit: Der alarmierende Anstieg geschlechtsspezifischer Abtreibungen in machen Entwicklungsländern (und in einigen entwickelten Ländern) weist darauf hin, daß Mädchen in manchen Teilen der Welt im Vergleich mit Jungen im selben Teil der Welt und mit Jungen und Mädchen in anderen Teilen der Welt deutlich ungleiche Lebenschancen haben.[40]

Leider verwandeln sich die Ungleichheiten zwischen Ländern, die dazu führen, daß im zweistufigen Modell des Vertrags bestimmte Staaten ausgeschlossen werden, um das Vorliegen der Anwendungsverhältnisse der Gerechtigkeit sicherzustellen, in Ungleichheiten zwischen Personen und ihren Lebenschancen. Es gibt keinen Zeitpunkt im Leben eines Menschen oder auch nur eines potentiellen Menschen, zu dem solche Ungleichheiten nicht vorliegen.

Pogge und Beitz verurteilen diese Ungleichheiten in den elementaren Lebenschancen aufs schärfste. Sie zu überwinden und eine philosophische Begründung für eine ambitionierte Verpflichtung zur globalen Umverteilung bereitzustellen, ist der ganze Zweck ihres Projekts. Eine solche Verpflichtung läßt sich aber nicht so einfach mit dem Rawlsschen Theorierahmen versöhnen, auch nicht in der verbesserten nicht-rawlsianischen Version von Beitz und Pogge. Es ist leicht gesagt, daß der Urzustand auf die globale Ebene angewendet

40 Vgl. Drèze/Sen (2002), 257-262.

werden sollte; damit wird einigen wichtigen Fragen der Fairneß der nötige Nachdruck verliehen. Sobald wir uns jedoch den Details zuwenden, wird deutlich, daß der vorgeschlagene globale Vertrag in wesentlichen Hinsichten eine Abkehr vom Rawlsschen Theorierahmen erfordert. So müssen etwa die Humeschen Anwendungsverhältnisse der Gerechtigkeit, die den Hintergrund des Vertragsschlusses darstellen, aufgegeben werden, um von Beginn an alle einzubeziehen, die gegenwärtig weniger Macht haben als andere. Insbesondere muß von Anfang an zugestanden werden, daß der Zweck des Vertrags nicht in gegenseitigen Vorteilen für »relativ Gleiche« besteht oder bestehen kann. Statt dessen muß der Zweck die Gemeinschaft und die Achtung der Menschen in einem viel umfassenderen Sinn sein.

Im Lichte dieser Probleme wird es vielleicht nicht überraschen, daß Pogge sich in seinen jüngsten Arbeiten einem ganz an den Menschenrechten ausgerichteten Ansatz zugewendet hat, der sich in entscheidenden Hinsichten von Rawls' Prozeduralismus entfernt und dem von mir favorisierten Fähigkeitenansatz annähert.[41]

7. Die Erfolgsaussichten eines internationalen Kontraktualismus

Im Bereich der internationalen Beziehungen ist der Kontraktualismus Kantischen Typs aus verschiedenen Gründen sehr attraktiv. Zunächst einmal handelt es sich bei ihm um eine normative ethische Herangehensweise an die internationalen Beziehungen. So gesehen ist er hobbesianischen bzw. realistischen Ansätzen überlegen, für die der zwischenstaatliche Raum ein Raum frei von allen bindenden Forderungen der Moral ist, in dem Staaten ihre Macht- und Sicherheitsinter-

41 Vgl. Pogge (2002).

essen verfolgen.[42] In den letzten Jahren haben derartige Ansätze den Bereich der internationalen Politik beherrscht, wie das anscheinend auch in der Zeit vor Grotius der Fall war, und das führte zu einem Niedergang der internationalen Beziehungen. Unter den alternativen normativen Ansätzen, denen wir uns in diesem Bereich zuwenden können, scheint der Kontraktualismus dem ökonomischen Utilitarismus bei weitem überlegen zu sein. Er nimmt die gleiche Würde eines jeden menschlichen Lebens auf eine Weise ernst, die dem Utilitarismus aufgrund seiner Festlegung auf die Methode der Aggregation nicht gleichermaßen offensteht. Zudem nehmen kontraktualistische Ansätze auch die Idee ernst, daß Präferenzen und Wünsche durch ungerechte Hintergrundbedingungen deformiert werden können; deshalb versuchen sie nicht, die politische Konzeption elementarer Gerechtigkeit einfach in den Präferenzen der Menschen zu fundieren. In all diesen Hinsichten stimmt der Kontraktualismus mit dem Ansatz überein, den ich letztlich vorziehen werde.

Die zentrale Idee des Kontraktualismus – die Idee der fairen Bedingungen der Kooperation – ist zudem eine wirkmächtige und notwendige Idee, die auf elegante Weise im prozeduralen Darstellungsmittel des Urzustands zum Ausdruck kommt. Auf der globalen Ebene ist es noch wichtiger als auf der Ebene der Einzelstaaten, darauf zu bestehen, daß die Grundprinzipien, die die Lebenschancen der Menschen bestimmen, allen gegenüber fair sein und so gewählt werden müssen, daß sie von niemandem vernünftigerweise zurückgewiesen werden können. Diese Ideen werden auch in meiner eigenen normativen Herangehensweise eine Rolle spielen.

Ein weiteres Mal sind die größten Schwierigkeiten, vor die uns der Rawlssche Kontraktualismus stellt, auf diejenigen

42 Hobbes' eigener Ansatz ist jedoch komplexer, da er der Gerechtigkeit und der moralischen Verpflichtung im Naturzustand zumindest eine gewisse Rolle zugesteht, auch wenn er glaubt, daß ihnen dort keine Macht zukommt; vgl. Kap. I.

Elemente des Kontraktualismus zurückzuführen, die ich von Beginn an als problematisch herausgestellt habe: die Festlegung auf eine relative Machtgleichheit in der Gestaltung der ursprünglichen Vertragssituation und die damit verbundene Festlegung auf gegenseitige Vorteile als Ziel des Vertrags. Kann ein Kontraktualist die Festlegung auf gegenseitige Vorteile zusammen mit der Idee des Naturzustands völlig aufgeben? Nur wenn es eine alternative Konzeption der Zwecke der sozialen Kooperation gibt und ein anderes Verständnis der Güter, nach denen die Vertragsparteien streben. Auch hier kann ein Kontraktualismus, wie er von Scanlon ausgearbeitet worden ist, in Verbindung mit einer passenden politischen Theorie der Grundgüter eine wichtige philosophische Aufgabe erfüllen. Zudem wäre eine solche Theorie eine wichtige Alternative zu einer anspruchsbasierten Theorie der Art, wie ich sie hier entwickeln werde. Zwischen einem solchen Ansatz und meinem eigenen wird es große Überschneidungen geben, da ersterer auf eine Konzeption des Guten angewiesen ist und mein eigener Ansatz sich auf die Idee der vernünftigen Akzeptierbarkeit im Rahmen der Konzeption eines potentiellen übergreifenden Konsenses im Bereich der internationalen Beziehungen beziehen muß.

Kann ein kontraktualistischer Ansatz der neuen Schwierigkeit entgehen, die der Rawlsschen Theorie auf der globalen Ebene durch ihre Festlegung auf die Gegebenheit und Endgültigkeit der einzelstaatlichen Grundstruktur entsteht? Auch hier sehe ich keinen Grund, warum das nicht möglich sein sollte, vorausgesetzt, man ist dazu bereit, die klassische Vorstellung aufzugeben, der zufolge die politischen Grundsätze in einem Naturzustand gewählt werden. Von dieser Vorstellung wird nämlich wiederum eine ebenso klassische Doktrin nahegelegt, und zwar die, daß die Parteien diese Prinzipien für eine Art Staat festlegen. Keiner der kontraktualistischen Ansätze, die gegenwärtig diskutiert werden, geht bei Fragen elementarer Gerechtigkeit in ausreichendem Maße auf die sich ständig verändernden Konfigurationen und Zentren der Macht in unserer heutigen Welt ein. Ich denke dabei neben Staaten unter anderem an multinationale Unternehmen und internationale Institutionen. Bestimmte Varianten des Kontraktualismus, wie etwa diejenige Scanlons, können diese neuen Akteure vermutlich miteinbeziehen und auch einzelstaatliche Grundstrukturen als durch internationale Vereinbarungen veränderbar begreifen.

In Scanlons Interpretation stellt die Idee der fairen Bedingungen der Kooperation (die von niemandem vernünftigerweise zurückgewiesen werden könnten) also einen wirkmächtigen und intuitiv überzeugenden Versuch dar, der Idee Ausdruck zu verleihen, daß Menschen trotz ihrer äußerst unterschiedlichen Lebensumstände in einer ungleichen Welt doch moralisch gleich sind. Diese Einsicht ist für die Diskussion über globale Gerechtigkeit von großer Bedeutung. Sie wird für die politische Theorie jedoch nur von geringem Nutzen sein, solange uns eine politische Konzeption des Guten fehlt, die vor allem auch die grundlegenden Ansprüche aller Menschen näher bestimmt. Der Fähigkeitenansatz nimmt von einer derartigen Konzeption seinen Ausgang.

Kapitel V
Fähigkeiten jenseits nationalstaatlicher Grenzen

> Zu diesen [dem menschlichen Geschlecht eigentümlichen Tätigkeiten] gehört der gesellige Trieb zu einer ruhigen und nach dem Maß seiner Einsicht geordneten Gemeinschaft mit seinesgleichen [...]. Der Satz, daß jedes lebende Wesen nur den Trieb auf seinen eigenen Nutzen habe, kann in dieser Allgemeinheit nicht zugegeben werden.
>
> Hugo Grotius, *De jure belli ac pacis*

1. Soziale Kooperation: Der Vorrang von Ansprüchen

In der Welt, in der wir leben, trifft es einfach nicht zu, daß die Kooperation mit anderen selbst unter fairen Bedingungen für alle vorteilhaft ist. Wenn wir allen Menschen die grundlegenden Chancen zugestehen, die im Mittelpunkt unserer bisherigen Ausführungen gestanden haben, wird das von den wohlhabenderen Menschen und Staaten mit Sicherheit einige Opfer verlangen. Deshalb kann die klassische Form des Gesellschaftsvertrags nicht einmal in ihrer moralisierten kantianischen Variante eine inklusive soziale Kooperation begründen, die allen Menschen den gleichen Respekt entgegenbringt. Diese Schwächen der kontraktualistischen Vorstellung von Kooperation sollten uns aber nicht entmutigen. Bevor die Vertragstheorie aufkam, gab es nicht nur in der Theorie, sondern auch in der Praxis umfassendere und inklusivere Vorstellungen von der menschlichen Zusammenarbeit. Spätestens bei Aristoteles und in den auf den internationalen Kontext bezogenen Überlegungen Ciceros und der römischen Stoa finden wir eine politische Konzeption des Menschen als Wesen, das zur ethischen Reflexion in der Lage ist und zugleich mit anderen zusammenleben will und muß. Diese beiden Merkmale – praktische Vernunft und Geselligkeit – kommen in der grotianischen Idee zusammen, daß wir Wesen sind, die am Gemeinwohl orientiert sind und nach einer »nach dem Maß [ihrer] Einsicht geordneten Gemeinschaft« streben.

Die Einsicht, von der Grotius hier spricht, ist eine moralische Einsicht. Sie enthält drei wesentliche Erkenntnisse über den Menschen: die Würde des Menschen ist seine Würde als moralisches Wesen und als solche unabhängig von seiner jeweiligen gesellschaftlichen Position im vollen Sinne gleich; aufgrund der menschlichen Geselligkeit ist ein die gleiche Würde achtendes Zusammenleben mit anderen selbst Bestandteil eines so verstanden menschenwürdigen Lebens; und aus der komplexen Tatsache der menschlichen Bedürftigkeit folgt, daß unser Zusammenleben für uns alle gut sein muß, indem es unsere Bedürfnisse so weit erfüllt, daß die Menschenwürde nicht durch Hunger, Gewalt oder politische Diskriminierung untergraben wird. Kombinieren wir die Tatsache der Geselligkeit mit den anderen beiden Aussagen, so gelangen wir zu folgendem Gedanken: Es ist ein wesentlicher Bestandteil unseres eigenen Guten, daß jeder einzelne von uns zu einer Welt beitragen und in einer Welt leben soll, die moralisch achtbar ist und in der alle Menschen über das verfügen, was für ein menschenwürdiges Leben notwendig ist (zumindest insofern wir uns einig sind, daß wir unter Bedingungen des Anstands und der Achtung zusammenleben wollen).

Der Fähigkeitenansatz ist ein ergebnisorientierter Ansatz, der uns eine partielle Theorie elementarer sozialer Gerechtigkeit liefert. Anders ausgedrückt: Er besagt, daß eine Welt, in der die Menschen über alle auf der entsprechenden Liste zusammengestellten Fähigkeiten verfügen, eine minimal gerechte und achtbare Welt ist. Auf der einzelgesellschaftlichen Ebene besteht dann der zentrale Zweck sozialer Kooperation in der Etablierung von Prinzipien und Institutionen, die sicherstellen, daß alle Menschen über die auf der Liste genannten Fähigkeiten verfügen oder andernfalls diese Fähigkeiten auf wirksame Weise einfordern können. Der Ansatz steht also in enger Verbindung mit der Gestaltung von Institutionen und der Verfassung.

Wie aber können wir den Fähigkeitenansatz auf die internationale Ebene übertragen? Auch hier gibt es verschiedene Möglichkeiten. Wir könnten, wie es der am Ende des vierten Kapitels diskutierte sparsame Kontraktualismus Scanlons vorschlägt, mit dem Entwurf eines fairen Verfahrens beginnen; oder wir könnten an den Ergebnissen ansetzen, also an den zu erreichenden Grundgütern. Meines Erachtens ist Scanlons Theorie letztlich auf eine politische Theorie des Guten angewiesen. Andererseits wird über die Idee gleicher Würde bereits ein quasikontraktualistisches Element in meine auf einer Idee des Guten basierende Theorie eingebaut, da von Beginn an angenommen wird, daß eine jede Verteilung der Grundgüter Ausdruck universeller gleicher Achtung sein muß. Im vierten Abschnitt werden wir sehen, daß ein weiterer kontraktualistischer Gedanke, die Idee einer vernünftigen Übereinkunft, auch in meiner Theorie eine Rolle spielt, und zwar im Zusammenhang mit der Idee eines internationalen überlappenden Konsenses. Trotz dieser wichtigen Einschränkungen kann man sagen, daß der Fähigkeitenansatz mit einer Theorie des Guten beginnt, die in Form grundlegender menschlicher Ansprüche formuliert wird.

Bevor wir diese Herangehensweise näher ausführen können, müssen wir uns jedoch einer weiteren Herausforderung stellen: Ist es überhaupt möglich, die Theorie kohärent von den Ansprüchen her aufzubauen anstatt von den Pflichten? Einer einflußreichen Sichtweise zufolge, die (im Anschluß an Kant) am prominentesten von Onora O'Neill vertreten wird, ist diese Frage zu verneinen.[1] Dieser Sichtweise zufolge müs-

1 O'Neill (1996).

sen wir zunächst klären, was wir anderen Menschen gegenüber zu tun und zu unterlassen verpflichtet sind, und daraus ergibt sich dann, welche Ansprüche unser Gegenüber hat. Die andere Seite in dieser Debatte wird von Seneca und Cicero, Grotius, der modernen Menschenrechtsbewegung sowie Menschenrechtstheoretikern wie Henry Shue und Charles Jones[2] repräsentiert und vertritt die Ansicht, daß wir mit Ansprüchen beginnen sollten. Zunächst müssen wir klären, worauf Menschen einen Anspruch haben, und bevor wir überhaupt festlegen, wem bestimmte Pflichten zukommen, schließen wir aus den Ansprüchen, daß es entsprechende Pflichten gibt und daß wir unter einer Art kollektiver Verpflichtung stehen, sicherzustellen, daß die Menschen auch bekommen, was ihnen zusteht. Der Fähigkeitenansatz setzt auf der einzelstaatlichen wie auf der internationalen Ebene bei den Ansprüchen an. Deshalb müssen wir als nächstes die Argumente der Gegenseite beantworten.

Kein Ansatz ist rein pflichtenbasiert, denn es läßt sich ohne Bezug auf die Bedürfnisse der Menschen gar nicht sagen, wem wir etwas schulden, wie Kants berühmtes Beispiel der Maxime, nicht zum Wohlbefinden anderer beizutragen, zeigt.[3] Eine Welt ohne Wohltätigkeit ist keine Welt, die der Handelnde wollen könnte – denkt er nach, so sieht er, daß er in einer solchen Welt Dinge entbehren müßte, deren er bedarf und auf die er einen Anspruch zu haben verspürt.[4] Ganz ähnlich setzt auch Rawls' kantianischer Prozeduralismus mit den Anwendungsverhältnissen der Gerechtigkeit ein, zu denen die Bedürfnisse der Menschen nach bestimmten Grundgütern des Lebens gehören, und seine Vorstellung

2 Shue (1996); Jones (1999).

3 O'Neills pflichtenbasierter Ansatz bezieht sich auf ganz ähnliche Weise zumindest implizit auf Bedürfnisse, etwa in der Annahme, daß Gewalt und Täuschung schlecht sind; wie Aristoteles sagt, würden diese Dinge für Götter nicht schlecht sein, da sie keine Versprechen, Verträge etc. brauchen.

4 Vgl. die hervorragende Diskussion dieses Beispiels in Wood (1999).

einer gerechten Verteilung hängt wesentlich von seiner Vorstellung jener Grundgüter ab, deren alle Menschen bedürfen, um ihre eigenen Projekte zu verfolgen. Wie wir festgestellt haben, ist Scanlons Kontraktualismus, der mir als Grundlage globaler Gerechtigkeit der Rawlsschen Variante überlegen zu sein scheint, ebenfalls auf eine aussagekräftige Theorie des Guten angewiesen. Kurz gesagt: Pflichten entstehen nie in einem Vakuum; Bedürfnisse und die in diesen Bedürfnissen begründeten Ansprüche spielen immer eine Rolle, wenn es darum geht, warum eine Pflicht eine Pflicht und warum sie überhaupt wichtig ist.

Zudem gelingt es auch den Vertretern der pflichtbasierten Tradition nicht, zu zeigen, daß ihr Ansatz im Bereich der Politik zu einer Klarheit und Bestimmtheit führt, die anspruchsbasierte Ansätze ihres Erachtens vermissen lassen. O'Neill zufolge können wir transnationale Pflichten nicht eindeutig zuweisen, wenn wir etwa mit den Bedürfnissen der Menschen nach Essen und einer Unterkunft beginnen. Setzen wir jedoch an den Kantischen Pflichten an, andere nicht zu verletzen, sie nicht anzulügen oder als Mittel zu benutzen, dann können wir diese Pflichten eindeutig allen zuweisen und jeder kann sie erfüllen – so zumindest O'Neills Behauptung. Diese Unterscheidung ist jedoch weniger klar, als es auf den ersten Blick scheint.[5] Zunächst einmal schließt die gesamte westliche Tradition des Nachdenkens über globale Gerechtigkeit zumindest seit Cicero in die Pflicht, andere nicht zu verletzen (wie auch in die anderen Pflichten), zugleich eine Verpflichtung mit ein, diejenigen zu schützen, die zu Unrecht verletzt werden. Dieser Aspekt der Pflicht, andere nicht zu verletzen, unterstellt uns anspruchsvollen Anforderungen und läßt sich ebenso schwierig Individuen und Institutionen zuweisen wie die Pflicht, andere nicht verhungern zu lassen. Wie Shue gezeigt hat, sind die Militärausgaben, die dafür benötigt werden,

5 Vgl. die ausführlichere Diskussion in Nussbaum (1999).

Menschen vor Angriffen, Folter und so weiter zu schützen, höher als die Kosten, die benötigt würden, um der gesamten Menschheit ausreichend Nahrungsmittel zuzuteilen.

Zweitens läßt sich die Pflicht, andere nicht als Mittel zu benutzen, nicht auf überzeugende Weise von der kritischen Hinterfragung der Weltwirtschaft und ihrer Funktionsweise trennen, und ebensowenig vom Nachdenken über eine mögliche globale Umverteilung und andere damit zusammenhängende soziale und ökonomische Ansprüche. Man kann Menschen als Mittel benutzen, indem man sie zu Sklaven macht, vergewaltigt oder foltert. Sie werden aber mit Sicherheit auch dann als Mittel behandelt, wenn Unternehmen sie dazu zwingen, unter schlechten Bedingungen zu arbeiten, um den Profit zu maximieren. Die Idee, Menschen seien als Zwecke zu behandeln, ist spätestens seit Marx ein wichtiger Teil der kritischen Reflexion auf die Arbeitsverhältnisse. Damit geht die für das moderne Rechts- und Verfassungsdenken prägende Idee einher, daß die Menschenwürde geschützt werden muß, und das hat Folgen für die ökonomischen Verhältnisse und die Arbeitsbedingungen. Diese Anliegen stehen im Zentrum der Anspruchskonzeption des Fähigkeitenansatzes, dessen Wurzeln sich bis zu Marx' Konzeption eines wahrhaft menschlichen Tätigseins zurückverfolgen lassen. Die gegenwärtige Globalisierung des Kapitalismus und des Profitemachens verleiht diesen Anliegen nur noch mehr Gewicht und Dringlichkeit. Es steht außer Frage, daß viele Menschen als Mittel behandelt werden, auch wenn alles andere als klar ist, wem die Pflicht zukommt, dies zu verhindern.

Darüber hinaus läßt sich der Gedanke der Behandlung eines Menschen als Mittel, der im Zentrum von O'Neills kantianischer Pflichtenkonzeption steht, kaum ohne Bezug auf den damit verbundenen Begriff der Menschenwürde und einer ihr entsprechenden Behandlung verständlich machen. Dieser Begriff gehört jedoch auf die Seite der Anspruchskonzeption: Wir müssen uns zunächst darüber im klaren sein, was es heißt, die Menschenwürde zu achten, und welche Art von Behandlung die Menschenwürde verlangt, bevor wir sagen können, welche Art von Behandlung diese Würde verletzt.

Tatsächlich würde ich die Auffassung vertreten, daß es sich in der oben erwähnten Frage der Klarheit und der Bestimmtheit genau andersherum verhält: Wir können verhältnismäßig klare und bestimmte Aussagen darüber machen, über was Menschen verfügen sollten und welche Ansprüche sie aufgrund ihrer Menschenwürde haben, bevor wir (und in gewissem Maß auch unabhängig davon, daß wir) das schwierige Problem der Zuweisung der Pflichten lösen – auch wenn unser Ansatz offensichtlich eine gewisse Allgemeinheit aufweisen wird, bis wir klären können, was wir auf welche Weise einzulösen in der Lage sind. Die aus dem Begriff eines menschenwürdigen Lebens abgeleitete Liste der Fähigkeiten ist angesichts der Vielzahl institutioneller und individueller Akteure, mit denen unser Ansatz zurechtkommen muß, sehr viel einfacher zu formulieren und zu rechtfertigen als eine konkrete Zuweisung der entsprechenden Pflichten. Zudem sind die menschlichen Bedürfnisse relativ stabil, so daß wir auf eine Konzeption grundlegender menschlicher Bedürfnisse hoffen dürfen, die über die Zeit hinweg einigermaßen konstant bleiben wird, während die sich verändernden Machtkonfigurationen in der Weltwirtschaft dazu führen, daß jede Pflichtenkonzeption hochgradig flexibel und temporär sein muß (so sie die institutionelle Ebene nicht ignorieren soll).

Denken wir also über die Menschenwürde nach und darüber, was sie von uns verlangt. Mein Ansatz folgt hier dem von Aristoteles und Marx vorgezeichneten Weg und soll die Voraussetzungen dafür klären, ein im vollen Sinne menschliches Leben zu führen anstatt unter diesem Anspruch zu bleiben – ein Leben also, das der Würde des Menschen entspricht. Zu dieser Vorstellung gehört die Idee der Geselligkeit und darüber hinaus die Idee des Menschen als eines Wesens, das, in Marx' Formulierung, ein »reiches menschliches Bedürfnis«

hat. Hier ist zu betonen, daß Bedürfnis und Fähigkeit, Vernunft und Animalität eng miteinander verwoben sind und daß die menschliche Würde die Würde eines bedürftigen und verkörperten Wesens ist. Zudem sind die »grundlegenden Fähigkeiten« des Menschen Quellen moralischer Ansprüche, wo auch immer wir sie finden: Von ihnen geht die moralische Forderung aus, daß sie entwickelt werden sollten, daß das Leben ein gedeihendes und kein verkümmertes Leben sein sollte.

In einem Durchgang durch die verschiedenen Bereiche, in denen im Rahmen politischer Planung Entscheidungen getroffen werden, die für das Leben der Menschen von grundlegender Bedeutung sind, werde ich nun die Auffassung verteidigen, daß ein solches im vollen Sinne menschliches Leben auf zahlreiche weltliche Bedingungen angewiesen ist: auf angemessene Ernährung, auf die Ausbildung der Fähigkeiten, auf den Schutz der körperlichen Integrität, auf die Freiheit der Meinungsäußerung und des religiösen Selbstausdrucks und so weiter. In jedem dieser Fälle müssen wir argumentativ auf die Intuition verweisen, daß ein Leben ohne eine ausreichende Realisierung dieser Ansprüche ein derart verarmtes Leben ist, daß es nicht mit der Menschenwürde zu vereinbaren wäre.

Diese Argumente beziehen sich auf eine Art freistehende reflektierte Intuition, und nicht auf existierende Präferenzen. So gründet etwa das Argument, daß es einen fundamentalen Anspruch auf gleichen Zugang zu Primär- und Sekundärbildung gibt, in der intuitiven Überlegung, daß Menschen verkümmern und »verstümmelt« werden (um Adam Smiths Formulierung aus seinen entsprechenden Überlegungen aufzugreifen), wenn ihnen die Möglichkeit verwehrt wird, ihre Fähigkeiten durch Bildung zu entwickeln. Wir gelangen zu dieser Ansicht nicht, indem wir eine Umfrage durchführen und die Menschen fragen, was sie gegenwärtig vorziehen, denn wenn es um Bildung geht, sind die faktischen Präferenzen (und vielleicht vor allem die Präferenzen von Frauen) häufig verzerrt durch fehlende Informationen, durch Einschüchterung und durch Anpassung an eine Sichtweise, die besagt, daß Jungen ein Anrecht auf Bildung haben, Mädchen aber nicht. Wie ich in *Women and Human Development* im Rahmen meiner Kritik an Ansätzen, die an informierten Wünschen orientiert sind, jedoch gezeigt habe,[6] ist es dennoch ein gutes Zeichen, wenn über diese reflektierte Intuition begründete Argumentationen zu ähnlichen Ergebnissen kommen wie die überzeugendsten dieser Theorien, nämlich jene, die informationale und ethische Bedingungen einbauen. Wenn also Frauenrechtsgruppen, die von den Prinzipien der angemessenen Information, der Nichtbeherrschung und der Nichteinschüchterung geleitet werden, genau solche Ansprüche erheben, dann ist das ein gutes Zeichen; oder wenn die besten Verfassungsgerichte (etwa jene Indiens und Südafrikas) in ihren Interpretationen der Menschenwürde, die in Verfassungen rund um die Welt immer wichtiger werden, genau solche Ansprüche aus der Idee der Menschenwürde ableiten.

Wenn dem so ist, so kommen uns allen gerechtigkeitsbasierte Ansprüche auf ein Minimum eines jeden der auf der Fähigkeitenliste aufgeführten Grundgüter zu. Auch wenn wir uns bisher auf einer recht abstrakten und allgemeinen Ebene bewegen, weisen unsere Ausführungen doch einen hohen Bestimmtheitsgrad auf: Eine Vorstellung dessen, was die Menschen benötigen, um ein im vollen Sinne menschliches Leben zu führen, gehört zu den eindrücklichsten allgemein geteilten intuitiven Ideen. Wenn Menschen aber derartige Ansprüche haben, dann stehen wir alle unter einer kollektiven Verpflichtung, die Menschen überall auf der Welt mit dem zu versorgen, was sie benötigen. Die erste Antwort auf die Frage »Wer hat die entsprechenden Pflichten?« lautet demnach, daß wir alle diese Pflichten haben. Es kann sein, daß wir später gute Gründe dafür finden, diese Verpflichtung an eine Untergruppe

6 Vgl. Nussbaum (2000a), Kap. 2.

zu delegieren, bisher sind solche Gründe jedoch nicht angeführt worden und deshalb müssen wir uns vorstellen, daß wir alle nach einer achtbaren Weise des Zusammenlebens streben. Die Menschheit steht also unter einer kollektiven Verpflichtung, Mittel und Wege des Zusammenlebens und der Kooperation zu finden, die allen Menschen ein achtbares Leben ermöglichen. Nachdem wir diese Frage geklärt haben, müssen wir uns fragen, wie wir die Lösung umsetzen können.

Wie gesehen, beginnen wir mit einer Intuition, die (auch interkulturell) außerordentlich überzeugend und weitverbreitet ist. (Daraus folgt, daß die freistehende Argumentation überall vorgebracht werden kann; es folgt nicht, daß die Präferenzen überall dieselben sind, auch wenn diese Argumentation, wie bereits betont, durch die Konvergenz mit Verfassungsgerichten, internationalen Menschenrechtsbewegungen und so weiter zusätzliche Bestätigung erfährt.) Auch wenn keine Idee in diesem Bereich universelle Zustimmung für sich in Anspruch nehmen kann, kann der Fähigkeitenansatz doch auf einen relativ breiten Konsens setzen, wie das auch für moderne Menschenrechtskonzeptionen gilt. Es scheint, daß es uns leichter fällt, über das menschliche Tätigsein und über Verletzungen der Menschenwürde durch unangemessene Lebensbedingungen nachzudenken als über moralische Pflichten. Wenn wir das gleiche Problem in der Sprache der Pflichten formulieren und also nach den Pflichten fragen, die wir gegenüber Menschen in anderen Ländern haben, dann wird unsere ethische Reflexion vermutlich ins Stocken geraten, sobald wir mit einem schwer zu lösenden Problem konfrontiert sind.

So denken wir etwa über das gewaltige Problem des Welthungers nach und sagen, daß es absurd wäre anzunehmen, wir hätten eine Pflicht, alle armen Inder zu ernähren. Oder: Wie um Himmels willen sollen wir es jemals schaffen, allen afrikanischen Kindern das Lesen beizubringen? Es ist nicht einzusehen, wie wir überhaupt irgendwelche bildungsbezogenen Pflichten gegenüber den Menschen in Afrika haben könnten.

Oder wir sagen, wir US-Amerikaner können gar keine Pflicht haben, das enorme AIDS-Problem Afrikas zu lösen, da dieses Problem unserer Kontrolle vollkommen entzogen zu sein scheint. Pflichten und Ansprüche stehen letztlich in einem Entsprechungsverhältnis, aber wenn wir mit den Pflichten beginnen, so steigt die Wahrscheinlichkeit, daß wir angesichts schwer in den Griff zu bekommender Probleme einfach das Handtuch werfen. Beginnen wir hingegen mit den Ansprüchen, so spornen uns die Probleme zu weiterem und radikalerem Nachdenken an, statt uns, wie es bei O'Neills Ansatz (ebenso wie bei dem Ciceros oder Kants) der Fall ist, zu einem abrupten Abbruch der Reflexion zu verleiten. Wir erkennen, daß das Problem gelöst werden muß, wenn die Menschenwürde geachtet werden soll. Deshalb gibt es hier eine kollektive Pflicht, die wir vielleicht übersehen hätten, wenn wir nur gefragt hätten »Was sollte ich hier tun?«. Wir entdecken Pflichten, die wir ansonsten vielleicht übersehen hätten, und wir geben uns selbst einen starken Anreiz, das Problem der Verteilung dieser Pflichten zu lösen. Es ist ganz einfach: Unsere Welt ist nicht einmal in einem minimalen Sinn achtbar und gerecht, wenn wir nicht sicherstellen, daß die zehn genannten Fähigkeiten über einen bestimmten Schwellenwert hinaus allen Menschen auf der Welt zukommen.

2. *Warum Fähigkeiten?*

Der Fähigkeitenansatz ist ein ergebnisorientierter Ansatz. Er mißt Gerechtigkeit (beziehungsweise partielle oder minimale soziale Gerechtigkeit) daran, ob ein bestimmter Staat dazu in der Lage ist, seinen Bürgerinnen und Bürgern eine Reihe wesentlicher Fähigkeiten zu gewährleisten, und zwar entsprechend einer angemessenen Bestimmung und einem bestimmten Schwellenwert. An diesem Punkt stellt sich deshalb die Frage, warum Fähigkeiten die Maßeinheit sein sollten, und nicht etwa Wohlstand, Nutzen oder die Verteilung von Ressourcen an Individuen. Diese Fragen sind nicht neu. Tatsächlich ist der Fähigkeitenansatz ursprünglich im Rahmen einer Kritik dieser ehemals vorherrschenden Ansätze entwickelt worden. Ich habe bereits im sechsten Abschnitt des ersten Kapitels ausgeführt, inwiefern er den üblichen Versionen des Utilitarismus überlegen ist. Dennoch werden in der gegenwärtigen internationalen Debatte noch immer vorrangig die alternativen Konzeptionen diskutiert, auch wenn der Fähigkeitenansatz langsam an Boden gewinnt. Aus diesem Grund werde ich die Argumente hier noch einmal kurz rekapitulieren und auch eine Kritik der ressourcenbasierten Ansätze hinzufügen.[7]

Vor der Entwicklung des Fähigkeitenansatzes bestand die vorherrschende Methode zur Messung des Wohlergehens bzw. der Lebensqualität (die für die Frage der Gerechtigkeit relevant ist, aber nicht immer ausdrücklich mit ihr verbunden wird) in einem Land einfach darin, das Pro-Kopf-Bruttoinlandsprodukt zu messen. Diese ziemlich primitive Meßmethode hat nicht einmal die Verteilung berücksichtigt und damit bestimmten Ländern auch dann ein gutes Zeugnis ausgestellt, wenn ihr Wachstum mit großer Armut und extremer Ungleichheit einherging. Wie Sissy Jupe in Charles Dickens' Roman *Harte Zeiten* über ihren Ökonomie-Kurs bemerkt, konnte man dem vorherrschenden Ansatz nicht entnehmen, »wer denn eigentlich das Geld hätte und ob etwas davon mein wäre«. Der am Bruttoinlandsprodukt orientierte Ansatz hat auch andere Aspekte der Lebensqualität ausgeschlossen, die nicht einfach mit ökonomischen Vorteilen korrelieren, selbst wenn die Verteilung mitberücksichtigt wird, wie etwa

7 Im sechsten Kapitel findet sich eine sehr viel ausführlichere Kritik an utilitaristischen Ansätzen mit Bezug auf die Ansprüche von Tieren. Wie sich zeigen wird, sind einige dieser Einwände gegen den Utilitarismus auf äußerst einflußreiche Weise von Rawls formuliert worden, wenn auch nicht von ihm allein.

Gesundheit, Bildung, politische und religiöse Freiheit sowie Gerechtigkeit zwischen den Geschlechtern und ethnischen Gruppen.

Etwas besser ist die beliebte Methode, das Wohlergehen unter Rückgriff auf den Gesamt- oder den Durchschnittsnutzen zu messen, verstanden als die Befriedigung von Präferenzen. Ein solches Verständnis sozialer Ergebnisse ist in vielen Hinsichten sehr überzeugend und hat sicherlich zu wichtigen Einsichten geführt, die für eine transnationale Umverteilung sprechen.[8] Es wirft jedoch auch eine Reihe von Problemen auf, die von den Verteidigern des Fähigkeitenansatzes schon seit langem hervorgehoben werden.[9] Erstens wird das Individuum hier als Größe behandelt, die in das soziale Kalkül eingeht, so daß dieser Ansatz die Unterschiedenheit eines jeden individuellen Lebens nicht ausreichend berücksichtigt. Das Elend einiger weniger am unteren Ende kann so prinzipiell durch das übermäßige Wohlergehen vieler am oberen Ende ausgeglichen werden. Im allgemeinen scheinen die Kategorien des Gesamt- und des Durchschnittsnutzens nicht besonders gut geeignet zu sein, um über soziale Gerechtigkeit nachzudenken, zu deren Forderungen es ja gehört, daß wir eine jede Person als Zweck behandeln und keine als bloßes Mittel für die Zwecke anderer. In dieser Kritik stimmen der Fähigkeitenansatz und der Kontraktualismus völlig überein.

Zweitens behandelt der Utilitarismus in den meisten seiner Varianten alle wichtigen Güter des menschlichen Lebens als miteinander kommensurabel und durch einander ersetzbar.[10] Auch in dieser Hinsicht scheint ein solcher Ansatz nicht besonders geeignet für ein effektives Nachdenken über soziale Gerechtigkeit. Einschränkungen der Meinungs- und Pressefreiheit können nicht dadurch ausgeglichen werden, daß man

8 Vgl. Singer (1972/2007); Murphy (2000).

9 Vgl. Nussbaum (2000a), Kap. 2 sowie die dortigen Nachweise.

10 Ich lasse John Stuart Mills mehrwertigen Utilitarismus beiseite, der sich viel näher an der Position befindet, die ich hier verteidige.

den Menschen einfach ein Mehr an Freizeit oder an anderen sozialen Gütern einräumt. Jedes grundlegende Anrecht ist separat und eigenständig.

Drittens sind die Präferenzen der Menschen überaus formbar. Besonders beeinflußbar sind sie durch Erwartungen und durch gegebene Möglichkeiten. Menschen lernen häufig, sich Dinge, die aufgrund von Konventionen oder der politischen Realität außerhalb ihrer Reichweite liegen, nicht zu wünschen. Ökonomen bezeichnen dieses Phänomen als »adaptive Präferenzen«; es läßt sich besonders häufig an den Erwartungen von Frauen beobachten, die sich an historisch etablierte Beschreibungen der Rolle von Frauen, an ihre geringere körperliche Durchsetzungsfähigkeit und so weiter anpassen. Selbst auf der basalsten Ebene der Gesundheit und der Kraft kann es dazu kommen, daß Frauen mit einem schlechten Zustand zufrieden sind, wenn kein besserer für sie zu haben ist. Aus diesem Grund stützen präferenzbasierte Ansätze letztlich regelmäßig einen ungerechten Status quo und stellen sich gegen echte Veränderungen.[11]

Schließlich vernachlässigt der Utilitarismus die Handlungsfähigkeit der Betroffenen, wenn er den Zustand der Befriedigung von Präferenzen in dieser Weise ins Zentrum stellt. Zufriedenheit ist nicht das einzige, worauf es im Leben ankommt; das aktive Streben nach etwas hat ebenfalls seinen Wert.

Eine Herangehensweise, die soziale Positionen mit Bezug auf Ressourcen bestimmt und eine gerechtigkeitsbasierte Verteilungsvorstellung entwickelt, erweist sich als sehr viel aussichtsreicher als die bruttoinlandsproduktbasierten und utilitaristischen Sichtweisen. Zumindest wenn er mit einer plausiblen Konzeption der Verteilung verbunden wird, kommt ein solcher Ansatz – ein Beispiel wäre der ökonomische Teil von Rawls' Gerechtigkeitstheorie – einem angemessenen Verständ-

11 Vgl. Nussbaum (2000a), Kap. 2 und die dortige Auseinandersetzung mit Sen und Elster.

nis sehr viel näher. Rawls' Bezug auf Einkommen und Besitz als Indikatoren relativer sozialer Positionen führt jedoch auch in Probleme: Soziale Positionen werden unter anderem durch eine Vielfalt von Gütern bestimmt, die sich nicht auf Wohlstand und Einkommen reduzieren lassen und für die Wohlstand und Einkommen auch keine guten Repräsentanten sind. Zudem haben Menschen Bedürfnisse nach unterschiedlichen Ressourcen und sie unterscheiden sich in ihrer Fähigkeit, diese Ressourcen in tatsächlich ausgeübte Tätigkeiten zu übersetzen. Menschen, die Rollstühle verwenden, brauchen für dasselbe Maß an Mobilität mehr Ressourcen als »normale« Menschen und manche dieser Ressourcen erfordern eine Umgestaltung der Gesellschaft und nicht nur die Auszahlung von Geld an einzelne. Im allgemeinen ist es kostenintensiver, die Weiterentwicklung traditionell benachteiligter Gruppen zu fördern als die Weiterentwicklung der bereits Begünstigten, und häufig sind hierfür strukturelle Veränderungen notwendig. Auch der ressourcenbasierte Ansatz kann deshalb auf eine Stützung des Status quo hinauslaufen.

3. Fähigkeiten und Rechte

Der Fähigkeitenansatz ist, wie inzwischen klargeworden sein sollte, politisch eng mit der Förderung der Menschenrechte verbunden. Tatsächlich ist er meines Erachtens eine Art von menschenrechtsbasiertem Ansatz. Die Fähigkeiten, die ich in meine Liste aufgenommen habe, umfassen ebenso wie die von Amartya Sen zur Illustration seines Ansatzes genannten Fähigkeiten viele jener Ansprüche, die auch von der Menschenrechtsbewegung betont werden: politische Freiheiten, die Vereinigungsfreiheit, die Freiheit der Berufswahl und eine Reihe ökonomischer und sozialer Rechte. Ebenso wie mit den Menschenrechten geht auch mit diesen Fähigkeiten statt des »nationalökonomischen Reichtums und Elendes«, wie Marx es so schön genannt hat, eine Reihe von Entwicklungszielen einher, die auf vielschichtigen Vorstellungen des Menschen und der Moral beruhen. Tatsächlich decken die Fähigkeiten sowohl den Bereich der sogenannten Rechte der ersten Generation (politische und bürgerliche Freiheiten) als auch jenen der Rechte der zweiten Generation (ökonomische und soziale Rechte) ab. Sie haben zudem eine ähnliche Funktion, da sie uns eine Vorstellung von außerordentlich wichtigen grundlegenden Ansprüchen zur Verfügung stellen, die wir ebenso der Bewertung einzelstaatlicher Verfassungen zugrunde legen können wie dem Nachdenken über internationale Gerechtigkeit.

Dennoch bin ich der Meinung, daß das Vokabular der Fähigkeiten, wie sowohl Sen als auch ich es entwickelt haben, gegenüber der Rede von Rechten eine entscheidende Präzisierung und Ergänzung darstellt. Bei der Idee der Menschenrechte handelt es sich keineswegs um eine glasklare Idee. Rechte sind auf äußerst unterschiedliche Weise verstanden worden, und oft werden schwierige theoretische Fragen durch das Vokabular der Rechte verschleiert, da es der Illusion Vorschub leisten kann, daß gerade dort, wo tatsächlich tiefe philosophische Uneinigkeit vorliegt, Einigkeit herrscht. Die Menschen sind unterschiedlicher Meinung darüber, was die Grundlage rechtlicher Ansprüche ist: die Vernunft, das Empfindungsvermögen und das bloße Leben haben alle ihre Fürsprecher. Sie sind auch darüber uneins, ob Rechte vorpolitisch oder das künstliche Ergebnis von Gesetzen und Institutionen sind. Der Fähigkeitenansatz hat den Vorteil, daß er in diesen Fragen eine klare Position bezieht und dabei auch deutlich macht, was die ihn motivierenden Anliegen sind und worin sein Ziel besteht. Wie bereits die im dritten Kapitel vorgelegte Analyse gezeigt hat, vertritt der Fähigkeitenansatz die Auffassung, daß Ansprüche in der Existenz einer Person als menschliches Wesen begründet sind – also nicht allein im tatsächlichen Verfügen über eine rudimentäre Menge »elementarer

Fähigkeiten«, so zentral diese für eine präzisere Bestimmung sozialer Verpflichtungen auch sein mögen, sondern in der Tatsache, daß eine Person in die Gemeinschaft der Menschen hineingeboren wird. Seshas Ansprüche sind demnach nicht allein in den »elementaren Fähigkeiten« begründet, über die sie faktisch verfügt, sondern in den für die menschliche Spezies charakteristischen elementaren Fähigkeiten. Auch wenn Sesha selbst nicht über die Fähigkeit zu sprechen verfügt, muß die politische Konzeption ihr durch angemessene Formen der Vormundschaft entsprechende Ausdrucksmöglichkeiten eröffnen. Solche Ansprüche würden nicht existieren, wären die Fähigkeiten allein in individuellen Anlagen und nicht in einer Speziesnorm verankert. Die meisten Menschenrechtskonzeptionen sind nicht in der Lage, auf solche Fragen eindeutige Antworten zu geben.

Zudem vertritt der Fähigkeitenansatz, wie Sen und ich ihn entwickelt haben, die klare Position, daß die relevanten Ansprüche vorpolitisch und nicht bloß das künstliche Ergebnis von Gesetzen und Institutionen sind. Ein Staat, der diese Ansprüche nicht anerkennt, ist also ungerecht. Die meisten gegenwärtigen Menschenrechtskonzeptionen stimmen dem zu; es gibt aber eine einflußreiche Denkrichtung, die dem widerspricht und Rechte als politische Artefakte versteht. Auch in dieser Hinsicht erweist sich der Fähigkeitenansatz als ein rechtebasierter Ansatz, der klare Antworten auf eine Reihe drängender Fragen liefern kann.

Im Rechtediskurs finden sich zwei Mehrdeutigkeiten, die besonders gut vor Augen führen, warum wir auch auf das Vokabular der Fähigkeiten angewiesen sind. Die eine betrifft die Frage der »negativen Freiheit«, die andere das Verhältnis zwischen den Rechten der ersten und denen der zweiten Generation. Manche Rechtstheorien vertreten die Ansicht, daß die Sicherung des Rechts einer Person nur erfordert, daß Eingriffe von seiten des Staates verhindert werden. Grundlegende Ansprüche sind häufig als Verbote von solchen staatlichen Eingriffen verstanden worden. Wenn der Staat sich heraushält, sind die Rechte dieser Sichtweise zufolge gesichert; dem Staat kommt keine darüber hinausreichende positive Aufgabe zu. Betrachten wir die US-amerikanische Verfassung, so können wir darin tatsächlich genau diese Auffassung widergespiegelt finden. Mit Bezug auf staatliches Handeln herrschen negative Formulierungen vor, etwa im ersten Verfassungszusatz: »Der Kongreß darf kein Gesetz erlassen, das die Einführung einer Staatsreligion zum Gegenstand hat, die freie Religionsausübung verbietet, die Rede- oder Pressefreiheit oder das Recht des Volkes einschränkt, sich friedlich zu versammeln und die Regierung durch Petition um Abstellung von Mißständen zu ersuchen.« Entsprechend verweist die Formulierung der überaus wichtigen Garantien des vierzehnten Verfassungszusatzes darauf, was der Staat nicht tun darf: »Keiner der Einzelstaaten darf Gesetze erlassen oder durchführen, die die Vorrechte oder Freiheiten von Bürgern der Vereinigten Staaten beschränken, und kein Staat darf irgend jemandem ohne ordentliches Gerichtsverfahren nach Recht und Gesetz Leben, Freiheit oder Eigentum nehmen oder irgend jemandem innerhalb seines Hoheitsbereiches den gleichen Schutz durch das Gesetz versagen.« Diese Ausdrucksweise, die in der Tradition der Aufklärung die negative Freiheit betont, bleibt auf folgenreiche Weise unbestimmt, wenn es um die Frage geht, ob Einschränkungen durch den Markt oder durch private Akteure ebenfalls als Verletzungen der bürgerlichen Grundrechte betrachtet werden sollen. Obwohl die Vereinigten Staaten in verschiedenen Hinsichten über diese dünne Konzeption rechtlicher Ansprüche hinausgelangt sind, kommt diese Sichtweise aufgrund der Tradition der Verfassungsinterpretation noch immer in zahlreichen Bereichen zum Tragen.

Im Gegensatz dazu versteht der Fähigkeitenansatz die Sicherung eines Rechts als positive Aufgabe. Diese Einsicht ist sowohl für Sens als auch für meine eigene Version dieses Ansatzes zentral. Wir sollten uns das Recht auf politische

Partizipation, das Recht auf freie Religionsausübung, das Recht auf Meinungsfreiheit und weitere Rechte am besten so vorstellen, daß sie nur dann garantiert sind, wenn die Menschen tatsächlich über die entsprechenden Fähigkeiten verfügen. Mit anderen Worten: Um die Rechte der Menschen in diesen Bereichen zu garantieren, muß man diese in die Lage versetzen, ihre Fähigkeiten in den entsprechenden Bereichen auch tatsächlich auszuüben. Da wir uns bei der Bestimmung sozialer Gerechtigkeit auf Rechte beziehen, sollten wir eine Gesellschaft nur dann als gerecht bezeichnen, wenn diese Fähigkeiten tatsächlich verwirklicht worden sind. Natürlich kann es sein, daß die Menschen in diesem Bereich ein vorpolitisches Recht auf gute Behandlung haben, das bisher nicht anerkannt oder das zwar formal anerkannt, aber nicht umgesetzt worden ist. Indem wir die Sicherung von Rechten aber über den Verweis auf Fähigkeiten verstehen, unterstreichen wir, daß ein Volk in Staat S nicht allein schon dadurch wirklich über ein effektives Recht auf politische Teilnahme verfügt, daß dieses Recht nur auf dem Papier steht. Für die Frage, ob diese Gesellschaft als gerecht gelten kann, ist dieses Recht von großer Relevanz. Die Bürgerinnen und Bürger besitzen es jedoch nur dann wirklich, wenn wirksame Maßnahmen ergriffen werden, um sie tatsächlich zur politischen Betätigung zu befähigen. In vielen Ländern haben Frauen ein nominelles Recht auf politische Teilnahme, ohne daß sie dieses Recht im Sinne einer Fähigkeit haben – zum Beispiel, weil ihnen Gewalt angedroht wird, sollten sie das Haus verlassen. Kurz gesagt: Der Fähigkeitenansatz stellt uns einen Maßstab zur Verfügung, um zu bestimmen, was wirklich notwendig ist, um das Recht einer Person zu garantieren. Er stellt klar, daß dies positive materielle und institutionelle Unterstützung erfordert und der Verzicht auf Eingriffe seitens der Regierung nicht ausreicht.

Anders als in der US-amerikanischen Verfassung werden die Rechte in der indischen Verfassung in den meisten Fällen positiv bestimmt. So heißt es etwa in Artikel 19: »Alle Bürger haben das Recht, ihre Meinung frei zu äußern, sich friedlich und ohne Waffen zu versammeln, Vereinigungen und Gewerkschaften zu gründen.« Diese Formulierungen werden gewöhnlich so interpretiert, daß auch Einschränkungen durch nichtsstaatliche Akteure Verletzungen dieser Grundrechte darstellen. Zudem legt die Verfassung ziemlich deutlich fest, daß positive Unterstützungsprogramme zugunsten von niedrigeren Kasten sowie von Frauen nicht nur vereinbar mit den Verfassungsgarantien sind, sondern tatsächlich ihrem Geist entsprechen. Eine solche Herangehensweise ist für umfassende Gerechtigkeit von großer Bedeutung: Ein fairer Umgang mit traditionell marginalisierten Gruppen verlangt, daß der Staat aktiv wird. Unabhängig davon, ob ein Staat eine geschriebene Verfassung hat oder nicht, sollte er nach diesem Verständnis grundlegender Ansprüche vorgehen. Man könnte also sagen, daß der Fähigkeitenansatz auf der Seite der indischen Verfassung steht und sich gegen die neoliberale Interpretation der US-amerikanischen Verfassung richtet. Er stellt klar, daß die Sicherung des Rechts einer Person mehr verlangt als die Abwesenheit staatlicher Eingriffe. Maßnahmen wie die jüngsten Verfassungszusätze in Indien, die Frauen eine Ein-Drittel-Repräsentation in den lokalen *panchayats* bzw. Dorfräten garantieren, werden vom Fähigkeitenansatz ausdrücklich gutgeheißen, der Regierungen ja dazu anhält, immer auch die Hindernisse im Blick zu haben, die einer umfassenden und wirksamen Ermächtigung aller Bürgerinnen und Bürger im Weg stehen, und Maßnahmen zu entwickeln, die diese Hindernisse zu überwinden helfen.

Eine damit zusammenhängende Doppeldeutigkeit in der Tradition des Rechtediskurses betrifft das Verhältnis von Rechten der ersten Generation zu solchen der zweiten. Können politische und bürgerliche Rechte zeitlich vor und unabhängig von der Sicherung sozialer und ökonomischer Rechte gesichert werden? Dies wird von einer äußerst einflußreichen

Strömung der Tradition der liberalen politischen Philosophie ebenso nahegelegt wie von der Verwendung dieser Begriffe im internationalen Menschenrechtsdiskurs. Rawls' Gerechtigkeitstheorie ist Teil dieser Tradition: Seine Konzeption der Gerechtigkeit räumt der Freiheit lexikalischen Vorrang vor den ökonomischen Prinzipien ein, auch wenn er zugleich die Ansicht vertritt, auf einer niedrigeren Stufe der ökonomischen Entwicklung könne man Verstöße gegen das Prinzip der gleichen Freiheit akzeptieren, »wenn es zur Veränderung des Zivilisationsniveaus notwendig ist, so daß in absehbarer Zeit jeder in den Genuß dieser Freiheiten kommt« (TG 587). Beide Aussagen liefern deutliche Hinweise auf die begriffliche Unabhängigkeit dieser beiden Sphären, und die lexikalische Ordnung legt nahe, daß die Freiheit oberhalb einer bestimmten Stufe der Entwicklung kausal unabhängig von der ökonomischen Verteilung wird. Hier könnte man jedoch auch anderer Ansicht sein und behaupten, daß eine adäquate Theorie der Meinungsfreiheit auch die ökonomische Verteilung berücksichtigen muß (etwa die Verteilung von Bildungschancen); selbst wenn man nicht an die wechselseitige begriffliche Abhängigkeit der beiden Sphären glaubt, könnte man die Auffassung vertreten, daß Meinungsfreiheit und politische Freiheit auch in entwickelten Gesellschaften materielle Voraussetzungen haben. So könnte man etwa argumentieren, daß Menschen mit ungenügendem oder ungleichem Zugang zu Bildung auch nicht im vollen Sinne über Meinungsfreiheit verfügen, da es nicht besonders wahrscheinlich ist, daß sich ungebildete Menschen auf der gleichen Ebene mit anderen an politischen Diskussionen beteiligen. Wie Thurgood Marshall zu seiner Zeit als Richter am Supreme Court in einem Minderheitenvotum zu einem Urteil über die ungleiche Finanzausstattung im Bildungssektor schreibt: »Bildung beeinflußt direkt die Fähigkeiten eines Kindes, seine durch den ersten Verfassungszusatz verbürgten Rechte auszuüben, sowohl als Quelle als auch als Empfänger von Informationen und

Ideen.«[12] Von einflußreichen Menschenrechtstheoretikern wird diese wechselseitige Abhängigkeit häufig hervorgehoben, auch wenn sie bisher nur unzureichend Eingang in die entsprechenden Abkommen und Diskurse gefunden hat, die oft (meines Erachtens zu Unrecht) auf der Unterscheidung zwischen Rechten der ersten und solchen der zweiten Generation beruhen. In PL scheint Rawls in dieser Frage ein Zugeständnis zu machen, das aber leider enttäuschend knapp ausfällt: Er schlägt vor, daß dem ersten Grundsatz, der die gleichen Grundfreiheiten betrifft, »ein lexikalisch vorrangiger Grundsatz vorangestellt werden [kann], der fordert, daß die Grundbedürfnisse von Bürgern befriedigt werden, jedenfalls insoweit dies eine Bedingung dafür ist, daß Bürger diese Rechte und Freiheiten verstehen und nutzbringend ausüben können« (PL 71 f.). Rawls äußert sich nicht weiter zu den durch ein solches Prinzip etablierten Bedingungen, gesteht aber zumindest an dieser Stelle zu, daß Freiheit auch mit ökonomischen Faktoren zusammenhängt.

Der Fähigkeitenansatz betont durchgehend die materiellen Aspekte aller menschlichen Güter, indem er unsere Aufmerksamkeit auf das lenkt, was die Menschen tatsächlich zu tun und zu sein in der Lage sind. Alle Grundfreiheiten werden als Fähigkeiten definiert, etwas zu tun. Sie können erst dann als gesichert gelten, wenn Menschen nicht mehr aufgrund ökonomischer oder bildungsbezogener Benachteiligung daran gehindert werden, tatsächlich entsprechend den ihnen auf dem Papier zugesprochenen Freiheiten zu leben. Auf diese Weise wird die wechselseitige Abhängigkeit zwischen den Freiheiten und den ökonomischen Verhältnissen gerade herausgestellt.

Ein weiterer Vorteil des Fähigkeitenansatzes besteht darin, daß er aufgrund der durchgehenden Fokussierung auf das, was die Menschen tatsächlich zu tun und zu sein in der Lage sind, die Ungleichheiten in den Vordergrund stellt und anspricht,

12 *San Antonio Independent School District v. Rodriguez*, 411 U.S. 1 (1973).

an denen Frauen innerhalb von Familien leiden: Ungleichheiten an Ressourcen und Möglichkeiten, Mangel an Bildung, fehlende Anerkennung von Arbeit als Arbeit und Verletzungen körperlicher Integrität. Der herkömmliche Rechtediskurs hat diese Fragen vernachlässigt, und das ist meines Erachtens kein Zufall, denn das Vokabular der Rechte ist eng mit der traditionellen Unterscheidung zwischen der vom Staat regulierten Öffentlichkeit und der von ihm nicht anzutastenden Privatsphäre verbunden. In jüngerer Zeit haben Feministinnen erfolgreich für die internationale Anerkennung vieler wichtiger Menschenrechte von Frauen gekämpft. Um dies tun zu können, mußten sie jedoch die Unterscheidung von privat und öffentlich in Frage stellen, die tief in das traditionelle liberale Rechtsdenken eingelassen ist.[13]

Trotz seiner Unzulänglichkeiten spielt das Vokabular der Rechte noch immer eine wichtige Rolle im öffentlichen Sprachgebrauch. In seinem Zentrum steht die Vorstellung eines vordringlichen gerechtigkeitsbasierten Anspruchs. Wenn wir sagen, daß Menschen ein Recht auf etwas haben, sagen wir damit, daß sie einen vordringlichen Anspruch darauf haben. Die Idee der Fähigkeit bringt für sich genommen diese Idee eines vordringlichen gerechtigkeitsbasierten Anspruchs noch nicht zum Ausdruck. Der Fähigkeitenansatz verleiht der Idee eines grundlegenden Anspruchs jedoch die nötige Klarheit, indem er zeigt, daß die wesentlichen menschlichen Fähigkeiten nicht einfach nur erstrebenswerte soziale Güter sind, sondern vordringliche gerechtigkeitsbasierte Ansprüche.

Ebenso wie die Menschenrechtskonzeptionen ist der Fähigkeitenansatz eine partielle Theorie der sozialen Gerechtigkeit. In meiner Version umfaßt er nicht nur eine Liste der zehn wesentlichen Fähigkeiten, sondern auch einen (sehr allgemein gehaltenen) minimalen Schwellenwert, der von der Weltgemeinschaft erreicht werden muß. Wie die Menschen-

13 Vgl. hierzu allgemein Nussbaum (2000a), Kap. 4.

rechtskonzeptionen betont dieser Ansatz, daß jeder einzelne Mensch auf der Welt Ansprüche auf diese zentralen Güter hat, und schreibt die Pflicht, diese Ansprüche zu verwirklichen, der Menschheit als ganzer zu. In bestimmter Hinsicht ist auch dieser Ansatz staatszentriert, da er empfiehlt, die Liste der Fähigkeiten als Kriterium für die Beurteilung der sozialen Gerechtigkeit einer jeden Gesellschaft zu verwenden, wie das auch für eine Konzeption grundlegender und in der Verfassung verbürgter Ansprüche gilt.[14] Der Fähigkeitenansatz setzt jedoch auch der internationalen Gemeinschaft und der Menschheit insgesamt Ziele, wie es die Menschenrechtsabkommen tun. Wie wir sehen werden, gehen diese beiden Aspekte miteinander einher und sind komplementär: Die Weltgemeinschaft und die Nationalstaaten sollten diese Ziele gemeinsam zu erreichen versuchen. Aus diesem Grund sollte der Fähigkeitenansatz nicht in Konkurrenz zu Menschenrechtskonzeptionen gesehen werden. Insbesondere in ihrer Verwendung in internationalen Diskursen, wie etwa in den *Human Development Reports* des Entwicklungsprogramms der Vereinten Nationen, sind diese Konzeptionen gut vereinbar mit den Schwerpunktsetzungen des Fähigkeitenansatzes, so daß es am überzeugendsten zu sein scheint, den Fähigkeitenansatz als eine Art von Menschenrechtskonzeption zu verstehen. Die Betonung der Fähigkeiten ist jedoch weiterhin von einiger Bedeutung, denn damit wird das Augenmerk auf die positiven Aufgaben der Öffentlichkeit und die wechselseitige Abhängigkeit von Freiheit und angemessener ökonomischer Ausstattung gelegt. Eine derartige Schwerpunktsetzung ist insbesondere in den Vereinigten Staaten und den durch sie beeinflußten Ländern von Bedeutung, in denen die Tradition der »negativen Freiheit« vorherrschend ist.

14 Vgl. Nussbaum (2003b).

4. Gleichheit und Angemessenheit

Der Fähigkeitenansatz arbeitet mit der Idee eines Schwellenwerts: Für jeden wichtigen Anspruch läßt sich ein Angemessenheitsniveau angeben, bei dessen Unterschreitung man zu Recht sagen kann, daß der entsprechende Anspruch nicht gesichert worden ist. Dies wird bereits durch die intuitive Vorstellung eines der Menschenwürde entsprechenden Lebens nahegelegt: Die Menschen haben einen Anspruch nicht allein auf das bloße Leben, sondern auf ein Leben, das mit der Menschenwürde vereinbar ist; und dieser Anspruch bedeutet, daß die relevanten Güter auf einem ausreichend hohen Niveau verfügbar sein müssen. Bisher lag die Betonung jedoch nur auf der Idee der Angemessenheit bzw. der Suffizienz; die Frage, was mit Ungleichheiten geschehen soll, die oberhalb dieses minimalen Schwellenwerts liegen, geht über das bisher Gesagte hinaus und ist noch nicht beantwortet worden. In dieser Hinsicht ist der Ansatz noch unvollständig.

Es erscheint jedoch unerläßlich, mehr über den Schwellenwert zu sagen, denn wir müssen angeben, inwiefern und in welchem Maße die Idee der Gleichheit ein Teil der Idee des Schwellenwerts selbst ist. Wir können der Liste selbst entnehmen, daß Ungleichheit in einigen Fällen inakzeptabel ist. So wird etwa die Fähigkeit 7B wie folgt bestimmt: »Über die sozialen Grundlagen der Selbstachtung und der Nichtdemütigung zu verfügen; fähig zu sein, als über Würde verfügendes Wesen behandelt zu werden, dessen Wert dem anderer gleich ist.« Diese Vorstellung wird dann mit der Idee der Nichtdiskriminierung verbunden. Wir müssen genau hier weiterdenken und exakt ausbuchstabieren, welche Rolle die Idee *gleicher* Ansprüche für unseren Ansatz spielt.[15] Bedenkt man die

15 Ich bin Charles Larmore zu großem Dank dafür verpflichtet, daß er mich gedrängt hat, auf diese Frage einzugehen, und mir auch Hinweise für eine mögliche Antwort gegeben hat.

bereits erwähnten erschütternden Ungleichheiten, so scheint es im internationalen Kontext besonders dringlich zu sein, sich dieses Problems anzunehmen.

Der Prüfstein sollte meines Erachtens die Idee der Menschenwürde und die eng damit verbundene Idee der sozialen Grundlagen von Selbstachtung und Nichtdemütigung sein. Gleiche Fähigkeiten sind ein wichtiges soziales Ziel, insofern Ungleichheit mit einer Einschränkung der Würde und der Selbstachtung verbunden ist. Wir haben gesehen, daß die Idee der Würde von Beginn an mit Bezug auf die Idee der Gleichheit ausbuchstabiert wird: Was anerkannt werden muß, ist die *gleiche Würde* aller Menschen. Hier ist die Idee der Gleichheit von wesentlicher Bedeutung: Sie muß zur bloßen Idee der Würde hinzukommen, wenn wir das Ziel auf angemessene Weise fassen wollen. Aus der Idee der Gleichheit ergeben sich jedoch Implikationen für zahlreiche der auf unserer Liste zusammengestellten Fähigkeiten. Die politischen, religiösen und bürgerlichen Freiheiten lassen sich wohl nur dann auf *angemessene* Weise sichern, wenn sie für alle *gleich* gesichert sind. Gibt man manchen Gruppen ein ungleiches Wahlrecht oder ungleiche Religionsfreiheit, so zwingt man sie in eine Position der Unterordnung und der Erniedrigung, und das ist eine Mißachtung ihrer gleichen Menschenwürde.

Andererseits gibt es andere Fähigkeiten, die in einem engen Zusammenhang mit der Idee des Eigentums und instrumenteller Güter stehen, bei denen *ausreichend* besser zu passen scheint. So scheint etwa eine *angemessene* Behausung oder sonst ein Obdach in der Idee der Menschenwürde angelegt zu sein, weswegen wir es als richtig empfinden, daß in Verfassungen überall auf der Welt, dem kreativen Beispiel der südafrikanischen Rechtsprechung folgend, das Recht auf eine Behausung nach und nach als verfassungsmäßiger Anspruch anerkannt wird. Hingegen ist die Ansicht nicht so einleuchtend, die Idee der Menschenwürde selbst oder die Idee der gleichen Menschenwürde verlange eine *gleiche* Behausung.

Eine Villa muß ja auch nicht unbedingt besser sein als ein bescheideneres Haus. Jedenfalls scheint die Größe der Behausung über einem gewissen Schwellenwert nicht intrinsisch mit der gleichen Würde verbunden zu sein. Insofern Neid und Konkurrenz dazu führen, daß die Menschen eine ungleiche Behausung als Zeichen ungleicher Würde *empfinden*, sollten wir uns fragen, ob diese Urteile nicht auf einer übertriebenen Wertschätzung materieller Güter beruhen, gegen die eine gerechte Gesellschaft sich durchaus wenden könnte. Wir haben es hier keineswegs mit einem klaren Fall zu tun. Wie Adam Smith bemerkt hat, kann sich von Gesellschaft zu Gesellschaft unterscheiden, was mit der Menschenwürde vereinbar ist. In England setzt die Möglichkeit, ohne Scham in der Öffentlichkeit aufzutreten, den Besitz eines Hemdes voraus; in manchen anderen Ländern ist dies nicht der Fall. Wir könnten hinzufügen, daß auch die von der US-amerikanischen Bürgerrechtsbewegung erkämpfte Möglichkeit, sich einen Platz im vorderen Teil des Busses zu suchen, mit der Menschenwürde nicht auf zeitlose Weise, sondern durch eine Reihe sozialer Normen und Praktiken verbunden ist. Weil dem so ist, muß auch die Tatsache, daß die Größe der Behausung mit der Würde durch soziale Normen verknüpft ist, diese Verbindung nicht untergraben. Sie stellt uns jedoch vor eine neue Aufgabe. Zumindest manchmal mögen wir nämlich der Ansicht sein, daß hinter einer sozialen Norm eine übermäßige Wertschätzung kompetitiver Güter steht, die von einer gerechten Gesellschaft nicht anerkannt werden sollte. Ohne Zweifel haben wir es hier mit einem Bereich zu tun, in dem verschiedene Länder mit ihren unterschiedlichen Traditionen das Problem im Rahmen ausgiebiger öffentlicher Deliberation jeweils für sich lösen müssen.

In manchen Bereichen, die mit materiellen Fragen zu tun haben, scheint es jedoch offensichtlich, daß extrem ungleiche Anteile die Angemessenheitsbedingung verletzen. Wenn etwa der Bildungssektor organisiert ist wie gegenwärtig in den Vereinigten Staaten, so daß für Schüler in einem reichen Bezirk bis zu 75- oder 100mal so viel ausgegeben wird wie für Schüler in einem armen Bezirk, so scheint eine solche Mittelzuweisung an sich eine Verletzung der Norm der gleichen Würde und der gleichen politischen Freiheit darzustellen.[16] Zumindest wenn es um die primäre und die sekundäre Schulbildung geht, scheint die Bedingung der Angemessenheit beinahe Gleichheit oder zumindest ein sehr hohes Minimum zu erfordern (auch wenn sie vielleicht Unterschiede zuläßt, wenn es um Aspekte der Erziehung geht, die nicht unmittelbar mit elementaren Chancen und politischen Partizipationsmöglichkeiten verbunden sind). Dasselbe gilt für die elementare Gesundheitsfürsorge. Ob in den Bereichen der höheren Bildung und der nichtwesentlichen Gesundheitsfürsorge ungleiche Anteile als vereinbar mit dem Schwellenwert der Angemessenheit gelten sollten, bleibt eine offene Frage, die von der Gesellschaft selbst geklärt werden muß. Auf der internationalen Ebene sollten wir uns ohne Wenn und Aber für Gleichheit unter den Staaten einsetzen, wenn es um Fähigkeiten geht, die mit der Idee der gleichen Menschenwürde in einem engen Zusammenhang stehen, wie das bei der Primär- und Sekundärbildung sowie beim Zugang zu elementarer Gesundheitsfürsorge der Fall ist. Ob Ungleichheiten in anderen Teilen des Erziehungs- und Gesundheitssystems sowie andere materielle Ungleichheiten mit der Anerkennung der gleichen Menschenwürde vereinbar sind, wird richtigerweise der Gegenstand anhaltender internationaler Debatten sein.

Harry Frankfurt zufolge ist Gleichheit für sich genommen kein eigenständiger politischer Wert; Gleichheit sei nur dann von Bedeutung, wenn sie eine andere Fähigkeit beeinflußt, etwa die Fähigkeit zu sprechen, sich selbst zu achten, ein Leben in Würde zu führen oder in nichthierarchische Beziehun-

16 Vgl. das abweichende Votum von Justice Marshall in *San Antonio,* 411 U.S. 70 (1973).

gen einzutreten.[17] Abstrahiere man vom Gehalt dieser Werte, bleibe Gleichheit ein rein formaler Begriff. Die damit angeschnittenen Fragen sind äußerst komplex und alle Überlegungen sollten hier als vorläufig betrachtet werden.

Für den Fähigkeitenansatz ist Gleichheit jedenfalls auf der Ebene der theoretischen Grundlagen von Bedeutung, denn es muß nicht allein die Menschenwürde, sondern die gleiche Menschenwürde geachtet werden. Daß der Gleichheit diese Rolle zukommt, bedeutet jedoch nicht, daß Gleichheit mit Bezug auf alle wesentlichen Fähigkeiten ein vernünftiges Ziel wäre. Diese Sichtweise ist von Ronald Dworkin und anderen zu Recht kritisiert worden.[18] Manche Fähigkeiten müssen den Bürgerinnen und Bürgern auf gleiche Weise garantiert werden, wenn ihre gleiche Menschenwürde geachtet werden soll. Andere scheinen diese intrinsische Beziehung zur Würde jedoch nicht aufzuweisen, und in diesen Fällen bestimmt der Fähigkeitenansatz einen Schwellenwert der Angemessenheit. Einige Staaten und Individuen könnten auch mit Bezug auf diese Fähigkeiten eine stärker egalitaristische Lösung vorziehen. Wenn wir eine politische Konzeption anstreben, die Gegenstand eines übergreifenden Konsenses zwischen Menschen werden können soll, die sich in ihren umfassenden ethischen und religiösen Lehren unterscheiden, wird sich die eben skizzierte Position, vor allem wenn es um transnationale Umverteilung geht, mit größerer Wahrscheinlichkeit als allgemein zustimmungsfähig erweisen als eine, die hinsichtlich aller wesentlichen Fähigkeiten auf Gleichheit besteht. Individuen, die einer anspruchsvolleren umfassenden Lehre anhängen, können zumindest anerkennen, daß die politische Konzeption

17 Vgl. Frankfurt (1988); Frankfurt (2000).

18 Vgl. Dworkin (2000), Kap. 7. Dworkin richtet seine Kritik gegen Sen, obwohl Sen niemals behauptet hat, daß die Gleichheit der Fähigkeiten das richtige soziale Ziel sei. Sen behauptet nur, daß die Gleichheit der Fähigkeiten der Bereich ist, innerhalb dessen die relevanten Vergleiche vorgenommen werden sollten, insofern die Gesellschaft das Ziel der Gleichheit verfolgt.

mit ihrer eigenen Lehre vereinbar ist, auch wenn sie nicht all das umfaßt, was sie für gut halten würden.[19]

5. *Pluralismus und Toleranz*

Wie wir gesehen haben, vertritt Rawls ein äußerst problematisches Toleranzprinzip, um auf der internationalen Ebene einer größeren Bandbreite traditioneller Sichtweisen und Praktiken Platz bieten zu können, als er dies auf der nationalstaatlichen Ebene zu tun bereit ist. Der Fähigkeitenansatz bleibt auf die Person als letztes Subjekt der Gerechtigkeit ausgerichtet und lehnt es deshalb ab, bei der Rechtfertigung der Fähigkeitenliste selbst Abstriche zu machen. Dennoch ist kulturelle Diversität (sowohl innerhalb von als auch zwischen Staaten) ein zentrales Anliegen meiner eigenen Version dieses Ansatzes. Dieses Anliegen ist in der Fähigkeitenliste selbst angelegt, die für die Freiheit der Religionsausübung, der Vereinigung und so fort robuste Schutzmechanismen fordert.

Auch dieses Anliegen ist in der äußerst wichtigen Idee der Würde und der mit ihr zusammenhängenden Idee der Achtung begründet. Ein integraler Bestandteil aller modernen Staaten ist ein breites Spektrum religiöser und anderer Auffassungen des menschlichen Lebens, und die internationale Gemeinschaft umfaßt noch eine weit größere Diversität als jede einzelne Nation. Deshalb ist es wichtig, den vielfältigen Lebensweisen, für die sich die Bürgerinnen und Bürger entscheiden, mit Respekt zu begegnen, solange sie anderen in den Bereichen, die für die elementaren Fähigkeiten relevant sind, keinen Schaden zufügen. Diese Achtung ist aufgrund der Menschenwürde geboten. Insgesamt lassen sich

19 Einkommen und Besitz finden sich überhaupt nicht auf der Liste, weil es sich bei ihnen nicht um Fähigkeiten handelt. Die oft diskutierte Frage der Gleichheit von Einkommen und Besitz wird hier also nur indirekt durch die Ausrichtung an den zentralen Fähigkeiten berührt.

sechs Weisen unterscheiden, wie der Pluralismus sowohl in der Liste selbst als auch in ihrer Verwendung geschützt wird. Ich fasse sie hier kurz zusammen, und zeige jeweils, wie sie sich bei der Ausweitung des Ansatzes auf den internationalen Raum auswirken.

Erstens wird die Liste als unabgeschlossen und als Gegenstand anhaltender Revision und Reflexion verstanden. Diese Offenheit wird noch wichtiger, wenn wir den Ansatz auf die internationale Gemeinschaft ausweiten, weil wir in solchen Debatten mit noch größerer Wahrscheinlichkeit auf uns bisher unbekannte gute Ideen und Einwände gegen unsere eigene Lebensweise stoßen werden, die wir bisher nicht ernst genommen hatten.

Zweitens werden die einzelnen Einträge auf der Liste in recht abstrakter und allgemeiner Weise aufgeführt, um so der näheren Bestimmung und der Deliberation durch die Bürgerinnen und Bürger und ihre Legislativen und Judikativen innerhalb der jeweiligen Länder genügend Raum zu lassen. Auch diese Offenheit ist in der internationalen Arena von besonderer Bedeutung. Die unterschiedlichen Weisen, in denen einzelne Staaten eine bestimmte Fähigkeit mit Blick auf ihre eigene Geschichte näher bestimmen, selbst wiederum zu achten, ist Teil der Achtung der menschlichen Autonomie, um die es auch geht, wenn wir dem Nationalstaat auf globaler Ebene eine wichtige Rolle zugestehen. Da die Achtung für die Nationalstaaten nur aus der Achtung für Personen abgeleitet ist, ist ihre Reichweite begrenzt. Aus diesem Grund schließe ich mich Rawls' sehr viel weitergehendem Toleranzprinzip nicht an, das zuläßt, daß Staaten die Religionsfreiheit auf ungleiche Weise einschränken oder bestimmten Gruppen das Wahlrecht vorenthalten. Andererseits scheint in den Grauzonen, in denen verschiedene zulässige Bestimmungen einer Fähigkeit denkbar sind, der Respekt für Individuen die Achtung nationaler Unterschiede zu erfordern.

Drittens steht die Liste für eine freistehende »partielle Moralkonzeption«, die allein für politische Zwecke eingeführt wird und ohne Verankerung in metaphysischen Vorstellungen auskommt, die entlang kulturellen und religiösen Trennungslinien heftig umstritten sind (man denke hier etwa an die Idee der Unsterblichkeit der Seele sowie der Existenz eines Gottes oder mehrerer Götter). Sie stellt die Grundlage für einen übergreifenden Konsens dar. Mit Bezug auf diesen übergreifenden Konsens ist die Bestimmtheit der Liste selbst tatsächlich ein Vor- und kein Nachteil. Wir bezeugen anderen unseren Respekt, wenn wir deutlich machen und öffentlich kundtun, zu was genau wir ihre Zustimmung erwarten. Zudem bringt auch die Tatsache, daß es sich um eine relativ kurze Liste handelt, Achtung zum Ausdruck, weil damit gesagt wird: »Wir wollen eure Zustimmung zu diesen zehn elementaren Ansprüchen, der Rest bleibt euch selbst überlassen.« Aus diesen Gründen ziehe ich meine eigene ziemlich klar bestimmte Liste Sens allgemeiner Verteidigung der »Perspektive der Freiheit« vor, die jene Art der umfassenden Präferenz für ein freies oder autonomes Leben nahezulegen scheint, die wir in den Konzeptionen liberaler Denker wie John Stuart Mill und Joseph Raz finden und die für gewöhnlich nicht als Ausdruck der gleichen Achtung für jene Menschen verstanden werden kann, die einer autoritären Religion anhängen. Im Gegensatz dazu sagt mein Ansatz: »Wir bitten euch, diese kurzen Liste zu unterschreiben, aber wir sagen nichts darüber, wie man im allgemeinen zu leben hat.« Auf diese Weise machen wir es auch den Amish, Katholiken und anderen gläubigen Bürgerinnen und Bürgern möglich, dem internationalen Konsens beizutreten, ohne sich irgendwie zurückgesetzt zu fühlen.[20]

Viertens wird der Pluralismus auch dadurch geschützt, daß Fähigkeiten und nicht tatsächlich ausgeübte Tätigkeiten das politische Ziel darstellen.[21] Viele Menschen, die bereit sind, eine bestimmte Fähigkeit als grundlegenden Anspruch

20 Vgl. für eine ausführlichere Diskussion Nussbaum (2003b).
21 Vgl. Nussbaum (2000a), Kap. 1.

zu unterstützen, würden sich hintergangen fühlen, würde die entsprechende Tätigkeit als grundlegend erachtet. Auch hier ist besonders viel Vorsicht geboten, wenn wir die unsere Welt prägenden kulturellen Differenzen in Betracht ziehen. Eine muslimische Frau mag es vorziehen, sich zu verschleiern, und der Fähigkeitenansatz hat dagegen nichts einzuwenden, solange es hinreichend viele politische, bildungsbezogene und andere Fähigkeiten gibt, die sicherstellen, daß die Entscheidung auch tatsächlich eine Entscheidung ist.

Fünftens kommt den wichtigsten Freiheiten, die den Pluralismus schützen, ein zentraler Platz auf der Liste zu: der Meinungsfreiheit, der Vereinigungsfreiheit und der Gewissensfreiheit. Ein Staat, der diese Freiheiten nicht schützt, unterstützt den Pluralismus nur halbherzig, wenn überhaupt.

Wie wir bereits bemerkt haben, nimmt der Ansatz schließlich sechstens eine strikte Unterscheidung vor zwischen Fragen der Rechtfertigung und solchen der Umsetzung. Ich bin überzeugt, daß wir diese Liste als gute Grundlage für politische Prinzipien auf der ganzen Welt rechtfertigen können. Daraus folgt jedoch nicht, daß wir Eingriffe in die inneren Angelegenheiten anderer Staaten gutheißen, die diese Prinzipien nicht anerkennen. Es handelt sich bei meinem Ansatz um eine Grundlage für Überzeugungsarbeit.

In diesen verschiedenen Weisen kann der Fähigkeitenansatz für sich in Anspruch nehmen, Pluralismus und Differenz zu respektieren, ohne dabei Abstriche an den grundlegenden Ansprüchen aller Personen zu machen.

6. Ein internationaler »übergreifender Konsens«?

Ein Merkmal von Rawls' Werk *Politischer Liberalismus*, das vielen seiner Leser Kopfzerbrechen bereitet, ist, daß sich seine Position hin zu einer Art kulturellem Relativismus zu verschieben scheint: Die politische Konzeption wird über bestimmte

Ideen gerechtfertigt, die als Bestandteile der Traditionen einer liberalen konstitutionellen Demokratie ausgewiesen werden. Rawls' häufige Bezugnahme auf die Geschichte Europas und Nordamerikas deutet an, daß er diese westlichen Traditionen als in bestimmter Hinsicht *sui generis* ansieht und die Zeit nach der Reformation und den Religionskriegen als eine eigenständige kulturelle Formation betrachtet (vgl. PL 18-24). Es ist also möglich, daß Rawls hier tatsächlich die Meinung vertritt, seine politische Konzeption sei nur für diejenigen Demokratien gerechtfertigt, die Erben dieser Tradition sind oder sich über die Ideen definieren, die diese Tradition ausmachen.

Dieses Ergebnis wäre eine Enttäuschung für all jene, die der Ansicht sind, eine Konzeption wie Rawls' politischer Liberalismus könne gegenüber allen Nationen der Welt als gültig und sogar als Grundlage transnationaler Übereinkommen gerechtfertigt werden.[22] Schließlich sind die Ideen des Rawlsschen politischen Liberalismus in der internationalen Diskussion über den Frieden und die Versöhnung zwischen den Nationen weit verbreitet. So werden sie etwa als Basis für einen stabilen Frieden zwischen Israel und Palästina, eine nachhaltige Entwicklung zur Demokratie in der arabischen Welt und die anhaltende Wertschätzung des Pluralismus in der indischen Verfassungstradition verteidigt. Natürlich kann man sich Rawls' Ideen auch ganz unabhängig davon, was er sagt, für diese Ziele aneignen, wenn sie sich dafür gut eignen. Dennoch stellt sich hier natürlich die Frage, ob er gute Gründe für diese Einschränkung hatte, die uns vielleicht überzeugen können, daß es für Staaten außerhalb Europas und Nordamerikas nicht vernünftig wäre, einen politischen Liberalismus à la Rawls anzustreben.

22 Vgl. Nussbaum (2000a), wo ich Rawls' Theorie in bezug auf verschiedene Länder rund um die Welt diskutiere. Vgl. für eine Kritik an dieser Bezugnahme auf Rawls Barclay (2003) sowie meine Antwort in Nussbaum (2003d). Ich führe diese Überlegungen in einem kurzen Buch über PL weiter aus, das demnächst bei Columbia University Press erscheinen wird.

Um diese Frage zu beantworten, müssen wir zunächst zwischen folgenden Fragen unterscheiden:

1. Hält Rawls seine Rechtfertigung des politischen Liberalismus (insofern dieser über die Menschenrechtsnormen hinausgeht, die in RdV für alle achtbaren Völker verteidigt werden) tatsächlich für auf die westliche Tradition beschränkt oder bezieht er alle liberalen konstitutionellen Demokratien mit ein? Und wenn ersteres der Fall ist: Finden wir bei ihm eine überzeugende Analyse dieser als singulär begriffenen Geschichte der westlichen Demokratien?

2. Kann man als Anhänger von Rawls dessen politische Konzeption übernehmen und sie von diesen Begrenzungen befreien, um sie als für alle Gesellschaften weltweit gültige Norm vertreten zu können? Und wie würde ein solcher Rawlsianer auf Rawls' berechtigte Bedenken bezüglich der Rechtfertigbarkeit und der Stabilität einer derartigen Position antworten?

3. Kann ein Rawlsianer Normen, die der Rawlsschen Konzeption in etwa entsprechen, als gültige Normen für die transnationale Gesellschaft vertreten?

Rawls' Vorstellung von einer politischen Rechtfertigung ist in all seinen Werken holistisch und »intern«. In *Eine Theorie der Gerechtigkeit* beginnt die Suche nach einem Überlegungsgleichgewicht mit unseren »wohlüberlegten Urteilen«, und er wägt die alternativen Konzeptionen systematisch mit Bezug auf diese Überzeugungen ab, um alles in allem zu einer möglichst großen Kohärenz und Passung der Urteile und Theorien zu kommen. In *Politischer Liberalismus* kommen als neue Elemente hinzu: erstens ein Wandel von einer »sokratischen« Eins-zu-eins-Konzeption der Rechtfertigung zu einer öffentlichen politischen Konzeption, in der »alle Bürger voreinander überprüfen könnten, ob ihre politischen und sozialen Institutionen gerecht sind« (74); zweitens die Betonung des Umstands, daß die zu rechtfertigende Konzeption »in Begriffen gewisser grundlegender Ideen ausgedrückt wird, die als Bestandteil der öffentlichen politischen Kultur einer demokratischen Gesellschaft angesehen werden« (79); an vielen anderen Stellen fügt Rawls hinzu, daß es sich bei der Demokratie um eine »konstitutionelle« Demokratie handelt. Die »Tradition des demokratischen Denkens«, deren Inhalte »dem gebildeten *common sense* der Bürger im allgemeinen vertraut und verständlich sind«, dient als »Fundus stillschweigend geteilter Ideen und Grundsätze« (ebd.). In diesem Sinne geht die Konzeption »von einer bestimmten politischen Tradition aus«.

Diese beiden Veränderungen hängen offensichtlich mit der zentralen Frage der Stabilität zusammen. Wie deutlich zu sehen ist, ist Rawls der Ansicht, daß eine Konzeption nur dann als gerechtfertigt betrachtet werden kann, wenn sich zeigen läßt, daß sie über die Zeit hinweg aus den richtigen Gründen stabil ist; zudem läßt sich seines Erachtens eine so verstandene Stabilität nur belegen, wenn die Konzeption sich Materialien bedient, die bereits in der politischen Tradition vorhanden sind. Natürlich weiß Rawls, daß die von ihm aufgegriffenen Ideen (der »freien und gleichen Bürger«, der »fairen Bedingungen der Kooperation« etc.) bei weitem nicht die einzigen in der Tradition verankerten Ideen sind und daß es zahlreiche Vorstellungen gibt, die in einem Spannungsverhältnis zu ihnen stehen und dennoch ebenfalls in den jeweiligen von ihm untersuchten Nationen vorhanden sind. Dennoch meint er, daß die Prominenz und Langlebigkeit der Ideen, die er seiner Konzeption zugrunde legt, es erlauben, sich auf sie zu stützen.

In seiner »Erwiderung auf Habermas«, die Rawls in die erweiterte englischsprachige Ausgabe von *Politischer Liberalismus* aufgenommen hat, unterscheidet er drei Arten oder Ebenen der Rechtfertigung. In der *Pro-tanto*-Begründung wird die politische Konzeption auf angemessene Weise ausgearbeitet und es wird gezeigt, wie sie ein weites Spektrum politischer Fragen beantwortet, so daß sie vollständig erscheint.[23]

23 Rawls (1995/1997), 206 f.

Zweitens wird in der vollständigen Begründung die politische Konzeption »von den einzelnen Bürgern als Mitgliedern der Zivilgesellschaft [...] als wahr oder vernünftig in [ihre] umfassende Lehre eingebettet«.[24] Dieser Teil des Rechtfertigungsprozesses entspricht am ehesten dem sokratischen Modell aus TG. An dieser Stelle fragt die betreffende Einzelperson noch nicht, ob andere diese Konzeption ebenfalls akzeptieren. Und schließlich muß sie noch öffentlich durch die politische Gesellschaft begründet werden. Diese Begründung gelingt nur, »wenn alle vernünftigen Mitglieder der politischen Gesellschaft eine Begründung für die von ihnen geteilte politische Konzeption geben, indem sie diese in ihre verschiedenen vernünftigen umfassenden Lehren integrieren« und sich dabei wechselseitig berücksichtigen.[25] Auf dieser Ebene muß die Gesellschaft bereits wohlgeordnet auf der Grundlage der politischen Konzeption sein. Rechtfertigung erfordert die Existenz eines übergreifenden Konsenses und bringt das Vorliegen dieses Konsenses zum Ausdruck.

Tatsächlich gibt es Rawls zufolge gegenwärtig kein (westliches oder nichtwestliches) Land, das diese dritte Ebene der Rechtfertigung durchführen kann, da keines als im Sinne seiner politischen Konzeption wohlgeordnet gelten kann. Aus der Tatsache, daß es in einer konkreten Gesellschaft zum gegenwärtigen Zeitpunkt keinen übergreifenden Konsens über Rawls' Ideen gibt, folgt mithin nicht, daß sich eine solche Konzeption für diese Gesellschaft nicht mit der Zeit als vollkommen gerechtfertigt erweisen könnte. Wie Rawls ausdrücklich anmerkt, »sucht der politische Liberalismus nach einer Konzeption politischer Gerechtigkeit, von der wir hoffen, daß sie in einer durch sie geordneten Gesellschaft die Unterstützung eines übergreifenden Konsenses vernünftiger religiöser, philosophischer und moralischer Lehren finden kann« (PL 75). Das ist natürlich etwas ganz anderes, als zu behaupten, die Gesell-

24 Ebd., 207.
25 Ebd., 207 f.

schaft müsse bereits einen solchen Konsens aufweisen. Hier wird scheinbar nur verlangt, daß die erforderlichen Ideen in irgendeiner Form in der Gesellschaft verankert sind.

An anderen Stellen spricht sich Rawls jedoch für eine weitergehende Einschränkung aus: Die zentralen Ideen der Konzeption sollen aus der politischen Tradition einer konstitutionellen Demokratie hergeleitet werden. Mit anderen Worten: Nur ein Staat, der bereits eine konstitutionelle Demokratie ist, kann diese Ideen verwenden; bei einem Staat, in dem sie zwar vorhanden sind, aber noch keinen Übergang zur konstitutionellen Demokratie bewirkt haben, ist dies nicht der Fall. Wenn Rawls über die Reformation und ihre Folgen spricht, geht er sogar noch weiter: »Der historische Ursprung des politischen Liberalismus (und des Liberalismus überhaupt) sind also die Reformation und ihre Folgen sowie die langanhaltenden Auseinandersetzungen über religiöse Toleranz im 16. und 17. Jahrhundert.« (PL 21) Rawls zufolge hat die Reformation etwas »Neues« eingeführt, nämlich »ein transzendentes Element [...], das keinen Kompromiß zuläßt« (PL 23). Diese Idee war weder in der griechisch-römischen Welt noch im Mittelalter vorhanden (PL 18-23). Wenn wir sie im direkten Zusammenhang mit der Definition des politischen Liberalismus sehen, folgt aus diesen historischen Überlegungen jedoch, daß sich diese Form des Liberalismus nur aus den Traditionen bestimmter Länder entwickeln kann, die in Folge der Reformation eine bestimmte Form des Konflikts durchlebt haben. Diese Einschränkung könnte nicht nur zur Folge haben, daß der Rawlssche Ansatz sich nur innerhalb der spezifisch westlichen konstitutionellen Demokratien rechtfertigen läßt, sondern sogar ausschließlich innerhalb von Demokratien, die in entscheidender Weise von der Erfahrung der Reformation und der Religionskriege geprägt wurden. Damit könnten allerdings die nordeuropäischen Staaten, Italien, Rußland, die Staaten Osteuropas und Griechenland herausfallen, da ihre Geschichte sich in wesentlichen Hinsichten von jener Deutschlands, Frankreichs, Hollands, Großbritanniens, Irlands, Kanadas und der Vereinigten Staaten unterscheidet, also den nationalen Geschichten, die für Rawls' historische Ausführungen als die zentralen Bezugspunkte dienen.

Rawls' Interpretation der europäischen und US-amerikanischen Geschichte wirft zahlreiche Probleme auf. Ein Beispiel hierfür ist die Unterschätzung der Konflikte um die einzelnen umfassenden Lehren innerhalb der griechisch-römischen Welt. Aber lassen wir diese Frage beiseite, weil sie für das Problem der Reichweite des politischen Liberalismus ohne Bedeutung ist. Wichtiger ist, daß Rawls die Existenz nichtwestlicher konstitutioneller Demokratien mit ihren eigenen Traditionen der Toleranz und der Verständigung vollkommen zu ignorieren scheint: Hier wären Indien, Bangladesch, Südafrika, die Türkei, Japan und inzwischen viele andere Staaten zu nennen. Sowohl die Türkei als auch Indien blicken auf eine lange und komplexe Geschichte von Konflikten und Verständigung zurück. Mit Bezug auf Indien läßt sich zeigen, daß die Ideen religiöser Achtung und Toleranz hier viel früher vorhanden waren als in der sogenannten westlichen Tradition: Die Edikte Ashokas, der im dritten vorchristlichen Jahrhundert selbst vom Hinduismus zum Buddhismus konvertiert war, plädierten für eine Norm der wechselseitigen Achtung und Toleranz. Dasselbe ließe sich sehr viel später über die offizielle Politik einiger führender Herrscher des Mogulreichs sagen. Mit Blick auf die Türkei wäre das Osmanische Reich mit seiner wohlbekannten Politik der religiösen Koexistenz zu erwähnen. Keines dieser historischen Beispiele stimmt völlig mit den von Rawls vorgeschlagenen Normen überein – dies gilt jedoch für alle Normen, die so weit zurückliegen. Selbst der Westfälische Friede etablierte nur *zwischen* verschiedenen Staaten den religiösen Pluralismus; innerhalb der einzelnen Länder war die Unterdrückung anderer Religionen weiterhin erlaubt. Dasselbe trifft auf die Gründung der Vereinigten Staaten zu, die den Einzelstaaten das Recht einräumte, eine bestimmte Religion auch weiterhin zu bevorzugen und andere zu benachteiligen. Selbst der Schutz der freien Religionsausübung wurde erst nach dem Bürgerkrieg auf die Einzelstaaten angewendet, obwohl diese Idee von den Verfassungen aller Staaten bejaht worden war.

Kurz: Wenn wir die Auffassung vertreten, daß eine politische Tradition bestimmter relevanter Ideen eine notwendige Grundlage des politischen Liberalismus darstellt, sollten wir auch der Ansicht sein, daß diese Bedingung von Indien und der Türkei sowie vielen, wenn nicht den meisten konstitutionellen Demokratien der Welt erfüllt wird, in denen sich jeweils (mal kürzere, mal längere) Traditionen der Bindung an vergleichbare Ideen finden – nicht nur an die Idee der Toleranz selbst, sondern auch an die Ideen der Gleichheit, der Achtung und der Menschenwürde. Tatsächlich könnte man die Behauptung aufstellen, daß der Grundsatz der Gleichheit der Fähigkeiten ein viel zentraleres Merkmal der indischen und südafrikanischen Verfassungsordnung darstellt als der US-amerikanischen.

Was also ist mit jenen Staaten, die gegenwärtig keine liberalen konstitutionellen Demokratien sind? Kann man zeigen, daß Rawls' Ideen auch für sie Gültigkeit besitzen? Schließlich sind die Ideen der Menschenrechte, der Menschenwürde, der menschlichen Gleichheit und der fairen Bedingungen der Kooperation heute überall auf der Welt verbreitet. Selbst in China, wo es bisher keine liberale konstitutionelle Demokratie gibt und die vorhandenen Traditionen in gewissen Hinsichten im Konflikt mit Kernideen der Rawlsschen Konzeption stehen, haben diese Ideen weit zurückreichende Wurzeln, auf die aktuelle Debatten zurückgreifen, so daß liberalen Ideen im politischen Denken zu neuer Prominenz verholfen wird.[26] Es ist nicht unplausibel, daß wir auf diese Ideen aufbauen und in der internationalen Öffentlichkeit dafür plädieren kön-

26 Vgl. Sen (1997).

nen, daß genau diese Ideen sich auch innerhalb jener Länder durchsetzen sollten, in denen das bisher nicht der Fall war.

An dieser Stelle treffen wir auf einen entscheidenden Punkt, nämlich die Stabilität: Je radikaler eine Konzeption innerhalb einer bestimmten Gesellschaft ist, desto schwieriger läßt sich behaupten, Rawls' Konzeption könne mit der Zeit Gegenstand eines übergreifenden Konsenses werden. Mir scheint die Idee der Menschenrechte in der modernen Welt inzwischen jedoch derart tief verankert und weit verbreitet zu sein, daß man von keinem Staat mehr sagen kann, er könne nicht mit der Zeit einen solchen Konsens erreichen. (Allerdings läßt sich meines Erachtens auch nicht mit Gewißheit ausschließen, daß sich ein Staat wie der unsere in die entgegengesetzte Richtung entwickelt. Tatsächlich haben sich die Vereinigten Staaten in vielen der Bereiche, die Rawls besonders wichtig sind, weiter und weiter von einem Konsens wegbewegt.) Aus diesen Gründen neige ich zu der Ansicht, daß die von Rawls eingeführte flexible Bedingung einer Hoffnung auf Konsens von allen Staaten in ausreichender Weise erfüllt wird, die unter modernen Bedingungen in einer Welt leben, die durch eine globale Menschenrechtskultur geprägt ist. Die Menschen dort können sich einfach auf die in dieser globalen Kultur enthaltenen Ideen beziehen, ob ihr eigener Staat gegenwärtig die Struktur einer konstitutionellen liberalen Demokratie aufweist oder nicht.

Und wie steht es um die Chancen transnationaler Einigungen? Können wir hoffen, daß eine an den zentralen menschlichen Fähigkeiten orientierte internationale Gesellschaft mit der Zeit zu einem Konsens der Rawlsschen Art gelangen wird? Tatsächlich sind die Ideen des politischen Liberalismus auf der internationalen Ebene noch fester verankert als in den Einzelstaaten. Die Allgemeine Erklärung der Menschenrechte wurde unter Bezugnahme auf genau diese Ideen ausgearbeitet. Lange bevor die Rawlssche Idee des »politischen Liberalismus« in Umlauf war, vertrat Jacques Maritain, einer der Architekten der Allgemeinen Erklärung, die Auffassung, daß Menschen, die sich in metaphysischen Fragen uneinig sind, sich aus praktisch-politischen Gründen auf eine Liste von Menschenrechten einigen können.[27] In der tatsächlichen Ausarbeitung der Erklärung erwies sich diese Unterscheidung zwischen einer praktischen Übereinkunft und dem Bereich metaphysischer Fragen als ungemein wichtig, da die Teilnehmer, die unterschiedlichen religiösen Traditionen angehörten, bemüht waren, die Überzeugungen der anderen zu achten.[28]

Die Allgemeine Erklärung stellt uns nur eine dünne Grundlage für die internationale Gesellschaft zur Verfügung, da sie die Sicherung der Menschenrechte noch immer als eine Aufgabe nationalstaatlichen Handelns und nicht der internationalen Gemeinschaft als ganzer versteht. Der Trend in Richtung Kooperation und Wechselseitigkeit bei der Umsetzung der Menschenrechte weist jedoch darauf hin, daß diese Ideen nach und nach als Grundlagen internationaler Abkommen, Institutionen und Organisationen ins Zentrum gerückt sind.

Aus diesen Überlegungen ziehe ich die Schlußfolgerung, daß es kein prinzipielles Hindernis oder Argument gibt, das dagegen spräche, die zentralen menschlichen Fähigkeiten als Ziele für alle Länder und damit für die internationale Gesellschaft insgesamt zu verfolgen. Ein Grund, warum Rawls' Konzeption in diesem Zusammenhang besonders vielversprechend ist, ist der tiefe Respekt, den sie religiösen Traditionen zollt und die sorgfältige Unterscheidung zwischen den umfassenden Lehren auf der einen Seite und dem Bereich der geteilten politischen Konzeption auf der anderen. Auch wenn sich viele Menschen nicht der umfassenden Lehre des Liberalismus der westlichen Tradition anschließen, können wir doch hoffen, daß sie einen Konsens unterstützen können, der metaphysische Fragen aus dem Bereich des Politischen ausklammert, und zwar als Teil ihrer jeweils eigenen umfassenden

27 Vgl. Maritain (1951); Maritain (1943/1951).
28 Vgl. Glendon (2001).

Lehre. Die Wahrscheinlichkeit eines solchen Konsenses steigt mit der inhaltlichen Ausrichtung des Fähigkeitenansatzes, der viele Aspekte aufgreift, die sich als zentral für die Diskussion in der internationalen Gemeinschaft erwiesen haben, wie Bildung, Gesundheitsfürsorge, die Frage adäquater Unterbringung und Arbeitsbedingungen, die in Rawls' Konzeption allesamt nicht diskutiert werden.

7. Die Globalisierung des Fähigkeitenansatzes: Die Rolle von Institutionen

Bisher sind aus der Perspektive des Fähigkeitenansatzes einige ambitionierte global angelegte Ziele sowie einige allgemeine Prinzipien zum Pluralismus und zur nationalen Souveränität formuliert worden. Offensichtlich wäre aber noch viel dazu zu sagen, wie genau der Ansatz zur Ausarbeitung politischer Prinzipien für unsere heutige Welt eingesetzt werden kann. In gewisser Hinsicht handelt es sich dabei um eine praktische Aufgabe für Ökonomen, Politikwissenschaftler, Diplomaten und Politiker. Die Philosophie eignet sich eher für die normative Reflexion und die Entwicklung allgemeiner gedanklicher Strukturen. In dieser sich rasant verändernden Welt müssen jedoch alle Vorschläge, sofern sie ganz konkret die Umsetzung betreffen, in Kooperation mit anderen Disziplinen erarbeitet werden.

Das bedeutet nicht, daß die Philosophie nicht vordringlich praktisch wäre. Ihre Ideen prägen die Art und Weise, wie Politiker vorgehen. Aus diesem Grund ist der Fähigkeitenansatz von Beginn an der Vorstellung von Entwicklung als bloß ökonomischem Wachstum entgegengetreten und hat statt dessen die Idee einer »menschlichen Entwicklung« betont. Wird Entwicklung als »menschliche Entwicklung« verstanden, so hat das Einfluß auf die Ziele, die Politiker verfolgen, und die Strategien, die sie dabei einsetzen. Außerdem ist es ebenfalls von größter praktischer Wichtigkeit, die Vorstellung zu kritisieren, daß gegenseitige Vorteile das Ziel gesellschaftlicher Kooperation sind. Die Forderung des Fähigkeitenansatzes, unsere Vorstellung von sozialer Kooperation zu revidieren, ist nicht abgehoben und praxisfern, sondern von akuter und praktischer Bedeutung. Es ist unschwer zu erkennen, daß zahlreiche kurzsichtige Maßnahmen im Bereich der Entwicklungspolitik und der internationalen Finanzpolitik auf solchen Vorstellungen basieren.[29] Vielleicht gibt es in einer zunehmend von multinationalen Konzernen und dem in ihrem Vorgehen impliziten Machtstreben geprägten Welt keine drängendere Aufgabe, als auf der Grundlage eines komplexen Menschenbildes eine Reihe von Entwicklungszielen zu artikulieren sowie eine Reihe allgemeiner Einstellungen zu den Zwecken der Kooperation, die die Menschen dabei unterstützen können, diese Zielen anzustreben.

Dies läßt jedoch die berechtigte Frage offen, wo genau die Sphäre der normativen philosophischen Reflexion endet und die Sphäre der stärker empirisch orientierten Disziplinen beginnt. Die Philosophie scheint am erfolgreichsten darin, grundlegende politische Prinzipien auf einer relativ hohen Abstraktionsebene zu formulieren und es dann den anderen Disziplinen zu überlassen auszuarbeiten, wie diese Prinzipien angesichts sich verändernder Institutionen und Konfigurationen verwirklicht werden können.

Dennoch können wir bei der Verwirklichung der Fähigkeiten unter den Bedingungen der modernen Welt sicher noch einen Schritt weiter gehen als bisher. Wir müssen uns hier fragen, wie die Pflichten zur Förderung der Fähigkeiten in einer Welt zugeteilt werden sollen, in der es Nationalstaaten und transnationale Wirtschaftsabkommen und -institutionen gibt, sowie andere internationale Abkommen und Institutionen, Unternehmen, NGOs, politische Bewegungen und schließlich

29 Vgl. Stiglitz (2002), der sich jedoch nicht ausdrücklich genug gegen die Idee gegenseitiger Vorteile wendet.

Individuen. Zu sagen, daß »wir alle« diese Pflichten haben, ist schön und gut und sicher auch wahr. Wir können aber nicht dabei stehenbleiben und müssen zumindest etwas darüber sagen können, wie diese Pflichten zwischen Individuen und Institutionen sowie zwischen Institutionen verschiedener Art aufgeteilt werden sollten.

Institutionen werden von Menschen gemacht und letzten Endes sollte man auch Menschen als dafür verantwortlich begreifen, ihren moralischen Pflichten zur Förderung menschlicher Fähigkeiten tatsächlich nachzukommen. Dennoch existieren vier Gründe, warum wir diese Pflichten in abgeleiteter Weise auch institutionellen Strukturen zuschreiben sollten. Erstens gibt es *Probleme kollektiven Handelns*. Nehmen wir zum Beispiel einen Staat. Wenn wir sagen, daß die Bürgerinnen und Bürger verpflichtet sind, das System der Eigentumsrechte, das Steuersystem, das Strafrechtssystem und so fort aufrechtzuerhalten, so ist das in gewisser Hinsicht richtig und wichtig. Ein Staat besteht aus den einzelnen Menschen; es gibt keine magische Superperson, die die Arbeit übernehmen könnte. Dennoch würde es mit Sicherheit zu massiven Problemen und Funktionsstörungen kommen, wenn jeder nur für sich überlegen würde, was zu tun ist. Es ist sehr viel besser, eine vernünftige institutionelle Struktur zu etablieren, an die die Individuen dann ihre moralische Verantwortung delegieren. Etwas ganz Ähnliches scheint auch auf internationaler Ebene zuzutreffen, auch wenn die Situation hier, wie wir sehen werden, nicht vollkommen analog ist.

Zweitens stellen sich Fragen der *Fairneß*. Wenn mir viel am Wohlergehen der Armen in meinem eigenen Land liegt und ich einen Großteil meines Geldes spende, um ihre Bedürfnisse zu befriedigen, mache ich dadurch mich selbst und meine Familie im Vergleich zu denen ärmer, die zu Beginn ebensoviel besitzen, den Armen aber nichts abgeben. Jedes System freiwilliger Philanthropie stößt auf dieses Problem. Solange andere nicht dazu gebracht werden, ihren fairen Anteil beizutragen, wie immer dieser letztendlich bestimmt wird, müssen diejenigen, die tatsächlich zahlen, sowohl mehr leisten (wenn das Problem gelöst werden soll) als auch relative Nachteile auf sich nehmen, was nicht der Fall wäre, wenn das System jedem eine proportionale Last auferlegen würde.[30]

Drittens treffen wir auf ein Problem der *Fähigkeit*: Man kann die Ansicht vertreten, daß Institutionen über kognitive Fähigkeiten und Einflußmöglichkeiten verfügen, die Individuen nicht zu Gebote stehen und die für die Zuschreibung von Verantwortung relevant sind. Im Fall eines Übels wie der globalen Erwärmung ist der Beitrag eines Individuums vielleicht so gering, daß er kausal vernachlässigt werden kann, während ein Staat oder ein Unternehmen eine klar erkennbare kausale Rolle spielen. Zudem verfügen Staaten und Unternehmen über Mittel der Prognose und der Vorsorge, die einzelne Individuen nicht haben. Fakten wie diese können als ein weiterer Grund gesehen werden, die Verantwortung für die Förderung von Fähigkeiten für institutionell statt persönlich zu halten.[31]

Und schließlich gibt es da noch die subtilere Frage (oder sogar den Fragenkomplex) des *persönlichen Lebens*. Da der klassische Utilitarismus moralische Verantwortung generell als die persönliche Verantwortung versteht, den Gesamt- oder Durchschnittsnutzen zu maximieren, stößt er auf das große Problem, was dies für die Person bedeutet und für die Idee, daß eine Person ein eigenes Leben zu leben hat. Menschen werden hier nur als Motoren der Maximierung begriffen. Im Grunde muß ihre gesamte Energie darauf verwendet werden, zu kalkulieren, was die richtige Handlung ist, und diese dann auszuführen. Sie müssen sich für berufliche Karrieren, Freundschaften und politische Bindungen entscheiden, die das gesamte oder durchschnittliche Wohlergehen maximieren. Unter diesen Bedingungen läßt sich die Vorstellung, es

30 Vgl. Murphy (2000).
31 Vgl. Green (2002).

gebe wirklich etwas, das sie selbst sind oder das sie ihr eigen nennen können, nur schwer aufrechterhalten.[32] Bei dieser Sorge handelt es sich in Wirklichkeit um eine Reihe eng miteinander zusammenhängender Befürchtungen, denn die dem einzelnen vom Utilitarismus auferlegte unbegrenzte Verantwortung wirft Fragen bezüglich der persönlichen Integrität, der Handlungsfähigkeit, der Freundschaft und der Familie, des Sinns des Lebens und seiner Quellen sowie des Wesens politischen Handelns auf.

Wir müssen diese Befürchtungen hier nicht im einzelnen durchgehen, um zu sehen, daß sie nicht so leicht abzutun sind. Zudem gibt es hier große Überschneidungen mit der Perspektive des Fähigkeitenansatzes, dessen Ziel es ja ist, den Menschen die für ein im vollen Sinne menschliches Leben notwendigen Bedingungen zur Verfügung zu stellen. Wenn dieser Versuch, die menschlichen Fähigkeiten zu fördern, gerade dazu führen würde, das jeweils individuelle Leben auszulöschen, und für persönliche Projekte und Anliegen kein Raum mehr bliebe, so daß niemand mehr die Möglichkeit hätte, ein wahrhaft menschliches Leben zu leben (wenn wir davon ausgehen, daß solche Projekte und Anliegen zu einem wahrhaft menschlichen Leben gehören, wie es die Liste der Fähigkeiten nahelegt), dann würde die Theorie gegen ihre eigenen Ziele arbeiten.

Diese Befürchtungen stehen offensichtlich in engem Zusammenhang mit den Problemen des kollektiven Handelns und der Fairneß. Die utilitaristischen Berechnungen erscheinen uns unter anderem deshalb so kosten- und zeitintensiv, weil sie auch das äußerst ungewisse wahrscheinliche Verhalten anderer miteinbeziehen müssen; und der Eindruck eines besonders extremen Freiheitsverlusts entsteht unter anderem deshalb, weil wir uns meist vorstellen, daß der utilitaristische Akteur die Last der Maximierung des Guten in einer Welt zu

32 Eine Variante dieser Gruppe von Einwänden wird auf eloquente Weise von Williams (1973) vorgebracht.

schultern hat, in der sich die meisten Menschen eigennützig verhalten.

Eine gute Lösung dieses Problems und der mit ihm verbundenen Schwierigkeiten scheint nun darin zu bestehen, die Verantwortung für die Förderung des Wohlergehens (bzw. die Förderung der Fähigkeiten) anderer bestimmten Institutionen zuzuschreiben und so den Individuen hinsichtlich der Frage, wie sie ihr Leben außerhalb der Sphäre führen möchten, in der Institutionen ihnen Pflichten auferlegen, einen relativ großen Entscheidungsspielraum zu belassen.[33] Diese Institutionen würden auf angemessen faire Weise allen die Verantwortung zuschreiben, die Fähigkeiten von allen bis zu einem minimalen Schwellenwert zu fördern. Über diesen (durch grundlegende Ansprüche bestimmten) Schwellenwert hinaus wären die Menschen frei, ihr Geld, ihre Zeit und ihre anderen Ressourcen gemäß ihrer eigenen umfassenden Konzeption des Guten zu verwenden. (Wenn wir alle Forderungen der Gerechtigkeit vollständig überblicken, könnte sich dieses Bild noch einmal verändern, aber das ist gegenwärtig keineswegs der Fall.) Zwar finden wir in jeder religiösen oder ethischen umfassenden Lehre Normen, die festlegen, inwieweit eine jede Person dafür verantwortlich ist, mehr zu tun als das, was ihr institutionell abverlangt wird. Aber die politische Aufgabe der Erreichung des Schwellenwerts der Fähigkeiten wird selbst in erster Linie als Aufgabe der Institutionen verstanden.

Wie wir nun sehen können, entspricht diese Unterscheidung zwischen der institutionellen und der ethischen Ebene der aus der liberalen Theorie (und insbesondere dem politischen Liberalismus) bekannten Unterscheidung zwischen der politischen Sphäre und der Sphäre der persönlichen (oder geteilten) umfassenden Wertvorstellungen der Menschen.[34]

33 Vgl. auch Nagel (1991/1994).

34 Diese Unterscheidung wird manchmal mit der Unterscheidung von öffentlich und privat verwechselt, fällt mit dieser jedoch nicht zusammen. Viele umfassende Lehren sind geteilt und öffentlich (in dem Sinne, daß

Tatsächlich wird eine solche Unterscheidung vom Liberalismus gefordert, insofern wir ihn als politischen Liberalismus verstehen, der dem Respekt für eine Vielfalt religiöser und anderer umfassender Wertvorstellungen verpflichtet ist. Die Prinzipien, die von den Bürgerinnen und Bürgern für den Bereich der Politik befürwortet werden, sind nur eine Untergruppe jener ethischen Prinzipien, die sie mit Blick auf das Leben als Ganzes bejahen. Wäre das nicht so, ließe das System nicht genügend Raum für Pluralität und Diversität. Es würde sich dann um ein diktatorisches System handeln, das den umfassenden Wertbindungen der Menschen nicht genug Respekt entgegenbringt. Die allgemeine Struktur des politischen Liberalismus erfordert also eine Sphäre der ethischen Entscheidungsfreiheit außerhalb dessen, was politisch obligatorisch ist. Eine solche Trennung zwischen politischen Werten und im weiteren Sinne gesellschaftlichen Werten wird auch von einigen konkreteren Forderungen impliziert, die im Zentrum des Fähigkeitenansatzes stehen, wie der Vereinigungs-, Berufs-, Religions- und Reisefreiheit.

8. Die Globalisierung des Fähigkeitenansatzes: Welche Institutionen?

Wie wir gesehen haben, kommt Institutionen bei der Förderung menschlicher Fähigkeiten eine zentrale Rolle zu. Hier stößt die Analogie zwischen der nationalstaatlichen und der globalen Situation jedoch an ihre Grenzen. Im einzelstaatlichen Fall gäbe es viel zu der Struktur jener Institutionen zu sagen, denen die Verantwortung für die Förderung der menschlichen Fähigkeiten der Staatsbürgerinnen und Staats-

sie Teil der Zivilgesellschaft sind); und die Politik schreibt sich selbst den Schutz der zentralen Fähigkeiten von Frauen und Kindern innerhalb der Familie auf die Fahnen, ein Bereich, der traditionellerweise als privat angesehen worden ist.

bürger zukommt. Die diese Verantwortung tragende Struktur wird von Rawls als die »Grundstruktur« einer Gesellschaft bezeichnet, da sie diejenigen Institutionen umfaßt, die die Lebenschancen der Menschen von Beginn an auf umfassende Weise bestimmen. Zu dieser Struktur gehören die Legislative, Gerichte, die Regierung sowie zumindest einige Verwaltungsbehörden, Gesetze, die die Institution der Familie definieren und ihren Mitgliedern bestimmte Vorrechte einräumen, das Steuer- und Wohlfahrtssystem, die allgemeine Struktur des nationalen Wirtschaftssystems und die Grundlagen des Strafrechtssystems. Obwohl sich das, was zur »Grundstruktur« gehört, mit der Zeit ändert, da sich ein bestimmter Teil des Regierungssystems (etwa die Umweltschutzbehörde oder das Bildungsministerium) nach und nach als wichtigerer und grundlegenderer Teil der Struktur zur Förderung menschlicher Fähigkeiten herausstellen kann, ist im großen und ganzen klar, was zu einer institutionellen Struktur gehört und welche Pflichten ihren einzelnen Teilen zukommen.

Das ist aber noch nicht alles. Auch einige allgemeine Prinzipien für Institutionen und ihr Verhältnis zueinander lassen sich als wesentlich für die Förderung menschlicher Fähigkeiten erweisen.[35] So hat sich die *Gewaltenteilung* gemeinsam mit dem richterlichen Prüfungsrecht (*judicial review*) mit der Zeit als für den Schutz der Fähigkeiten der Bürgerinnen und Bürger wesentliche Struktur erwiesen. (Dies tritt nirgends so deutlich hervor wie im Fall Indiens zur Zeit des Notstands 1975-1977, als Indira Gandhis Angriff auf das richterliche Prüfungsrecht zur Aufhebung zahlreicher Grundrechte führte. Der besondere Schutz der Rolle der Judikative im gegenwärtigen System stellt eine direkte Antwort auf diese schwerwiegende Krise dar.) Auch ein angemessenes Maß an *Föderalismus* oder *Dezentralisierung* scheint wichtig zu sein, um die Responsivität des Regierungssystems gegenüber den

35 Ich danke Iris Young dafür, daß sie mich dazu gedrängt hat, diese Frage zu diskutieren.

Ansichten der Menschen und den Schutz ihrer Fähigkeiten zu gewährleisten. Die gleichen Argumente, aufgrund deren wir den Nationalstaat als eine Struktur betrachten, in der die Autonomie der Menschen zum Ausdruck kommt, bringen uns vor allem in sehr großen Ländern wie Indien und den Vereinigten Staaten dazu, ein bestimmtes Maß an Föderalismus oder lokaler Autonomie zu befürworten, wobei aber eine Einschränkung der Gleichheit der Bürgerinnen und Bürger oder ihrer grundlegenden Ansprüche zu vermeiden ist.[36] Ein weiteres wichtiges Merkmal eines modernen Staates, der auf den Schutz der menschlichen Fähigkeiten ausgerichtet ist, sind *unabhängige Regierungsbehörden*, deren Expertise unter anderem wesentlich für den Schutz von Fähigkeiten in den Bereichen Gesundheit und Umwelt ist und deren Unabhängigkeit von Kontrollansprüchen durch Parteien oder Interessengruppen deshalb ein zentrales Strukturmerkmal eines solchen Staates darstellt. Da Korruption in modernen Nationalstaaten eine der größten Bedrohungen der menschlichen Fähigkeiten darstellt, sind *Mechanismen zur Ermittlung und Prävention von Korruption* sowohl in der Regierung als auch im Wirtschaftsleben unabdingbar für die Stabilität der Fähigkeiten und der auf ihnen aufbauenden politischen Konzeption. Darüber hinaus sollte die *juristische Ausbildung* und die *Ausbildung der Angehörigen der Exekutivorgane* mit Blick auf den Schutz der Fähigkeiten der Bürgerinnen und Bürger organisiert werden. Wo die Diskriminierung aufgrund von ethnischer Zugehörigkeit, Religion oder Geschlecht ein drängendes soziales Problem darstellt, sollte die Ausbildung eine entsprechende Ausrichtung aufweisen.

Außerdem sollten wir ganz allgemein darauf bestehen, daß die gesamte öffentliche Ordnung auf eine Weise einzurich-

36 Vgl. Nussbaum (2000a), Kap. 3, für einige allgemeine Prinzipien der Abwägung mit Bezug auf Fragen der Religion, die in angepaßter Form auch dazu verwendet werden können, das Verhältnis zum Nationalstaat zu regeln.

ten ist, die extreme Ungleichheiten hinsichtlich der Teilnahmemöglichkeiten und der Macht ausschließt. Ein Staat kann eine wunderbare Verfassung haben und doch im Alltag eine Plutokratie sein, wenn Medien und Wahlkämpfe auf unangemessene Weise von wohlhabenden Individuen und Gruppierungen kontrolliert werden. Genau dies ist in den Vereinigten Staaten heute der Fall, und aus diesem Grund sind die menschlichen Fähigkeiten hier stark bedroht.

Der Fähigkeitenansatz ist demnach insofern rechtezentriert, als die in der Menschenwürde begründeten Ansprüche der Personen im Zentrum stehen und Strukturmerkmale politischer Ordnungen mit Bezug auf diese Ansprüche als gut oder schlecht beurteilt werden. Dies bedeutet jedoch nicht, daß der Fähigkeitenansatz nichts über die Struktur selbst zu sagen hat: Daß die Förderung menschlicher Fähigkeiten das zentrale Ziel darstellt, verleiht der Debatte über die politischen Strukturen einen Sinn und eine Ausrichtung und liefert uns klare Gründe dafür, bestimmte Strukturen anderen vorzuziehen.

Wechseln wir nun auf die globale Ebene, so löst sich diese Klarheit jedoch vollkommen auf. Wäre ein Weltstaat wünschenswert, könnten wir zumindest seine Struktur beschreiben. Er scheint aber alles andere als wünschenswert zu sein. Anders als eine einzelstaatliche Grundstruktur würde ein Weltstaat kaum in angemessener Weise verantwortlich gegenüber seinen Bürgerinnen und Bürgern sein. Ein solcher Staat wäre einfach zu groß und zumindest gegenwärtig erschweren kulturelle und sprachliche Unterschiede die notwendige Kommunikation. Zudem ist alles andere als klar, ob die Art von kultureller und sprachlicher Homogenität, die einen Weltstaat etwas praktikabler machen würde, überhaupt gefördert werden sollte. Diversität ist ein wertvoller und bereits heute bedrohter Aspekt unserer Welt. Wir sollten sie nicht noch weiter untergraben, ohne dafür sehr gute Gründe anführen zu können.

Ein Weltstaat wäre auch äußerst gefährlich. Wenn ein Staat zu einem Unrechtssystem wird, kann der Druck anderer Länder ihn davon abhalten, schreckliche Verbrechen (an seinen eigenen Bürgerinnen und Bürgern oder gegen andere Staaten) zu begehen. Würde der Weltstaat zu einem Unrechtssystem werden, gäbe es keinen entsprechenden Ausweg; die einzige Hoffnung müßte sich auf eine Rebellion aus dem Inneren richten. In der Geschichte wurden derartige Hoffnungen oft enttäuscht: Die schlimmsten tyrannischen Regime sind nicht ohne Druck von außen gefallen.

Selbst wenn wir diese Probleme lösen könnten, bliebe ein weiteres schwerwiegendes moralisches Problem der Idee eines Weltstaates mit einem einheitlichen System von Institutionen und Verpflichtungen bestehen. Wie ich gezeigt habe, hat die nationale Souveränität einen moralischen Wert, weil sie eine Form darstellt, in der die Menschen ihre Autonomie, also ihr Recht, sich selbst eigene Gesetze zu geben, zum Ausdruck bringen können. Betrachten wir diese moralische Bedeutsamkeit der Souveränität aus historischer Perspektive, erkennen wir, daß ein wesentlicher Aspekt der Autonomie in dem Recht bestand, die Dinge anders zu regeln als die Nachbarstaaten. Natürlich kam dieser Freiheit auch deshalb eine besondere Bedeutung zu, weil die einzelnen Nationen unterschiedliche Religionen und Lebensweisen in ihrem Inneren keineswegs respektiert haben. So bestand etwa für Protestanten die einzige Möglichkeit, in den Genuß der Religionsfreiheit zu kommen, darin, in einem protestantischen Staat zu leben. Je mehr die Anerkennung des Pluralismus Bestandteil jeder einzelstaatlichen Struktur wird, desto schwächer werden die Gründe, die für Unterschiede zwischen den Staaten sprechen. Und doch verschwinden sie nicht gänzlich, denn es gibt sprachliche, kulturelle und historische Unterschiede, die sich noch immer zu Recht als bedeutsam verteidigen lassen. Der Fähigkeitenansatz betont, daß bestimmte elementare Ansprüche Teil aller einzelstaatlichen Verfassungen der Welt sein sollten. Er läßt jedoch sehr viel Raum für Unterschiede in der Interpretation und der institutionellen Umsetzung sowie für Differenzen in anderen Bereichen außerhalb dieses Kerns. Der Schutz der nationalen Souveränität in einer pluralistischen Welt ist ein wichtiger Aspekt des Schutzes menschlicher Freiheit. In diesem Sinn ist jeder Weltstaat *ipso facto* tyrannisch.

Wenn diese Argumentation schlüssig ist, sollte die institutionelle Struktur auf der globalen Ebene dünn und dezentralisiert bleiben. Zum Teil wird sie einfach aus den einzelstaatlichen Grundstrukturen bestehen, denen wir die Verantwortung zuschreiben werden, einen Teil ihres Wohlstands zugunsten anderer Nationen umzuverteilen. Einen anderen Teil werden multinationale Unternehmen ausmachen, denen wir bestimmte Verantwortlichkeiten für die Förderung menschlicher Fähigkeiten in denjenigen Ländern zuschreiben werden, in denen sie ihren Geschäften nachgehen. Ein weiterer Teil besteht in globalen wirtschaftspolitischen Maßnahmen, Institutionen und Vereinbarungen, wie der Weltbank, dem Internationalen Währungsfonds und verschiedenen Handelsabkommen. Hinzu kommen andere internationale Institutionen wie die Vereinten Nationen und die Internationale Arbeitsorganisation, der Internationale Gerichtshof und der neue Internationale Strafgerichtshof sowie internationale Abkommen in verschiedenen Bereichen wie den Menschenrechten, dem Arbeits- und dem Umweltrecht. Schließlich wird ein Teil dieser Struktur in Nichtregierungsorganisationen verschiedenster Art bestehen, von großen und multinationalen (wie Oxfam) zu kleinen und lokalen Organisationen.

Die Form, die diese Struktur bisher angenommen hat, ist eher das Resultat bestimmter historischer Entwicklungen als reflektierter normativer Deliberation. Aus diesem Grund paßt die Perspektive der normativen politischen Philosophie nicht ganz zu den Details eines derart seltsam zusammengewürfelten Institutionengefüges. Zudem ist klar, daß die Zuschreibung von Verantwortlichkeiten unter den verschiedenen Teilen der globalen Struktur provisorisch und informell sowie Gegenstand weiterer Veränderung und Reflexion bleiben muß. Wir sollten auch bemerken, daß diese Zuschreibung eine moralische Aufgabe und politisch nur insofern ist, als sie eine Hoffnung ausdrückt, die wir zu verwirklichen suchen sollten, da es keine das Ganze umfassende Zwangsstruktur gibt, die jedem Teil eine klar definierte Reihe an Aufgaben auferlegen könnte. In diesem Sinn ist mein Ansatz eine Variante des altehrwürdigen Naturrechtsdenkens: Auf der globalen Ebene sind die Forderungen des Fähigkeitenansatzes moralische Forderungen, die nicht zur Gänze in zwangsbewehrten politischen Strukturen aufgehen.

Dennoch lassen sich zumindest einige Prinzipien für eine derartige Weltordnung formulieren, die uns beim Nachdenken darüber behilflich sein können, wie menschliche Fähigkeiten in einer von Ungleichheiten geprägten Welt gefördert werden können.

9. Zehn Prinzipien für eine globale Struktur

1. *Die Überdeterminierung der Verantwortung: Warum einzelstaatliche Strukturen nicht aus der Verantwortung entlassen werden.* Insofern sie mit Kompetenz und Integrität geführt werden, können die meisten Staaten viele oder fast alle der menschlichen Fähigkeiten bis zu einem vernünftigen Schwellenwert selbst fördern. Wie Amartya Sen immer wieder betont, können Hungersnöte durch ein achtbares System rechtlicher Ansprüche zusammen mit einer freien Presse und politischer Demokratie vermieden werden. Ich habe den Gebrauch, den Rawls von Sens Theorie macht, kritisiert, nämlich die Verpflichtung reicherer Länder zu leugnen, ärmeren Ländern ökonomische Hilfe zukommen zu lassen. Wenn die Verringerung globaler Ungleichheiten eine Forderung der Gerechtigkeit ist, dann ist dieser Forderung nicht Genüge getan, wenn es armen

Ländern gelingt, die Fähigkeiten selbst zu fördern – ebenso wie im einzelstaatlichen Kontext die Gerechtigkeit eine Umverteilung verlangt, selbst wenn findige arme Familien es schaffen können, sich eine minimal akzeptable Existenz zu erkämpfen. Wir können festhalten, daß es ungerecht ist, daß arme Länder gegen größere Hindernisse als reiche Länder kämpfen müssen, um ihren grundlegenden Verpflichtungen nachzukommen, ohne uns auf ein bestimmtes Verteilungsprinzip, wie etwa das Rawlssche Differenzprinzip, festzulegen, denn dies folgt bereits aus unserer Idee eines sozialen Minimums, wie es durch den Fähigkeitenschwellenwert zum Ausdruck gebracht wird. Dennoch kann man erst einmal fordern, daß die jeweiligen Länder alles tun, was in ihrer Macht steht. Wenn wir der Struktur der Weltwirtschaft Verantwortung zuschreiben, bedeutet das nicht, daß wir die einzelstaatlichen Strukturen aus der Verantwortung entlassen. Wenn die Fähigkeiten dadurch übererfüllt werden, um so besser.

2. *Die nationale Souveränität sollte innerhalb der durch die Förderung der menschlichen Fähigkeiten auferlegten Grenzen respektiert werden.* Im Abschnitt über Rechtfertigung und Durchsetzung (Kapitel IV.4) habe ich bereits die hinter diesem Prinzip stehenden Überlegungen skizziert. Im allgemeinen ist die gewaltsame Intervention nur unter ganz bestimmten Bedingungen gerechtfertigt; internationale Verträge und Abkommen können ebenfalls eine Art Zwang ausüben, wie ich etwas weiter unten anhand des sechsten Prinzips zeigen werde. Überzeugung und auf Überzeugung abzielende Formen der finanziellen Unterstützung sind immer eine gute Idee. Dies führt uns zum nächsten Prinzip.

3. *Wohlhabende Staaten sind verantwortlich dafür, einen substantiellen Teil ihres Bruttoinlandsprodukts an ärmere Staaten abzugeben.* Den reichen Ländern der Erde kommt die Verantwortung zur Förderung der menschlichen Fähigkeiten ihrer eigenen Bürgerinnen und Bürger zu, wie sie im ersten Prinzip formuliert wird. Sie haben aber außerdem eine darüber hinaus

reichende Verantwortung. In einer Welt, in der so viele Menschen in den Genuß von Luxusgütern kommen, die keine elementaren menschlichen Bedürfnisse befriedigen, und in der eine ungleich größere Zahl von Menschen nicht einmal ihren grundlegenden Bedürfnissen Genüge tun können, wäre es nicht rechtfertigbar, wenn eine in den Prinzipien der wechselseitigen Kooperation und der Achtung der Menschenwürde begründete Weltordnung sich nicht auf erhebliche Umverteilungen festlegen würde. Von reicheren Ländern kann man vernünftigerweise erwarten, daß sie sehr viel mehr geben, als das gegenwärtig der Fall ist, um ärmeren Ländern zu helfen: Obwohl es sich um einen willkürlichen Wert handelt, kämen zwei Prozent des Bruttoinlandsprodukts dem, was moralisch gefordert ist, bereits nahe. (Die Vereinigten Staaten wenden gegenwärtig 0,02 % ihres BIP für die Entwicklungshilfe auf, die europäischen Staaten deutlich weniger als ein Prozent, auch wenn manche, wie Dänemark und Norwegen, sich diesem Wert annähern.) Über die genauen Zahlen läßt sich hier streiten, nicht aber über das allgemeine Prinzip.

Weniger eindeutig ist die Antwort auf die Frage nach der Art der Hilfe: Sollte sie in erster Linie Regierungen oder auch NGOs zugute kommen? Auch diese Entscheidung muß kontextabhängig getroffen werden; sie sollte sich aber nach dem allgemeinen Prinzip richten, daß, wenn das Empfängerland demokratisch ist, seine nationale Souveränität nicht untergraben werden darf und die Hilfe zudem auf effektive Weise geleistet werden sowie die auf der Liste zusammengestellten Fähigkeiten respektieren muß. Wenn ein demokratisches Land ernsthafte Probleme mit Korruption in Regierungskreisen hat, kann dies dafür sprechen, die Hilfe vermittelt durch NGOs und nicht durch die Regierung zu leisten. Auch der unfaire Umgang mit benachteiligten Minderheiten könnte ein Grund sein, die entsprechende Regierung zu umgehen. Staaten, die im Jahr 2003 Bildungseinrichtungen in Indien fördern wollten, wären deshalb vielleicht besser beraten gewesen, ihre Unterstützung NGOs und nicht der Regierung zukommen zu lassen, da das dortige Bildungsministerium mehr Wert auf die Hinduisierung der Lehrpläne als auf die Ausweitung grundlegender Chancen für alle gelegt hat.[37] Effizienzerwägungen, die Förderung der Fähigkeiten unserer Liste und auch die spezifische Sorge um benachteiligte und ausgeschlossene Personen und Gruppen sprechen dafür, Organisationen zu fördern, die die Bildungsmöglichkeiten von Frauen und anderen vernachlässigten Gruppen verbessern möchten.[38]

4. *Multinationale Unternehmen tragen die Verantwortung dafür, menschliche Fähigkeiten in jenen Regionen zu fördern, in denen sie aktiv sind.* Bis heute ist das Verständnis des Zwecks von Unternehmen durch das Profitstreben geprägt. Das hat Unternehmen jedoch nicht davon abgehalten, in ihren Heimatländern relativ viel Geld für wohltätige Zwecke auszugeben. Ein allgemein akzeptierter Standard der moralischen Verantwortlichkeit existiert allerdings nicht. Deshalb muß zur neuen Weltordnung ein klares öffentliches Bewußtsein dafür gehören, daß es ein wesentlicher Aspekt anständigen Wirtschaftens ist, einen substantiellen Teil der eigenen Gewinne für die Förderung der Bildung und des Umweltschutzes in den Regionen einzusetzen, in denen das Unternehmen seinen Geschäften nachgeht. Hierfür sprechen auch gute Effizienzargumente, etwa daß Unternehmen mit stabilen und gut ausgebildeten Arbeitskräften erfolgreicher sind. Zudem führt Bildung zu mehr politischem Engagement, das von zentraler Bedeutung für das Funktionieren von Demokratien ist, und auch politisch stabile Bedingungen sind von Vorteil für Unternehmen. Diese Argumente sind jedoch nur ergänzend zu einer allgemeinen öffentlichen Überzeugung gedacht, daß

37 Vgl. Nussbaum (2004b).

38 Die Ankündigung der britischen Regierung vom September 2004, daß sie den ärmeren Staaten 20 Prozent ihrer Schulden erlassen werde, ist ein Hoffnungsschimmer und ein kreativer Weg, Hilfe auf eine nichtbeherrschende Weise zu leisten.

derartige Fördermaßnahmen vom Anstand geboten sind. Zugleich sollten Unternehmen bemüht sein, gute Arbeitsbedingungen zu fördern, die über das von den lokalen Gesetzen Geforderte hinausgehen.

Bis zu einem gewissen Grad lassen sich Unternehmen durch die einzelstaatlichen Gesetze eines jeden Landes kontrollieren. Das Problem besteht jedoch darin, daß alle Länder versuchen, für Unternehmen attraktiv zu sein, und daß es deshalb manchmal zu einer Art Unterbietungswettbewerb kommt, in dem jedes Land aus Konkurrenzgründen bestrebt ist, möglichst billige Arbeitskraft und die Unternehmen nicht belastende Umweltrichtlinien anzubieten. Unter diesen Umständen muß die Hauptlast der Verantwortung von den Mitgliedern der Unternehmen selbst, von ihren Anwälten und, was sehr wichtig ist, von ihren Kunden getragen werden, die auf die Unternehmen Druck ausüben können, damit sie ihre Aufgaben besser erfüllen als bisher.

In manchen Fällen wird ein Unternehmen oder ein unternehmensähnliches Gebilde mit besonderen Verantwortlichkeiten konfrontiert sein, die sich aus seinem Tätigkeitsbereich ergeben. So kommt Pharmaunternehmen heute eine besondere Verantwortung zu, zur Lösung der globalen AIDS-Krise beizutragen, indem sie ihre Produkte in den am stärksten betroffenen Ländern zu bezahlbaren Preisen auf den Markt bringen und indem sie zum Aufbau eines Gesundheitssystems beitragen, das dazu in der Lage ist, diese Medikamente auch zu verteilen. Auch hier ist der Konsument einer der wichtigsten Akteure bei der Einforderung der dieser Verantwortung entspringenden Verpflichtungen, und somit sind wir wieder bei der individuellen Verantwortung: Die Individuen müssen Druck auf die Unternehmen ausüben, damit diese der ihnen (aus ethischer Perspektive) bereits zugewiesenen Verantwortung auch gerecht werden.

5. *Die wesentlichen Strukturen der Weltwirtschaftsordnung müssen so gestaltet werden, daß sie den armen Ländern und den*

Entwicklungsländern gegenüber fair sind. Daß viele Staaten ihre eigene Bevölkerung selbst ernähren können, bedeutet nicht, daß es fair ist, wenn manche Staaten mit zusätzlichen Hindernissen konfrontiert sind. Was genau aus diesem Prinzip folgt, ist eine Frage, die unter Ökonomen umstritten ist und wohl auch noch lange umstritten bleiben wird.[39] Es besteht jedoch weitgehend Einigkeit darüber, daß die Funktionsweise des IWF und verschiedener globaler Handelsabkommen nicht in ausreichendem Maße von einer gewissenhaften ethischen Reflexion über diese Fragen angeleitet ist. Die Weltbank hat ethischen Fragen und dem Problem der Armut in der jüngsten Vergangenheit etwas mehr Aufmerksamkeit geschenkt und diese Entwicklung scheint vorläufig anzuhalten. Zum Teil haben wir es hier mit einem Problem zu tun, das in jeder bürokratischen Struktur zu finden ist: Die am besten durchdachten Normen scheinen zu kompliziert, als daß sich aus ihnen klare Politikvorgaben ergäben, die von den Bürokraten dann nur noch in der Praxis umgesetzt werden müßten.[40] Zum Teil hält sich jedoch auch der hartnäckige Eindruck, daß ethische Normen zu »weich« und daher für die zu harten politischen Entscheidungen gezwungenen Akteure nicht interessant sind. Die Weltgemeinschaft muß auf diese Institutionen weiterhin Druck ausüben, da Protest bisher eine entscheidende Rolle dabei gespielt hat, die Stimmen der Benachteiligten überhaupt erst hörbar zu machen. Insbesondere im Bereich des Welthandels stellen Protest und öffentlicher Druck vermutlich die einzigen Mechanismen dar, mit Erfolg auf akut relevante moralische Normen aufmerksam zu machen.

6. *Wir sollten eine dünne, dezentralisierte und dennoch starke globale Öffentlichkeit schaffen.* Zwar sollten wir keinen Weltstaat anstreben, aber es gibt keinen Grund, warum ein dünnes globales Regierungssystem, das zumindest über eine gewisse

39 Vgl. etwa Stiglitz (2002) und Friedman (2002).
40 Gespräch mit François Bourguigon, April 2002.

Zwangsgewalt verfügt, nicht mit der Souveränität und der Freiheit der einzelnen Nationalstaaten vereinbar sein sollte. Zu diesem System sollte ein internationaler Strafgerichtshof gehören, wie er inzwischen etabliert worden ist, der sich mit gravierenden Menschenrechtsverletzungen befaßt; des weiteren globale Umweltrichtlinien mit den entsprechenden Durchsetzungsmechanismen sowie einer Besteuerung der Industrienationen des Nordens, die die Entwicklung von Schadstoffkontrollen im Süden unterstützen soll; globale Richtlinien für den Handel, deren Ziel es wäre, die bisher unkontrollierte Kraft der Globalisierung zu zähmen und auf die moralischen Zwecke der menschlichen Entwicklung auszurichten, wie sie auf der Fähigkeitenliste dargelegt werden; globale Arbeitsrichtlinien sowohl für den formellen als auch für den informellen Sektor sowie Sanktionen für Unternehmen, die sich nicht an sie halten; eine begrenzte Form der globalen Besteuerung, die Transfers von den reicheren an die ärmeren Länder bewirken würde (wie die globale Ressourcensteuer, die von Thomas Pogge vorgeschlagen wird);[41] und schließlich eine Reihe internationaler Übereinkommen und Verträge, die, sobald sie von den einzelnen Staaten ratifiziert werden, durch Rechtsprechung und Gesetzgebung in die nationalen Rechtssysteme integriert werden können.[42] Bereits existierende globale Institutionen wie die Weltgesundheitsorganisation, die Internationale Arbeitsorganisation, das Entwicklungsprogramm der Vereinten Nationen, die UNICEF und die UNESCO können hier alle eine wichtige Rolle spielen, aber wir sollten die gegenwärtige Struktur dieser Institutionen nicht als endgültige Lösung begreifen, da in vielen Fällen be-

41 Vgl. Pogge (2002).

42 So wurden in einigen Fällen die Normen des Übereinkommens zur Beseitigung jeder Form von Diskriminierung der Frau, die die Gleichheit der Geschlechter betreffen, als verbindlich für Staaten erachtet, die dieses Abkommen ratifiziert haben, und dies auf eine Weise, die die Ergebnisse von Rechtsstreitigkeiten beeinflußt und darüber hinaus zu neuen Gesetzen geführt hat.

reits neue Institutionen entstanden sind, um mit neuen Problemen umzugehen.

7. *Alle Institutionen und (die meisten) Individuen sollten sich auf die Probleme der Benachteiligten in jedem Staat und jeder Region konzentrieren.* Wie bereits erwähnt, geht mit der nationalen Souveränität, auch wenn sie einen moralischen Wert hat, die Gefahr einher, daß die Situation von Frauen und anderen benachteiligten Gruppen innerhalb der einzelnen Staaten vor Kritik und Veränderungen bewahrt wird. Die Aufmerksamkeit der Weltgemeinschaft als ganzer sollte daher immer auf die Situation der Menschen (wer immer sie sind und zu jeder Zeit) gerichtet sein, deren Lebensqualität gemessen an der Fähigkeitenliste besonders niedrig ist; das gilt nicht nur für die Institutionen, sondern für alle Individuen, die nicht selbst unter außergewöhnlichen Belastungen zu leiden haben. (Angehörige benachteiligter Gruppen haben zwar immer wieder in äußerst kreativer Weise eine Rolle bei der Mobilisierung globalen Handelns gespielt, wie etwa die internationale Frauenbewegung zeigt, aber dennoch scheint mir die Pflicht zur Lösung gravierender Probleme primär denen zuzukommen, die ihr Leben nicht unter beklagenswerten Umständen führen müssen.) Zwangsbewehrte Sanktionen werden nur in manchen Fällen angemessen sein. Dennoch sollte uns die Tatsache, daß wir anspruchsvollere Normen rechtfertigen können, dazu ansporen, weitere Überzeugungsarbeit zu leisten und die Menschen politisch zu mobilisieren; solche Bemühungen haben etwa zum Übereinkommen zur Beseitigung jeder Form von Diskriminierung der Frau (CEDAW) geführt. Selektive finanzielle Unterstützung kann viel dazu beitragen, den Lebensstandard dieser Menschen und Gruppen zu verbessern.

8. *Die Sorge um die Kranken, Alten, Kinder und Behinderten sollte ein wichtiger Schwerpunkt der Weltgemeinschaft sein.* Die Notwendigkeit der Pflege von Menschen, die auf andere angewiesen sind, stellt angesichts einer immer älter werdenden Bevölkerung und von immer mehr Menschen, die mit AIDS

leben, ein zunehmendes Problem dar. Im dritten Kapitel habe ich bereits die Probleme der Geschlechtergerechtigkeit diskutiert, die sich aus der gegenwärtigen mangelhaften Organisation der Fürsorge ergeben. Staat, Arbeitsplatz und Familie müssen umgestaltet werden, damit der Bedarf an Pflege gedeckt werden kann, ohne daß das Wohlergehen und die Ansprüche von Frauen eingeschränkt werden. Auch diese Aufgabe erfordert sowohl einzelstaatliche als auch internationale Anstrengungen, und auch hier kommt den reicheren Ländern die Pflicht zu, den ärmeren zur Seite zu stehen, indem sie etwa Infrastrukturen der Krankenpflege und des Gesundheitswesens entwickeln, die benötigt werden, um die AIDS-Krise zu bewältigen.

9. *Die Familie sollte als eine Sphäre behandelt werden, die von großem Wert, aber nicht »privat« ist.* Die Gesellschaftsvertragstheorien haben die Welt lange in eine »öffentliche« und eine »private« Sphäre unterteilt und die Familie für gewöhnlich als einen der politischen Gerechtigkeit entzogenen Bereich verstanden. Rawls' lange und gewundene Auseinandersetzung mit dieser Frage zeigt, wie schwierig es selbst für den reflektiertesten Vertreter dieser Tradition ist, das Problem der Ungleichheit an Ressourcen und Chancen innerhalb der Familie anzugehen.[43] Die Weltgemeinschaft sollte die individuellen Freiheiten der Menschen schützen, und das beinhaltet das Recht zu heiraten und eine Familie zu gründen,[44] aber auch weitere damit zusammenhängende Rechte, wie das elterliche Recht, die eigenen Kinder betreffende Entscheidungen selbst zu fällen. Der Schutz der menschlichen Fähigkeiten der Familienangehörigen sollte jedoch immer Vorrang haben. Millionen von Mädchen sterben aufgrund von Vernachlässi-

43 Vgl. Nussbaum (2000a), Kap. 4; Nussbaum (1999/2002).

44 Ich wende mich dementsprechend gegen die Kinderehe und gegen Zwangsheiraten, nicht gegen arrangierte Ehen, wenn sie Personen involvieren, die ein vernünftiges Alter und damit die Rechtsfähigkeit erreicht haben, über verschiedene Möglichkeiten verfügen, nicht gezwungen werden und dem Arrangement zustimmen.

gung oder mangelnder Ernährung und Fürsorge, und ihr Tod ist nicht auf Verfolgung oder Diskriminierung durch einen Staat zurückzuführen, sondern darauf, daß ihre Eltern nicht ein weiteres weibliches Familienmitglied durchfüttern (und eine weitere Mitgift bezahlen) wollen und daß der Staat nicht genug getan hat, um ihr Leben zu schützen. Die Weltgemeinschaft reagiert nur sehr langsam auf das Problem der diskriminierenden Behandlung von Mädchen und Jungen, gerade weil das Zuhause sowohl in westlichen als auch in nichtwestlichen Traditionen als unverletzliche Sphäre persönlicher Entscheidungsfreiheit verstanden worden ist.[45] Eine neue Einstellung zur Familie zu finden, die sowohl die Vereinigungsfreiheit respektiert als auch die Fähigkeiten der Kinder schützt, sollte eine vorrangige Aufgabe der globalen Öffentlichkeit wie der öffentlichen Debatte in jedem Einzelstaat sein.

10. *Allen Institutionen und Individuen kommt die Verantwortung zu, die Bildung als einen wesentlichen Faktor der Ermächtigung aktuell benachteiligter Menschen zu fördern.* Bildung hat eine Schlüsselfunktion für alle menschlichen Fähigkeiten,[46] und wie wir gesehen haben, gehört sie zu den Ressourcen, deren globale Verteilung ein besonderes Maß an Ungleichheit aufweist. In fast allen Fällen könnten die nationalen Regierungen viel mehr unternehmen, um die Bildung zu fördern, als sie das gegenwärtig tun; aber auch Unternehmen, NGOs (die unter anderem durch individuelle Spenden und die Entwicklungshilfegelder der Regierungen finanziert werden) und die globale Öffentlichkeit (durch internationale Aufrufe und Foren) bleiben hinsichtlich der Förderung allgemeiner Primär- und Sekundärbildung weit hinter ihren Möglichkeiten zurück. Nichts ist für die Demokratie, den Genuß des Lebens, Gleichheit und Mobilität innerhalb eines Landes und wirksames politisches Handeln über dessen Grenzen hinweg

45 Vgl. für einen solchen Vergleich der indischen und der westlichen Traditionen Nussbaum (2002a).

46 Vgl. Nussbaum (2004a).

von größerer Bedeutung. Dabei sollte Bildung nicht allein als Bereitstellung nützlicher technischer Fertigkeiten verstanden werden, sondern auch und vor allem als allgemeine Ermächtigung der Person durch Wissen, kritisches Denken und Einbildungskraft.

Zusammengenommen scheinen diese Prinzipien (und der Fähigkeitenansatz, der ihnen zugrunde liegt) die Bedingungen, die wir am Ende unserer Kritik an Rawls aufgestellt haben, hervorragend zu erfüllen. Die *gleiche Achtung der Personen* wird durch den festen Entschluß zur Förderung der Fähigkeiten einer jeden Person sowie zur Beseitigung derjenigen strukturellen Merkmale des Weltsystems, die den Menschen die Möglichkeit eines achtbaren Lebens versperren, zum Ausdruck gebracht; ebenso aber auch dadurch, daß jede der entsprechenden Fähigkeiten gefördert wird, anstatt bestimmten menschlichen Aktivitäten nur eine instrumentelle Bedeutung für das Streben nach Wohlstand zuzusprechen. Die *moralische Bedeutung staatlicher Souveränität* wird von der Theorie in aller Deutlichkeit anerkannt. *Gerechtigkeit* wird *innerhalb verschiedener Beziehungen* verwirklicht, da Verantwortlichkeiten für die Förderung menschlicher Fähigkeiten einer großen Bandbreite unterschiedlicher globaler und einzelstaatlicher Strukturen zugeschrieben werden. Mit der Bedingung, daß alle Länder sehr viel mehr unternehmen müssen, um das Wohlergehen der Menschen in den ärmsten Ländern zu fördern, wird die *Flexibilität nationalstaatlicher Institutionen* betont: Die institutionellen Strukturen der einzelnen Nationalstaaten müssen zu diesem Zweck verändert werden und deshalb können und sollen sie nicht darauf bestehen, daß ihre einzelstaatlichen Strukturen gegeben und endgültig sind. Schließlich ist unser Vorhaben insgesamt vom Geist einer *neuen Auffassung der Zwecke der internationalen Kooperation* durchdrungen, in der die Ideen der menschlichen Entwicklung und Gemeinschaft an die Stelle der dünneren Idee des gegenseitigen Vorteils treten.

Die aufgeführte Liste von Prinzipien hat kein natürliches Ende. Man könnte auch eine Liste von zwanzig statt zehn Prinzipien aufstellen. Zudem sind die Prinzipien äußerst allgemein gehalten und lassen viele schwierige Fragen offen, die sich stellen werden, sobald es an die Umsetzung geht. An dieser Stelle muß die Philosophie die Aufgabe an andere Disziplinen weiterreichen. Dennoch ist der philosophische Teil der Untersuchung natürlich nicht nutzlos. Ideen prägen und gestalten die öffentliche Politik auf eine umfassende und grundlegende Weise und beeinflussen, welche Alternativen auf den Tisch kommen und ernst genommen werden.[47] Zusammen mit der theoretischen Analyse, die ihre Grundlage bildet, können die genannten Prinzipien zumindest einen Eindruck davon verschaffen, was der Fähigkeitenansatz anzubieten hat, wenn wir den Schritt von der Ebene der Ziele und Ansprüche zur Konstruktion einer achtbaren globalen Gemeinschaft unternehmen. Wenn unsere Welt in der Zukunft eine achtbare Welt sein soll, müssen wir hier und jetzt anerkennen, daß wir alle Bürgerinnen und Bürger dieser einen interdependenten Welt sind, die durch wechselseitige Verbundenheit ebenso zusammengehalten wird wie durch das Streben nach gegenseitigen Vorteilen, durch Mitgefühl ebenso wie durch Eigeninteresse, und durch eine in allen Menschen verankerte Wertschätzung der Menschenwürde; das gilt selbst dann, wenn wir aus der Kooperation mit bestimmten Menschen keinen Gewinn ziehen können – oder sagen wir: selbst dann, wenn das, was wir zu gewinnen haben, das höchste aller Güter ist: in einer gerechten und moralisch achtbaren Welt zu leben.

47 Vgl. Stiglitz (2002), 11, der das Versagen der Entwicklungshilfe wie folgt analysiert: »Bei vielen der Kontroversen [...] ging es daher um *Ideen* und Konzeptionen von der Rolle des Staates, die sich von diesen Ideen herleiten.«

Kapitel VI
Jenseits von »Mitleid und Menschlichkeit«: Gerechtigkeit für nichtmenschliche Tiere

> Abschließend kommen wir also zu dem Ergebnis, daß Zirkustiere [...] in zu engen Käfigen untergebracht und Angst, Hunger und Schmerzen ausgesetzt werden, ganz zu schweigen von der würdelosen Lebensweise, die ihnen ohne Ruhepausen zugemutet wird, und daß die angefochtene Bestimmung entsprechend [...] der Werte des menschlichen Lebens und der Philosophie der Verfassung erlassen wurde. [...] Obwohl sie nicht zur Spezies Homo sapiens gehören, handelt es sich um Wesen mit Anspruch auf eine Existenz in Würde und eine humane Behandlung ohne Grausamkeit und Folter. [...] Aus diesem Grund ist es unsere elementare Pflicht, unseren tierischen Freunden nicht nur Mitgefühl entgegenzubringen, sondern auch ihre Rechte anzuerkennen und zu schützen. [...] Wenn Menschen einen Anspruch auf Grundrechte haben, warum dann nicht auch Tiere?
>
> Nair v. Union of India, *Kerala High Court, no. 155/1999, Juni 2000*

1. »Wesen mit Anspruch auf eine Existenz in Würde«

Im Jahre 55 v. u. Z. veranstaltete der römische Feldherr Pompeius einen Kampf zwischen Menschen und Elefanten. In der von der Menge der Zuschauer umringten Arena erkannten die Tiere, daß es keine Möglichkeit gab, zu entkommen. Plinius zufolge »erflehten sie das Mitleid des Volkes durch unbeschreiblich klagende Gebärden und bejammerten sich gleichsam«. Die Not der Tiere erregte bei den Zuschauern

Mitgefühl und Wut, so daß sie Pompeius zu verfluchen begannen – wie Cicero schreibt, handelte die Menge aus dem Gefühl heraus, daß die Elefanten eine gewisse Gemeinschaft (*societas*) mit den Menschen verbinde.[1]

Wir Menschen teilen uns mit anderen intelligenten Wesen eine Welt und ihre knappen Ressourcen. Mit diesen Wesen haben wir vieles gemeinsam, auch wenn wir uns zugleich auf vielerlei Weisen von ihnen unterscheiden. Diese Gemeinsamkeiten können uns zuweilen zu Mitgefühl und moralischer Anteilnahme bewegen, obwohl wir ihnen überwiegend mit Gleichgültigkeit begegnen. Zudem unterhalten wir zu Angehörigen anderer Spezies eine Reihe ganz unterschiedlicher Beziehungen, die Responsivität, Mitgefühl, Freude an besonderen Leistungen und fürsorgliche Interaktionen ebenso umfassen wie Manipulationen, Gleichgültigkeit und Grausamkeit. Es scheint durchaus plausibel, daß diese Beziehungen gemäß den Forderungen der Gerechtigkeit geregelt werden sollten, nicht durch einen Kampf ums Überleben und um Macht, wie es heute zumeist der Fall ist.

Nichtmenschliche Tiere[2] sind zu einer würdevollen Existenz in der Lage, wie der Kerala High Court in seinem Urteil festhält. Es ist nicht leicht zu verstehen, was diese Formulierung genau bedeutet, aber es scheint ziemlich klar, was damit nicht gemeint ist: nämlich die Bedingungen, unter denen die Zirkustiere lebten, um die es in diesem Urteil ging. Sie wurden in überfüllte und verschmutzte Käfige gezwängt, ausgehungert, terrorisiert, geschlagen und gerade ausreichend versorgt, um am nächsten Tag in der Arena präsentabel zu sein. Hingegen scheint zu einer würdevolle Existenz mindestens das Folgende zu gehören: ausreichend Gelegenheit, Nahrung zu sich zu

1 Plinius, *Nat. Hist.* VIII, 7.20-21; Cicero, *Ad Fam.* VII, 1.3; vgl. auch Cassius Dio, *Hist. Rom.* 39, 38.2-4, und für eine genauere Erörterung Sorabji (1993).

2 Ich werde häufig diese Bezeichnung verwenden, und wenn ich von »Tieren« spreche, sollte das als bloße Abkürzung dieser längeren und genaueren Formulierung verstanden werden.

nehmen und körperlich aktiv zu sein; nicht unter Schmerzen, Elend und Grausamkeiten zu leiden; Gelegenheiten zu arttypischem Verhalten zu haben (und nicht ständig eingesperrt zu sein sowie, wie in diesem Fall, gezwungen zu werden, alberne und demütigende Tricks vorzuführen); nicht in ständiger Angst zu leben und die Möglichkeit zu als positiv erlebten Interaktionen mit Artgenossen und Angehörigen anderer Spezies zu haben; und Gelegenheit zum friedlichen Genuß von Licht und Luft zu haben. Wenn Menschen Tieren durch ihr Handeln eine würdevolle Existenz versagen, scheint es sich dabei eindeutig um eine Frage der Gerechtigkeit zu handeln, und zwar um eine, die überaus drängend ist; ich werde zu einem späteren Zeitpunkt noch genauer auf die Sichtweise von Menschen eingehen, die dies verneinen würden. Auch wenn sich die hier aufgeworfenen Fragen in vielerlei Hinsicht von den Überlegungen unterscheiden, mit denen ich mich bisher in diesem Buch beschäftigt habe, scheint es doch keinen guten Grund zu geben, warum die bereits existierenden Formen der elementaren Gerechtigkeit, der Ansprüche und des Rechts nicht über die Grenze der Spezies hinaus erweitert werden können sollten, wie es der indische High Court mutig vorgemacht hat.

Bevor wir eine solche Erweiterung aber erfolgreich in Angriff nehmen können, muß eine angemessene theoretische Herangehensweise ausgearbeitet werden. Die begrifflichen Ressourcen, die uns auf diesem Gebiet zur Verfügung stehen, sind noch ziemlich unterentwickelt. Unter diesen Umständen wäre es voreilig, direkt auf konkrete Schlußfolgerungen zuzusteuern, ohne zugleich die relevanten philosophischen Kategorien zu schärfen, auch wenn diese Schlußfolgerungen eine gewisse Dringlichkeit haben und zum Teil tatsächlich ziemlich offensichtlich sind.

Hinsichtlich der Frage möglicher Ansprüche von Tieren bietet uns der Fähigkeitenansatz eine bessere theoretische Orientierung als andere Ansätze. Er erlaubt es aus zwei Gründen, Normen der Gerechtigkeit für das Verhältnis zwischen verschiedenen Spezies zu formulieren, die zugleich nuanciert und anspruchsvoll sind und die grundlegenden Ansprüche verschiedener Tierarten berücksichtigen: zum einen, weil er die Anerkennung eines breiten Spektrums vielfältiger Arten der Würde von Tieren und die entsprechenden für das Gedeihen relevanten Bedürfnisse ermöglicht; und zum anderen, weil er der Vielfalt der Aktivitäten und der Ziele der verschiedenartigsten Lebewesen Rechnung trägt. Um dieser Herausforderung gerecht zu werden, muß der Ansatz zwar transformiert und erweitert werden, aber dank seiner aristotelischen Elemente ist er der Aufgabe durchaus gewachsen.

Wie ich wiederholt betont habe, haben kantianische Theorien des Gesellschaftsvertrags große Stärken, aber in diesem Bereich fallen ihre Unzulänglichkeiten deutlicher als in jedem anderen ins Auge. Sowohl ihre Begründung der Würde in der Vernunft als auch die Vorstellung, daß politische Prinzipien aus einem Vertrag zwischen annähernd gleichen Vertragsparteien entstehen, machen eine Ablehnung der Vorstellung, daß wir nichtmenschlichen Tieren gegenüber Gerechtigkeitspflichten haben, unumgänglich. Insofern sie überhaupt vorkommen, werden Verpflichtungen gegenüber Tieren in diesen Theorien entweder als abgeleitet von Verpflichtungen gegenüber Menschen begriffen oder einfach als Pflichten einer anderen Art, also etwa als Pflichten des Wohlwollens. Ich will im folgenden zeigen, daß sich diese Sichtweise auf zwei Weisen kritisieren läßt: zum einen, indem man anerkennt, in welchem Ausmaß viele nichtmenschliche Tiere über Intelligenz verfügen, und zum anderen, indem man die Vorstellung zurückweist, daß nur Wesen, die dem fiktiven Vertrag als ungefähr Gleiche beitreten können, primäre, also nicht abgeleitete Subjekte der Gerechtigkeitstheorie sein können.

2. *Kantianische Theorien des Gesellschaftsvertrags: Indirekte Pflichten, Pflichten des Mitleids*

Es ist nicht überraschend, daß eines der weitreichendsten Gerichtsurteile zugunsten nichtmenschlicher Tiere von einem indischen Gerichtshof stammt. Die hinduistischen Traditionen Indiens lehren, daß vielen Tiere mit Achtung zu begegnen ist, und die vegetarische Ernährung stellt für sie ein wichtiges moralisches Ideal dar. Hingegen wurden alle Philosophen der modernen westlichen Tradition ungeachtet ihrer individuellen religiösen Überzeugungen auf tiefgreifende Weise von der christlich-jüdischen Tradition beeinflußt, der zufolge die Menschen zu Herrschern über Tiere und Pflanzen bestimmt sind. Obwohl jüdische und christliche Autoren die Schriften der griechischen und römischen Antike studierten und aus ihnen zahlreiche Ideen übernahmen, kann es nicht überraschen, daß die Schule antiken ethischen Denkens, die sich hinsichtlich der Frage der nichtmenschlichen Tiere als am einflußreichsten erwiesen hat, der Stoizismus ist – von allen griechisch-römischen Denkströmungen diejenige, die am wenigsten für die Idee übrig hatte, daß nichtmenschlichen Tieren ein ethischer Status zukommen könnte.[3] Vertreter des Spätplatonismus entwickelten eine komplexe Ethik, zu der vegetarische Ernährung und die Achtung vor dem Leben der Tiere gehörten; dem lagen jedoch metaphysische Lehren zugrunde (etwa von der Seelenwanderung zwischen Menschen und Tieren), die mit Christentum oder Judentum nicht vereinbar waren. Die Aristoteliker sahen die ganze Natur als ein Kontinuum und waren der Ansicht, daß wir allen Lebewesen mit Achtung und sogar Staunen begegnen sollten. Um den aristotelischen Ansatz mit dem Christentum vereinbaren zu

3 Vgl. Sorabji (1993), der unsere spätere Engstirnigkeit größtenteils auf den Stoizismus zurückführt, meines Erachtens aber den Einfluß jüdisch-christlicher Quellen unterschätzt, die eine wichtige Rolle dabei spielten, welche griechischen Denkschulen Beachtung fanden.

können, war es jedoch notwendig, genau diese Elemente einer Revision zu unterziehen: Zwischen der Menschheit und anderen Spezies mußte eine harte Grenze gezogen werden, wie bei Thomas von Aquin und anderen christlichen Aristotelikern. Den Epikureern zufolge bestehen Menschen wie alle anderen Tiere auch aus sterblichen Körpern und physischen Seelen, die im Moment des Todes auseinanderbrechen. Derartige Lehren, die zumindest die Vorstellung in Frage stellen, daß die Heiligkeit des Lebens auf die Menschheit beschränkt ist, wurden von Juden und Christen als typisch für den Atheismus und gottlosen Materialismus der Antike abgelehnt.

In den Stoikern hingegen fanden Juden und Christen natürliche Verbündete, da in der Stoa ebenso wie in diesen religiösen Traditionen die Lehre vorherrschte, daß die Befähigung zur Vernunft und zum moralischen Urteil die alleinige Quelle der Würde eines natürlichen Wesens sein kann. Wesen ohne diese die Würde begründenden Eigenschaften sind somit in entscheidender Hinsicht aus der ethischen Gemeinschaft ausgeschlossen. Christen, Juden und Stoiker können trotzdem der Ansicht sein, daß wir verpflichtet sind, Tiere nicht zu quälen; tatsächlich können sie sogar Pflichten gegenüber unbelebten Gegenständen annehmen. Tiere werden aber nicht als Angehörige einer ethischen Gemeinschaft betrachtet, also nicht als Partner, mit denen wir gemeinsam unsere Lebensweisen aushandeln sollten.

Zu Beginn unserer Auseinandersetzung mit den Theorien des Gesellschaftsvertrags sollte deshalb in Erinnerung gerufen werden, daß diese Ansätze im Rahmen einer stoisch und jüdisch-christlich geprägten Kultur entstanden sind und daß der Umgang mit Tieren, der in der griechisch-römischen Welt ein vielbeachtetes Thema der Ethik war, zumindest bis ins 18. Jahrhundert kaum mehr Aufmerksamkeit fand. Wir müssen uns nun die Frage stellen, welche Mängel dieser Theorien auf ihre Verwendung der Idee des Gesellschaftsvertrags zurückzuführen sind und welche dem allgemeinen Hintergrund entstammen, aus dem sie entstanden sind.[4]

In seinen Hauptwerken zur politischen Philosophie und zur Moralphilosophie geht Kant nicht auf den Umgang mit Tieren ein und setzt sie nicht mit seiner Theorie des Gesellschaftsvertrags in Verbindung. In der von ihm zu einem früheren Zeitpunkt gehaltenen *Vorlesung zur Moralphilosophie*[5] geht er hingegen auch auf »Pflichten gegen Thiere und Geister« ein.[6] Alexander Gottlieb Baumgarten, dessen Handbuch Kant seiner Vorlesung zugrunde legt, spricht von »Pflichten gegen Wesen die unter uns und die über uns sind«. Kant selbst kommt aber zu der Ansicht, daß wir keine direkten Pflichten gegenüber Tieren haben. Moralische Pflichten können sich nur auf Wesen richten, die über Selbstbewußtsein verfügen, und das ist bei Tieren nicht der Fall: »Allein weil alle Thiere nur als Mittel da sind [...], der Mensch aber der Zwek ist [...], so haben wir gegen die Thiere unmittelbar keine Pflichten, sondern die Pflichten gegen die Thiere sind indirecte Pflichten gegen die Menschheit.«

Kant beginnt sein Plädoyer für indirekte Pflichten mit der Idee einer analogischen Ähnlichkeit. Tiere zeigen ihm zufolge Verhaltensweisen, zu denen man analoge Entsprechungen bei den Menschen finden kann. So läßt sich bei ihnen beispielsweise eine Art Treue beobachten. Wenn wir uns angewöhnen, auf dieses Verhalten von Tieren mit »Gutherzigkeit« zu reagieren, stärken wir damit unsere Disposition, auch Menschen

4 Bei Hobbes und Locke finden sich keine interessanten Äußerungen über Tiere, so daß wir nur auf Kant und die an ihn anschließende Tradition zurückgreifen können, um den Beitrag der klassischen Theorie des Gesellschaftsvertrags zu diesem Thema zu diskutieren.

5 Kant hat diese Vorlesung, die auf Basis studentischer Mitschriften rekonstruiert wurde, wahrscheinlich zwischen 1775 und 1780 gehalten; die *Grundlegung* wurde 1785, die zweite Kritik 1788 und die *Metaphysik der Sitten* (in der sich seine Lehre des Gesellschaftsvertrags findet) 1797 veröffentlicht.

6 Kant (2004), 345.

gut zu behandeln, wenn sie sich entsprechend verhalten. Im allgemeinen stärken wir unsere Tendenz zur Gutherzigkeit, wenn wir gut zu Tieren sind, und steigern durch Tierquälerei unsere Neigung zur Grausamkeit. (Hier scheint sich Kant nicht länger auf die analogische Ähnlichkeit zu beziehen.) Zur Illustration führt Kant hier William Hogarths berühmte und einflußreiche Kupferstiche *Die vier Stationen der Grausamkeit* an, auf denen ein Junge zu sehen ist, der zunächst Tiere quält und dann zu unterschiedlichsten Taten der Grausamkeit und der Willkür gegenüber Menschen schreitet, bis hin zum Mord. Außerdem verweist er zustimmend auf den englischen Brauch, Fleischer und Ärzte nicht in die Jury von Gerichtsverfahren aufzunehmen, weil sie den Anblick des Todes gewöhnt und daher »abgehärtet« sind.[7]

Es scheint also, als beruhe Kants gesamtes Plädoyer für die Großherzigkeit gegenüber Tieren auf nicht sonderlich soliden empirischen Behauptungen über die menschliche Psychologie. Er kann sich nicht vorstellen, daß Wesen, denen (in seinen Augen) ein Bewußtsein ihrer selbst und die Befähigung zur moralischen Reziprozität abgeht, Objekte moralischer Pflichten sein können. (Über einen Menschen, der seinen Hund erschießt, sagt er: »so handelt er zwar nicht wider die Pflicht gegen den Hund, weil der nicht urtheilen kann«.) Allgemeiner gesprochen ist Kant nicht der Ansicht, daß solche Wesen Würde oder einen intrinsischen Wert besitzen können. Ihr Wert kann nur abgeleitet und instrumentell sein.

Kants Sicht auf Tiere läßt sich noch nicht einmal auf die jüdisch-christliche Kultur seiner Zeit zurückführen. Man kann nämlich durchaus glauben, daß die Menschen zu Recht über die Tiere herrschen, und zugleich, wie etwa Baumgarten,

7 Vgl. für einen historischen Überblick über derartige Argumente im 18. Jahrhundert, besonders in England, Lee (2002), der auch Hogarths Kupferstiche diskutiert. Lee befaßt sich zudem mit modernen psychologischen Erkenntnissen zu dieser Frage und kommt zu dem Ergebnis, daß es zumindest Hinweise gibt, die diese Vorstellung »grausamer Gewohnheiten« stützen.

der Meinung sein, daß Menschen verpflichtet sind, gute Verwalter zu sein, und daß dies eine anständige Behandlung der Tiere einschließt. Vor diesem Hintergrund muß Kants Sichtweise als Ausdruck seiner spezifischen Vorstellungen von moralischer Verpflichtung und vom Menschen verstanden werden, denen zufolge die Befähigung zur moralischen Vernunft für einen ethischen Status wesentlich ist.

Man kann jedoch Kontraktualist sein – und sogar in gewissem Sinn Kantianer –, ohne sich dieser sehr engen Sichtweise anzuschließen. Für Rawls ist Gerechtigkeit zwar »die erste Tugend sozialer Institutionen« (TG 19), aber sogar im Bereich der Politik stellt sie nicht die einzige Tugend dar, und ganz sicher erschöpft sie nicht den Bereich der moralischen Tugend. Obwohl er sich nicht ausführlich zu Tieren äußert, zögert er nicht, moralische Verpflichtungen gegenüber Tieren anzunehmen, die er »Pflichten des Mitleids und der Menschlichkeit« (TG 556) nennt. Diese Pflichten folgen aus der Tatsache, daß Tiere Lust und Schmerzen empfinden können.

Für Rawls handelt es sich hierbei aber nicht um Fragen der Gerechtigkeit und er räumt explizit ein, daß die Vertragslehre nicht »auf natürliche Weise« auf Tiere ausgeweitet werden kann: »Sicher ist es falsch, Tiere grausam zu behandeln [...]. Die Fähigkeit der Tiere zu Lust und Schmerz und ihren Lebensformen führen eindeutig zur Pflicht des Mitleids und der Menschlichkeit ihnen gegenüber. Ich versuche nicht, diese wohlüberlegten Auffassungen zu analysieren. Sie gehören nicht zur Gerechtigkeitstheorie, und die Vertragstheorie scheint sich nicht auf natürliche Weise auf sie ausdehnen zu lassen.« (ebd.)

Ganz ähnlich argumentiert Rawls in einem vorangehenden Abschnitt unter dem Titel »Die Grundlage der Gerechtigkeit«, daß Tieren jene Eigenschaften der Menschen fehlen, »um derentwillen sie gemäß den Gerechtigkeitsgrundsätzen zu behandeln sind« (TG 547). Eine moralische Person zu sein ist eine hinreichende Bedingung dafür, Anspruch darauf zu haben, auf der Grundlage von Gleichheit gerecht behandelt zu werden. Rawls definiert moralische Personen über zwei Eigenschaften, die er später (in PL) als die beiden moralischen Vermögen bezeichnet: das Vermögen, eine Konzeption des Guten zu entwickeln, und das Vermögen eines Gerechtigkeitssinns. Diese müssen zumindest »in einem gewissen Mindestmaß« (TG 548) vorhanden sein. Entsprechend bezieht er sich in PL auf diese Passage zurück und führt aus: »Daß sie über diese Vermögen in dem Mindestmaß verfügen, das notwendig ist, um uneingeschränkt kooperative Gesellschaftsmitglieder sein zu können, läßt sie zu gleichen Personen werden.« (PL 85) Obwohl Rawls die Befähigung dazu, eine moralische Person zu sein, an keiner Stelle zu einer notwendigen Bedingung für ein Recht auf strenge und gleiche Gerechtigkeit erhebt, bringt er seine Sympathien für eine entsprechende Haltung gegenüber Tieren doch deutlich zum Ausdruck: »Ich habe nicht behauptet, die Fähigkeit zu einem Gerechtigkeitssinn sei notwendig dafür, daß diesem Wesen gegenüber Gerechtigkeitspflichten bestehen, aber es scheint doch, als brauchten wir gegenüber Wesen ohne diese Fähigkeit jedenfalls keine strenge Gerechtigkeit zu üben. [...] Unser Verhalten gegenüber Tieren unterliegt nach allgemeiner Auffassung nicht diesen Grundsätzen.« (TG 556, 547)

Ein weiteres Mal müssen wir uns fragen, in welchem Maße Rawls' Position seinem Kontraktualismus geschuldet ist und inwieweit seiner kantianischen politischen Konzeption der Person. Rawls ist offensichtlich der Ansicht, daß eine kantianische Auffassung der Person ausreicht, um nichtmenschliche Tiere aus der Gemeinschaft auszuschließen, in der die Gerechtigkeitsprinzipien ausgearbeitet werden und für die sie gelten. Seines Erachtens verfügen nur Menschen – und noch nicht einmal alle! – über die beiden moralischen Vermögen. Tiere sind ebenso wie geistig behinderte Menschen keine Personen im geforderten Sinn. Wie wir gesehen haben, wird auch die politische Freiheit von Personen auf ganz ähnliche Weise auf der Basis einer idealisierten Vernunft gedacht, zu der es auch gehört, »eine selbstbeglaubigende Quelle gültiger Ansprüche« zu sein. Und auch die Würde und Unverletzlichkeit von Personen hängt mit ihrer Mitgliedschaft in der moralischen Gemeinschaft zusammen. Falls Tieren für Rawls überhaupt in irgendeiner Weise Würde und Unverletzlichkeit zugeschrieben werden kann, dann handelt es sich dabei nicht um die gleiche Art der Würde oder Unverletzlichkeit, die Personen zukommt, also nicht um eine »aus der Gerechtigkeit entspringende Unverletzlichkeit, die auch im Namen des Wohles der ganzen Gesellschaft nicht aufgehoben werden kann« (TG 19).[8]

Hier ließe sich einwenden, daß Rawls an dieser Stelle keinen philosophischen Fehler macht, sondern einen empirischen. Er hat nicht verstanden, wie intelligent Tiere wirklich sind und zu was für Beziehungen sie (sowohl mit Menschen als auch mit anderen Tieren) in der Lage sind, in denen es auch zu komplexen Formen der Reziprozität kommt. Wenn wir im Verhalten von Tieren genug Vielschichtigkeit und Komplexität beobachten können, dann wird uns vielleicht die Idee eines Sozialvertrags unter ihrer Beteiligung als sehr viel plausibler erscheinen oder zumindest als erhellendes Gedankenspiel. Ein solcher Einwand würde aber zu kurz greifen. Es stimmt schon, daß Rawls' Theorie empirische Mängel aufweist. Er bemüht sich nicht darum, etwas über die Intelligenz von Tieren herauszufinden oder zu belegen, daß sie wirklich nicht zur Reziprozität in der Lage sind. Mit großer Wahrscheinlichkeit sind zahlreiche Tiere tatsächlich zumindest zu bestimmten Formen der Reziprozität fähig. Ich halte es aber für höchst unwahrscheinlich, daß ein Zugeständnis dieser Tatsachen es möglich machen würde, Tiere in ausreichender Weise in eine

8 Vgl. für eine umfassendere Erörterung der Pflichten gegenüber Tieren im Rahmen einer kantianischen Moraltheorie Gewirth (1978). Gewirth ist der Ansicht, daß Tiere aufgrund ihrer Ähnlichkeit mit Menschen bestimmte eingeschränkte Rechte haben, und geht damit einiges weiter als Rawls.

Rawlssche Theorie einzubeziehen. Erstens verfügen nur manche Tiere über eine Befähigung zur Reziprozität; Fragen der Tierquälerei und der unfairen Behandlung stellen sich aber in sehr viel mehr Fällen. Auch wenn es zwischen Menschen und Hunden oder Affen zu Beziehungen der Reziprozität kommen kann, ist das etwa für unser Verhältnis zu Vögeln oder Löwen schon weit weniger klar. Dennoch scheint auch unser Umgang mit diesen Tieren Fragen der Gerechtigkeit aufzuwerfen. Zweitens handelt es sich bei der möglichen Reziprozität zwischen Menschen und Tieren nicht um die Art von Reziprozität, die in Rawls' Theorie beschrieben wird und die darauf beruht, daß die entsprechenden Wesen über komplexe und reflexive rationale und moralische Vermögen verfügen.

Im Prinzip könnten wir die Vertragslehre jedoch von ihren kantianischen Elementen trennen und Rawls' Ansatz mit einer politischen Konzeption der Person kombinieren, die eher aristotelisch ist und den so vielfältigen Wesen, die unser Universum bevölkern, eine Art der Würde zuspricht. Nehmen wir an, wir hätten das getan. Könnte eine derart modifizierte Vertragslehre die Fragen des Umgangs mit Tieren adäquat begreifen? Zur Erinnerung: Hier scheint es um Fragen der Gerechtigkeit zu gehen, weil wir den Eindruck haben, daß diese Tiere über eine Art von Würde verfügen, die in bestimmten Fällen verletzt wird, in denen ihnen rechtfertigbare moralische Anrechte vorenthalten werden. Ich glaube nicht, daß die genannte Modifikation ausreicht. Hier wie auch im Fall von Menschen mit geistigen Behinderungen stellt die Struktur der Vertragslehre selbst das Problem dar.

Auf eine sehr grundsätzliche Weise scheint schon die bloße Idee eines Vertrags, an dem sowohl Menschen als auch Tiere beteiligt sind, in den Bereich der Phantasie zu fallen – wir können uns auf dieser Basis kein klares Szenario ausmalen, das hilfreich für unsere Überlegungen wäre. Obwohl der Naturzustand in der philosophischen Diskussion nicht als eine tatsächliche historische Situation gemeint ist, soll er doch eine kohärente Fiktion darstellen, die uns beim Nachdenken hilft. Dementsprechend muß er zumindest hinsichtlich der Vermögen und Bedürfnisse der Parteien und ihrer vorgestellten Umstände hinreichend realistisch beschrieben werden. Eine fiktionale Übereinkunft mit anderen Tierarten, die vergleichbar kohärent und hilfreich wäre, ist schlichtweg kaum vorstellbar. Obwohl Humes Anwendungsverhältnisse der Gerechtigkeit keineswegs die einzige Möglichkeit darstellen, die Notwendigkeit von Gerechtigkeit im menschlichen Miteinander zu begründen, handelt es sich dabei doch zumindest um eine vertraute und plausible Beschreibung der Verhältnisse, in denen ein großer Teil der Menschheit tatsächlich lebt. Wenn wir uns Menschen in diesen (oder den von Locke und Kant beschriebenen) Verhältnissen vorstellen, können wir nachvollziehen, warum sie einen Vertrag zum gegenseitigen Vorteil eingehen wollen würden, und uns in etwa vorstellen, wie dieser Vertrag aussehen würde.

Obwohl wir mit den Tieren eine Welt und ihre knappen Ressourcen teilen und obwohl die Spezies gewissermaßen in einem Konkurrenzverhältnis zueinander stehen, das mit der Rivalität im Naturzustand vergleichbar ist, ist die Machtasymmetrie zwischen Menschen und Tieren doch zu groß, als daß wir uns sinnvoll einen wirklichen (wenn auch hypothetischen) Vertrag zwischen ihnen und uns vorstellen könnten. Ein solcher Vertrag könnte kaum dem Vorteil beider Parteien dienen, denn wenn wir uns vor den Übergriffen bedrohlicher Tiere schützen wollen, können wir sie einfach töten, und genau das tun wir ja auch. Es ist lange her, daß die Menschen in größerem Maßstab von der Macht der Tiere bedroht wurden. Rawls' Bedingung, daß keine der Parteien stark genug sein darf, um alle anderen unterwerfen oder töten zu können, ist hier also nicht erfüllt. Weil Tiere außerdem keine Verträge abschließen, können wir uns auch aus diesem Grund nicht wirklich vorstellen, wie ein solcher Sozialvertrag aussehen würde. Tiere verfügen einfach nicht über die Art von Intelligenz, die wir voraussetzen müssen, um uns ein Vertragsverfahren vorzustellen.

Weder zu den Anwendungsverhältnissen der Gerechtigkeit noch zu den vorausgesetzten Fähigkeiten der Parteien, dank deren ein Vertrag möglich ist, noch zu ihrem Status als »freie, gleiche und unabhängige« Parteien gibt es demnach eine Entsprechung in unserem Verhältnis zu Tieren. Anders als Menschen mit extremen geistigen Behinderungen können Tiere durchaus unabhängig und auf ihre eigene Weise frei sein. Obwohl manche Tiere auf Menschen angewiesen sind, gilt das für zahlreiche andere nicht. Sie sind den Menschen in bezug auf Macht und Ressourcen aber offensichtlich keineswegs gleichgestellt, und diese Asymmetrie führt dazu, daß Menschen, die einen Vertrag zum gegenseitigen Vorteil schließen wollen, sie einfach nicht berücksichtigen werden, genau wie es sich alle uns bekannten Vertragstheorien vorstellen. Warum sollte man eine Vereinbarung mit Wesen treffen, wenn diese bereits fest unter der eigenen Kontrolle und Herrschaft stehen? Solange der Sinn sozialer Kooperation kontraktualistisch verstanden wird, läßt sich diese Frage nicht beantworten.

Daß Tiere vom Vertragsschluß ausgeschlossen werden, wäre nicht so folgenschwer, wenn es eine andere Möglichkeit gäbe, sie als Subjekte der Gerechtigkeit zu begreifen. Man könnte sich beispielsweise vorstellen, daß Menschen die Interessen von Tieren vertreten, wenn diese als Parteien der neu zu gestaltenden Gesellschaft verstanden werden. Hier stoßen wir aber auf die fehlende Unterscheidung zweier Fragen, auf die ich bereits wiederholt hingewiesen habe. Die Parteien, die den Gesellschaftsvertrag ausarbeiten, legen Prinzipien fest, nach denen sie selbst dann leben sollen. Die auszuarbeitenden Prinzipien sollen ihren Umgang untereinander regeln. In ihren Überlegungen können die Interessen anderer Parteien nur in abgeleiteter Weise und zu einem späteren Zeitpunkt berücksichtigt werden. Weil sie nicht an der Ausarbeitung des Vertrags beteiligt sein können, können Tiere auch keine primären Subjekte der Gerechtigkeit sein. Im Fall behinderter Menschen ist Rawls zumindest bereit, deren Interessen in einer späteren Phase zu berücksichtigen, aber im Fall von Tieren lehnt er ganz grundsätzlich die Auffassung ab, daß wir es überhaupt mit Fragen der Gerechtigkeit zu tun haben.

Daß Rawls den Tieren keinen Platz in seiner Theorie der Gerechtigkeit einräumt, ist also sowohl seiner kantianischen Konzeption der Person als auch der Struktur der vertragstheoretischen Position geschuldet. Anders als Kant ist er der Ansicht, daß wir Tieren gegenüber gewisse moralische Pflichten haben,[9] aber die Gerechtigkeit endet an den Grenzen der Menschheit.

Ich habe oben zwar behauptet, daß der grausame und tyrannische Umgang mit Tieren Fragen der Gerechtigkeit aufwirft, diese Behauptung aber noch nicht wirklich gegen die Rawlssche Gegenposition verteidigt. Was genau bedeutet es, daß es sich hier um eine Frage der Gerechtigkeit und nicht von »Mitleid und Menschlichkeit« handelt? Zur Emotion des Mitleids gehört der Gedanke, daß ein anderes Wesen auf erhebliche Weise leidet und nicht (zumindest nicht in erster Linie) selbst an diesem Leiden schuld ist.[10] Daß irgend jemand die Schuld an diesem Leiden trägt, ist dadurch aber nicht impliziert. Man kann mit dem Opfer einer Gewalttat Mitleid haben, aber auch mit jemandem, der an einer tödlichen Krankheit leidet (und dessen Anfälligkeit für diese Krankheit niemandem zuzurechnen ist). »Menschlichkeit« scheint eine

9 Sollen wir uns diese Pflichten als Teil des Bereichs der Politik vorstellen? Das bleibt hier unklar, weil TG weniger deutlich zwischen politischen Prinzipien und umfassenden moralischen Lehren unterscheidet als PL. Eine vorsichtige Schlußfolgerung wäre, daß diese Pflichten für Rawls Teil einer umfassenden Morallehre sind, und nicht Teil des »übergreifenden Konsenses« im Bereich der Politik; demnach wäre es Rawls in den Begriffen von PL nicht möglich, auf der Grundlage der diese Pflichten betreffenden Überzeugungen politische Prinzipien zu begründen.

10 Vgl. die Analyse in Nussbaum (2001a), Kap. 6. Dieser Teil der Analyse ist unkontrovers und faßt nur eine lange Erörterung zusammen.

damit verwandte Idee zu sein. Mitleid als solches läßt also etwas ganz Wesentliches außen vor, nämlich daß wir angesichts von moralisch falschem Handeln Vorwürfe erheben, und das ist das erste Problem. Wenn wir den Schaden, den wir Tieren zufügen, nur als Anlaß für Pflichten des Mitleids verstehen, führt das zu einer Verwischung der wichtigen Unterscheidung zwischen dem Mitleid, das wir vielleicht für ein Tier empfinden, das an einer Krankheit stirbt, an der niemand schuld ist, und unserer Reaktion auf ein entsprechendes durch Tierquälerei verursachtes Leiden. Wir könnten nun einfach versuchen, dieses Element hinzuzufügen, und behaupten, daß zur Pflicht des Mitleids die Einsicht gehört, daß es *moralisch falsch* ist, Tieren Leid zuzufügen. Wenn das Leid also auf eine moralisch falsche Handlung zurückzuführen ist, würde zur Pflicht des Mitleids die Einsicht gehören, daß diese Handlung moralisch falsch war. Dann aber wäre eine Pflicht zum Mitleid nicht nur eine Pflicht, Mitleid zu empfinden, sondern zudem eine aus diesem Mitleid geborene Pflicht, von Handlungen, die jenes Mitleid erregende Leid verursachen, abzusehen, sie zu verhindern und sie zu bestrafen. Vermutlich wäre Rawls mit dieser Ergänzung einverstanden gewesen, auch wenn er uns nicht sagt, was genau er unter Pflichten des Mitleids versteht. Um welchen weitergehenden Aspekt geht es mir also, wenn ich darauf bestehe, daß die Mißhandlung von Tieren nicht nur moralisch falsch, sondern auf jene ganz besondere Weise moralisch falsch ist, die sie zu einer Frage der *Gerechtigkeit* macht?

Es ist nicht leicht, diese Frage zu beantworten, weil Gerechtigkeit eine vieldiskutierte, kontroverse Idee ist und es verschiedene Formen der Gerechtigkeit gibt, etwa die polische oder die ethische. Wenn wir eine moralisch falsche Handlung ungerecht nennen, meinen wir damit aber typischerweise, daß das Wesen, das von dieser Handlung verletzt wird, einen Anspruch darauf hat, nicht auf diese Weise behandelt zu werden – und zwar einen Anspruch von besonders zwingender oder grundlegender Art (denn wir denken nicht, daß es sich bei jedem Fall von fehlender Gutherzigkeit, von Rücksichtslosigkeit und so weiter um eine Ungerechtigkeit handelt, selbst wenn wir der Meinung sind, daß Personen ein Recht darauf haben, freundlich behandelt zu werden). Die Sphäre der Gerechtigkeit ist die Sphäre elementarer Ansprüche. Wenn ich behaupte, daß die Mißhandlung von Tieren ungerecht ist, will ich damit nicht nur sagen, daß es falsch *von uns* ist, sie so zu behandeln, sondern auch, daß sie ein Recht oder einen moralischen Anspruch darauf haben, nicht so behandelt zu werden. Es ist *ihnen gegenüber* unfair.[11]

Was ist begrifflich damit verbunden, Tieren zwingende Ansprüche zuzusprechen? Mir scheint beispielsweise die Entscheidung, Tiere als aktive Wesen zu sehen, die nach etwas streben, ganz automatisch zu dem Gedanken zu führen, daß sie einen Anspruch darauf haben, nach diesem Gut zu streben. Wenn wir diesen Gedanken erst einmal gefaßt haben, können wir vermutlich weitere ihnen zugefügte Schäden als ungerecht erkennen, die sie an diesem Streben hindern. In Rawls' Theorie fehlt ebenso wie in derjenigen Kants (auch wenn erstere subtiler ist) ein Gefühl für das Tier als Akteur und als Subjekt, als Wesen, dem etwas zusteht und das selbst ein Zweck ist. Wie wir sehen werden, behandelt der Fähigkeitenansatz Tiere als Akteure, die nach einem guten Leben streben – diese grundlegende Neuorientierung ist eine seiner größten Stärken.

Natürlich möchte ich keineswegs bestreiten, daß Mitleid eine wichtige Rolle dabei spielt, unsere Pflichten gegenüber

11 Rawls unterscheidet »Menschenliebe« und »Gerechtigkeitssinn« (TG 219) und vertritt die Auffassung, daß die Menschenliebe umfassender ist und uns zu supererogatorischen, also über unsere Pflichten im engeren Sinn hinausgehenden Handlungen ebenso wie zu Handlungen der Gerechtigkeit drängt. Legt man diesen Kontrast zugrunde, könnte man sagen, daß ich zumindest einige unserer Pflichten Tieren gegenüber nicht für bloß supererogatorisch halte, sondern für Forderungen, die aus den berechtigten moralischen Ansprüchen der Tiere entstehen.

Tieren im richtigen Licht zu sehen. Mitgefühl und Gerechtigkeitssinn überlappen sich in erheblichem Maße, und eine entschlossene Selbstverpflichtung zur Gerechtigkeit erfordert ebenso Mitleid für Wesen, die zu Unrecht leiden, wie Zorn gegenüber den Tätern, die das ungerechte Leiden zugefügt haben. Für sich genommen bleibt Mitleid aber zu unbestimmt, um unseren Intuitionen darüber, was am Umgang mit Tieren falsch ist, zur Gänze Rechnung zu tragen. Zu einer angemessenen Reaktion gehört eine besondere Art des Mitgefühls, die falsche Handlungen in den Mittelpunkt stellt und das Tier als Akteur und Zweck sieht.

3. Der Utilitarismus und das Wohlergehen der Tiere

Im allgemeinen steht der Fähigkeitenansatz den kontraktualistischen Theorien eher nahe und dem Utilitarismus eher kritisch gegenüber. In diesem spezifischen Bereich liegen die Dinge aber anders. Niemand kann bestreiten, daß der Utilitarismus historisch mehr als jede andere ethische Theorie dazu beigetragen hat, daß das Leiden von Tieren als ein Übel anerkannt wurde. Sowohl Bentham und Mill in ihrer Zeit als auch Peter Singer in unserer haben mutig an vorderster Front gestanden, als es darum ging, die Ethik von den Fesseln einer engen und auf die Spezies fokussierten Konzeption von Werten und Ansprüchen zu befreien. Ohne Zweifel hängt das mit der allgemeinen Radikalität der Begründer dieser Tradition zusammen, mit ihrer Skepsis gegenüber der konventionellen Moral sowie ihrer Bereitschaft, eine ethische Argumentationslinie weiterzudenken, wohin auch immer sie führen mag. Hier liegen nach wie vor die enormen Stärken der utilitaristischen Position.

Zudem vertritt auch der Utilitarismus eine ergebnisorientierte Konzeption der Gerechtigkeit, wie sie für einen erfolgreichen Umgang mit den drei Problemen, die ich in diesem

Buch thematisiere, erforderlich erscheint. Prozeduralistische Ansätze in der Tradition des Gesellschaftsvertrags erweisen sich in diesen Bereichen als problematisch, sobald es um die Frage geht, wer an den Verfahren beteiligt ist. Zur Einschränkung des Zugangs werden dann bestimmte Bedingungen für die Teilnahme festgelegt, etwa das Verfügen über eine bestimmte Art von Vernunft oder eine ungefähre Gleichheit der Positionen. Weil sie die Frage »Wer legt die Prinzipien fest?« nicht von der Frage »Für wen werden die Prinzipien (zumindest in erster Instanz) festgelegt?« trennen, müssen sie Verpflichtungen gegenüber Wesen, die nicht am Vertragsverfahren teilnehmen können, in der Folge als abgeleitet und nachträglich verstehen. Im Gegensatz dazu haben ergebnisorientierte Ansätze keine Schwierigkeiten damit, die Interessen von machtlosen, behinderten und nicht sprachbegabten Wesen auf eine primäre und nichtabgeleitete Weise zu berücksichtigen. Weil solche Ansätze die beiden erwähnten Fragen unterscheiden, können sie annehmen, daß Menschen Gerechtigkeitsprinzipien unmittelbar für eine sehr viel größere Gruppe von Wesen festlegen.

Zudem erweist sich die Ausrichtung des Utilitarismus am Empfindungsvermögen, das uns Menschen mit allen anderen Tieren verbindet, sowie an der Schlechtigkeit von Schmerzen als besonders guter Ausgangspunkt, wenn wir uns mit Fragen der Gerechtigkeit in unserem Umgang mit Tieren befassen, da unrechtmäßig zugefügte Schmerzen zweifellos eines der zentralen Gerechtigkeitsprobleme in diesem Bereich darstellen.

Wenn ich den Utilitarismus im folgenden in bestimmten Hinsichten kritisiere, so geschieht dies also aus einem Gefühl der Verbundenheit heraus. Allgemein gesprochen sind alle utilitaristischen Ansätze durch drei Merkmale charakterisiert: den *Konsequentialismus*, die *Maximierung der Summe* und einen *substantiellen Begriff des Guten*.[12] Dem *Konsequentialismus*

12 Vgl. Sen/Williams (1982).

zufolge ist die richtige Handlung diejenige, die alles in allem die besten Konsequenzen nach sich zieht; die *Maximierung der Summe* besagt, daß man die Konsequenzen, die sich bezüglich des Lebens der Individuen ergeben, aggregieren muß, indem man das Gute für das jeweilige Leben bestimmt und die Werte dann zusammenzählt. Mit Bezug auf *das Gute* gibt es im Utilitarismus zwei verschiedene Positionen. Benthams Utilitarismus ist rein hedonistisch: Freude bzw. Lust ist der höchste Wert und Leid das schlimmste Übel.[13] Davon läßt sich eine zweite Position unterscheiden, die Singer vertritt und »Präferenzutilitarismus« nennt: Ihr zufolge sollten wir jene Konsequenzen herbeizuführen versuchen, die alles in allem »die Interessen (d. h. die Wünsche und Präferenzen) der Betroffenen fördern«.[14] Ein Individuum zu töten ist demnach nur dann falsch, wenn dieses es vorgezogen hätte, weiterzuleben. Die Tötung ist dann ein diesem Individuum zugefügtes Unrecht.[15]

Nun geraten beide Varianten des Utilitarismus in einige Schwierigkeiten, auf die ich zum Teil bereits im ersten und fünften Kapitel näher eingegangen bin. Ich werde nun meine Kritik noch einmal zusammenfassen und weiter ausarbeiten. Der Konsequentialismus ist für sich genommen am unproblematischsten, weil die Definition des Wohlergehens oder des Guten stets angepaßt werden kann, um viele wichtige Aspekte zu berücksichtigen, die der Utilitarismus normalerweise nicht miteinbezieht: verschiedenartige und heterogene Güter, den Schutz von Rechten und sogar persönliche Selbstverpflichtungen oder akteurszentrierte Güter. Im Grunde kann so gut wie jede Theorie in diesem Sinne zu einer konsequentialistischen gemacht, also in eine Form gebracht werden, in der die

13 Bentham (1789/1823/2003), 55: Der »Maßstab für Richtig und Falsch« ist »an ihrem Thron festgemacht«.

14 Singer (1980), 12. Vgl. die hilfreiche Darstellung in Regan (1983), 206 ff.

15 Singer (1980).

Werte dieser Theorie als zu realisierende Konsequenzen dargestellt werden.[16] Es stellt sich allerdings die Frage, ob eine Sichtweise, bei der es darum geht, alles in allem die besten[17] Konsequenzen herbeizuführen, überhaupt der richtige Ausgangspunkt für politische Gerechtigkeit sein kann.

Bisher habe ich mich bei der Ausarbeitung der Gerechtigkeitsprinzipien im Rahmen des Fähigkeitenansatzes auf eine kleine Anzahl elementarer Ansprüche konzentriert. Diesen Ansprüchen wird von meinem ebenso wie von Rawls' Ansatz eine besondere politische Priorität oder Relevanz zugesprochen, die das Streben nach anderen Gütern einschränkt. Seit John Stuart Mill im fünften Kapitel von *Utilitarismus* eine ähnliche Ansicht über die Gerechtigkeit vertreten hatte, drehte sich die philosophische Debatte darum, ob es mit dem Konsequentialismus vereinbar sei, der elementaren Gerechtigkeit auf diese Weise einen politischen Vorrang einzuräumen. Kann der Konsequentialismus den Forderungen der Gerechtigkeit so Rechnung tragen, wie es aus politischen Gründen geboten ist? Selbst wenn dieses Problem gelöst werden kann, sehen wir uns einer weiteren und noch größeren Schwierigkeit gegenüber, die mit der Notwendigkeit von theoretischer Zurückhaltung und Sparsamkeit zusammenhängt.

Die Politik unterscheidet sich von allen anderen Bereichen des Lebens dadurch, daß wir in ihr Prinzipien festlegen, die das Leben von Personen regulieren, die hinsichtlich des Guten (in anderen Lebensbereichen) unterschiedlicher Meinung sind, also etwa unterschiedlichen religiösen Überzeugungen und unterschiedlichen Werten anhängen. Wie ich im fünften Kapitel (in Übereinstimmung mit der von Rawls und Larmore ausgearbeiteten Idee des politischen Liberalismus) aus-

16 Vgl. Nussbaum (2000e).

17 Unter Umständen kann es natürlich sein, daß sich keine eindeutig besseren Konsequenzen ausmachen lassen. Der Konsequentialismus kann die Möglichkeit unvollständiger Rangordnungen aber durchaus eingestehen, wie er es tatsächlich auch muß, um verschiedenartige und inkommensurable Güter einbeziehen zu können.

geführt habe, verlangt es die Achtung vor diesen Personen, ihnen keine fremden umfassenden Konzeptionen des Guten aufzuzwingen. Wir erwarten von den politischen Akteuren in einem liberalen Staat, daß sie sich *nur* um die elementare Gerechtigkeit kümmern und nicht um die Maximierung des allgemeinen Nutzens. Tatsächlich wollen wir gerade *nicht*, daß sie versuchen, den allgemeinen Nutzen zu maximieren, weil es unserer Meinung nach nicht an ihnen ist, diesen Nutzen bzw. das Gute in umfassender Weise zu definieren. Die richtige Arbeitsteilung in einer liberalen Gesellschaft besteht darin, daß die politischen Institutionen sich um Gerechtigkeit kümmern und die Individuen frei sind, daneben weitere Bestandteile ihrer eigenen umfassenden Konzeption des Guten zu verfolgen.

Aus einer solchen Perspektive scheint es im Widerspruch zum Liberalismus zu stehen, von politischen Akteuren zu verlangen, daß sie Konsequentialisten sind, weil man als Konsequentialist ohne eine umfassende Konzeption des Guten einfach keine Entscheidungen treffen kann.[18] Wir wollen aber eben gerade nicht, daß politische Akteure ihren Entscheidungen eine bestimmte umfassende Konzeption zugrunde legen, weil ja jeder Bürger innerhalb der durch die Gerechtigkeit festgelegten Grenzen seine eigene Konzeption haben und verfolgen können soll. Eine inhaltliche Position könnte sich auch aus einer kurzen Liste der wichtigsten Fähigkeiten ergeben, die als elementare gerechtigkeitsbasierte Ansprüche verstanden werden. Gegenüber Menschen mit anderen umfassenden Konzeptionen könnten wir auf diese Weise auch unsere Bereitschaft zur Zurückhaltung signalisieren – und das ist von großer praktischer Relevanz. Wir sagen damit: »Wir fordern Sie nur dazu auf, als Dreh- und Angelpunkt der Grundstruktur unserer Gesellschaft diese partielle Konzeption des Guten zu unterstützen; darüber hinaus haben Sie die Freiheit, Ihre

18 Vgl. Nussbaum (2000a); PL; Larmore (1996).

religiöse oder säkulare Konzeption zu verfolgen, wie auch immer diese aussehen mag.«

Singers Präferenzutilitarismus schneidet angesichts dieses Problems deutlich besser ab als die anderen Varianten des Utilitarismus, weil er insofern liberal ist, als er sich danach richtet, was Menschen tatsächlich vorziehen. Es ist aber alles andere als klar, ob dieser Schritt das Problem der Überambitioniertheit des Utilitarismus als politischer Lehre wirklich lösen kann. Viele der von den Bürgerinnen und Bürgern vertretenen umfassenden Lehren lehnen es ab, das Gute als Erfüllung der eigenen Präferenzen zu verstehen. Die meisten religiösen und viele moralische Lehren würden Singer in dieser Sache widersprechen. Aus diesem Grund stellt schon die Entscheidung, sich die Befriedigung der Präferenzen zum Ziel zu machen, eine politische Intervention in einen Bereich dar, den der Liberalismus den Entscheidungen der Individuen vorbehalten will. Der Präferenzutilitarismus ist aber noch aus anderen bekannten Gründen problematisch, die ich bereits im ersten und fünften Kapitel erörtert habe.[19] Hierzu gehören die Mehrdeutigkeit der Idee der Präferenz selbst, die Existenz von durch Unkenntnis, Gier oder Angst geprägten Präferenzen und, noch schlimmer, die Existenz von »adaptiven Prä-

19 Nicht alle Formen des Utilitarismus verlangen, daß die Akteure ihre Entscheidungen als Konsequentialisten treffen. Sidgwicks indirekter Utilitarismus betont, daß sich die Menschen im Alltag gewöhnlich an den konventionellen Tugenden orientieren und nur einige wenige Experten für die utilitaristischen Berechnungen zuständig sein sollten. Ein Manko dieser Version des Utilitarismus scheint ihre mangelnde öffentliche Transparenz zu sein. Der Regelutilitarismus, dem zufolge die Handelnden Regeln befolgen sollten, die utilitaristisch gerechtfertigt werden können, leidet zwar nicht an diesem Problem, trifft aber auf eine andere Schwierigkeit: Es gibt keinen Grund, warum ein Akteur in einem Fall den Regeln folgen sollte, in dem die utilitaristischen Berechnungen zu einem anderen Ergebnis kommen. Damit scheint der Regelutilitarismus in den Handlungsutilitarismus zurückzufallen und diesem nur einige Bestimmungen für die Verwendung von Regeln in solchen Situationen hinzuzufügen, in denen nicht alle relevanten Informationen zur Verfügung stehen.

ferenzen«, die sich einfach an den niedrigen Lebensstandard anpassen, an den man sich gewöhnt hat.

Aus diesen Überlegungen läßt sich die folgende vorläufige Schlußfolgerung ziehen: Wir wollen zwar, daß politische Prinzipien sich an Konsequenzen orientieren, aber zugleich müssen wir die Aufgabe dieser Prinzipien enger fassen als der Konsequentialismus, so daß sie sich nur auf ein begrenztes Spektrum von Konsequenzen im Zusammenhang mit Fragen der elementaren Gerechtigkeit beziehen. Außerhalb dieses Bereiches sollte die Gesellschaft insgesamt und ihre Grundstruktur durch keine umfassende Konzeption des Guten beherrscht werden, auch nicht durch die des Präferenzutilitarismus.

Wenden wir uns nun der *Maximierung der Summe* zu. Ergebnisorientierte Ansätze müssen nicht einfach alle relevanten Güter zusammenzählen. Sie können sie auch auf andere Weisen gewichten: So kann man wie der Fähigkeitenansatz im Fall von Menschen jeder einzelnen Person einen unbestreitbaren Anspruch darauf zusprechen, hinsichtlich bestimmter zentraler Güter über einem Schwellenwert zu bleiben. Zudem könnte ein solcher Ansatz sich, wie Rawls' Theorie, auf die Situation der Schlechtestgestellten konzentrieren und nur Ungleichheiten zulassen, die deren Lage verbessern. Im Rahmen einer derartigen Orientierung am Wohlergehen werden Menschen als Zwecke behandelt, womit ausgeschlossen ist, daß eine drastische Steigerung des Wohlergehens einiger weniger auf Kosten der Benachteiligung anderer verfolgt wird. Nicht einmal das Wohlergehen der Gesellschaft als ganzer kann die Verletzung der Rechte der Individuen rechtfertigen.

Der Utilitarismus ist dafür berüchtigt, eine solche Betonung der Eigenständigkeit und Unverletzlichkeit von Personen zurückzuweisen. Weil er auf die Maximierung der Summe aller relevanten Arten von Lust und Leid festgelegt ist, kann er Ergebnisse, die eine bestimmte Klasse oder Gruppe besonders hart treffen, nicht von vornherein ausschließen. Die im

Zentrum dieser Theorie stehende Gerechtigkeitskonzeption behandelt alle Formen der Zufriedenheit als in einem einzigen System miteinander verrechenbar – und erweist sich deshalb als vereinbar mit der Sklaverei, also der lebenslangen Unterwerfung einiger Personen unter die Herrschaft anderer. Wie ich im ersten und fünften Kapitel ausgeführt habe,[20] können solche Ergebnisse im Rahmen des Utilitarismus, wenn überhaupt, nur durch empirische Einwände ausgeschlossen werden, die sich auf das allgemeine oder durchschnittliche Wohlergehen beziehen. Solche empirischen Fragen sind jedoch notorisch schwer zu klären (vor allem wenn die Zahl der betroffenen Individuen ebenfalls unbestimmt ist, worauf ich später noch zurückkommen werde). Aber selbst wenn das nicht der Fall wäre, sollten wir uns doch aus Gründen der Gerechtigkeit gegen Sklaverei, Folter oder lebenslange Unterwerfung entscheiden, und nicht aufgrund einer empirischen Kalkulation des allgemeinen oder durchschnittlichen Wohlergehens. Schließlich sind wir auch hier wieder mit dem Problem adaptiver Präferenzen konfrontiert, denn oftmals hat eine dauerhafte ungerechte Behandlung zur Folge, daß die unterdrückten Personen selbst an ihrer eigenen Unterdrükkung mitzuwirken beginnen.

Im Fall von Tieren erweisen sich all diese Probleme als besonders akut. Der Vergleich von Nutzensummen zwischen verschiedenen Arten ist noch schwieriger und unbestimmter als ihr interpersonaler Vergleich innerhalb einer Spezies. Auch die Interpretation der Präferenzen von Tieren steht vor zahlreichen Unbestimmtheiten und Schwierigkeiten. Aber selbst wenn wir diese Probleme lösen könnten, stünden wir vor einer generellen Schwierigkeit. Die utilitaristische Maximierung der Summe scheint es nämlich unmöglich zu machen, das ungeheure Leiden und die Quälerei zumindest bestimmter Tiere aus Gründen der elementaren Gerechtigkeit

20 Vgl. auch Nussbaum (2000a), Kap. 2.

zu verbieten. Stellen wir uns vor, die in dem von mir zitierten indischen Gerichtsurteil angeführten Zirkustiere seien die einzigen Tiere, die gequält werden – es ist alles andere als klar, ob die Freuden des zahlreichen Publikums nicht das Leid dieser kleinen Anzahl von Tieren aufwiegen würde. Das aber scheint ein Problem zu sein, denn in Übereinstimmung mit dem indischen Gerichtshof wollen wir doch sagen können: »Das können wir nicht tolerieren. Das ist ein Verstoß gegen die Moral.« Elementare ethische Ansprüche auf diese Weise vom böswilligen Vergnügen anderer abhängig zu machen bedeutet, ihnen einen viel zu schwachen und angreifbaren Status zu geben und die moralischen Gründe zu ignorieren, die unmittelbar gegen derart grausame Praktiken sprechen.

Ist der Präferenzutilitarismus in dieser Hinsicht überzeugender? Zunächst einmal stoßen wir auch hier auf eine begriffliche Unschärfe: Es ist offensichtlich sehr schwierig, Tieren Präferenzen zuzuschreiben. Ich habe zu zeigen versucht, daß die Theorie im Hinblick auf Menschen mit einigen schwerwiegenden Problemen konfrontiert ist, etwa mit durch Unkenntnis, Böswilligkeit und Angst geprägten sowie adaptiven Präferenzen, die unter nachteiligen und ungerechten Bedingungen ausgebildet werden. Ähnliches gilt für die Präferenzen von Tieren, obwohl viele der deformierten Präferenzen nur in durch Krankheit geprägten Beziehungen zwischen Tieren und Menschen auftauchen. Auch Tiere können in einer Art Lernprozeß unterwürfige oder durch Angst bestimmte Präferenzen ausbilden. In einer Reihe von Experimenten hat Martin Seligman gezeigt, daß durch Konditionierung in einen Zustand der mentalen Hilflosigkeit gebrachte Hunde nur unter größten Schwierigkeiten lernen, selbstbestimmte Bewegungen zu initiieren, wenn es ihnen überhaupt gelingt.[21] Ein an Gefangenschaft gewöhntes Lebewesen ist unter Umständen nicht

21 Seligman (1975).

mehr in der Lage, in der freien Wildbahn zu überleben. Wenn man diese deformierten Präferenzen einfach aggregiert, ohne diejenigen auszusortieren, die das Ergebnis ungerechter Bedingungen sind, dann unterstützt man dadurch zweifelsohne einen ungerechten Status Quo.

Dem Utilitarismus entstehen Schwierigkeiten also sowohl aus dem Konsequentialismus als auch aus der Maximierung der Summe. Wenden wir uns nun noch den Konzeptionen des Guten zu, die im Utilitarismus am weitesten verbreitet sind: dem Hedonismus (Bentham) und der Präferenzbefriedigung (Singer). Freude bzw. Lust ist eine Idee, die sich bekanntermaßen nur schwer präzisieren läßt. Handelt es sich um ein einziges Gefühl, das nur in den Dimensionen »Intensität« und »Dauer« variiert, wie Bentham annimmt, oder sind die verschiedenen Arten der Freude qualitativ so unterschiedlich wie die Aktivitäten, mit denen sie verbunden sind? Mill vertritt im Anschluß an die aristotelische Tradition die letztere Ansicht. Wenn wir diesen Punkt zugestehen, entfernen wir uns jedoch ziemlich weit von den üblichen Varianten des Utilitarismus, die eng mit der Annahme eines homogenen und qualitativ einheitlichen Guten verbunden sind.

Diese Annahme scheint sich als besonders schwerwiegender Fehler zu erweisen, sobald wir uns den politischen Grundprinzipien im Zusammenhang mit den Ansprüchen von Tieren zuwenden. Elementare Ansprüche von Tieren beziehen sich ebenso wie diejenigen von Menschen jeweils auf einen separaten Bereich des Tätigseins. Die Verletzung eines Anspruchs kann daher nicht einfach durch die Übererfüllung eines anderen Anspruchs kompensiert werden. Tiere streben ebenso wie Menschen nach einer Reihe verschiedener Güter: nach Freundschaft und Zugehörigkeit, Schmerzfreiheit, Bewegungsfreiheit und vielem mehr. Es wäre vorschnell und irreführend, die mit diesen unterschiedlichen Bereichen verbundenen Arten der Lust und des Leids einfach zu aggregieren – vermutlich wäre es besser zu sagen, daß Tiere gerechtigkeitsbasierte Ansprüche auf all diese Dinge haben, die unabhängig voneinander bestehen.

Nachdem wir gegenüber dem Hedonismus die Anerkennung einer Pluralität von Gütern eingeklagt haben, die nicht auf eine einzige quantitative Skala zu reduzieren sind, stellt sich unmittelbar die Anschlußfrage, ob Lust und Leid die einzigen Bezugspunkte für die Bestimmung der Ansprüche von Tieren sein sollten. Streben sie nicht auch nach Gütern, deren Abwesenheit nicht als Leid oder Enttäuschung erlebt wird? Denken wir etwa an Bewegungsfreiheit und körperliche Leistungen sowie altruistischen Verzicht zugunsten von Verwandten und der eigenen Gruppe. Zudem könnten bestimmte Formen des Leidens von Tieren ja auch einen Wert haben: Die Trauer eines Tieres um ein totes Junges, einen Elternteil oder das Leiden eines ihm nahestehenden Menschen kann ein wesentlicher Bestandteil intrinsisch wertvoller Bindungen sein; und ähnliches gilt für das Leid, das mit der Anstrengung, eine schwierige Aufgabe zu meistern, verbunden ist.

Schließlich stellt für alle Varianten des Utilitarismus die Frage der Zahlen ein großes Problem dar. Die Fleischindustrie ist für die Existenz zahlloser Tiere verantwortlich, die ohne sie nicht auf der Welt wären. Für Elizabeth Costello, die Protagonistin in John Coetzees *Das Leben der Tiere*, handelt es sich hierbei um einen der schlimmsten Aspekte der moralischen Grausamkeit dieser Industrie: Diese stelle noch das sogenannte Dritte Reich »in den Schatten«, »weil unser System kein Ende kennt, sich selbst regeneriert, unaufhörlich Kaninchen, Ratten, Geflügel, Vieh für das Messer des Schlächters auf die Welt bringt«.[22] Für den Utilitarismus ist diese Produktion von Tieren nicht per se schlecht: Tatsächlich können wir sogar davon ausgehen, daß neue Geburten zum gesellschaftlichen Gesamtnutzen beitragen. Solange jedes

22 Coetzee (1999/2000), 15.

Tier ein Leben hat, das zumindest ansatzweise lebenswert ist, selbst wenn es nur knapp oberhalb dieser Schwelle liegt, stellt die Existenz einer größeren Menge gelebter Erfahrungen ein positives Gut dar.

Unabhängig von seinen unbestreitbaren Verdiensten wirft der Utilitarismus demnach auch große Probleme auf. Der Konsequentialismus steht in einem Spannungsverhältnis zur liberalen Achtung vor der Pluralität umfassender Konzeptionen des Guten. Die Maximierung der Summe behandelt manche Individuen als Mittel zu den Zwecken anderer. Hedonismus und Präferenzutilitarismus verdecken die Heterogenität und Verschiedenartigkeit des Guten, ignorieren nicht auf das Empfindungsvermögen reduzierbare Güter und verhindern eine Kritik von Präferenzen und Freuden, die von ungerechten Hintergrundbedingungen abhängig sind.

In all diesen Hinsichten ist Mills Utilitarismus den gängigeren Varianten vorzuziehen, mit denen wir uns bisher beschäftigt haben. Gerechtigkeit und individuelle Rechte spielen in Mills Überlegungen zum sozialen Wohlergehen eine wichtige Rolle, obwohl es umstritten ist, wie sich diese Position mit seinem Utilitarismus vereinbaren läßt. In einigen seiner Werke, etwa in *Die Hörigkeit der Frau*, lehnt Mill die Berücksichtigung mit Böswilligkeit einhergehender Lust in der sozialen Entscheidungsfindung ab und verleiht der Unverletzlichkeit der Person ein erhebliches Gewicht. Zudem betont er die qualitative Heterogenität der Lust und schlägt sogar vor, daß sie in bestimmten Fällen am besten als eine Form der Aktivität verstanden werden sollte. Tatsächlich hält Mills Ansatz ein interessantes Gleichgewicht zwischen der aristotelischen Betonung von Tätigsein und Wohlergehen auf der einen und der utilitaristischen Orientierung an Lust und der Abwesenheit von Leid auf der anderen Seite.[23] Aufgrund ihrer Komplexität kann seine Sichtweise als wichtige Verbün-

23 Vgl. Nussbaum (2004c).

dete des Fähigkeitenansatzes gelten, wenn wir diesen auf die Beziehungen zwischen Tieren und Menschen auszuweiten bestrebt sind.

4. Arten der Würde, Arten des Wohlergehens: Die Ausweitung des Fähigkeitenansatzes

In seiner bisherigen Form hat sich der Fähigkeitenansatz nicht mit der Frage der Gerechtigkeit für nichtmenschliche Tiere beschäftigt. Er geht zwar von der Idee der Menschenwürde und eines menschenwürdigen Leben aus, ermöglicht eine Ausweitung auf Tiere meines Erachtens aber doch viel eher als die anderen hier diskutierten Theorien. Seine grundlegende moralische Intuition betrifft die Würde einer Lebensform, die sowohl durch Fähigkeiten als auch durch Bedürfnisse charakterisiert ist. Das Bedürfnis nach einer reichen Vielfalt von Lebensaktivitäten steht im Mittelpunkt dieses Ansatzes. Im Anschluß an Aristoteles und Marx betont er, daß es sich um eine tragische Verschwendung handelt, wenn ein Lebewesen mit einer angeborenen oder »grundlegenden« Fähigkeit zu bestimmten Tätigkeiten, die als wichtig und gut eingeschätzt werden, nie Gelegenheit hat, diese Tätigkeiten auszuüben. Frauen, die keinen Zugang zu Bildung haben; eine Bevölkerung, die unter mangelhafter Gesundheitsvorsorge leidet; Bürgerinnen und Bürger, deren Meinungs- und Gewissensfreiheit eingeschränkt wird – all dies sind Fälle einer Art von vorzeitigem Tod, in denen eine Form des Gedeihens »abstirbt«, der wir mit Achtung und Staunen begegnen sollten. Daß Menschen eine Chance haben sollten, auf ihre eigene Weise zu gedeihen, solange sie anderen keinen Schaden zufügen, ist eine tief im Fähigkeitenansatz verankerte Intuition, die seine gesamte Konzeption der Rechtfertigung grundlegender politischer Ansprüche prägt. (Wir sollten dabei bedenken, daß jedes Individuum, das in eine bestimmte Spezies geboren wird, die dieser Spezies zukommende Würde besitzt, unabhängig davon, ob es über ihre »elementaren Fähigkeiten« verfügt oder nicht. Aus diesem Grund sollten ihm auch alle diese Fähigkeiten zukommen, entweder direkt oder vermittelt über einen Vormund.)

Wie bereits betont, vertrete ich ein evaluatives Verständnis der Speziesnorm. Normen lassen sich nicht einfach an der tatsächlichen Natur ablesen. Wenn wir aber der festen Überzeugung sind, daß eine bestimmte Fähigkeit für ein menschenwürdiges Leben wesentlich ist, dann gibt uns das einen sehr starken moralischen Grund, ihr Gedeihen zu fördern und Hindernisse zu beseitigen.

Die gleiche Einstellung gegenüber natürlichen Vermögen, die unseren Ansatz im Fall von Menschen anleitet, sollte uns auch im Fall anderer Tiere leiten. Hinter der Achtung für die menschlichen Vermögen steht nämlich eine Einstellung, die für den Fähigkeitenansatz grundlegend ist und die sich von der für die kantianische Ethik charakteristischen Art der Achtung unterscheidet. Für Kant verdienen nur die Menschheit und die Vernunft unsere Achtung und unser Staunen; der Rest der Natur ist einfach nur von instrumenteller Bedeutung. Im Unterschied dazu kommt der Fähigkeitenansatz im Anschluß an den Biologen Aristoteles zu der Einsicht, daß in allen komplexen Lebensformen in der Natur etwas Wunderbares und Bestaunenswertes liegt.[24]

In *Über die Teile der Lebewesen* erklärt Aristoteles seinen Schülern, warum sie »ohne sich zu ekeln« auch solche Tiere untersuchen sollten, die nicht besonders ansehnlich sind. (Da die Meeresbiologie Aristoteles' zentrales Forschungsgebiet war, hatte er es häufig mit Tieren zu tun, die im Meer oder im Küstenbereich leben.) Seines Erachtens haben alle Tiere etwas gemeinsam, nämlich daß sie aus organischer Materie beste-

24 Obwohl ich hier nicht auf Pflanzen oder die Natur insgesamt eingehen werde, bin ich doch der Ansicht, daß der Fähigkeitenansatz sich auch auf sie ausweiten läßt.

hen. Menschen sollten sich nicht zu viel auf ihre Besonderheit einbilden: »Wenn jedoch einer glaubt, daß die Betrachtung der übrigen Lebewesen unwürdig ist, so muß er das in derselben Weise auch von sich selbst glauben.« Für jemanden, dem es um Erkenntnis geht, sind alle Tiere Anlaß zum Staunen:

> Wir [wollen] nach Möglichkeit weder, was weniger beachtet wird, noch, was stärker beachtet wird, auslassen [...]. Denn auch bei dem, was daran unansehnlich ist, gewährt die Natur, die es geschaffen hat, bei der Untersuchung in gleicher Weise denen, die imstande sind, die Ursachen zu erkennen, und die von Natur aus Philosophen sind, unermeßliche Freuden. [...] Deshalb darf man nicht in kindischer Weise einen Widerwillen gegen die Untersuchung der niedriger stehenden Lebewesen haben. Denn in allem Natürlichen ist etwas Wunderbares enthalten, und wie Heraklit zu den Gästen gesprochen haben soll, die ihn besuchen wollten, die aber stehenblieben, als sie beim Eintritt sahen, daß er sich am Ofen wärmte – er sagte nämlich, sie sollten getrost eintreten; denn auch hier seien Götter –, so muß man auch an die Untersuchung eines jeden Tiers herangehen, ohne sich zu ekeln, da in allem irgend etwas Natürliches und Schönes ist.[25]

Heraklit erinnerte seine Besucher daran, daß sich die Götter auch in der Küche (oder in der Toilette – die Bedeutung des griechischen Worts ist umstritten) aufhalten, und ebenso ermahnte Aristoteles seine Schüler dazu, Tieren mit Staunen und Neugierde zu begegnen und nicht mit Verachtung.

Aristoteles' wissenschaftlicher Impetus ist aber noch nicht alles, was den Fähigkeitenansatz antreibt. In ihm kommt außerdem die ethische Überzeugung zum Ausdruck, daß die Lebensfunktionen nicht behindert und die Würde lebender Organismen nicht verletzt werden sollte. Anders als die griechischen Denker in der Tradition Platons scheint Aristoteles

25 *De part. an.*, I.5, 645a7-28. Aristoteles fügt noch hinzu, daß man Blut, Knochen und die sonstigen Teile des menschlichen Körpers ja auch kaum ohne Widerwillen betrachten könne; anscheinend sind ihm nur Form und Struktur Anlaß zum Staunen. Hier fällt er hinter die Einsicht seines eigenen Ansatzes zurück, daß alles Leben samt seiner materiellen Grundlagen zu bejahen ist.

diese Intuition nicht gehabt zu haben. In seinen (überlieferten) Schriften finden wir keine moralischen Argumente für eine vegetarische Ernährung oder einen humanen Umgang mit Tieren. Dennoch scheint das Staunen angesichts komplexer Organismen zumindest den Gedanken nahezulegen, daß es gut wäre, wenn diese Wesen weiterexistieren und als das, was sie sind, gedeihen könnten. Und dieser Gedanke steht in einem engen Zusammenhang mit dem ethischen Urteil, daß es falsch wäre, wenn das Gedeihen eines Wesens durch das schädliche Handeln eines anderen verhindert wird. Diese etwas weitergehende Überlegung ist für den Fähigkeitenansatz von zentraler Bedeutung.

Auf der Grundlage von Intuitionen wie dieser kann der Fähigkeitenansatz meines Erachtens sowohl über die kontraktualistischen als auch über die utilitaristischen Ansätze hinausgehen. Bereits sein Ansatzpunkt läßt den Kontraktualismus hinter sich: ein tiefes Staunen angesichts der Vielfalt der Lebewesen sowie der Wunsch nach deren Wohlergehen und nach einer Welt, in der Wesen verschiedenster Arten gedeihen können. Damit geht der Fähigkeitenansatz auch über den Utilitarismus hinaus, da ihm nicht allein an Lust und Leid gelegen ist, sondern an komplexen Lebensformen und Tätigkeiten. Das Ziel dieses Ansatzes ist es, daß alle Lebewesen als das, was sie sind, gedeihen.

Gesetze und politische Prinzipien werden von Menschen gemacht. Wie also können Tiere vollwertige Subjekte der Gerechtigkeit sein, wenn sie nicht an der Ausarbeitung der Gerechtigkeitsprinzipien beteiligt sind? Diese Situationsbeschreibung ist der kontraktualistischen Perspektive auf Fragen der Gerechtigkeit geschuldet und dem Fähigkeitenansatz fremd. Wie ich immer wieder betont habe, unterscheiden Theorien des Gesellschaftsvertrags häufig nicht zwischen zwei Fragen, die der Fähigkeitenansatz sorgfältig trennt. Für den Kontraktualisten hat die Frage »Von wem werden die Gesetze und Prinzipien festgelegt?« aus strukturellen Gründen und notwendigerweise die gleiche Antwort wie die Frage »Für wen werden die Gesetze und Prinzipien festgelegt?«. Der Grund hierfür liegt im kontraktualistischen Verständnis sozialer Kooperation, dem zufolge Menschen gewissermaßen gezwungen sind zusammenzukommen, um sich gegenseitige Vorteile zu sichern. Zu diesem Zweck müssen sie bestimmte Einschränkungen akzeptieren, die auf der gleichen Achtung für alle Parteien der Übereinkunft beruhen. Diese Ausgangssituation bewirkt, daß sie sich als die primären, wenn nicht gar als die einzigen Subjekte der von ihnen ausgearbeiteten Gerechtigkeitsprinzipien sehen. Andere Lebewesen können nur auf abgeleitete Weise berücksichtigt werden, etwa im Rahmen der Fürsorge und der Interessenvertretung.

Ein weiteres Mal müssen wir festhalten, daß wir diese beiden Fragen trennen sollten. Wenn wir uns vor Augen führen, daß es die Aufgabe der Gerechtigkeit ist, ein würdevolles Leben für viele verschiedenartige Lebewesen sicherzustellen, warum sollten diejenigen, die die Prinzipien formulieren, dann nicht auch nichtmenschliche Wesen als vollwertige Subjekte dieser Prinzipien anerkennen? In seiner gegenwärtigen, auf den Menschen ausgerichteten Form fragt der Fähigkeitenansatz mit Blick auf unsere Welt, was getan werden muß, um den Forderungen der Gerechtigkeit Genüge zu tun. Gerechtigkeit gehört zu den intrinsischen Zielen dieses Ansatzes. Es wird eine Welt vorgestellt, in der die Menschen all die Brutalität und das Leid, aber auch Güte und Großherzigkeit wahrnehmen und dann nach einem Weg suchen, um eine andere Welt zu schaffen, in der eine Reihe grundlegender und in der Menschenwürde verankerter Ansprüche erfüllt wird. Weil es ihnen um die gesamte Menschheit geht und nicht nur um jene Menschen, denen ähnliche Ressourcen und Machtmittel zur Verfügung stehen wie ihnen, können sie sich unmittelbar und in nicht abgeleiteter Weise um das Wohlergehen von Menschen mit geistigen Behinderungen kümmern. Sie streben nach einer Welt, in der solche Menschen ein möglichst gelingendes Leben führen können. Die Tatsache, daß manche Menschen mit geistigen Behinderungen nicht an der Ausarbeitung der Prinzipien beteiligt sein können, stellt für die Vertreter des Fähigkeitenansatzes keinen Grund dar, warum die Gesetze nicht auch *für sie* und mit Bezug *auf sie* ausgearbeitet werden sollten.

Der Zweck sozialer Kooperation wird demnach nicht im gegenseitigen Vorteil »freier, gleicher und unabhängiger« Personen verortet. Statt dessen geht es (auch hier wieder mit Blick auf die Beziehungen zwischen Menschen) um eine umfassendere und weniger klar bestimmte Vorstellung der Ziele der sozialen Kooperation, zu denen das Streben nach Gerechtigkeit um ihrer selbst willen sowie nach Gerechtigkeit in wechselseitigen Abhängigkeitsverhältnissen gehört, an denen ganz verschiedene, in unterschiedlichem Maße freie und unabhängige Personen beteiligt sind, die aber alle zumindest zu einem bestimmten Grad auf andere angewiesen sind und über unterschiedliche Fähigkeiten verfügen (was ihre moralische Gleichheit jedoch nicht berührt). Die Kooperation selbst wird nicht so verstanden, als käme eine Reihe ähnlich »normaler« Personen zusammen, um einen Vertrag zu schließen; statt dessen hat sie viele Facetten, zu denen auch verschiedene Arten der Abhängigkeit und der Interdependenz zählen. Es gehört zum vom Fähigkeitenansatz propagierten Verständnis der elementaren Gerechtigkeit, daß die Kooperation darauf ausgerichtet ist, die Zerstörung als wertvoll erachteter natürlicher Vermögen zu verhindern. Diese Merkmale des Ansatzes erleichtern es, ihn auf Beziehungen zwischen Tieren und Menschen auszuweiten.

Beginnen wir nun mit dieser Ausweitung. Indem wir unser Verständnis der Kooperation per Analogie auf diesen neuen Bereich ausdehnen, läßt sich das Ziel der Kooperation als das achtbare Zusammenleben in einer Welt fassen, in der viele unterschiedliche Spezies nach Wohlergehen streben. (Die Kooperation selbst nimmt dann zahlreiche komplexe Formen an.) Die Ausarbeitung politischer Prinzipien zur Regelung der Beziehungen zwischen Menschen und Tieren sollte sich den grundlegende Intuitionen des Fähigkeitenansatzes gemäß also an folgendem allgemeinen Ziel ausrichten: Keinem empfindenden Lebewesen soll die Chance auf ein gedeihliches Leben versagt werden, auf ein Leben also, das der seiner Spezies entsprechenden Würde gemäß ist. Zudem sollen alle empfindenden Lebewesen positive Gelegenheiten dazu haben, ein gedeihliches Leben zu führen. Auf der Grundlage der Achtung für eine Welt, in der es verschiedenste Lebensformen gibt, schenken wir jeder charakteristischen Art des Wohlergehens ethische Aufmerksamkeit und bemühen uns darum, daß es weder unterbunden wird, noch unerfüllt bleibt.

Anders als der Kontraktualismus führt der Fähigkeitenansatz zu direkten Pflichten der Gerechtigkeit gegenüber Tieren; diese werden nicht als von den Pflichten gegenüber unseren Mitmenschen abgeleitet oder ihnen nachgestellt verstanden. Unser Ansatz behandelt Tiere als Subjekte und Akteure, nicht nur als Objekte des Mitgefühls. Anders als der Utilitarismus achtet er jedes individuelle Wesen und lehnt es ab, das Gute verschiedener Lebewesen und Lebensformen zu aggregieren. Kein Wesen wird als Mittel zu den Zwecken anderer oder der Gesellschaft als ganzer behandelt. Darüber hinaus lehnt der Fähigkeitenansatz auch eine Aggregation über die einzelnen Bestandteile eines Lebens und einer Lebensform ab. Auf diese Weise kann er im Gegensatz zum Utilitarismus die Tatsache im Blick behalten, daß jede Spezies eine unterschiedliche Lebensform und unterschiedliche Ziele hat; außerdem verfolgt auch jedes Lebewesen innerhalb einer bestimmten Spezies verschiedene und heterogene Ziele. (Den Fokus auf empfindende Lebewesen werde ich weiter unten verteidigen.)

In seiner Anwendung auf zwischenmenschliche Beziehungen bezieht sich der Fähigkeitenansatz nicht auf eine vollständige und umfassende Konzeption des Guten – aus Achtung vor den unterschiedlichen Weisen, auf die Menschen ihr Leben in einer pluralistischen Gesellschaft gestalten. Sein Ziel ist die Gewährleistung einiger zentraler Ansprüche, die in der Idee eines menschenwürdigen Lebens enthalten sind, aber er richtet sich auf Fähigkeiten, nicht auf Tätigkeiten, und faßt diese auf einer kurze Liste zusammen. Mit Blick auf die Beziehungen zwischen Menschen und Tieren ist Zurückhaltung noch dringlicher geboten, weil Tiere nicht direkt an der Ausarbeitung der politischen Beziehungen beteiligt sind und daher eine viel größere Gefahr besteht, daß ihnen eine Lebensform aufgedrängt wird, die sie so nicht wählen würden. Es wäre daher am besten, einen begrenzten Katalog politischer Prinzipien zu erarbeiten, der auf Ermächtigung und Schutz abzielt, nicht auf eine umfassende Konzeption des guten Lebens für Tiere.

5. Methodologie: Theorie und Einbildungskraft

Bevor wir weiter voranschreiten, müssen wir auf einige nicht ganz einfache Fragen zur philosophischen Methode eingehen, die hier angemessen wäre. Die Herangehensweise des Fähigkeitenansatzes entspricht der von Rawls entwickelten Methode zum Erreichen eines »Überlegungsgleichgewichts«.[26] Rawls führt dieses Vorgehen zu Recht auf Aristoteles und Sidgwick zurück. In einem Prozeß sokratischer Selbstbefragung überprüfen wir unsere moralischen Urteile und Intuitionen und stellen fest, welches die »tiefsten und grundlegendsten« bzw. die »wohlüberlegten« Urteile und Intuitionen sind, wie Aristoteles bzw. Rawls sagen würden. Daraufhin prüfen wir verschiedene Theorien, die diese und andere Urteile zu systematisieren beanspruchen. In unserem Streben nach Konsistenz und Stimmigkeit zwischen den Theorien und unseren Urteilen in ihrer Gesamtheit lassen wir nichts

26 Vgl. für eine ausführlichere Diskussion von Rawls' Sichtweise sowie meiner eigenen Konzeption Nussbaum (2000a), Kap. 2.

unhinterfragt. Falls es die Schlußfolgerungen einer ansonsten überzeugenden Theorie erfordern, revidieren wir sogar unsere wohlüberlegten Urteile (obwohl wir das für gewöhnlich nur tun, wenn andere, vielleicht noch allgemeinere Urteile diese Theorie stützen). Ebenso können wir eine Theorie im Lichte unserer wohlüberlegten Urteile ändern oder ganz verwerfen. Nichts steht von Anfang an endgültig fest – nicht einmal die Gewichtung formaler Prinzipien wie Einfachheit und Konsistenz.[27] Jede einzelne Person ist selbst der einzige und beste Richter, und zwar als Teil einer Gemeinschaft überlegender Richter.[28]

Ein Aspekt der aristotelischen Methode, der in Rawls' Ausführungen nicht betont wird, ist die Rolle der Einbildungskraft. Oft können wir etwas über alternative politische Prinzipien lernen, indem wir uns eine unter diesen Prinzipien lebende Lebensform vorstellen und uns fragen, welche Art des Leids und des Wohlergehens es in einem solchen Leben gäbe.[29] In Rawls' Urzustand ist ein solches Gedankenspiel notwendig, weil die Parteien die Lebenschancen einschätzen müssen, die mit den von ihnen vorgesehenen sozialen Positionen einhergehen würden.[30] Derartige Vorstellungen sollten nicht unhinterfragt übernommen, sondern mit den entsprechenden Theorien und wohlüberlegten Urteilen abgeglichen werden. Dennoch können Fiktionen uns weiterhelfen, indem sie uns zu Bewußtsein bringen, was bei der Entscheidung für eine bestimmte Theorie oder gegen ein bestimmtes wohlüberlegtes Urteil auf dem Spiel steht.

Können wir mit Hilfe einer solchen Methode auch Klarheit über die ethischen Ansprüche von Tieren gewinnen? Der

27 Vgl. hierzu Richardson (1994).

28 In TG wird der Prozeß des Überlegens von jeder einzelnen Person in sokratischer Weise durchgeführt; in PL kommt die Zustimmung durch die Gemeinschaft als Bedingung hinzu; vgl. Kap. 5.

29 Narrative Fiktionen können uns hierbei häufig behilflich sein; vgl. Nussbaum (1990), Nussbaum (1996).

30 Vgl. Okin (1989).

Bezug auf die Einbildungskraft stößt hier auf noch größere Probleme als im Fall von Menschen. Wie Peter Singer und andere Vertreter des Utilitarismus betonen, können wir die Vorstellungskraft auch zu egoistischen Zwecken instrumentalisieren. Alle literarischen Darstellungen des Lebens von Tieren werden von Menschen verfaßt, und man muß davon ausgehen, daß unsere Empathie mit den Erfahrungen von Tieren stark von unserem menschlichen Leben geprägt ist. Aus ebendiesem Grund ziehen Utilitaristen es vor, sich auf Prinzipien zu beschränken: Es müssen aus der richtigen Theorie nur die entsprechenden Forderungen abgeleitet und dann auf unseren Umgang mit Tieren angewendet werden – für unzuverlässige Gedankenexperimente über das Leiden von Tieren besteht keine Notwendigkeit.

Natürlich wird diese Ansicht in der Praxis von keinem Utilitaristen vertreten. Es wäre nämlich kaum möglich, den Utilitarismus als den richtigen Ansatz zu erweisen, ohne dabei zu einem gewissen Grad auf wohlüberlegte Urteile zurückzugreifen und sich irgendwie das Leiden anderer Lebewesen vorzustellen. Das trifft auf den Fall von Tieren in besonderer Weise zu, da diese ja keine eigenen Urteile und Theorien in die Diskussion einbringen können und wir ihr Leben deshalb irgendwie aus unserer unvollkommenen menschlichen Perspektive einschätzen müssen. Wie könnten wir hier aber anders vorgehen, als uns das Leben eines Tieres und sein Leiden vorzustellen? Jeremy Bentham hatte im Alltag engsten Kontakt mit Tieren, interagierte viel mit ihnen und genoß diesen spielerischen Umgang, in dem er auch seine Einbildungskraft unter Beweis stellte.[31] Peter Singer fordert uns in seinen Werken immer wieder und auf äußerst eindrückliche Weise dazu auf, uns das Leiden von Tieren vorzustellen. Selbst Philosophen, die es aus theoretischen Gründen eher mit Skepsis betrachten, wenn man sich auf die Einbildungskraft verläßt, beziehen sich

31 Vgl. Lee (2002).

also immer wieder auf sie, wenn auch nicht in unkritischer Weise – das gilt um so mehr für Theoretiker, die von anderen Annahmen ausgehen. Gelungene literarische Fiktionen sind für die Motivation des Widerstands gegen Tierquälerei von entscheidender Bedeutung gewesen.

Wann immer Menschen das Verhalten von Tieren beschreiben, geschieht das in menschlicher Sprache und vermittelt durch menschliche Erfahrung. Wie Singer betont, besteht hier das beträchtliche Risiko, durch anthropozentrische Projektionen in die Irre geleitet zu werden. Wir sollten uns jedoch vor Augen führen, daß auch zwischenmenschliche Beziehungen von dieser Schwierigkeit betroffen sind. Proust zufolge stellt ein echter Mensch »eine tote Last dar, die durch unser Empfindungsvermögen nicht emporgehoben werden kann«,[32] einen geheimnisvollen und uns unzugänglichen Bereich, den selbst der scharfsinnigste Geist nie vollständig zu durchdringen vermag. Das Innenleben eines anderen können wir nur in unserer Vorstellung erfahren. Aus dieser Einsicht leitet Proust die folgende überraschende Behauptung ab: Nur die Kunst der Literatur kann uns Zugang zum Geist anderer Menschen gewähren – wann immer wir eine Gestalt mit Leben füllen möchten, müssen wir genau das tun, was wir tun, wenn wir einen Roman lesen.[33] Unser gesamtes moralisches Leben umfaßt so gesehen ein Element der Projektion, ein Überschreiten der gegebenen Tatsachen. Wenn unsere Vorstellungskraft vom Mitgefühl geleitet wird, scheint es nicht unmöglich, mit ihrer Hilfe auch die Grenze zwischen den Spezies zu überwinden – dafür müssen wir unserer Einbildungskraft aber mehr als üblich abverlangen. Wie Elizabeth Costello, Coetzees fiktive Romanautorin, in ihrer Vorlesung über Tiere sagt: »Das Herz ist der Sitz einer Fähigkeit, des Mitgefühls, die es uns erlaubt, manchmal Anteil am Leben eines anderen zu nehmen.«[34]

32 Proust (1913/1994), 126.
33 Vgl. meine Ausführungen in Nussbaum (1995a).
34 Coetzee (1999/2000), 33.

Obwohl die vom Mitgefühl geleitete Vorstellungskraft nicht immer zuverlässig ist, spielt sie für den Fähigkeitenansatz eine wichtige Rolle für die Erweiterung und Schärfung unserer moralischen Urteile im Hinblick auf Tiere. Zugleich wird eine theoretische Konzeption der Würde herangezogen, um unsere Urteile und imaginierten Vorstellungen zu korrigieren, zu schärfen und auszuweiten. Hierfür gibt es keinen Königsweg, aber irgendwo müssen wir einen Anfang machen, und sorgfältige und ernsthafte moralische Reflexion wird uns hier sicher weiter führen als die halbgaren und auf den eigenen Vorteil bedachten Gedanken, die sich die meisten von uns angesichts dieser Fragen machen.

Zwar läßt sich die geschilderte Methode mit Theorien unterschiedlicher Art verbinden,[35] aber wenn es um die Frage der ethischen Ansprüche von Tieren geht, spricht ihr komplexes holistisches Vorgehen in Verbindung mit der Berücksichtigung von Narrativität und Einbildungskraft letztendlich für den Fähigkeitenansatz. Dank der Vorstellungskraft und dem Erzählen von Geschichten bekommen wir in aller Deutlichkeit vor Augen geführt, wie vielfältig das Leben von Tieren ist und wie unterschiedlich die Tätigkeiten und Ziele sind, die wir innerhalb einer Spezies sowie zwischen den verschiedenen Spezies beobachten können. Es wäre seltsam, wenn uns eine derartige Methode zu dem Ergebnis führen würde, daß in all diesen verschiedenen Lebensformen nur eine Sache zählt, etwa die Empfindungsfähigkeit oder die Vernunft. Zudem können wir mit Hilfe unserer Vorstellungskraft Machtasymmetrien entdecken, die wir vielleicht übersehen hätten, wenn wir der Beschaffenheit der verschiedenen Lebensformen und ihrer Beziehungen weniger Aufmerksamkeit widmen würden. Wenn wir uns das Leben der Tiere vorstellen, kann das außerdem dazu führen, daß es für uns eine gewisse Realität gewinnt und es uns leichter fällt, Tiere als Subjekte der Gerechtigkeit

35 Schließlich haben Rawls, Sidgwick und Aristoteles diese Methode ja trotz ihrer ganz unterschiedlichen Theorien verwendet.

anzuerkennen, während der kontraktualistische Ansatz sie aufgrund seiner Fokussierung auf reziproke Beziehungen zwischen Wesen, die mit einer spezifisch menschlichen Vernunft ausgestattet sind, nur in abgeleiteter Weise berücksichtigen kann.

Im dritten Kapitel hatte sich gezeigt, wie wichtig es ist, daß der Fähigkeitenansatz eine andere politische Konzeption der Person verwendet als der kantianische Kontraktualismus. Dieser aristotelischen Konzeption zufolge sind Moralität und Vernünftigkeit fest in der menschlichen Animalität verankert, der selbst eine bestimmte Würde zukommt. Die menschliche Bedürftigkeit, die zeitliche Abfolge von Geburt, Heranwachsen und körperlichem Verfall, von wechselseitiger Abhängigkeit und asymmetrischem Angewiesensein geprägte Beziehungen sowie ein (relativ) unabhängiges Tätigsein sind für die menschliche Würde allesamt konstitutiv. In enger Verbindung mit der holistischen Methode der Rechtfertigung stellt diese Konzeption der Person eine der primären Weisen dar, wie sich Bürgerinnen und Bürger ihr Menschsein zu politischen Zwekken vorstellen.

Im nächsten Schritt muß nun dieser Aspekt meiner Sichtweise ausgeweitet werden. Wie bereits erwähnt, werden Gesetze und politische Prinzipien von Menschen gemacht. Bei der politischen Konzeption der Person als Autor der Gesetze handelt es sich also noch immer um die aristotelische Konzeption, die ich im dritten Kapitel eingeführt habe. Weil der Fähigkeitenansatz die beiden Fragen der Gerechtigkeit (von wem und für wen werden die Prinzipien formuliert?) trennt, benötigt er nun jedoch eine andere politische Konzeption von Lebewesen als Subjekten der Gerechtigkeit. Daß die menschlichen Autoren der Prinzipien als bedürftige, oft auf andere angewiesene Tiere vorgestellt werden, ebnet der Ausweitung den Weg. Menschen, die sich selbst so sehen und kein Gefühl der Überlegenheit aus ihren angeblich einzigartigen Eigenschaften ziehen, werden eher als Anhänger des Kontraktualismus der Auffassung sein, daß sie Prinzipien für eine interdependente Welt formulieren, die verschiedenste Arten tierischen Lebens enthält, die alle durch eigene Bedürfnisse und eine eigene Würde charakterisiert sind. Lebewesen als Subjekte der Gerechtigkeit zu verstehen führt daher zur Vorstellung einer Welt, in der es zahlreiche verschiedene Arten von Tieren gibt, die versuchen, ihr Leben zu leben, und in der ein jedes Leben seine Würde hat. Da der Vielfältigkeit der Lebensformen hier eine ausgesprochen große Bedeutung zukommt, handelt es sich gar nicht um eine einzige Konzeption.

6. Spezies und Individuum

Worauf sollten unsere Verpflichtungen gegenüber Tieren gerichtet sein? Meines Erachtens sollten sie sich ebenso wie im Fall von Menschen am Wohlergehen und der Würde des individuellen Wesens ausrichten. Der Fähigkeitenansatz schreibt einer Vermehrung der Lebewesen als solcher keine Bedeutung zu; entscheidend ist vielmehr das Wohlergehen der bereits existierenden Wesen und der Schaden, den sie nehmen, wenn ihre Vermögen nicht entwickelt werden. Offensichtlich kann kein Lebewesen in Isolation gedeihen, und deshalb ist das Vorhandensein geeigneter Gruppen und Gemeinschaften für Tiere wie für Menschen ein wichtiger Bestandteil eines gedeihlichen Lebens.

Wie steht es mit dem Überleben von Spezies? Hier kann ich nur eine vorläufige Antwort geben, die viele ökologische Denker sicherlich nicht zufriedenstellen wird. Offensichtlich bleibt in diesem Bereich noch viel Arbeit zu tun. Gegenwärtig bin ich jedoch der Ansicht, daß das Überleben einer Spezies als Frage der *Gerechtigkeit* kaum moralisches Gewicht hat (obwohl es natürlich von einer andersgearteten ästhetischen, wissenschaftlichen oder ethischen Relevanz sein könnte) – vorausgesetzt ihr Aussterben geht auf eine Weise vonstatten, die keinen Einfluß auf das Wohlergehen ihrer individuellen Angehörigen hat. Gewöhnlich sind Arten aber gerade deshalb vom Aussterben bedroht, weil Menschen ihre Angehörigen töten und ihre natürliche Umgebung zerstören. Der Schaden für die Art tritt also durch eine Schädigung der Individuen ein. Meines Erachtens sollte diese Schädigung der Individuen im moralischen Fokus des Fähigkeitenansatzes stehen. Es mag sein, daß die Artenvielfalt als solche ein Gut ist, aber um welche Art von Gut es sich hier handelt und in welcher Beziehung es zur politischen Gerechtigkeit steht, sind Fragen, die wohl am besten an anderer Stelle geklärt werden. Aus meinem Verständnis des spezifischen Charakters von Fragen der *Gerechtigkeit* (im Unterschied zu andersgearteten Fragen) folgt jedenfalls, daß Tiere in dem Maße Subjekte der Gerechtigkeit sind, in dem sie als Individuen Leid und Mangel erfahren.

Sollte man zu einer gefährdeten Spezies gehörende Tiere demnach in besonderer Weise berücksichtigen, wie es heute geschieht, wenn ihre Lebensräume besonders geschützt werden? Ziehen wir zum Vergleich einen analogen Fall aus der menschlichen Gesellschaft heran. In *Wisconsin v. Yoder* bemühte sich ein zur Gemeinschaft der Amish gehöriges Ehepaar um eine Freistellung seiner Kinder von den letzten beiden Jahren des vorgeschriebenen Schulbesuchs. Die Eltern sahen ihre freie Religionsausübung durch das drohende Verschwinden ihrer gesamten Lebensweise gefährdet.[36] Ihr Einspruch war erfolgreich und erreichte für ihre Kinder eine Ausnahmeregelung von der Schulpflicht. Ganz ähnlich könnte man meines Erachtens auch eine besondere Berücksichtigung gefährdeter Arten rechtfertigen: als Versuch, die reproduktiven Fähigkeiten und das allgemeine Gedeihen der individuellen Angehörigen dieser Spezies zu schützen. Ein besonderer Schutz der Lebens- und Fortpflanzungsräume dieser Spezies ist nicht so sehr im Interesse zukünftiger, noch ungeborener Indivi-

36 406 U.S. 205 (1972).

duen begründet, sondern in der Erhaltung der Lebensweise der bereits existierenden Individuen. Hierauf sollte jedenfalls der moralische Fokus liegen, wenn es uns um elementare Gerechtigkeit geht. Insofern wir im Fall von Menschen für ein Prinzip des gerechten Sparens eintreten – das Rawls meines Erachtens in überzeugender Weise erläutert[37] –, können wir ein analoges Prinzip auch für den Fall von Tieren übernehmen. Eine derartige Ausrichtung an den einzelnen Individuen schließt nicht aus, daß andere, etwa ästhetische, ethische oder wissenschaftliche Gründe dafür sprechen, das Überleben einer Art für an sich wichtig zu halten.

Der Fähigkeitenansatz ist demnach insofern »individualistisch«, als er das einzelne Lebewesen und nicht die Gruppe oder die Spezies zum Subjekt der Gerechtigkeit macht. Es gibt aber noch eine andere Art des Individualismus, auf die wir nun eingehen müssen, nämlich den »moralischen Individualismus«. Ihm zufolge kommt der Zugehörigkeit zu einer Spezies für sich genommen keine moralische Relevanz zu, da allein die Fähigkeiten des Individuums von Bedeutung sind.

Fast alle ethischen Ansätze vertreten hinsichtlich der Ansprüche von Tieren die Ansicht, daß es moralisch relevante Unterschiede zwischen den verschiedenen Lebensformen gibt. Einen Moskito zu töten ist nicht dasselbe, wie einen Schimpansen zu töten. Die Frage ist nun aber, welche Arten von Unterschieden für die elementare Gerechtigkeit relevant sind. Singer folgt hier Bentham und verweist auf die Empfindungsfähigkeit. Tiere verschiedenster Arten können körperliche Schmerzen empfinden, und es ist immer schlecht, einem empfindenden Lebewesen Schmerzen zuzufügen. Wenn es empfindungslose oder kaum empfindende Tiere gibt – und darunter fallen Krusten- und Weichtiere wohl ebenso wie Schwämme und jene Lebewesen, die Aristoteles »ortsfeste Tiere« nennt –, dann stellt es keinen oder nur einen ver-

37 Vgl. PL 87, 351, 385 f.

nachlässigenswerten Schaden dar, sie zu töten. Zudem gibt es unter den empfindenden Wesen einige, die aufgrund ihrer kognitiven Fähigkeiten in weiteren Hinsichten geschädigt werden können: Manche Tiere können ihren eigenen Tod vorausahnen und sich entsprechende Sorgen machen, andere haben ein bewußtes und gefühltes Interesse daran weiterzuleben, das durch ihren Tod durchkreuzt wird. Die schmerzlose Tötung eines Tieres, das seinen eigenen Tod nicht vorausahnt, ist Singer und Bentham zufolge kein Übel, weil ein Übel immer in der Nichterfüllung von Interessen besteht, derer sich das entsprechende Lebewesen bewußt sein muß.[38] Singer vertritt also nicht die Ansicht, daß manche Tiere an sich mehr Wertschätzung verdienen als andere. Er weist nur darauf hin, daß die Verankerung der Möglichkeit einer Schädigung in der Empfindungsfähigkeit bedeutet, daß die Bedingungen, unter denen ein Wesen tatsächlich geschädigt werden kann, durch dessen Lebensform bestimmt werden.

Tom Regan, der ein rechtebasiertes Verständnis der Ansprüche von Tieren vertritt,[39] lehnt Unterscheidungen zwischen verschiedenen Tieren hinsichtlich ihres intrinsischen Werts ab; dabei bezieht er sich auf eine Gruppe von Tieren, die alle über einjährigen Säugetiere umfaßt. Seines Erachtens besitzen sie alle einen intrinsischen Wert, der keine graduellen Unterscheidungen erlaubt. Aber auch in seiner Auffassung des intrinsischen Werts ist das Bewußtsein von entscheidender Bedeutung, denn die Behauptung, daß alle diese Tiere über Bewußtsein verfügen, spielt eine wichtige Rolle für seine Begründung, warum ihnen tatsächlich ein intrinsischer Wert zukommt.

Obwohl seine Sichtweise utilitaristische und aristotelische Elemente kombiniert,[40] ist auch James Rachels wie Singer der Auffassung, daß die Komplexität und der Entwicklungsgrad

38 Singer (1980).
39 Regan (1983), 240f.
40 Rachels (1990). Vgl. hierzu Nussbaum (2001c).

der Lebensform eines Wesens von Relevanz für die Frage sind, wie man mit ihm umgehen darf. Im Unterschied zu Singer berücksichtigt er jedoch auch Formen der Schädigung, die nicht auf der Empfindungsfähigkeit beruhen, und ist daher bereit, zum Beispiel bestimmte Einschränkungen der Bewegungsfreiheit als schädlich zu betrachten, selbst wenn das Tier selbst sie nicht als schlecht oder einschränkend empfindet oder vielleicht überhaupt kein bewußtes Interesse an Bewegungsfreiheit hat. Andererseits teilt Rachels mit Singer eine allgemeine Auffassung davon, *inwiefern* die Komplexität der Lebensformen von Relevanz ist. Hier geht es nicht darum, daß manche Lebensformen aus einer Art Gottesperspektive per se wunderbarer oder staunenswerter als andere wären. (Das könnte Aristoteles' Ansicht gewesen sein.) Vielmehr hängt es vom Komplexitätsgrad eines Lebewesens ab, in welchen Hinsichten es geschädigt werden kann. Für den durch Schmerzen zugefügten Schaden ist Empfindungsfähigkeit relevant und für den durch eine spezifische Art des Schmerzes zugefügten Schaden eine spezifische Art der Empfindungsfähigkeit (zum Beispiel die Fähigkeit, sich den eigenen Tod vorzustellen). Der durch eine Freiheitseinschränkung zugefügte Schaden setzt die Befähigung zur Freiheit oder Autonomie voraus. Daher wäre es sinnlos, zu kritisieren, daß einem Wurm die Autonomie oder einem Hasen das Wahlrecht vorenthalten wird.

Zusammenfassend läßt sich der von Singer und Rachels vertretene moralische Individualismus durch zwei Thesen charakterisieren, die wir nun überprüfen müssen: (1) Unterschiede in den Fähigkeiten führen nicht zu einer Wertehierarchie, sondern zu einer unterschiedlichen Einschätzung dessen, was für ein Lebewesen ein Gut oder ein Schaden sein kann; (2) die Spezieszugehörigkeit selbst ist ohne Relevanz für die Einschätzung dessen, was für ein Lebewesen ein Gut oder ein Schaden sein kann – hierfür sind alleine die Fähigkeiten des betroffenen Individuums entscheidend.

Die erste These ist ziemlich überzeugend und kann aus der

Perspektive des Fähigkeitenansatzes leicht zugegeben werden. Wir sollten Aristoteles nicht in der Ansicht folgen, daß es eine natürliche Hierarchie der Lebensformen gibt, von denen einige als solche mehr Unterstützung und Staunen verdienen als andere, auch wenn derartigen Überlegungen zum intrinsischen Wert von Tieren in manchen umfassenden Konzeptionen des guten Lebens eine ethische Relevanz zukommen mag. Es ist gut vorstellbar, daß bestimmte Aktivitäten und Formen des Genusses für diese Konzeptionen als »höher« und andere als »niedriger« einzustufen sind, daß ein Leben als reicher und ein anderes als ärmer erscheint und daß sie daraus schließen würden, daß es besser ist, als Schimpanse zu leben denn als Wurm (vorausgesetzt, diese Entscheidung läßt sich als kohärentes Gedankenexperiment vorstellen). Meines Erachtens sollten solche Überlegungen keinen Einfluß auf Fragen der elementaren Gerechtigkeit oder auf die politischen Prinzipien haben, die unsere Herangehensweise an diese Fragen bestimmen.

In diesem Punkt sollten wir demnach Rachels zustimmen, wobei man seine Position etwas anders formulieren müßte. Weil der Fähigkeitenansatz die Entfaltung und das Gedeihen grundlegender (angeborener) Fähigkeiten – insofern diese sowohl als gut als auch als zentral bewertet werden – für ethisch relevant hält, wird er von einer Schädigung sprechen, wenn diese Fähigkeiten eingeschränkt oder zerstört werden. Komplexere Lebensformen verfügen über mehr und komplexere (gute) Fähigkeiten, die eingeschränkt werden können, und deshalb kann man sie in mehr und in anderen Hinsichten schädigen. Rachels weist zu Recht darauf hin, daß keine Einschränkung vorliegt, wenn einem Hasen das Wahlrecht oder einem Wurm die Religionsfreiheit vorenthalten wird. In diesen Fällen ist der Entwicklungsgrad nicht deswegen relevant, weil sich auf diese Weise verschiedenen Arten als solchen unterschiedliche Werte zuweisen lassen, sondern weil die unterschiedlichen Arten oder Grade der möglichen Schädigung eines Lebewesens abhängig von seiner Lebensform variieren.

Handelt es sich bei der Einschränkung von Fähigkeiten unterhalb einer gewissen Schwelle überhaupt um die Zufügung eines Schadens? Die Tötung eines Moskitos scheint nur ein sehr kleines Übel zu sein, weil diese Tiere allem Anschein nach keinen Schmerz empfinden. Diese Einschätzung bereitet Singers Ansatz keine Schwierigkeiten, kann vom Fähigkeitenansatz aber nicht so einfach akzeptiert werden, weil das Gute aus dessen Perspektive in der Chance zu einem gedeihlichen Leben besteht und nicht allein auf die Empfindungsfähigkeit zurückzuführen ist. Warum handelt es sich bei der Fähigkeit des Moskitos weiterzuleben nicht um eine der Fähigkeiten, die man nicht einschränken sollte? Meines Erachtens sollte der Fähigkeitenansatz an dieser Stelle die Überzeugungskraft der utilitaristischen Position anerkennen.[41] Empfindungsfähigkeit ist nicht der einzige für die elementare Gerechtigkeit relevante Faktor, aber es scheint doch plausibel, ihren Besitz für eine Minimalbedingung der Zugehörigkeit zur Gemeinschaft jener Wesen zu halten, die überhaupt gerechtigkeitsbasierte Ansprüche haben können. Wenn wir einmal davon absehen, daß Moskitos anderen Tieren Schaden zufügen (worauf ich noch zurückkommen werde), erschiene es uns wohl irgendwie unangenehm und willkürlich, wenn jemand zuviel Energie auf die Tötung von Moskitos verwenden würde. Harmlose Insekten mit vergleichbaren Fähigkeiten sollte man nicht unnötig töten. Aber handelt es sich hierbei um eine Frage der elementaren Gerechtigkeit, die wir berücksichtigen müssen, wenn wir unsere politischen Prinzipien entwerfen? Meines Erachtens sollten wir uns zunächst damit zufriedengeben, nur empfindende Lebewesen zu berücksichtigen.

Weil für den Fähigkeitenansatz Lust und Schmerzen nicht die einzigen Dinge von intrinsischem Wert sind, sollte strenggenommen nicht davon ausgegangen werden, daß die Fähigkeit, Lust und Schmerzen zu empfinden, eine notwendige

41 Vgl. DeGrazia (1996), 226ff.

Bedingung dafür ist, einen moralischen Status zu haben. Wir sollten statt dessen eine disjunktive Herangehensweise wählen: Ein Lebewesen hat dann einen moralischen Status, wenn es *entweder* zu Lust und Schmerzen *oder* zu Emotionen und Zugehörigkeit *oder* zur Fortbewegung[42] *oder* zur Rationalität oder zu … fähig ist (wir könnten hier spielerisches Verhalten, den Gebrauch von Werkzeugen oder anderes einsetzen). Aus der Science-fiction können wir lernen, daß es intelligente Wesen geben könnte, die nicht in der Lage sind, Lust oder Schmerzen zu empfinden. Dasselbe gilt für die Religion: Viele religiöse Traditionen verstehen Gott als ein Vernunftwesen, dem die Empfindungsfähigkeit fehlt. Die uns bekannte Natur setzt sich hier jedoch sowohl von der Science-fiction als auch von der Theologie ab. Alle Lebewesen, die über eine der eben erwähnten relevanten Fähigkeiten verfügen, sind auch in der Lage, Lust und Schmerzen zu empfinden. Aristoteles zufolge handelt es sich hierbei nicht um einen Zufall, da die Empfindungsfähigkeit für Bewegung, Zugehörigkeit, Emotionen und Denken von zentraler Bedeutung ist. Aus einer theoretischen Perspektive können wir die von der Science-fiction aufgeworfene Möglichkeit aber zugeben.

Wenden wir uns nun der zweiten oben angeführten These zu. Sowohl für die Utilitaristen wie auch für Rachels ist die Spezieszugehörigkeit ohne moralische Relevanz. Vertreter des Utilitarismus vergleichen Affen häufig mit kleinen Kindern und geistig behinderten Menschen. Wie in der Rede von charakteristischen Tätigkeiten und Lebensformen zum Ausdruck kommt, mißt der Fähigkeitenansatz der Spezieszugehörigkeit als solcher hingegen durchaus ein gewisses Gewicht bei. So habe ich im dritten Kapitel die Auffassung vertreten,

42 Hiervon sollten wir vermutlich Einzeller ausnehmen, die anscheinend zur Fortbewegung in der Lage sind. Mir geht es um Fortbewegung im Sinne von Aristoteles, zu der die Fähigkeit gehört, sich eines in einer gewissen Distanz befindlichen Gutes bewußt zu werden, es haben zu wollen und sich folglich darauf zuzubewegen.

daß die Spezieszugehörigkeit Seshas moralisch relevant für die Entscheidung ist, welche Fähigkeiten die Gesellschaft ihr zusichern sollte, ob nun direkt oder vermittelt über einen Vormund.

Als erstes sollten wir eingestehen, daß wir noch viel über die Fähigkeiten von Tieren zu lernen haben. Zweitens würde es einen großen Fortschritt bedeuten, die Kontinuität zwischen den Lebensformen zu betonen und zu berücksichtigen. Rachels' Untersuchung der Evolutionstheorie und ihrer ethischen Implikationen zeigt auf sehr überzeugende Weise, daß die Welt tatsächlich nicht der stoischen und jüdisch-christlichen Vorstellung entspricht, in der die Menschen klar vom Rest der Natur abgegrenzt sind.[43] Die Fähigkeiten verschiedener Lebewesen überkreuzen und überlappen sich. Ein Schimpanse kann besser zu Empathie und perspektivischem Denken in der Lage sein als ein Kleinkind oder ein älteres autistisches Kind. Und manche von den Menschen zuweilen arrogant nur für sich selbst beanspruchte Fähigkeiten sind in der Natur tatsächlich weit verbreitet; man lese nur Rachels' Zusammenfassung von Darwins wichtigen Ausführungen über die praktische Intelligenz des Regenwurms. Solche Überlegungen können uns zu einer realistischeren und weniger arroganten Selbsteinschätzung verhelfen. Sie tragen zu der Einsicht bei, daß die Vernunft eine tierische Fähigkeit ist, deren Würde nicht im Gegensatz zur Animalität des betreffenden Wesens steht, sondern dieser gerade innewohnt. Zudem lassen sie uns in Mitgefühl und Altruismus Eigenschaften erkennen, die in der Natur häufig vorkommen und keineswegs besondere Auswüchse einer gottgegebenen moralischen Natur sind.[44]

43 Rachels (1990); vgl. für eine ausgezeichnete Erörterung dieser Fragen DeGrazia (1996).

44 Vgl. de Waal (1996/2000). Auch David Humes Versuch, seine Leser zur Anerkennung der Verwandtschaft menschlicher und tierischer Rationalität zu bewegen, ist hier zu nennen.

Auf der anderen Seite scheint es falsch, aus diesen Überlegungen den Schluß zu ziehen, daß die Spezieszugehörigkeit moralisch und politisch ohne jegliche Relevanz ist. Ein kleines Mädchen mit schweren geistigen Beeinträchtigungen unterscheidet sich tatsächlich sehr von einem Schimpansen, auch wenn ihre Fähigkeiten in bestimmten Hinsichten vergleichbar sein mögen. Sie lebt ihr Leben als Teil einer menschlichen und nicht irgendeiner anderen Gemeinschaft, und sie wird entweder in dieser Gemeinschaft gedeihen oder überhaupt nicht. Die Möglichkeiten, in einer solchen Gemeinschaft zu gedeihen, sind durch die jeweiligen Speziesnormen bestimmt. Sesha und Jamie können uns nicht einfach verlassen und in einer Gemeinschaft von nichtsprachlichen Wesen, etwa von Primaten leben. Aus diesem Grund muß die Gesellschaft sich ihrer Sprachbehinderungen annehmen, in Jamies Fall durch spezifisch für ihn ausgearbeitete Lernmaßnahmen und Physiotherapie und in Seshas Fall durch eine Vormundschaftsregelung. Daß ihre Behinderungen ein für ihre Spezies charakteristisches Gedeihen erschweren, unterstellt die Gesellschaft darüber hinaus dem moralischen Imperativ, diese Hindernisse so gut wie möglich anzugehen und zu beheben, selbst wenn das einigermaßen kostspielig ist. Fragen wie diese werden durch unüberlegte Vergleiche von Menschen wie Sesha und Jamie mit Schimpansen verdeckt. Für Schimpansen ist die Verwendung von Sprache ein eigentlich unnötiges Extra, das von menschlichen Wissenschaftlern konstruiert wird und auf das die für die Tiere charakteristische Weise des Gedeihens in ihrer eigenen Gemeinschaft nicht angewiesen ist. Für Sesha und Jamie hingegen ist ein gewisser Zugang zur Sprache wesentlich für ein würdevolles Leben – möglichst durch die Ausbildung eigener Fähigkeiten, ansonsten vermittelt über einen Vormund. Sie können nur als Menschen ein gedeihliches Leben führen und haben nicht die Wahl, statt dessen glückliche Schimpansen zu werden.

Arthurs Fall fügt diesem Problem noch einen weiteren Aspekt hinzu. Verschiedene Experimente über die Fähigkeit zu perspektivischem Denken bei Schimpansen sprechen dafür, daß Arthur früher tatsächlich über weniger soziale Fähigkeiten verfügte als manche Schimpansen. Seine immensen sprachlichen und mathematischen Fähigkeiten machen einen sinnvollen Vergleich mit nichtmenschlichen Tieren aber unmöglich. Der moralische Individualismus scheint hier zu verlangen, daß wir ihn, normativ gesehen, als ein Wesen *sui generis* behandeln sollten, das nicht wirklich zu einer bestimmten Art gehört. Dem zufolge sollten wir einfach die Fähigkeiten, die er besitzt, fördern und nicht in einem bestimmten Bereich besondere Anstrengungen unternehmen. Tatsächlich kann Arthur aber, wenn überhaupt, nur als Mensch gedeihen, und deswegen müssen wir besondere Anstrengungen unternehmen, seine sozialen Fähigkeiten zu fördern. Es ist offensichtlich, daß er ohne eine solche besondere Förderung keine Freundschaften schließen, sozialen Kontakte knüpfen oder zweckdienlichen politischen Beziehungen eingehen wird. Weil seine Gemeinschaft unsere menschliche Gemeinschaft ist, wäre dies aber ein großes Problem für Arthur. Er kann nicht einfach auswandern und irgendwo im Universum nach einer Gemeinschaft intelligenter Außerirdischer mit minimalen sozialen Fähigkeiten (wie etwa Mr. Spock vom Raumschiff Enterprise) suchen. Menschen haben bestimmte Erwartungen an ihn und deshalb muß seine Ausbildung die entsprechenden Fähigkeiten fördern, selbst wenn diese Bildungsmaßnahmen ziemlich teuer sind. Die Speziesnorm ist hier von Relevanz, weil sie den Kontext bestimmt, also die politische und soziale Gemeinschaft, in der die Menschen entweder gedeihen können oder nicht. Aus diesem Grund müssen die zentralen Fähigkeiten gefördert werden, die zur politisch definierten Speziesnorm gehören.

Kurz gesagt: Die (richtig verstandene) Speziesnorm kann uns dabei helfen, einen Maßstab festzulegen, anhand dessen wir beurteilen können, ob ein bestimmtes Lebewesen ausreichend Gelegenheit hat, ein gedeihliches Leben zu führen. Das gilt auch für nichtmenschliche Tiere. Wir müssen also für jede Tierart eine artspezifische Beschreibung der zentralen Fähigkeiten ausarbeiten (zu denen auch bestimmte Beziehungen zwischen den Arten gehören können, wie etwa die herkömmliche Beziehung zwischen Hunden und Menschen), und uns dann darauf verpflichten, die Angehörigen dieser Spezies dieser Norm entsprechend zu fördern, selbst wenn dem besondere Hindernisse im Weg stehen sollten.

Nehmen wir zum Beispiel Bear, einen ungemein intelligenten und liebevollen Deutschen Schäferhund, der acht Jahre lang im Haus von Cass Sunstein und Ellen Ruddick-Sunstein lebte. Als er älter wurde, begann seine Hüfte Probleme zu bereiten. Er hatte keine Schmerzen, konnte sich aber nicht mehr auf die gleiche Weise fortbewegen wie früher und mußte zunehmend seine Hinterbeine hinter sich herziehen. Weil er keine Schmerzen hatte, wäre aus Sicht des moralischen Individualismus wahrscheinlich keine besondere Behandlung nötig gewesen. Seine Familie sah das aber anders und besorgte ihm einen neu konstruierten Hunderollstuhl, auf den er seinen Hinterleib aufstützen konnte. Das ermöglichte es ihm, mit seinem Körper voranzurollen, indem er die Vorderbeine bewegte. Bears Fall liegt ganz ähnlich wie Jamies und Seshas: Sie alle sind auf besondere Arten der Unterstützung angewiesen, um so weit wie möglich eine artspezifische Norm des gedeihlichen Lebens zu erreichen. Mobilität ist für Hunde ein entscheidender Teil eines solchen Lebens, was etwa bei Schwämmen nicht der Fall ist. Nur mit einem gewissen Maß an Bewegungsfreiheit war es für Bear möglich, ein würdevolles Leben zu führen. Wenn wir uns überlegen, welche Tätigkeiten und Interaktionen für Hunde charakteristisch sind, kann uns das helfen zu erkennen, wann bei einem Hund mit Behinderungen eine besondere Form der Unterstützung notwendig wird.

Aus diesen Überlegungen folgt nicht, daß Menschen allgemein die Aufgabe übernehmen sollten, alle Fähigkeiten von Tieren in dieser direkten und etwas interventionistischen Weise zu unterstützen. Abgesehen von wenigen Ausnahmen gibt es für Hunde jedoch keine Möglichkeit, in einer reinen Hundegemeinschaft zu gedeihen; ihre Gemeinschaft ist immer eine, die enge persönliche Beziehungen mit Menschen einschließt. Daher ist die menschliche Unterstützung ihrer Fähigkeiten erlaubt und in manchen Fällen sogar geboten. In diesen Fragen vermag uns der moralische Individualismus nicht die notwendige Orientierung zu verschaffen.

7. Eine Bewertung der Fähigkeiten von Tieren ohne Verherrlichung der Natur

Im Fall von Menschen rät der Fähigkeitenansatz davon ab, Normen direkt aus Tatsachen der menschlichen Natur abzuleiten. Natürlich sollten wir so viel wie möglich über die angeborenen Fähigkeiten von Menschen in Erfahrung bringen, denn das wird uns bei der Identifikation der Chancen und Risiken helfen, mit denen wir konfrontiert sind. Gleich zu Beginn müssen wir jedoch die angeborenen Vermögen der Menschen bewerten und uns fragen, welche davon gut und welche für die Idee eines achtbaren und gelingenden, also menschenwürdigen Lebens wesentlich sind. Unser Ansatz geht demnach von Anfang an nicht nur mit einer Bewertung, sondern mit einer ethischen Bewertung einher. Es gibt viele Aspekte des menschlichen Lebens, die nicht in die Fähigkeitenliste aufgenommen werden. So geht es in unserer politischen Konzeption etwa nicht darum, die Gier zu fördern oder sicherzustellen, daß Kriminalität und Brutalität gedeihen können, obwohl diese Aktivitäten natürlich auf menschliche Vermögen zurückzuführen sind. Zur Konzeption des Gedeihens gehört eine immer schon evaluative und ethische Dimension, der zufolge bestimmten Tendenzen entgegenzutreten nicht nur mit einem gedeihlichen Leben vereinbar, sondern vielleicht sogar für es erforderlich ist.[45]

Jede Theorie, die auf die charakteristischen Formen des Gedeihens und des Lebens bestimmter Arten verweist, ist der Gefahr einer Romantisierung der Natur ausgesetzt, der zufolge alles gut wäre, wie es ist, wenn wir Menschen nur aufhören würden, uns einzumischen. Diese Gefahr verstärkt sich noch, wenn wir uns vom unweigerlich mit moralischen Bewertungen verbundenen Fall der Menschen den Tieren zuwenden. So sie denn überhaupt möglich sind, fallen moralische Bewertungen hier viel weniger präzise aus und sind deutlich schwieriger vorzunehmen. Manche Umweltschützer stellen die Natur als harmonisch und weise dar, und die Menschen als übereifrige Verschwender, deren Leben deutlich besser wäre, wenn sie sich mehr im Einklang mit dieser schönen Harmonie befänden. Dieses Bild der Natur wird von John Stuart Mill in seinem Aufsatz »Natur« bereits auf überzeugende Weise kritisiert. Ihm zufolge ist die Natur keineswegs im moralischen Sinne normativ, sondern in Wirklichkeit durchzogen von Gewalt, Konflikt, Verschwendung und völliger Gleichgültigkeit gegenüber moralischen Normen:

> Um es ohne Umschweife zu sagen: Fast alles, wofür die Menschen, wenn sie es sich gegenseitig antun, gehängt oder ins Gefängnis [geworfen] werden, tut die Natur so gut wie alle Tage. Das, was menschlichen Gesetzen als die verbrecherischste Handlung gilt, das Töten, übt die Natur einmal an jedem lebenden Wesen und in einer beträchtlichen Zahl von Fällen nach langen Qualen, wie sie nur die allerschlimmsten menschlichen Ungeheuer, von denen wir wissen, ihren Mitmenschen je absichtlich zugefügt haben. Wenn wir den Begriff »Mord« einmal nur für das gelten lassen, was eine gewisse, dem menschlichen Leben vermeintlich gewährte Frist abkürzt, so mordet die Natur die überwiegende Mehrzahl aller lebenden Wesen, und zwar auf die-

45 In Nussbaum (1995b) versuche ich zu zeigen, daß auch Aristoteles dies so gesehen hat. Ob man diese Ausführungen überzeugend findet oder nicht, sie verdeutlichen doch das von mir gewählte Vorgehen.

selben gewaltsamen und heimtückischen Weisen, mit denen die schlechtesten Menschen anderen das Leben nehmen. Sie pfählt Menschen, zermalmt sie, wie wenn sie aufs Rad geflochten wären, wirft sie wilden Tieren zur Beute vor, verbrennt sie, steinigt sie wie die ersten christlichen Märtyrer, läßt sie verhungern und erfrieren, tötet sie durch das rasche oder schleichende Gift ihrer Ausdünstungen und hat noch hundert andere scheußliche Todesarten in Reserve, wie es die erfinderische Grausamkeit eines Nabis oder Domitian nicht schlimmer zu ersinnen vermochte.[46]

Dem wäre noch hinzuzufügen, daß die Natur nicht nur den Menschen auf diese unerfreuliche Weise behandelt, sondern auch all die anderen Tiere, deren Beziehungen untereinander und zu ihrer natürlichen Umwelt sich keineswegs als harmonisch bezeichnen lassen.

Mills Sichtweise läßt sich nicht allein auf seine Ausrichtung am Menschen zurückführen. Tatsächlich finden sich ähnliche Überlegungen auch im Zentrum des modernen ökologischen Denkens – etwa bei Daniel Botkin, einem der führenden Umweltschutzexperten:

In den Umweltwissenschaften hat es eine Revolution gegeben, in deren Zentrum die Ablösung der alten Idee einer Beständigkeit der Natur steht, die Teil des überkommenen Mythos eines natürlichen Gleichgewichts ist. Kurz gesagt, setzt sich dieser Mythos aus drei Bestandteilen zusammen: Erstens ist die nicht durch menschliche Einflüsse gestörte Natur durch eine unveränderbare und unvergängliche Form und Struktur gekennzeichnet; zweitens ist dieser dauerhafte Zustand auch am besten für die Natur, am besten für die anderen Lebewesen, für die Umwelt und für uns Menschen; drittens kann die Natur diesen perfekten Zustand nach einer jeden Störung auch wieder herstellen. Die Idee eines natürlichen Gleichgewichts ist tief in unsere Geschichte, Zivilisation und Religionen eingelassen. [...] Leider entspricht dieser Mythos aber nicht der Wahrheit. In den letzten 30 Jahren ist dies im Rahmen einer Revolutionierung der Umweltwissenschaften bewiesen worden.[47]

46 Mill (1850/1984a), 30f.
47 Botkin (1996), 26f.

Im Anschluß führt Botkin verschiedene Belege für seine Behauptung an und stellt unter anderem die These auf, daß viele der von uns bestaunten natürlichen Ökosysteme tatsächlich nur aufgrund vielfältiger Formen menschlicher Intervention so stabil sind. Daraus schließt er, daß wir die Natur nicht einfach in der Erwartung allein lassen können, daß sie für sich selbst sorgt. Vielmehr müssen wir uns über jede Spezies genau informieren und auf der Grundlage durchdachter normativer Argumente eine präzise Vorstellung davon entwickeln, welche Ziele wir verfolgen sollten. Auch die in diesem Zusammenhang von Menschen vorgenommenen Veränderungen sollten wir Botkin zufolge nicht einfach vorschnell zurückweisen, als seien sie per definitionem schlecht; solche Eingriffe können ebensogut das Überleben eines Ökosystems ermöglichen.

Diese Fragen führen uns weit über die Ansprüche von Tieren heraus, um die es uns hier eigentlich geht. Sie führen uns aber vor Augen, daß eine nichtevaluative Sichtweise, die Normen direkt aus der Beobachtung des artspezifischen Lebens von Tieren zu gewinnen versucht, der Förderung des Wohlergehens dieser Tiere vermutlich nicht sehr zuträglich sein wird. Statt dessen bedarf es einer sorgfältigen Bewertung sowohl der »Natur« als auch möglicher Veränderungen. Die Achtung vor der Natur sollte und darf nicht dazu führen, daß wir sie einfach so belassen, wie sie ist – sie muß immer mit einer wohlüberlegten normativen Begründung plausibler Ziele einhergehen. Natürlich ist es sinnvoll, von möglichst überzeugenden Studien über das Verhalten von Tieren in der freien Wildbahn auszugehen – wie sonst könnten wir zu einer Vorstellung davon gelangen, was für sie ein gedeihliches Leben ausmacht oder nach welcher Art von gedeihlichem Leben sie wissentlich oder unwissentlich streben? Solche Erkenntnisse stellen jedoch den Ausgangspunkt und nicht das Endergebnis unserer normativen Überlegungen dar.

Im Fall von Menschen betrifft die politische Konzeption in erster Linie die Schädigung anderer, die Behinderung oder mangelnde Förderung der das menschliche Leben prägenden Tendenzen. Natürlich fügen auch Tiere ihren Artgenossen und häufiger noch den Angehörigen anderer Spezies Schaden zu. In diesem Zusammenhang sind zwei Arten von Fähigkeiten von Bedeutung. Im einen Fall greift ein Tier ein anderes direkt an und tötet es, oft um es dann zu fressen; nennen wir das den Raubtier-Fall. Im anderen Fall schadet eine arttypische Aktivität eines Tieres einer anderen Spezies (zum Beispiel durch die Übertragung von Krankheiten oder die Vernichtung von Ernten), obwohl keine feindliche Absicht und vielleicht noch nicht einmal ein feindliches Verhalten vorliegt; das werde ich als den Moskito-Fall bezeichnen.

In beiden Fällen wird ein Vertreter des Fähigkeitenansatzes stark zu der Ansicht tendieren, daß die diese Schädigung verursachenden Fähigkeiten von den politischen und sozialen Prinzipien nicht geschützt werden sollten. Wenn dem aber so ist – und wenn wir an der allgemeinen und für den Fall von Menschen entwickelten Konzeption der zentralen Fähigkeiten festhalten –, müssen wir zu dem Ergebnis kommen, daß diese Fähigkeiten und die mit ihnen verbunden Tätigkeiten nicht wesentlich dafür sind, daß das betroffene Lebewesen ein gedeihliches und seiner Art entsprechend würdiges Leben zu führen vermag. Ein solches Urteil ist aber schwierig zu begründen, wenn wir der subjektiven Erfahrung eine Rolle für die Bestimmung des Gedeihens einräumen. Zwar ist der Fähigkeitenansatz keine Spielart des Utilitarismus und geht nicht davon aus, daß alles Gute auf der Empfindungsfähigkeit beruht. Ebensowenig leitet er Normen direkt aus den Wünschen oder Präferenzen von Menschen ab. Statt dessen führt er eigenständige moralische Gründe für sein Verständnis des Zusammenhangs von Fähigkeiten und einem menschenwürdigen Leben an. Das bedeutet freilich nicht, daß Wünsche überhaupt keine Rolle spielen: Unsere Theorie berücksichtigt (im Fall von Menschen) die Ergebnisse der überzeugendsten Ansätze, die sich auf wohlüberlegte Wünsche beziehen. Auf diese Weise kann die Fähigkeitenliste einer Überprüfung unterzogen werden; schließlich nehmen wir an, daß keine Theorie, die die Wünsche der Menschen systematisch enttäuscht, dauerhaft stabil sein kann.[48] Wenn wir diesen Ansatz nun auf andere Spezies ausweiten, können wir nicht einfach behaupten, daß ein Lebewesen, das enttäuscht ist und leidet, weil es am Jagen gehindert wird, tatsächlich gedeiht. Von Menschen können wir erwarten, daß sie lernen, ein gedeihliches Leben zu führen, ohne andere Menschen – und vielleicht auch: ohne allzu viele Tiere – zu töten. Aber ein Löwe wird sehr darunter leiden, wenn er seine Raubtierfähigkeiten nicht ausüben kann, und dieses Leid kann nicht durch Bildung oder kulturelle Anpassung behoben werden.

Vielleicht könnte der Fähigkeitenansatz hier aber zwischen verschiedenen Aspekten der entsprechenden Fähigkeit unterscheiden. Die Fähigkeit, kleinere Tiere zu töten, ist als solche nicht wertvoll. Die politischen Grundprinzipien müssen sie deshalb nicht berücksichtigen und können sie sogar einschränken. Aber die Fähigkeit, das eigene Raubtierwesen auszuleben und die Vermeidung des Leids, das ein Blockieren dieser Fähigkeit nach sich ziehen würde, können durchaus einen Wert haben, wenn das Tier ansonsten sehr leiden würde. In Zoos hat man gelernt, eine solche Unterscheidung zu treffen. Raubtiere hatten nicht ausreichend Gelegenheit, ihre entsprechenden Fähigkeiten auszuüben, und so mußte man sich der Frage stellen, was mit dem Schaden ist, der kleineren Tieren zugefügt wird, wenn man den Raubtieren erlaubt, diese Fähigkeiten auszuüben. Sollte man dem Tiger eine zarte Gazelle zum Fraß vorwerfen? Im Zoo in der New Yorker Bronx haben die Wärter einem Tiger einen großen Ball an einem Seil gegeben, dessen Widerstand und Gewicht in etwa dem einer Gazelle entsprechen – der Tiger scheint damit zufrieden zu sein. Denjenigen, die Raubtiere als Haustiere halten (ich

48 Vgl. Nussbaum (2000a), Kap. 2.

denke hier vor allem an Katzen), sind solche Strategien durchaus vertraut. (Sportliche Wettkämpfe spielen im menschlichen Leben eine ganz ähnliche Rolle.) Immer wenn Raubtiere unter der direkten Kontrolle und Fürsorge von Menschen leben, erscheinen mir derartige Lösungen ethisch angeraten.

Wenden wir uns nun dem Fall von Tieren zu, die nicht bewußt töten, sondern durch ihre normalen Aktivitäten Krankheiten verbreiten oder Pflanzen vernichten. Manche dieser Tiere bleiben unterhalb der Schwelle der Empfindungsfähigkeit und haben auch keine anderen Fähigkeiten, die von meiner disjunktiven Konzeption des moralischen Status abgedeckt werden. Deshalb sollte es kein großes Problem darstellen, sie zu töten, um uns selbst und andere zu beschützen. Wenn es hingegen möglich ist, sie zu sterilisieren, anstatt sie zu töten, und auf diese Weise ihre Ausbreitung zu verhindern, dann ist das um so besser. Auch im Fall von Tieren oberhalb der Schwelle der Empfindungsfähigkeit sollten wir in dieser Hinsicht die Einsichten des Utilitarismus anerkennen. Unser primäres Ziel sollte die schmerzlose und humane Tötung sein, wenn sie sich denn nicht verhindern läßt – und das kann durchaus der Fall sein, wenn wir die Verbreitung einer Krankheit oder Schaden von menschlichen Kindern oder anderen Tieren abwenden wollen. Allerdings sind die Sterilisierung und andere nichtgewaltsame Methoden auch hier moralisch vorzuziehen.

Wenn es nicht um die Schädigung anderer Lebewesen geht, sollten wir uns über die wirklichen Fähigkeiten von Tieren vielleicht nicht allzu viele Gedanken machen und anstelle davon einfach das, was ein bestimmtes Wesen tatsächlich tut, zur Grundlage unserer Einschätzung dessen machen, was für dieses Wesen wichtig ist. Die Verzerrungen, die präferenzbasierte Ansätze im Fall von Menschen so unzuverlässig machen, sind auf die Einflüsse der Sozialisation in komplexen menschlichen Gesellschaften mit all ihren Hierarchien und Konventionen zurückzuführen. Obwohl wir auch bei Tieren, deren Leben stark von menschlichen Einflüssen bestimmt ist, adaptive Präferenzen feststellen können, ist es unwahrscheinlich, daß dieses Phänomen im Tierreich weit verbreitet ist. Zur Achtung anderer Spezies gehört die Bereitschaft, genau hinzusehen, mehr über sie zu erfahren und den inneren Rhythmus einer Tiergemeinschaft und die Werte, die sich in ihrer Lebensweise ausdrücken, kennenzulernen.

8. Positive und negative Pflichten, Fähigkeiten und Tätigkeiten

Ich halte es in diesem Zusammenhang für außerordentlich wichtig, die traditionell mit Bezug auf zwischenmenschliche Beziehungen getroffene Unterscheidung zwischen positiven und negativen Pflichten einer gründlichen Kritik zu unterziehen. Traditionellen Moralvorstellungen zufolge ist es falsch, andere durch aggressives oder betrügerisches Verhalten zu schädigen, aber nicht moralisch verwerflich, sie verhungern oder an Krankheiten zugrunde gehen zu lassen, selbst wenn eine ausgeglichenere Verteilung der gesellschaftlichen Ressourcen diese Probleme lösen könnte. Wir haben die strikte Pflicht, keine moralisch falschen Handlungen zu begehen, aber keine ähnlich strikte Pflicht, die Menschheit von Hunger oder Krankheiten zu befreien oder auch nur zu diesem Zweck Geld zu spenden.[49]

Der Fähigkeitenansatz stellt sowohl die grundsätzliche Unterscheidung in positive und negative Pflichten in Frage als auch die im Hintergrund stehende Entgegensetzung von Gerechtigkeit und materieller Hilfe. Jede der menschlichen Fähigkeiten bedarf zu ihrer Förderung der finanziellen Unterstützung. Das trifft auf den Schutz von Eigentum und persönlicher Sicherheit ebenso zu wie auf die Gesundheitsvorsorge,

49 Vgl. meine Kritik dieser Sichtweise in Nussbaum (1999).

die politischen und die Bürgerrechte sowie die Bereitstellung einer angemessenen Unterkunft. Wie wir im fünften Kapitel gesehen haben, kritisiert der Fähigkeitenansatz ein Verständnis von Menschenrechten, das Rechte allein im Sinne der »negativen Freiheit« definiert und auf dieser Basis zwischen Rechten der »ersten Generation« und solchen der »zweiten Generation« unterscheidet. Zum Schutz der Fähigkeiten muß ein Staat in jedem der relevanten Bereiche positive Aufgaben übernehmen und dabei finanzielle Ressourcen einsetzen, die typischerweise über zu einem gewissen Grad redistributive Steuern beschafft werden. Um in der Auseinandersetzung mit diesen Fragen voranzukommen, müssen wir sowohl die Unterscheidung zwischen staatlichem Handeln und dem Verzicht auf Eingriffe als auch die Unterscheidung zwischen Gerechtigkeit und materiellen Hilfsleistungen problematisieren. Selbst der eben von mir verwendete Begriff der Umverteilung muß in Frage gestellt werden, da er auf der Voranname beruht, daß die Menschen tatsächlich einen Anspruch auf ihren jeweiligen Besitz haben. Von Grotius bis Mill haben zahlreiche Philosophen diese Auffassung von Eigentum kritisiert, da der Anteil des Besitzes einer Person, der benötigt wird, um andere Mitglieder der Gesellschaft (bei Grotius: der Menschheit) zu unterstützen, tatsächlich den Bedürftigen gehört und nicht denen, die faktisch darüber verfügen.

Im Fall von Tieren könnte eine Unterscheidung von negativen und positiven Pflichten unter Umständen jedoch als sinnvoll erscheinen. Daß die Menschheit dazu verpflichtet ist, von besonders schlimmen Schädigungen von Tieren abzusehen, nicht aber dazu, das Wohlergehen aller Tiere zu fördern, ist zumindest eine kohärente Position. Unter »fördern« verstehe ich hier die Gewährleistung angemessener Ernährung, Unterbringung und Gesundheitsfürsorge. Kämen wir allein unseren negativen Pflichten nach, würde das zwar nicht sicherstellen, daß alle Tiere die Chance haben, auf ihre je eigene Weise nach einem gedeihlichen Leben zu streben, aber vielleicht ist moralisch von uns auch nicht mehr gefordert: Was den Rest betrifft, müssen sich die Tiere selbst um ihr Wohlergehen kümmern. Diese Schlußfolgerung wird auch durch die Überlegung gestützt, daß wir das Leben der Tiere wohl erheblich beeinträchtigen müßten, um uns zu wohlwollenden Herrschern der Welt aufzuschwingen. Um es noch deutlicher zu sagen: Die bloße Idee eines wohlwollenden Despotismus der Menschen über die Tiere, in dem wir ihre Bedürfnisse erfüllen, ist bereits moralisch fragwürdig, weil der Souveränität einer Spezies ebenso wie der Souveränität eines Staates moralischer Wert zukommt. Es gehört zum Gedeihen eines Lebewesens dazu, mit bestimmten Problemen von herausragender Bedeutung selbst fertig zu werden, ohne den Eingriffen der Menschen ausgesetzt zu sein, auch wenn diese gut gemeint sind.

Das scheint mir nicht unplausibel. Würden unsere politischen Prinzipien die vielen schlimmen Formen der Schädigung von Tieren einfach verbieten, wäre tatsächlich schon viel erreicht. Meines Erachtens sollten wir aber weder dieses Argument noch die ihm zugrundeliegende Unterscheidung zwischen negativen und positiven Pflichten vollständig akzeptieren. Zum einen leben sehr viele Tiere unter der direkten Kontrolle von Menschen: Haustiere, Nutztiere und jene Angehörige ungezähmter Spezies, die in Zoos und in anderen Formen der Gefangenschaft leben. Für die Ernährung und die Gesundheit dieser Tiere sind die Menschen direkt verantwortlich, wie sogar unser keineswegs perfektes gegenwärtiges Rechtssystem zugesteht.[50] Tiere, die in der »Wildnis« leben, scheinen zwar nicht unter dem Einfluß von Menschen zu stehen, aber das ist in unserer heutigen Welt in den meisten Fällen offensichtlich eine Illusion. Fast alle Lebensräume von Tieren werden von Menschen beeinflußt. Dieser Einfluß prägt

50 Vgl. Sunstein (2004). Die Beiträge in Sunstein/Nussbaum (2004) thematisieren zum Teil auch die gegenwärtige Rechtslage und ihre Probleme.

die Möglichkeiten der Ernährung, der freien Bewegung sowie andere Aspekte des Gedeihens. Selbst wer leugnet, daß wir früher eine Verantwortung gegenüber Tieren in freier Wildbahn hatten, muß zugeben, daß wir eine solche Verantwortung heute aufgrund unserer umfassenden Verstrickung in die Bedingungen des Gedeihens von Tieren nicht mehr abstreiten können.

Wie Botkin uns erinnert, sind menschliche Eingriffe in vielen Fällen zudem tatsächlich notwendig, um das »natürliche Gleichgewicht« zu erhalten. Oft ist zum Beispiel ein Eingriff erforderlich, um eine Art vor dem Aussterben zu bewahren, selbst wenn ihre Gefährdung nicht auf die Menschen zurückzuführen ist. Sollten Menschen Tieren tatsächlich den möglichen Schutz versagen, solange nicht eindeutig nachgewiesen ist, daß sie die Gefährdung verursacht haben? Ein solcher Nachweis wird sich manchmal relativ einfach erbringen lassen, aber in zahlreichen Fällen sind so viele Faktoren im Spiel, daß die Verursachung nicht eindeutig bestimmt werden kann. Wir können demnach zwar dabei bleiben, daß wir primär dafür verantwortlich sind, eine ganze Reihe moralisch falscher Handlungen (die ich im zehnten Abschnitt genauer ausführen werde) zu unterlassen, dürfen uns hierauf aber nicht beschränken. Tatsächlich sind wir mit zahllosen Entscheidungen konfrontiert, die entweder zur Zerstörung oder zur Bewahrung des Lebensraums von Tieren beitragen. In vielen Fällen steht uns zudem die Möglichkeit offen, Tiere zu retten, die sonst an Krankheiten oder den Folgen einer Naturkatastrophe sterben würden. Daß wir in solchen Situationen keine materiellen Hilfspflichten haben, erscheint wenig überzeugend; die einzige Frage sollte sein, wie weit diese Pflichten reichen und wie sie sich gegen eine angemessene Achtung für die Autonomie der betroffenen Spezies abwägen lassen. Mit dieser Frage sind ähnliche Probleme berührt wie im Fall zwischenstaatlicher Hilfsleistungen und auch hier müssen wir mit größter Vorsicht und unter Berücksichtigung aller relevanten Faktoren vorgehen. In beiden Fällen bewahren und fördern die besten Hilfsleistungen die Autonomie, anstatt die Abhängigkeiten zu vergrößern. Würden alle Tiere in Zoos landen, wo sie vollkommen von Menschen abhängig sind, wäre das kein gutes Ergebnis.

Im Fall von Menschen kommt die Achtung vor ihrer Autonomie unter anderem darin zum Ausdruck, daß wir nicht Tätigkeiten, sondern Fähigkeiten als legitime politische Ziele betrachten. Wie ich betont habe, ist es im Fall von Kindern und unter Umständen auch von Menschen mit dauerhaften geistigen Behinderungen aber durchaus angemessen, die entsprechenden Tätigkeiten selbst zu fördern oder die Entscheidung einem Vormund zu überlassen. Im allgemeinen ist ein paternalistisches Vorgehen immer dann angemessen, wenn die Befähigung eines Individuums zur Autonomie und zum Treffen von Entscheidungen eingeschränkt ist. Daher scheint im Fall nichtmenschlicher Tiere eine paternalistische Einstellung gewöhnlich berechtigt zu sein. Diese Schlußfolgerung muß aber qualifiziert werden, da die Autonomie einer Spezies im Streben nach einem gedeihlichen Leben ebenfalls ein Gut ist. Können diese beiden Prinzipien kohärent miteinander vereinbart werden und, wenn ja, wie?

Meines Erachtens ist dies tatsächlich möglich, vorausgesetzt unser Paternalismus berücksichtigt die vielfältigen Weisen, auf die verschiedene Spezies nach einem gedeihlichen Leben streben. Daß wir Tiger einfach auf ihre Weise gedeihen lassen sollten, ist angesichts der Tatsache, daß ihre Möglichkeiten, ein gedeihliches Leben zu führen und überhaupt zu überleben, entscheidend von den Menschen beeinflußt werden, keine besonders sinnvolle Aussage. Die einzige annehmbare Alternative zu einer vollkommenen Vernachlässigung ihres Wohlergehens besteht in einer Politik, die auf der Grundlage von Erkenntnissen über das Gedeihen von Tigern und die dafür notwendigen Lebensräume genau solche Lebensräume zu schaffen versucht. (Hier sehen wir, wie der Umgang mit individuellen Tigern mit dem Überleben der Spezies zusammenhängt.)

In vielen Fällen könnte eine intelligente und umsichtige Gestaltung von Zoos und Tiergärten durchaus Teil eines politischen Vorgehens sein, das darauf abzielt, einzelnen Tigern ein achtbares Leben zu ermöglichen. Vielen Tieren wird es in einem kreativ und gut geleiteten Zoo besser gehen als in freier Wildbahn, zumindest unter den gegenwärtigen Bedingungen der Bedrohung und Knappheit. Insbesondere wenn ein Staat den Umgang mit Tieren in einem anderen Staat oder ihr Gedeihen in ihrem dortigen natürlichen Lebensraum nicht beeinflussen kann, können Zoos eine äußerst wichtige Funktion erfüllen. Wenn ein Zoo gut organisiert ist, kann er junge Menschen zudem zu einer freundschaftlichen Einstellung gegenüber anderen Spezies erziehen. Das langfristige Ziel sollte aber immer die Bewahrung zumindest eines Teils des ursprünglichen Lebensraums der Tiere sein, und das ist ohne menschliche Eingriffe nicht möglich.

Haustiere werfen Probleme eigener Art auf. Manchmal wird ihre Lage auf eine übertrieben romantische Weise beschrieben: Sie werden von den Menschen gefangengehalten und als bloßer Besitz behandelt, dabei wäre es für sie doch am besten, wenn man sie einfach freilassen würde, damit sie in freier Wildbahn leben können, wie von der Natur vorgesehen. Der Film *Spirit – Der Wilde Mustang* aus dem Jahr 2002 ist ein Beispiel für derartige Phantasien: Hier gelingt es einem wilden Pferd, alle Schranken zwischen ihm und der Freiheit zu überwinden, da es nur auf dem freien Land in Gemeinschaft mit seinen Artgenossen glücklich werden kann.

In Wirklichkeit gibt es aber viele Tierarten, die in freier Wildbahn keine echte Chance auf ein gedeihliches Leben hätten, da sie sich über Jahrtausende in Symbiose mit den Menschen entwickelt haben. Das gilt für Hunde, Hauskatzen und die meisten Pferdearten, aber auch für viele Nutztiere und einige Vögel. Natürlich sollte man diese Tiere nicht als bloße Objekte menschlicher Nutzung und Kontrolle behandeln, sondern ihr Gedeihen und die ihnen eigenen Zwecke immer im Blick behalten. Das heißt aber nicht, daß wir sie einfach ohne menschliche Kontrolle in die Freiheit entlassen sollten. Die moralisch vernünftige Alternative besteht darin, sie als unsere Freunde zu betrachten, die eines klugen Vormunds bedürfen, aber eigene Ansprüche haben, auch wenn diese Ansprüche nur vermittelt über eine Vormundschaftsbeziehung eingefordert werden können. Wir könnten diese Tiere also so behandeln, wie wir heute Kinder und viele Menschen mit geistigen Behinderungen behandeln, die ja auch über zahlreiche Rechte verfügen und insofern keinesfalls als »bloßer Besitz« zu betrachten sind, obwohl diese Rechte nur durch einen menschlichen Vormund ausgeübt werden können. (Es erscheint mir als völlig unproblematisch, daß die Vormundschaft im Fall von Tieren mit Kauf und Verkauf wechselt, solange ihre Rechte dabei angemessen geschützt werden.)

Die besagte romantische Phantasie legt ebenfalls nahe, daß Menschen Tiere nicht dazu bringen sollten, bestimmte Dinge in ihrem Sinne zu tun. Auch diese Frage müssen wir mit einer gewissen Sensibilität angehen. Im Fall von Kindern ist diese Phantasie inzwischen gründlich widerlegt worden, da wir heute wissen, daß Kinder in Schulen, in denen sie ihren Lernstoff selbst auswählen können, nicht viel lernen. Von selbst lernen Kinder nicht einmal, die Toilette zu benutzen. Im allgemeinen halten wir es für eine sträfliche Vernachlässigung, Kindern nicht die Benutzung einer Toilette beizubringen und sie nicht auf unzählige andere Weisen zu disziplinieren und zu erziehen, weil nur eine solche Erziehung es ihnen später ermöglichen wird, die zu einem gedeihlichen Leben gehörenden Entscheidungen zu treffen und die entsprechenden Leistungen zu erbringen. Natürlich berücksichtigt eine gute Erziehung die Individualität des Kindes. Sie ist flexibel und vor allem nicht grausam oder demütigend, beinhaltet aber doch bestimmte Zielvorgaben und Standards. Eine fordernde und doch von Achtung für das Kind geprägte Erziehung ist oft der beste Weg, um diese Ziele zu erreichen. Warum sollte dies im Fall nichtmenschlicher Tiere anders sein? Die meisten Haustiere profitieren von einem gewissen Maß an Training und Disziplin. Zudem können viele Tiere dank eines angemessenen Trainings athletische Höchstleistungen vollbringen. Natürlich sind grausame Formen des Trainings zu verurteilen, und der Zirkus aus dem erwähnten Gerichtsurteil aus Kerala scheint ziemlich grausam vorzugehen. Daraus folgt aber nicht, daß man Pferden nicht beibringen sollte, über Hecken und Zäune zu springen, Dressurreiten zu lernen oder Rennen zu laufen; oder daß Hunde, die zu komplizierten Leistungen in der Lage sind, wie etwa Border Collies, nicht trainiert werden sollten, diese Leistungen tatsächlich zu vollbringen. Auch hier scheint ein kluger Paternalismus, der die Unterschiede zwischen den Spezies berücksichtigt, zu den richtigen Schlußfolgerungen zu kommen. Dabei müssen die Art des Wohlergehens eines jeden Tieres genau bedacht und die charakteristischen Leistungen nicht nur der Spezies, sondern auch der konkreten Rasse in Betracht gezogen werden. Erst dann kann man eine Erziehung und eine ganze Lebensform ins Auge fassen, die an diese Fähigkeiten zu besonderen Leistungen angepaßt sind.

Darüber hinaus müssen auch die Fähigkeiten und die Persönlichkeit des individuellen Tiers berücksichtigt werden. Sollte ein alterndes Springpferd »in den Ruhestand versetzt werden«? Das ist keine so leicht zu beantwortende Frage. Sie ähnelt der Frage, ob ein alternder Athlet weiterhin den Sport betreiben sollte, in dem er gut ist. Hier läßt sich kaum eine abstrakte Antwort geben: Martina Navratilova ist ein Beispiel, aber es gibt viele andere. Aus Respekt vor Tieren (ebenso wie vor alternden Menschen) sollten wir nicht annehmen, daß sie nur danach streben, auf der Wiese herumzuliegen. In den meisten Fällen ist es besser, in irgendeiner Weise weiter aktiv zu bleiben, selbst wenn das Tier die notwendige Art der Aktivität nicht ganz auf sich gestellt ausführen kann.

Ein kluger und respektvoller Paternalismus schafft Raum für Entscheidungen. Tiere sind von ihrem Wesen her aktiv, und wir können keinen respektvollen Umgang mit ihnen pflegen, ohne ihnen zu erlauben, auf irgendeine Weise und zu einem gewissen Grad selbst aktiv zu werden. Jede physische Situation, die sie zu sehr einschränkt, steht ihrem Gedeihen ebenso entgegen wie jede Routine, die kein Spiel und keine ungezwungene soziale Interaktion zuläßt. Auch in dieser Hinsicht sollte man sich letztendlich an der Achtung für die Speziesnorm des Gedeihens und an einer respektvollen Berücksichtigung individueller Fähigkeiten orientieren.

Im Zusammenhang mit diesen schwierigen Fragen von Kontrolle und Freiheit eröffnet ein in angemessener Weise erweiterter Fähigkeitenansatz mehr Möglichkeiten für die Unterstützung des Gedeihens von Tieren als der Utilitarismus mit seiner strikten Ausrichtung auf Leid und Lust (oder die Erfüllung bewußter Interessen). Der Bezug auf die Speziesnorm kann dabei helfen, Formen des Paternalismus zu entwickeln, die die Bedürfnisse der Tiere respektieren, selbst wenn wir es mit qualitativ heterogenen Bedürfnissen zu tun haben, deren sich die Tiere nicht unbedingt bewußt sind.

Wie bereits betont, ist der Verzicht auf Eingriffe in einer Welt, in der die Menschen das Leben der Tiere durchweg beeinflussen, keine plausible Option. Bestimmte positive Schutzmaßnahmen sind auf jeden Fall notwendig. Was folgt hieraus für die zuvor aufgeworfene Frage der Schädigung anderer? Es ist eine Sache zu behaupten, man solle einem Tiger im Zoo keine Gazelle zum Fraß vorwerfen; aber was ist mit den Tigern in freier Wildbahn? Sollten Menschen im Tierreich »für Ordnung sorgen« und verletzliche Tiere vor Raubtieren schützen?

Das erscheint zunächst einmal absurd. Und dennoch lautet für den Fähigkeitenansatz ebenso wie für den Utilitarismus die Schlüsselfrage, was dem Opfer geschieht, und nicht, wer die falsche Handlung begeht. Wenn eine Gazelle zu Tode gequält wird, dann ist es für sie nicht weniger schlimm, wenn ein Tiger statt eines Menschen dafür verantwortlich ist. Das bedeutet nicht, daß der durch den Tiger zugefügte Tod in derselben Weise tadelnswert ist; offensichtlich ist das nicht der Fall. In beiden Fällen scheinen wir aber ähnliche Gründe dafür zu haben, das Geschehen zu verhindern, wenn uns das ohne einen noch größeren Schaden zu erzeugen möglich ist. Der Fähigkeitenansatz ist anspruchsbasiert und ergebnisorientiert. Alle verletzlichen Tiere (oder alternativ alle Raubtiere) sozusagen in Schutzhaft zu nehmen, stellt eine Möglichkeit dar, die grausame Tötung von Tieren durch andere Tiere zu verhindern. Diese Option würde aber eindeutig nur noch mehr Schaden anrichten, weil sie jede Chance auf ein gedeihliches Leben in freier Wildbahn zunichte macht. Es ist also nicht so leicht, hier zu einer Antwort zu gelangen, zumal es grausamer erscheint, von einem Raubtier gerissen zu werden, als zu verhungern oder an einer Krankheit zu sterben. Zwar sind wir vermutlich in geringerem Maße dafür verantwortlich, Gazellen zu schützen als Haustiere wie Hunde und Katzen, da wir eine Art Vormundschaft für letztere übernommen und sie sich in Symbiose mit uns entwickelt haben. Wenn wir jedoch dazu in der Lage sind, ungezähmte Tiere wie Gazellen ohne massive Eingriffe zu schützen, die erheblichen Schaden anrichten würden, sollten wir das vielleicht tun. Das Problem besteht allerdings darin, daß auch die Bedürfnisse der Raubtiere zu beachten sind und wir nicht die Möglichkeit haben, dem Tiger in der freien Wildbahn ein Ball an einem Seil zum Spielen zu geben.

Eine äußerst komplizierte Frage in diesem Bereich betrifft die Kontrolle von Tierpopulationen durch die Einführung von »natürlichen Feinden«, etwa von Wölfen zur Verringerung der Anzahl von Elchen in einem Gebiet. Ist das wirklich besser, als die Elche zu jagen? Auf diese Weise vermeiden es die Menschen vielleicht, sich die Hände schmutzig zu machen, aber die Elche kommen unter Umständen auf schmerzhaftere Weise zu Tode. Auch eine weitere denkbare Alternative – die Population einfach weiterwachsen und dann an Nahrungsmangel sterben zu lassen – verspricht den Elchen keinen guten Tod. In diesem Fall ist wieder eine gewaltlose Methode (zum Beispiel die Sterilisierung) vorzuziehen. Wenn das aber nicht möglich ist, erscheint mir der schmerzloseste Tod am besten zu sein. Hier könnte man an Richard Hares Vorschlag denken, Menschen unter sorgfältig kontrollierten Bedingungen das Jagen von Tieren zu gestatten, der nicht mit einer Befürwortung des Jagdsports in seiner gegenwärtigen Form gleichgesetzt werden sollte – gegenwärtig werden Tiere ohne jegliche Rechtfertigung (wie etwa Überbevölkerung) terrorisiert und grausam getötet.[51]

Unabhängig davon, zu welchem Ergebnis wir in dieser schwierigen Frage schlußendlich kommen, zeigt sich hier doch ein weiteres Mal, daß die Unterscheidung zwischen positiven und negativen Pflichten in ihrer klassischen Form nicht aufrechterhalten werden kann. Menschen greifen ständig in das Leben von Tieren ein, so daß sich letztlich nur die Frage stellt, welche Form diese Intervention annehmen sollte. Ein kluger und respektvoller Paternalismus ist der Vernachlässigung hier bei weitem vorzuziehen.

9. Gleichheit und Angemessenheit

Einige Autoren, die sich mit den Rechten der Tiere befassen (besonders hervorzuheben ist hier David DeGrazias beeindruckendes Buch[52]), haben die Frage der gleichen Berücksich-

51 Vgl. Hare (1999).

52 DeGrazia (1996). Ich bin DeGrazia zudem für seine äußerst hilfreichen Kommentare zu einer Vorfassung meiner Ausführungen dankbar, die ich im Rahmen der Tanner Lectures vorgetragen habe.

tigung aufgeworfen: Zählen die Interessen von Tieren ebensoviel wie die von Menschen? Ich habe bereits darauf hingewiesen, daß Tiere andere Interessen als Menschen haben und daß diese Interessen entscheidend dafür sind, was als Schädigung eines Tiers gewertet werden kann. So ist es etwa kein Schaden für nichtmenschliche Tiere, nicht wählen zu können, und ebensowenig benötigen sie Religionsfreiheit. Damit ist die von DeGrazia besonders eindringlich aufgeworfene Frage aber natürlich noch nicht beantwortet.

Für Utilitaristen (zu denen ich DeGrazia zähle, obwohl seine Variante des Utilitarismus anspruchvoller ist als viele andere und verschiedene Werte anerkennt) ist es außerordentlich wichtig, die Gleichheitsfrage zu beantworten, weil sie das Wohlergehen der Gesellschaft durch Aggregation bestimmen und daher wissen müssen, wieviel jedes Leben und jedes Interesse innerhalb eines Lebens zählt. Der Fähigkeitenansatz geht hier völlig anders vor. Weil es ihm um Schwellenwerte geht, hat er bei Menschen ebenso wie bei Tieren nicht so sehr Gleichheit, sondern Angemessenheit zum Ziel. Hierfür wird ein Schwellenwert festgelegt, unterhalb dessen der Gerechtigkeit nicht Genüge getan wird. Wie bereits betont, ist der Ansatz noch nicht auf eine bestimmte Antwort auf die Frage festgelegt, inwiefern wir Gleichheit von Einkommen und Besitz auch oberhalb des Schwellenwerts anstreben sollten – deshalb handelt es sich auch in diesem Bereich um eine partielle und nicht um eine vollständige Theorie der Gerechtigkeit. In gewisser Hinsicht stellt sich DeGrazias Frage also überhaupt nicht. Als Minimalbedingung verlangt die Gerechtigkeit, einem jeden Tier eine Reihe von Fähigkeiten (die genau bestimmt werden müssen) bis zu einem bestimmten Schwellenwert zuzusichern. Dabei kann es zwischen Menschen wie auch zwischen Tieren und tatsächlich auch zwischen den Spezies zu Konflikten kommen. Wenn der Schwellenwert aber richtig festgelegt wurde, dann ist jede Unterschreitung ein Gerechtigkeitsdefizit. Deshalb sollten wir uns um eine Welt bemühen, in der es nicht zu solchen Konflikten kommt. Auf diese Frage werde ich im elften Abschnitt zurückkommen.

Wie ich im fünften Kapitel gezeigt habe, gibt es im Fall von Menschen jedoch bestimmte Fähigkeiten, die nur dann *angemessen* gewährleistet sind, wenn sie *gleich* gewährleistet werden. Die Religionsfreiheit, die politischen Rechte und der Zugang zu Bildung fallen meines Erachtens alle in diese Kategorie. Für den Fähigkeitenansatz ist nicht einfach die bloße Idee menschlicher Würde, sondern die Idee *gleicher* menschlicher Würde zentral, und diese Gleichheit wird beeinträchtigt, wenn bestimmte Fähigkeiten ungleich verteilt sind. Bei anderen Fähigkeiten wie etwa dem Recht auf adäquate Unterkunft oder auf Arbeit ist das richtige soziale Ziel aber nicht Gleichheit, sondern Angemessenheit, weil diese Fähigkeiten nicht in einem intrinsischen Zusammenhang mit der Menschenwürde stehen. Das wirft die folgende Frage auf: Gibt es tierische Fähigkeiten, die den politischen Rechten der Menschen entsprechen und nur auf der Basis von Gleichheit in angemessener Weise garantiert werden können? Und wäre diese Gleichheit auf die Spezies beschränkt oder müßte sie über die Speziesgrenzen hinausreichen?

Wenn ich in bestimmten Bereichen auf Gleichheit bestehe, dann aus Gründen der gleichen Würde und der gleichen Achtung. Ein ungleiches Wahlrecht oder eine ungleiche Religionsfreiheit signalisieren, daß die Gesellschaft nicht allen Personen die gleiche Achtung entgegenbringt, während das bei ungleicher (aber angemessener) Unterkunft wahrscheinlich nicht der Fall ist. Der interne Zusammenhang dieser Fähigkeiten mit der gleichen Würde ist auf die Ideen der Reziprozität und der Vermeidung von Demütigungen zurückzuführen, die nur auf den Fall von Menschen anwendbar zu sein scheinen. Offensichtlich handelt es sich darüber hinaus um Fähigkeiten, die im allgemeinen nur Menschen wichtig sind. Man kann sich nur schwer einen entsprechenden Fall unter nichtmenschlichen Tieren vorstellen, in dem die ungleiche

Verteilung einer Fähigkeit die gleiche Achtung und die Reziprozität einschränken würde. Aus diesem Grund neige ich zu der Ansicht, daß die drängenden Fragen im Zusammenhang mit den Ansprüchen von Tieren eher mit Angemessenheit als mit gleicher Verteilung zu tun haben. Ist der Schwellenwert für den Schutz der Gesundheit oder für anständige Arbeitsbedingungen richtig festgelegt, dann ist das alles, was die Gerechtigkeit fordert, obwohl das Minimum großzügig bemessen sein sollte.

Wir haben uns aber noch nicht der großen Frage gestellt: Sollte die Idee der Würde im Fall nichtmenschlicher Tiere im Sinne einer gleichen Würde verstanden werden? Selbst wenn man bestimmte Ansprüche eher auf der Grundlage der Angemessenheit als auf der der Gleichheit begreift, bleibt diese abstrakte Frage bestehen und kann nicht einfach als unwichtig zurückgewiesen werden. Tatsächlich handelt es sich eigentlich um zwei Fragen: Sollte man Würde innerhalb einer jeden Spezies als gleiche Würde verstehen? Und: Sollte die Würde von Wesen über die Speziesgrenzen hinaus als im vollen Sinne gleiche Würde gefaßt werden? Die erste Frage erscheint weniger drängend, und sie zu bejahen ist nicht besonders problematisch. Die zweite Frage hat offensichtlich Implikationen für eventuelle Konfliktfälle.

Aufgrund der gänzlich anderen Struktur des Fähigkeitenansatzes spielt DeGrazias abstrakte Frage der Gleichheit für mich keine so entscheidende Rolle wie für seinen Ansatz. Seine Theorie sieht eine soziale Berechnung vor, in der die Interessen aller Lebewesen aggregiert werden, und daher stellt sich immer und von Anfang an die Frage, wieviel jedes Individuum insgesamt zählen soll. Weil meine Aufmerksamkeit hingegen nicht auf Aggregation, sondern primär darauf gerichtet ist, jedes Individuum über den seiner Spezies gemäßen Schwellenwert zu heben, kann mein Ansatz diese Frage in den meisten Fällen einfach vermeiden – für die Möglichkeit eines übergreifenden Konsenses ergibt sich hieraus jedoch ein echtes Problem. Die Fragen, denen ich mich tatsächlich stellen muß, betreffen bestimmte Fähigkeiten bei bestimmten Lebewesen. In diesen Fällen scheint eine Erhöhung des für Angemessenheit relevanten Schwellenwerts zumeist die richtige Herangehensweise zu sein. Da zahlreiche Theoretiker aber der Ansicht sind, daß menschliche Interessen im Falle eines Konflikts immer Vorrang vor tierischen Interessen haben (was einer Gleichheit der Würde verschiedener Spezies entgegenzustehen scheint),[53] sollte ich dazu dennoch kurz Stellung beziehen.

Es scheint keine mit der Achtung zu vereinbarende Möglichkeit zu geben, die Gleichheit der Würde von Angehörigen verschiedener Spezies zu leugnen. Zugleich ist offensichtlich, daß damit ein sowieso schon schwer zu erreichender übergreifender Konsens über ein grundlegendes Minimum an Fähigkeiten für Tiere in weite Ferne rückt. Aus diesem Grund möchte ich die Frage der gleichen Würde an dieser Stelle als metaphysische Frage behandeln: Bürgerinnen und Bürger mit unterschiedlichen Ansichten zu dieser Frage können dennoch den grundlegenden substantiellen Behauptungen zu den Ansprüchen von Tieren zustimmen, die ich im folgenden ausführen werde. Im Fall von Menschen handelt es sich bei der gleichen Würde hingegen nicht um eine metaphysische Idee, sondern um ein zentrales Element der politischen Konzeptionen, die unsere modernen konstitutionellen Demokratien seit langem prägen. Wenn wir von anderen verlangen, die gleiche Würde aller Menschen zu bejahen, dann fordern wir sie damit nicht dazu auf, zentrale Bestandteile ihrer religiösen oder sonstigen umfassenden Lehren aufzugeben. Im Fall des Verhältnisses zwischen verschiedenen Spezies stellt sich die Sache meines Erachtens jedoch anders dar: Die Idee einer über Speziesgrenzen hinausgehenden Würde ist keine politische Idee, die von Bürgerinnen und Bürgern mit ansonsten

53 Vgl. z. B. Gewirth (1978).

unterschiedlichen metaphysischen Überzeugungen einfach so übernommen werden könnte. Es handelt sich vielmehr um eine kontroverse metaphysische Idee, die zum Beispiel im Widerspruch zu gängigen religiösen Vorstellungen von der Seele steht. Sagen wir also einfach, daß diese Idee eine gewisse Anziehungskraft hat, ja, daß sie aus verschiedensten Gründen sehr überzeugend ist, daß sich unser übergreifender politischer Konsens aber nicht auf sie berufen muß. Statt dessen können wir auf die etwas vagere Idee zurückgreifen, daß alle Lebewesen Anspruch auf eine angemessene Chance auf ein gedeihliches Leben haben.

10. Tod und Schädigung

Bisher haben wir eine wichtige Frage vermieden: Was für eine Art von Schaden stellt der Tod für Tiere verschiedener Spezies dar und welche Art von Schädigung ihre Tötung? Utilitaristen vertreten gewöhnlich die Ansicht, daß ein schmerzloser Tod kein Schaden für ein Tier ist, weil Tiere keine bewußten Interessen haben, die in die Zukunft reichen und durch einen schmerzlosen Tod enttäuscht werden könnten. Aus diesem Grund wendet sich Bentham gegen alle Arten der Tierquälerei, erlaubt aber das schmerzlose Schlachten von Tieren für einen sinnvollen Zweck. Ganz ähnlich argumentiert Hare, daß es erlaubt ist, Tiere bestimmter Arten zu Zwecken der Ernährung zu schlachten, solange dies wirklich schmerzlos geschieht: Daher kauft er seinen Fisch von einem lokalen Fischhändler, der die Tiere mit einem kräftigen Hammerschlag auf den Kopf tötet, würde aber keinen Fisch essen, der auf die gängige schmerzhafte Weise gefangen wurde.

Derartige utilitaristische Überlegungen stoßen jedoch unter anderem auf das Problem, daß wir uns vielleicht über die Interessen der Tiere täuschen. Vermutlich haben manche Tiere eben doch ein gewisses Bewußtsein von ihrem Leben als einer Art Geschichte, die sich über die Zeit erstreckt. Bei Tieren mit Erinnerungsvermögen (die nicht nur durch stupides Wiederholen lernen) ist dies besonders wahrscheinlich. Daher scheint der Tod für diese Wesen einen Schaden darzustellen, auch wenn es sich wohl um ein geringeres Übel handelt als das Andauern eines von Schmerzen und Elend geprägten Lebens. Im Umgang mit Tieren, die sie lieben, seien es Hunde, Katzen oder Pferde, beweisen Menschen in dieser Frage gewöhnlich ein gutes Urteilsvermögen: Sie zu töten erscheint ihnen moralisch angemessen, wenn die Alternative ein schmerzerfülltes und würdeloses Leben ist (etwa ein Leben mit Inkontinenz, die Tiere als beschämend und peinlich empfinden). Diese Entscheidung darf aber nicht einfach aus Bequemlichkeit gefällt werden, ebensowenig wie wir unsere alternden Eltern töten dürfen, um nicht für sie sorgen zu müssen. Wahrscheinlich ist Euthanasie im Fall alternder Tiere eher erlaubt als im Fall von Menschen, die, falls sie nicht unter schwerer geistiger Demenz leiden, ein Recht darauf haben, diese Entscheidung selbst zu treffen. Zudem haben Menschen eine größere Anzahl von Interessen, die mit körperlichen Schmerzen und Altersschwäche vereinbar sind. Deshalb kann ein Mensch ein von Schmerzen und Krankheit geprägtes Leben auch dann noch als lebenswert empfinden, wenn das für ein Tier nicht der Fall wäre.

Es gibt aber viele Tiere, bei denen Bentham und Hare mit ihrer Sichtweise wahrscheinlich richtigliegen. Diese Tiere haben zwar bewußte Interessen, die aber nicht auf eine Weise in die Zukunft reichen, die zeitlich ausgedehnte Projekte ermöglichen würde – deshalb können sie von einem plötzlichen Tod auch nicht vereitelt werden. Dürfen wir derartige Tiere zu Zwecken der Ernährung töten? Und wie steht es mit der humanen Tötung von Tieren zu anderen Zwecken, etwa um die Tötung von Ratten, die für Menschen oder andere Tierpopulationen ein Gesundheitsrisiko darstellen, oder um die schmerzlose Jagd auf Tiere, die in freier Wildbahn verhungern oder von anderen Tieren gerissen würden? Haben Bentham und Hare recht damit, daß ein schmerzloser Tod für solche Tiere keinen Schaden und eine schmerzlose Art des Schlachtens daher keine Schädigung darstellt?

Dem Fähigkeitenansatz fällt diese Schlußfolgerung schwerer als dem Utilitarismus, weil er vieles als gut oder schlecht anerkennt, was sich nicht auf die Empfindungsfähigkeit zurückführen läßt. So kann etwa Bewegungsfreiheit wertvoll für ein Tier sein, das ihre Abwesenheit nicht als schmerzhaft empfindet. Die Möglichkeit, mit anderen Tieren und Menschen liebevolle und unterstützende Beziehungen zu unterhalten, kann auch dann als gut gelten, wenn ein isoliert aufwachsendes Tier sich des Mangels nicht bewußt ist oder nicht darunter leidet. Uns stellt sich demnach eine andere Frage als dem Utilitarismus: Gibt es im Leben dieser Tiere zentrale und wertvolle Fähigkeiten, die durch einen plötzlichen und schmerzlosen Tod beeinträchtigt werden? Wenn das der Fall ist, handelt es sich bei der Herbeiführung eines solchen Todes um eine Schädigung.

Wir haben bereits gesehen, daß ein schmerzloser Tod kein Schaden sein muß, wenn die Alternative ein von Schmerzen und Altersschwäche geprägtes Leben ist. Auch die Tötung eines Wesens ohne Empfindungsfähigkeit stellt keinen moralisch signifikanten Schaden dar.[54] Bei den meisten Tieren, die zu Zwecken der Ernährung getötet werden, handelt es sich jedoch um empfindungsfähige Wesen, die typischerweise in ihrer Blüte oder sogar in jungen Jahren getötet werden, also lange bevor die einzige Alternative ein von Schmerzen und Altersschwäche geplagtes Leben wäre. Daß Tiere in der Fleischindustrie unter den gegenwärtigen Bedingungen vor

54 Hier müssen wir die oben eingeführte Einschränkung beachten: Gäbe es ein Wesen, das zwar kein Empfindungsvermögen hat, aber eine der anderen höheren Lebensfunktionen, wie Denken, Zugehörigkeit etc., dann wäre die Tötung eines solchen Wesens ebenfalls moralisch problematisch – in der realen Welt finden sich jedoch keine derartigen Fälle.

allem dadurch geschädigt werden, wie sie im Laufe ihres Lebens behandelt werden, heißt nicht, daß ein schmerzloser Tod nach einem glücklichen Leben in freier Wildbahn sie überhaupt nicht schädigen würde.

Hier müssen wir verschiedene Fälle unterscheiden. Wie entwickelt die Fähigkeiten eines Lebewesens sind, beeinflußt, in welchen Hinsichten es geschädigt werden kann. Lebewesen mit einem komplexeren Empfindungsvermögen können in mehr und anderen Hinsichten geschädigt werden als Lebewesen mit einem weniger komplexen Empfindungsvermögen. Denken Sie zum Beispiel an eine Kuh und einen Flußkrebs. Die Tötung einer Kuh kann diese in verschiedenen Hinsichten schädigen, die bei einem Flußkrebs nicht gegeben sind: Sie verliert ihr soziales Netz, ihre Freude an Aktivitäten wie der Nahrungsaufnahme sowie ihre Bewegungsfreiheit. Ein Flußkrebs empfindet wahrscheinlich nicht einmal Schmerzen; zweifellos verfügt er nur über ein eingeschränktes Spektrum an Funktionen und hat kaum ein Bewußtsein davon. Im Unterschied zum Utilitarismus erlaubt es uns der Fähigkeitenansatz, selbst in der Beendigung eines in minimaler Weise empfindenden Lebens noch einen gewissen Schaden zu erkennen, weil er nicht ausschließlich auf die Empfindungsfähigkeit ausgerichtet ist. Allerdings erscheint der fragliche Schaden weniger schlimm, weil Empfindungsfähigkeit außerordentlich wichtig ist und der Flußkrebs auch über keine der anderen höheren Lebensfunktionen verfügt (anders als die empfindungslosen, aber denkenden Wesen aus der Science-fiction). Es stellt eine besonders schlimme Schädigung dar, einem empfindenden Lebewesen Schmerzen zuzufügen und dessen verschiedenartige Tätigkeiten zu unterbinden. Im Fall des Flußkrebses scheint beides nicht gegeben. Der von Hare angeführte Fischhändler stellt einen schwierigeren Fall dar, weil er selbst Fischen eine Art Empfindungsvermögen zuschreibt. Auch wenn ihr Tod schmerzlos ist, geht er deshalb mit einem Verlust positiver Güter einher, und zwar der Gelegenheiten zu Freude und Bewegung, vorausgesetzt, sie werden nicht im hohen Alter oder in einer Phase abnehmender Lebenskräfte gefangen. Ein Vertreter des Fähigkeitenansatzes wird diesen Verlust ernster nehmen als ein Utilitarist. Dennoch scheint es sich bei der schmerzlosen Tötung von Fischen um eine andere und vermutlich auch weniger schwerwiegende Art von Schaden zu handeln als bei der Tötung einer Kuh.

Dies sind ausgesprochen schwer zu entscheidende Fragen, und wir sollten einräumen, daß wir vermutlich dazu tendieren, sie zu unseren eigenen Gunsten zu beantworten und somit unserer eigenen Lebensform den Vorzug zu geben. Dennoch scheint der Utilitarismus teilweise recht zu haben: Die Vermeidung von Leid, sowohl während des Lebens als auch im Fall der Tötung, ist immer von größter Bedeutung. Ein schmerzloser Tod kann eine Schädigung darstellen, aber welcher Art diese Schädigung ist, variiert mit der Art des Wesens, um das es geht, und häufig kann es sich um eine moralisch weniger schlimme Schädigung als die Zufügung von Leid handeln.

Auch wenn Tiere getötet werden, um einen Schaden zu verhindern, den sie ansonsten anderen zugefügt hätten (denken wir an Ratten in Städten), hängt der durch die Tötung zugefügte Schaden von der Lebensform ab, um die es geht – im Fall einer Ratte ist der Schaden nicht vergleichbar mit der Tötung eines gesunden Hundes, da sie weniger Interessen und Fähigkeiten hat, die vereitelt werden können –, obwohl daraus, wie gesehen, nicht folgt, daß ihr Leben per se weniger wert ist. Ist eine andere Lösung des Problems verfügbar, etwa durch Sterilisierung, dann ist diese eindeutig moralisch vorzuziehen, und zwar auf der Basis des moralischen Gehalts der Prinzipien politischer Gerechtigkeit; sogar die schmerzlose Tötung eines relativ einfach strukturierten Tieres wie einer Ratte stellt eine Schädigung dar.

11. *Ein übergreifender Konsens?*

Der Fähigkeitenansatz ist eine Variante des politischen Liberalismus: Er beruht auf der Idee, daß sich mit der Zeit ein übergreifender Konsens auf der Grundlage vernünftiger umfassender Lehren herausbilden kann, der die politische Konzeption stützt und erhält. Um dies zu belegen und damit die Konzeption zu rechtfertigen, müssen wir nicht zeigen, daß es einen solchen Konsens bereits gibt, sondern daß in den in liberalen konstitutionellen Demokratien verbreiteten Ansichten eine ausreichende Grundlage für ihn existiert, um annehmen zu dürfen, daß er sich mit der Zeit herausbilden könnte. Weil die politische Konzeption nicht auf metaphysischen Theorien, sondern auf Urteilen beruht, die durch und durch ethisch sind, ist es wichtig, daß es sich dabei um Urteile handelt, auf die sich die Bürgerinnen und Bürger einigen können.

Wenn wir uns nun dem Fall von Tieren zuwenden, stellen sich in diesem Zusammenhang zwei Fragen: Wer hat an diesem Konsens teil? Und: Haben wir Grund zu der Hoffnung, daß die Rechte von Tieren mit der Zeit Gegenstand eines übergreifenden Konsenses werden können?

Zunächst zur ersten Frage der an dem Konsens Beteiligten. Indem er die Idee eines übergreifenden Konsenses übernimmt, nähert sich der Fähigkeitenansatz den Vertragstheorien zumindest ein Stück weit an. Die für sie zentrale Idee einer vernünftigen Übereinkunft spielt in diesem Kontext nämlich auch für unseren Ansatz eine wichtige Rolle. Es scheint offensichtlich, daß die tatsächlichen Parteien einer solchen Übereinkunft Menschen sein müssen und daß wir nicht einmal die hypothetische Frage stellen sollten, welcher Einigung Tiere »vernünftigerweise« zustimmen würden. Diese Frage ist ebenso realitätsfern wie die von mir bereits zurückgewiesene Frage, welche Art von Vertrag Tiere im Naturzustand schließen würden. Wir können jedoch die folgende Frage stellen: Welcher Übereinkunft würde ein mit dem Schutz der

Ansprüche der Tiere beauftragter Interessenvertreter vernünftigerweise und in ihrem Namen zustimmen? Wenn die den Vertrag ausarbeitenden Parteien mit den primären Subjekten der Gerechtigkeit identifiziert werden, wie es in den kontraktualistischen Ansätzen der Fall ist, dann kann dieses Problem nicht im Rahmen einer Vertretungsbeziehung gelöst werden. Hält man sich aber an die schon öfters betonte Unterscheidung, so kann man sich, in gewissen Grenzen, auf die Idee der Vormundschaft stützen.

Daß in diesem Sinne nur Menschen am Konsens beteiligt sind, bedeutet also nicht, daß Tiere keine unmittelbaren Subjekte der Gerechtigkeitstheorie sind. Tatsächlich sind sie das. Es bedeutet aber, daß die Zustimmung von Menschen eine besondere Rolle für die Rechtfertigung spielt, denn die Stabilität der Konzeption kann nur gewährleistet werden, wenn sich zeigen läßt, daß sie von einer Reihe vernünftiger umfassender Lehren gestützt wird. Zu diesen gehören sowohl die von Menschen vertretenen umfassenden Lehren als auch jene, die sie (dank ihrer Vorstellungskraft) den Wesen unterstellen können, die sie repräsentieren; hierfür müssen sie zu ihrer eigenen nach bestem Wissen und Gewissen gegebenen Einschätzung dessen kommen, was für Tiere verschiedener Spezies gut ist.

Die Idee einer Rechtfertigung, die nach einem Überlegungsgleichgewicht strebt und sich auf die Idee eines übergreifenden Konsenses bezieht, ist durch und durch anthropozentrisch. An dieser Stelle könnte der von Rawls und mir geteilte ethische Holismus von einem vernünftigen Anhänger Benthams kritisiert werden, für den die geforderten Veränderungen in unserem Umgang mit Tieren nicht auf die Kohärenz einer Reihe menschlicher Theorien und Urteile zurückzuführen sind, selbst wenn diese durch eine vernünftige Übereinkunft und einen übergreifenden Konsens gestützt werden; diese Veränderungen sind vielmehr aufgrund einer Tatsache gefordert, die dem menschlichen Standpunkt völlig extern ist, nämlich aufgrund des Leidens der Tiere. Dieser Einwand wirft schwierige metaethische Fragen auf, die über das Thema des vorliegenden Buches hinausweisen. Tatsächlich überschreiten sie auch mein gegenwärtiges Verständnis. Meines Erachtens haben wir gute Gründe, eine holistische Rechtfertigung, wie Rawls sie vorschlägt, anzustreben. Dennoch müssen wir weiter der Frage nachgehen, wie die Wahrnehmungen und Erfahrungen anderer empfindender Wesen in diese Konzeption der Rechtfertigung Eingang finden können. Dieses Problem konnte ich bisher keiner zufriedenstellenden Lösung zuführen.

Dürfen wir auf einen übergreifenden Konsens über die Ansprüche von Tieren hoffen? Hier stellen sich zwei Probleme: Das eine betrifft die Auffassung, die Tiere selbst von ihrer Beziehung zu anderen haben, das andere unsere eigenen Konzeptionen. Können wir uns also erstens zumindest im Rahmen einer Fiktion und vermittelt über eine Interessenvertretung vorstellen, daß ein Tier für das achtbare Leben eines Tiers einer Art eintritt, der es feindlich gegenübersteht? Würde der Interessenvertreter eines Tigers diesem zu Recht eine Konzeption unterstellen können, die auch Gazellen ein angemessenes Leben ermöglicht? Die Natur ist nicht gerecht und nicht alle Tierarten sind freundlich. Wir können nicht erwarten, daß sie freundlicher werden oder das Wohlergehen ihrer Feinde unterstützen. Dennoch handelt es sich nicht um ein schwerwiegendes Problem für die politische Konzeption, weil der Vertreter an dieser Stelle einfach sagen kann, daß die Auffassung des Tigers nicht vernünftig ist, insofern dieser den Tod der Gazelle anstrebt, er sie als sein Advokat aber nur insoweit politisch vertreten kann, wie sie vernünftig ist. Die Stabilität der politischen Konzeption gerät dadurch nicht in Gefahr, da wir die Tiger ja immer kontrollieren können, wenn sie sich nicht von der Notwendigkeit eines Gesinnungswandels »überzeugen« lassen.

Das eigentliche Hindernis für einen stabilen Konsens sind

die Menschen. Die meisten der gegenwärtig existierenden religiösen und säkularen umfassenden Lehren sind meilenweit von den von mir verteidigten Positionen entfernt. In den Traditionen des Hinduismus, Jainismus und Buddhismus finden sich wie auch im frühen Platonismus zahlreiche Elemente der hier vorgestellten Überlegungen. Aber Christentum, Judentum und Islam sowie die am weitesten verbreiteten säkularen umfassenden Lehren räumen der menschlichen Spezies einen metaphysisch übergeordneten Platz im Verhältnis zu den anderen Arten ein und sprechen ihr unantastbare Rechte zum Gebrauch von Tieren für alle möglichen Zwecke zu.

Selbst in diesen Traditionen gibt es jedoch Vorschriften gegen Tierquälerei und die Vorstellung einer moralischen Interessenvertretung, wie sie etwa Baumgarten in dem von Kant kritisierten Werk vorschwebt. Grundsätzlich schließen die genannten Religionen eine umfassendere Anerkennung der Ansprüche von Tieren meines Erachtens keineswegs aus. Sie schreiben sie nur einfach nicht vor. Auf der Grundlage ihrer heiligen Schriften stehen die Chancen für einen übergreifenden Konsens in dieser Frage tatsächlich besser als in der Frage der Gleichberechtigung der Geschlechter. Ihre Aussagen zur Geschlechterhierarchie stehen einer liberalen Reform nämlich eindeutig entgegen. Und dennoch ist eine solche Reform größtenteils erfolgreich gewesen und hat die Religionen zu einer Anpassung ihrer Auffassungen veranlaßt, um den neuen politischen Konsens unterstützen zu können. Im Unterschied dazu schreiben die Religionen typischerweise nicht vor, daß man Pelz oder Leder tragen *muß* oder *sollte* oder daß man sich nicht vegetarisch ernähren *sollte*. Dieser Handlungsraum wird offengelassen, und in allen großen Religionen finden sich Gläubige, die aus Gewissensgründen für die Rechte von Tieren eintreten. Wie anscheinend schon Baumgarten feststellte, ist der grausame Umgang mit Tieren in der Nahrungsmittelindustrie und anderen Bereichen des Lebens tatsächlich nur schwer mit dem zu vereinbaren, was wir in den religiösen

Schriften zu diesem Thema finden. Indem wir die Grundintuition des ausgeweiteten Fähigkeitenansatzes mit Bezug auf die Schwellenwerte von Fähigkeiten artikulieren und problematische metaphysische Fragen der Gleichheit beiseite lassen, können wir eine starke Version dieses Ansatzes vertreten, ohne dabei in Widerspruch zu den metaphysischen Kernüberzeugungen der großen Religionen zu geraten. Noch einmal sei betont, daß die von mir vertretenen Prinzipien politisch und nicht metaphysisch sind: Sie werden in einer an der Praxis orientierten (und doch moralischen) Weise formuliert, die metaphysisch enthaltsam ist, um nicht mit den zentralen metaphysischen Lehren der großen Religionen in Konflikt zu stehen.

In ihrem Verhalten haben die Menschen sich noch nicht in die Richtung entwickelt, die Bentham im Auge hatte, als er voraussagte, die Unterdrückung der Tiere werde mit der Zeit als ebenso moralisch verwerflich erscheinen wie die Sklaverei. Oft wollen sie noch nicht einmal ernsthaft über diese Fragen nachdenken, weil sie gern Fleisch essen, den Eindruck haben, daß sie es brauchen, und außerdem überzeugt sind, daß durch Tierversuche Menschenleben verlängert werden. Wer für die Ansprüche von Tieren eintritt, muß deshalb Antworten auf die Fragen dieser Menschen zur Verfügung stellen. Dennoch dürfen wir vermutlich annehmen, daß der Widerstand gegen grausame Praktiken größer wird, wenn die Menschen mehr Informationen über den Umgang mit Tieren erhalten und immer besser in der Lage sind, als Konsumenten informierte Entscheidungen zu treffen. Aus diesem Grund können vermutlich zwar nicht alle, aber doch einige meiner Überlegungen Gegenstand eines übergreifenden Konsenses werden.

Jüngere Entwicklungen im europäischen Tierrecht geben hier viel Anlaß zur Hoffnung. Hervorzuheben ist ein ungewöhnlich strenges Gesetz, das im Mai 2004 in Österreich erlassen wurde und die Käfighaltung von Geflügel, den Einsatz wilder Tiere im Zirkus und eine Vielzahl höchst invasiver Praktiken wie das Beschneiden von Ohren und Schwänzen verbietet. Auch in Deutschland wird die Massentierhaltung in Käfigen schrittweise abgeschafft und in Italien wird über ein Gesetz beraten, das die Schlachtung von nicht mehr einsetzbaren Pferden verbieten würde. Überall in Europa werden strengere Gesetze gegen Tierquälerei erlassen. Diese Entwicklungen in vorherrschend christlichen Ländern geben Anlaß zur Hoffnung, daß andere Religionen, die dem Leben von Tieren aus metaphysischen Gründen häufig einen höheren Wert beimessen, dem übergreifenden Konsens ebenfalls beitreten werden.

12. Auf dem Weg zu politischen Grundprinzipien: Die Liste der Fähigkeiten

Es wäre wohl voreilig, die auszuarbeitenden politischen Prinzipien in diesem Bereich bereits inhaltlich festzulegen, aber ganz ohne substantielle Überlegungen kommen wir nicht weiter. Aus diesem Grund werde ich ausgehend von der auf Menschen ausgerichteten Liste einige elementare – vorläufige und eher allgemein gehaltene – Prinzipien umreißen, an denen wir uns in rechtlichen und politischen Fragen des Umgangs mit Tieren orientieren können.

Daß Tiere einen Anspruch auf ein breites Spektrum an Fähigkeiten haben, die für ein gedeihliches und ihrer Würde gemäßes Leben wesentlich sind, ist eine der zentralen Überzeugungen des Fähigkeitenansatzes. Tiere haben gerechtigkeitsbasierte Ansprüche.

Diese Ansprüche von Tieren sind artspezifisch und gründen in ihren charakteristischen Formen des Lebens und des Wohlergehens. Dennoch sollten wir klären, inwieweit wir den bereits existierenden Kern der Fähigkeitenliste verwenden können, um Leitlinien für die Ausarbeitung politischer Prinzipien zu entwerfen. Dabei können uns die übergeordneten Kategorien der Liste anleiten, auch wenn die konkreteren

Spezifikationen jeder Fähigkeit letztendlich zu verschiedenen Listen führen werden.

1. *Leben.* Utilitaristische Ansätze beziehen sich allein auf die Empfindungsfähigkeit und sprechen Tieren den Anspruch auf Leben ab, wenn ihr Interesse daran, am Leben zu bleiben, kein bewußtes Interesse ist. Aus Sicht des Fähigkeitenansatzes haben alle Tiere einen Anspruch weiterzuleben, unabhängig von einem entsprechenden bewußten Interesse, solange ihr Tod nicht als Erlösung von Schmerzen oder Altersschwäche aufgefaßt werden kann. Dieser Anspruch ist im Fall von Insekten und anderen Tieren ohne oder mit minimalem Empfindungsvermögen weniger robust. Die unnötige Tötung derartiger Lebewesen ist aber dennoch falsch und sollte in bestimmten Fällen vielleicht gesetzlich verboten werden (man denke etwa an die Tötung von Schmetterlingen für Schulprojekte). Insofern jedoch ein plausibler Grund für die Tötung angeführt werden kann (wie der Schutz von Ernten, Menschen und anderen Tieren, die Verhinderung von Schmerzen oder gar die Produktion notwendiger oder nützlicher Nahrungsmittel), wird damit kein gerechtigkeitsbasierter Anspruch verletzt.

Im Fall von empfindenden Lebewesen stellt sich die Situation etwas anders dar. Diese Tiere haben einen unbezweifelbaren Anspruch darauf, nicht zum Zwecke sportlicher Betätigung getötet zu werden. Auch ihre Tötung zur Produktion von Luxuswaren wie Pelzen fällt unter diese Kategorie und sollte verboten werden. Dasselbe gibt für alle grausamen Praktiken und Tötungsarten in der Fleischindustrie. Auf der anderen Seite spricht ein kluger und respektvoller Paternalismus für Euthanasie bei alten (und jungen) Tieren mit unbehandelbaren Schmerzen. Dazwischen liegen, wie wir gesehen haben, jene außerordentlich schwierigen Fälle einer schmerzlosen Tötung zum Zwecke der Ernährung oder der Kontrolle der Population. Hier sollten wir aus Klugheitsgründen zunächst ein Verbot aller Formen der Tierquälerei anstreben und dann langsam auf einen Konsens gegen die Tötung zumindest von

Tieren mit einer komplexeren Empfindungsfähigkeit hinarbeiten. Dabei könnte ein wichtiger Schritt in der deutlichen Kennzeichnung von Fleisch bestehen, die anzeigt, unter welchen Bedingungen die Tiere gehalten wurden. In diesem Bereich ist die Lage sehr unübersichtlich und den Konsumenten fehlt es an Informationen, um ethisch verantwortliche Entscheidungen treffen zu können. Halbvegetarier, die mehr Informationen einfordern, können die praktische Politik hier mindestens ebenso stark vorantreiben wie Vegetarier.

An dieser Stelle zeigt sich ein weiterer Vorzug des Fähigkeitenansatzes gegenüber dem Utilitarismus. Unser Ansatz muß keine komplizierten und unbestimmten Berechnungen des Wohlergehens vornehmen, um herauszufinden, ob ein Anspruch verletzt wurde. Wenn Menschen ihren Arbeitsplatz in der Fleischindustrie verlieren, dann müssen wir das anders als der Utilitarist nicht berücksichtigen, weil die Betroffenen keinen Anspruch auf einen Job haben, der andere ausbeutet und terrorisiert. Die Tiere hingegen haben gewisse Ansprüche, auf die wir unsere politischen Anstrengungen ausrichten sollten.

Die schmerzlose Jagd zur Kontrolle einer Tierpopulation wird anderen Weisen des Sterbens oft vorzuziehen sein, etwa wenn Elche ansonsten verhungern oder von Wölfen gerissen würden. Daraus folgt freilich nicht, daß die schmerzlose Tötung eines Tiers in der Blüte seines Lebens keine Schädigung darstellt. Wenn wir uns dafür einsetzen können, daß uns in Zukunft auch unschädliche Optionen wie die Sterilisierung zur Verfügung stehen, wäre das deshalb um so besser.

2. *Körperliche Gesundheit.* Zu den wesentlichen Ansprüchen von Tieren gehört der Anspruch auf ein gesundes Leben. Wenn Tiere sich unter direkter menschlicher Kontrolle befinden, ergeben sich daraus eindeutige politische und rechtliche Maßnahmen, etwa das Verbot der Quälerei und Vernachlässigung von Tieren, der Käfighaltung und der schlechten Behandlung in der Fleisch- und Pelzindustrie sowie des rauhen oder grausamen Umgangs mit Nutztieren (auch in Zirkussen),

aber auch Vorschriften für Zoos und Aquarien, die eine angemessene Ernährung und ausreichend Auslauf fordern. Viele dieser Gesetze gibt es bereits, aber sie werden nicht besonders strikt durchgesetzt.[55] In der gegenwärtigen Praxis besteht eine besonders krasse Asymmetrie zwischen dem Schutz von Haustieren und dem Umgang mit jenen Tieren, die zu Zwecken der menschlichen Ernährung gehalten werden. Diese Asymmetrie muß beseitigt werden. Im allgemeinen kommt den Menschen im Verhältnis zu den Tieren, die bei ihnen leben, eine Art Vormundschaft zu, so daß sich Gesetze zur Regelung des Umgangs mit diesen Tieren eng an die rechtliche Regelung der Verantwortung von Eltern für ihre Kinder anlehnen können.

3. *Körperliche Integrität.* Im Rahmen des Fähigkeitenansatzes haben Tiere einen direkten Anspruch darauf, in ihrer körperlichen Integrität nicht durch Gewaltanwendung, Mißbrauch oder andere Formen der Schädigung verletzt zu werden – unabhängig davon, ob diese Behandlung ihnen Schmerzen zufügt oder nicht. Selbst eine schmerzlose Entfernung der Krallen von Katzen, die auch keine Folgeschmerzen verursacht, wäre aus diesem Grund wahrscheinlich zu verbieten, weil sie verhindert, daß die Katze auf ihre eigene Weise gedeiht.[56] Andere Verstümmelungen, die die Tiere

55 Wie bereits erwähnt, schreibt das neue österreichische Tierschutzgesetz vor, Hühnern freien Auslauf zu gewähren und Löwen und Tiger nicht in Zirkusshows einzusetzen. Darüber hinaus führt es ein breites Spektrum an Vorschriften zum Schutz von Haustieren und Tieren in freier Wildbahn ein.

56 Eine Katze ohne Krallen kann nicht (gut) klettern oder springen, und beides scheint wesentlich zu ihrer charakteristischen Lebensform zu gehören. Ein Löwe, der keine Gazelle reißen kann und statt dessen einen Ball bekommt, kann noch immer andere Dinge zerreißen und sich auf eine nichtverstümmelte Weise bewegen. Deshalb kann man die beiden Fälle wohl nicht gleichsetzen. Selbst wenn das anders wäre, geht es bei der Entfernung der Krallen von Katzen doch nur darum, Teppiche oder Möbel zu schützen, während es Gazellen extreme Schmerzen erspart, wenn man die Löwen von ihnen fernhält.

einfach nach menschlichen Maßstäben verschönern sollen, sind schlichtweg unangemessen.[57] Formen des Trainings, die zwar Disziplinierung beinhalten, dem Tier aber die Möglichkeit zu Höchstleistungen eröffnen, die zu seinen charakteristischen Fähigkeiten passen, müssen hingegen nicht abgeschafft werden. Daß ein Pferd sich erst einmal über das Zaumzeug ärgert, stellt aus der Perspektive des Fähigkeitenansatzes ebensowenig ein Problem dar, wie daß sich Kinder über die Schulpflicht ärgern. Beides kann durch die Bedeutung einer solchen Ausbildung für die Förderung des Gedeihens und der Fähigkeiten im Erwachsenenalter gerechtfertigt werden.

Im Fall von Menschen gehört zur positiven Seite dieses Anspruchs die Gelegenheit zur Fortpflanzung und zur sexuellen Befriedigung. Wie stellt sich das im Fall von Tieren dar? Unter ansonsten gleichen Umständen sollten wir diese Fähigkeit wohl auch bei Tieren schützen, auch wenn die Kastration bestimmter männlicher Tiere (Pferde, Hunde und Katzen) (auf der Grundlage langjähriger Erfahrung) mit einem Gedeihen dieser Tiere vereinbar zu sein scheint, da sie noch immer zu vielfältigen Aktivitäten in der Lage sind und nicht leiden. Häufig führt diese Maßnahme zudem zu einem weniger gewaltsamen Verhalten gegenüber anderen Tieren, das typischerweise auch für das betreffende männliche Tier Schmerzen und Verletzungen nach sich zieht. Eine Kastration scheint im Fall von gewalttätigen Männern zwar völlig unangemessen, da es sich um eine »grausame und ungewöhnliche Bestrafung« im Sinne der US-amerikanischen Verfassung handelt, aber bei nichtmenschlichen Tieren verhält es sich schon deshalb anders, weil diese weniger dazu in der Lage sind, ihren Charakter zu ändern und Entscheidungen zu treffen. Man kann einen aggressiven Hund nicht auffordern, sich und sein Verhalten zu ändern. Aus diesem Grund erscheint

57 So verbietet es das genannte österreichische Gesetz, die Ohren und Schwänze von Hunden zu beschneiden.

eine Kastration in vielen Fällen mit Blick auf das Wohlergehen aller betroffenen Tiere als angemessen. Natürlich müssen die einzelnen Fälle genau geprüft und Entscheidungen jeweils von Fall zu Fall gerechtfertigt werden.

Unter Umständen kann eine Sterilisierung, die das Leben der betroffenen Tiere nicht so stark beeinflußt, ihren Artgenossen zukünftig ein besseres Leben ermöglichen, weil so eine Überbevölkerung und die daraus resultierende Knappheit und Vernachlässigung verhindert wird. Instrumentalisieren wir damit aber nicht ein Tier zum Wohle der anderen? Das würde entschieden gegen derartige Maßnahmen sprechen, sollte die Sterilisierung etwa einer Hündin oder einer weiblichen Katze zu einem Leben führen, das mit dem Gedeihen und der Würde des betroffenen Tieres nicht vereinbar ist. Meines Erachtens ist das jedoch nicht der Fall. Die Zwangssterilisierung von Menschen muß abgelehnt werden, weil es sich bei ihr um eine Verletzung des Anspruchs auf bestimmte Arten der Freiheit und bestimmte Entscheidungsspielräume handeln würde, die für das menschliche Leben von besonderer Bedeutung sind.[58] Auf das Gedeihen von Tieren scheinen diese Bedenken nicht zuzutreffen.

4. *Sinne, Vorstellungskraft und Denken*. Im Fall von Menschen folgen aus dieser Fähigkeit eine ganze Reihe von Ansprüchen: etwa auf angemessene Bildungschancen, auf Meinungs- und künstlerische Ausdrucksfreiheit sowie auf Religionsfreiheit. Zudem ist hier ein allgemeiner Anspruch auf angenehme Erfahrungen und die Vermeidung unnötiger Schmerzen zu nennen. Inzwischen sollte offensichtlich sein, was hieraus für die Frage des Umgangs mit Tieren folgt, nämlich die Notwendigkeit strengerer Gesetze zur Kontrolle des harschen, grausamen und mißhandelnden Umgangs mit Tieren sowie zur Sicherung ihres Zugangs zu Quellen der Lust, wie etwa der freien Bewegung in einer Umgebung, die ihren

58 Vgl. Sen (1999).

Sinnen zusagt.[59] Auch das Jagen und Fischen zum bloßen Vergnügen kann auf dieser Grundlage verboten werden, weil es für die Tiere oft einen schmerzhaften Tod bedeutet. Im Fall von Tieren gibt es für den freiheitsbezogenen Teil dieser Fähigkeit keine direkte Entsprechung, aber für jede einzelne Tierart lassen sich sehr wohl besonders wichtige Entscheidungsmöglichkeiten und Freiheitsbereiche angeben. Aus diesem Grund ist das Einsperren von Tieren abzulehnen und die Orte, an denen Tiere gehalten werden, müssen hinsichtlich der Geräumigkeit, der Lichtverhältnisse und der Vielfalt der Gelegenheiten für eine Reihe artspezifischer Aktivitäten genauen gesetzlichen Vorschriften unterstellt werden.[60] Einer der größten Mängel unserer Zoos besteht darin, daß sie so langweilig sind und den Tieren auf grausame Weise Gelegenheiten zu einem gedeihlichen Leben vorenthalten. Auch in dieser Hinsicht scheint der Fähigkeitenansatz dem Utilitarismus vorzuziehen zu sein, weil er die Anerkennung solcher Ansprüche ermöglicht, obwohl wahrscheinlich nur wenige Tiere ein bewußtes Interesse an vielfältigen Aktivitäten oder einer weniger langweiligen Umwelt haben.

Manche Tiere haben außerdem Anspruch auf eine angemessene Erziehung. Wenn man einen Border Collie nicht trainiert, vernachlässigt man ihn, und dasselbe gilt für viele Pferderassen. Ebenso wie Kindern muß man auch allen Haustieren beibringen, wie sie mit ihren Fäkalien umgehen sollen, weil Tiere Sauberkeit damit verbinden, sich nicht schämen zu müssen – wenn man das nicht berücksichtigt, vernachlässigt man sie.

Tiere in »freier Wildbahn« haben Anspruch auf die Art von Umwelt, in der sie typischerweise gedeihen, und deshalb er-

59 Auch hier kann uns die österreichische Gesetzgebung den Weg weisen: Sie schreibt vor, daß alle Nutztiere jährlich mindestens drei Monate freien Auslauf haben.

60 So schreibt das österreichische Gesetz vor, daß Hunde- und Katzenjunge in Tierhandlungen ausreichend Luft und Raum haben müssen.

fordert der Schutz dieser Fähigkeit auch den Schutz des Lebensraums der Tiere.

5. *Gefühle*. Tiere haben ein komplexes Gefühlsleben. Alle, oder fast alle, empfindenden Lebewesen kennen das Gefühl der Angst. Viele Tiere können Wut, Verärgerung, Dankbarkeit, Trauer, Neid und Freude empfinden, einige wenige – die zu perspektivischem Denken in der Lage sind – auch Mitgefühl.[61] Wie die Menschen haben auch sie Anspruch auf ein Leben, das es ihnen ermöglicht, Bindungen mit anderen einzugehen, ihnen mit Liebe und Sorge zu begegnen und diese Bindungen nicht durch erzwungene Isolation oder absichtliche Bedrohungen verwehrt zu bekommen. Im Fall unserer hochgeschätzten Haustiere verstehen wir durchaus, was hier gefordert ist. Aber seltsamerweise behandeln wir Tiere, die wir als »wild« betrachten, nicht mit der gleichen Rücksicht. Zoos haben erst in der jüngsten Vergangenheit begonnen, den emotionalen Bedürfnissen von Tieren ein wenig Beachtung zu schenken, und Versuchstiere wurden in dieser Hinsicht oft vollkommen rücksichtslos behandelt: Sie wurden isoliert und eingesperrt, obwohl es durchaus denkbar gewesen wäre, ihnen ein angemessenes Gefühlsleben zu ermöglichen.[62] Einige sehr bekannte Tierexperimente tragen den Makel dieser Gleichgültigkeit: So führte ein Experiment, in dem Affenbabys nicht bei ihren Müttern aufwuchsen, nur zu emotionalen Störungen; und Martin Seligmans Versuche mit Hunden erzeugten einen Zustand »erlernter Hilflosigkeit«, der einer Depression entspricht.[63] Die schwierige Frage der Forschung an Tieren werde ich im nächsten Abschnitt nochmals aufgreifen. Hier ging es nur um einige Beispiele, in denen *prima facie* gegen die gefühlsbezogenen Ansprüche von Tieren verstoßen wurde.

61 Vgl. Nussbaum (2001a), Kap. 2.

62 Vgl. Wise (2000), Kap. 1.

63 Vgl. zum Versuch mit den Affen Nussbaum (2001a), Kap. 4, und zum Experiment mit den Hunden Seligman (1975).

6. *Praktische Vernunft.* Hier handelt es sich im Fall von Menschen um einen architektonisch zentralen Anspruch, der die anderen Ansprüche durchdringt und prägt, so daß sie auf charakteristische Weise menschlich werden. Im Fall von nichtmenschlichen Tieren gibt es hierfür keine genaue Entsprechung. Wir müssen uns in jedem einzelnen Fall fragen, in welchem Maße das jeweilige Wesen in der Lage ist, sich Ziele und Vorhaben zu setzen und sein Leben zu planen. Insofern diese Fähigkeit vorliegt, sollte sie gefördert werden, und diese Förderung erfordert ganz ähnliche Maßnahmen wie die vierte Fähigkeit: Viel Bewegungsfreiraum und die Möglichkeit zu einer Reihe unterschiedlicher Aktivitäten.

7. *Zugehörigkeit.* Im Fall von Menschen hat diese Fähigkeit zwei Dimensionen: eine interpersonale (die Möglichkeit, mit anderen und für andere zu leben) und eine stärker öffentliche, die auf Selbstachtung und Nichtdemütigung ausgerichtet ist. Meines Erachtens sind beide Dimensionen auch für nichtmenschliche Tiere relevant. Tiere haben einen Anspruch auf Gelegenheiten, die für sie charakteristischen Arten der Bindung und der Beziehung einzugehen (wie im Kontext der fünften Fähigkeit). Zudem haben sie im Fall der Begegnung mit Menschen einen Anspruch auf lohnende und reziproke statt rein despotische Mensch-Tier-Beziehungen. Die globale politische Kultur muß sie respektieren und als Wesen mit Würde behandeln. Dieser Anspruch bedeutet nicht nur, daß sie vor einzelnen Demütigungen geschützt werden sollten, die sie als schmerzhaft *empfinden.* Der Fähigkeitenansatz ist hier umfassender als der Utilitarismus, denn er gesteht Tieren auch einen Anspruch auf globale politische Regelungen zu, die ihnen politische Rechte und den rechtlichen Status von Wesen mit Würde zuerkennen. Unabhängig davon, ob sie diesen Status selbst begreifen können, ist er doch entscheidend für eine Welt, in der sie auf andere Weise gesehen und behandelt werden.

Weil unser Ansatz von Anfang an mit Bewertungen einhergeht, schützt er nicht alle Arten der Zugehörigkeit, zu denen Tiere tatsächlich in der Lage sind. Die naheliegenden Fälle der Schädigung einer Spezies durch eine andere haben wir bereits erwähnt. Wie verhält es sich mit schädigendem Verhalten innerhalb einer Spezies? Diese Frage ist nicht leicht zu beantworten. Auf der einen Seite gibt es bestimmte Formen der Schädigung, die wir unmittelbar ablehnen und verhindern können, etwa wenn Tiereltern ihre Jungen angreifen oder kranke, behinderte oder alte Angehörige einer Spezies auf allzu harte Weise behandelt werden. Sowohl im Fall von Haustieren als auch von »wilden« Tieren sind Menschen verpflichtet einzugreifen, um solche Mißhandlungen zu verhindern. Wie aber steht es mit Hierarchien und Ungleichheit? Die Demütigung Schwächerer durch Stärkere und das manchmal gewaltsame Konkurrieren um sexuelle Vorteile sind feste Bestandteile von Tiergemeinschaften. Tiere streben nicht immer oder auch nur im Normalfall danach, »als Wesen mit Würde behandelt zu werden, dessen Wert dem anderer gleich ist«. Natürlich können Menschen nicht eingreifen, um diese Situation zu verändern, am wenigsten in der »freien Wildbahn«, ohne die Lebensökonomie der betroffenen Spezies erheblich zu schädigen. Es läßt sich daher kaum die Schlußfolgerung vermeiden, daß nur die schlimmsten Schädigungen der schwachen Mitglieder einer Spezies verhindert werden müssen, andere Formen der Hierarchie hingegen toleriert werden können, auch wenn man sie nicht zu den zentralen Fähigkeiten der Tiere zählen und schützen sollte. Zumindest der menschliche Umgang mit Tieren sollte jedoch von einer respektvollen Berücksichtigung der einzelnen Tiere bestimmt sein, die jeweils ein gedeihliches Leben verdient haben.

8. *Andere Spezies.* Wenn Menschen einen Anspruch darauf haben, »in Anteilnahme für und in Beziehung zu Tieren, Pflanzen und zur Welt der Natur zu leben«, dann gilt das auch für andere Tiere in ihrem Verhältnis zu anderen Spezies, auch zum Menschen, und zum Rest der Natur. Sowohl aus

der Perspektive der Menschen als auch aus jener der Tiere erfordert diese Fähigkeit die allmähliche Verwirklichung einer interdependenten Welt, in der alle Spezies kooperative und wechselseitig unterstützende Beziehungen unterhalten. Die Natur entspricht diesem Ideal nicht und hat ihm nie entsprochen. Ganz allgemein gesprochen ist daher eine allmähliche Ersetzung des Natürlichen durch das Gerechte nötig.

9. *Spiel.* Diese Fähigkeit ist offensichtlich ein wesentlicher Aspekt des Lebens aller empfindenden Lebewesen. Zahlreiche der bereits erwähnten politischen Maßnahmen sind auch hier erforderlich: Tiere müssen über ausreichend großen Bewegungsraum, Licht und eine sinnlich stimulierende Umwelt verfügen, vor allem aber in Kontakt mit anderen Angehörigen ihrer Spezies sein.

10. *Kontrolle über die eigene Umwelt.* Im Fall von Menschen hat diese Fähigkeit zwei Dimensionen, eine politische und eine materielle. Die politische Dimension bezieht sich auf die aktive Bürgerschaft und die politischen Partizipationsrechte. Im Fall von Tieren kommt es darauf an, daß sie Teil einer politischen Konzeption sind, die ihnen Achtung und Gerechtigkeit zusichert. Zugleich müssen die Tiere im Rahmen dieser Konzeption jedoch gewisse Ansprüche haben, selbst wenn es, wie bei Kindern, eines menschlichen »Vormunds« bedarf, um sie vor Gericht einzufordern. Zur materiellen Dimension gehört im Fall der menschlichen Version der Fähigkeit ein gewisser Schutz der Eigentums- und der Arbeitnehmerrechte, einschließlich des Rechts Gewerkschaften zu gründen und der freien Berufswahl. Im Fall von nichtmenschlichen Tieren würde dem Eigentumsrecht die Achtung der territorialen Integrität ihres Lebensraums entsprechen, bei Haustieren ebenso wie bei »wilden« Tieren; den Arbeitnehmerrechten ein Recht der Nutztiere auf mit Würde und Achtung kompatible Arbeitsbedingungen.

Gibt es Fähigkeiten von Tieren, die von dieser Liste und ihren konkreteren Fassungen nicht abgedeckt werden? Sollte dies der Fall sein, werden wir sie mit der Zeit sicherlich entdecken, während wir die Liste auf der allgemeinen und der artspezifischen Ebene weiter ausarbeiten.

Im allgemeinen schlägt der Fähigkeitenansatz vor, daß jeder Staat Tiere im Rahmen seiner Verfassung oder eines entsprechenden Grundsatzdokuments als Subjekte der Gerechtigkeit anerkennt und sich dazu verpflichtet, sie als Wesen mit Anspruch auf ein würdevolles Leben zu behandeln. Die Verfassung könnte auch einige allgemeine Prinzipien enthalten, die sich aus der Liste der Fähigkeiten ergeben. Im übrigen ist der Schutz der Ansprüche der Tiere auf eine angemessene Gesetzgebung ebenso angewiesen wie auf eine funktionierende Rechtsprechung, von der nötigenfalls eine Umsetzung dieser Gesetze eingefordert werden kann. Wenn wir Tieren tatsächlich Ansprüche zugestehen, dann bringen wir sie damit in die Position (vermittelt über einen Interessenvertreter), vor Gericht zu ziehen, wozu sie gegenwärtig kein Recht haben.[64]

Zugleich können viele der von unserem Ansatz behandelten Fragen nicht von isoliert handelnden Staaten, sondern nur im Rahmen internationaler Kooperation gelöst werden. Dementsprechend bedarf es auch internationaler Übereinkommen, die die Weltgemeinschaft darauf verpflichten, die Lebensräume von Tieren zu schützen und tierquälerische Praktiken abzuschaffen.

13. Die Unüberwindbarkeit von Konflikten

Im Fall von Menschen sind wir oft mit Konflikten zwischen verschiedenen Fähigkeiten konfrontiert. Wurden die Fähigkeitenliste und die Schwellenwerte richtig bestimmt, dann ist die Existenz eines solchen Konflikts jedoch ein Zeichen dafür, daß mit der Gesellschaft etwas nicht stimmt.[65] Wir soll-

64 Vgl. Sunstein/Nussbaum (2004).
65 Vgl. Nussbaum (2000d).

ten uns auf das langfristige Vorhaben der Realisierung einer Welt konzentrieren, in der allen Bürgerinnen und Bürgern alle Fähigkeiten gewährleistet werden können. So ist etwa der in Sophokles' *Antigone* thematisierte Konflikt zwischen der politischen Ordnung und der freien Religionsausübung durch die Entstehung von Gesellschaften (im Hegelschen Sinn) aufgehoben worden, in denen das individuelle Recht auf freie Ausübung der Religion als konstitutiv für die politische Sphäre und ihre Grundwerte geachtet wird. Wenn Eltern sich zwischen lebensnotwendiger Nahrung und der Bildung ihrer Kinder entscheiden müssen, etwa weil die Familie nur überleben kann, wenn die Kinder jeden Tag arbeiten gehen, dann ist auch das ein Zeichen, daß die Gesellschaft an schweren Konstruktionsfehlern leidet. Selbst in sehr armen Gegenden können kluge politische Entscheidungen es ermöglichen, daß Menschen ein gesundes Leben führen und ihren Kindern auch eine Ausbildung zukommen lassen können. (Im relativ armen indischen Bundesstaat Kerala haben dank flexibler Schulzeiten und anderer kreativer politischer Maßnahmen 99 Prozent sowohl der weiblichen wie der männlichen Jugendlichen lesen gelernt.)

In meinen Ausführungen zu den Fähigkeiten von Menschen habe ich betont, daß bei der Festlegung der Schwellenwerte jeder Fähigkeit die anderen Fähigkeiten berücksichtigt werden müssen. Mit Blick auf die bildungsbezogenen Fähigkeiten ist es etwa sinnvoll zu fragen, welche Unterstützungsmaßnahmen mit der Gewährleistung der anderen Fähigkeiten kompatibel sind. Auf der einen Seite sollten die jeweiligen Schwellenwerte nicht zu utopisch oder unrealistisch festgelegt werden; wir müssen also fragen, was für eine Kombination von Fähigkeiten wir den Menschen unter einigermaßen günstigen Bedingungen zur Verfügung stellen können. Auf der anderen Seite sollten wir unsere Erwartungen nicht zu niedrig ansetzen und uns vom schlechten Status quo einschüchtern lassen. Dementsprechend wäre es falsch zu meinen, eine allgemeine Primär- und Sekundärbildung für alle Kinder könne nicht Ziel einer gerechtigkeitsorientierten Politik sein, weil sie gegenwärtig in einigen schlecht verwalteten Staaten nicht möglich ist.

In der Welt, in der wir leben, gibt es beharrliche und oft tragische Konflikte zwischen dem Wohlergehen von Menschen und Tieren. Manch ein schlechter Umgang mit Tieren kann ohne größere Verluste für das Wohlergehen der Menschen abgeschafft werden. Das gilt etwa für die Verwendung von Tieren zur Pelzgewinnung und den brutalen und einengenden Umgang mit Nutztieren. Bei der Verwendung von Nutztieren im allgemeinen handelt es sich um einen viel komplizierteren Fall, da niemand wirklich weiß, welche globalen Auswirkungen ein Wechsel der gesamten Menschheit zu vegetarischen Proteinquellen hätte oder inwieweit eine solche Ernährung mit der Gesundheit von Kindern vereinbar wäre. Vielleicht sollten wir in diesem Bereich zunächst einmal eine gute Behandlung während des Lebens und eine schmerzlose Tötung anstreben, den Schwellenwert also fürs erste so ansetzen, daß er auf jeden Fall mit einer Gewährleistung aller menschlichen Fähigkeiten kompatibel ist und zentrale tierische Fähigkeiten nicht offensichtlich verletzt, wobei letzteres davon abhängt, wie wir den Schaden eines schmerzlosen Todes bei verschiedenen Tierarten einschätzen. Sogar dieser Schwellenwert stellt unter gegenwärtigen Bedingungen eine Utopie dar, immerhin scheint es sich aber um eine realistische Utopie zu handeln.

Ein solcher hegelianischer Ansatz kann jedoch nicht alle Probleme lösen. Eine verbleibende Schwierigkeit betrifft die Frage der Kosten. Nehmen wir an, die Bereitstellung einer Gesundheitsfürsorge für Tiere erfordert es, den Schwellenwert der Gesundheitsfürsorge für Menschen zu senken (selbst wenn nur Tiere berücksichtigt werden, die unter direkter menschlicher Kontrolle leben) – was für eine Art von Abwägung sollten wir hier vornehmen? Meines Erachtens sollten wir in unserer Antwort auf derartige Fragen die gesamte Liste der Fähigkeiten im Auge behalten, anstatt Kosten der Gesundheitsfürsorge immer nur mit Kosten der Gesundheitsfürsorge abzuwägen. Wahrscheinlich gibt es andere Kosten, die nicht mit elementaren Ansprüchen zusammenhängen und die man minimieren könnte, bevor wir irgend jemandes Gesundheit aufs Spiel setzen müssen. Jeder Staat muß sich dieser Art von Frage stellen, wenn er die Schwellenwerte für die zentralen Fähigkeiten festlegt. Bisher haben wir noch nicht einmal damit begonnen, uns über solche Fragen wirklich Gedanken zu machen; deshalb wäre es verfrüht, bereits jetzt über das genaue Ergebnis der Diskussion zu spekulieren. Die Unterstützung von Luxusgütern wäre mit Sicherheit unser erstes Angriffsziel. Wenn die Menschen etwa aufhören würden, Geländewagen zu fahren, wäre schon viel gewonnen, nicht zuletzt weil die geringeren Ausgaben für Benzin Geld für andere Aufgaben freisetzen würden, die mit den grundlegenden Ansprüchen zusammenhängen – und auch die Gesundheit würde auf beiden Seiten gefördert.

Offensichtlich stehen wir im Bereich wissenschaftlicher Tierversuche vor den schwierigsten noch ungelösten Konflikten. Auf der einen Seite ist Forschung, in der auch Tierversuche zum Einsatz kommen, entscheidend für den Fortschritt sowohl der Tier- wie der Humanmedizin. Zudem gewinnen wir aus diesen Experimenten entscheidende Erkenntnisse über andere Themen, von Depressionen bis hin zu sozialen Bindungen. Auf der anderen Seite führen diese Versuche oft zu einem verfrühten Tod der Tiere und fügen ihnen häufig auch andere Schäden zu.

Es kann viel unternommen werden, um das Leben von Versuchstieren zu verbessern, ohne die nützliche Forschung aufzuhalten. Wie Steven Wise gezeigt hat, leben Primaten, die für die Forschung verwendet werden, meist in schmutzigen, isolierten Verhältnissen. Dieser Zustand ist offensichtlich völlig unnötig und moralisch unvertretbar und könnte beendet werden, ohne die Forschung zu unterbinden. Manche Forschungsprojekte sind unnötig und könnten eigentlich eingestellt werden, wie das Testen von Kosmetika an Hasen, auf das einige Kosmetikfirmen bereits ohne Qualitätsverlust verzichten. Selbst unter optimalen Bedingungen wird es jedoch Forschungsvorhaben von größter Bedeutung für das Leben und die Gesundheit von Menschen und anderen Tieren geben, in denen wenigstens einige Tiere Krankheiten, Schmerzen und sogar den Tod erleiden werden.

Wir sollten also zugestehen, daß es in der Beziehung zwischen Menschen und Tieren immer einen Rest an Tragik geben wird. Forschung, die erlaubt werden sollte, um die Gesundheit und Sicherheit von Menschen zu schützen, wird für manche Tiere auch weiterhin mit Krankheit, Schmerzen und einem frühem Tod einhergehen. Aus der Sicht einer idealen Anspruchstheorie ist solche Forschung moralisch falsch. Was die Umsetzung der Theorie angeht, bin ich aber nicht dafür, die entsprechenden Versuche sofort gänzlich einzustellen. Statt dessen möchte ich den folgenden Vorschlag präsentieren: (a) Man sollte genau untersuchen, ob die betreffende Forschung wirklich notwendig ist, um wesentliche menschliche oder tierische Fähigkeiten zu fördern; (b) wenn möglich, sollten Tiere mit einer weniger komplexen Empfindungsfähigkeit eingesetzt werden, weil diese durch die Experimente in weniger Hinsichten und in geringerem Maße geschädigt werden; (c) die Lebensbedingungen der Versuchstiere sollten verbessert werden, wozu die palliative Versorgung von an einer tödlichen Krankheit leidenden Tieren und fördernde Interaktionen mit anderen Tieren und Menschen gehören; (d) die psychologische Brutalität, die dem Umgang mit Versuchstieren so oft innewohnt, sollte unterbunden werden;[66] (e) man sollte die For-

66 Sollten also Experimente verboten werden, in denen es um psychologische Brutalität geht, wie etwa bei Seligman und der von Bowlby präsentierten Bindungsforschung? Das scheint mir tatsächlich der Fall zu sein – obwohl wir aus Seligmans Arbeit sehr viel gelernt haben, nicht

schungsvorhaben sorgfältig und wohlüberlegt aussuchen, so daß Tiere nicht aus trivialen Gründen verletzt werden, ohne daß Aussicht auf wichtige Vorteile besteht; und schließlich (f) sollte eine konsequente und staatlich finanzierte Anstrengung zur Entwicklung von Versuchsmethoden (wie etwa Computersimulationen) unternommen werden, die keine negativen Auswirkungen haben.

Vor allem aber plädiert mein Ansatz für eine andauernde öffentliche und philosophische Diskussion dieser Fragen, in der anerkannt wird, daß der Einsatz von Tieren in der Forschung tragisch ist und in manchen Fällen eine Verletzung elementarer Ansprüche von Tieren darstellt. Ein solches öffentliches Bekenntnis ist alles andere als wirkungslos – sogar in der nichthegelianischen Welt, die wir mit den Tieren teilen. Erstens kommt darin eine moralische Wahrheit sowie die Anerkennung der Würde der Tiere und unserer Schuldhaftigkeit ihnen gegenüber zum Ausdruck. Zweitens werden damit jene Einstellungen gestärkt, die uns zu einem Tieren gegenüber wohlwollenden Verhalten disponieren, wenn dem keine dringlicheren Bedürfnisse entgegenstehen. Und schließlich bereitet es uns auf eine Welt vor, in der zumindest ein Teil der fraglichen Forschung tatsächlich auch anders geleistet werden könnte, zum Beispiel durch Computersimulationen. Damit wird uns vor Augen geführt, daß wir uns aktiv um eine solche Welt bemühen und uns jeden Fortschritt zunutze machen sollten, um den Mißbrauch von Tieren so weit wie möglich einzuschränken.

zuletzt für die Gestaltung besserer Therapiemethoden für Menschen wie auch für Tiere. Wir müssen hier wohl dieselben Einschränkungen beachten, die auch für die psychologische Forschung mit menschlichen Probanden gelten.

14. *Auf dem Weg zu wirklich globaler Gerechtigkeit*

Schon seit langem ist offensichtlich, daß die Verwirklichung globaler Gerechtigkeit die Einbeziehung zahlreicher Menschen und Gruppen erfordert, die bisher nicht als vollständig gleiche Subjekte der Gerechtigkeit anerkannt worden sind: der Armen, der sozial schwachen Klassen, der Angehörigen religiöser und ethnischer Minderheiten und in der jüngeren Vergangenheit auch der Frauen. Die klassischen liberalen Ansätze in der Tradition des Gesellschaftsvertrags sind mit dem Ziel der Beseitigung dieser Ungleichheiten vor Augen entworfen worden und haben sich zum größten Teil gut geschlagen. Hinsichtlich dieser traditionellen Liste der Benachteiligten bestand ihre größte Schwäche allerdings darin, daß sie der Verteilung von Chancen und Vorteilen innerhalb der Familie nicht genug Beachtung schenkten und die Familie nicht als Kontext begriffen, in dem entweder Gerechtigkeit oder Ungerechtigkeit herrscht.

In der jüngeren Vergangenheit hat sich gezeigt, daß es eine weitere große und heterogene Gruppe von Bürgerinnen und Bürgern gibt, die vollständige und gleiche Gerechtigkeit fordern: Menschen mit temporären oder lebenslangen körperlichen und geistigen Beeinträchtigungen. Die klassischen Theorien des Gesellschaftsvertrags können weder die Frage der Gerechtigkeit im Umgang mit behinderten Menschen noch die damit zusammenhängenden Probleme der Fürsorge für auf andere angewiesene Personen berücksichtigen, die durch die Existenz behinderter und älterer Gesellschaftsmitglieder entstehen – und das gilt auch für Rawls' nuancierte und moralisch sehr feinfühlige Theorie. Der Fähigkeitenansatz hingegen scheint gut geeignet, um uns hier voranbringen zu können.

Darüber hinaus ist bereits seit einigen Jahrhunderten unübersehbar, daß die Verwirklichung globaler Gerechtigkeit die Loslösung der politischen Philosophie vom Paradigma des autarken Nationalstaats erfordert. Die politische Philosophie muß prüfen, welchen Forderungen der Gerechtigkeit die Staaten in ihrem Umgang miteinander unterstellt sind. Im späten 20. Jahrhundert hat sich gezeigt, daß eine angemessene Konzeption internationaler und kosmopolitischer Gerechtigkeit nicht nur die traditionellen Fragen von Krieg und Frieden, sondern auch ökonomische Gerechtigkeit und materielle Umverteilung umfassen muß. Im Rahmen der traditionellen Lehre des Gesellschaftsvertrags lassen sich diese Probleme nicht angemessen lösen und auch Rawls' beherzter und faszinierender Ansatz wird ihnen nicht gerecht. Auch hier kann uns der Fähigkeitenansatz voranbringen, da nur ein ergebnisorientierter Ansatz der verwirrenden und sich rasch verändernden Weltlage sowie der Vielzahl sich ständig weiterentwickelnder institutioneller Formen angemessen begegnen kann.

Eine wirklich globale Gerechtigkeit verlangt von uns jedoch nicht nur, die Welt nach anderen Angehörigen unserer Art zu durchforsten, die Anspruch auf ein achtbares Leben haben. Wir müssen darüber hinaus, und zwar sowohl in unseren eigenen Staaten als auch auf der globalen Ebene, die anderen empfindenden Wesen berücksichtigen, mit denen unser Leben auf unauflösliche und komplexe Weise verbunden ist. Die traditionellen kontraktualistischen Ansätze begreifen die damit zusammenhängenden Fragen nicht als Fragen der Gerechtigkeit, und sie können es aufgrund ihrer Struktur auch gar nicht. Dafür, daß sie dies unerschrocken getan, vielfältige Formen des Mißbrauchs ans Licht gebracht und damit zur Herausbildung eines angemessenen ethischen Bewußtseins beigetragen haben, gebührt den Vertretern des Utilitarismus das höchste Lob. Ihr Ansatz ist letztlich jedoch zu homogenisierend – hinsichtlich der Unterschiedlichkeit verschiedener Leben, aber auch der heterogenen Bestandteile eines einzelnen Lebens –, um eine angemessene Theorie der Gerechtigkeit gegenüber Tieren darzustellen. Da der Fähigkeitenansatz seinen Ausgang von einem ethisch geprägten Staunen angesichts jeder einzelnen Form tierischen Lebens nimmt, kann er der Komplexität tierischen Lebens und dem Streben der Tiere nach einem gedeihlichen Leben besser gerecht werden. Hier habe ich nur skizziert, worauf dieser Ansatz letztlich vielleicht hinausläuft. Aber selbst eine solche Skizze ist meines Erachtens ein Fortschritt auf dem Weg zu einer wirklich globalen Theorie der Gerechtigkeit.

Kapitel VII
Moralische Gefühle und der Fähigkeitenansatz

> Wenn wir bedenken, ein wie glühendes Gefühl unter günstigen Erziehungsverhältnissen die Vaterlandsliebe geworden ist, dürfen wir es nicht für unmöglich halten, daß die Liebe zu jenem großen Lande, der Welt, sowohl als Quelle erhabener Gefühle als auch als Grundsatz der Pflicht zu ähnlicher Intensität gesteigert werden könnte.
>
> John Stuart Mill, *Die Nützlichkeit der Religion*

Die Tradition des Gesellschaftsvertrags scheint gegenüber der von mir vertretenen Herangehensweise an elementare Gerechtigkeitsfragen einen großen Vorteil zu haben: Sie setzt auf seiten der Akteure kein umfassendes Wohlwollen voraus, sondern gewinnt die politischen Prinzipien aus der Idee des gegenseitigen Vorteils, ohne annehmen zu müssen, daß Menschen tiefgehende und stark motivierende Bindungen an andere haben. Den meisten Denkern dieser Tradition schien ein derart sparsamer Ausgangspunkt von Vorteil, weil sie moralischen Gefühlen gegenüber skeptisch waren. Hobbes zufolge sind die stärksten Gefühle egoistisch und andere Gefühle zu schwach, um Verhalten auf stabile und konsistente Weise zu motivieren. Kant ist hinsichtlich der Wünsche und Neigungen natürlich eher pessimistisch, und seine Lehre vom »radikalen Bösen« legt nahe, daß Neid und Aggression mit großer Wahrscheinlichkeit in jeder Gesellschaft ein erhebliches Problem darstellen. Obwohl er es für möglich hält, daß Menschen dem moralischen Gesetz ohne Zwang gehorchen, hält er einen verläßlichen moralischen Umgang mit anderen im großen Maßstab solange für unwahrscheinlich, wie sich die Menschen nicht der richtigen Art von religiöser Gemeinschaft anschließen – einer Art von religiöser Gemeinschaft, wie sie bisher nicht existiert hat. Locke sieht die Gefühle zwar sehr viel optimistischer, aber auch er scheint skeptisch in bezug auf ihr Potential, mit gerechten politischen Prinzipien übereinstimmendes Handeln zu bewirken. Jedenfalls beruht seine eigene Version des Gesellschaftsvertrags auf dem gegenseitigen Vorteil und nicht auf dem Wohlwollen der Parteien, obwohl er letzteres als Motivation in seiner Darstellung der Pflichten im Naturzustand betont. Hume schließlich – der zwar selbst kein Kontraktualist, aber dennoch eine wichtige Quelle des modernen Kontraktualismus und einer der scharfsinnigsten Moralpsychologen der Tradition ist – glaubt nicht, daß sich Gefühle des Wohlwollens dauerhaft in der Gesellschaft durchsetzen können, wenn sie nicht in hohem Maße von Konventionen und Gesetzen unterstützt werden, die auf dem gegenseitigen Vorteil beruhen.

Rawls' Position ist komplexer, weil der Schleier des Nichtwissens das Ideal der moralischen Unparteilichkeit in die Grundlagen der politischen Prinzipien einbaut. Wie er sagt, entspricht dies einem unparteiischen Standpunkt (»Reinheit des Herzens«), den wirkliche Personen jederzeit einnehmen können, auch wenn sie das gewöhnlich nicht tun. In seinen Ausführungen zur wohlgeordneten Gesellschaft widmet Rawls der Erziehung der Gefühle zudem erhebliche Aufmerksamkeit; diese Erziehung soll die politische Konzeption stützen und ihr über die Zeit hinweg Stabilität verleihen. Obwohl Rawls in *Politischer Liberalismus* Zweifel an einzelnen Aspekten der entsprechenden Passagen aus *Eine Theorie der Gerechtigkeit* andeutet, weil sie sich seines Erachtens zu sehr auf eine bestimmte umfassende Lehre des Guten beziehen, legt er auch hier wieder eine politische Psychologie vor. Er betont sogar ihre Wichtigkeit, da die Gesellschaft seines Erachtens auf eine öffentliche Förderung bestimmter Gefühle angewiesen ist, um stabil zu bleiben.

Der Fähigkeitenansatz stellt hohe Anforderungen an die Menschen. Er verlangt sehr viel mehr von ihnen als die klassischen Theorien des Gesellschaftsvertrags, mehr auch, als Rawls von den Bürgern der wohlgeordneten Gesellschaft erwartet, obwohl auch seine Erwartungen bereits recht hoch sind. Wenn die drei von mir erörterten Probleme gelöst werden sollen, müssen die Menschen über sehr viel Mitgefühl und Wohlwollen verfügen und diese Gefühle über die Zeit hinweg aufrechterhalten. Wie auch bei Rawls spielen Institutionen eine ebenso große Rolle bei der Stabilisierung dieser Gefühle wie bei der Ausarbeitung einer hinreichend bestimmten Konzeption dessen, was das Wohlwollen erfordert. Institutionen entstehen aber nicht einfach, ohne daß Menschen sie wollen, und sie verschwinden wieder, wenn die Menschen sie nicht mehr wollen, was der Niedergang der durch den New Deal etablierten sozialen Demokratie in den Vereinigten Staaten in aller Deutlichkeit gezeigt hat.

Ist der Fähigkeitenansatz also hoffnungslos unrealistisch? Letztendlich müssen wir unser Bestes versuchen und sehen, was geschieht. Ein Hinweis auf die enormen Mängel der klassischen Vertragstheorie im Umgang mit den moralischen Gefühlen kann uns jedoch die richtige Richtung weisen: Ihre wichtigsten Vertreter haben der kulturellen Vielfalt und der Rolle der Bildung kaum Beachtung geschenkt. Hobbes, Locke, Kant und sogar Hume scheinen der Auffassung zu sein, daß das Repertoire an Gefühlen, zu dem eine Gruppe von Bürgern in der Lage ist, ziemlich unveränderbar ist. Vielleicht kann die Gesellschaft einen marginalen Einfluß ausüben – so lehrt etwa die von Hume vorgestellte Gesellschaft ihre Mitglieder, mit der Nützlichkeit der Gerechtigkeit bestimmte Gefühle zu verbinden, und Kants Vernunftreligion motiviert ihre wachsende Anhängerschaft zur Befolgung des moralischen Gesetzes. Insgesamt scheinen diese Denker aber nicht zu glauben, daß es viel Raum für weitreichende persönliche Entwicklung oder für gesellschaftliche Anstrengungen zur Förderung einer solchen Entwicklung gibt. Kant zufolge können wir auch deshalb auf Frieden hoffen, weil er zum Vorteil aller ist; er glaubt aber nicht, daß wir auf ein umfassendes Wohlwollen hoffen dürfen, das allen Bürgerinnen und Bürgern der Welt oder auch nur eines bestimmten Staates elementare Lebenschancen ermöglichen würde. Dieser Mangel an moralischer Ambition überrascht, wenn man bedenkt, daß alle diese Denker in einer christlichen Kultur lebten oder gar der christlichen Religion anhingen, in der der geistigen Erneuerung und der Transformation des Selbst hin zu mehr Wohlwollen und anderen elementaren Gefühlen große Bedeutung beigemessen wurde.

Tatsächlich ist Rousseau der einzige Vertreter der klassischen Vertragstheorie, der der Formbarkeit moralischer Gefühle, ihrer möglichen Kultivierung durch Bildung, wirklich Aufmerksamkeit schenkt. Sein *Emile* lastet einen großen Teil der gegenwärtigen Ungerechtigkeiten einer perversen sentimentalen Erziehung an und plädiert für eine Erziehung auf der Grundlage des Mitgefühls, die soziale Gerechtigkeit fördert. Das vierte Buch des *Emile* ist ein ziemlich guter Ausgangspunkt für weitere Überlegungen zu diesem Problem; zusammen mit Adam Smiths *Theorie der ethischen Gefühle* und John Stuart Mills Aufsatz »Die Nützlichkeit der Religion« gehört der *Emile* zu den aussagekräftigsten Texten über die Ausbildung von Gefühlen, die einen radikalen gesellschaftlichen Wandel hin zu Gerechtigkeit und gleicher Würde unterstützen können.

Rawls ist wie Rousseau der Ansicht, daß eine gerechte Gesellschaft die Gefühle ihrer Bürger auf eine Weise bilden kann, die zur Stützung ihrer Prinzipien beiträgt. Seine scharfsinnigen Ausführungen zu moralischen Gefühlen in TG und PL zeigen, daß er Emotionen für intelligente Einstellungen hält, die sozial geformt werden und bei entsprechender Erziehung die Prinzipien einer Gesellschaft zum Gegenstand haben können. *Ex post* ist seine Theorie also kaum weniger ambitioniert als meine: Die Stabilität der gerechten Gesellschaft hängt davon ab, ob es ihr gelingt, den Menschen die richtigen Einstellungen und Gefühle einzuprägen, so daß sie die umfassenden Veränderungen der existierenden Güterverteilung unterstützen. Weil Rawls jedoch eine ideale Theorie vorlegt, anstatt für den Übergang in ein real existierendes neues System zu plädieren, geht es ihm nicht um die Unterstützung radikalen Wandels. Wenn wir uns aber fragen, wie die Wirklichkeit in Richtung des von ihm entworfenen Ideals verändert werden könnte, würde der Übergang offensichtlich erhebliche Anstrengungen zur Erziehung der Gefühle erfordern.

Inzwischen sind in der Psychologie zahlreiche Belege dafür gesammelt worden, daß viele Aspekte unseres Gefühlslebens gesellschaftlich geprägt werden und auch ganz anders strukturiert sein könnten. Sogar Gefühle, die so naturgegeben erscheinen wie etwa der Ekel, werden von den Eltern und dem kulturellen Umfeld mitgeprägt.[1] Zorn, Trauer und Angst sind hinsichtlich ihrer Gegenstände, ihrer Ausdrucksweisen, der in ihnen artikulierten Normen und der von ihnen verkörperten Überzeugungen über die Welt allesamt gesellschaftlich geprägt, bis hin zu den konkreten Varianten, die eine bestimmte Gesellschaft zuläßt.[2] Unsere Lage entspricht zwar vielleicht nicht genau der Einschätzung John Stuart Mills, dem zufolge kleine Kinder wie unbeschriebene Blätter sind, auf die Gesellschaften die von ihnen für wichtig erachteten Gefühle eintragen können. Die von Mill vertretene Assoziationspsychologie (die er von seinem Vater James Mill übernahm) ist sicherlich zu naiv und ignoriert sowohl die evolutionären Grundlagen des Gefühlslebens als auch die Prägung des emotionalen Repertoires durch den im Säuglingsalter begonnenen Entwicklungsprozeß. Seine Schlußfolgerung, daß den Menschen beigebracht werden kann zu glauben, das Glück aller Menschen auf der Welt sei ein Teil ihres eigenen Glücks, ist etwas übereilt und zeugt von einer fehlenden

1 Vgl. Nussbaum (2004a) zu psychologischen Studien über Ekel.
2 Vgl. Nussbaum (2000a).

Auseinandersetzung mit den widerspenstigeren Aspekten der menschlichen Psychologie.

Dennoch hat Mill zumindest bis zu einem bestimmten Grad recht, wenn es um Mitgefühl und Wohlwollen geht: Das kulturelle Umfeld kann die Gefühle der Menschen sowie ihre Wirkungsmächtigkeit ziemlich stark beeinflussen. In seiner wichtigen Studie über den Altruismus zeigt C. Daniel Batson, daß Menschen, denen die Not einer anderen Person in lebhaften Farben und mit besonderer Betonung der relevanten Aspekte geschildert wurde, Mitgefühl empfinden und in der Folge Pläne schmieden, um zu helfen.[3] Unsere elementare emotionale Ausstattung scheint eher der Darstellung von Rousseau als von Hobbes zu entsprechen: Wenn uns das Leiden einer anderen Person auf die richtige Weise bewußtgemacht wird, werden wir ihr zur Hilfe kommen. Allerdings sind wir meistens abgelenkt oder wissen nicht genug, um die Nöte anderer zu verstehen. Wie Rousseau und Batson beide auf unterschiedliche Weise betonen, können wir nur durch eine gezielte Bildung der Einbildungskraft dazu gebracht werden, uns das Leiden anderer in der nötigen Klarheit vor Augen zu führen. Hinzu kommt eine Überlegung, die Rousseau (anders als Batson) immer wieder hervorhebt: Wenn Menschen von Anfang an beigebracht wird, sich selbst als privilegiert oder sogar als selbstgenügsam und unverletzlich zu sehen, ist ihnen ihre eigene menschliche Verletzlichkeit häufig nicht in ausreichendem Maße bewußt.

Inwieweit könnten die öffentlichen Bildungsinstitutionen einer liberalen Gesellschaft Gefühle kultivieren, die den Fähigkeitenansatz ergänzen und unterstützen? Und wie könnten die entsprechenden Maßnahmen in einer Gesellschaft umgesetzt werden, deren Prinzipien der Indoktrination und der Einschränkung der Meinungsfreiheit aufs schärfste entgegengesetzt sind?

3 Batson (1991); vgl. Nussbaum (2001a), Kap. 6.

Meines Erachtens ist eine solche Ausweitung des Wohlwollens zumindest möglich, denn tatsächlich sind die Vorstellungen der Menschen darüber, was sie sich selbst und anderen schulden, sehr veränderbar, etwa durch gesellschaftliche Bildungsmaßnahmen. Entsprechend erscheint es offensichtlich, daß die allgemeine öffentliche Kultur der Vereinigten Staaten dem so verstandenen Wohlwollen in vielen Hinsichten entgegensteht; etwa wenn den Menschen beigebracht wird, daß die Armen selbst schuld an ihrer Armut sind und daß ein »echter« Mann selbstgenügsam und auf niemanden angewiesen ist. Es ließen sich noch viele weitere höchst problematische Mythen aufzählen, die in unserer Populärkultur allgegenwärtig sind. Andererseits wurden einige dieser problematischen Gefühle in der öffentlichen Kultur der Vereinigten Staaten im Laufe der Zeit auch diskreditiert, und zwar durch Kritik und durch einen Wandel der ihnen zugrundeliegenden Vorstellungen und Überzeugungen. Heute gibt es eindeutig weniger rassistisch motivierten Haß und Abscheu; dasselbe läßt sich sogar für frauenfeindliche Einstellungen sagen. Diese Veränderungen sind auch auf die verstärkte Aufmerksamkeit zurückzuführen, die der Erziehung von Kindern und ihrer frühen Schulzeit entgegengebracht wurde. Der sorgfältige Umgang mit sprachlichen und bildlichen Ausdrucksweisen, den manche verächtlich als »politische Korrektheit« bezeichnen, erfüllt einen wichtigen gesellschaftlichen Zweck, nämlich es den Kindern zu ermöglichen, sich gegenseitig als Individuen zu sehen und nicht als Angehörige stigmatisierter Gruppen. In gewissen Grenzen läßt sich gegenwärtig ein solcher positiver Wandel im öffentlichen Diskurs über Menschen mit Behinderungen beobachten. Die Einbeziehung von Kindern mit Behinderungen in Klassen mit anderen Kindern bringt diese Entwicklung weiter voran, weil sie deutlich macht, daß ein Kind mit einer Behinderung eine individuelle Person ist, die zu einem breiten Spektrum menschlicher Gefühle und Aktivitäten in der Lage ist.

Auf diese und andere Weisen kann eine liberale Gesellschaft

Konzeptionen der Person und der menschlichen Beziehungen fördern und in den Vordergrund stellen, die ihre politischen Grundprinzipien stützen. Obwohl gegenteilige Ansichten nicht unterdrückt werden sollten, kann diesen unterstützenden Perspektiven im Rahmen von öffentlichen Bildungsmaßnahmen und Diskursen ein gewisses Gewicht verliehen werden – wie etwa Franklin Delano Roosevelt es vorgemacht hat, als er arme Amerikaner als Bürger mit Würde darstellte, die einer wirtschaftlichen Katastrophe zum Opfer gefallen sind, und nicht als faule Taugenichtse; oder wie Martin Luther King Jr. es vorgemacht hat, als er uns in bewegenden Sätzen eine vom Rassismus befreite Zukunft der Weltbürger schilderte; oder wie für die Rechte behinderter Mitbürgerinnen und Mitbürger kämpfende Aktivisten es vormachen, wenn sie die Komplexität und Vielfältigkeit des Lebens von Menschen mit Behinderungen sowie die liebevolle Zuneigung und die Leistungen beschreiben, zu denen diese Menschen in der Lage sind.

Wenn sich der Fähigkeitenansatz je in dieser Welt durchsetzen soll, müssen wir Beispiele wie diese verstehen und uns zum Vorbild nehmen. Eine Gesellschaft, die Gerechtigkeit in den drei von mir diskutierten Bereichen anstrebt, muß den moralischen Gefühlen und ihrer Kultivierung anhaltende Beachtung schenken – sei es im Kontext der kindlichen Entwicklung, öffentlicher Bildungsmaßnahmen, des öffentlichen Diskurses oder der Künste. Ich habe hier weder gezeigt, daß die für das von mir verfolgte normative Vorhaben notwendige Ausweitung der Gefühle möglich ist, noch, *wie genau* sie gegebenenfalls möglich wäre. Daß ich mich hierzu nicht äußere, liegt nicht daran, daß zu diesen Fragen nichts Interessantes zu sagen wäre oder daß sie nicht beantwortet werden können, sondern daran, daß ich beschlossen habe, sie zum Thema eines weiteren Buches zu machen.[4]

4 Dieses Buch wird den Titel *Capabilities and Compassion* haben und bei Cambridge University Press erscheinen.

Auch wenn ich noch nicht gezeigt habe, daß die Verwirklichung der Gerechtigkeit, wie ich sie verstehe, möglich ist, glaube ich doch, daß meine bisherigen Ausführungen ein Hindernis aus dem Weg räumen, das uns davon abhalten könnte, sie für möglich zu halten. Diese Überlegungen haben nämlich gezeigt, daß uns ein bestimmtes Bild davon, wer wir sind und was eine politische Gesellschaft ist, nun schon für einige Zeit gefangenhält und uns daran hindert, uns andere Möglichkeiten vorzustellen, wie Menschen zusammenkommen und sich zu einem gemeinsamen Leben entscheiden können. Wenn wir einfach akzeptieren, daß der gegenseitige Vorteil das einzige mögliche Bindeglied einer liberalen Gesellschaft darstellt, werden wir »utopische« Projekte, wie ich sie in den drei Grenzgebieten der Gerechtigkeit vorschlage, mit Zynismus betrachten. Ich habe aber gezeigt, daß dieses Bild einen spezifischen historischen Ursprung hat und nie das einzige verfügbare Verständnis war. Wir sollten nun in der Lage sein zu erkennen, was bereits Hobbes und Locke wußten, nämlich daß es sich um ein Bild handelt und nicht um eine realistische Beschreibung dessen, was Menschen sind und sein müssen. Wenn wir es als Bild begreifen, dann können wir vor diesem Hintergrund fragen, was dieses Bild leistet, wie vollständig es unser Selbstverständnis zum Ausdruck bringt und ob wir dieses Bild oder ein anderes wählen wollen, um unsere Ansprüche an eine politische Gesellschaft zu formulieren.

In diesem Sinn kommt den Antworten auf große philosophische Fragen eine praktische Relevanz zu.[5] Sie prägen unsere Vorstellung davon, was möglich ist, und geben uns Begriffe an die Hand, mit denen wir uns selbst und unsere politischen Beziehungen beschreiben. Das Bild des Gesellschaftsvertrags, das in vielen Bereichen unsere Wertschätzung verdient und äußerst produktiv ist, hat sich im Umgang mit den drei ungelösten Problemen, die ich für die Grenzen der Gerechtigkeit

5 An dieser Stelle imitiere ich bewußt die Schlußpassagen aus Rawls' Einleitung zur Taschenbuchausgabe von PL.

und ihre zukünftigen Herausforderungen halte, als besonders einschränkend erwiesen. Auch wenn wir die überzeugendsten Varianten der Vertragstheorie nicht einfach zurückweisen sollten, sollten und können wir doch die Fenster unserer Einbildungskraft mit Hilfe philosophischer Argumente aufstoßen. Und wir müssen von unserer Vorstellungskraft entschlossen Gebrauch machen, sonst droht unsere öffentliche Debatte angesichts der enormen Herausforderungen dem Zynismus und der Resignation verhaftet zu bleiben. Auf der Grundlage neuer Bilder von dem, was möglich ist, können wir diese Grenzen und Herausforderungen zumindest angehen und auf kreative Weise darüber nachdenken, was Gerechtigkeit in einer Welt bedeuten kann, deren Komplexität und deren Interdependenzen von der philosophischen Theorie allzuoft unterschätzt worden sind.

Danksagung

Dieses Buch geht auf die Tanner Lectures on Human Values zurück, die ich im November 2002 an der Australian National University in Canberra und, etwas später, im März 2003, in Clare Hall, Cambridge University, gehalten habe. Mein erster Dank gilt dementsprechend der Tanner Foundation für ihre außerordentliche Großzügigkeit, die es mir erlaubt hat, diese Vorlesungen zweimal zu halten und auf diese Weise von einer ungewöhnlich großen Zahl hilfreicher Kommentare und Einwände zu profitieren. Zudem schulde ich den sieben Kommentatoren Dank für die aufmerksame Lektüre meines Manuskripts und ihre äußerst wertvollen Rückmeldungen: Leonore Manderson, Leslie Francis und Eva Kittay zu Fragen der Behinderung, Zoya Hasan und Amartya Sen zu Fragen der transnationalen Gerechtigkeit sowie Peter Singer und David DeGrazia zu den Ansprüchen nichtmenschlicher Tiere. Auch den übrigen Teilnehmern der Seminare und Diskussionen bin ich dankbar für gute Hinweise, insbesondere Robert Goodin und Michael Smith.

Die Kapitel über Behinderung waren Gegenstand eines Symposiums auf einer Konferenz der Pacific Division der American Philosophical Association; für ihre außerordentlich hilfreichen Rückmeldungen bin ich Lawrence Becker, Eva Kittay, Andrews Reath und Anita Silver sehr zu Dank verpflichtet. Dasselbe Material konnte ich in einer Vorlesung im Rahmen der School of Criticism and Theory an der Cornell University präsentieren. Auch hier habe ich von vielen Teilnehmern wertvolle Kommentare erhalten, insbesondere von Dominick La Capra, Mary Jacobus, Magda Romanska und Michael Steinberg.

Die Kapitel über transnationale Gerechtigkeit habe ich als Olof Palme Vorlesung auf Einladung des Queen Elizabeth House in Oxford vorgetragen. Ich danke Frances Stewart für diese wunderbare Einladung sowie Sudhir Anand, Barbara Harriss und anderen Teilnehmern für ihre anregenden Kommentare.

Schließlich habe ich die Kapitel zum Status von Tieren auf einem Symposium anläßlich des 90. Geburtstages von Alan Gewirth vorgetragen; leider ist Gewirth weniger als ein Jahr nach diesem Symposium im Frühjahr 2004 gestorben. Ich bin ihm und Michael

Kremer sowie Michael Green für ihre aufschlußreichen Kommentare dankbar.

Für die Lektüre von Vorfassungen und für wertvolle Rückmeldungen bin ich John Deigh, Craig Duncan, Elizabeth Emens, Chad Flanders, Leslie Francis, Sherri Irvin, Charles Larmore, Martha Minow, Henry Richardson, Cass Sunstein und Candace Vogler zu großem Dank verpflichtet. Ich bin mir bewußt, daß ich nicht alle ihre Fragen beantwortet habe.

Joyce Seltzer ist ihrer Aufgabe als Lektorin wie gewohnt hervorragend gerecht geworden. Ann Hawthorne bin ich für ihr akribisches Korrektorat sowie Jennifer Johnson und Rachel Goodman für das Korrekturlesen und die Erstellung des Index äußerst dankbar.

Frühere Fassungen der hier präsentierten Überlegungen sind bereits an folgenden Orten erschienen:

– Frühere Versionen aller drei Teile der Argumentation finden sich in den *Tanner Lectures on Human Values*, Bd. 24, Salt Lake City: University of Utah Press 2004, S. 413-508.

– Eine frühere Fassung des in Kapitel II und III präsentierten Materials findet sich in »Capabilities and Disabilities. Justice for Mentally Disabled Citizens«, in: *Philosophical Topics*, 2 (2002), S. 133-165.

– Eine frühere Version des in Kapitel IV und V präsentierten Materials ist erschienen als »Beyond the Social Contract. Capabilities and Global Justice«, in: *Oxford Development Studies*, 32 (2004), S. 3-18.

– Eine frühere Version des in Kapitel VI präsentierten Materials findet sich in »Beyond ›Compassion and Humanity‹. Justice for Non-Human Animals«, in: *Animal Rights. Current Debates and New Directions*, hg. v. Cass R. Sunstein und Martha C. Nussbaum, New York: Oxford University Press 2004, S. 299-320.

Der gesamte Text erscheint hier mit Genehmigung der Tanner Foundation. Keine der vorangegangenen Fassungen konnte in irgendeinem Sinne als abgeschlossen gelten, und tatsächlich unterscheiden sich meine Formulierungen in diesem Buch an vielen Punkten sehr deutlich von den dortigen und sind hoffentlich zutreffender.

Es geht mir hier auch um eine kritische Auseinandersetzung mit der Theorie von John Rawls. Das ist mir ein wichtiges Anliegen, weil es sich bei seinem Ansatz um die überzeugendste uns bekannte politische Theorie in der Tradition des Gesellschaftsvertrags handelt und darüber hinaus um eine der bedeutendsten Theorien der politischen Philosophie westlicher Tradition überhaupt. Ich konzentriere mich auf Themenkomplexe, die Rawls selbst als ungelöste Probleme betrachtet hat, die seine Theorie vor Herausforderungen stellen, von denen er sich keineswegs sicher war, ob sie sich in deren Rahmen bewältigen ließen. Daß ich mich im folgenden gerade mit diesen Fragen beschäftigen werde, ist auch deshalb angemessen, weil Rawls selbst zahlreiche andere Probleme auf so überzeugende Weise zu lösen vermochte. Letztlich ist es mein Ziel, die Kerngedanken seiner Theorie auf die von mir ins Zentrum gestellten neuartigen Fragen auszuweiten. Auch wenn ich überzeugt bin, daß diese Ausweitung einige substantielle Veränderungen in jenen Teilen der Theorie erforderlich macht, die sich der Tradition des Gesellschaftsvertrags verdanken, glaube ich doch, daß uns Rawls' Theorie selbst – ihre Prinzipien und ihre intuitiven Grundlagen – bei unserem Umgang mit diesen neuen und schwierigen Fragestellungen den richtigen Weg weisen kann. Mit großem Respekt, in Freundschaft, aber auch in Trauer widme ich dieses Buch seinem Andenken.

Abkürzungen

Die Werke von John Rawls werden wie folgt zitiert:

GaF: *Gerechtigkeit als Fairneß. Ein Neuentwurf*, Frankfurt/M.: Suhrkamp 2003.

GdM: *Geschichte der Moralphilosophie. Hume, Leibniz, Kant, Hegel*, Frankfurt/M.: Suhrkamp 2002.

IöV: »Nochmals: Die Idee der öffentlichen Vernunft«, in: ders., *Das Recht der Völker*, Berlin: de Gruyter 2002, S. 165-218.

KKM: »Kantischer Konstruktivismus in der Moraltheorie«, in: ders., *Die Idee des politischen Liberalismus. Aufsätze 1978-1989*, Frankfurt/M.: Suhrkamp 1992, S. 80-158.

PL: *Politischer Liberalismus*, Frankfurt/M.: Suhrkamp 1998.

RdV: *Das Recht der Völker*, Berlin: de Gruyter 2002.

TG: *Eine Theorie der Gerechtigkeit*, Frankfurt/M.: Suhrkamp 1975.

VR: »Das Völkerrecht«, in: Stephen Shute/Susan Hurley (Hg.), *Die Idee der Menschenrechte*, Frankfurt/M.: Fischer 1996, S. 53-103.

Literaturverzeichnis

Agarwal, Bina (1994), *A Field of One's Own. Gender and Land Rights in South Asia*, Cambridge: Cambridge University Press.

Agarwal, Bina (1997), »›Bargaining‹ and Gender Relations. Within and Beyond the Household«, in: *Feminist Economics*, 3, S. 1-51.

Amundson, Ron (1992), »Disability, Handicap, and the Environment«, in: *Journal of Social Philosophy*, 23, S. 105-118.

Amundson, Ron (2000a), »Biological Normality and the ADA«, in: Francis/Silvers (2000), S. 102-110.

Amundson, Ron (2000b), »Against Normal Function«, in: *Studies in History and Philosophy of Biological and Biomedical Sciences*, 31 C, S. 33-53.

Arneson, Richard J. (2000), »Perfectionism and Politics«, in: *Ethics*, 111, S. 37-63.

Asch, Adrienne/Lawrence O. Gostin/Diann Johnson (2003), »Respecting Persons with Disabilities and Preventing Disability. Is There a Conflict?«, in: Herr/Gostin/Koh (2003), S. 319-346.

Barclay, Linda (2003), »What Kind of Liberal Is Martha Nussbaum?«, in: *Sats. Nordic Journal of Philosophy*, 4, S. 5-24.

Barry, Brian (1995), *Justice as Impartiality*, Oxford: Clarendon Press.

Batson, C. Daniel (1991), *The Altruism Question. Toward a Social Psychological Answer*, Hillsdale: Lawrence Erlbaum Associates.

Becker, Lawrence C. (2000), »The Good of Agency«, in: Francis/Silvers (2000), S. 54-63.

Beitz, Charles (1979), *Political Theory and International Relations*, Princeton: Princeton University Press.

Bentham, Jeremy (1789/1823/2003), »Eine Einführung in die Prinzipien der Moral und der Gesetzgebung«, in: Otfried Höffe (Hg.), *Einführung in die utilitaristische Ethik*, Tübingen: Francke, S. 55-83.

Bérubé, Michael (1996), *Life as We Know It. A Father, a Family, and an Exceptional Child*, New York: Pantheon.

Botkin, Daniel (1996), »Adjusting Law to Nature's Discordant Harmonies«, in: *Duke Environmental Law and Policy Forum*, 7, S. 25-37.

Brock, Dan W. (2000), »Health Care Resource Prioritization and

Discrimination against Persons with Disabilities«, in: Francis/Silvers (2000), S. 223-235.
Buchanan, Allen/Dan W. Brock/Norman Daniels/Daniel Wikler (2000), *From Chance to Choice. Genetics and Justice*, New York: Cambridge University Press.
Coetzee, J. M. (1999/2000), *Das Leben der Tiere*, Frankfurt/M.: S. Fischer.
Daniels, Norman (1985), *Just Health Care*, Cambridge: Cambridge University Press.
Daniels, Norman (2000), »Mental Disabilities, Equal Opportunity and the ADA«, in: Francis/Silvers (2000), S. 255-268.
DeGrazia, David (1996), *Taking Animals Seriously. Mental Life and Moral Status*, Cambridge: Cambridge University Press.
de Waal, Frans (1996/2000), *Der gute Affe. Der Ursprung von Recht und Unrecht bei Menschen und anderen Tieren*, München: dtv.
Diamond, Cora (1995), *Realism and the Realistic Spirit.* Cambridge/MA: Bradford Books.
Drèze, Jean/Amartya Sen (1995), *India. Economic Development and Social Opportunity*, Oxford: Oxford University Press.
Drèze, Jean/Amartya Sen (Hg.) (1997), *Indian Development. Selected Regional Perspectives*, Oxford: Oxford University Press.
Drèze, Jean/Amartya Sen (2002), *India. Development and Participation*, Oxford: Oxford University Press.
Dworkin, Ronald (2000), *Sovereign Virtue. The Theory and Practice of Equality*, Cambridge/MA: Harvard University Press.
Ehrenreich, Barbara (2001), *Arbeit poor. Unterwegs in der Dienstleistungsgesellschaft*, München: Kunstmann.
Epstein, Richard (1992), *Forbidden Grounds. The Case against Employment Discrimination Law*, Cambridge/MA: Harvard University Press.
Fineman, Martha A. (1991), *The Illusion of Equality*, Chicago: University of Chicago Press.
Fineman, Martha A. (1995), *The Neutered Mother, the Sexual Family and Other Twentieth Century Tragedies*, New York: Routledge.
Folbre, Nancy (1999), »Care and the Global Economy«, Background paper, United Nations Development Programme.
Folbre, Nancy (2001), *The Invisible Heart. Economics and Family Values*, New York: New Press.
Francis, Leslie Pickering/Anita Silvers (Hg.) (2000), *Americans with Disabilities. Exploring Implications of the Law for Individuals and Institutions*, New York: Routledge.

Frankfurt, Harry G. (1988), »Equality as a Moral Ideal«, in: ders., *The Importance of What We Care About. Philosophical Essays*, Cambridge: Cambridge University Press, S. 134-158.

Frankfurt, Harry G. (2000), »Gleichheit und Achtung«, in: Angelika Krebs (Hg.), *Gleichheit oder Gerechtigkeit. Texte der neuen Egalitarismuskritik*, Frankfurt/M.: Suhrkamp 2000, S. 38-49.

Freeman, Samuel (2004), »Public Reason and Political Justification«, in: *Fordham Law Review*, 72, S. 2021-2072.

Friedman, Benjamin (2002), »Globalization: Stiglitz's Case«, in: *New York Review of Books*, 22. August.

Gauthier, David (1986), *Morals by Agreement*, New York: Oxford University Press.

Gewirth, Alan (1978), *Reason and Morality*, Chicago: University of Chicago Press.

Gewirth, Alan (1996), *The Community of Rights*, Chicago: University of Chicago Press.

Glendon, Mary Ann (2001), *A World Made New. Eleanor Roosevelt and the Universal Declaration of Human Rights*, New York: Random House.

Goffman, Erving (1963/1975), *Stigma. Über Techniken der Bewältigung beschädigter Identität*, Frankfurt/M.: Suhrkamp.

Goldschmidt, Victor (1977), *La doctrine d'Epicure et la droit*, Paris: Vrin.

Green, Michael (2002), »Institutional Responsibility for Global Problems«, in: *Philosophical Topics*, 30, S. 79-96.

Green, Michael (2003), »Justice and Law in Hobbes«, in: *Oxford Studies in Early Modern Philosophy*, 1, S. 111-138.

Grotius, Hugo (1625/1646/1950), *De jure belli ac pacis libri tres/Drei Bücher vom Recht des Krieges und des Friedens*, Tübingen: Mohr Siebeck.

Hare, Richard M. (1999), »Why I Am Only a Demi-vegetarian«, in: Jamieson (1999), S. 233-246.

Harrington, Mona (1999), *Care and Equality*, New York: Knopf.

Held, Virginia (1993), *Feminist Morality. Transforming Culture, Society, and Politics*, Chicago: University of Chicago Press.

Held, Virginia (Hg.) (1995), *Justice and Care. Essential Readings in Feminist Ethics*, Boulder: Westview.

Herr, Stanley S. (2003), »Self-Determination, Autonomy, and Alternatives for Guardianship«, in: Herr/Gostin/Koh (2003), S. 429-450.

Herr, Stanley S./Lawrence O. Gostin/Harold Hongju Koh (Hg.)

(2003), *The Human Rights of Persons with Intellectual Disabilities*, Oxford: Oxford University Press.

Hobbes, Thomas (1651/1984), *Leviathan oder Stoff, Form und Gewalt eines kirchlichen und bürgerlichen Staates*, Frankfurt/M.: Suhrkamp.

Holton, Richard/Rae Langton 1999, »Empathy and Animal Ethics«, in: Jamieson (1999), S. 209-232.

Hume, David (1739-40/1978), *Ein Traktat über die menschliche Natur*, Bd. 2, Hamburg: Meiner.

Hume, David (1777/1972), *Eine Untersuchung über die Prinzipien der Moral*, Hamburg: Meiner.

Jamieson, Dale (Hg.) (1999), *Singer and His Critics*, Oxford: Blackwell.

Jones, Charles (1999), *Global Justice. Defending Cosmopolitanism*, Oxford: Oxford University Press.

Kant, Immanuel (1784/1968), *Idee zu einer allgemeinen Geschichte in weltbürgerlicher Absicht*, Akademie Textausgabe, Berlin: de Gruyter, Bd. VIII, S. 15-31.

Kant, Immanuel (1793/1968), *Über den Gemeinspruch: Das mag in der Theorie richtig sein, taugt aber nicht für die Praxis*, Akademie Textausgabe, Berlin: de Gruyter, Bd. VIII, S. 273-313.

Kant, Immanuel (1795/1968), *Zum Ewigen Frieden*, Akademie Textausgabe, Berlin: de Gruyter, Bd. VIII, S. 341-386.

Kant, Immanuel (1797/1968), *Metaphysik der Sitten*, Akademie Textausgabe, Berlin: de Gruyter, Bd. VI, S. 203-493.

Kant, Immanuel (2004), *Vorlesung zur Moralphilosophie*, Berlin: de Gruyter.

Kavka, Gregory S. (2000), »Disability and the Right to Work«, in: Francis/Silvers (2000), S. 174-192.

Kelman, Mark/Gillian Lester (1997), *Jumping the Queue. An Inquiry into the Legal Treatment of Students with Learning Disabilities*, Cambridge/MA: Harvard University Press.

Kittay, Eva Feder (1997), »Human Dependency and Rawlsian Equality«, in: Diana T. Meyers (Hg.), *Feminists Rethink the Self*, Boulder: Westview, S. 219-266.

Kittay, Eva Feder (1999), *Love's Labor. Essays on Women, Equality, and Dependency*, New York: Routledge.

Kittay, Eva Feder/Ellen K. Feder (Hg.) (2002), *The Subject of Care. Feminist Perspectives on Dependency*, Lanham: Rowman and Littlefield.

Kniss, Fred (1997), *Disquiet in the Land. Cultural Conflict in Ameri-*

can Mennonite Communities, New Brunswick: Rutgers University Press.
Ladenson, Robert T. (2004), »The Zero-Reject Policy in Special Education. A Moral Analysis«, unveröff. Ms.
Larmore, Charles (1996), *The Morals of Modernity*, Cambridge: Cambridge University Press.
Larmore, Charles (2003), »Public Reason«, in: Samuel Freeman (Hg.), *The Cambridge Companion to Rawls*, New York: Cambridge University Press, S. 368-393.
Laslett, Peter (1960), »Introduction«, in: John Locke, *Two Treatises of Government*, Cambridge: Cambridge University Press, S. 15-135.
Lee, Jadran (2002), *Bentham on Animals*, Ph. D. diss., University of Chicago.
Levitz, Mitchell (2003), »Voices of Self-Advocates«, in: Herr/Gostin/Koh (2003), S. 453-465.
Levitz, Mitchell/Jason Kingsley (1994), *Count Us In. Growing Up with Down Syndrome*, New York: Harcourt Brace.
Locke, John (1679-80?/1977), *Zwei Abhandlungen über die Regierung*, Frankfurt/M.: Suhrkamp.
Locke, John (1693/1990), *Gedanken über Erziehung*, Stuttgart: Reclam.
MacIntyre, Alasdair (1999/2001), *Die Anerkennung der Abhängigkeit. Über menschliche Tugenden*, Hamburg: Rotbuch.
MacKinnon, Catharine (1987), *Feminism Unmodified*, Cambridge/MA: Harvard University Press.
Maritain, Jacques (1943/1951), *Die Menschenrechte und das natürliche Gesetz*, Bonn: Auer.
Maritain, Jacques (1951), *Man and the State*, Chicago: University of Chicago Press.
Marx, Karl (1844/1968), *Ökonomisch-philosophische Manuskripte*, MEW, Ergänzungsband, Berlin: Dietz, S. 465-590.
McMahan, Jeff (1996), »Cognitive Disability, Misfortune, and Justice«, in: *Philosophy and Public Affairs*, 25, S. 3-35.
Mill, John Stuart (1850/1984a), »Natur«, in: ders., *Drei Essays über Religion*, Stuttgart: Reclam, S. 9-62.
Mill, John Stuart (1850/1984b), »Die Nützlichkeit der Religion«, in: ders., *Drei Essays über Religion*, Stuttgart: Reclam, S. 63-107.
Mill, John Stuart/Harriet Taylor Mill/Helen Taylor (1869/1991), *Die Hörigkeit der Frau*, Frankfurt/M.: Ulrike Helmer Verlag.
Minow, Martha (2002), *Making All the Difference. Inclusion, Exclusion, and American Law*, Ithaca: Cornell University Press.

Murphy, Liam (2000), *Moral Demands in Ideal Theory*, New York: Oxford University Press.

Nagel, Thomas (1991/1994), *Gleichheit und Parteilichkeit*, Paderborn: Schöningh.

Nozick, Robert (1974/2006), *Anarchie Staat Utopia*, München: Olzog.

Nussbaum, Martha C. (1995a), *Poetic Justice. The Literary Imagination and Public Life*, Boston: Beacon.

Nussbaum, Martha C. (1995b), »Aristotle on Human Nature and the Foundations of Ethics«, in: J. E. G. Altham/Ross Harrison (Hg.), *World, Mind, and Ethics. Essays on the Philosophy of Bernard Williams*, Cambridge: Cambridge University Press, S. 86-131.

Nussbaum, Martha C. (1998), »The Good as Discipline, the Good as Freedom«, in: David Crocker/Toby Linden (Hg.), *Ethics of Consumption. The Good Life, Justice, and Global Stewardship*, Lanham: Rowman and Littlefield, S. 312-341.

Nussbaum, Martha C. (1999), »Duties of Justice, Duties of Material Aid. Cicero's Problematic Legacy«, in: *Journal of Political Philosophy*, 7, S. 1-31.

Nussbaum, Martha C. (1999/2002), »Die feministische Kritik am Liberalismus«, in: dies., *Konstruktionen der Liebe, des Begehrens und der Fürsorge*, Stuttgart: Reclam 2002, S. 15-89.

Nussbaum, Martha C. (2000a), *Women and Human Development*, Cambridge: Cambridge University Press.

Nussbaum, Martha C. (2000b), »Is Privacy Bad for Women? What the Indian Constitutional Tradition Can Teach Us about Sex Equality«, in: *Boston Review*, 25 (April-Mai), S. 42-47.

Nussbaum, Martha C. (2000c), »The Future of Feminist Liberalism«, in: *Proceedings and Addresses of the American Philosophical Association*, 74, S. 47-79; wiederabgedruckt in: Kittay/Feder (2002), S. 186-214.

Nussbaum, Martha C. (2000d), »The Costs of Tragedy. Some Moral Limits of Cost-Benefit Analysis«, in: *Journal of Legal Studies*, 29, S. 1005-1036; wiederabgedruckt in: Matthew D. Adler/Eric A. Posner (Hg.), *Cost-Benefit Analysis. Legal, Economic and Philosophical Perspectives*, Chicago: University of Chicago Press, S. 169-200.

Nussbaum, Martha C. (2000e), »Comment on Thomson«, in: Judith Jarvis Thomson, *Goodness and Advice. Tanner Lectures*, Princeton: Princeton University Press, S. 97-125.

Nussbaum, Martha C. (2000f.), »Aristotle, Politics, and Human

Capabilities. A Response to Antony, Arneson, Charlesworth, and Mulgan«, in: *Ethics*, 111, S. 102-140.

Nussbaum, Martha C. (2001a), *Upheavals of Thought. The Intelligence of Emotions*, Cambridge: Cambridge University Press.

Nussbaum, Martha C. (2001b), »India. Constructing Sex Equality through Law«, in: *Chicago Journal of International Law*, 2, S. 35-58.

Nussbaum, Martha C. (2001c), »Animal Rights. The Need for a Theoretical Basis«, Besprechung von Wise (2000), in: *Harvard Law Review*, 114, S. 1506-1549.

Nussbaum, Martha C. (2002a), »Sex Equality, Liberty, and Privacy. A Comparative Approach to the Feminist Critique«, in: E. Sridharan/Z. Hasan/R. Sudarshan (Hg.), *India's Living Constitution. Ideas, Practices, Controversies*, New Delhi: Permanent Black, S. 242-283.

Nussbaum, Martha C. (2002b), in: »Women and the Law of Peoples«, in: *Philosophy, Politics and Economics*, 1, S. 283-306.

Nussbaum, Martha C. (2002c), »Long-Term Care and Social Justice. A Challenge to Conventional Ideas of the Social Contract«, in: World Health Organization, *Ethical Choices in Long-Term Care. What Does Justice Require?*, Genf: World Health Organization, S. 31-66.

Nussbaum, Martha C. (2003a), »The Complexity of Groups«, in: *Philosophy and Social Criticism*, 29, S. 57-69.

Nussbaum, Martha C. (2003b), »Capabilities as Fundamental Entitlements. Sen and Social Justice«, in: *Feminist Economics*, 9, S. 33-59.

Nussbaum, Martha C. (2003c), »Compassion and Terror«, in: *Daedalus,* Winter, S. 10-26.

Nussbaum, Martha C. (2003d), »Political Liberalism and Respect. A Response to Linda Barclay«, in: *Sats. Nordic Journal of Philosophy*, 4, S. 25-44.

Nussbaum, Martha C. (2004a), *Hiding From Humanity. Disgust, Shame, and the Law*, Princeton: Princeton University Press.

Nussbaum, Martha C. (2004b), »Women's Education. A Global Challenge«, in: *Signs*, 29, S. 325-355.

Nussbaum, Martha C. (2004c), »Mill between Aristotle and Bentham«, in: *Daedalus*, Frühjahr, S. 60-68.

Nussbaum, Martha C. (2004d), »On Hearing Women's Voices. A Reply to Susan Okin«, in: *Philosophy and Public Affairs*, 32, S. 193-205.

Nussbaum, Martha C. (2007), »Grotius: A Society of States and Individuals under Moral Law«, in: *The Cosmopolitan Tradition*, Cambridge/MA: Harvard University Press (i. E.).

Okin, Susan Moller (1989), *Justice, Gender, and the Family.* New York: Basic Books.

O'Neill, Onora (1996), *Tugend und Gerechtigkeit. Eine konstruktive Darstellung des praktischen Denkens*, Berlin: Akademie.

Pitcher, George (1995), *The Dogs Who Came to Stay*, New York: Penguin.

Pluhar, Evelyn B. (1995), *Beyond Prejudice. The Moral Significance of Human and Nonhuman Animals*, Durham: Duke University Press.

Pogge, Thomas (1989), *Realizing Rawls*, Ithaca: Cornell University Press.

Pogge, Thomas (2002), *World Poverty and Human Rights. Cosmopolitan Responsibilities and Reforms*, Cambridge: Polity.

Proust, Marcel (1913/1994), *Unterwegs zu Swann*, Frankfurt/M.: Suhrkamp.

Pufendorf, Samuel (1673/1991), *Über die Pflicht des Menschen und des Bürgers nach dem Gesetz der Natur*, Frankfurt/M.: Insel 1994.

Rachels, James (1990), *Created from Animals. The Moral Implications of Darwinism*, New York: Oxford University Press.

Rawls, John (1971), *A Theory of Justice*, Cambridge/MA: Harvard University Press.

Rawls, John (1971/1975), *Eine Theorie der Gerechtigkeit*, Frankfurt/M.: Suhrkamp.

Rawls, John (1980/1992), »Kantischer Konstruktivismus in der Moraltheorie«, in: ders., *Die Idee des politischen Liberalismus. Aufsätze 1978-1989*, Frankfurt/M.: Suhrkamp 1992, S. 80-158.

Rawls, John (1993/1996), »Das Völkerrecht«, in: Stephen Shute/Susan Hurley (Hg.), *Die Idee der Menschenrechte*, Frankfurt/M.: Fischer 1996, S. 53-103.

Rawls, John (1995/1997), »Erwiderung auf Habermas«, in: Forum für Philosophie Bad Homburg/Wilfried Hinsch (Hg.), *Die Idee des politischen Liberalismus*, Frankfurt/M.: Suhrkamp, S. 196-262.

Rawls, John (1996/1998), *Politischer Liberalismus*, Frankfurt/M.: Suhrkamp.

Rawls, John (1999/2002), *Das Recht der Völker*, Berlin: de Gruyter.

Rawls, John (2000/2002), *Geschichte der Moralphilosophie. Hume, Leibniz, Kant, Hegel*, Frankfurt/M.: Suhrkamp.

Rawls, John (2001/2003), *Gerechtigkeit als Fairneß. Ein Neuentwurf*, Frankfurt/M.: Suhrkamp.

Rawls, John/Philippe Van Parijs (2003), »Three Letters on *The Law of Peoples* and the European Union«, in: *Revue de philosophie économique*, 7, S. 1-20.

Regan, Tom (1983), *The Case for Animal Rights*, Berkeley: University of California Press.

Richardson, Henry S. (1994), *Practical Reasoning about Final Ends*, Cambridge: Cambridge University Press.

Rosenthal, Eric/Clarence J. Sundram (2003), »Recognizing Existing Rights and Crafting New Ones. Tools for Drafting Human Rights Instruments for People with Mental Disabilities«, in: Herr/Gostin/Koh (2003), S. 467-501.

Rousseau, Jean-Jacques (1762/1977), *Vom Gesellschaftsvertrag*, Stuttgart: Reclam.

Rousseau, Jean-Jacques (1762/2004), *Emile oder Über die Erziehung*, Stuttgart: Reclam.

Ruddick, Sarah (1989), *Maternal Thinking*, Boston: Beacon.

Scanlon, Thomas (1993), »Value, Desire, and Quality of Life«, in: Martha C. Nussbaum/Amartya Sen (Hg.), *The Quality of Life*, Oxford: Clarendon Press, S. 185-200.

Scanlon, Thomas (1999), *What We Owe to Each Other*, Cambridge/MA: Harvard University Press.

Seligman, Martin (1975), *Helplessness. On Development, Depression, and Death*, New York: W. H. Freeman.

Sen, Amartya (1980), »Equality of What?«, in: *Tanner Lectures on Human Values*, Salt Lake City: University of Utah Press, wiederabgedruckt in: Sen (1982), S. 353-369.

Sen, Amartya (1982), *Choice, Welfare and Measurement*, Oxford: Basil Blackwell.

Sen, Amartya (1985), *Commodities and Capabilities*, Amsterdam: North-Holland.

Sen, Amartya (1990), »Gender and Cooperative Conflicts«, in: Irene Tinker (Hg.), *Persistent Inequalities*, New York: Oxford University Press, S. 123-149.

Sen, Amartya (1992), *Inequality Reexamined*, New York: Russell Sage.

Sen, Amartya (1993), »Capability and Well-Being«, in: Martha C. Nussbaum/Amartya Sen (Hg.), *The Quality of Life*, Oxford: Clarendon Press, S. 30-53.

Sen, Amartya (1995), »Gender Inequality and Theories of Justice«, in: Martha C. Nussbaum/Jonathan Glover (Hg.), *Women, Culture and Development*, Oxford: Clarendon Press, S. 259-273.

Sen, Amartya (1997), »Human Rights and Asian Values«, in: *New Republic*, 14. Juli, S. 33-40.

Sen, Amartya (1999), *Ökonomie für den Menschen. Wege zu Gerechtigkeit und Solidarität in der Marktwirtschaft*, München: dtv.

Sen, Amartya/Bernard Williams (1982), »Introduction«, in: dies. (Hg.), *Utilitarianism and Beyond*, Cambridge: Cambridge University Press, S. 1-21.

Sherman, Nancy (1989), *The Fabric of Character. Aristotle's Theory of Virtue*, Oxford: Clarendon Press.

Shue, Henry (1996), *Basic Rights*, Princeton: Princeton University Press.

Silvers, Anita (1998), »Formal Justice«, in: Silvers/Wasserman/Mahowald (1998), S. 13-146.

Silvers, Anita (2000), »The Unprotected. Constructing Disability in the Context of Antidiscrimination Law«, in: Francis/Silvers (2000), S. 126-145.

Silvers, Anita/David Wasserman/Mary B. Mahowald (1998), *Disability, Difference, Discrimination*, Lanham: Rowman and Littlefield.

Simmons, A. John (1992), *The Lockean Theory of Rights*, Princeton: Princeton University Press.

Singer, Peter (1972/2007), »Hunger, Wohlstand und Moral«, in: Barbara Bleisch/Peter Schaber (Hg.), *Weltarmut und Ethik*, Paderborn: Mentis 2007, S. 37-51.

Singer, Peter (1975/1976), *Die Befreiung der Tiere*, München: Hirthammer.

Singer, Peter (1980), »Animals and the Value of Life«, in: Tom Regan (Hg.), *Matters of Life and Death. New Introductory Essays on Moral Philosophy*, New York: Random House, S. 28-66.

Singer, Peter (1999a), »Response to Coetzee«, in: J. M. Coetzee, *The Lives of Animals*, Princeton: Princeton University Press, S. 85-92.

Singer, Peter (1999b), »A Response«, in: Jamieson (1999), S. 269-335.

Smith, Adam (1776/1784/1983), *Der Wohlstand der Nationen. Eine Untersuchung seiner Natur und seiner Ursachen*, München: dtv.

Smuts, Barbara (1999), »Response to Coetzee«, in: J. M. Coetzee, *The Lives of Animals*, Princeton: Princeton University Press, S. 107-120.

Sorabji, Richard (1993), *Animal Minds and Human Morals. The Origins of the Western Debate*, Ithaca: Cornell University Press.

Stark, Cynthia (2000), »Hypothetical Consent and Justification«, in: *Journal of Philosophy*, 97, S. 313-334.

Stiglitz, Joseph (2002), *Die Schatten der Globalisierung*, Berlin: Siedler.

Sunstein, Cass R. (2004), »Can Animals Sue?«, in: Sunstein/Nussbaum (2004), S. 251-262.

Sunstein, Cass R./Martha C. Nussbaum (Hg.) (2004), *Animal Rights. Current Debates and New Directions*, New York: Oxford University Press.

tenBroek, Jacobus (1966), »The Right to Live in the World. The Disabled in the Law of Torts«, in: *California Law Review*, 54, S. 841-919.

Tronto, Joan (1993), *Moral Boundaries*, New York: Routledge.

United Nations Development Programme (1999), *Human Development Report 1999*, New York: Oxford University Press.

United Nations Development Programme (2000), *Human Development Report 2000*, New York: Oxford University Press.

United Nations Development Programme (2001), *Human Development Report 2001*, New York: Oxford University Press.

United Nations Development Programme (2002), *Human Development Report 2002*, New York: Oxford University Press.

United Nations Development Programme (2003), *Human Development Report 2003*, New York: Oxford University Press.

Wasserman, David (1998), »Distributive Justice«, in: Silvers/Wasserman/Mahowald (1998), S. 147-208.

Wasserman, David (2000), »Stigma without Impairment«, in: Francis/Silvers (2000), S. 146-162.

West, Robin (1997), *Caring for Justice*, New York: New York University Press.

Williams, Bernard (1973), »A Critique of Utilitarianism«, in: J. J. C. Smart/Bernard Williams, *Utilitarianism. For and Against*, Cambridge: Cambridge University Press, S. 77-150.

Williams, Joan (2000), *Unbending Gender. Why Family and Work Conflict and What to Do about It*, New York: Oxford University Press.

Wise, Stephen (2000), *Rattling the Cage. Toward Legal Rights for Animals*, Cambridge/MA: Perseus Books.

Wood, Allen (1999), *Kant's Ethical Theory*, Cambridge: Cambridge University Press.

Politische Theorie
im Suhrkamp Verlag
Eine Auswahl

Klaus von Beyme
- Die Kunst der Macht und die Gegenmacht der Kunst. Studien zum Spannungsverhältnis von Kunst und Politik. stw 1368. 405 Seiten
- Die politische Klasse im Parteienstaat. stw 1064. 224 Seiten
- Theorie der Politik im 20. Jahrhundert. Von der Moderne zur Postmoderne. Erweiterte Ausgabe. stw 969. 450 Seiten

Ernst-Wolfgang Böckenförde
- Recht, Staat, Freiheit. Studien zur Rechtsphilosophie, Staatstheorie und Verfassungsgeschichte. stw 914. 382 Seiten
- Staat, Nation, Europa. Studien zur Staatslehre, Verfassungstheorie und Rechtsphilosophie. stw 1419. 290 Seiten

Manfred Brocker. Geschichte des politischen Denkens. Ein Handbuch. stw 1818. 826 Seiten

Hauke Brunkhorst. Solidarität. Von der Bürgerfreundschaft zur globalen Rechtsgenossenschaft. stw 1560. 247 Seiten

Hauke Brunkhorst (Hg.). Demokratischer Experimentalismus. Politik in der komplexen Gesellschaft. stw 1369. 397 Seiten

Hauke Brunkhorst/Wolfgang R. Köhler/Matthias Lutz-Bachmann (Hg.). Recht auf Menschenrechte. Menschenrechte, Demokratie und internationale Politik. stw 1441. 352 Seiten

Hauke Brunkhorst/Peter Niesen (Hg.). Das Recht der Republik. stw 1392. 403 Seiten

NF 112/1/10.10

Judith Butler
- Antigones Verlangen: Verwandtschaft zwischen Leben und Tod. Übersetzt von Reiner Ansén. es 2187. 160 Seiten
- Gefährdetes Leben. Politische Essays. Übersetzt von Karin Wördemann. es 2393. 179 Seiten
- Haß spricht. Zur politischen Performation. es 2414. 263 Seiten
- Körper von Gewicht. Die diskursiven Grenzen des Geschlechts. Übersetzt von Karin Wördemann. es 1737. 400 Seiten
- Kritik der ethischen Gewalt. Übersetzt von Reiner Ansén. Adorno-Vorlesungen 2002. stw 1792. 180 Seiten
- Psyche der Macht. Das Subjekt der Unterwerfung. Übersetzt von Reiner Ansén. es 1744. 260 Seiten
- Das Unbehagen der Geschlechter. Übersetzt von Kathrina Menke. es 1722. 240 Seiten

Christine Chwaszcza/Wolfgang Kersting (Hg.). Politische Philosophie der internationalen Beziehungen. stw 1365. 604 Seiten

Iris Därmann. Figuren des Politischen. stw 1911. 304 Seiten

Nicole Deitelhoff. Überzeugung in der Politik. Grundzüge einer Diskurstheorie internationalen Regierens. stw 1821. 347 Seiten

Jacques Derrida
- Das andere Kap. Die vertagte Demokratie. Zwei Essays zu Europa. Übersetzt von Alexander García Düttmann. es 1769. 97 Seiten
- Schurken. Übersetzt von Horst Brühmann. 224 Seiten. Gebunden. stw 1778. 219 Seiten

Michel Foucault. Geschichte der Gouvernementalität
- Band 1: Sicherheit, Territorium, Bevölkerung. stw 1808. 600 Seiten.

NF 112/2/10.10

- Band 2: Die Geburt der Biopolitik. stw 1809. 517 Seiten

Armin Grunwald. Technik und Politikberatung. Philosophische Perspektiven. stw 1901. 403 Seiten

Hans Joas/Martin Kohli (Hg.). Der Zusammenbruch der DDR. es 1777. 325 Seiten

Matthias Kettner (Hg.). Angewandte Ethik als Politikum. stw 1458. 416 Seiten

Ekkehart Krippendorff
- Kritik der Außenpolitik. es 2139. 240 Seiten
- Staat und Krieg. Die historische Logik politischer Unvernunft. es 1305. 436 Seiten

Ernst-Joachim Lampe (Hg.). Zur Entwicklung von Rechtsbewußtsein. stw 1315. 520 Seiten

Niklas Luhmann. Die Wirtschaft der Gesellschaft. stw 1152. 356 Seiten

Ulrich Menzel/Dieter Senghaas. Europas Entwicklung und die Dritte Welt. Eine Bestandsaufnahme. es 1393. 295 Seiten

Ulrich Menzel u.a. (Hg.). Die Neue Weltwirtschaft. Entstofflichung und Entgrenzung der Ökonomie. es 1983. 336 Seiten

Julian Nida-Rümelin. Demokratie als Kooperation. stw 1430. 224 Seiten

Peter Niesen/Benjamin Herborth (Hg). Anarchie der kommunikativen Freiheit. Jürgen Habermas und die Theorie der internationalen Politik. stw 1820. 464 Seiten

NF 112/3/10.10

Claus Offe. Selbstbetrachtung aus der Ferne. Tocqueville, Weber und Adorno in den Vereinigten Staaten. Kartoniert. 144 Seiten

Bernhard Peters. Der Sinn von Öffentlichkeit. Herausgegeben von Hartmut Weßler. Mit einem Vorwort von Jürgen Habermas. stw 1836. 410 Seiten

Karl Polanyi. The Great Transformation. Politische und ökonomische Ursprünge von Gesellschaften und Wirtschaftssystemen. Übersetzt von Heinrich Jelinek. stw 260. 394 Seiten

John Rawls
- Gerechtigkeit als Fairneß. Ein Neuentwurf. stw 1804. 316 Seiten
- Geschichte der politischen Philosophie. Herausgegeben von Samuel Freeman. Aus dem Amerikanischen von Joachim Schulte. Gebunden. 671 Seiten

Hartmut Rosa. Beschleunigung. Die Veränderung der Zeitstrukturen in der Moderne. stw 1760. 537 Seiten

Dieter Senghaas
- Friedensprojekt Europa. es 1717. 226 Seiten
- Konfliktformationen im internationalen System. Weltpolitische Betrachtungen. es 1509. 230 Seiten
- Rüstung und Militarismus. es 498. 370 Seiten
- Weltwirtschaftsordnung und Enwicklungspolitik. Plädoyer für Dissoziation. es 856. 358 Seiten
- Zivilisierung wider Willen. Der Konflikt der Kulturen mit sich selbst. es 2081. 228 Seiten
- Die Zukunft Europas. Probleme der Friedensgestaltung. es 1339. 273 Seiten

Dieter Senghaas (Hg.). Frieden machen. es 2000. 592 Seiten

NF 112/4/10.10

Quentin Skinner. Freiheit und Pflicht. Thomas Hobbes' politische Theorie. Frankfurter Adorno-Vorlesungen 2005. Institut für Sozialforschung an der Johann Wolfgang Goethe-Universität, Frankfurt am Main. Aus dem Englischen von Karin Wördemann. Broschur. 141 Seiten

Gary Smith/Avishai Margalit (Hg.). Amnestie oder Die Politik der Erinnerung in der Demokratie. es 2016. 243 Seiten

Horst Steinmann/Andreas Georg Scherer (Hg.). Zwischen Universalismus und Relativismus. Philosophische Grundlagenprobleme des interkulturellen Managements.
stw 1380. 424 Seiten

Cass. R. Sunstein. Gesetze der Angst. Jenseits des Vorsorgeprinzips. Aus dem Amerikanischen von Robin Celikates und Eva Engels. Gebunden. 344 Seiten

NF 112/5/10.10